한국 회사의 탄생

한국 회사의 탄생

초판 1쇄 발행 2011년 8월 5일
초판 3쇄 발행 2018년 6월 10일

지은이 전우용
펴낸이 성낙인
펴낸곳 서울대학교출판문화원

출판등록 제15-3호

주소 08826 서울 관악구 관악로 1
대표전화 02-880-5252 | 팩스 02-888-4148
홍보마케팅팀(주문 상담) 02-889-4424, 02-880-7995
이메일 snubook@snu.ac.kr
홈페이지 www.snupress.com

ISBN 978-89-521-1218-7 93900

2012 대한민국학술원 우수학술도서

한국 회사의 탄생

전우용 지음

서울대학교출판문화원

The Birth of Korean Companies

Chun, Woo-yong

Seoul National University Press

책머리에

학문을 한다는 것은, 특히 시간을 다루는 역사학을 한다는 것은, 빠르게 헤엄치는 물고기를 작살로 잡는 일과 비슷하다는 생각을 한다. 물고기가 보이는 지점을 향해 던진 작살은 대개 물고기가 지나간 빈자리에 꽂히기 마련이다. 숙달된 사람이라면 물고기의 이동 방향을 짐작하고 던지겠지만 그 예상이 꼭 맞으란 법도 없다. 문제를 의식한 뒤 여기저기 분주히 뛰어다니며 자료를 모으고 고심참담하여 내 나름의 해결책을 찾았을 때에는, 그 문제는 이미 중요하지 않은 것이 되어버리기 일쑤다.

내가 서울대학교 인문대학 국사학과에 들어가 한국사를 공부하기 시작한 지 올해로 꼭 30년이 된다. '격동의 시대' 아닌 적이 언제 있었겠는가마는, 이 기간 동안 한국 사학계, 특히 근대사학계에는 여러 차례 격랑이 일었다. 1980년대에는 식민사관의 극복과 민족사관의 정립이라는 오래된 과제가 무겁게 버티고 있는 가운데, 당대의 엄혹한 현실에 맞서 역사학의 사회적 실천 방안을 찾으려는 새로운 시도가 나타났다. 두 과제 인식은 서로 엇갈리기도 하고 섞이기도 하면서 다양한 연구 방법론을 모색하고 실험했다. 사적 유물론의 관점이 소생했으며, 한국 사회의 성격과 역사적 전개 양상을 규명하고 근대 민족운동을 이념과 방법의 수준에서 정밀하게 해석하려는 노력이 기울여졌다.

그런데 역사학의 실천성을 주창한 학자들이 당시로서는 대개 젊은 연구자들이었던 관계로, 이론이 지나치게 실증에 앞서는 문제가 있었다. 1980

년대 후반이 되어서야 이론과 실증을 결합한 연구 성과들이 본격 도출되었으나, 그 직후 현실 사회주의의 몰락이라는 세계사적 지각 변동이 일어났다. 자본주의 이후가 시야에서 사라지자 민중운동사 연구나 사회성격 논쟁의 동력은 크게 약해졌다. 대신 주로 경제학자들이 1970년대 이후 한국사학계가 진전시켜온 내재적 발전론을 부정하면서 식민지 근대화론을 제창했다. 대중소비시대로 진입한 한국 경제에 대한 자신감의 표현이었다. 그러나 이런 이유로 식민지 근대화론은 학문 이론과 정치 담론 사이를 오갔고, 비판과 반비판 역시 학문 영역에서 엄밀하게 진행되지 못한 감이 있었다. 그보다도, 뒤이어 포스트모더니즘의 물결이 한국사학계에 밀어닥쳤다.

내가 이 책을 구상한 것은 1990년대 중반이었다. 논쟁의 시대였던 1980년대를 그 논쟁을 이해하려 애쓰는 데 보내고, 그 치열했던 논쟁이 해결되지도 않은 채 세계사의 지각 변동 앞에서 중단되는 과정을 지켜보던 때였다. 식민지 경험의 긍정적 유산을 강조하는 논리가 공공연히 제기된 직후이기도 했다. 이는 내가 쌓아왔던 이론적 지식들이 해체되는 경험이기도 했다. 논쟁에 쟁점을 더하기보다는 공유할 수 있는 실증의 토대를 넓히는 일이 더 긴요하다고 판단했다.

오래 전부터 내 자신이 설정한 숙제도 있었다. 1970년대 말부터 베이비붐 세대가 대학에 진학하기 시작했다. 1980년대에 들어 대학은 급격히 팽창했고 연구자의 층도 두터워졌다. 학문의 전문화와 세분화 경향이 가속화하면서 권위자라는 말이 사라지고 전문가라는 말이 일반화했다. 한국 근대사는 조선 후기, 개항기, 일제강점기가 서로 다른 연구 영역으로 분화하여 통합된 역사상(歷史像)을 잃었다. 조선 후기사 연구는 사회 내부의 역동적이고 발전적인 면모를 부각시킨 반면, 개항기 연구는 조선 후기 발전의 성과와는 대체로 단절되어 외압의 특질을 해명하는 데 집중되었다. 일제강점기 연구 역시 내재적 발전 과정의 왜곡, 또는 본격적 근대화의 시작이라는 단절의 측면이 주로 강조되었다. 이른바 내재적 발전론과 식민지 근대화론

이 만나는 접점을 마련하기 위해서는 이 시대를 통시적으로 이해할 필요가 있다고 느꼈다.

근대적 기업 조직인 회사는 이 숙제를 해결하는 데 빼놓을 수 없는 주제였다. 근대는 회사의 시대였다. 화폐, 현물, 토지, 건물, 증권, 지식 등 온갖 물질과 비(非)물질로 현상(現象)하는 자본은 회사라는 '법인격'을 통해 자기 의지를 구현한다. 현대의 회사는 자본의 결합체이자 인간의 조직체이며 지식의 집적체다. 회사는 경제활동의 모든 영역에 뿌리를 내리고 자신이 뿌리내린 토양 자체를 자본주의적으로 개조하면서 자신의 활동 범위를 넓혔다. 이제 회사는 자본주의의 아이콘이다. 회사를 빼고서 근대 자본주의 경제를 논할 수는 없다.

그럼에도 한국 회사의 탄생과 초창기 역사에 관한 연구는 전무하다고 해도 지나치지 않은 상태였다. 선배 연구자들이 이 주제를 본격적으로 다루지 않은 것은 그 중요성을 간과해서가 아니라 사료의 한계 때문이었다. 단편적인 사료가 여기저기 흩어져 있을 뿐, 논지의 골격을 세울 수 있는 계통적인 사료가 없었다. 한참 고민하다 '사료 없이 역사 없다'는 오래된 명제에 도전해보기로 했다. 단편적인 사료들을 긁어모아 누더기를 만드는 한이 있더라도 빈 채로 두기에는 너무 중요한 문제라고 판단했다.

장정(章程), 등록(謄錄), 일기, 관보, 신문 등 잡다한 자료들과 씨름하며 꽤나 오랜 세월을 보냈다. 그동안 내내 문제의식의 중심에 두었던 과제는 조선 후기 내재적 발전의 성과와 한계가 일제강점기의 식민지 개발에 어떤 영향을 미쳤는가 하는 점이었다. 서로 대척점에 서서 전혀 다른 근대상(近代像)을 제시하던 이른바 '내재적 발전론'과 '식민지 근대화론' 사이에 소통의 가교를 만들어볼 생각이었다.

내재적 발전론은 조선 사회 내부에서 발전해온 자본주의의 싹이 일본 제국주의의 침략과 식민지 정책에 의해 완전히 꺾였다고 보았다. 반면 식민지 근대화론은 조선 후기의 내재적 발전 자체를 인정하지 않았다. 그러나 흔적도 남지 않는 완전한 파괴나 무(無)에서 유(有)가 창조된다는 식의 인식은 역사학적 인식과는 거리가 멀다. 외래적 요소와 내재적 요소는 서로 대립하고 배척하기만 하는 것은 아니다. 그것들은 서로 섞이거나 결합하면서 새로운 요소들을 만들어내기 마련이다. 개항 이후 회사의 성립과 발전과정을 연구하면서, 조선 사회 내부에서 진행되어온 근대화 과정의 성과와 한계를 함께 포착할 수 있었고, 나아가 일제의 식민지 개발이 그 동력과 자원을 활용하면서 진행되었다는 점을 새삼 확인할 수 있었다.

그런데 연구를 마무리한 지금에는 이 연구의 문제의식이 유효한지 자신하기 어렵게 되었다. 근래 '근대성'에 대한 관심은 재화의 생산과 유통, 관리의 근대화보다는 개인의 몸과 의식, 일상적 사회관계의 근대화에 집중되고 있다. 이런 형편에 이 책이 학계에 무슨 보탬이 될지 의심스럽기는 하지만, 아직 이 주제에 관심을 기울이고 있는 동학(同學)들에게 조금이나마 참고가 될 수 있다면 다행이겠다는 생각으로 출판을 결심했다.

지난 30년 필자의 학문 인생을 이끌어주신 은사님들께 감사의 말씀을 드리기에는 너무 초라한 책이지만, 그래도 송구함을 무릅써야겠다. 석사과정 때 지도교수를 맡아주신 이래 여러모로 부족한 필자를 언제나 너그럽게 품어주신 권태억 교수님, 학문은 미지(未知)의 세계에 대한 부단한 도전이라고 가르치신 한영우 교수님, 사료를 다루는 신중하고 엄격한 자세를 몸소 보여주신 최승희 교수님, 역사학은 통시적 학문이라는 사실을 수시로 깨우쳐주신 정옥자 교수님, 학문 생활의 기본은 성실성이라는 점을 늘 마음에 품고 살게 해주신 김인걸 교수님, 언제나 마음 한편에 필자에 대한 걱정을 담아 두신 안병욱 교수님. 여러 은사님들 덕에 어려운 속에서도 내 나름으로 꿋꿋하게 학문 인생을 걸을 수 있었다. 그밖에 함께 공부해온 선후배 동학들에게도 감사의 마음을 전한다. 끝으로 상업성 없는 책의 출판을 허락해준 서울대학교출판문화원과 요즘 출판 관행에 맞지 않는 한자 투성이 원고를 필자보다 더 세심히 살피고 고쳐준 정미경 씨에게 감사드린다.

가난한 집안의 장남으로 태어난 처지에 무모하게 역사학의 외길을 걸어온 아들, 그것도 나이 50이 다 되도록 변변한 직장 한 번 가져보지 못한 아들을 한결같은 마음으로 후원해주신 부모님을 생각하면, 송구함에 마음이 아린다. 부모님께 이 책을 바친다.

2011년 6월 전 우 용

차례

3장 대한제국 후기(1905~1910) 일제의 경제침탈과 한인 회사의 대응 205

일러두기

- 인용문에서 괄호 [ ]은 내용을 명확히 하기 위해 저자가 삽입한 것이다.
- 본문의 밑줄과 인용문의 밑줄과 번호는 강조하거나 내용 설명을 위해 저자가 표시한 것이다.
- 부연설명이 필요한 것은 각주로 처리했고, 참고자료나 원문의 표기는 후주로 모았다.
- 화폐단위는 연대에 따라 圓, 圜, 元, 円이 사용되었으나 모두 같은 단위다. 단, 백동화의 경우 화폐정리사업에 따라 2원이 신화폐 1원과 교환되었다.

들어가며

16세기 말에서 17세기 중엽에 걸쳐 조선 왕조를 존망의 기로에 몰아갔던 두 차례의 전란이 끝난 후, 조선 사회는 그로 인한 정신적·물질적 피해를 빠른 속도로 극복해갔다. 조선 후기의 지식인 사이에서는 자기 문화에 대한 자신감을 회복하고 민족적 자각을 심화하려는 의식적 노력이 경주되었다. 역사, 문화, 지리, 예술 등 각 부면에서 민족적 고유성을 확인하려는 시도가 확산되었던바,[1] 이는 곧 근대 민족국가 형성을 위한 사상적·문화적 토대를 구축하는 과정이기도 했다. 사상면의 변화를 뒷받침한 것은 경제적 성장이었다. 파괴된 생산력 기반을 복구하는 일은 전 사회적 과제였으며, 그런 만큼 정부와 민간 모두 이를 위해 다각적인 노력을 기울였다.

농업 분야에서는 새로운 농법의 보급, 신품종·신작물의 재배, 수리 시설의 확충 등이 진행되었고 그를 바탕으로 비약적인 생산성 향상을 이룰 수 있었다. 농업 생산의 확대에 힘입어 상품 유통이 활발해졌으며, 수공업과 광업도 급속히 발전했다.[2] 이와 같은 변화는 재정 수입을 늘리고 상공업을 진흥하기 위한 국가의 정책에 의해 뒷받침되었다. 당대의 지식인들 역시 이러한 변화를 조율하여 국가를 중흥하기 위해 다양한 의견을 제출했다.[3]

민족의식의 성장, 상공업의 발전, 도시화의 진전 등 조선 사회에서 일어나고 있던 여러 변화는 근대화를 향한 과정이었다. 그리고 이 과정은 과거의 역사와 전통을 부정하면서 진행된 것이 아니라 자기 역사에 대한 자신감과 개혁 역량에 대한 믿음을 바탕으로 한 것이었다.* 그러나 19세기 후

---

*옛것에 대한 이해를 토대로 새로운 것을 창조한다는 발전논리는 이미 조선 후기 실학자들이 주장한 바 있다. 燕岩 朴趾源은 이를 '法古創新'으로 표현했고(朴趾源, 『燕岩集』 卷之一 「楚亭集序」), 韓永愚는 이를 자기 역사와 문화에 대한 신뢰와 자신감을 바탕으로 외국 문물을 받아들

반 왕권이 약화되면서 국가 주도의 개혁은 일시 중단되었고, 이러한 상황에서 외세가 침투하기 시작했다. 대원군 집권기 다방면에 걸친 왕권 강화 시도는 열강의 침투라는 미증유의 사변에 직면한 조선 왕조의 체제 재정비 과정이었다.[4] 1876년의 개항 역시 일차적으로는 일본의 강요에 의한 것이었으나 다른 한편으로는 1873년 고종 친정(親政) 이후의 정책 전환에 따른 것이기도 했다.[5] 당시의 집권세력은 외세의 침략을 저지하기 위해서라도 외국 문물의 도입을 통한 부국강병을 더는 미룰 수 없다고 인식했다.

개항 직후부터 대한제국기에 이르기까지 정부의 기본 방침은 조선 후기 사회경제적 발전의 성과를 계승하면서 서양 문물을 취사선택하여 받아들이는 것이었다.* 대한제국기 개혁의 원칙으로 구본신참(舊本新參)이 천명된 것은 이 방침을 재확인한 데 불과했다.[6] 대한제국기에 고종과 그 측근세력은 강력한 황권(皇權)을 구축하여 신민(臣民)을 결집하고, 그를 기반으로 근대적 개혁을 추진하려 했다.[7] 이러한 방식은 이미 조선 후기부터 관행화한 것이었다.** 그러나 대한제국기의 개혁 사업은 1904년 러일전쟁에서 승리한 일제가 한국 식민지화 책동을 본격화함에 따라 좌절하고 말았다. 일제가 강압적으로 추진한 식민지적 제도 구축 과정에는 개항 이래 정부가 추진해온 근대화 사업의 성과도 동원되었다.***

임으로써 자기 혁신을 이루는 것으로 정의했다(韓永愚, 1997 『다시찾는 우리역사』 경세원, pp.40－43).

*갑신정변 당시의 대립점은 개화에 대한 찬반 여부가 아니라 방법의 문제였다. 梶村秀樹, 1977 「朝鮮社會에서의 移行法則」(安秉珆, 1977 『한국근대경제와 일본제국주의』(백산서당 역)), p.211.

**대한제국의 개혁사업을 부정하는 논자들은 흔히 專制皇權의 강화 시도, 내장원 중심의 사적 재정운영, 불필요한 군비 확대, 정부기구의 무력화 등을 그 근거로 들고 있지만, 이는 정조 대의 규장각 설치를 통한 친위세력 양성, 壯勇營 설치를 통한 독자적 무력기반의 확보와 기본적으로 같은 것이었다. 또 순조 이후에도 친위세력과 별도의 무력기반을 갖춤으로써 왕권을 강화하려는 노력은 지속되었다(이에 대해서는 한국역사연구회, 1990 『조선정치사』 청년사 참조). 따라서 국왕이 국가의 공적 기구를 직접 장악하지 못하고 그 외곽에서 별도의 친위세력을 양성하는 방식은 조선 후기 이래 왕권 강화 시도 과정에서 관행화한 것이라 할 수 있다.

***1905년 일제가 화폐정리사업을 추진함에 따라 곤경에 처한 서울 상인들은 일제의 강압적인

한국 역사에서 19세기 말부터 20세기 초까지는 자주적 근대화 과정을 완결하려는 내적 노력과 한국을 식민지화하려는 외적 압력이 착종(錯綜)하던 시대였다. 내적 노력은 조선 후기까지 한국 사회가 이루어낸 성과를 기반으로 했던 것이고, 외적 압력은 그를 식민지적으로 재편, 동원하려는 것이었다. 그런 점에서 자주적 근대화와 식민지화라는 상반된 과정은 조선 후기 이래 형성되어온 여러 제도와 관행에 대한 태도의 차이를 포함한다.

이 연구는 이같은 문제 의식 하에 개항 이후 한인 회사의 형성과 발전 과정을 살펴보려는 것이다. 회사는 복수의 자본을 결합하여 단일한 자본 기능을 실현한 기업 조직으로 근대 경제를 특징짓는 것이다. 또 회사는 자본 모집, 경영 위임, 손익 배분 등 근대 경제의 운용과 관련된 여러 활동을 담당하는 기구이기 때문에, 엄밀한 의미에서 근대적 자본가는 이를 배경으로 출현, 성장한다고 보아도 좋다.

회사가 근대적 경제 조직인 이상, 그 성립 배경이나 활동 영역, 활동 양상 등에는 근대화 과정의 특징이 각인될 수밖에 없다. 따라서 한국사에서 회사의 형성, 발전 과정을 살피는 일은 곧 한국사의 내적 발전 과정과 그를 왜곡한 외압의 성격을 이해하는 데에 빼놓을 수 없는 작업이다. 이 책은 이 점에 유의하면서 근대 이행기 한국의 회사 문제를 다음 몇 가지 영역으로 나누어 검토한다.

첫째, 정부의 회사 정책에 관한 문제다. 회사 정책은 식산흥업정책의 핵심에 해당하는 것이기 때문에 이에 대한 검토는 이 시기 근대화 정책 전반을 평가하는 데 준거를 제공할 것이다.

둘째, 회사의 설립 추이와 활동 양상을 개항 이후 한국 경제의 전반적 변화 과정과 관련하여 이해하는 문제다. 회사의 설립 추이나 활동 양상은

경제정책을 비판하면서 "文明의 制度를 參酌하여 我國情及慣習에 適應케 할 方法"으로 개혁이 추진되어야 한다고 하여 대한제국기의 방침에 시시를 표명했나. 『皇城新聞』 광무 10년 5월 5일 「株式會社韓一銀行 設立發起」.

해당 시기의 경제 상황을 반영하기 마련이다. 따라서 이를 검토하는 것은 곧 당시의 사회경제적 발전 단계와 방향을 확인하는 일이다.

셋째, 회사 설립 주체를 검토하여 한국 근대화 과정의 인적(人的) 측면을 해명하는 문제다. 조선 후기 이래 근대화의 방식을 둘러싸고 전개된 정치적 갈등은 그 담당 주체와 밀접한 관련을 맺고 있었다. 따라서 이는 한국 자본가 계급의 역사적 연원을 밝히는 작업일 뿐 아니라 한국 근대화의 경로를 확인하는 작업이기도 하다.

현재 한국 회사 성립사에 관한 연구는 매우 부진한 상태다. 식민지화 이전의 회사에 대해서는 연도별 설립 상황이나 관계자에 관한 기초 자료조차 정리되어 있지 않다. 개항 직후의 회사 설립 상황은 신용하(愼鏞廈)와 최창희(崔昌熙)가 개략적으로 정리한 바 있고,[8] 대한제국기의 회사 설립 상황에 대해서는 안병태(安秉珆)와 서은영(徐恩榮)의 자료를 참고할 수 있으며,[9] 고바야시 에이오(小林英夫)가 식민지화 직전의 한인 회사를 정리한 바 있지만,[10] 모두 누락분이 많고 특정 시기만을 대상으로 했기 때문에 일관된 분류를 하기도 어렵다. 이는 일차적으로 체계적인 회사 관계 자료가 발견되지 않은 때문인데,* 회사 연구를 진전시키기 위해서는 어떻게든 이 문제를 풀어야 한다.

기초 자료가 불비하기는 하나 참고할 만한 연구 성과는 적지 않다. 선구적 업적을 남긴 이는 조기준(趙璣濬)이다. 그는 1950년대 미국 경제사학계에서 유행했던 기업인과 기업 연구를 통한 경제사상(經濟史像) 구축이라는 방법을 도입하여 1960년대 초부터 이 분야에 관한 연구를 시작했다.[11] 조기준은 회사(會社), 상사(商社), 상회(商會) 등의 명칭을 갖는 기업 조직이 1883

*1897년 6월에는 농상공부에서 각종 회사의 실태를 조사한 바 있고, 1901년 1월에도 서울의 회사 현황을 조사했다고 하지만, 조사 결과를 담은 자료는 아직 발견되지 않았다. 『皇城新聞』 광무원년 6월 2일 잡보; 광무 5년 1월 5일 잡보.

년경부터 출현했으나 이들은 대개 개인 회사, 상사에 불과한 것이거나 일종의 동직자(同職者) 조합으로 상업의 자유를 저해하는 전근대적 특권 조직이었다고 했다.[12] 조기준은 이를 전제로 우리나라에서 진정한 '근대적' 기업이 출현한 것은 각종 경제적 특권이 폐지되고 정부의 상공업 장려 정책이 추진된 갑오개혁 이후라고 보았다. 그는 이때부터 한인 회사가 근대적 공업 부문에서까지 설립되는 등 발전적 양상이 나타났으나, 1911년 '조선회사령'으로 그 발전이 지속되지 못했다고 보았다.[13]

조기준은 풍부한 사례를 제시하여 이 분야 연구에 초석을 놓았지만 몇 가지 한계를 드러냈다. 첫째, 회사 정책에 대한 검토를 빠뜨린데다가 회사의 성격 규정이 불명확하여 회사의 발전 과정을 경제 상황의 변화와 유기적으로 관련짓지 못했다. 둘째, 개항 직후 회사 출현의 내적 계기를 간과함으로써 초기 회사의 활동 양상에 반영되었던 '시대적 제약성과 선진성'을 동시에 포착하지 못했다. 셋째, 이러한 한계에 규정되어, '조선회사령'에 대해서도 이를 단순히 '예방적 차원의 억압책' 정도로 설명하는 데 머물렀다.

개항기의 회사 문제에 한해서는 한우근(韓沽劤)의 연구가 있다. 한우근은 개항 이후 정부가 상인 집단을 통제하기 위해 조직한 각종 기구가 대개 정부의 보호를 대가로 일정한 빙표대(憑票代)를 징수, 상납했고 그중 상당수가 회사 명칭을 사용했음을 밝힘으로써 이 시기 정부의 회사 정책과 관련하여 중요한 시사점을 던져주었다.[14] 그는 개항기의 회사를 객주상회사(客主商會社)와 일반상회사(一般商會社)로 구분한 후, 이들 모두가 정부의 재원 확보책 및 상공업 정책과 밀접한 관련이 있었음을 논증했다. 그에 따르면 객주상회사는 세수(稅收) 확보책의 일환으로, 그리고 일반상회사는 개항 이후 신지식을 받아들인 상인·지식인의 회사 설립 움직임을 정부가 지원함으로써 성립된 것이었다. 한우근은 당시의 일반상회사가 도고(都賈)와 대립하면서도 도고로 비쳐지는 이중성을 지니고 있었으며, 한편으로는 외상(外商)과 연결되어 국내 상인 일반을 억압하는 존재였다고 했다.[15]

한우근은 개항 직후의 상업 정책에서 회사가 점하는 위치를 분명히 하기는 했지만, 갑오개혁 이후의 회사를 시야에 넣지 못했기 때문에 이 시기 회사들이 도고상업체제(都賈商業體制)의 일각을 구성했던 점에는 미처 주의하지 못했다. 또 정부의 정책을 주로 재원 확보와 관련하여 추적함으로써 식산흥업적 측면을 포착하지 못한 한계를 남겼다.

신용하는 한우근과는 대조적으로 회사가 정부의 식산흥업정책과 밀접한 관련을 맺고 출현했다고 주장했다.[16] 그렇지만 이 시기 회사 설립을 개화파 지식인·관료의 노력에 의한 것으로만 이해했기 때문에 갑신정변 실패 이후에도 회사가 지속적으로 설립된 사실은 설명하지 못했다.

최창희(崔昌熙)는 개항 이후부터 갑오개혁기까지의 회사들을 대상으로 설립과 운영 실태를 분석했다. 최창희의 연구에서 특징적인 것은 전환국(典圜局), 기기국(機器局), 박문국(博文局) 등 정부가 설립한 생산 기관을 모두 정부 직영 기업으로 분류한 점이다.[17] 이는 초기 식산흥업정책의 성격을 파악하는 데에 의미 있는 진전이었지만, 단지 정부가 조직한 생산 조직이 적지 않았다는 점을 제시하는 데에 그치고 말았다.

이병천(李炳天) 역시 객주상회소를 검토하면서 회사에 대해 간략히 언급했는데, 개항기에 도고체제(都賈體制)가 지속되고 있었음을 근거로[18] 이 시기 상회사에는 '근대적'이라는 수식어를 붙일 수 없다고 했다. 그가 도고상업체제의 잔존을 지적한 것은 주목할 만하지만, 이를 전근대적 체제로 단정함으로써 그 과도적 성격까지 무시한 점은 문제라고 생각된다.

갑오개혁 이후의 회사에 대해서는 안병태, 강만길(姜萬吉), 홍순권(洪淳權) 등의 개략적인 연구가 있다. 안병태는 개항 이후 대한제국기까지의 회사 설립을 경제적 개화 운동의 일환으로 취급했다.[19] 그는 개항 이후 1903년까지 설립된 회사들을 ① 개항 전의 전인(廛人), 공인(貢人), 객주(客主), 여각(旅閣), 보부상(褓負商)과 동일 종류의 상인들이 설립한 것으로 회사라기보다는 징세 하청 기관에 가까운 것, ② 미리 중앙 관아 등에서 매년의 세

(稅) 상납액을 결정하고 장정(章程)을 제출하여 설립 허가를 얻은 것으로 다른 징세 하청 기관의 첩세(疊稅), 늑세(勒稅)를 배제하고 영업하던 것, ③ 개화 의식이 있는 관료와 상인들이 개화의 대세에 편승하여 설립한 것, ④ 개화파 관료들과 약간의 상인들에 의해 명확한 개화 의식 하에 설립된 것으로 구분했다.[20] 이러한 구분은 기준이 다소 모호하기는 하지만, 당시 회사명색(會社名色)의 다양한 성격을 구분했다는 점에서 의의가 있다. 그러나 안병태는 광무정권(光武政權)을 '반동적 봉건 권력'으로 보는 시각이 지나치게 강하여 이들 회사가 아무런 정부의 지원도 받지 못했다고 단언함으로써, 당시 회사 설립에서 수행한 국가의 역할을 무시해버렸다. 그리하여 그는 이 시기 근대적 회사라 할 수 있는 것은 국가권력에서 상대적으로 자유로웠던 사상도고(私商都賈), 또는 이와 맥을 같이하는 일부의 객주, 여각, 행상인이 설립한 것과 개화파 관료가 설립한 것들뿐이었다고 함으로써 사실관계를 뒤집어버렸다.[21]

강만길은 대한제국 시기 상공업 문제의 핵심을 '도고상업체제 해체의 문제'로 규정하고, 회사 문제를 "종래의 도고체제를 근대적 회사체제로 전환시켜 상업을 발전시키기 위해 그에 덧붙여진 각종의 경제외적 침해를 저지하며 그를 보호하는 한편, 종래의 도고가 가지고 있던 특권성이 이들 회사에 전승되지 않도록 하는 것"으로 요약했다.[22] 강만길이 회사 문제를 도고체제와 연관지어 이해한 것은 조기준이나 한우근에 비해서는 한 단계 진전된 것이라 할 수 있다. 또 특권적 도고회사의 문제를 제기한 것 역시 중요한 성과다. 그렇지만 대한제국기 도고회사의 설립 남발을 단순히 도고체제 해체기의 과도적 현상으로 이해한 점은 이론(異論)의 여지가 있다. 오히려 대한제국기의 상공업 정책, 특히 회사 정책은 도고 부활 추세와 밀접한 관련이 있었고, 또 그를 촉진했다. 문제는 도고체제의 해체를 통한 근대적 상공업 발전의 기반 소성에만 있었던 것이 아니라, 심화되는 외국 자본의 침투를 효율적으로 저지할 수 있는 여건 마련에도 있었다. 그런 점에서 "당시 특권은 상업의 핵심 내용을 담는 고리임과 동시에 외상(外商)과 한상(韓商) 간 대립의 접점이었고 대한제국의 상업 정책이 구체화하는 방식의 하나"[23] 였다는 전제 하에 도고상업체제를 재평가할 필요가 있다.

홍순권은 "당시의 봉건 정부는 오로지 권력 유지만을 위해 외세에 빌붙는 사대주의 정책으로 일관"했다는 전제 하에,[24] 대한제국기 회사 설립 문제를 상인, 지식인층의 아래로부터의 변혁운동과 관련하여 설명했다. 그에 따르면 개항 초기의 상회사는 일면 외국 자본의 침투에 대항한다는 측면이 있으면서도 "내부적으로는 소상인에 대한 독점적 지배의 강화와 기득권 유지를 위해 봉건 권력과의 결탁에 더 많은 관심을 가졌"던 조직이었다.[25] 그렇다면 근대화 정책 후퇴와 상회사 위축 사이의 상관성에 대한 설명은 설득력이 떨어질 수밖에 없다. 당시 상회사가 지닌 봉건적 특권이 정부의 근대화 정책과 배치되었다면, 양자의 상관성에 대해서는 다른 측면에서 검토할 필요가 있다.

대한제국기 회사에 대한 사례 연구로는 철도와 해운 회사에 관한 연구가 있다. 이병천은 1904~1908년간 활발히 전개된 호남철도주식회사의 철도 부설운동을 분석한 후, 이 운동을 "그 전 과정을 통하여 봉건적 특권에 의존했으며 특히 자금 동원과 지출 구조에는 그 전근대성과 외래 자본주의와의 타협성이 잘 드러나고 있"는 것으로 결론지었다.[26] 이는 이 시기 회사 설립운동을 '경제적 개화 운동 = 반봉건 근대화 운동'의 일환으로 본 안병태의 견해와 정면으로 배치된다.

후지나가 다케시(藤永壯)도 이 시기 회사 설립을 근대적 경제 활동의 일환으로 평가하기는 어렵다고 보았다.[27] 후지나가는 대한제국기 대표적 기업가였던 박기종(朴淇琮)의 기업 활동을 분석한 후, 그가 구래의 상관습(商慣習)을 전혀 탈피하지 못했을 뿐 아니라 일본과 밀접한 관계하에 움직였음을 근거로 이 시기 기업 활동의 반외세성과 반봉건성 모두를 부정적으로 평가했다.*

정재정(鄭在貞)은 경부철도(京釜鐵道) 부설공사에 참여한 한인 토건회사들을 분석하면서, 이와는 다른 각도에서 당시 회사들의 한계를 지적했다. 그는 당시 회사들이 봉건 관료를 끌어들임으로써 일정한 특권을 확보하려 했고, 봉건 관료들도 회사를 통해 투기적 이득을 얻으려 했다고 보았다.[28] 회사의 '근대성'을 부각시키기보다는 그 한계에 주목했다는 점에서 그의 논지는 이병천이나 후지나가 다케시와 비슷하나. 그러나 그는 동시에 자본 부족, 국가의 지도력 부재, 제국주의 열강의 개입 등 개별 회사로서는 어찌할 수 없었던 조건에 대한 지적도 빼놓지 않았다.

나애자(羅愛子)는 해운업 회사들을 분석하면서, 외국인과 합작한 회사들이 미개항장에서 외국인의 선박 운항을 도운 경우도 있었지만,[29] 기본적으로는 한인 해운회사들이 한상(韓商)의 상권 회복을 뒷받침했다고 보았다.[30]

김재호(金載昊)는 원격지 무역을 목적으로 설립된 경성천일회사(鏡城天一會社)의 사례를 통해 대한제국기 회사 존립에 사활적 조건으로 작용한 것은 지방 권력이었다고 보았다.[31] 그는 회사에 부여된 특권보다는 그 특권이 근거하고 있는 권력에 주목했다. 그에 따르면 대한제국기 회사의 발전을 저해한 것은 '봉건적 특권' 자체가 아니라 특권의 비지속성이었다.

근대화 초기 국면에서 회사가 국가 권력의 보호를 받는 것은 일반적이며, 정부가 근대화 과정을 주도하는 경우에는 더욱 그러하다. 따라서 '권력과의 결탁', 또는 '특권'만을 근거로 회사의 봉건성을 운위할 수는 없다. 또 외국 자본에 대한 의존 문제 역시 국내 자본의 동원 가능성을 함께 고려한 후에 평가해야 한다. 주변적 상황을 무시한 채 회사의 봉건성, 또는 외세 의존성을 일면적으로 판단해서는 안 된다.

러일전쟁 이후의 회사에 대해서는 '조선회사령' 제정 배경에 관한 몇 편

---

*藤永壯에 따르면 이 시기 회사 설립운동은 외세에 대한 자주적 근대화의 시도도 아니었고, 봉건적 경제체제와 대립되는 새로운 경제적 동향도 아니었다. 藤永壯, 1991 「開港後の會社設立問題をめぐって－朴淇琮と汽船業·鐵道業」『朝鮮學報』140, p.23.

의 연구가 있다. 이에 대해서는 이미 회사령 발포 당시부터 '한인 자본가 억압책'(박은식), '일인 자본가의 자유로운 투자 활동 저해책'(시부자와 에이치), '선량한 한일인(韓日人) 자본가의 보호책'(총독부) 등으로 달리 이해했지만, 이 문제가 본격적인 논구(論究) 대상이 된 것은 1970년대 중반 이후다.

고바야시 에이오(小林英夫)는 회사령이 기본적으로는 조선인 자본가를 억압하려는 의도 하에 제정된 것이지만, 한편으로는 시부자와 에이치(澁澤榮一)로 대표되는 정우회계(政友會係) 자본가들의 조선 진출을 억제하려는 목적도 지닌 것이었다고 보았다.[32] 이후 그는 총독부의 의도는 물론, 통감부 시기의 회사 설립 실태와 '각종 인허(各種認許)의 효력급기한(效力及期限)에 관한 건(件)'의 제정, 시기별 회사령 적용 방식의 변화, 회사령 시행기에 설립된 한일인(韓日人) 회사의 성격 등 회사령에 대한 다면적인 접근을 시도했다.* 그의 연구에서 주목되는 것은 그동안 간과되어왔던 통감부 시기 회사 정책의 성격을 분명히 한 점과 회사령 제정에 대한 일본 국내의 반응을 상세히 정리한 점, 그리고 이 시기 회사 설립 주체에 대한 분석을 시도한 점 등이다.** 그는 통감부 시기에 이미 조선인의 회사 설립열이 고조되어 있었고, 총독부의 뜻을 반영한 '국책(國策)'적 회사가 우선적으로 설립되었으며, 조선인의 경우 관료 중심에서 지주·상인 중심으로 회사 설립 주체가 변화했다고 보았다. 그러나 한인 회사가 일제 경제 정책에 좌우되던 통감부 시기까지만을 분석함으로써 대한제국기 한인의 회사 설립 동향과 운영 실태를 이해하지 못했고, 그에 따라 회사령 제정 배경에 대한 설명도 불충

---

*小林英夫 編, 1994『植民地への企業進出: 朝鮮會社令の分析』柏書房. 小林英夫의 관련 논문으로는 이밖에도「'朝鮮會社令'實施狀況」(『經濟學論集』21－2, 駒澤大學經濟學會, 1989),「朝鮮會社令研究: その實施狀況を中心に」(『經濟學論集』21－3, 駒澤大學經濟學會, 1990) 등이 있지만, 그 총괄은 이 책에 수록된「會社令の制定と展開」라 할 수 있다.

**小林英夫는 寺內의 총독 정치를 식민지 전제주의로 규정하고, 그 "근저에 있었던 정책적 목표는 조선에서 경제 활동을 하는 일본인, 외국인을 조선인에 '平準化'시켜 통제하는 '朝鮮化'를 추진하는 것이었다"고 보았으며, 회사령이 일본인에게까지 적용되었던 이유를 이같은 정책기조와 관련지어 설명했다. 小林英夫 編, 1994『植民地への企業進出: 朝鮮會社令の分析』柏書房, p.7.

분해졌다는 점은 지적해 두어야 한다.

손정목(孫禎睦)은 회사령 시행기의 회사 설립 실태를 분석한 후, 1915년까지는 한인 회사의 설립을 억압하는 경향이 지배적이었기 때문에 전반적으로 일인 회사의 독점적 지배가 강화되었다고 했다.[33] 그는 『조선총독부관보(朝鮮總督府官報)』에 게재된 회사 설립 상황을 세밀히 검토함으로써 회사령의 민족자본 억압적 성격을 부각시켰다. 그러나 법령 시행의 결과를 통해 그 제정 의도를 연역적으로 도출해낸 점에서 방법상의 문제를 지적하지 않을 수 없다.

요컨대 기존 연구에서 일반적으로 나타나는 한계와 미비점은 다음 몇 가지로 정리할 수 있다. 첫째, 기초 자료가 정리되어 있지 못한 점, 둘째, 개항기 회사 정책에 대한 연구가 미비하여 일제의 회사 정책이 지니는 역사적·계기적 성격을 명확히 하지 못한 점, 셋째, 기업가·자본가에 대한 연구가 미흡하여 한국 근대화의 추진 주체에 대한 분석이 도식화, 단편화한 점 등이다.

필자는 기존 연구가 지닌 한계를 극복하기 위해 우선 회사 관련 자료를 가능한 한 광범위하게 수집, 정리했다. 식민지화 이전의 회사 관련 자료는 『통리교섭통상사무아문일기(統理交涉通商事務衙門日記)』와 각 지방의 관초류(關草類), 회사의 장정·완문(完文)·절목류(節目類), 개항장의 감리서(監理署) 일록(日錄), 보고류(報告類)와 농상공부(農商工部)의 거래문류(去來文類), 주한일본공사관기록(駐韓日本公使館記錄), 통상휘찬(通商彙纂) 등의 일본 측 기록과 『독립신문』 『황성신문(皇城新聞)』 『대한매일신보(大韓每日申報)』 등 신문 자료를 주로 활용했다. 이들 자료는 대개 단편적이고 비계통적이기 때문에 적지 않은 한계가 있지만, 현재로서는 이 방법 외에 회사 설립의 양상을 추적할 수 있는 길이 없다. 식민지화 이후의 회사에 대해서는 『조선총독부관보(朝鮮總督府官報)』 『조선총독부월보(朝鮮總督府月報)』 『조선총독부시정연보

(朝鮮總督府施政年報)』『조선총독부통계연보(朝鮮總督府統計年報)』 등의 자료에서 회사의 인·허가 상황을 검토하고, 그를 1921년판 『조선은행회사요록(朝鮮銀行會社要錄)』과 『매일신보(每日申報)』를 통해 보완했다. 회사 관계자에 관한 정보는 각종 자료에 회사 관계자로 나오는 인명(人名)을 모두 데이터베이스화하고, 그들의 경력은 『대한제국관료사연구(大韓帝國官僚史硏究)』『조선신사록(朝鮮紳士錄)』『조선신사명감(朝鮮紳士名鑑)』『조선귀족열전(朝鮮貴族列傳)』『조선공로자명감(朝鮮功勞者名鑑)』『경성시민명감(京城市民名鑑)』『신조선성업명감(新朝鮮成業銘鑑)』『매일신보(每日申報)』 등을 통해 확인했다.

회사 정책에 관해서는 개항 이후 조선회사령이 폐지될 때까지의 전 시기를 대상으로 실록(實錄), 관보(官報) 등의 연대기와 법령집, 농상공부와 내장원 문서 등을 참고하여 그 변화를 시계열적으로 추적했다. 분석 대상 시기는 회사 정책의 변화를 기준으로 나누었다.

제1기는 개항부터 갑오개혁까지다. 이 시기 정부는 직접 관영·관독상판형(官營·官督商辦型) 산업 시설을 설치하는 데 주력했으며, 이에 영향을 받아 민간에서도 최초의 회사가 출현했다.

제2기는 갑오개혁부터 러일전쟁까지다. 이 시기는 다시 1894년 일본군의 경복궁 점거를 계기로 집권한 개화파 관료들이 구래의 상업 관행과 경제 질서를 전면 부정하고 서구적 제도를 도입하려 한 갑오·을미개혁기(甲午·乙未改革期)와, 구본신참의 원칙 하에 점진적 근대화를 시도한 대한제국 전기로 나누어볼 수 있다.*

제3기는 러일전쟁 이후부터 1910년 일제의 한국 강점까지다. 이 시기에 일제는 한국 식민지화의 경제적 기반을 강권적으로 조성해 나갔다. 대한제국

*엄밀한 의미에서 대한제국기는 1897년 대한제국의 성립부터 1910년 일본에 강제합병될 때까지의 시기를 지칭하지만, 정치권력의 주체와 행사 방향을 고려할 경우 이러한 시기 규정은 무의미하다. 따라서 이 책에서는 아관파천 이후 고종이 정국 전반을 주도하면서 국왕 중심의 개혁을 추진하던 1896~1904년의 기간을 대한제국 前期로, 러일전쟁 이후 일제가 한국의 주권을 사실상 장악한 1905~1910년의 기간을 대한제국 後期로 구분한다.

전기 황권을 뒷받침해온 내장원 재정이 해체되었고, 조선 후기 이래의 상업 관행이 파괴되거나 변형되었으며, 일본식 경제 제도가 본격 도입되었다.

제4기는 1911년 조선회사령이 제정되어 1920년 폐지될 때까지로, 일제가 한국 경제를 식민지적으로 재편해 나가는 과정에서 회사의 설립, 운영 전반을 강력히 단속한 시기다. 이 시기에 한인 회사는 일제의 식민지 경제 구조 구축 과정에 점차 적응해갔다.

이 책에서 분석 대상으로 삼은 것은 회사의 명칭을 사용한 모든 조직과 결사다. 개항 이후 전통적 경제 질서 내에 외래적 경제 조직인 회사가 자리잡는 과정에서 다양한 인적·자본적 결합체가 회사의 명칭을 사용했는데, 이들은 비록 그 활동에서 상당한 차이를 보였지만, 서로 간에 미치는 영향도 적지 않았다. 회사가 전통적 요소와 외래적 요소의 결합에 의해 출현한 이상 이는 불가피한 현상이기도 했다. 따라서 이 책에서는 영리를 목적으로 한 회사는 물론 조합이라 해야 할 객주회사와 수세기능(收稅機能)만을 담당한 수세도고회사(收稅都賈會社)를 모두 다루되, 자기 자본으로 영업하는 회사를 따로 지칭할 경우에는 '기업회사(企業會社)'로 썼다.

끝으로 이 책의 한계를 몇 가지 언급해 두고자 한다. 먼저, 자료가 부족한 탓이기는 하지만 식민지화 이전 회사의 자본 규모나 자본 동원 방식, 경영 상태 등에 대해서는 거의 밝히지 못했다. 둘째는 자본가의 경력을 주로 관직 보유 여부와 관련하여 이해할 수밖에 없었다는 점이다. 이 역시 수많은 회사 관계자의 경력을 일일이 확인할 수 없었던 사정에 기인한다. 셋째로는 당시의 경제 상황, 특히 물가 동향이나 수출입 무역 상황 등 회사 경영에 영향을 미치는 조건에 대한 정밀한 분석이 결여되었다는 점이다. 이 책이 대상으로 하는 시기가 비교적 장기에 걸친 것이기 때문에 그 변화와 회사 설립의 추이를 관련지우는 일은 일단 유보할 수밖에 없었다.

1장

개항 이후(1876~1894) 한인 회사의 성립

1. 회사의 출현과 정부의 식산흥업정책

1) 회사의 출현 배경

(1) 회사에 대한 인식

우리나라에서 회사라는 명칭의 조직은 일차적으로 서구 문물을 도입하려는 개화파 지식인들의 노력에 의해 출현했다. 회사에 대한 최초의 기록은 1882년 유길준(兪吉濬)이 저술한 『상회규칙(商會規則)』이다. 그러나 이 글은 기선회사의 예를 들어 상업 진흥 방략을 개진하는 데 머물러서, 회사의 설립 방법까지 제시한 것은 아니었다.*

서구의 회사 제도를 본격적으로 소개한 최초의 글은 1883년 10월 21일자 『한성순보(漢城旬報)』에 게재된 「회사설(會社說)」이다. 이 글에서는 "대저 회사란 여러 사람이 자본을 합하여 여러 명의 농공(農工), 상고(商賈)의 사무를 잘 아는 사람에게 맡겨 운영하는 것"이라 하여[1] 회사의 개념을 소개하고, 이어 주식회사(株式會社), 합명회사(合名會社), 합자회사(合資會社)의 설립 방식을 각각 상세히 기술했다. 그런데 이미 18세기에 유수원(柳壽垣)이 「우서(迂書)」에서 '자본을 내서 중력(衆力)을 합(合)하는 것이 장사에 유익'하다고 주장한 바 있듯이,[2] 합자영상(合資營商)이 유리하다는 생각은 일찍부터 널리 퍼져 있었다. 다만 「회사설」에서 주목되는 점은 회사라는 이름의 기업 조직에 대해 언급했을 뿐 아니라, 그 설립 방식을 상세히 다루었으며, 정부와 상약(相約)을 통한 회사의 영업 기반 확보를 주장했다는 점이다. 특히 "농공(農工), 상고(商賈)의 사무를 잘 아는 사람에게 맡겨 운영'한다는 대

---

*『兪吉濬全集』 4, 「政治經濟編」 一潮閣(1971), p.89 참조. 유길준은 「西遊見聞」에서도 주식회사의 설립 방법과 국가의 지원, 수식 및 사채의 발행 등을 소개했다. 『兪吉濬全集』 1, 「西遊見聞」.

목에서는 이 글의 필자가 소유와 경영의 분리라는 근대적 회사 운영의 핵심 원리를 이해했음을 알 수 있다. 이는 단순한 '합자 또는 결사'를 통한 대규모 영상(營商)과는 구분되는 것으로 당시 일반적이던 동업자 조직(都中)이나 도고류(都賈類)와는 다른 기업 조직을 상정한 것이다.

개항 직후 개화파 지식인들은 산업을 육성하여 부국강병을 달성해야 한다고 주장했는데, 회사는 그를 위한 제도적·조직적 틀로 설정되었다.[3] 그리하여 「회사설」에서는 또한 "각국 정부가 어떤 회사가 국가에 이로운 것으로 판단되면 장려하는 방법이 매우 많다. 그중 가장 중요한 방법이 둘인데, 하나는 정부와 회사가 서로 계약하는 것이다. ……더러는 정부가 회사의 이익을 보증(保證)하기도 하는데. ……"라고 하여, 국가가 회사를 적극적으로 보호해야 하며 더 나아가 관독상판형(官督商辦型)이나 관상합판형(官商合辦型)의 회사를 설립할 필요도 있다고 주장했다.*

개화파 지식인들이 회사에 관한 지식을 입수한 데에는 조사시찰단과 영선사의 파견이 결정적인 역할을 했던 것으로 보인다.[4] 중국에서는 대략 1860~1870년대를 거치면서 관영 군수 공장이 다수 설립되었으며,** 관독상판형, 또는 관상합판형 기업도 양무파(洋務派) 관료들의 화폐 자산을 배경으로 출현하기 시작했다.[5] 중국의 대표적인 관독상판형 기업이던 초상국(招商局)은 1882년에 이미 영선사 일행과 계약하여 제1차 초상국 차관(借款)을 성립시킬 정도였기 때문에,[6] 이에 대해서는 당시 지식인들도 상당한 정

---

*官督商辦型 기업이란 중국에서 양무파 관료들이 주도하여 설립한 것으로, 국가 자금으로 창업해 관료들이 기업의 중추를 장악하되 민간에서도 자본을 모집하고 그 경영은 상인에게 맡긴 기업을 말한다. 관독상판형 기업은 세제상의 우대조치나 관용물자의 독점거래, 기타 영업독점권 등의 특혜를 누렸으며, 중국 정부는 외국자본주의의 압력으로부터 중국 기업을 보호한다는 명분으로 이를 합리화했다. 官商合辦型 기업은 정부와 상민이 합자한다는 점에서는 관독상판형과 같으나 기업 운영에 대한 정부의 감독이 없다는 점에서 다르다. 小島晋治·丸山松幸 著, 朴元熇 譯, 1984 『中國近現代史』 지식산업사, pp.41－42.

**1881년 중국에 파견된 領選使 일행이 위탁교육을 받은 天津機器局 역시 당시의 대표적인 관영공장이었다. 金正起, 1976 「朝鮮政府의 淸借款導入(1882~1894)」 『韓國史論』 3; 趙璣濬, 1983 「韓國 民族資本의 成立에 관한 硏究: 開港부터 韓日合邦까지」 『亞細亞硏究』 6－1, p.5 참조.

보를 가지고 있었을 것이다.

메이지유신(明治維新) 직후 일본 정부도 민간 회사의 설립을 지원한 바 있다. 메이지 정부는 1868년 지폐 발행 기관으로 설립한 상법사(商法司)를 통해 식산흥업정책 일반을 관장했으며, 그 후신인 통상사(通商司)에서는 1869년부터 각지에 통상회사(通商會社), 위체회사(爲替會社)들을 설립하도록 하고 그를 지도·감독했다. 또 각종 사업회사(事業會社), 물산기립회사(物産起立會社), 개간회사(開墾會社) 등에 정부 자금을 대부했다. 1880년대 이전까지는 각종 주식회사도 반관반민(半官半民)의 형태로 조직되는 것이 일반적이었다.[7]

여러 경로를 통해 중국과 일본의 사례를 접했을 개화파 지식인들이 정부 주도의 회사 설립을 주장한 것은 당연한 일이었다. 그리하여 1880년대 초반부터 정부 주도로 기기국, 직조국(織造局), 조지국(造紙局), 광무국(礦務局), 박문국(博文局), 연무국(烟務局) 등의 관설 제조장이 설치되기 시작했는데, 이들은 대개 회사 형태를 취했다. 예를 들어 1883년경에 설립된 연화연무국(蓮花烟務局)은 「회사설」에서 제기한 것과 흡사한 관독상판형 회사의 형태를 취했는데,[8] 이는 직조국이나 조지국 등 '국(局)'의 명칭을 가진 다른 제조장들도 마찬가지였다고 생각된다. 회사 형태의 관영 제조장 설치는 민간 상공업자들에게도 큰 영향을 미쳐[9] 같은 시기에 대동상회(大同商會, 1883), 의신회사(義信會社, 1884) 등 상회, 회사의 명칭을 내건 민간 기업 조직도 출현했다.

(2) 구래의 상업 관행과 상업 조직

1880년대 초반에 출현한 회사들이 개화파 지식인들의 영향을 받았음은 분명하지만, 그들이 제시한 회사 설립 방안을 그대로 따르지는 않았다. 실제로는 구래의 상업 조직을 부분 재편하거나 명칭만 '회사'로 바꾼 경우가 많았다. 1885년 왕명(王命)으로 설립된 교하농상사(交河農桑社)는 절목(節目)에

"젊은이로 나이든 이를 능멸하는 자, 상민으로 양반을 능욕하는 자는 각별히 엄징할 것", "가난하여 장례 비용을 마련하지 못하는 자는 동리에서 추렴하여 장례를 치러줄 것" 등의 규정을 두었고,[10] 같은 해의 『경성농상회장정(京城農桑會章程)』도 "회원은 매사에 서로 믿어 화평함에 힘써야 하며 형제와 같은 우의를 지녀야 한다. 충효와 덕업으로 권면하고 애경사에 서로 참여하며 환난(患難)을 서로 구제하기를 세세자손이 한 집안 식구처럼 해야 한다"라 하여[11] 향약과 같은 운영 방침을 밝혔다. 이런 규정은 광무년간(光武年間)에 설립된 일부 회사의 장정에도 나타난다. 1897년에 설립된 인천신상회사(仁川紳商會社)나 1904년에 설립된 창성사(昌盛社)의 장정에는 "회사 안에서 서로 사랑하기는 친척과 한 가지라. 애경사(哀慶事)에 서로 돕되 ……"[12] 등의 내용이 있어 그 운영 방침이 향약이나 계와 크게 다르지 않았음을 알 수 있다.

민간에 축적된 자본이 적고 상품화폐경제가 충분히 성숙되지 않은 상태에서 서구식 회사 제도를 정확히 이해하고 도입하기는 어려웠을 것이다. 또 금융제도가 정비되지 않은데다가 악화(惡貨) 남발이 지속되었기 때문에 화폐 자산이 안정성을 지닐 수도 없었다. 이같은 상황에서 경제적 이해관계만으로 결합된 조직은 불안정할 수밖에 없었다. 이 불안정성을 완화하기 위해서라도 전통적인 결사체의 운영 원리를 도입할 필요가 있었을 것이다. 한편 정부의 식산흥업정책도 아직 미흡했기 때문에 회사에 관한 법적 규정을 제대로 마련하지 못하여[13] 회사 설립자들 스스로 운영 규정을 작성해야 했다. 이때 그들이 준용할 수 있었던 것도 전통적인 결사체의 운영 방식뿐이었다.

조선 후기의 상인들은 한편으로는 국가에 대한 공동납(共同納)이라는 상업 과세의 전통에 따라, 다른 한편으로는 동업자 간의 단결과 독점 가격의 확보를 위해, 대개 업종별로 조직되어 있었고 조직의 운영 원리는 향약이나 계와 다를 바 없었다. 서울의 시전(市廛) 상인들이 취급 물종별로 도가(都家)를 구성했을 뿐 아니라, 각 지역의 객주들도 객주도중(客主都中)으로 조직되었다. 또 보부상들 역시 도중(都中)과 같은 배타적 동직조합에 소속되어야 했다. 그리하여 "한국의 상업은 고유한 특질이 있는데 그중에서도 가장 현저한 것은 많은 전매조합의 존재다"[14]라는 지적이 나왔던 것이다. 물론 이들 조직은 중세적인 동직조합으로 근대적 회사와는 거리가 있다. 다만 이같은 조직 활동의 경험이 결사영상(結社營商), 또는 합자영상(合資營商)에 유리하게 작용할 수는 있었을 것이다.

요컨대 1880년대 초반에는 서구적 회사의 명칭이나 규례를 채용할 수는 있었지만, 그것은 구래의 상업 기구가 지니고 있던 속성을 부분적으로 변개(變改)함으로써만 가능했을 뿐, 전통과 완전히 단절된 회사를 출현시킬 수는 없었다. 이처럼 과도적인 회사가 설립된 것은 이 시기에 들어 비로소 '회사' 조직이 갖는 경제적 이점을 인식하게 된 때문이라기보다는, 자본 규모를 확대하지 않고서는 개항 이후 새롭게 전개되는 상황에 대응할 수 없었기 때문이라고 보아야 한다. 개항 이후 대외무역과 국내 시장이 모두 확대되었던바, 이를 감당하기 위해서는 자본 규모의 확대가 절실했다. 그리하여 일부 상인들이 '회사'의 명칭을 채용하여 합자영상, 또는 결사영상의 상업 조직을 만들고, 그를 구래의 상업관계 속에서 축적해온 조직적 경험에 입각하여 운영했으니, 이것이 초기의 상회사들이었다.

(3) 외국 상회사의 침투

개항 이후 회사의 출현을 자극한 또 한 가지 요인은 개항장 일대에 진출한 외국 상회사들이었다. 개항 직후 미츠이구미(三井組), 고니시키구미(小錦組) 등 일본의 합자회사들이 부산에 진출한 것을 필두로 하여,[15] 1879년에는 원산에만 미츠비시(三菱)상회, 미츠이구미(三井組), 스미도모(住友)상점 등 15~16개의 일본인 회사들이 자리잡았다.[16] 세 항구 중 가장 늦게 개항한 인천에도 제일은행(第一銀行), 협동상회(協同商會), 오쿠라구미(大倉組), 게이다구미(慶田組) 등의 일본인 회사와 세창양행(世昌洋行), 이화양행(怡和洋行),

타운선상회 등의 구미인(歐美人) 회사가 진출했다.[17] 1882년 한성개잔(漢城開棧) 이후에는 서울에도 협동상회, 오쿠라구미, 게이다구미 등의 일본인 회사와 동순태(同順泰), 광대호(廣大號), 금성동기(錦城東記) 등의 청상(淸商) 조직이 들어왔다. 특히 청상들은 경인 간의 화물과 여객 운송을 목적으로 기선회사(汽船會社)와 마차회사(馬車會社)를 따로 설립하기도 했다.[18] 이들 외국 회사들은 풍부한 자본력과 우월한 경영 기법 등을 통해 한국 상인들에게 적지 않은 자극을 주었을 것이다.

1882년 「조청상민수륙무역장정(朝淸商民水陸貿易章程)」의 체결과 뒤이은 조영수호조규(朝英修好條規)의 체결을 계기로 급속히 확대된 외상(外商)의 내륙 침투도 상권 옹호를 위한 결사의 필요성을 높였다. 외국 상인의 내륙 행상은 지방 객상(客商)들의 활동 영역을 잠식했을 뿐 아니라 개항장 객주를 통한 거래를 위축시키기도 했다. 이같은 상황에서 외상에 대항하기 위한 결사영상의 움직임이 본격화한 것은 당연한 일이었다.[19] 그리하여 1883년에는 대동상회, 태평회사, 의신회사 등의 상회사가 출현하여 내륙 각지를 무대로 활동하기 시작했으며, 같은 해에 원산에서는 객주들이 객주상법회사를 설립하기에 이르렀다.

그런데 개항 직후에는 외국 회사들이 침투할 수 없었던 평양, 천안, 안동 등 미개항구(未開港口)나 내륙 지역에서는 합자 형태의 민간 회사가 적지 않게 설립되었던 반면, 개항장에서는 회사 설립이 오히려 부진했다. 개항장에서는 명칭은 회사지만 합자조직이 아닌 상인결사(商人結社)가 먼저 만들어졌는데, 그 이유로는 다음 세 가지를 생각해볼 수 있다.

첫째는 부산을 제외하고는 개항장이 대개 구래의 상업 중심지에서 벗어난 곳에 설정되었다는 점이다. 개항 직전까지 국내 상업은 서울-의주를 잇는 대청(對淸) 교역로 연선과 강경(江景) 등의 내륙 포구를 중심으로 발전하고 있었고, 유력 상인들도 이들 지역에 몰려 있었다. 개항 이후 개항장이 새로운 상업 거점으로 부상했지만 유력 상인들이 곧바로 근거지를 옮기지는 않았을 것이다.

둘째는 개항장 객주의 출자(出自)와 활동 근거상의 특징이다. 개항장 객주들은 대개 기존의 상업 중심지에서 이주해온 신흥 상인들이었기 때문에,[20] 짧은 기간 내에 합자, 동업할 만한 상호 신용을 쌓을 수는 없었을 것이다. 또 개항 직후 수출입 무역이 급증함에 따라 이들이 그 활동 영역을 매매알선, 중개 이외의 영역으로까지 확대할 만한 여유를 갖기도 어려웠을 것이다. 그리하여 개항 직후 이들 간의 관계는 상호 협력보다는 상호 경쟁의 논리에 더 크게 규정되었을 것으로 보인다.*

셋째로 들 수 있는 것은 거류지 무역 기구의 특징이다. 개항 이후 무역량의 증가에 따른 시장의 확대는 개항장에만 국한하지 않았다. 개항장이 대외무역의 통로가 됨에 따라 그와 연결된 내륙 시장도 급속히 확대되었다.** 그런데 거류지 무역 기구 하에서 외국 상인의 내륙 시장 접근은 원칙적으로 차단되어 있었기 때문에[21] 확대된 상업 활동 공간이 토착 상인들에게 상당한 성장 기회를 제공해주었다. 이들은 주로 내륙 시장과 개항장을 연결하는 상품 유통을 담당했는데, 거래 물량이 늘어나는 만큼 자본 규모를 확대하려는 욕구도 커졌을 것이다. 이것이 바로 초기 회사들이 미개항장인 평양, 의주 등지의 전통적 대도시를 거점으로 하면서 안동, 강경, 황산포 등 내륙의 상업 중심지에 지사를 설치하는 방식으로 활동 공간을 마련한 배경이었다.

---

*개항장 객주들이 상법회사류의 조직을 만들게 된 것은 일본인들이 상업회의소를 기반으로 한인 객주들을 조직적으로 억압하는 상황에 대응할 필요가 있었기 때문이었다고 생각된다. 일본인들은 1879년 釜山港會議所를 필두로 하여 1881년 元山日本人商業會議所, 1886년 仁川商業會議所를 각각 설립했던바, 한인의 상법회사 설립은 세 곳의 개항장 모두에서 일인을 追隨하여 이루어졌다. 大韓商工會議所, 1976『商工會議所九十年史』p.25.

**李憲昶은 개항장 시장권의 확대가 국내 분업 관련의 확대를 동반하면서 진행되었음을 밝히고, 그것이 상품 생산 자체의 증대를 초래했다고 했다. 李憲昶, 1989「開港期 市場構造와 그 變化에 관한 硏究」서울대 경제학과 박사학위논문 참조.

2) 개항 직후의 식산흥업정책과 관영·관독상판형 기업

(1) 관영·관독상판형 기업의 설립

정부는 1880년 수신사 김홍집(金弘集) 일행의 귀국을 계기로 근대화 사업을 본격 추진하기 시작했다. 이는 ① 서양 문물 도입과 대외 교섭을 통할하는 통리기무아문(統理機務衙門) 설치, ② 조사시찰단(朝士視察團, 1881), 영선사(領選使, 1881) 등 외국 문물 시찰단 및 유학생단 파견, ③ 기기창(機器廠, 1883), 박문국(1883), 직조국(1885), 잠상공사(蠶桑公司, 1884), 조지국(造紙局, 1887) 등 관영 제조장 설치, ④ 제중원(濟衆院, 1885), 육영공원(育英公院, 1886), 별기군(別技軍, 1881), 우정국(郵政局, 1884) 등 신식 의료·교육·군사·통신 기관 설치, ⑤ 제 외국과의 조약 체결을 통한 통상 관계의 확대 등으로 전개되었다. 그리고 그 기본 방침은 임오군변 직후인 1882년 7월 30일 고종이 조영하(趙寧夏), 김홍집을 통해 이홍장(李鴻章)에게 전달한 「선후사의6조(善後事宜六條)」를 통해 제시되었다.[22] 「선후사의6조」의 내용은 '안민지(安民志), 용인재(用人才), 정군제(整軍制), 이재용(理財用), 변율제(變律制), 확상무(擴商務)'였던바, 이는 근대화를 위한 제도적 기반을 정비하는 한편 대외 통상 관계를 주도적으로 확대하겠다는 의지를 표명한 것이었다. 정부는 이러한 원칙 하에 군인 폭동으로 표출된 민중의 반발과 척사론자들의 반대에도 불구하고 일부 관료와 재야 지식인의 지원을 받아 근대화 정책을 추진해갔다.*

새로운 기구가 설치되고 각종 제도가 정비되는 와중에 고종은 1884년 9월 식산흥업을 강조하는 전교(傳教)를 내렸다. 고종은 여기에서[23] 농업과 잠업, 목축업, 제조업 등 주요 산업 전반에 걸쳐 그를 감독하는 관청·기구

*고종이 '선후사의6조'를 전달한 다음 달인 9월에는 幼學 高穎聞이 상소를 올려 "一 學習歐西技藝 …… 一 採鑛 …… 一 設商會所及國立銀行"이라 했는데, 이는 '선후사의6조' 중의 리재용, 확상무의 내용을 구체화한 것으로서, 당시 재야 유생 일부가 정부의 개화정책을 뒷받침하고 있었음을 보여준다. 『高宗實錄』 卷19, 고종 19년 壬午 9월 22일.

를 설치하고 절목을 마련할 것을 지시했다. 이는 이 시기 산업 근대화 정책의 강령이라 할 만한 것으로서, 당시 이미 몇 개의 관서는 설치되어 있었지만, 이를 계기로 각종 관영 공장과 그를 관장하는 기관, 그리고 관민합영(官民合營)의 회사들이 속속 설립되었다.

당시 설립된 제조장이나 회사는 대개 관영 또는 관독상판형으로 운영되었다. 관영 제조장은 정부가 재원을 모두 조달하고 외국(淸國) 기술자와 내국인 직공을 고용하여 직영한 것이며, 관독상판형 기업은 상인들에게 일부 자본을 분담시키되 경영은 정부에서 직접 감독한 것이다. 관독상판형 기업의 설립 방식은 연화연무국(1883)과 경성농상회사(京城農桑會社, 1885)를 통해 살펴볼 수 있다.

연화연무국은 1883년 서울 동부(東部) 연화방(蓮花坊)에 설립된 것으로 연무제조국이라고도 했다. 이는 권연초(捲烟草)의 제조 판매를 목적으로 한 것으로 그 장정 제1조에 "이번 통상(通商)의 본의는 오직 중화(中華)와 개화(開和)하는 데 있으니 규정과 격식의 차이가 있게 되어 갈등을 빚어서는 안 된다. 고용인에 대한 보수의 후박(厚薄)은 각국(各局)과 한 가지로 상의하여 정하며 혹 서로 줄이는 일이 있어서는 안 된다"고 하여 먼저 기기국이나 직조국과 마찬가지로 청인(淸人)을 고용한 신식 제조국임을 밝히고 있다.[24] 이어 제2조에서는 상인들을 모아 각기 상평전(常平錢) 20냥씩을 내게 하고 그중에서 세를 징수한 후 통리아문의 감독 하에 영업하도록 했다.[25] 이하에서는 총무(總務), 협무(協務), 참무(參務), 위원(委員) 등의 직제를 규정하고 연화연무국에서 제조한 권연초는 통리아문의 빙표(憑票)를 지닌 자들만 판매할 수 있도록 했다.

따라서 연화연무국은 공장(工匠)을 고용하고 업무를 감독하는 등의 경영 책임은 통리아문이 지되 자본을 조달하고 물품을 판매하는 등의 영업 활동은 상인들이 담당한 전형적인 관독상판형 기업이었다. 또 장정에서 고용 청인에 대한 규정을 여타의 '국(局)'과 동일하게 하도록 한 것으로 보아 이

표 1-1. 관영·관민합영의 산업 시설(1883~1894)

연도	명칭	업종	자금원
1883	蠶桑公司	양잠, 생사제조	海關稅
	機器廠	무기제조	淸借款
	三湖玻璃局	유리 제조	不明
	蓮花烟務局	연초제조	民資
	博文局	인쇄, 출판	新稅創設
	廣印社	인쇄, 출판	不明
	惠商公局	상업	內帑錢
	轉運局	운수업	新稅創設
	典圜局	화폐 주조	淸借款
1884	農務牧畜試驗場	농업, 축산업	不明
	礦務局	광업	淸借款
	汽船會社	운수업	外資
1885	交河農桑社	농업	民資
	織造局	직조업	海關稅
	造紙局	제지업	不明
1886	電報局	전보통신	淸借款, 新稅
1888	製藥所	화약	不明
1889	製粉所	제분업	不明
1893	利運社	운수업	民資
1894	京城農桑會社	농업	民資
	包蔘公司	인삼무역업	不明

자료: 『陰晴史』『續陰晴史』『漢城旬報』『高宗實錄』『統記』 등을 토대로 작성.

시기에 설립된 순화국(順和局), 양춘국(釀春局), 두병국(豆餠局) 등도 대략 비슷한 형태로 설립, 운영되었던 것 같다. 연화연무국에 부여된 특권은 다른 '국'들에도 동일하게 부여되었을 것이다.

한편 1885년 고종의 전교에 의해 설립된 경성농상회사는 절목(節目)에서 "회원은 각자 고전(股錢) 50냥을 출자한다"고 하는 동시에, "회원 중 고전을 두 배로 내는 사람이 있으면 이익금 분배도 두 배로 한다"고 하여 회원들의 출자금으로 운영되는 일종의 합자회사임을 밝히고 있다.[26] 이 장정에서 특히 주목되는 것은 "다른 도(道) 사람들이 우리 회(會)를 모방하려 하면, 제반 장정과 농기구, 물 끌어대는 법 등을 상세히 가르쳐준다"고 하여 이 회사를 향후 전국 각도에 설립할 동종(同種) 회사의 모범으로 삼으려는 의지를 표명하고 있는 점이나. 또 "어떤 사람이든 경향(京鄕)에 출몰하면서 회무(會務)를 방해하는 자는 적발하여 처벌한다"고 하여 회사의 운영을 방해하는 자에 대한 처벌조항을 둠으로써 보호 의지를 천명하고 있는 것도 이후 정부의 회사 정책과 관련하여 주목되는 점이다. 경성농상회사는 민간 자본으로 설립되었지만 운영은 정부의 강력한 통제 하에 있었고, 활동은 법으로 보호받았다.

또 경성농상회사와 동종의 회사를 다수 설립할 구상을 표명한 것은, 당시 정부가 전국적인 개간 사업을 추진하려 했으며 그 중추 기구로 회사를 상정했음을 보여준다. 이 시기에 정부는 회사를 산업 근대화를 위한 중심 추진 기구로 설정했으며, 특정 부문에는 민간 자본을 끌어들여 부족한 재원 문제를 해결하고자 했다. 개항 후 10년 이내에 거의 모든 산업 부문에 관영 공장을 설치할만큼, 정부는 산업 근대화에 적극적이었다.

민간 자본의 축적이 부족한 상태에서 대자본을 동원할 필요가 있는 근대적 생산 시설은 정부 주도로 설립될 수밖에 없었으며, 이는 서구 자본주의의 침투에 맞서 급속히 근대화를 추진해야 했던 동양 3국이 보편적으로 채택한 방안이기도 했다. 중국에서는 관영 제조창과 관독상판형 상회사가 근대적 산업을 선도했으며, 일본의 경우도 최초의 근대적 기업은 거의가 관영공장들이었다.[27] 또 이들 양국에서 최우선으로 설립, 개발한 분야도 군수공업과 광업이었다.[28] 따라서 조선 정부가 이 시기에 취한 식산흥업정책은 이미 조선보다 앞서 서구 자본주의 제국과 통상조약을 체결한 중국·일본의 방식을 충실히 따른 것이었다고 할 수 있다.

(2) 관영·관독상판형 기업의 운영 실태

1884년 9월 식산흥업에 관한 전교를 전후하여 정부는 각종 근대적 제조공장을 설립하기 시작했다. 표 1-1에서 본 바와 같이 당시 관영 제조장은 고종이 제시한 모든 업종을 망라했다. 즉 교하농상사, 잠상공사, 직조국, 삼호파리국(三湖玻璃局), 조지국이 모두 전교에 제시된 생산 부문에서 설립된 것들이었다. 이밖에 기기국, 연화연무국, 제약소, 제분소, 사기소(沙器所) 등도 관영 또는 관독상판형으로 설립되어 초기 식산흥업정책의 주요 추진 기구로 활동하기 시작했다.

그런데 관영이나 관독상판형 제조장의 운영은 그리 성공적이지 못했다. 1883년 삼청동에 설립된 기기국의 경우,* 1891년 초까지 청국에서 각종 기계와 화약을 구입하는 등 활동을 지속하고는 있었지만,** 이미 1885년경부터 고용된 청국 공장(淸國 工匠)의 임금을 제때에 지불하지 못할 정도로 곤궁을 겪고 있었다.[29] 그에 따라 1891년 9월에는 설비를 만리창(萬里倉)으로 옮기고 명칭도 기계소(機械所)로 변경한 후, 인천·부산 두 항의 영업세 수입만으로 근근이 운영하는 상태가 되었다가 얼마 후 활동을 중단해버렸다.[30] 그러나 1899년에 김가진(金嘉鎭)이 그 설비를 차득(借得)하여 방적업(紡績業)을 시도한 것으로 보아 설비는 남아 있었던 듯하다.[31] 생사(生絲) 수출을 목적으로 1884년부터 준비되었던 잠상공사 역시 1886년에 종상소(種

---

*金允植, 『陰晴史(下)』 고종 20년 癸未 4월. 기기국의 설립·운영 자금은 전적으로 淸 차관에 의존했는데, 1889년경부터는 신규차관의 대부분이 차관 원리금 상환에 사용되었기 때문에 그 운영에 심대한 타격을 입었다. 이에 대해서는 金正起, 앞의 글 참조.

**기기국은 설립 이래 機器廠의 운영을 위해 제반 기계와 생산원료를 계속해서 구매했다. 1886년 8월에는 機器局委員 趙義淵을 상해에 파견하여 각종 기기를 구입해 오도록 했으며(『統理交涉通商事務衙門日記』[이하 『統記』로 略記] 병술 8월 25일), 1888년 7월에는 역시 機器局 幇辦 조희연이 火輪船 1척을 貿得해온 바 있고(『統記』 戊子 7월 21일), 8월에는 別遣官 崔錫永이 淸國에서 織造機械 등을 구입했다(『統記』 戊子 8월 4일). 나아가 1889년 10월에는 2마력짜리 原動機 1坐, 造銃器械 3坐, 內鑽穴機 1坐, 粗砲機 1坐, 細砲機 1坐 등 무기제조에 필요한 기계를 구입했다(『統記』 己丑 10월 25일). 이로 미루어볼 때 機器廠에서는 적어도 1889년 말까지 무기제조를 계속한 것으로 보인다.

桑所)를 설치하고 상수(桑樹)를 구입하는 한편 약간의 생사를 수출하는 등 의욕적으로 움직였으나 결국 재원 부족으로 1889년 4월 책임자 매텐스(H. Maertens)를 해고하고 말았다.[32]

다른 관영 제조장도 사정이 크게 다르지 않았다. 갑신정변으로 일시 활동을 중단했다가 1885년 중설(重設)된 박문국은 경비 부족으로 신세(新稅)를 창설하여 운영 자금을 조달했으며* 1888년 6월경에 철폐되었다.** 1885년에 설립된 직조국 역시 해관세(海關稅) 수입을 자금원으로 삼아 중국에서 견사(絹絲)를 수입하고 중국인 공장(工匠)을 고용하여 생산을 지속했지만,*** 1891년 초에는 임금조차 지불할 수 없는 상태에 빠져 철폐되고 말았다.**** 그밖에 제분소나 제약소와 같은 소규모 공장도 1889년경부터는 사료에 나타나지 않는다. 그러나 광무국, 전운국(轉運局), 전환국(典圜局) 등 해관세 수입이나 차관에 의존하지 않고 자체적으로 필요한 재원을 확보한 기관은 갑오개혁 전후까지도 지속되었다.

개항 직후 식산흥업정책의 일환으로 설립, 운영된 관영 제조장들이 오래 지속되지 못한 요인으로 당시 관료나 상인들이 근대적 기업 경영에 미숙했던 점, 상품경제의 발전이 뒤쳐져 있어 생산물의 판로를 확보하기 어려웠던 점 등을 들어야 할 것이지만, 이같은 난점은 후진 지역들이 공통으로

---

*"關完營 因重設博文局 而經用不敷 本道全州境內 鹽乾生鮮魚物海衣南草收稅 自本衙門屬之該局" 『統記』 乙酉 11월 8일. 博文局이 일시 폐지된 후 그 업무는 관독상판형 회사인 廣印社에서 인수했으나, 박문국이 重設됨으로써 그 또한 곧 철파된 것으로 보인다. "本衙門 初期 啓曰 去年變亂之際 博文局 亦在毁破 仍爲停工矣 今更移設于廣印社" 『統記』 乙酉 3월 28일.

**박문국의 운영난은 『漢城周報』의 구독료가 제때에 징수되지 않음으로써 한층 심화되었다. 그리하여 박문국 철파 직전까지 각지에 구독료를 속히 징수하여 상송할 것을 지시했지만 제대로 지켜지지는 않았다. 『統記』 丁亥 11월 10일; 『各處所志謄錄』 戊子 7월 22일, 11월 4일 등.

***織造局에서는 1885년 11월 織造用 經絲 1천 냥을 중국에서 직접 수입하는 등 직조생산을 본격화하려 했던 것으로 보이나, 1891년 하반기가 되면 清人의 工賃조차 지불할 수 없는 상태에 빠지게 된다. 『統記』 辛卯 9월 28일.

****1891년 10월 22일 統理衙門에서는 織造局 監董 全中基에게 고용된 清人에게 밀린 임금을 지불하고 해고하라고 지시했는데, 이때는 이미 재정 곤란으로 직조국의 직포가 중단된 후였다. 『統記』 辛卯 10월 22일.

당면한 문제였다. 조선에서 새로운 시도가 결실을 맺지 못한 더 근본적인 원인은 이들 기업을 운영할 재원을 확보하지 못한 데에 있었다. 정부 주도로 근대적 산업을 육성한다는 애초 구상은 재정난 심화에 따라 좌절했던 것이다.

정부 직영의 근대적 산업 시설은 외국 차관이나 새로운 세목(稅目)의 창출을 통해서만 설립될 수 있었다. 표 1-1에서 보는 바와 같이 1883년의 기기창(機器廠)과 익년의 광무국 설립이 청의 초상국(招商局) 차관으로 이루어진 이래,[33] 정부의 근대화 정책 추진에 필요한 자금은 거의가 차관이나 해관세를 통해 충당되었다. 연화연무국이나 광인사(廣印社)와 같은 일부 제조업 관련 시설에 민자(民資)를 동원한 예가 있기는 하나,[34] 기본적으로는 모든 재원을 재정 자금으로 충당하는 방식을 택했기 때문에,[35] 만성적인 재정 곤란에 시달리던 정부가 그를 지속하기는 어려웠다.

정부는 식산흥업정책을 지속하기 위해 새로운 재원을 찾지 않을 수 없었고, 이때 주목한 것이 개항 이후 급속히 확대된 대외무역 과정에서 발생하는 잉여였다. 그것은 첫째로 해관세 수입이었고, 둘째로는 개항장 상인들이 얻는 이윤이었다. 이 중 초기 식산흥업정책에서 중요한 역할을 한 것은 해관세 수입이었다. 초기의 해관세 수입은 대부분 통리아문 경비를 비롯하여 외국인 교사의 봉급, 제중원이나 육영공원 등 신식 의료·교육 기관의 경비, 전보국 경비, 잠상공사 경비, 전운국·직조국·통제영 경비 등으로 지출되었고, 일부는 해관 시설비와 개항장 내 각국 거류지 공사비로 충당되었다.[36] 해관이 창설된 1883년부터 여러 근대적 시설이 본격 설치된 점을 고려한다면, 해관세 수입을 근대화 정책의 재원으로 삼는 것이 당시 정부의 기본 구상이었다고 해도 좋을 것이다.

그런데 해관세는 처음부터 재정 자금으로 활용되기 어려운 문제점이 있었다. 해관세 징수가 본격화한 것은 1883년 4월 묄렌도르프가 총세무사로 임명된 이후였지만,[37] 해관 창설 자체가 청 차관을 통해 이루어졌고 그 담보가 해관세 수입이었기 때문에[38] 수입 중 상당 부분을 바로 차관의 원리금 상환에 써야 했다. 그리하여 1889년부터는 해관세 수입 중 차관 상환금으로 지출되는 액수가 수입 총액의 절반을 넘어섰다.* 이런 상황에서 해관세가 근대화 정책 추진을 위한 자금원 구실을 할 수는 없었다. 정부로서는 근대화 정책을 포기하지 않는 한, 별도의 재원을 찾아야 했다. 여기에서 다시 주목된 것이 바로 내국(內國) 상인들이 대외무역에서 취득하는 이윤의 일부였다. 이때부터 중앙 차원의 객주과세(客主課稅)가 본격화했다.

3) 정부의 회사 정책

개항 이후 1880년대 중반까지 정부의 회사 정책은 동도(東道) 근대화 정책의 일환으로 전개되었다.[39] 일부 지식인과 관료들은 정부가 회사를 적극 보호함으로써 부국강병의 실(實)을 거둘 수 있다고 보았다. 정부는 이들의 의견을 받아들여 관영 제조장을 설치함으로써 근대적 산업 시설의 모범을 보이는 한편, 경우에 따라서는 이들 제조장에 민간 자본을 끌어들여 관독상판형으로 운영하기도 했다.

관영 제조장과 관독상판형 기업이 출현하던 때, 민간에서도 회사 명칭을 쓰는 기업 조직이 출현하기 시작했다. 1883년 6월 김윤식(金允植)은 "평안도인이 처음 상회(商會)를 만들었는데 대동상회(大同商會)라 했으며, 외아문(外衙門)이 보호했다. 서울 중촌(中村) 사람들도 장통방(長通坊) 준천사(濬川司)에 상회를 만들어 장통상회(長通商會)라 했는데 내아문(內衙門)이 보호했다. 기타 권연국(捲烟局), 양춘국(釀春局), 두병국(豆餅局) 등의 명칭이 차차

*1889년 당시 인천항의 해관세 수입 중 차관 상환에 충당된 비용은 7,207圓 7角으로 해관세 지출 총액의 53%에 달했으며, 부산항과 원산항의 해관세 수입 중 개화 정책에 지출된 비용은 전무한 상태였다. 須川英德, 1989「朝鮮開港後1880年代の生絲輸出試圖について: 內衙門布示と蠶桑公司」『朝鮮史研究會論文集』26, pp.201－202.

나타났다"라 하여 대동상회(大同商會)와 장통상회(長通商會)를 우리나라 최초의 회사로 지목했다.[40] 그런데 여기에서 몇 가지 흥미로운 사실을 발견할 수 있다.

첫째는 회사를 구관(句管)하는 관청이 통일되어 있지 않았다는 점이다. 대동상회는 외아문(外衙門)에서, 장통상회는 내아문(內衙門)에서 각각 보호했다는 것은 회사의 관할권은 물론 회사 설립에 관련한 규정이 정비되지 않았음을 의미한다. 또 1885년에는 혜상공국(惠商公局)에서 인천에 상회(商會)를 별설(別設)할 것을 통리아문에 요청하여 허가를 받았는데,[41] 이때 인천에 설립된 상회는 혜상공국 관할이었을 것이다. 이처럼 회사를 관장하는 기구가 달랐던 것은 도여각(都旅閣)이나 도객주(都客主) 등을 특정 아문이나 궁방에 부속시키던 관행이 지속된 때문이지만, 동시에 회사 자체보다는 그 활동 영역을 중시한 때문이기도 했다. 즉 대청(對淸) 무역의 중심지였던 평양에 설립된 회사와 국내 상업의 중심지인 서울에 설립된 회사를 각각 외아문과 내아문에서 따로 담당하게 한 것은 이들 회사가 설립된 지역의 특성을 반영한 것이다.

둘째는 민간 상인들의 회사가 권연국(捲烟局), 두병국(豆餠局), 양춘국(釀春局) 등 관독상판형 기업들보다 앞서 설립되었다는 점이다. 이는 상인들이 개항으로 확대된 국내 시장에 적극 대응하여 회사 설립을 주도했음을 보여준다.

셋째로는 흔히 사용되던 '구관(句管)'이라는 표현 대신에 '보호(保護)'라는 단어가 사용된 점이다. 이는 회사에 대한 정책의 중심이 보호에 있었음을 의미하는 것이다. 그런데 문제가 되는 것은 보호의 형식과 내용이다. 조선 후기 이래 상업세는 어염선세(漁鹽船稅)를 제외하고는 정공(正供)에 포함되지 않았고, 따라서 일반적으로 무명잡세(無名雜稅)로 분류되었다. 그러나 바로 그 이유 때문에 지방 재정의 보충을 위해 남징(濫徵)되는 경향이 있었고, 그 외에도 세도가나 궁방에 의해 임의로 창설, 부과되었다. 당시 무명잡세의 남징은 상업 자본의 축적을 곤란케 하는 중요 원인이었다. 그런 점에서 이를 중단시키는 것이야말로 상업 자본에 대한 근본적인 보호 조치가 될 수 있었다.

따라서 정부는 먼저 관할기관에 대한 납세를 전제로 빙표를 발급하고, 그 빙표를 지닌 회사원의 물품에 대해서는 다른 기관이나 개인이 징세할 수 없도록 하는 방식으로 회사를 지원했다. 그 예를 몇 가지 들어보자.

① 1883년 8월: 대동상회 빙표를 지니고 매매하는 자에게는 잡세를 징수하지 말 것[42]

② 1885년 11월: 대동상회사 선박에 대해 分稅를 징수하지 말 것[43]

③ 1887년 3월: 의신회사의 昌原府 境內 金鑛 採掘에 따른 稅는 統理衙門에서 징수하는 것인데 稅納에 中間沮戱의 弊가 있다고 하니 다시 發關함[44]

④ 1889년 4월: 汽船會社 설립 후 세납은 회사가 興旺하기를 기다려 통리아문에서 受納하기로 함[45]

⑤ 1890년 1월: 海産會社에서 일본으로부터 수입한 漁船, 漁具의 免稅通關 지시[46]

①은 거래세(去來稅) 형태의 잡세를 징수하지 못하게 한 것이고, ②는 선세(船稅)의 징수를 면제한 것이다. ③은 중앙 납세를 전제로 광산채굴권을 획득했음에도 지방관이 수세(收稅)하는 데 대한 중단 지시다. 나아가 ⑤를 통해 알 수 있는 바와 같이 일단 중앙 상납이 전제되면 관세조차도 면제해 주었다. 이를 통해 회사에 대한 관허(官許)가 중앙 상납을 전제로 한 포괄적인 면세조치를 동반했음을 알 수 있다. 또 ④에서 볼 수 있듯이 중앙 상납조차 경우에 따라서는 일정 기간 유예되었으며 그동안에도 지방 수세는 엄격히 금지되었다.[47]

회사의 중앙 상납액이 어느 정도였는지는 알 수 없지만, 면허세 형태의 정액세(定額稅)는 아니었던 것 같다. ③에서 의신회사의 광산채굴권에 따른 세액은 별도로 책정되어 있었던 것으로 보이며, 해산회사의 경우에도 세액이 백추오세(百抽五稅)로 규정되었다.[48] 또 기선회사(汽船會社)에 대해서는 소유 선척(船隻)에 대한 선패가(船牌價)로 은 20원(元)을 납부하도록 했다.[49] 그런 점에서 납세 방법이 과거와 크게 달라진 것은 아니었지만, 지방마다 부과했던 각종 세를 면제해준 것만으로도 회사의 부담은 크게 줄었다.

회사에 대한 두 번째 보호 방식은 독점매매권, 또는 사업 독점권을 부여하는 것이었다. 1886년 3월 통리아문은 경상도 좌수영에서 포경(捕鯨)하는 민인(民人)에게 중세(重稅)를 부과하는 현실을 시정하기 위해 포경회사(捕鯨會社)를 설립하여 포경업을 전담케 하니, 그 세전(稅錢)은 가볍게 하라고 부산 감리에게 지시했다.[50] 이는 지방 재정에 충당되던 세원을 중앙으로 이속시키는 조치이기는 했지만, 회사에 안정적 영업 기반을 확보해주려는 의도도 있었다고 생각된다. 회사의 포경업 독점권을 인정해주면서도 세전의 경감을 지시했기 때문이다.

또 1890년 2월 통리아문은 해산회사에 제주 일대의 어업독점권을 특허하면서 포민(浦民)이 외국인과 부동(附同)하거나 관허(官許) 없이 회사를 사설(私設)하여 어업하는 일을 금단할 수 있도록 했으며,[51] 전라도 연해에서 채취되는 우뭇가사리의 도고권(都賈權)도 해산회사 사원에게 인가해주었다.[52] 1893년에는 인천의 육운회사(陸運會社)에 경인간 화물 운송을 독점시키기도 했다.[53]

회사에 독점영업권 또는 독점매매권을 인정한 것은 도고 혁파를 추진해온 정부의 태도와는 일견 모순된다.[54] 그러나 이 시기 정부의 도고 혁파와 무명잡세 철폐 방침은 이른바 사자도고(私自都賈)나 지방 차원의 수세를 금지한 것일 뿐, 이를 전면 부인한 것은 아니었다는 점에 주의할 필요가 있다. 당시 정부는 사자도고의 독점권을 공적(公的)으로 인가된 회사 등으로 흡수하려 했다. 따라서 지방의 사자도고 행위가 불법이었던 것과는 달리 회사의 도고행위는 합법이었다.[55]

요컨대 개항 직후 회사 정책의 기본 방향은 중앙 권력과 직결된 회사에 독점권을 부여함으로써 그들을 중심으로 상업 전반에 대한 정부의 통제를 강화하는 데에 있었다고 할 수 있다. 특히 이를 회사에 대한 면세 조처나 세 부담 경감 조처와 관련하여 이해할 경우, 적어도 개항 직후에는 상업 정책의 목표가 상업세 수탈에 있었다기보다는 상업 육성을 통한 부국강병의 달성에 있었다고 보아야 할 것이다.

회사에 대한 정부의 통제가 전면적이었던 것도 회사를 통해 상업을 진흥하려는 의지에 따른 것이다. 회사는 관허를 받지 않으면 정부의 보호를 받을 수 없었다.[56] 회사의 설립은 대개 장정을 통리아문에 상송(上送)하여 인장(印章)을 받음으로써 이루어졌고,[57] 설립 청원을 기각한 사례는 확인되지 않지만,[58] 일단 인허된 회사라도 장정을 위반하거나 민폐를 유발할 경우에는 즉시 철폐되었다. 1888년 4월 의신회사가 동남 제해(東南 諸海)의 채복(採鰒) 특허를 받고도 채복을 개시하지 않음에 그를 즉시 혁파하라고 지시한 것이나,[59] 1892년 기선회사 기선이 장정에 규정된 항로를 벗어나 외국에 나갔다는 첩보를 받고 즉시 철파하도록 한 것은[60] 그 예가 될 것이다. 회사의 철폐는 사원에게 발급한 관허문빙(官許文憑)을 모두 수거하는 것으로 마무리되었다.[61] 정부의 회사 통제는 단순히 설립, 해산에 개입하는 데에 머물지 않았다. 때로는 회사의 임원 선정에도 깊이 간여하여 사장을 교체하는 사례도 있었다.[62]

그런데 이 시기의 회사들을 모두 상인들이 자발적으로 설립한 것으로 단정하기는 어렵다. 중앙에서 직접 회사의 설립을 지시한 경우도 있기 때문이다. 1885년 혜상공국에서 인천에 상회를 설립하도록 한 일이나,[63] 1887년 부산에 포경회사를 설립하도록 한 것은 관(官)의 지시에 따라 설립된 회사도 있었음을 보여준다.[64]

따라서 개항 직후의 회사는 중앙 정부의 통제와 보호를 함께 받는 상업 조직이었다고 할 수 있다. 정부는 회사를 매개로 지방 재정에 충당되던 상업세를 중앙으로 이속하는 한편, 회사로 하여금 확대되는 상권을 장악하도록 했다. 이런 점에서 당시 회사가 보유한 특권은 궁방, 세도가 등과 연계된 사적 특권과는 성격이 달랐다.[65] 일반적으로 자본의 초기 축적 과정은 특권을 배제하는 것이 아니라 특권에 입각하는 것이며, 그런 점에서 이 시기 정부의 회사 정책은 소수의 상인들에게 공적 특권을 부여함으로써 상업자본의 축적을 방조하는 것이었다고 할 수 있다.

2. 회사의 설립과 활동

1) 회사의 설립

(1) 회사의 설립 추이

회사가 처음 출현한 1883년부터 갑오개혁으로 회사 정책이 돌변하는 1894년 사이에 설립된 회사와 기업을 업종별, 경영 주체별로 정리하면 표 1-2와 같다. 1883년에 제조업 기업이 집중적으로 나타난 것은 관영 및 관독상판형 제조장이 거의 동시에 설립되었기 때문이다. 농림업과 제조업, 광업 부문은 거의가 관영, 또는 관독상판형 기업이며 상업, 운수업, 수산업 부문은 민영 회사가 압도적으로 많다. 이는 산업 자본이 형성되지 못한 사정을 반영하는 것이지만,* 한편으로는 정부가 청과 일본이 시도했던 근대화 노선을 충실히 답습한 때문이기도 했다.** 근대적 공업 시설을 갖추기 위해서는 막대한 자본과 높은 수준의 기술이 필요했지만, 외래 자본주의의 침략에 직면한 상황에서는 그 축적을 기다릴 여유가 없었다. 따라서 우선 재정 자금으로 제조장을 설립할 필요가 있었다. 그러나 1880년대 후반부터 이들 제조장과 회사의 운영을 뒷받침했던 해관세 수입의 대부분이 차관 원리금 상환에 충당되면서 이들 대부분은 별다른 성과를 남기지 못한 채 소멸해버렸다. 이 사정을 후일 『황성신문(皇城新聞)』은 이렇게 전했다.

---

*강만길은 조선 후기에 이미 상업 자본이 생산 부문을 지배해가고 있었다고 보았지만, 이는 부분적·제한적 현상이었다. 姜萬吉, 1972 『조선후기 상업 자본의 발달』 고려대학교출판부, p.200.

**일본의 경우에도 군수 공장, 광산, 철도, 우편, 전신, 전화 등 각 부문에 模範工場을 먼저 설치하고 차츰 민간에 불하하는 방식을 취했다. 일본에서 관업 중심의 경제정책이 사적 경영에 대한 보호정책으로 전환한 것은 1880년 지폐정리 이후의 일이었다. 楫西光速 外, 1965 『日本資本主義の成立 II: 日本における資本主義の發達 II』 東京大學出版會, p.380 참조.

표 1-2. 1883~1894년간의 회사·제조장 설립 상황

업종 \ 연도		1883	1884	1885	1886	1887	1888	1889	1890	1891	1892	1893	1894	계
농림업	관	1		2									1	4
	민													
	불													
	계	1		2									1	4
제조업	관	6		2			1	1						10
	민									1				1
	불	5												5
	계	11		2			1	1		1				16
광업	관		1											1
	민													
	불													
	계		1											1
상업	관												1	1
	민	3	8		3	2	3	4	3	1			2	29
	불													
	계	2	9		3	2	3	3	3	1			3	29
운수업	관		1									1		2
	민		1		1		2					1	1	6
	불													
	계		2		1		2					2	1	8
수산업	관													
	민					1	1							2
	불													
	계					1	1							2
조합	관										1			1
	민	1	1			1				1		2		6
	불													
	계	1	1			1				1	1	2		7
기타	관													
	민								1		1			2
	불	2	1											3
	계	2	1						1		1			5
계	관	7	2	4			1	1			1	1	2	19
	민	4	10		4	4	6	4	4	3	1	3	3	46
	불	7	1											8
	계	18	13	4	4	4	7	5	4	3	2	4	5	73

주: 1) 관=관영, 관독상판형 기업, 민=민영기업, 불=불명.
2) 관독상판형 기업은 관영 기업에 포함시켰음.
3) 전거는 부록의 회사 일람 참조.

> 我大韓정부에서 十餘年來로 所營한 事業이 多有치는 못하나 其略干件事라도 尙今껏 實施만 했으면 稍效를 可見하련마는 다 有始無終하여 一件도 成就한 者ㅣ 無하나니 極히 哀惜하도다. …… 最初에 蠶業을 設始할 량으로 巨款을 費하여 淸國桑種을 貿來하여 國都近地에 廣種하고(蠶桑公司=種桑所; 필자) 織造局을 設하여 器械를 準備하고 德國人과 淸國人을 雇聘하여 一二年間 暫試하더니 因爲廢棄하고 桑樹는 다 採去하며 器械는 다 破壞하여 今에는 一介도 無한 무양이오 또 加坪地에 製藥所를 設始하여 如干藥丸을 製造한다 하더니 今에 外國彈丸을 貿用하는 모양이오 其他些少한 事業이라도 有終한 바 無하여 器械局(機器局; 필자) 近地를 過하면 機械 썩는 銹臭에 人이 正鼻하고 過키 難한지라. ……66

정부가 의욕적으로 설립한 관영 기업이 성과를 거두지 못한 근본 원인은 재정 곤궁에 있었다. 정부가 자금원으로 설정했던 해관세 수입 대부분이 차관 원리금 상환에 돌려지는 상황에서는 새로운 자금원의 확보가 절실했지만, 가능했던 것은 대외무역 확대로 발생한 추가적 잉여, 즉 상업 이윤의 일부에 불과했다. 정부는 더 근본적인 개혁, 즉 토지제도의 개혁을 통한 수세 기반의 확대는 고려하지 않았다. 이 시도는 대한제국기의 양전지계사업(量田地契事業)에서야 이루어졌다. 더욱이 화폐제도의 문란은 화폐 자본의 축적을 곤란하게 했고 지속적인 인플레이션을 유발했다. 토지의 상품화가 지체됨에 따라 지주 중심의 토지개혁도 무망(無望)해졌다.*

관영 공장·기업의 운영이 지지부진한 가운데에도 민간에서는 1884년경부터 회사가 지속적으로 설립되었는데, 그중 절대 다수는 상업회사였고 운수업과 어업 회사가 그 뒤를 이었다. 상업과 운수업 회사의 설립은 개항

---

*근대화 사업이 본격화한 1883년부터 정부는 當五錢을 주조했지만, 그 파괴적 결과 때문에 곧 중단되었다. 그러나 1880년대 말에 들어 해관세 수입이 생산적 용도로 지출될 수 없는 상황이 되자 주조를 재개했다. 악화의 남발은 통화량을 증대시킴으로써 상품화폐경제의 발전을 촉진하기도 했지만, 다른 한편으로는 화폐의 蓄藏을 저지함으로써 화폐 자본이 축적되는 것을 방해했다. 吳斗煥, 1984「韓國 開港期의 貨幣制度 및 流通에 관한 硏究」서울대 경제학과 박사학위논문 참조.

이후 대외무역을 기축으로 유통량이 크게 증대한 데 따른 것이며, 어업 회사의 설립은 일본 어민들의 연안 어업 침투에 대한 대응의 일환이었다.*

(2) 회사의 설립 주체

개항 직후 각종 회사에 관계한 인물 중 단편적이나마 경력이 확인되는 사람들과 복수의 회사에 관여한 사람들을 정리한 것이 표 1-3이다. 성명이 확인되는 사람은 상회소(商會所) 관련자(대부분 개항장 객주)를 제외하면 총 76명이다. 그중 11명이 2개 이상의 회사에 관여했는데, 이는 이 시기 회사의 설립·운영에 참가하는 층이 극히 제한되어 있었음을 의미한다. 또 객주상회소(客主商會所) 관련자들의 경우에는 같은 기간 호상보험회사(護商保險會社)나 두형균평회사(斗衡均平會社) 등의 징세 보조 기관 외에 일반 상회사에 참가한 경우가 거의 없는 것으로 보아, 이 시기 상회사 설립을 주도한 상인들은 시전 상인이나 선상(船商), 기타 전통 상업도시의 상인들이었던 것으로 보인다.**

두 개 이상의 회사에 관여한 자들이 대부분 해산회사 사원이었던 점도 주목할 만하다. 해산회사는 어채(漁採)를 목적으로 설립되었지만, 어물 매매도 담당했다. 따라서 의신회사(義信會社, 李明在, 李圭一, 許濇)나 영신회사(永信會社, 金友善) 등 국내 상품 유통을 담당하던 회사에 함께 관여한 해산회사원들은 본래 어물 취급 상인이었을 가능성이 크다. 이는 상인 자본이 회사를 통해 생산 부문에까지 진출하고 있었음을 보여준다.

---

*제주도 연안에는 1884년경부터 일본 어민들이 潛水器 등을 동원하여 採鰒을 했다. 『各處所志謄錄』 庚寅 6월 17일 「濟州三邑民人等狀」.

**표 1-3에 나타난 상인들 중 개항장에서 활동한 사람은 徐相濮이 유일하다. 그는 順信昌商會 사원이었는데, 내륙의 米穀 買集을 담당했던 것으로 보인다. 따라서 그 역시 인천항에서 객주업에 종사했을 것으로 보이지만, 進供會社가 설립될 때 참여한 이외에는 25객주 열읍분장제나 10명의 客主頭目制 등에 이름이 오르지 않은 것으로 보아 인천항의 관허 객주는 아니었던 것 같다. 서상집과 타운센드 상회의 관련에 대해서는 河智姸, 1996 「타운센드 상회(Townsend & Co.) 연구」 『한국근현대사연구』 4, 한울 참조.

개항 직후 회사 설립에 참여한 상인들 중 상당수는 갑오개혁 이후까지 회사에 참여했다. 순신창회사(順信昌會社)의 서상집(徐相潗)이 1894년 진공회사(進供會社)에, 의신회사원 김병한(金炳翰)이 1898년 특립제일대한은행(特立第一大韓銀行)에, 해산회사에 참여했던 이규항(李奎恒)이 1899년 대한국내철도용달회사(大韓國內鐵道用達會社)에, 대흥상회(大興商會)의 이병선(李丙善)이 1908년 한미흥업주식회사(韓美興業株式會社)에, 포경회사의 김재찬(金載燦)이 1908년 대한수피합자회사(大韓獸皮合資會社)에 참여했으며, 이밖에 황주상회(黃州商會)의 진시명(秦時明, 1902 長淵會社), 호상보험회사(護商保險會社)의 최영화(崔永華 1898 保船會社), 의신회사의 장명호(張明昊), 장정보(張晶輔, 1910 義信合資會社) 등은 이 시기에 설립된 회사의 후신격인 회사에 참여했다.* 이는 이 시기 상인들의 회사 참여가 일시적인 것이 아니라 점차 확대되는 상품화폐경제에 대응하는 차원이었음을 보여준다. 갑오개혁 이후 대한제국기에 이르기까지 상인층의 회사 참여가 지속적으로 확대된 것도 같은 맥락이다.

반면 개항장 객주들은 주로 개항장 상법회사에만 관여했다. 이들이 본격적으로 회사를 조직하고 참여하기 시작하는 것은 러일전쟁 전후부터였다.** 개항장 객주들은 1880년대 후반 이후 통리아문에 납세하는 대가로 영업독점권을 행사했는데, 이들에게는 독점권을 확보하고 유지하는 일이 합자를 통해 자본 규모를 확대하는 일보다 더 시급하고 중요했다.

개항 직후 회사 관계자 중 관료로 파악되는 사람은 신기선(申箕善), 민응

---

*회사 관계자들의 경력은 각종 자료에 등장하는 관련자의 이름을 모두 확인하고, 그를 『大韓帝國官僚史硏究』『朝鮮紳士錄』『京城市民名鑑』『朝鮮功勞者名鑑』 등의 인명자료와 대조하여 분석했다. 이하 인명 관련 자료의 전거는 특별한 경우를 제외하면 모두 이 데이터베이스에 근거한 것이다. 이를 '기업가 DB'로 略記한다.

**이 시기 개항장 객주로 활동하다가 훗날 각종 회사에 참여하는 인물은 史泰均(원산 객주, 1908 함경농공은행), 全道善(인천 객주, 1910 客主協信商會), 徐相彬(인천 객주, 1910 客主協信商會), 金永圭(부산 객주, 1903 加沙里會社), 李斗卿(부산 객주, 1906 彰興社), 李鍾鉉(부산 객주, 1906 圖南會社), 鄭圭元(부산 객주, 1907 合資會社晩成商會) 등이다.

표 1-3. 1883~1894년간 회사 관계자의 경력

성명	경력
閔應植	順信昌會社, 惠商公局 總辦(1883)
申箕善	順信昌會社(1883), 商務社(1899), 共進會(1904), 統理機務衙門 主事(1882), 侍講院 文學, 統理內務衙門 參議, 戶曹參判, 工務大臣(1894)
徐相準	順信昌會社(1883), 進供會社(1894)
鄭教臣	義信會社(1884), 前 五衛將
金炳翰	義信會社(1884), 特立第一大韓銀行(1898)
李圭一	義信會社(1884), 海産會社(1888)
李明在	義信會社(1884), 海産會社(1888)
許滈	義信會社(1884), 前 五衛將, 海産會社(1888)
張明昊	義信會社(1884), 義信合資會社(1910), 物貨委託販賣所(1910)
張晶輔	義信會社(1884), 義信合資會社(1910)
金礪說	義信會社(1884)
金友善	永信商會(1884), 海産會社(1888), 前 主簿
金箕斗	輪船商會社(1884), 匠人 출신, 제1차 수신사 일행, 縣監(1880)
金鼎九	輪船商會社(1884), 濟生會社(1888)
金允章	仁川商法會社(1888), 濟興社(1886), 斗衡均平會社(1890)
洪大有	仁川商法會社(1884), 濟興社(1886)
李丙善	大興商會(1886), 韓美興業株式會社(1908)
李載命	信昌商會(1886), 海産會社(1888)
朴淇淙	電警會社(1886), 역관 출신, 釜下鐵道會社(1898), 大韓國內鐵道用達會社(1899), 農業會社(1905), 제1차 수신사 일행(1876), 釜山港 警務官
鄭顯哲	電警會社(1886), 元山監理署 書記官(1885), 東萊監理署 書記官, 三和府尹(1897), 監理, 城津監理(1899), 城津府尹, 大韓國內鐵道用達會社(1899), 湖南鐵道株式會社(1905), 仲介組合所(1908)
劉垌	濟生會社(1888), 海産會社(1888)
趙義淵	機器局(1883), 三山會社(1888), 利運社(1893), 興工團(1907), 農工硏究會(1908), 酒商組合所(1908), 大韓工業會(1909), 大韓漿油製造株式會社(1909), 大韓測量總管會(1909), 朝鮮製麻會社(1910), 主人組合(1910), 機器局 委員(1883), 慶尙道 礦務監理(1891)
金載燦	捕鯨會社(1888), 大韓獸皮合資會社(1908)
安厚善	海産會社(1888), 前 營將
李奎恒	海産會社(1888), 大韓國內鐵道用達會社(1899), 商務社(1899), 進興會社(1904), 帝國實業會(1907), 森林會社(1908), 左右商社中央監部(1910), 褓負商 출신
洪性孝	廣成會社(1889), 護商保險會社(1892)
秦時明	黃州商會(1891), 長淵會社(1902)
崔永華	護商保險會社(1892), 保船會社(1898)
兪星濬	利運社(1893), 株式會社大同寄宿館(1907), 運輸會社(1910), 慶應義塾 수학, 統理衙門 主事. 內務府 副主事, 轉運署 事務官(1891), 農商工部 會計局長(1895)
吳龜泳	利運社(1893), 大韓國內鐵道運輸會社(1898), 湖南鐵道株式會社(1905), 統理衙門 主事(1891)
閔泳駿	利運社(1893), 經理會社(1894), 大韓天一銀行(1899), 廣學社(1905), 參議內務府事(1886), 駐日辨理大臣(1887), 平安道 觀察使, 經理使(1891)
禹慶善	利運社(1893), 廣通社(1897), 仁川港 書記官(1886)
趙秉式	經理會社(1894), 皇國中央總商會(1898), 鏡城煤礦會社(1899), 商務社(1899), 咸鏡道觀察使, 督辦交涉通商事務(1888)

주: 객주상회소 관계자는 제외.
자료: 기업가 DB.

식(閔應植), 조희연(趙羲淵), 조병식(趙秉式), 유성준(兪星濬), 우경선(禹慶善), 오귀영(吳龜泳), 박기종, 정현철(鄭顯哲) 정도이며, 그밖에 허호(許滈), 김우선(金友善), 정교신(鄭敎臣), 안후선(安厚善) 등이 전(前) 주부(主簿), 전 오위장(五衛將), 전 영장(營將) 등 하급 관직을 지닌 것으로 나타나고 있다. 또 유학(幼學)도 간혹 보인다. 그러나 유학, 오위장, 주부 등의 직함을 지녔다고 해서 이들을 관료로 보기는 어렵다. 이들 호칭은 대개 유력 상인의 납속관직(納粟官職)에 지나지 않았다. 따라서 이 시기 회사 설립에 참여한 관리는 앞에 언급한 사람들뿐인데 그중 민응식은 혜상공국 총판(總辦)으로 있으면서 순신창회사의 구관사장(句管社長)을 겸한 것이며, 신기선 역시 통리기무아문 주사로 순신창회사 부사장을 겸한 것으로 이들이 회사 경영에 직접 참여했다고 보기는 어렵다. 순신창회사의 사장, 부사장을 관료에게 겸임시킨 것은 이 회사가 주로 관용 물자의 수입을 담당했기 때문이다.[67] 1885년부터 순신창회사가 타운선 양행의 대리점 업무에 주력하면서 이들의 관여는 중단되었다.

한편 유성준, 우경선, 오귀영 등은 모두 관독상판형 회사인 이운사(利運社) 관계자들로 각각 인천항 서기관, 통리아문 주사 등 관련 직책에 있던 인물들이다. 경리회사(經理會社)에 관계한 민영준과 조병식은 당시 각각 경리사와 독판교섭통상사무로 있었는데, 경리회사는 원산 상민들이 조직한 해운회사였던 것을 경리청에서 탈취한 것으로, 경리사 민영준이 사장이 된 것은 직위 관련성 때문이었다.[68] 또 전경회사(電警會社, 汽船會社)를 설립한 정현철과 박기종은 각각 동래 감리서 서기관, 부산항 경무관으로서 직무상 회사를 감독할 권한을 지닌 인물들이며, 특히 박기종은 역관 출신으로 일찍부터 상업에 관심이 많았다. 삼산회사(三山會社)와 이운사에 참여한 조희연도 1883년에 기기국 위원으로서 기기창의 설립과 운영에 깊이 관여한 바 있다.

관리층의 회사 참여는 다음 몇 가지 유형으로 정리할 수 있다. 첫째는 직책상 사장으로 참여했지만 경영에서는 완전히 배제된 경우로 민응식, 신기선 등의 순신창회사 참여가 그 예다. 그러나 대동회사 사장이 일반 상민이었던 것으로 보아 이러한 예가 일반적이었다고는 보기 어렵고, 순신창회사의 특수한 성격이 이같은 편법을 만들어낸 것이 아닌가 생각된다. 또 민영준, 조병식 등의 경리회사 탈취도 실제로는 상민들이 운영하는 상태에서 그 귀속권, 즉 징세권(徵稅權)을 경리청이 장악하고 경리회사라 명한 것일 수도 있다. 이 경우 관리들은 관직이 바뀌는 동시에 회사에서 손을 떼는 것이 일반적이었고, 그런만큼 후일까지 회사 경영자의 지위를 지키는 경우는 드물었다.

둘째는 관독상판형 회사의 경영을 책임진 일군의 관료들이었다. 유성준, 오귀영, 우경선 등 이운사 관계자들이 대표적인데, 이들은 각각 통리아문이나 감리서의 하급 관리로 있으면서 회사를 경영하는 데에 주력했다. 이들은 담당 직무가 회사 경영이었던 만큼 이를 통해 근대적 기업 경영 기법을 습득하고 그를 바탕으로 갑오년 이후부터 적극적인 기업 활동을 벌였다. 유성준이 대한제국 후기에 가서야 주식회사대동기숙관(株式會社大同寄宿館)이나 운수회사(運輸會社) 등에 관여하는 것을 제외하면, 오귀영과 우경선은 대한제국기 근대적 운수업 분야에서 두드러진 활동을 보였다.

셋째는 박기종, 정현철 등 직접 자본을 마련하여 회사를 설립한 사람들이다. 이들은 회사의 경영을 책임졌으며 관직이 상업에 관련되었다는 점에서는 두 번째 유형의 관리들과 유사하지만, 이들이 설립한 회사는 민영인 점에 중요한 차이가 있다. 당시까지만 해도 관리의 영상(營商)은 불법이었고, 갑오개혁 때 법제가 개정된 뒤에도 퇴관(退官) 후 임편영상(任便營商)만이 허용되었을 뿐, 현직 관료의 상업 활동은 제한되었다. 따라서 현직 관료의 신분으로 회사를 설립하고 영리 목적으로 경영했다는 것은 당시로서는 극히 이례적이다. 그럼에도 정부는 이 회사를 인가하고 보호해주었다. 그 배경을 자세히 알 수는 없지만, 이들 역시 추후 활발한 기업 활동을 벌였다.

(3) 자본 규모와 조달 방식

개항 직후에 설립된 회사들의 자본 규모와 조달 방식을 보여주는 자료는 거의 없지만, 단편적인 자료를 통해서나마 추적해볼 수는 있다. 의신회사는 1885년 1만 2천 냥짜리 어음 세 장을 분실했고,[69] 1890년에는 일본에서 풍범선(風帆船)을 구입하여 연안 각지를 왕래했다.[70] 1887년 순신창회사는 한 번에 우피(牛皮) 300여장을 매입했고,[71] 제통회사(濟通會社)와 신복상회사(新福商會社) 역시 일본에서 풍범선을 구입하여 연안 운송에 종사했다.[72] 1893년 육운회사(陸運會社)는 태평거(太平車) 10량을 구입한 후 인가를 청원했으며,[73] 같은 해 윤선회사(輪船會社)는 일본에서 선박을 구입하기로 하고 엽전 1만 2천 냥(日本銀貨 1,714元)을 선급(先給)했다가 떼이기도 했다.[74] 이상의 사실들로 미루어볼 때 이들 회사의 자본 규모는 적지 않았을 것이다. 한 번에 수만 냥의 자금을 동원할 수 있는 회사도 있었고, 또 화륜선(火輪船)을 구입하기 위해 1만 냥 이상을 선급할 수 있는 회사도 있었다.

회사의 자본은 대개 사원들의 고금(股金)으로 조달했다.* 사원들은 무한책임을 졌지만 자기 자본을 전부 투자하지는 않았던 것으로 보인다. 예컨대 특정한 목적을 위해 한시적으로 존립한 회사도 있었는데,** 이 경우 회사는 목적 사업에 소요되는 자본만 모으면 되었다. 따라서 회사의 자본액이 개별 상인의 자본액보다 반드시 많았다고는 볼 수 없다. 그렇지만 의신회사나 대동상회처럼 전국적인 지점망을 갖고 영업한 회사의 자본 규모는 상당했을 것이다.

금융기관이 불비(不備)한데다가 국가 재정도 고갈되어 있던 상황에서 이들이 금융 지원을 받을 가능성은 매우 적었다. 자본 증대의 필요에 직면했

---

*1888년의 濟生會社는 洪周鉉, 劉垌, 金鼎九 3명이 股金을 모집하여 설립한 것인데, 다른 회사들도 대개 이런 방식으로 설립되었을 것이다. 『統記』 戊子 10월 2일.

**제생회사는 1888년의 흉년을 당하여 미곡 수입을 목적으로 설립된 회사였다. 『統記』 戊子 10월 2일.

을 때 이들이 먼저 취할 수 있었던 방책은 출자액을 늘리는 일이었겠지만, 이것이 곤란할 때에는 외국 자본을 도입할 수밖에 없었다. 당시 일부 회사는 국내에 진출한 외국 회사에서 자금을 융통했다.

1887년 대흥상회는 미국 상인 레이크(樂只)와 쿠버에게 각각 1,214원(元) 54전(錢)과 268원 22전을 빌려 화륜선을 구입, 국내 연안 운송과 대청무역(對淸貿易)에 투입했으며,[75] 익년에는 세창양행에서 양은(洋銀) 9,606원여를 차입했다.[76] 그런데 대흥상회는 경영이 순조롭지 않았던지 차입금을 제때 변제하지 못하여 상환 독촉을 받았으며, 통리아문은 이에 앞의 것은 구입한 선박을 되팔아서 상환하고 뒤의 것은 사옥(社屋)을 매각하여 갚도록 지시했다. 대흥상회는 그 후에도 다시 세창양행에서 화륜선을 구입했지만, 이번에도 역시 대금을 제때 상환하지 못했다.[77]

1889년에 태평회사(太平會社)는 세창양행에서 수천 냥을 차입했으며,[78] 1888년 해산회사는 일본인 우마키 겐미츠(馬木健三)와 일본에서 기채(起債)할 계약을 맺기도 했다. 이때 사사로이 기채하는 대가로 통리아문에 1만 냥을 선납하기로 했던 것으로 보아 해산회사의 기채액(起債額)은 적어도 10만 냥 가량은 되었을 것이다.[79] 해산회사의 기채 시도는 일본인들의 약속 위반으로 실현되지 못했지만, 회사 차원의 차관 도입 시도였다는 점에서 특기할 만하다. 회사 단위의 외자 도입은 이들 회사가 상당한 신용을 얻었음을 보여준다.

(4) 활동 범위

개항 직후에 설립된 회사들의 활동 범위는 대체로 회사가 설립된 장소에 국한되었다. 개항장에 설립된 회사는 주로 개항장 내에서만 활동한 반면, 전통적 상업 중심지에서 설립된 회사들은 한 개 도 이상에 걸치는 광역에서 활동했다. 또 전국적 영업망을 갖춘 회사들이 개항장에서 활동할 경우 그 활동 영역은 극히 한정적이었다.

서울에 본점을 둔 의신회사는 1884년 경상도 김천에,[80] 1887년에는 충청도 강경과 전라도 황산포에 지사를 설립했으며,[81] 1885년에는 제주도에서 채복(採鰒)에 종사하는 한편[82] 부산에는 칭자소(秤子所)를 설치했다.[83] 또 1887년부터는 경상도 창원 경내(境內)의 동금연광(銅金鉛鑛)을 채굴하기 시작했고[84] 인천에서는 객주업에도 진출했다.[85] 1890년에는 원산에서 풍범선을 건조하여 연인 항운에 투입하기도 했다.[86] 본점은 서울에 있었지만 설립 주체는 대개 의주 상인들이었던 것 같다. 1910년 의주에서 설립된 의신합자회사(義信合資會社)의 주요 성원이 의신회사의 성원과 일치하는데, 이는 이 회사의 설립 주체가 본래 의주에서 대청무역에 종사하던 상인들이었음을 보여준다.* 의신(義信)이라는 이름도 의주와 관련된 듯하다. 의신회사의 활동 범위는 전국에 걸쳐 있었으며, 그 활동 영역도 상업, 수산업, 광업, 운수업, 조선업, 무역업 등 다방면에 걸쳐 있었다.[87] 의신회사는 또 외국인을 고용하고 일본에 사원을 파견하는 등 활동 범위를 국외로까지 확장했다.** 평안도인들이 설립한 대동상회(大同商會, 大同江과 관련된 이름일 것이다) 역시 서울에 본사를 두고[88] 황해도, 평안도, 경상도, 함경도의 미개항장 일대와 인천 등지에서 활동했다.***

개항 직후의 회사들이 국내의 주요 상업 거점에 지사를 설치한 것은, 그들의 주된 활동 기반이 국내 상업에 있었음을 알려준다. 1888년에 설립된 태평회사가 경상도의 주요 상업 거점에 지사 설립을 청원한 것이나,[89] 광성회사(廣成會社)가 경기, 전라, 충청, 황해, 평안도 등의 각 연포(沿浦)에 지점

*초기 의신회사 관련자 중 張明昊, 張晶輔는 1910년 의주 의신합자회사 설립의 주역이었다. 의신합자회사라는 명칭도 의신회사의 후신이라는 인상을 강하게 풍긴다.

**1880년 「朝日修好條規附錄」 제5관, "조선국 인민은 그 정부의 허가를 받으면 일본국에 왕래해도 무방하다"는 규정에 따라 한인의 국외 무역활동이 가능해졌는데, 이에 따라 교역차 외국으로 나가는 한인들도 속출했다. 의신회사가 派員을 일본에 파견한 것도 그 예의 하나다.

***대동상회를 보호하라는 關飭은 海伯, 箕伯, 嶺伯, 北伯에게 내려졌고, 그 밖에도 洪州牧使 등 충청도 일대의 지방관에게도 내려졌다. 『統記』 癸未 8월 29일, 9월 6일, 9월 8일, 9월 16일, 乙酉 2월 24일 등.

을 분설한 것은 이러한 사정과 관련하여 이해해야 할 것이다.[90] 반면 이들 회사가 개항장에 지사를 설치했다는 기록은 보이지 않는다. 이는 아마도 이들이 개항장 객주를 두고 외국 상인들과 경쟁했기 때문인 듯하다. 이들은 객상의 위치에서 객주가 매집, 알선하는 물화를 공급했기 때문에 개항장 객주와 거래하던 외국 상인들과는 대립하지 않으려 했을 것이다.

회사는 개항장에도 있었다. 1884년에 인천에서 객주와 상회의 역할 구분 문제가 대두된 것으로 보아 이미 적지 않은 상회가 설립되어 있었음을 알 수 있다.[91] 또 1889년 원산에서는 방곡령에 협조했다는 이유로 일본 영사가 사설(私設) 상회들의 혁파를 요구하자 관찰부가 이에 굴복하여 철파령을 내린 바 있다.[92] 개항장에 본점을 둔 회사는 서울이나 평양 등 구래의 상업 중심지에 근거를 둔 회사들과 달리 개항장 주변에서만 활동한 것으로 보인다.* 이들은 상회 화물에는 과세하지 않는 규정을 이용하기 위해 상회를 칭했지만 실제로는 객주인 경우가 많았다.[93]

개항 직후 정부는 물화(物貨)의 매매를 알선하는 대가로 구문(口文)을 수취하는 행위에만 영업세를 부과했고, 자기 자본으로 물자를 구입, 판매하는 행위는 방임했다. 이에 따라 영업세 징수를 피하기 위해 상회 이름을 걸고 객주 영업을 하는 자들이 속출했다. 예를 들어 1894년경까지 인천에서 가장 신용이 높았던 제흥사(濟興社)는 객주들이 합자하여 설립한 회사로,** 1889년 25객주 열읍분장제를 무시하고 객주 영업을 하다가 물의를 빚었다. 정부가 지정한 25객주 이외에는 영업하지 못하도록 한 규정이 상회에는 적용되지 않았기 때문에 상회의 명칭을 얻으면 다른 객주보다 유리한 지위를 점할 수 있었던 것이다. 물론 개항장에 설립된 회사가 모두 객주업만을 했던 것은 아니다. 일례로 부산항을 무대로 활동하던 신복상회사(新福商會社)

---

*개항장에 본사를 두고 있던 상회의 지사 설립이나 그에 따른 보호 關飭은 찾아볼 수 없다.
**일본인들도 인천항에서 가장 신용이 있는 어음이 濟興社의 것이었다고 토로했다. 『通商彙纂』 1894년 8월 「仁川港金融, 銀行, 郵便爲替, 韓錢, 典圜局中韓錢手形ノ部」.

는 일본 상점 오이케덴(大池店)에서 풍범선 신국환(神麯丸)을 구입하여 연안 운송에 투입하기도 했다.[94]

내륙 미개항장의 작은 상업 중심지에 설립된 회사도 있었다. 1884년에는 안동내성리상회(安東乃城里商會)와 남부의신호초상사(南部義信號招商社), 그리고 경상도김천사상회(慶尚道金泉社商會)가 각각 인가받았는데,[95] 이들은 독립된 지방 회사라기보다는 다른 회사의 지사였던 것 같다. 남부의신호초상사는 명칭으로 볼 때 의신회사의 지사인 듯하며, 경상도김천사상회 역시 의신회사의 지사가 김천에 있었던 것으로 미루어 그 별칭으로 생각된다.[96] 이들 외에 미개항장에 설립된 회사로는 전라도 담양, 순천 일대를 무대로 했던 신창상회(信昌商會, 順天潭陽商會社)와 황해도 장연의 장연회사(長淵會社, 吾叉鎭商會所), 황해도 황주의 황주상회(黃州商會), 그리고 충청도 괴산의 괴흥상회(槐興商會) 등을 들 수 있다.

신창상회는 1886년 담양, 순천 일대의 상민들이 유학 이재명(李載命)을 사장으로 추대하고 설립한 회사로 이 일대의 상업을 총괄하려 했는데, 이는 당시의 상회사 보호 정책에 편승한 것이었다.[97] 1889년에 설립된 괴흥상회도 괴산 일대의 양화(洋貨) 판운(販運)과 토화(土貨)의 채판(採辦)을 담당했으며, 설립과 동시에 통리아문은 괴산의 양목도가(洋木都家)를 일병혁파(一倂革罷)함으로써 이들의 상행위를 보호하도록 관칙(關飭)했다.[98]

반면 장연회사와 황주상회는 지방관이 수세의 편의를 위해 설립한 듯하다. 장연회사는 1891년 병영(兵營)의 지시에 따라 설립된 것으로 사장도 병영에서 감관(監官)·주인(主人)을 파송하는 방식으로 선임되어 주로 수세를 담당했으며,[99] 황주상회 또한 수세를 전담했다. 이들 회사의 관허 여부는 불명확한데, 황주상회의 경우 수세로 인해 원관(袁館, 청국 상무공서-필자)의 항의를 받자, 통리아문은 이를 사자수세(私自收稅)로 규정하고 철파를 지령했다. 이로 미루어볼 때 이는 중앙의 인준(認准)을 받지 않고 지방관이 임의로 설치한 회사였다고 생각된다.[100] 이들 상회사는 당지 객주들로 조직되었기 때문에 도고를 겸하는 것이 관행이었다.*

개항 직후 내륙 지역에 설립된 회사들은 통리아문이나 지방 관아의 위임 하에 상민들에게 수세하는 한편, 면세 특권을 확보하고 독립적으로 영업했다. 지방 회사들의 이같은 복합적 기능은 후술할 객주회사에서 전형적으로 드러나지만, 이들에게 부과된 것이 객주영업세 같은 공식 세목이 아니었던 관계로 존립 기반은 대단히 취약했다. 이들 회사가 외국 영사의 항의에 따라 수시로 철파된 것도 이 때문이다.

또한 개항 이후 내륙 상권이 상품화폐경제의 확대 과정에서 일정하게 확장되었다 하더라도 개항장에 필적할 규모는 아니었기 때문에 이들 지방 회사는 개항장에 설립된 회사들과는 달리 해지방(該地方)의 모든 상업 거래를 총괄했다. 즉 이들 회사는 조선 후기 이래의 지역별 주인권(主人權)에 입각해 있었으며, 그런 점에서 전국적 활동망을 갖추고 있던 의신회사나 대동상회와는 설립 배경이 달랐다. 개항 직후 지방에 설립된 회사들의 이같은 속성은 대한제국기에 속출하는 수세도고회사(收稅都賈會社), 즉 지역 단위의 물종별 독점권에 입각한 회사로 이어졌다.

2) 회사의 부문별 활동

개항 직후에 설립된 회사들의 활동 영역은 다방면에 걸쳐 있었다. 의신회사처럼 전국적인 지점망을 가진 회사는 상업 외에도 선운업, 무역업, 수산업, 광업, 제조업 등에 손을 댔고, 개항장에 설립된 회사들도 객주업 외에 자기 자본에 의한 상업을 겸했다. 또 내륙 지역에 설립된 회사들은 당해 지방의 모든 상업 활동을 독점적으로 지배했다. 이렇듯 이 시기의 회사들은 특정 업종에 국한하지 않고 상업을 중심으로 다양한 생산·유통 영역에서 활동했

---

*1892년에는 황주상회 주인이 외국 잠상과 串通하다가 발각되어 물의를 빚기도 했다. 『統記』 壬辰 윤6월 9일.

다. 그러나 운수업과 수산업 부문에서는 전문적 회사들도 출현했다.

반면 근대 산업의 핵심인 제조업 부문에서는 회사를 찾아보기 어려운데, 이는 정부가 이 부문을 관영이나 관독상판형 기업을 통해 육성하려 한 점, 민간 부문의 자본 축적 규모가 낮았던 점, 기술이 부족하고 그 도입조차 곤란했던 점 등이 주요인이었다고 생각된다. 사실 관영 기업으로 설립된 것들도 대개는 제지(製紙), 무기제조, 직조, 양조(釀造), 도자기 제조 등 전통적인 수공업 기술을 기반으로 했다. 정부는 이들 제조장에 근대적 설비를 도입하고 외국인 공장(工匠)을 고용하여 기술 습득을 시도했지만 설비는 초보적이었고 규모 역시 작아 시험적 성격을 벗어나지 못했다. 민간 부문에서는 극히 이례적으로 1891년 2월에 유학 이봉학(李鳳學)과 전(前) 첨사(僉使) 최상은(崔祥殷) 등이 자본을 모아 사기소를 설치한 적이 있는데, 이때에도 "우리나라 공장(工匠)은 무릇 모든 제조에서 노둔(魯鈍)하여 영업에 방해를 주는데 사기장(沙器匠)이 가장 심하다. 우리가 사사로이 자본을 모집하여 편의한 곳에 사기부(沙器釜)를 설치하고 일본 공장 1, 2명을 고용하여 3년을 한하고 학습하여 차제에 상리(商利)의 도(道)를 넓히고자 한다"고 하여 먼저 기술을 습득하겠다는 뜻을 피력했다.[101] 처음부터 대규모 공장 설비를 갖추기에는 위험이 컸던 것이다.*

(1) 상업

상업 회사 중 가장 활발히 활동한 것은 의신회사였다. 의신회사는 1883년 말~1884년 초 사이에 서울에서 인가를 받은 듯한데,** 사원들은 주로 의주 상인들이었다. 의신회사는 서울 본사 외에 충청도 강경포, 경상도 김천, 전

---

*기술적 위험 부담이 적었던 전통적인 부문, 예컨대 造船業과 같은 부문에는 의신회사 등이 진출하기도 했다. 『統記』 庚寅 2월 9일.

**의신회사에 대한 최초 기록은 1884년 5월에 나오지만, 그 지사로 보이는 慶尚道金泉社商會가 인가를 받은 것은 그보다 앞선 2월 20일이었다. 『統記』 甲申 2월 20일, 5월 16일.

라도 황산포 등에 지사를 설치했고,[102] 인천, 부산 등의 개항장으로까지 활동 무대를 넓혀 전국적인 영업망을 구축했다.* 또 일본에서 소륜선(小輪船)과 풍범선을 구입하여 연안 운송에 투입하는 한편, 직접 일본과 중국을 왕래하면서 대외무역에 종사하기도 했다.

의신회사는 주로 지사를 설치한 내륙 지역과 개항장을 연결하는 형태로 영업망을 구축했다. 즉 개항 이후 새롭게 구축된 외상(外商)↔개항장 객주 ↔ 내륙 객주(또는 船陸商) ↔ 내륙 생산자(소비자)로 연결되는 거류지 무역 기구 내에서 주로 개항장 객주와 내륙의 생산자, 또는 소상인(小商人)을 연결하는 역할을 담당했다.[103] 그렇지만 의신회사는 상대적으로 많은 자본과 관허(官許)를 배경으로 그 밖의 영역으로도 영업망을 확장했다. 한편으로는 개항장에서 객주업에 종사하면서,** 외상이 전담하던 양화(洋貨)의 수입도 담당했다.*** 또 광업과 채복에도 종사하여 중요 대일 수출품이던 금·은과 전복류 등을 채굴·채집했고,**** 개항장과 내륙을 연결하는 선운업(船運業)을 경영하기 위해 풍범선을 구입하거나[104] 직접 제조하기도 했다.***** 의신회사의 사업 확장에는 정부의 보호와 외국 기술의 도입이 큰 힘이 되었다. 정부는 의신회사 소유의 선박은 면세해주었고,[105] 광업 및 어채업(漁採業) 경영

---

*의신회사가 의주 상인을 중심으로 설립되었으면서도 서울에 본점을 둔 것은 조선 후기 이래 서울 상인들과 의주, 개성, 평양 등 對淸使行路의 상인들이 밀접한 관련을 맺고 있었던 사정과 관련된 것으로 보인다. 이에 대해서는 白承哲, 1996 「朝鮮後期 商業論과 商業政策: 17세기 國家再造方略과 관련하여」 연세대학교 사학과 박사학위논문, p.36 참조.

**1887년 4월 의신회사 사원 金炳翰은 일인의 화물을 보관했다가 貨主의 허락도 없이 放賣함으로써 일본 영사관의 항의를 받았는데, 이는 개항장 객주의 위탁매매 활동과 전적으로 동일한 것이었다. 『統記』 丁亥 4월 18일.

***1884년 의신회사 사원 김병한은 길주 상인 李惟南과 함께 일본에 가서 貨物을 구입하여 돌아왔는데, 그때 이유남은 의신회사의 자금 중 2만 1,398兩餘를 횡령했다. 이때 의신회사가 동원한 자금은 그보다 훨씬 많았을 것임을 알 수 있다. 『慶尙道關草』 丁亥 4월 초5일, 「關監營及善山」.

****의신회사의 鑛口는 慶尙道 昌原府의 銅金鉛鑛이었고, 어채는 동남 諸海를 독점 무대로 했다. 『慶尙道關草』 丁亥 3월 23일, 「京居義信會社任員等白活」; 『各處所志謄錄』 戊子 4월 초8일, 「義信會社所志」.

*****의신회사는 원산 부근에서 兩帆船을 제조하여 부산까지의 연안 항로에 투입했다. "本國義信會社 新造兩帆風船一隻 二十六日 向發釜山港" 『統記』 庚寅 2월 9일.

에 대해서도 세납을 유예해주었다.[106] 의신회사는 또 광무국에서 고빙(雇聘)한 일본인 기술자 우마키 겐미츠(馬木健三)를 고용하여 광업에 진출하기도 했다.[107]

그런데 통리아문은 1888년 4월 돌연 의신회사에 철파 지시를 내렸다. 이 지시는 해사(該社)의 동남제해(東南諸海) 채복권(採鰒權) 연장 요청을 불허하면서 내린 것으로,[108] 세납의 지연이나 사원의 불법 행위를 문제 삼은 것은 아니었다. 회사에 채복 독점권을 주었음에도 채복 사업에 진척을 보지 못한 채 연안 어민들의 채복만 제한했기 때문이다. 그러나 이때의 철파 지시는 이행되지 않았다.

그러나 1892년 하반기 이후 의신회사는 사료에 나타나지 않는다. 이 해 8월 의신회사 상민들은 1884년에 개광(開鑛)을 청원하고 세금 10냥을 선납했지만 채광(採鑛)의 성과가 없으므로 그중 8냥을 환급해 달라고 청원했는데,[109] 이로 미루어보아 이 무렵에는 의신회사가 유명무실한 상태였거나 이미 소멸했던 것 같다. 다만 사원들 사이의 유대는 해산 이후에도 지속되었던 듯, 1910년에는 의주에 의신회사의 후신격인 의신합자회사(義信合資會社)가 설립되었다.[110]

의신회사의 영업 범위는 개항 이후 확대되던 국내 상업의 전 영역을 포괄했지만, 거류지 무역의 특수성이 유지되는 한에서만 발전 전망을 찾을 수 있었다. 즉 외국인의 상행위가 개항장에 국한되어 내륙 시장을 온전히 확보할 수 있어야만 했다. 그러나 1889~1890년을 획기로 하여 외국 상인의 내륙 통상은 크게 확대되었고,[111] 이는 개항장과 내륙 시장을 연결하면서 영업 범위를 확대했던 토착 상업 자본에 심대한 타격을 주었다.

대동상회 역시 전국적인 영업망을 구축했으며,[112] 선박을 구입하여 연안 운송에 투입했다.[113] 본사는 인천에 있었으며 서울에는 지사를 두었다.[114] 이 회사는 목회나 조포(租包)를 무래(貿來)하여 서울과 각 개항장에서 판매했는데, 역시 1886년을 마지막으로 사료에 나타나지 않는다.

1888년 경상도와 충청도 일대를 주무대로 설립된 태평회사 역시 단명하여서,[115] 설립 1년 만인 1889년 5월에는 양행(洋行)에서 차입한 자금을 횡령당한 후 더 지속할 수 없는 상태가 되었다.[116]

이상의 사례들을 통해 볼 때 1880년대 중반에 설립되어 전국적 또는 국지적 영업망을 확보하고 그 활동 영역을 상업, 운수업, 무역업, 제조업 등으로 확대했던 초기 상회사들이 오래 지속되지 못한 것은 이들의 존립 근거였던 내륙 시장이 외국 상인의 불법적 내륙 통상에 의해 침식된 데에 근본 원인이 있었다고 생각된다. 또 이 무렵에는 정부의 재정 곤란도 심화되어 근대화 정책이 후퇴하면서 수세 확대를 위한 노력이 강화되고 있었다. 이에 따라 정부의 회사 보호 역시 지속될 수 없었고, 이는 다시 회사의 경영 악화를 초래했다.

(2) 운수업

조선 후기 상업 발전을 이끈 세력 중 하나는 선상(船商)이었다. 경강상인(京江商人)을 필두로 한 각지 선상들은 강운(江運)이나 해운(海運)에 종사했고 직접 물건을 싣고 상판(商販)하기도 했다.[117] 특히 18세기 말부터는 상업과 운송업이 분리되기 시작하여 전업적 운송업자가 다수 출현했다.[118] 따라서 운송 수요가 폭증한 개항 이후 선운업의 발전은 이미 예정된 일이었다. 게다가 개항장과 내륙 시장을 연결하는 새로운 상업 경로가 출현하여 운수업의 수요는 더욱 늘어났다.* 물론 새로운 환경이 국내 선상들에게만 유리했던 것은 아니다. 1880년의 「조일수호조규부록(朝日修好條規附錄)」과 「무역

*李憲昶은 일본의 침략이 확대됨에 따라서 국내 시장구조는 개항장과 내륙 간의 연결이 중심이 되는 樹枝狀型 구조로 변화했다고 보았는데, 이 경우 내륙과 개항장을 연결하는 운송업 영역에는 아직 일본 해운, 운송회사들이 진출하지 못한 상태였기 때문에, 그 틈을 비집고 운송업 관련 회사들이 다수 출현할 수 있었다. 李憲昶, 앞의 글 참조.

규칙(貿易規則)」은 "조선국 정부 혹은 인민이 여러 물품을 아직 개항되지 않은 항구에 수송하고자 할 때에도 일본국 상선을 고용할 수 있다"고 규정하여[119] 독자적인 운수업 발전의 가능성을 억눌렀기 때문이다. 따라서 초기의 운수업 회사는 해운보다는 소형 선박에 의한 강운 쪽에서 출현할 가능성이 높았다.

최초의 운수업 회사는 1884년의 기신회사와 윤신상회사다. 이 중 기선회사는 연안 해운과 세곡운송(稅穀運送)을 위해 정부에서 미국 상인과 합작하여 설립하려 한 것이지만 결실을 맺지 못했다.* 윤선상회사는 1884년 2월 김정구(金鼎九), 강기환(姜基桓), 김기두(金箕斗) 등이 영국인과 합작하여 설립한 것으로 일상(日商) 오쿠자와 가타로(奧川嘉太郎)에게 기선(汽船)을 구입하려 했지만 배값의 일부인 1,714원만 떼이고 정작 배는 구하지 못했다.[120]

운수업 경영에 착수한 첫 회사는 1885년에 설립된 대흥상회였다. 이 회사는 1886년 미국에서 기선 대등리호(大登利號)를 구입하여 마포와 국내 각 포구를 연결하는 연안 운송에 투입했으며,[121] 정부에서도 「정부윤허양선부미통상구안장정(政府允許洋船赴未通商口岸章程)」을 제정, 이에 대한 관리 감독 체계를 마련했다.[122] 그러나 대흥상회는 별다른 성과를 거두지 못했던 것 같다. 1887년에는 고용한 미국인의 월급과 배값을 지급하지 못하여 구입한 선박을 되팔아야 하는 처지가 되었으며,[123] 1888년에는 세창양행에서 차관을 얻어 경영을 지속하려 했으나 경영 부진으로 부채조차 상환하지 못했다.[124]

같은 무렵 조희연은 서울에 삼산회사(三山會社)를 설립하고 용산호(龍山號, 16t), 삼호호(三湖號, 13t)의 기선 두 척을 마포-인천 간의 연안 운송에

*愼鏞廈, 1983 「開化政策」 『한국사』 16, 국사편찬위원회 참조. 이때 정부에서는 九道 四都에 關飭하여 미국상인과 기선회사 설립을 위한 合約을 맺었으니 該汽船이 연해의 未通商口岸에 나타나더라도 주민들이 놀라지 않도록 하라고 지시하기도 했으나, 회사는 끝내 설립되지 못했다. 『統記』 甲申 11월 14일.

투입했다.[125] 그러나 이 회사 역시 1889년부터 세창양행, 타운선양행, 동순태(同順泰) 등이 잇따라 대형 기선으로 한강 강운에 진출함으로써 소멸하고 말았다.[126] 또 1887년에는 선상회사(船商會社)가 선척을 구입하여 상업과 운수업에 종사했으며[127] 1890년에는 제통회사(濟通會社)가 풍범선을 구입하고 연안 운송에 투입했지만[128] 역시 뚜렷한 성과를 거두지는 못했다.

민간 운송회사로 비교적 활발했던 것은 낙동강 강안에서 수운업(水運業)에 종사한 기선회사였다. 이 회사는 1886년 부산항 통역관 박기종이 원산 감리서 서기관 정현철, 부산 감리서 서기관 민건호, 일본인 마츠오 겐노스케(松尾元之助)와 함께 설립한 것으로, 일본에서 기선을 구입하여 낙동강 연안 각 포구를 왕래하면서 상판(商販)할 계획을 세우고,* 사업이 흥왕(興旺)한 후에 통리아문에 납세하겠다는 조건으로 인허를 받았다. 기선회사는 설립 직후 작은 기선 한 척으로 상고(商賈)를 태운 판선(板船) 10여 척을 끌고 다니면서 이익금의 1/10을 수취하는 방식으로 영업했다. 이 회사가 이러한 영업 방식을 택한 것은 아직 운임 면에서 범선이나 뗏목을 압도할 수 없었던데다가, 직접 물화를 매입, 판매할 만한 자본력과 안정적인 시장 전망을 갖지 못한 까닭이었을 것이다. 그러나 이 또한 신통치 않아 기선회사는 설립 직후 바로 경영난에 봉착했다. 1891년에 부산항 감리서는 이 회사가 항상 적자를 면치 못했다고 기록했다.[129]

기선회사는 경영난을 타개하기 위해 일본 상인들의 내륙 행상을 지원하기 시작했다.** 회사에 대한 정부의 보호는 곧 사원에 대한 보호였기 때문에

---

*"釜山港設立電警會社 購置小火輪一艘 以便裝載貨物搭騎也" 『慶尙道關草』 2, 各司謄錄 13 (1887년 11월 10일). 이 회사는 장기적으로는 조선업에 진출하여 기선을 제조하겠다는 계획도 세우고 있었다. "此社之設 將以蓄小成大 專如○國開商起則 待社事稍旺酌○年例 稅錢于衙門事" 『汽船會社章程』(奎18135－1) 1889년.

**藤永壯은 기선회사의 발전 과정을 분석하면서, 처음부터 일본인과 긴밀히 협력하여 설립한 것으로 '일본 자본의 침투에 대항한 근대기업 설립'이라는 통설이 잘못되었다고 지적했다. 그러나 초기 회사들이 기술, 또는 기계를 외국에 의존하는 일은 일반적이며, 우리나라에 국한되는 현상도 아니다. 문제는 이런 회사들이 대외 예속성을 탈피할 수 있을 만큼의 지원을 받을 수

이는 충분히 가능한 일이었다. 1891년 11월 일본인 고자와 마코토(小川實)는 기선회사 사원 자격으로 태호륜선(太湖輪船)에 탑승하여 미개항장인 평양으로 들어갔는데, 통리아문은 이때 빙표를 발급해주었다.[130] 그러나 이는 어디까지나 불법이었으며, 그 형적이 발각된 때문이었는지 다음해 초에는 기선회사에 혁파 지령이 내려졌다. 그러나 감리서는 기선회사가 통리아문의 경용(經用)에 도움이 될 뿐 아니라, 인원과 화물의 운송이 나날이 늘어나고 있고 이미 일본인과 정약(定約)한 바가 있어 바로 철파하기 어렵다고 호소했고,[131] 통리아문도 감리서의 주장을 받아들여 혁파 지령을 취소했다.[132]

1893년경 기선회사는 일본 대판상선주식회사(大阪商船株式會社) 및 조일조조선기선회사(朝日組朝鮮汽船會社)와 협동 계약을 체결했는데,[133] 상세한 내용은 알 수 없지만 아마도 기선회사를 편법으로 매도한 것이 아닌가 한다.* 1893년 6월 일본 상인이 기선회사 명의로 절영도(絶影島)에 가가(假家)를 짓는 사건이 일어났던바,[134] 통리아문은 즉시 가가를 철파하고 관계자는 관상(官商)을 물론하고 처벌하도록 했다.[135] 이후 기선회사에 관한 사료는 한동안 보이지 않는데, 1896년에 이르러 일본 영사가 느닷없이 기선회사의 영업 재개를 요구했다.

> 該領事 第三號照會에 이르기를, 우리 大阪商船株式會社와 日本朝日組가 朝鮮汽船會社와 조선 내지에서 기선을 항행하는 계약을 체결하여 그 권리를 讓受했다. 明治26(1893)年 3月 본사와 기선회사는 다시 연안 항행에 관한 계약을 체결하여 기

있느냐에 있었으나, 조선 정부는 그러한 지원을 하지 못했다. 일본의 정치 군사적 압력이 회사에 대한 정부의 보호를 무의미하게 해버렸기 때문이다.

*藤永壯은 기선회사와 대판상선주식회사 간의 협동 계약에 대해 당시 기선회사가 확보했던 권리는 객주 文券과 마찬가지로 독점성을 가진 것이었다고 했으나, 기선회사의 권리는 無稅運航權에 불과한 것으로 다른 선척의 운항을 제한하거나 금지하는 조치는 없었다. 그런 점에서 영업권을 양도한 것이라기보다는 기선회사 자체를 매도한 것이라고 보아야 할 것 같다. 藤永壯, 1991「開港後の會社設立問題をめぐって－朴淇琮と汽船業·鐵道業」『朝鮮學報』140, pp.70－71 참조.

선 旭川丸과 小汽船 釜山號, 그리고 輪荷船 11척으로 영업을 개시했다. 旭川丸은 동년 12월 본국으로 돌아갔고, 부산호는 27(1894)년 7월 인천의 일본 병참감부에 임대했다. 該社의 영업은 이로써 정지되었으나 작년(1895) 9월 부산호가 병참감부에 고용되었던 상태에서 벗어남에 종전대로 영업할 것을 前監理署에 요청했다.[136]

기선회사 명의로 활동하던 두 일본 회사가 청일전쟁으로 부산호를 징발(임대)당해 영업을 중지했다가 전쟁이 끝난 뒤 영사를 통해 회사의 권리를 회복해 달라고 요구했음을 알 수 있다. 즉 기선회사는 명의만 남겨두고 선박과 권리를 모두 일본 회사에 양도했던 것이다.* 그런데 이 직후에 개화파 내각이 붕괴함으로써 일본 영사의 요구는 묵살되었고 기선회사는 완전히 소멸했다.

개항 이후 운송 수요의 증가에도 불구하고 민간 운수회사가 발전하지 못한 이유는 다음 몇 가지 사정에서 찾을 수 있다.

첫째 자본 부족이다. 이들 회사가 도입한 기선은 모두 소화륜선이었고 그것도 1~2척에 불과했다. 이들 선박은 판선보다 빨랐지만 화물 적재량은 적었다. 따라서 기선회사가 판선을 예인하고 운임을 나눈 것은 부득이한 선택이었다.

둘째는 외국 운수회사의 침투다. 1880년 「조일수호조규부록」과 「무역규칙」에서 일본 선박의 제한적인 연안 항행권이 인정되었고, 1882년 「조청상민수륙무역장정(朝淸商民水陸貿易章程)」에서 연안 무역권, 연안 해운권이 전면 인정됨으로써 외국 운수회사의 연안 운송업 독점체제가 일찌감치 확립되었다.[137] 1883년 정부는 묄렌도르프의 제안에 따라 영국계 상사 이화양행(怡和洋行)과 계약하여 그 소속선 남승호(南陞號)를 상해(上海), 나가사키(長崎), 부산, 인천의 정기 항로에 취항시켰고,[138] 이어 청국의 상해윤선초상

*1895년 기선회사 선박이 징발된 시점에 박기종은 기선회사에서 손을 떼고 釜山港商會所를 설립했다. 藤永壯, 위의 글, p.73.

총국(上海輪船招商總局)에 인천과 상해 간의 정기운항권을 부여했다.[139] 또 1884~1886년 사이에 일본 대판상선주식회사와 일본우선주식회사(日本郵船株式會社)는 인천, 부산, 원산 등지에 지점, 대리점을 설치하고 개항장과 개항장, 개항장과 일본을 잇는 정기·부정기 항로를 개설했다.[140] 따라서 한인 운수 회사는 기껏 개항장과 미개항장 간, 또는 내륙 각 포구 사이를 왕래하는 데 머물 수밖에 없었다.

셋째는 정부와 민간이 옛 방식의 화물 운송을 고수한 탓에 신규 수요가 제한되었던 점이다. 정부는 1884년에 미국인과 합작하여 기선회사를 설립하려 했으나,* 이것이 좌절된 후에는 전운국에서 구입한 기선에 세곡(稅穀) 운송을 독점시켰다. 1886년 묄렌도르프의 해임을 계기로 해운 사무를 전담하게 된 전운국은 업무를 확장하는 동시에 기선 구입에 나섰다.** 그리하여 1886년 해룡호(海龍號), 1887년 광제호(廣濟號, 뒤에 蒼龍號로 개명)와 조양호(朝陽號), 1892년 현익호(顯益號) 등 200~500톤 규모의 기선을 속속 사들였다. 그러나 이들 선박은 세곡 운송에만 사용되었기 때문에 11월부터 이듬해 5, 6월경까지만 집중 운행되었고 나머지 기간에는 대체로 항구에 정박해 있었다.[141] 당시로서는 최대의 수요를 지닌 세곡 운송을 정부가 독점함으로써 민간 운수회사의 발전이 저지된 반면, 정부 소유의 기선 역시 1년에 절반 가까운 기간 동안 운항을 중단하는 모순된 상황이 지속되었다. 상인들도 정기 운항이 필요한 경우에는 직접 선박을 구입하여 자기 화물을 운반하는 경우가 적지 않았다.[142]

외국 자본에 침탈당한 연안운송권을 탈환하고 운송업을 발전시키려면 세

*기선회사 설립 계약은 미국인 미들튼, 영국인 그리브 등과 체결한 것으로서 미국 자본이 주축을 이루되 조선인 민간 자본을 유치하고 정부도 회사 운영과 수익금 분배에 참여함으로써 일종의 朝·美合資會社를 설립하려는 것이었다. 羅愛子, 1998「韓國 近代 海運業史 硏究」국학자료원, p.43.

**통리아문에 전운국이 설치된 것은 1883년이었지만, 묄렌도르프가 전권을 행사하던 시기에는 아무런 실권도 갖지 못했다. 趙璣濬, 1983「民族資本」『한국사』16, 국사편찬위원회, p.719.

곡 운송과 일반 화물 운송을 결합하여 운항의 상시성(常時性)과 화물의 대량성(大量性)을 확보해야 했으며, 이것이 분리되어 있는 한 관영이건 민영이건 해운업의 발전을 기대하기는 어려웠다. 이러한 문제를 해소하기 위해 관독상판형 회사로 설립된 것이 갑오 이전 최대의 해운회사인 이운사였다.

정부가 전운국을 설치한 것은 근대화 사업의 일환이었지만, 직접적으로는 조운(漕運)에 기선을 투입하여 선박의 치패(致敗)를 비롯한 각종 농간을 예방하려는 의도에서였다. 이 의도에 국한한다면, 기선을 이용한 세곡 운송은 상당한 성과를 거두었다. 그러나 기선 도입을 위해 선가미(船價米)와 건선가(乾船價) 등을 신설하지 않을 수 없었고 이에 따라 전운국은 지방민의 집중적인 공격 대상이 되었다.[143] 세곡 운송으로 치부해오던 선상들과 지방관들도 전운국에 대한 불만을 공공연히 표출했다. 특히 경강상인들은 주된 생업 기반을 상실했다. 조선 후기 경강 객주와 선상의 활동 범위는 전국에 걸쳐 있었다.[144] 따라서 이들의 몰락을 방치하는 것은 전국적인 자금의 흐름을 왜곡시키는 동시에 상황(商況)을 악화시키는 결과를 낳을 수 있었다. 개항장 선상들의 사정도 크게 다르지 않았다. 인천의 경우 전운국은 세곡 운송을 명목으로 임의로 집선(執船)함으로써 선상들이 '망풍퇴범(望風退帆)'하는 상황을 빚었다. 인천 감리가 '내외 상인이 거개실업(擧皆失業)하여 세액이 날로 줄어든다'고 비명을 지를 정도였다.[145] 그런 점에서 이운사의 설립은 경강상인이나 개항장 선상들에게 활로를 열어주기 위한 방편이기도 했다.

이운사는 1892년 12월 민영준과 전운국 총무관 정병하, 인천 경찰관 우경선 등의 발의에 의해 전운국이 청에서 도입한 20만 냥의 차관으로 설립되었다. 이 회사는 청의 초상국(招商局)을 모방한 관독상판형 회사로서 세미(稅米) 운송을 주로 하되 일반 화물과 여객 수송도 담당했으며, 내무부 관할에 속해 있었다. 창설 당시의 사장은 민영준, 부사장은 정병하였고, 조필영과 우경선이 각각 전라도 전운 총무관과 사무관에 임명되었으나, 실무는 대개 우경선이 담당했다.[146]

이운사는 설립과 동시에 전운국의 업무와 소유 기선을 인계받아 조운(漕運)에 투입하는 한편, 따로 독일에서 기선 조주부호(潮洲府號, 뒤에 利運號로 개명)를 구입하고 상해 조선소에서 한양호(漢陽號)를 건조하여 보유 기선의 수를 늘렸다. 이들 기선은 조운을 담당하는 한편 개항장과 미개항장 간, 또는 국내 각 개항장과 외국 항구 간의 화객(貨客) 운송업에도 종사했다.* 이운사는 또 일본에서 30톤급의 소형 선박 경운호(慶運號), 광리호(廣利號), 광제호(廣濟號), 전운호(轉運號)와 풍범선 15척을 구입하여 연안 운송에 투입하기도 했다.[147]

그러나 이운사의 경영은 그다지 성공적이지 못했다. 세곡 운송만을 담당하던 전운국에 비해서는 분명 발전했지만, 아직은 관부(官府)의 불합리하지만 강력한 통제 하에 있었다. 물론 이운사는 정부에서 각종 특권을 부여받았다. 이운사 선박은 빙표 없이 왕래할 수 있었으며,[148] 선박 유지비는 정부가 지급했다.[149] 또 일반 상민들에게는 외국 선박에 비해 상대적으로 높은 운임을 받았다. 그러나 이것만으로는 공용(公用) 화물은 물론 관리나 권세가의 화물까지도 어용(御用)이라는 명목으로 무임수송을 강요당하는 상황을 타개할 수 없었다.[150]

한편 전운국 당시부터 기선 운항에 관한 기술적 업무는 모두 외국인을 고용하여 처리했는데,[151] 1895년에도 학도(學徒)와 학도감독(學徒監督)을 두고 있는 것을 보면 이 상황은 크게 개선되지 않았던 것 같다. 1895년 당시 사장은 유성준이었고, 그 외 회계사무 오귀영, 학도감독 김연창(金演昶), 학도 6명, 사환 2명의 임직원이 있었다.[152]

요컨대 이운사는 자본 규모면에서는 민간 회사와 비교할 수 없을 만큼 우월했지만, 기술 부족과 관부(官府)나 권세가의 부당한 간섭으로 경영이

---

*이운사 설립 직후 소속 선박은 중국과 러시아, 일본을 왕래하기 시작했고, 정부에서는 각국 영사관에 편의 제공을 요청하는 公函을 발송했다. 『統記』 壬辰 12월 25일, 12월 28일, 癸巳 正月 25일, 2월 24일.

어려운 상태였다. 이운사가 국책 해운회사로 성장하기 위해서는 먼저 이들 문제를 해결해야 했지만, 그 해결 과정은 청일전쟁과 갑오개혁으로 인해 왜곡되었다. 이에 대해서는 다음 장에서 서술한다.

육상 운송 부문에서는 인천－서울 간의 화물 수송을 전담할 목적으로 육운회사(陸運會社)가 설립되었다.[153] 당시 두 지역 간의 육로 운송은 한두 마리의 소나 말을 이용하는 것이 일반적이었지만 간혹 대량의 화물을 운송할 필요가 있을 때에는 주변 농가의 유우(流牛)와 유마(流馬)를 징발하곤 했다. 조선 정부가 징발하기도 했지만, 청국 이사청의 징발이 더 많았다. 육운회사는 우마(牛馬) 징발에 따른 농민의 피해를 줄이고, 운송의 편의를 도모한다는 취지하에 태평거(太平車) 10량을 구입하고 전담 영업권을 획득했다. 이 회사는 공사(公私)를 막론하고 모든 태복(駄卜)의 운반을 전담했다는 점에서[154] 대한제국 전기에 특징적으로 나타나는 도고회사와 유사하지만, 자기 자본으로 태평거를 구매한 데에서 보듯 특권만을 노린 회사는 아니었다.

(3) 수산업

수산업 부문에서는 수산회사와 포경회사, 해산회사 등이 설립되었다. 수산회사가 설립된 시점은 불분명하나 1895년 각양회사(各様會社)의 일병혁파 지령이 내려질 때에 같이 혁파되었다. 혁파 이유가 "상민을 침탈하고 토색(討索)하는 일이 거의 한도가 없어 상로(商路)가 막히기 때문에 백성의 원성이 들끓는다"는 데 있었던 것으로 보아 어상(魚商)에게 징세(徵稅)하는 데에 치중한 수세회사였던 듯하다.[155] 포경회사 역시 직접 고래를 포획하는 회사는 아니었고, 어민이 생포하거나 사경(死鯨)을 얻었을 때 그 매매를 중개하는 정도였다.* 엄밀한 의미의 수산업 회사는 해산회사뿐이었다. 해산회사

---

*『監理署關牒存案』 各司謄錄 49, 丁亥 3월 초4일. 포경회사는 지방관이 고래 매매에 과중한 세금을 부과하는 폐단을 막기 위해 설립된 것으로, 이 역시 지방 재정에 충당되던 세원을 중앙으로 이속하기 위함이었다.

의 주활동 영역은 포경과 어채였으며,[156] 사원은 허호(許滈), 안후선(安厚善), 이배원(李培遠), 이규항(李圭恒) 등이었다. 이 회사는 처음부터 일본에서 어구(漁具)와 어망을 수입하고, 일본인 어부를 고용하는 등 일본의 어업 기술 도입에 적극적이었다.[157] 그런데 회사와 일본 사이의 관계는 기술 도입에 머물지 않았다. 이 회사는 동남 연해 각지의 어채권과 포경권, 제주도의 채복권을 확보했는데,* 그 모든 사업에 대규모의 일본 어선단을 끌어들였다.[158] 1890년 당시 고용한 20척의 일본 어선에 지불한 대가가 무엇이었는지는 알 수 없으나 아마 포경권을 일본에 양도했던 듯하다. 일본 영사는 이 사정을 다음과 같이 기록했다.

> 通漁規則에 따라 규정된 漁業稅를 납부하고 免狀을 받으면 전라, 경상, 강원, 함경 4도 연해에서 그 免狀을 받은 날로부터 1개년간 자유로 어업을 경영할 수 있지만, 포경은 특별한 허가를 얻지 않으면 할 수 없으므로 우리 扶桑海參會社에서는 수년 전부터 當港 監理署員과 특약을 맺고 朝鮮海參會社의 名義로 매년 그 계절 내에 당 근해에서 포경에 종사해 왔는데 본년은 當港 在留 本邦人이 설립한 釜山水産會社 외 1명이 새로 포경 특허를 얻어 본방인의 명의로 공공연히 포경에 종사할 수 있게 되었다.[159]

조선해삼회사(朝鮮海參會社)는 국내 기록에 보이지 않는 것으로 해산회사를 지칭한 것이라 생각된다. 이 시기에 일본 어민들은 전라, 경상, 강원, 함경 4도 연해에서 자유롭게 활동하고 있었기 때문에 굳이 해산회사의 명의를 빌릴 필요가 없었고, 다만 포경만이 제한되었다. 해산회사는 이들에게 포경권을 대여하는 대가로 어획물의 일부를 양도받고 어선, 어구를 빌릴 수 있

---

*제주도 일대에서는 의신회사와 해산회사 사이에 채복권을 둘러싸고 분쟁이 있었는데, 당시 의신회사에서는 해산회사가 일본인을 끌어들여 제주도 어민의 생계를 빼앗는다고 비방했다. 『慶尙道關草』 各司謄錄 13(1887년 3월 23일).

었을 것이다.

해산회사가 정부에게 얻은 권리를 매매, 양도, 대여의 대상으로 삼은 것은 당시 회사들이 도고상업체제에 기반했기 때문에 나타난 현상이며, 이는 초기 회사들이 공통적으로 지닌 문제였다. 1910년 일제가 회사령 제정의 이유 중 하나로 든 것도 조선인들이 회사 인허를 독점영업권 획득으로 생각한다는 점이었다. 해산회사 역시 그 사원들이 우뭇가사리세(牛毛加沙里稅) 수납원을 겸했고[160] 금난전권과 유사한 불법어로 단속권을 행사하여* 어민들을 수탈함으로써 민정(民情)을 어지럽히기도 했다.[161] 그러나 이 회사에서 주목해야 할 것은 도고적 체질의 잔존이 아니라 그 내부에서 성장한 새로운 요소다. 이 회사는 직접 어업을 경영하기 위해 어망을 수입했으며,[162] 수입한 어망은 1890년 6월 일본 어민을 끌어들여 민폐를 야기한다는 이유로 회사가 철파된 이후에도** 해회사(該會社) 사원들의 소유로 인정받았다.[163] 이는 이 회사가 도고권에 기반하면서도 한편으로는 근대적 합자회사와 유사한 과도기적 존재였음을 의미한다.

(4) 기타

개항 직후에는 목적과 시한을 한정한 회사도 있었다. 대표적인 것이 1888년의 흉직을 계기로 설립된 제생회사(濟生會社)인데, 이 회사는 일본 쌀을 수입하여 기민(饑民)을 구제한다는 목적을 내세웠다. 설립자는 전 오위장 홍주현(洪周鉉), 전 우후(虞候) 유경(劉坰), 전 주부 김정구(金鼎九) 등이며, 일본 풍범선과 선인(船人)을 고용하여 일본에서 양미(粮米)를 수입, 삼남(三南)

*"每有外國船 潛駛滋弊之慮 使該社員前都事許璹 兼行查檢"『全羅道關草』各司謄錄 20 (1890년 2월 14일). 해산회사에 부여된 불법어로 단속권은 동남제도와 연안 각지의 어업 독점권에 기반한 것으로 금난전권과 본질상 같은 것이라 할 수 있다.

**『釜牒』各司謄錄 50, 光緖 6년 6월 15일. 해산회사 철파의 이유는 사원 이규항이 일본인 朝長二郎이라는 자를 고용하여 제주도 연해에서 임의 조업하게 했던 데에 있었다. 『全羅道關草』 辛卯 9월 15일.

일대에 판매하겠다고 통리아문에 청원하여 승인을 얻었다. 통리아문은 회사를 승인하는 동시에 경기와 삼남 각처에 관칙(關飭)하여 회사의 미곡 수입이 빈민을 진제(賑濟)하기 위한 것인만큼 일본 쌀을 싣고 오더라도 장애 없이 활동할 수 있게 하라고 지시했다.[164] 그런데 제생회사에 허가된 것은 미곡뿐이었고, 그것도 3만 석으로 제한되었다.[165] 통리아문은 제생회사에서 수입하는 미곡은 면세하도록 했으나, 미곡 이외의 물품을 수입하여 불통상구안(不通商口岸)으로 들일 경우에는 엄중 단속하도록 했다.[166] 이에 따라 제생회사는 일본에서 3만 석의 미곡을 수입했으며, 총세무사(總稅務司)는 면세를 통해 회사가 얻은 이익이 4,500원(元)에 달한다고 보고했다.[167] 제생회사는 한 차례의 미곡 수입 이후 바로 해산했던 것 같다. 일본에서 미곡을 수입한 것은 당시의 무역 관계에서는 극히 이례적이었고, 극심한 흉년이 아닌 한 반복될 일은 아니었다.

이상의 분석을 통해 몇 가지 사실을 확인할 수 있다. 첫째는 이 시기 회사들이 대개 조선 후기 이래의 도고상업체제 위에서 활동했다는 점이다. 회사에 대한 관허는 도고권 인정과 크게 다르지 않았다. 또 정부는 수시로 회사의 화물에 면세해주었다. 이에 따라 회사에는 특권 단체의 성격이 각인되었다. 그런데 도고상업체제는 봉건적 특권의 결합체만은 아니었다. 이는 전통사회가 근대 사회로 이행하는 과정에서 발달한 특정한 상업 형태였으며,[168] 그런 점에서 중앙 정부와 결탁한 특정 자본의 '전기적 독점(前期的獨占)'이야말로 도고상업체제가 도달할 수 있는 최후의 단계였다. 그리고 이는 특별한 계기가 생긴다면 근대적 산업자본으로 전환할 수 있는 것이기도 했다.

둘째는 이 시기 회사들이 도고상업체제 위에 있으면서도 그 내부에서 새로운 요소를 성장시키고 있었다는 점이다. 당시 회사들은 자본을 마련하고 생산 설비를 갖추어 외국 자본과 경쟁하려는 노력을 포기하지 않았다. 이는 갑오개혁 이후 근대적 회사가 출현할 수 있는 길을 예비한 것이다.

3) 외국 자본과 한인 회사

갑오개혁 이전에 설립된 회사들의 외국, 특히 일본 자본에 대한 태도는 회사의 설립 주체나 활동 기반에 따라 달랐다. 개항장 객주들은 외상(外商)에 의존하면서도 다른 한편으로는 이들에 대항했다. 개항장 객주들이 상회소(商會所), 상법회사(商法會社) 등을 자발적으로 결성한 것도 일차적으로는 외상을 견제하기 위해서였다. 객주회사는 객주영업세를 징수하여 물가를 올리고 외상의 이익을 감소시켰을 뿐 아니라 한상(韓商)의 교섭력을 강화시켰다. 그런만큼 외상들에게 객주회사는 성가신 존재였다. 객주회사가 개항 초기 일본 영사의 집중적인 항의 대상이 되었던 것도 이 때문이다.

그러나 기업회사의 태도는 달랐다. 이들은 외국인 기술자를 고용하거나 외국 자본을 끌어들였는데, 그 대가는 대개 자사(自社)가 확보한 각종 이권의 양여였다. 정부가 회사 보호 정책을 지속하는 동안 회사는 각종 특권을 얻었던 바, 이를 외국인과 공유하거나 그들에게 양도하는 것은 외국 자본에 특권을 주는 것과 같은 효과를 냈다.

국내 기술 수준이 낮은 상황에서 회사들이 외국 자본을 끌어들인 것은 위험하지만 불가피한 선택이었다. 기선회사가 일본인 마츠오 겐노스케(松尾元之助)를 고용한 일이나,* 의신회사가 일본인 우마키 겐미츠(馬木健三)를 고용한 일,** 그리고 해산회사가 일본 어선과 어구(漁具)를 도입하고 어민까지 고용한 일은 모두 국내 인력을 구할 수 없었기 때문이다.[169] 문제는 기술 도입이 엄밀한 계획과 일정한 제한 하에 추진되지 못했다는 데에 있다. 이들 회사는 기술 도입을 위해 외국인을 고용했지만, 이는 대개 경영 곤란 → 임금 체불 → 외국 자본 도입이라는 경로를 거치면서 외국 자본에

---

*『統記』 丁亥 12월 3일. 松尾元之助는 기선회사 참여를 계기로 한국 내에서 기업 활동을 본격화한 인물로 광무년간에는 東洋火災保險株式會社의 한국 내 일인 발기인으로도 참여했다.
**『統記』 丁亥 3월 23일. 馬木健三은 본래 광무국에 雇聘된 기술고문이었으나, 의신회사가 광업 부문으로 활동 영역을 확장하면서 다시 초빙한 인물이다.

회사의 이권을 양도하는 결과를 빚었다. 해산회사가 일본인과 차관도입 계약을 체결한 것이나,[170] 기선회사가 일본 상선회사와 운항권 양도 계약을 체결한 것은 모두 이러한 과정을 거친 후의 일이었다.[171]

개별 자본의 입장에서 신기술 도입은 상당한 부담이었으므로 정부의 재정 지원이 필요했다. 그러나 관영 공장에 고용한 외국인들에게조차도 제때에 임금을 지불하지 못하던 정부가 이들 회사를 재정적으로 지원할 수는 없었다. 이런 상황에서 한인 자본가들에게 외국(일본) 자본과의 결탁, 또는 외국(일본) 자본에의 예속은 선택의 여지가 없는 것[172]이었다. 외국 자본 도입은 불가피했고, 외국 자본은 그 틈에 이권을 침탈했다.

기업회사와 외국 자본 사이의 관계와 관련해서는 1884년경에 설립된 순신창회사가 주목된다. 이 회사는 토산품 수출업, 조선 주재 구미인(毆美人)을 위한 숙박업과 일용품 수입업, 기타 관용 물자 수입업 등을 목적으로 설립되었으나[173] 1885년경부터는 타운센드 상회의 국내 대리점으로 성격이 바뀌었다.* 순신창회사는 갑오개혁 무렵까지 지속된 몇 안 되는 회사 중 하나였는데, 이 회사가 기록에서 사라지는 시점은 타운센드가 미국무역상사(美國貿易商社)의 국내 지점인 Morse & Townsend 상회에서 독립하여 따로 타운센드 상회를 설립한 시점과 일치한다.[174] 또 1888년에 정부가 순신창회사에서 고용한 선척에 징세하려 하자 사원 서상집은 선박의 실제 고용주는 미국인이라며 면세를 요구했고, 미국 영사 역시 같은 내용으로 항의했다.[175] 여기에서 서상집은 순신창회사의 경영 책임자인 동시에 타운센드의 고용인으로 표현되고 있다. 이들 기록은 모두 순신창회사가 타운센드 상회의 국내 대리점이었음을 보여주는 것이다.

순신창회사가 타운센드 상회의 국내 대리점이 된 것은 회사의 영업이 처

---

*순신창회사가 1885년 1월 이전에 폐점했다는 기록이 있지만, 이 회사는 이후에도 지속되고 있다. 이는 아마도 회사가 타운센드 상회의 대리점으로 변질한 것을 잘못 표현한 것이라고 생각한다. 仁川府, 1933『仁川府史』p.1023.

음부터 타운센드 상회와 밀접한 관련을 맺고 있었기 때문이다.* 사옥은 제물포 미국 조계 내에 있었고, 그조차 본래 타운센드와 순신창회사 사원 서상옥(徐相鈺)이 함께 건조한 것이었다.[176] 타운센드 상회가 이같은 편법을 사용한 데에는 두 가지 이유가 있었던 것 같다.

첫째는 내국인 회사가 누리는 이익을 공유할 수 있었기 때문이다. 외국산 물화의 수입은 진출구(進出口)에서 일정액의 톤세(噸稅)만 납부하면 되었기 때문에 특별히 문제가 되지 않았지만, 토산 상품의 수집, 반출은 사정이 달랐다. 상회의 화물은 면세되었기 때문에 순신창회사의 명의를 내세우면 토산품을 값싸게 수집할 수 있었다. 타운센드 상회는 미국산 물품을 수입·판매했을 뿐 아니라 쌀을 수집, 반출하기도 했기 때문에 한인 회사의 명의를 빌리는 것이 유리했다.[177]

둘째는 타운센드 상회의 주거래선이 관부(官府)였기 때문이다. 타운센드 상회는 미국에서 무기를 수입하여 정부에 판매했다. 순신창회사 사장과 부사장에 정부 관리를 임명한 것도 무기의 유통 과정에서 발생할 수 있는 사고를 막기 위해서였다고 생각된다. 정부로서는 외국 회사와 직접 거래하기보다는 조선인 대리인을 상대하는 것이 편했을 것이며, 이는 타운센드 상회의 처지에서도 마찬가지였을 것이다. 순신창회사 외에 외국 회사의 국내 대리점으로 활동한 예는 찾아볼 수 없지만, 정부의 회사에 대한 특권 부여가 외국 자본의 국내 침투를 방조하는 결과를 빚기도 했음은 이 사례를 통해서도 알 수 있다.**

*1884년 미국인 톰슨은 한국 정부에서 받을 금액을 순신창회사에 외획하도록 했는데, 이는 순신창회사가 미국인들과 활발한 거래를 하고 있었음을 보여준다. 『統記』 甲申 9월 6일.

**한우근은 관허 상회사가 외국 상인과 연결되는 존재로서, 국내 시장만을 상대로 해온 종래의 상업체(시전 상인·공인·부보상 내지 일반 도고)를 압박하는 존재였다고 보았는데, 이것이 기본적인 추세는 아니었지만 순신창회사나 해산회사같이 외국 상인과 연결되는 상회사가 있었던 것은 분명하다. 韓㳓劤, 1970 『韓國開港期의 商業研究』 一潮閣, p.237.

3. 상업세 징수와 객주회사, 수세회사

1) 개항 이전의 상업세

조선 후기에는 정부의 상공업 정책과 재정 정책도 크게 변화했다. 설점수세제(設店收稅制), 대동법(大同法), 신해통공(辛亥通共) 등은 당시 국내 상업계의 변화를 반영하는 동시에, 국내 상업과 국제 무역을 통해 얻어지는 이익을 국가 재원으로 흡수하려는 정책이기도 했다.[178] 한편 상업 이윤의 총량이 증대함에 따라 세도가들을 중심으로 그를 사적으로 전유(專有)하려는 시도도 빈발했다.* 이른바 '도고상업체제'는 이 과정에서 형성된 것으로, 강만길은 이를 '궁방(宮房), 관아(官衙) 등의 국가기구 또는 준국가기구나 세도가와 결탁한 특권 상인의 매점에 의한 독점체제'로 규정했다.[179]

그런데 정부가 공적으로 지지하는 것과 궁방, 지방 관아, 세도가 등이 사적으로 유지하는 것 사이에는 중대한 차이가 있다. 공적으로 지지되는 도고상업체제는 소생산자의 발전을 제약하는 부정적 측면이 있음에도 불구하고 상업 이윤의 일부를 국가가 흡수할 수 있도록 한다. 세도정치 하에서 권력자들은 '재부민산(財富民散)'이라는 논리 하에 국가가 상업 이윤을 공적으로 관리하는 데 반대했다. 그에 따라 1750년 균역법 시행으로 어염선곽세(漁鹽船藿稅)가 정공(正供)에 포함된 것을 제외하고는[180] 상업세 일반이 무

---

*白承哲은 조선 중기 이래 증대하는 상업부문의 잉여를 관리하는 방안에 대한 朝野의 논의를 '利權在上論'과 '財富民散論'으로 정리했다. 전자는 국가가 상품화폐경제를 공적으로 관리하고 그 잉여를 재원으로 흡수하려는 것으로서 주로 近畿南人이 주창했고, 후자는 경제영역에 대한 국가의 공적 개입을 최소화하여 세도가의 경제잉여 독점 구조를 유지하려는 것으로서 西人=老論의 주장이었다. 이 두 견해는 권력에 의한 상인 지배를 전제한다는 점에서는 같았지만, 지배 주체의 설정은 국가와 사적 권력으로 크게 달랐다. 이 두 흐름은 개항 이후에도 권력의 향배에 영향을 받으면서 계속 잠류했다. 白承哲, 앞의 글 참조.

명잡세로 취급되어 국가의 공식 세원(稅源)이 되지 못했다. 19세기에 들어 궁방, 지방 관아 등이 광범위하게 상업세를 부과했음에도 정부는 오히려 무명잡세 금단 명령을 발하는 등 이를 공식 세원으로 확보하지 않았다. 이는 개항 후에도 마찬가지여서 1886년과 1892년에 재차 무명잡세 금단 명령을 내리기도 했다.*

한편 상품의 전관매매권은 본래 응역(應役)의 대가로 시전 상인들에게만 부여된 권리였다.[181] 그런데 17세기 이후 유민(流民)과 기민(饑民)의 유입에 따라 도성과 주변 지역의 인구가 급증했고,[182] 이들의 상당수가 상업 부문에서 일자리를 찾았다. 또 양란 이후 새로 정비된 상비군 중심의 도성 방어 체제에 따라 서울에 상주하게 된 군병(軍兵)들 역시 상업·수공업에 합류했다.** 이에 따라 상인 간의 경쟁이 격화했고, 이는 개별 상인들의 이윤을 감소시켰다. 그렇다고 시전 상인들의 응역 부담이 감소하지는 않았다. 정부로서도 시전 상인의 몰락은 관용품 조달면에서나 사신접대, 국상(國喪) 등에 필요한 노역과 물자 동원에 곤란을 초래하는 일이었으므로 그대로 방치할 수 없었다. 이에 정부와 시전 상인 양자의 요구가 결합되어 출현한 것이 '금난전권'이었다.***

---

*1886년의 무명잡세 금단 명령이 전면 폐지를 지시한 것인 데 반해, 1892년의 금단 명령은 정부가 일부를 허가하는 선택적 금단 조치였다. 이는 개항 이후 상업세 문제에 대한 정부 정책이 점차 그를 공식화하는 방향으로 변화하고 있었음을 보여준다. 須川英德, 1994『李朝商業政策史研究: 十八·十九世紀における公權力と商業』東京大學出版會, pp.141-42.

**17세기 이후 서울에 상주하게 된 軍兵들에게 충분한 급료를 지급할 수 없었던 정부는 그들에게 소소한 물품을 제조·판매할 수 있는 권리를 부여했다. 그에 따라 이들은 군병인 동시에 소상인·수공업자가 되었다. 金鍾洙, 1994「17세기 훈련도감 군제와 도감군의 활동」『서울학연구』 2 참조. 조선 전기의 兵農一致와 대비하여 '兵商一致'라고 불러야 할 이러한 현상은 개항 이후에도 지속되었고, 일제의 한국 강점 이후 군병 출신 상인들이 다수 출현하는 역사적 배경이 되었다.

***본래 시전 상인들은 전관 물종별로 都中을 결성하고 있었고, 도중의 우두머리격인 商廛을 都家라 불렀다. 이에 대하여 都賈는 서울로 들어오는 물화를 매집하여 시전 상인들의 금난전권을 무력화하는 일군의 상인들을 지칭하는 개념으로만 사용되었다. 세도가나 기타 지방 관아와 결탁하여 임의로 물화 독점매매권을 행사하는 私自都賈들만을 도고로 호칭했던 것이다. 그런데 개항 이후에는 육의전을 都賈로 표기하는 등 都賈와 都家가 같은 의미로 쓰이게 된다. 이런

시전이 물종별 전관매매권을 얻자 많은 시전이 새로 출현했는데,* 이는 생산자와 소상인층의 자유로운 상품 판매를 제약하고 물가를 상승시켰지만 국가 권력과 상인 간의 관계는 한층 긴밀해졌다.** 물종별 전관매매권이 상업 관행으로 자리잡음에 따라 비(非)시전 상인들의 상업 행위도 변화되었다. 17세기 이후 전국 각처의 포구와 내륙 상업 중심지에서 성장해온 객주들은 18세기 중엽부터 주인권의 내용을 상품 거래 중개권에서 독점매매권으로 전환시켰으며, 이는 한 개 군현이나 면 전체의 상고(商賈)와 화물을 대상으로 하는 지역주인권으로까지 발전했다. 시전의 '금난전권'이 정부의 공인 하에서만 효력을 지닐 수 있었던 것과 마찬가지로, 지역주인권의 성립도 지방 권력이나 궁방의 개입을 초래하는 계기가 되었다. 궁방은 여객주인이나 포구주인에게 매매 알선의 독점권을 보장하는 대가로 일정액을 상납받거나 스스로 여객주인권을 장악했다.[183] 이리하여 중앙과 지방을 막론하고 권력 기관과 상인층이 결탁하여 매매 알선의 독점권을 장악하는 특권적 상업체제, 즉 도고상업체제가 구축되었다.***

그런데 이 무렵에는 도고상업을 바람직한 자본 축적 방식으로 인식하는 사람들도 있었다. 노론 북학파 지식인들은 특권에 의지한 자본 축적을 긍정

예는 『독립신문』 『皇城新聞』 등에서 散見된다.

*17세기 초 20여 개에 불과하던 시전은 18세기 말에는 120여 개로 증가했다. 姜萬吉, 1991 「市場과 商人」 『한국사시민강좌』 9, 일조각, pp.17－18 참조.

**금난전권은 애초 '一物一廛'의 원칙에 입각하여 부여되었지만, 17세기 말 서인집권기에는 이 원칙이 붕괴되어 동일 물종을 취급하는 여러 개의 시전 개설이 허용되었다. 이는 곧 '금난전권'의 취득 문제—시전의 公認 문제—가 사적 권력의 행사 방식과도 밀접한 관련을 맺게 되었음을 의미한다. 白承哲, 앞의 글, p.217 참조.

***엄밀하게 구분해본다면 시전 상인의 독점권과 포구주인, 여각주인층의 都賈商業에는 중요한 차이가 있다. 시전 상인의 그것이 오직 정부가 인정한 '특권'에만 입각해 있었던 것인 반면, 이들 주인층의 도고권은 그것을 획득하고 행사하는 과정에서 경쟁의 원리가 작용했다. 그런 만큼 이는 시전 상인의 독점적 판매권보다 진일보한 것이라 할 수 있다. 그러나 이들 주인층의 성장이 권력과 결탁한 특권적 독점상업체제라는 당시 상업구조의 성격을 변화시킬 정도는 아니었다. 高東煥, 1993 『18·19세기 서울 京江地域의 商業發達에 관한 硏究』 서울대 국사학과 박사학위논문, p.312 참조.

적으로 보았다.[184] 이러한 인식의 배경에는 특권 상인들이 얻는 상업 이윤의 일부를 국가 재원으로 활용하여 부국강병의 기틀을 마련한다는 생각이 자리잡고 있었지만, 그 반대의 경우, 즉 증대하는 상업 이윤을 전유(專有)함으로써 지배 권력을 한층 공고히하는 데에도 도고상업체제는 유용했다.*

도고상업체제는 이처럼 조선 후기의 상업 발전 단계에 조응하면서, 권력의 상업 통제가 강화됨에 따라 성립한 것이다.** 조선 정부의 세입은 18세기 중반 이후 전세(田稅), 군역(軍役), 환곡(還穀)의 삼정체제(三政體制)로 일단 정립되었으나, 19세기 이후에는 도결제(都結制)에 의해 군역과 환곡이 전세화(田稅化)함으로써 모든 조세가 지세(地稅)로 단일화하는 양상을 보였다.[185] 반면 지세액(地稅額) 산정의 기초가 되는 양전(量田)은 숙종 이후에는 시행되지 못했고, 그 결과 지세 수입이 고정되었다. 그럼에도 불구하고 관료기구의 확대, 이서(吏胥)의 유급화(有給化), 군비(軍備) 증강 등에 따라 재정 수요는 계속 늘어났고, 중앙 정부는 결국 지방 관아나 궁방의 세원에 속했던 전토(田土)와 어염선세(魚鹽船稅) 등을 중앙으로 이속하지 않을 수 없었다. 이는 다시 지방 관아로 하여금 새로운 세원을 찾아나서도록 했던 바, 이들이 주목한 것이 새롭게 확대되던 상업 이윤이었다.[186]

한편 애초 물화의 독점 매매 행위나 그 행위자를 의미했던 도고는 시장이 확대되고 상인층이 증가함에 따라 새로운 의미와 기능을 부여받았다. 육의전의 금난전권은 헐가늑매(歇價勒買)를 위한 권리에서 사상(私商)에게 분세(分稅)를 징수하는 권리로 변질했으며,*** 지방 포구나 내륙 상업 중심지

*소위 '利權在商論'과 '財富民散論'이 권력에 기반한 前期的 독점을 문제삼지 않았던 것은 '권력의 상업이윤 分占'에 대해 같은 견해를 갖고 있었기 때문일 것이다. 白承哲, 앞의 글 참조.

**강만길은 이에 대해 "都賈商業은 전통적 상업 형태가 근대적 상업 형태로 이행하는 과정에서 이루어진 역사성을 가진 상업 형태이며, 그러므로 17세기부터 19세기 전반기까지의 '都賈商業時代'는 곧 조선왕조 사회가 전통사회에서 근대사회로 이행하는 과도기로서 상업 자본 집적기로 이해되어야 할 것이다"라고 했다. 姜萬吉, 1972 『조선후기 상업 자본의 발달』 고려대학교출판부, p.13.

***육의전의 금난전권이 分稅 징수권으로 변화한 시점을 확정할 수는 없지만, 1905년에도 육의

의 주인들 역시 사상의 상품 매매를 허용하는 대가로 분세를 징수하기 시작했다. 수세도고(收稅都賈)가 출현한 것이다. 이들은 각처에서 도여각주인(都旅閣主人), 도객주(都客主) 등을 칭하면서 분세를 수취하여 일부를 궁방·관아에 상납했다.* 이같은 현상은 19세기 이후 보편화하여 주인이 수세만을 담당하는 존재인 양 인식되기도 했다.**

그런데 주인권을 매개로 한 궁방이나 지방 관아의 수세는 기본적으로 무명잡세로 취급되었다. 예외적으로 대원군 집권기에 군사 예산에 충당할 목적으로 포구에서 백일세(百一稅)를 거둔 적이 있지만, 그때를 제외하고는 상업 과세가 공인된 바 없었다.[187] 사실 토지와 인신(人身)에 기초했던 조선왕조의 과세 체계에서 상업세는 본래 포착될 수 없는 세목이기도 했다.[188] 그렇지만 과거 지방 재정에 충당해왔던 각종 세목을 중앙 정부로 이속시키면서 궁방, 관아에서 비지세(非地稅) 세원을 스스로 설정하고 확보하는 행위를 원천적으로 봉쇄할 수는 없었다.[189] 따라서 중앙 정부는 여러 차례 무명잡세 금단 명령을 발하면서도*** 적극적으로 이행하려는 의지는 보이지 않았다.

전 상인들은 分稅의 복설을 요구했다. 『大韓每日申報』 광무 9년 1월 22일.

*조선후기 상업세 징수 방법에는 두 가지가 있었다. 하나는 여각주인, 포구주인 등 주인층을 통한 수세로 각 궁방에서 主人權을 買得하거나 새로 창설하여 수세하는 것이었고, 다른 하나는 포구 등 상업 중심지에 監官, 派員 등을 파견하여 수세하는 방식이었다. 어느 경우든 이들을 일반적으로 都賈로 불렀고 때에 따라서는 도여각주인, 도객주, 都都賈 등의 표현이 사용되기도 했다. 須川英德, 앞의 책, pp.103－104 참조.

**柳承烈은 주인은 본래 收稅를 주업무로 했다고 했지만, 이는 주인층의 상업 활동이 물화의 독점 매매알선권을 이용한 歇價勒買에서 분세의 징수를 전제로 한 자유상업 허용으로 변화했던 시대적 추세를 고려하지 않은 탓이다. 柳承烈, 1995 「韓末 日帝初期 商業變動과 客主」 서울대 국사학과 박사학위논문, pp.7－8 참조.

***무명잡세는 국가의 正供으로 파악되지는 않으나 실제로 징수되는 세, 즉 국법상의 명목 없이 지방 관아·궁방에서 임의로 설정한 稅라는 의미다. 須川英德, 앞의 책, p.99.

2) 개항 이후 상업과세와 수세회사, 객주회사

(1) 보부상에 대한 과세와 혜상공국, 상리국

개항 이후 근대화 정책의 자금원으로 기대되었던 해관세와 차관 자금은 1880년대 중반 이후 양자가 서로 연계되면서 제 구실을 하지 못해 이미 설치해놓은 기관들의 운영 경비조차 마련할 수 없는 상태가 되었다. 통리아문이 택할 수 있었던 방법은 상업 행위 일반에 과세하여 재원을 보충하는 것뿐이었다. 이에 따라 보부상(褓負商) 및 유유상(鍮油商)에 대한 과세, 내륙 각지의 포구세·유통세 징수,[190] 개항장 객주로부터의 수세가 시작되었다.

보부상에 대한 중앙 차원의 수세는 1883년 혜상공국 설치 이후 시작되었지만, 수세 시도는 1879년에도 있었다. 이 해 9월 한성부는 보상(褓商)들이 관행으로 유지해온 접장제(接長制)를 전국 조직으로 확대하는 한편, 대가를 내고 험표(驗標)를 받은 보상들을 각지 이교(吏校)들이 침학(侵虐)해서는 안 된다는 내용의 완문(完文)을 발급해주었다.[191] 이는 1881년에 부상(負商)에게까지 확대되어 그해 윤7월에는 부상을 무위소(武衛所)에 부속(附屬)하는 내용을 골자로 한 「부상청절목(負商廳節目)」이 발포되었다. 이에 따라 보상은 한성부(漢城府)에, 부상은 무위소에 각각 험표대(驗標代)를 냈는데, 1882년 11월에는 보상 관할권이 의정부(議政府)로 이속되었고, 1883년에는 다시 삼군부(三軍府)가 보상과 부상의 관할권을 모두 장악했다.[192] 임오군인폭동 직후 삼군부에 보부상 관할권을 넘긴 것은 군인폭동 당시 입증된 보부상의 군사적 기능에 주목한 때문이었을 것이다. 그런데 1883년 초 관제 개정으로 삼군부가 재차 혁파됨으로써 보부상은 관할 기관을 잃어버렸다. 이에 통리아문은 별도 기관으로 혜상공국을 설립하여 보부상에 대한 일원적 관리 체계를 갖추었다.

혜상공국은 절목(節目)에서 전국의 모든 보부상에게 명첩(名帖)을 주어 이를 지닌 자가 아니면 행상(行商)할 수 없게 할 것, 각 지방의 두목배(頭目輩)에게는 명첩을 내주는 대신 첩가(帖價)를 징수할 것 등을 규정했다.[193] 그렇지만 혜상공국 설치 당시에는 중앙에 별도로 상납하는 규정은 없었고, 오히려 내탕전(內帑錢) 2만 냥을 지급해 주어 그를 본전(本錢)으로 삼아 취식(取息)함으로써 보부상의 구휼 자금으로 사용하도록 했다. 이는 보부상에 대한 통제가 징세보다는 보호에 중점을 두었음을 보여준다. 여기에는 물론 전국의 보부상을 일원적 통제 하에 두고 그들에게 상당한 은전(恩典)을 베풀어줌으로써 막강한 조직력을 지닌 어용 기관으로 삼으려는 의도도 있었을 것이다. 이와 관련하여 혜상공국 설립의 직접 계기가 된 김병국(金炳國)의 상소는 보부상 통제의 필요성을 다음과 같이 제기했다.

> 負商과 褓商은 軍國衙門에 부속시키고 그를 통제하는 방책은 편리한 대로 하라는 命이 있었습니다. 現今 宇內 諸國에는 모두 商局 商社 商會 등의 명칭이 있는즉 負商과 褓商에게 一局을 설립케 하여 惠商公局이라 칭하여 그를 管檢하도록 하고 外邑의 無賴輩가 蔑視 凌侮하는 일이나 함부로 藉托하고 섞여 드는 일 등의 弊를 일체 痛禁한 연후에야 가히 奸僞를 막고 生業을 안정시킬 수 있을 것입니다.[194]

여기에서 강조한 것은 보부상의 영업권을 안정시키는 일뿐이며, 재정적 목적은 드러나 있지 않다. 그리고 명칭에 국(局)을 사용하자고 한 것 역시 이 기구를 근대화 정책 추진 기관으로 설정한 때문이었다고 생각된다.*

보부상 정책은 1887년 이후 새로운 단계로 이행했다. 혜상공국은 1885년 8월 내무부(內務府)로 이관되면서 상리국(商理局)으로 개칭되었고, 1887년 상리국절목(商理局節目)이 새로 반하(頒下)됨과 동시에 보부상에 대한 중앙 수세가 명문화되었다. 이제 보부상들은 상리국에서 신표(信標)를 발급받는 대가로 신표 매장(每張)에 2냥씩을 납부해야 했다.[195] 그 대신 보부상들

*개항 직후에 설치된 각종 신식 기구는 機器局, 博文局, 電報局, 郵政局, 造紙局, 織造局과 같이 거의 모두 局으로 命名되었다.

은 행상 독점권을 보장받았으며, 지방 관아의 자의적인 징세를 면할 수 있었고, 각처 장시의 수세를 담당했다. 또 1891년에는 유유사(鍮油社)를 설립하여 그동안 보부상에게 침어(侵漁)를 받아왔던 유상(鍮商)과 유상(油商)의 관리 체계를 따로 정비했다.* 이로써 전국의 행상을 일원적으로 장악할 수 있는 제도가 마련되었으며, 이들에게 거둔 빙표대는 각도의 임방(任房)을 거쳐 중앙에 상납되었다. 이들 행상 조직은 대한제국기에 상무회의소(商務會議所), 상무회사(商務會社)로 변화함으로써, 이 시기 회사에 수세 기능이 부가되는 데에 영향을 미쳤다.

(2) 개항장 객주에 대한 과세와 객주회사, 수세회사

① 객주열읍분장제와 균평회사

보부상에 대한 중앙의 수세 개시와 때를 같이하여 개항장 객주에 대한 수세 체계도 정비되었다. 개항장은 새로 생긴 상업 지역이었기 때문에 객주도 대개 타지에서 이주해온 상인들이었다.** 따라서 이들은 권력의 보증을 받는 영업권을 새로 획득해야 했다. 그리고 이는 내륙의 유문권주인 명색(有文券主人 名色)이 그러했던 것처럼 지방 관아, 주로 감리서가 배경이었다. 감리서는 객주에게 일정액을 상납받는 대가로 매매알선권을 주었다.*** 중앙 정부의 통제 시도가 없었던 것은 아니지만,**** 수세와 지출은 감리서

---

*유유사는 1891년 油商과 鍮商만을 統攝할 목적으로 통리아문 산하에 설립된 기구였다. 『判下鍮油社節目』(古4256－34).

**원산 객주들은 주로 對淸貿易을 통해 성장해온 의주의 灣商 출신들이었다. 咸鏡南道, 1930 『咸鏡南道誌』 p.794. 그리고 인천 객주 역시 경강상인 출신이 다수를 점했다. 李炳天, 앞의 글, p.60 참조.

***1884년 인천 감리는 "……우리 백성은 오늘부터는 수출에 관계되지 않는 食物과 일용품 등을 제외한 여러 가지 화물은 반드시 商會를 거쳐 客主가 報單에 올려 허락 받은 다음에야 비로소 마음대로 팔 수 있게 한다"고 시달했다. 『漢城旬報』 1884년 5월 21일 「國內私報」.

****혜상공국은 설치 직후부터 개항장 객주를 統攝하려고 했던바, 1883년에는 원산 상민의 청원에 따라 혜상공국에서 상의소의 설치를 허가했으며, 1885년에는 혜상공국에서 인천에 상회를 別設하기도 했다. 韓㳓劤, 앞의 책, p.182; 『統記』 乙酉 3월 5일.

의 소관이었고[196] 간혹 지방 관찰사가 개항장 객주들에게 과세하는 경우가 있었을 뿐이다.* 객주의 신규 개업에도 별다른 제한은 없었던 것 같다. 1889년 객주영업세를 창설하면서 비로소 '경강유문권주인례(京江有文券主人例)'를 적용한 것으로 보아, 객주업의 창설이 완전히 방임되어 있었던 것은 아니었다 하더라도 제한은 심각하지 않았을 것으로 보인다. 객주의 신규 진출에 장애가 된 것은 오히려 감리서가 징수한 고율의 구문세(口文稅)였다. 당시 객주들이 감리서에 납부한 세액은 구문 수취액의 대략 30%에 달하는 고율이었다.[197] 그러나 이는 객주가 수취한 구문의 일부를 징수하는 것이었기 때문에 통상조약에 위배되지는 않았다.**

그런데 보부상에 대한 통제가 수세 중심으로 변해가던 1880년대 중반부터 개항장 객주에게도 중앙에서 직접 수세하려는 시도가 나타났다. 최초의 시도는 일종의 세관(稅關) 설치였다. 통리아문은 1886년 6월 인천 만석동을 내외항(內外港)으로 구분하고, 한인 선척은 모두 내항에만 정박하도록 하여 선상회사(船商會社)로 하여금 징세하게 했다.[198] 이는 일본 영사의 항의로 곧 취소되었지만, 1887년 12월에는 다시 처음 절목대로 시행되었다. 그러나 이는 일체의 내지(內地) 과세를 금지한 통상조약에 위배되었기 때문에, 통리아문으로서는 일본의 항의를 면할 수 있는 방안을 따로 모색해야 했다. 그에 따라 고안된 것이 관(官) 지정 객주를 통한 수세였다. 1889년 통리아문은 선상회사를 통한 수세를 중단하고 인천에 들어오는 토산(土産) 물화는 만석동 객주를 통해서만 매매하라고 지시했다.[199] 그러나 일본 영사는 이에 대해서도 "수호조규(修好條規) 제9관 및 통상장정(通商章程) 제18관에 위배되는 일"[200]이라고 하면서, 이와 같은 일이 부산, 원산에서도 일어나고

---

*1887년 3월 경상도 觀察使兼都巡察使는 營兵 신설에 따른 경비 부족을 해결하기 위해 부산항 감리에게 부산 상무회사에 諮詢하여 新稅를 마련해줄 것을 요구했다. 『關牒存案』(奎18121).

**朝英通商條約으로 완성되는 불평등조약 체제에서 관세 이외의 모든 형태의 수출입세는 면제되었기 때문에 그와 유사한 거래세, 통과세 등의 징수에 대해서는 외국 영사의 즉각적인 항의가 뒤따랐다. 李炳天, 앞의 글 참조.

있으니 모두 혁파하라고 요구했다.

1889년 3월에는 부산에서도 구해관(舊海關) 부근에 일국(一局)을 설치하고 한상(韓商)의 출구(出口) 화물에 수세하기 시작했다.[201] 이때 취한 방식 역시 지정 객주를 통한 수세였으며, 일본 영사관은 이번에도 "명칭은 비록 객주배(客主輩)의 구문에서 추수(抽收)하는 것이지만, 경아문(京衙門=統理衙門) 차인(差人)이 화물을 살펴 추수하는 것이니 실인즉 과세와 동일하다"[202]고 항의했다. 통리아문은 이들 차인을 내륙 포구의 수세도고, 즉 도여각주인과 같은 존재로 상정하고 구래의 상관습에 따른 수세로 정당화하려 했지만,* 객주 구문(口文)에서 징수하는 것이 아니라 거래되는 상품 가액에 대해 일률적으로 백일세(百一稅)를 징수하는 것은 수호조규 제9관의 임의무역규정(任意貿易規程)에 위반된다는 공격을 피할 수 없었다.

물론 일본 영사관의 항의는 의도적으로 조선의 상관습을 무시한 소치이기는 하다. 객주는 상품의 매매 알선을 담당하는 동시에 통과세, 선세 등의 징수도 맡았고 궁방·지방 관아가 객주에게 구문분세(口文分稅)를 징수할 때에는 이 양자를 따로 구분하지 않았다. 따라서 통리아문이 개항장에 차인을 파견한 것은 개항장에 유문권주인을 차정(差定)한 것으로 볼 수도 있는 일이었다. 그러나 일본 영사관의 거듭된 항의는 객주의 구문분납(口文分納)과 상품 일반에 대한 과세를 명백히 구분하지 않을 수 없게 했다. 또 통리아문의 특허를 받은 객주가 매매 알선과 수세를 전담함으로써 상로(商路)를 잃어버릴 여타 객주들의 반발도 무시할 수 없었다.** 결국 통리아문은 일단 수세를 정지했으나*** 재정 곤란을 해결할 다른 방도가 없었기 때문에 객주

*부산항 감리는 "口文은 客主가 貨主를 대신하여 周旋發售하는 데 대한 報償'이라고 해명했지만, 일본 영사는 '객주를 거칠 것인지의 여부는 화주가 결정할 사항이며, 一局을 特設하여 통과하는 화물에 대해 口文錢 명목의 세를 걷는 것은 수호조규 위반"임을 강조했다.

**만석동의 육상 객주 등이 특정 객주에게 화물의 매매알선을 전담시킨 조처에 항의하여 서울에 올라와 訴請하다가 捕廳에 구금된 것으로 볼 때, 이때의 객주과세가 도여각주인 창설의 예로 이루어진 것임은 분명하다. 『統記』 己丑 5월 2일.

***4월에는 인천에서, 5월에는 부산에서 각각 客主口文 징수가 중단되었다. 『統記』 己丑 4월

과세를 합리화할 다른 방법을 찾아야 했다. 그 방안으로 창설된 것이 객주영업세였다.

객주영업세는 1889년 10월 24일 인천항 객주들에게 부과되고[203] 다음날 원산과 부산 감리에게도 각각 그를 징수하라는 지시가 내려짐에 따라 세 항구에서 동시에 창설되었다.[204] 객주영업세를 징수하는 수객주(首客主, 頭目)로는 인천항에 서병호(徐丙浩), 원산항에 장봉조(張鳳祚), 부산항에 송원규(宋元奎)가 각각 차정되었다. 수객주는 각 항 객주에게 지역별 물화 취급권을 나누어 맡기고 그 대가로 영업세를 징수하여 중앙에 상납해야 했다. 인천항에 부과된 세액은 연간 1만 냥으로 그를 4월과 10월로 나누어 7천 냥은 육영공원에, 3천 냥은 통리아문에 납입케 했다.[205] 부산항에는 이보다 많은 2만 냥이 부과되었고, 전액 시강원(侍講院)으로 납입하도록 했다.[206]

객주영업세는 원칙적으로 모든 개항장 객주에게 부과했지만,* 개항장으로 반입되는 상품의 수량, 가액이 원산지별로 차이가 컸기 때문에 균등하게 배분하기는 어려웠다. 이는 객주들 사이에 갈등과 분쟁의 소지를 만드는 것으로, 다수의 객주가 동의하지 않으면 시행될 수 없는 일이었다.** 그러나 통리아문은 인천항 수객주의 보고에 기초하여 경강 유문권주인의 예에 따라 25명의 객주만을 선정,*** 그들에게 전국 각 읍을 분장(分掌)시키는 25객주 각 읍 분장제(分掌制)를 강행했다.**** 이에 따라 각읍주인(各邑主人)은

11일, 5월 19일.

*인천항의 수객주 서병호는 39명의 객주에게 전국 각 읍을 분장시키려고 했으나 그중 18명이 지시에 따르지 않은 관계로 20여명 정도에게만 징수할 수 있을 뿐이라는 보고를 올리고 있다. 『統記』 己丑 10월 24일. 참고로 이 무렵 인천항 객주는 총 60명이었다. 『各處所志謄錄』 己丑 5월 25일 참조.

**인천항에서는 25명의 객주 중 전주를 차정받은 李春瑞가 그에 불만을 품고 야료를 부리는 사건이 발생했다. 『統記』 己丑 12월 26일.

***경강 有文券主人例는 경강의 객주들에게 明禮宮 등에 납세하는 대가로 지역별로 특정 物種의 專賣權을 부여하고 여타의 무명잡세 징수를 면제해준 사례를 말한다. 『麻浦鹽都旅閣主人收稅冊』(奎18288－8); 高東煥, 앞의 글 참조.

****須川英德은 인천에 25객주 열읍분장제가 실시된 것이 육영공원의 경비 부족 때문이었다고 보았지만, 侍講院의 재원을 마련하기 위한 것이었다는 기록도 있다(『仁川港關草』 各司謄錄

관허(官許) 유문권주인이 되어 지정된 세납액을 납부하는 대가로 각지에서 들어오는 물품의 전관매매권을 획득했다.[207]

객주가 특정 지방에서 온 상인을 주관하는 전관지역주인제(專管地域主人制)는 18세기 이래의 관행이었으므로[208] 새로운 제도는 아니었다. 그러나 이때까지 개항장 객주가 지닌 주인권은 유문권주인의 독점권과는 달랐다. 따라서 경강 유문권주인례의 적용은 개항장 객주를 중앙 권력에 뒷받침되는 존재로 변화시켰다. 개항장 객주에 대한 중앙 권력의 일원적 통제가 시작됨으로써 개항장 객주는 특권적 존재로 바뀌었고, 이들을 통해 정부는 간접적으로나마 개항장 무역을 통제할 수 있었다. 그런데 이때에도 명목은 객주영업세였지만, 실제로는 모든 수출 상품에 대한 추가 수세의 성격을 벗어나지 못했다. 객주영업세 장정에서는 객주영업세를 영업권 특허에 따른 대가로 규정했지만,[209] 지역별 전관권(專管權)을 부여받은 객주들은 이를 이용하여 자신이 부담해야 할 세액을 객상에게 전가했다. 그리고 이는 관행적으로 징수하던 구문액(口文額) 외에 일정 금액을 더 징수하는 형태로 나타났다.*

외국 영사들의 항의도 객주영업세가 아니라 그 징수 방법인 25객주 각읍분장제에 집중되었다. 그들은 이것이 객상의 자유로운 객주선정권(客主選定權) — 객주를 거치지 않을 권리도 포함하여 — 을 침해함으로써 '임편영상(任便營商)' 규정을 위배했다고 주장했다.** 25객주에서 배제된 낙과객주(落窠客主)나 이입되는 물화의 양이 적은 지역을 배정받은 객주의 불만도 이 제도를 지속시키는 데에 큰 부담이었다.*** 또 이는 한상(韓商)에게도 추가

5(1894년 4월 17일), 『釜山港客主營業稅章程』(奎18139)). 須川英德, 앞의 글, p.144 참조. 인천항의 객주영업세는 電報局 경비로도 사용되었다. 『統記』 己丑 12월 3일.

*개항장 객주들이 관행적으로 징수하던 구문액은 商品價額의 2% 내외였다. 李炳天, 앞의 글, pp.74−75.

**객주영업세에 대한 일본의 항의는 계속되어 1891년에도 부산주재 일본 영사가 항의서를 제출했다. 『統記』 辛卯 11월 11일.

***『統記』 庚寅 正月 8일. 25객주에 포함되지 못한 金允章, 任永道 등은 地域專管制를 무시하

부담을 지웠기 때문에 객상들의 반발도 적지 않았고* 모든 객상을 관 지정 객주에 예속시킬 수 있는 제도적 장치도 없었다. 두형균평회사(斗衡均平會社, 일명 均平會社)는 이같은 내외의 반발을 무마하고 제도적 미비점을 보완하기 위해 설치되었다. 균평회사에 대해서는 '객주들의 상권 수호를 위한 균평통상(均平通商) 활동'의 일환으로 설립된 것으로 이해하는 것이 일반적이지만,[210] 이는 도량형이 정비되지 못한 데 따른 문제를 해결하려는 목적만 지닌 것은 아니었다. 진정한 목적은 관 지정 객주에게 안정적인 수세 기반을 마련해주는 데에 있었다.

도량형 문제가 본격 제기된 것은 개항 직후부터였다. 도량형이 통일되어 있지 않았던데다가 개항장에서는 양식(洋式), 일식(日式) 도량형기가 병용(倂用)되었기 때문에 적지 않은 폐단이 발생했다. 그래서 1885년 6월에는 인천 상민 김준석(金俊錫)이 각국의 도량형기를 매입하여 상인들이 모이는 곳에 비치해 둠으로써 농간을 막겠다는 청원을 올려 인천 감리의 승인을 받은 바 있으며,[211] 같은 해 8월에는 의신회사가 부산항에 칭자소(秤子所)를 설치하여 두곡권형(斗斛權衡)의 규례를 제정했다.[212] 또 1887년 3월에는 인천항에 권평국(權平局)이 설치되어 도량형기의 표준을 정하기도 했다. 그러나 이들 시도는 모두 성공하지 못했다. 도량형기의 통일을 위해서는 표준 도량형기의 제작뿐 아니라 그 사용을 강제할 수 있는 규정이 필요했는데, 이 시기까지는 그러한 규정이 마련되지 않았다.

도량형 통일을 위한 시도가 구체화한 것은 1889년 8월이었다. 이때 인천항 상민들은 "청상(淸商)은 청두형(淸斗衡)을 사용하고 일상(日商)은 일두형

고 영업을 지속했으며, 이에 대해 통리아문에서는 그들을 押上定配하라라는 지시를 내렸다. 그러나 김윤장은 이후 인천항에 객주 두목 4명과 감동 10명을 배치할 때 모두 포함될만큼 유력한 객주였다. 朴修鏡, 1986「開港後 仁川港 客主에 關한 研究(1883~1894)」『大韓帝國研究』5, 梨大 韓國文化研究院, p.68 참조.

*1889년 12월 4일 인천항 大小商民들은 25객주 열읍분장제를 폐지해 달라는 집단 소청을 제기했다. 『統記』己丑 12월 4일.

(日斗衡)을 사용하여 우리 상민으로 하여금 그 대소경중(大小輕重)을 측정할 수 없게 함으로써 우리 상민이 입는 해(害)는 이루 형언할 수 없다"고 하고, 이같은 두형(斗衡)의 불평(不平)과 불균(不均)을 해소하기 위해 균평소(均平所)를 설치하고 양형(洋衡)과 일두(日斗)를 표준으로 삼아 모든 물화를 이곳에서 칭량(稱量) 후 거래하게 해달라고 청원했다.[213] 이에 대해 통리아문은 인천항 감리에게 각국 영사관에 지조(知照)한 후 상민들과 협의하여 조처하도록 관칙(關飭)했다. 객주영업세 창설 직후인 1890년 1월 8일, 삼항(三港)에 두형균평회사(斗衡均平會社)를 일제히 설립한 것은 이에 따른 후속 조처였다.[214] 같은 달 19일 통리아문은 균평회사 절목을 작성하여 인천 감리에게 하송(下送)하고 상민 일반에게 고시하라고 지시했다. 이 절목은 모든 수출입 화물은 반드시 균평회사의 칭량을 거친 후에야 매매하도록 했다.[215] 이때 균평회사는 칭량 대가로 화주들에게 화물가액의 대략 1/100에 해당하는 규비(規費)를 징수했다.* 균평회사는 징수한 규비 중 매년 당오전 3천관(串)(1만 5천 냥)을 각각 통리아문과 감리서에 납부하고 또 매월 100냥씩을 별도로 감리서에 납부해야 했다.[216] 인천의 경우 균평회사는 김재전(金在田)을 비롯한 한인 25가(家)가 설립한 것으로 되어 있는데,[217] 김재전은 관 지정 25객주 중의 1명이었다.[218] 균평회사 사원 전체 명단을 확인할 수는 없지만 이로 미루어보건대 균평회사 사원 25명은 다름 아닌 25객주였던 것으로 짐작된다. 균평회사가 존속한 기간 중에는 외국 영사들이 25객주 열읍분장제가 아니라 균평회사의 철폐를 집중적으로 요구했는데, 역시 이런 사정과 관련된 것으로 보인다.

균평회사는 차인(差人)이나 관 지정 객주를 통해 징수하던 백일세 형태의 상업 과세를 회사를 통해 지속시키려는 의도에 따라 설립되었다. 즉 모든

*균평회사가 징수하는 수수료율은 斗稅는 石當 1升, 衡稅는 秤當 1냥이었다. 『日本外交文書』 21, pp.310－14 「均平會社章程節目」. 또 중국 商務委員의 보고에는 牛皮 1擔에 葉錢 1,200文을 징수했다고도 한다. 『統記』 庚寅 2월 23일.

상품 거래를 균평회사를 통하게 함으로써 25객주 열읍분장제를 보완하는 한편, 객주 구문과 혼합되어 있던 백일세 형태의 상업세를 구분하여 균평회사에서 징수, 감리서에 납부하도록 함으로써 객주영업세 창설로 주요 세원(稅源)을 잃게 된 감리서의 경비를 보족하려는 것이었다. 이보다 앞서 1885년 부산에 의신회사가 칭자소(秤子所)를 설치했을 때에도 통리아문은 도객주명색(都客主名色)을 일병혁파하도록 지시했는데,[219] 이 역시 두형감고(斗衡監考)의 일을 수세와 관련짓고 있었음을 입증하는 것이다.

균평회사가 수세상납기구(收稅上納機構)로 존재하는 한, 외국 영사들이 이에 항의한 것은 당연했다. 1890년 2월 원관(袁館)에서는 "비록 세를 걷고 벌을 내리는 것이 모두 한민(韓民)에 관계되는 것이라 할지라도 이로 인하여 내지(內地) 객상들이 이익이 적어지는 까닭에 인천으로 들어오지 않으니 상업이 크게 위축되고 있다"[220]고 하면서 철폐를 요구했고, 다음날에는 영국, 일본, 미국, 러시아, 프랑스, 독일 영사와 합동으로 통리아문에 조회(照會)하여, 조선에 수입하는 화물은 톤세(噸稅)를 납부한 후에는 일체의 세를 면제받도록 규정되어 있는데도 균평회사가 일물재세(一物再稅)를 부과한다고 항의했다.[221]

통리아문은 이에 대해 "균평회사가 징수하는 것은 사원들이 두형(斗衡)을 감고(監考)할 때에 걷는 수수료이며, 상민들이 그 노고에 대해 지불하는 것이니 결코 일물재세가 아니"라고 항변하고,[222] 오히려 균평회사 설시(設施) 이후 상정(商情)이 흡연(翕然)해지고 토화(土貨)의 거래를 상찰(詳察)할 수 있게 되었다고 하면서,[223] 양보할 뜻이 없음을 밝혔다. 나아가 균평회사의 설치가 지연되던 부산항에는 감리에게 하루속히 설치할 것을 지시하기까지 했다.[224]

그러나 균평회사의 규비(規費) 징수액이 상품 가액의 1/100에 해당할 정도로 고율인 한, 내지 통과세의 일종이라는 비난을 면하기는 어려웠다.* 외국 영사들은 계속하여 철폐를 요구했으며, 정부도 양보하지 않을 수 없었다. 그리하여 1890년 3월에는 "한상(韓商)이 양상(洋商)에게 구입하는 토화(土貨)에 대해서는 규비를 면제하고 한상이 양상에게 판매하는 토화와 한상이 양상에게 구입하는 양화(洋貨)에 대해서만 징수"하겠다는 뜻을 밝혔다.[225] 그러나 이 양보는 균평회사에서 징수하는 것이 단순한 규비가 아님을 정부 스스로 인정한 것에 지나지 않았다.

균평회사는 대외적으로 표방한 설치 이유를 정당화할 수 없었다. 통리아문은 다시 "균평회사는 관설 회사(官設 會社)가 아니라 상민(商民)들이 자발적으로 조직한 것이며, 그 규비 납부도 상민들의 자의(自意)에 의한 것"이라는 궁색한 변명을 내놓았고,[226] 결국 1890년 4월 12일 설립한 지 석 달 만에 철폐하고 말았다.[227]

균평회사 철폐 직후인 1890년 4월 20일, 통리아문은 부산에 새로 4명의 객주두목(客主頭目)을 선정하여 영업세를 징수하게 했다.[228] 6월 21일에는 인천 감리에게도 25객주 열읍분장제를 폐지한다는 제칙(題飭)을 내렸으며,[229] 그 후속 조치로 8월 13일에는 4명의 객주두목을 지정하여 영업세 징수 업무를 맡겼다.* 원산의 경우는 자세히 알 수 없지만, 역시 25객주 열읍분장제가 폐지되고 객주두목제로 이행했을 것이다. 이같은 조치로 미루어 볼 때 균평회사가 25객주 열읍분장제를 뒷받침하기 위한 장치였음은 명백하다. 지역별로 선관객주(專管客主)를 지정하더라도 객상들은 종래 거래하던 객주를 쉽게 바꾸려 하지 않았을 것이며, 낙과객주(落窠客主)들 역시 이들 객상과의 거래를 지속하려 했을 것이기 때문에 지정객주(指定客主)와 객상들을 강제로 연결시키는 장치가 필요했던 것이다. 25객주 열읍분장제가

---

*1890년 3월 26일 일본 영사는 균평회사에서 징수하는 규비가 실제는 '무역화물에 抽稅하는 것'이라 하여, 일종의 통과세임을 적시하고 그 철폐를 강경하게 요구했다. 『統記』 庚寅 3월 26일.

*인천항에는 金允章, 金在健, 李東信, 黃學秀 4명이 두목으로 差定되었다. 이때 이유로 제시된 것은 官許立案된 상회와 객주의 수가 크게 늘어난 것이었지만, 객주 두목 1명을 파송함으로써 발행하는 作奸의 가능성과 그 선정 과정에 대한 유력 객주의 불만 등이 포괄적으로 고려되었다. 『仁川港關草』 庚寅 8월 13일.

실시된 직후 균평회사가 설치되고, 균평회사가 철폐된 직후 25객주 열읍분장제 역시 폐지된 것은 그 때문이다. 균평회사가 폐지됨으로써 관 지정 25객주는 객상들을 장악할 수 있는 제도적 틀을 상실한 채 납세 부담만 지는 존재가 되었고, 이같은 상황에서는 25객주 열읍분장제가 더는 유지될 수 없었다.

② 상법회사 체제의 성립

통리아문은 25객주 열읍분장제를 폐지한 후 각 개항장에 객주두목을 파송하는 동시에 자본을 자판(自辦)하고 점포를 개설하여 영업하고자 하는 자에게는 즉시 관허문빙(官許文憑)을 발급하도록 했다.[230] 이로써 그동안 영업권을 인정받지 못했던 다수의 객주와 사설 상회가 관허를 받게 되었다. 상회 일반에 대한 수세도 이때부터 시작되었다.

상회가 취급하는 화물에 대해서는 개항 직후 상당 기간 동안 과세하지 않는다는 원칙이 견지되고 있었다. 객주영업세 창설에 즈음해서도, 통리아문은 인천항 감리에게 "상회(商會)는 본래 화물을 무천(貿遷)하여 이익을 도모하는 자이고, 객주는 화물의 매매를 중개(駔儈)하여 구문(口文)을 얻는 자이므로 영업세는 상회와는 무관하며 오직 객주에게만 추납(抽納)한다"고 하여 상회가 영업세 납부 대상이 아님을 밝힌 바 있었다.* 그런데 25객주 열읍분장제를 폐지하면서 상회와 객주의 통공영업(通共營業)을 지시한 이상 상회에만 영업세를 면제해줄 수는 없었다.[231] 각 상회와 객주로 하여금 영업세를 분등마련(分等磨鍊)케 하라는 지시를 내린 것은 이 때문이었다.[232]

그동안 면세되었던 상회를 영업세 징수 대상으로 끌어들인 것은 수세 기반의 확대를 위한 조치였지만, 이에 따라 객주영업세는 특권 부여에 따른

---

*『仁川港關草』 各司謄錄 5(1889년 11월 16일). 그런데 상회에 대한 과세를 원천적으로 부정한 것은 아니다. 당시의 회사들은 대개 통리아문에 직접 납세하고 있었기 때문에 개항장의 영업세 부과 대상에서는 배제되었을 뿐이다.

반대급부가 아니라 단순한 면허세로 변모했다. 객주영업세 징수방식을 객주두목제로 환원하면서 그 수를 4명으로 늘린 것도 이같은 사정을 반영한 것이다. 즉 관허 객주의 수가 급증했기 때문에,[233] 한 사람의 객주두목만으로는 도저히 객주 전체를 통제하면서 영업세를 징수할 수 없었다.

객주두목은 구래의 객주도중(客主都中)을 기반으로 영업세를 징수했던 것으로 보인다. 개항장 객주들이 증가하면서 이들은 자연스럽게 구래의 방식대로 객주조직을 만들었으며, 지역에 따라서는 감리가 그에 개입하여 관허회사의 명칭을 쓰는 경우도 있었다.* 이들은 객주도중, 상무회사(商務會社), 상법회사, 상회소 등 다양한 명칭으로 나타나지만, 어느 경우든 객주들이 자발적으로 설립한 것으로 객주 일반을 통제하는 데에는 가장 효율적이었다.** 정부에서는 이들에게 관허문빙(官許文憑)을 발급하여 활동을 보장해주는 대가로 세를 징수하는 것이 편리하다고 판단했던 듯하다. 특히 25객주열읍분장제를 폐지하고 다수의 낙과객주(落窠客主)를 관허 객주로 편입한 상황에서는 더욱 그러했을 것이다. 객주들로서도 이들 조직을 통해 객주의 신규 진입을 억제하고 외상(外商)에 대한 교섭력을 강화할 수 있었기 때문에 반대할 이유가 없었다. 즉 상법회사는 기존 객주들의 기득권을 포괄적으로 보장해줌으로써 수세에 대한 불만을 무마하는 한편, 대외적으로는 이들에 대한 수세를 열국(列國) 통례(通例)인 영업세 징수로 분식(扮飾)할 수 있었다. 그리하여 상법회사는 영업세 징수 기능과 상업회의소적 기능을 아울러 갖는 반관반민(半官半民)의 기관이 되었다.[234]

그러나 상법회사 체제도 순탄하게 유지되지 못했다. 1893년에 이르러 그

---

*원산의 경우에는 1883년에 이미 한인 객주들의 상회소가 설립되었으며, 여기에는 원산 감리를 비롯한 該地域의 개명지식인들이 다수 관여했다. 李炳天, 앞의 글, p.88 참조. 그와 동시에 함경도 관찰사는 원산상회소에 소속된 객주들이 취급하는 화물에 대해서는 별도로 수세하지 말라고 지시했다. 『統記』 癸未 8월 28일.

**주요 상업 중심지에서 객주도중이 출현한 것은 18세기 말 이후였으며, 그것은 애초부터 집단적 영업독점권을 목적으로 했다. 柳承烈, 앞의 글, p.40.

를 혁파하고 사원 중 20명을 선정하여 열읍(列邑)을 분장(分掌)시키는 20객주 열읍분장제로 회귀하는 조치를 취했던 것이다.[235] 객주 열읍분장제로의 복귀는 모든 개항장에서 이루어지지도 않았고* 그 기간도 극히 짧았지만,** 상법회사를 통한 수세에 문제가 있었던 것만은 분명하다. 이후에도 상법회사를 통한 수세의 문제점을 보완하기 위해 여러 조치를 취했기 때문이다. 상법회사는 소속 객주들의 구문(口文) 중 일부를 징수하고 그를 영업세와 상법회사 운영 경비에 충당했는데, 강제력을 갖추지 못했기 때문에 상납이 지연되는 문제가 있었다. 그러나 객주 열읍분장제는 이번에도 과거와 같은 이유로 폐지되었다. "각국 공사가 그에 따르지 않을 것이며, 관세 수입에도 지장이 초래된다"는 것이 인천 감리가 폐지를 청원하면서 든 근거였다.[236]

1893년 4월 상법회사 복설(復設) 지시가 내려졌고, 다시 7월에는 인천항 상법회사에 관허 절목을 하송(下送)하여 영업세를 20만 냥으로 정하고 징수 책임자로 사원 중 근간은실(勤幹殷實)한 6명을 감동(監董)으로 선정하게 했다.*** 그런데 이들 감동은 징세를 독려하는 임무를 맡았을 뿐이며, 실질적인 수납은 상법회사가 담당했다. 이 해 9월 21일 인천항 상법회사가 통리아문에 올린 등장(等狀)은 이 사정을 다음과 같이 묘사했다.

> 여럿이 마음을 합하여 한가지로 규칙을 지킴으로써 資業을 興販하려는 것이 저희가 자본을 收合하여 商會之社[= 商法會社]를 설립한 이유입니다. [그 후] 통리아문의 公納의 일을 맡아 각처에 흩어진 객주들에게 布喩하여 均等收納토록 함으

---

*인천항을 제외하고는 20객주 열읍분장에 관한 기사는 발견되지 않는다. 韓㳓劤, 앞의 책, p.192.

**인천에 20객주 열읍분장제가 시행된 것은 1893년 3월 3일이었고, 그것이 철폐되고 상법회사가 복설된 것은 4월 22일로 시행기간은 불과 한 달 남짓이었다. 『統記』 癸巳 3월 26일, 4월 22일.

***『統記』 癸巳 7월 21일. 監董으로 선정된 자는 10명이었던 것으로 보인다. 『仁川港關草』 7월 20일자에는 金允章, 朴宗現, 朴明珪, 安昌基, 李公習, 洪大有, 李得珠, 田士文, 金一淵, 李用錫의 10명을 감동으로 차정했다는 기록이 나온다.

로써 많은 시일을 끌지 않고 稅額을 마칠 수 있었습니다. 그런데 지금 營業監董이라 하는 者는 오로지 私慾을 채우는 데에 급급하여 四商會라 藉稱하고 가만히 앉아 이익을 얻으려는 계책만을 세우고 있을 뿐입니다. [그리하여] 創事 이래 沮戱와 作弊가 이토록 層生하여 이로 말미암아 港情이 날로 어지러워지고 商規가 해이해져 때맞추어 上納하는 방책을 찾을 수 없을 지경이 되었습니다. 그러한 속에서도 객주 중 불량한 자들은 상납할 때를 당하면 홀연 문을 닫아 걸고 客商을 사절하면서 말하기를, 지금 客主業을 廢했으니 納稅를 할 수 없다고 합니다. 稅錢을 내지 않으니 정해진 上納額은 不可不 充納할 수밖에 없습니다. 그리하여 分排하게 되고 이것이 疊徵이 되니 어찌 있을 수 있는 일이겠습니까. 上納稅額으로 말하더라도 매년 10만 냥으로 정식이 되어 있으나 所謂 客主는 擧皆가 渙散之境이라 정해진 대로 상납할 방책이 없습니다. 云云[237]

상법회사를 통한 수세에서 가장 곤란했던 점은 바로 세납기일(稅納期日)에 홀연 폐업했다 칭하고 납세를 거부하는 객주들로 인한 수세원의 축소였다. 이 때문에 상법회사는 정해진 영업세액을 마련하는 데에 곤란을 겪었고, 결국 납세 지연으로 이어졌던바, 통리아문에서 그를 독봉(督捧)하기 위해 지명한 것이 바로 감동(監董)이었다. 감동은 상법회사의 영업세 납부가 지연될 때는 수시로 파견되었던 듯하다.* 감동제(監董制)는 상법회사를 통한 수세를 보완하기 위한 제도였던 것이다. 1889년 10월 객주영업세 신설 이후 그 부과 방식의 변천 과정을 인천항을 예로 들어 정리하면 표 1-4와 같다.

객주영업세 징수 방식이 다양하게 모색되는 와중에 1893년 하반기에 「상회규칙(商會規則)」이 제정되었다. 이 규칙은 자본미판자(資本未辦者)에게는 상회 설립을 허가하지 말 것, 영업세를 상납하지 않는 자는 처벌하고 납세를 거부하는 자는 원잔주(原棧主) 중에 가감(加歛)하여 충수(充數)케 할

---

*상법회사에 감동을 파견하여 영업세 징수를 독봉하는 예는 1894년 4월과 7월에도 나타난다. 『仁川港關草』 甲午 4월 17일, 5월 4일 참조.

표 1-4. 객주영업세 부과 방식의 변화

시점	1889.10	1890.6	1893.3	1893.4
부과 방식	25객주 열읍분장제	상법회사	20객주 열읍분장제	상법회사
징수보조 기관	균평회사(1890.4)	객주두목제		監董制
세액	31,850냥1) 균평회사 16,200냥2)	27,000냥3)		200,000냥4) 100,000냥5)

주: 1) 『各處所志謄錄』 己丑 12월 25일.
2) 『統記』 庚寅 윤2월 16일.
3) 『各處所志謄錄』 庚寅 6월 13일.
4) 『統記』 癸巳 7월 21일.
5) 『統記』 癸巳 12월 17일.
7월 21일과 12월 17일의 영업세액이 다른 것은 이 해 9월 仁川港商法會社의 청원이 받아들여진 때문으로 보인다.

것, 그럼에도 납부치 않는 자는 회사에서 축출하며, 그 밖의 난상(亂商)에 대하여는 엄단할 것 등을 규정했다.238 이에 따라 객주의 상법회사 가입이 의무화되었고, 가입하지 않고 영업하는 자는 난상으로 규정되었다. 이리하여 상법회사는 납세의무를 지는 대신 난상 통제의 특권을 지니게 되었다. 이는 또 대한제국기에 설립되는 상법회사는 물론 일반 회사의 성격까지도 규정하는 법적 근거로 작용했다.

상법회사를 수세청부기관으로 활용하는 방식은 개별 지방관에 의해 내륙 지역 일부에서도 채용되었다. 1891년 황해도 장연의 오차포(吾叉浦)에서는 이교(吏校) 증액에 소요되는 비용을 마련하기 위해 병영(兵營)에서 상회사를 창설하고 회사감관을 파견하여 수세했는데,239 이는 청국의 항의로 1892년 윤6월에 철파되었다.* 또 1893년에는 부산 인근의 하단포(下端浦)에서도 주변의 대구, 밀양, 청도 등지의 객주를 아울러 하단포상회사(下端浦

* 『統記』 壬辰 윤6월 9일. 長淵會社는 1902년에 다시 『皇城新聞』 기사에 나타나는 것으로 보아 얼마 후 복설되었던 것으로 보인다.

商會社)를 창립토록 하고 그를 통해 수세했다.[240]

객주회사의 업무는 수세에 국한되지 않았다. 객주회사는 각 개항장에 자연발생적으로 설립되었던 객주도중을 모태로 한 것이었고, 객주도중은 경쟁의 제한, 상업정보의 공유 등을 통해 개별 자본의 취약성을 보완하는 데 근본 목적이 있었기 때문에 그와 관련된 활동도 벌였다. 객주들은 객주회사를 통해 객상이나 외상뿐 아니라 지방관에 대해서도 공동 대응할 수 있었다.* 그러나 1889년 이후 상법회사를 통한 객주영업세 징수와 균평회사, 해상사(海商社), 보험회사(保險會社) 등 각종 회사를 통한 수세가 일반화함에 따라 객주상법회사의 중심 임무는 수세로 고정되어갔다.

③ 수세회사의 설립

객주영업세 창설을 전후하여 일반 선상(船商), 육상(陸商)을 상대로 한 수세회사(收稅會社)도 속속 설립되었다. 객주영업세 창설 이전의 수세회사로는 1886년 6월 인천 만석동에서 조선인 선척에 과세하던 선상회사가 있었지만,[241] 이 회사가 수세만을 담당하고 있었는지는 알 수 없다. 수세 기능만을 담당한 최초의 회사는 1891년 4월 부산에 설립된 해상사였다. 이 회사는 관예배(官隷輩)가 선상(船商)을 토색(討索)하는 폐단을 금지한다는 명목으로 설립되었는데,** 그 대가로 석두세(石頭稅), 모군등세(募軍等稅)를 징수하여 통리아문에 상납했다. 그러나 이러한 신세목(新稅目)의 창설은 당연히 외국 영사의 항의를 받았을 것이고, 얼마 지나지 않아 폐지되었던 것으로 보인다.***

---

*安田吉實은 객주회, 박물계, 보부상회, 都中 등 전통적인 상인 단체의 성립 배경이 국가 권력의 자의적 침탈에 대응하기 위한 자구적 목적에 있다고 했으나, 실제로 이들 단체는 정부로서도 징세 편의상 필요한 것이었다. 安田吉實, 1969 「이조후기의 시장: 한국 근대자본형성의 일과정으로서」 『조선시대 상업 및 대외관계』 민족문화사, p.166 참조.

**『釜山港監理署日錄』(奎18148-2) 辛卯 4월 28일. 당시 貽弊의 양상으로 지적된 것은 무뢰배가 偸竊하는 폐단과 官隷輩가 執船이나 求乞의 명목으로 小船에 4~5냥, 大船에 7~8냥을 强徵하는 일 등이었다. 『東萊關牒內案』 各司謄錄 13, 壬辰 4월 27일.

***1892년 4월 29일에는 海商社의 절목을 반드시 시행하도록 촉구하는 關文이 東萊港에 발송

부산항에서는 1892년 10월에도 호상보험회사(護商保險會社)가 설립되어 해상사와 비슷한 활동을 했다. 이 회사는 상민 유성대(劉成大) 등이 "각국에는 모두 선척보험회사(船隻保險會社)가 있어 풍랑으로 인한 변고나 도절(盜竊)의 환(患)에 대비하고 있으니" 그를 본받아 회사를 설립하겠다고 청원하여 승인받은 것이었다.[242] 그러나 이들이 근대적 보험회사에 대해 비교적 정확한 인식을 갖고 있었음에도 이 회사는 부두를 수축하고 창고를 설치하여 물화 양륙(揚陸) 시의 폐단을 줄인다는 명목으로 선상들에게 수세하는 데에만 열중했다.[243] 이 회사는 수세분의 일부를 육영공원에 상납했지만,[244] 명분으로 내세운 부두 수축과 창고 건설은 방기했다.* 따라서 이는 외국 영사의 집중적인 항의 대상이 되었고, 총세무사도 회사 규칙을 수정하라고 요구했다.** 그러나 어떤 이유에서인지 보험회사를 통한 수세는 이후에도 계속되다가 1894년 10월 갑오개혁 때 가서야 중단되었다.[245]

한편 1889년 홍성효(洪性孝) 등은 외국 상인이 내륙에서 상판(商販)하면서 응분의 세(稅)를 납부하지 않는 것은 지방 상민이 이들과 관통(串通)하기 때문이라 하고, 그를 시정하기 위해서는 외상(外商)의 내륙 행상 전반을 감시하고 수세할 기구를 만들 필요가 있다고 하면서 다음과 같이 광성회사(廣成會社)의 인가를 청원했다.

> 本商會에서 본사를 인천에 特設하고 지점을 畿湖 黃海 平安 等道의 각 沿浦에 분설하여 혹은 사원을 另派하여 관리하게 하고 혹은 該地方의 本旅閣主人으로 하여금 지점의 幹員을 삼아 執照를 지니고 採辦하러 다니는 외국 상인을 만나면 모

되지만, 그 이후에는 해상사 관련 기사가 발견되지 않는다. 『東萊關牒內案』 壬辰 4월 29일.

*『統記』 癸巳 9월 15일. 부두 축조공사는 1894년에야 진행되었는데 이때에도 민유지를 함부로 점탈하여 현지민의 심한 반발을 샀으며, 그 토지 중 일부를 일본인에게 潛賣하는 등의 불법 행위까지 있었다. 『釜牒』 各司謄錄 51.

**1893년 7월 14일에 영국 영사는 보험회사의 설립 이유를 문의했고(『統記』 癸巳 7월 14일), 총세무사는 보험회사 규칙이 통상장정에 위배될 소지가 있으니 내지 상인의 화물 위탁 문제는 자의에 맡기라는 公函을 보냈다. 『統記』 癸巳 8월 16일.

두 該支店館을 거쳐 화물을 무역하게 하며 그를 該幹員이 幇助辦理하게 합니다. 그 화물을 장재하여 운반함에 이르러서도 수레와 선박, 인부를 고용하는 일들 또한 該幹員이 照辦하게 합니다.[246]

이 회사는 곧 통리아문의 인가를 얻었고,[247] 다음해에는 평양감사가 좌목과 장정 각 1건을 상송(上送)했다.[248] 이 회사가 이후 어떠한 활동을 벌였는지는 확실치 않지만, 이러한 방식으로 외상(外商)의 내륙 행상을 방지하기란 불가능했을 것이기 때문에 실제로는 외상과 거래하는 조선인 상인들에게 수세하는 데 머물렀을 것으로 보인다. 광성회사 설립자인 홍성효는 부산의 호상보험회사 설립자이기도 했다.

요컨대 개항 이후 1880년대 중반까지 정부의 상업 정책은 증대하는 상업 이윤을 재정 자금으로 흡수한다는 의도를 강하게 표현한 것은 아니었다. 극심한 재정난에 봉착하기 전까지는 오히려 보호 의지가 더 강했다. 혜상공국 설치, 개항장 객주의 자유영업 허용 등이 모두 이같은 정책 기조에서 이루어진 일이었다. 그러나 1880년대 중반경부터 유력한 재정 기반이었던 해관세가 효용을 잃음에 따라 정부의 상업 정책도 크게 변화했다. 보부상들에 대해서는 상리국을 통해 빙표대를 징수하는 데에 정책의 초점을 맞추어갔고, 개항장 일대에서 거래되는 상품에 대한 수세도 적극적으로 모색하기 시작했다.

개항장 객주에 대한 과세는 1889년 부산에 객주영업세를 창설하면서 본격화하여 25객주 열읍분장제, 객주두목제를 거쳐 최종적으로는 객주들이 자발적으로 조직한 객주상법회사에 수세 상납의 의무를 지우고 중앙에서 감동을 차정, 파견함으로써 그를 독려하는 방식으로 귀결되었다. 이와 동시에 균평회사 등의 수세 보조 회사를 별설(別設)함으로써 이 시기 회사 명색은 상당히 복잡한 성격을 갖게 되었다.

회사란 엄밀한 의미에서 법인격(法人格)을 갖는 합자조직만을 지칭하는 것이지만, 객주회사의 예에서 보는 것처럼 상인들의 공인된 결사체 역시 회사로 통칭되었고, 정부에서 외국 영사의 항의를 피하기 위해 회사를 설립하고 감관(監官)에게 사원 명목을 부여하여 징세 업무만을 맡기는 경우도 있었다. 회사라는 명칭에 이렇듯 잡다한 기능이 부여된 것은 조선 후기 상공업에서 관행이 되어 있던 도중(都中), 계(契) 등의 조직이 회사라는 외래적 명칭을 차용한 사정과도 관련이 있다. 따라서 이들이 근대적 회사로 탈바꿈하기 위해서는 조직에 내재된 상관습의 일대 변개(變改)가 필요했다. 기업회사의 경우 제한적이기는 하지만, 이미 이 시기에 그러한 요소가 출현, 성장했다. 폐쇄적인 동직조합이었던 객주회사도 수세청부를 겸하면서 공적 조직으로 변모했는데, 이는 다음 단계에 수세 기능을 배제할 경우 근대적 상업회의소로 변화할 수 있는 계기를 만든 것이었다. 그러나 대한제국기 회사에 도고의 성격이 강하게 각인된 근본 원인도 이때에 배태되었다.

2장

대한제국 전기(1895~1904) 회사의 분화와 발전

1. 대한제국 전기 회사 정책의 추이

1) 갑오·을미개혁기의 회사 정책

(1) 갑오·을미개혁기의 산업 정책과 회사 정리

1894년 갑오개혁이 추진되면서 회사의 설립과 영업에도 새로운 전기가 마련되었다.* 개화파 정권은 정치적으로는 내각 중심의 입헌군주제를 실현하려 했으며, 경제적으로는 일본에서 차관을 도입하여 재정을 정리하고 민간 산업을 진흥하려는 방침을 정했다.[1] 개화파 정권의 경제 정책은 ① 당오전 혁파와 「신식화폐발행장정」으로 대표되는 화폐개혁, ② 재정기관의 통일, 조세의 징수와 지출 제도의 개선, 부세(賦稅)의 금납화, 환곡 철폐와 갑오승총으로 대표되는 재정개혁, 그리고 ③ 공물제도(貢物制度)의 혁파와 시가무용(市價貿用), 육의전(六矣廛) 폐지, 상리국(商理局) 혁파, 특권회사와 수세도고(收稅都賈) 혁파, 잡세 철폐, 지방관에 의한 방곡(防穀) 금지 등의 자유주의적 상업 정책으로 대별되는데,[2] 회사 정책은 그 연장선상에서 입안, 추진되었다. 그리고 이는 그동안 유통구조를 지배해왔던 도고상업체제를 혁파하고 경쟁적 시장질서를 수립하는 데 집중되었다.**

개화파 정권은 1894년 10월, 개항장 일대에서 관허(官許)를 자탁(藉托)하

---

*개혁파 정권의 중심 인물들은 대개 메이지유신을 모델로 하여 급진적으로 시민사회를 형성하려 했다(韓永愚, 1993 『韓國民族主義歷史學』 一潮閣, p.124 참조). 이들은 대체로 김옥균과 같은 부류로 취급되어 官界에서 소외되었던 인물들, 한미한 가문 출신으로 초기 근대화 정책 실시 과정에서 능력을 인정받은 인물들로 구성되었다(柳永益, 1990 『甲午更張硏究』 一潮閣, pp. 141-43 참조). 따라서 '개화파 정권'이라는 표현은 이들을 묘사하는 데에 부적절한 점이 없지 않지만, 이 글에서는 편의상 갑오·을미개혁 당시의 정권을 '개화파 정권'으로 쓰기로 한다.

**李憲昶은 "갑오·을미개혁기 동안 가장 체계적이고 포괄적으로 추진된 산업정책은 都賈의 철폐, 경쟁적 시장질서의 수립이었다"고 했다. 李憲昶, 1995 「甲午·乙未改革期의 産業政策」 『韓國史硏究』 90, p.51.

여 각리(榷利)하는 폐단을 일체 엄금하는 조치를 취함으로써 1889년 객주 영업세 시행에 따라 일반적으로 인정되어온 객주 상법회사의 징세청부권을 박탈하고 객주들의 자유 영업을 천명했다.[3] 다음해 3월에는 보부상의 자유로운 영업을 보장한다는 취지로 상리국과 각 도의 임방명색(任房名色)을 일병혁파했다.[4] 이어 상회사 일반에 대한 자유주의적 개혁에 착수했다. 개화파 정권은 우선 회사 관할권을 농상아문(農商衙門, 1895년 4월 이후 農商工部)에 전속(專屬)시켰다.[5] 아울러 회사의 불법 행위 단속, 회사 지원 등의 책임은 경무관에게 맡겼다.[6] 갑오개혁 이전의 회사는 통리아문에서 발급받은 문빙(文憑)만으로 지방관의 침색(侵索)에 대처할 수 있었으나, 이제는 경무관이 지방관의 불법적인 침탈뿐 아니라 관허를 빙자한 회사의 불법 행위까지도 일원적으로 단속하게 되었다. 회사 설립에 관한 세칙(細則)을 따로 제정하지는 않았으나[7] 회사에 대한 규제가 한층 제도화한 셈이다. 또 회사 장정을 작성하는 원칙을 제정했다. 이 무렵 일선 행정관리들의 사무 지침서로 사용되던 『신식유서필지(新式儒胥必知)』에는 회사 장정을 작성하는 요령이 적혀 있었는데 거기에는 설립자, 사업목적, 연간 세납액 등을 기재하게 되어 있었다.[8] 이로써 회사 설립에서 모호한 부분은 상당히 해소되었다.

개화파 정권은 회사의 설립 주체나 운영 방식에도 변화를 주려 했다. 먼저 양반의 상업 활동을 허용하여[9] 이들의 자본을 회사 등으로 흡수하고자 했다. 그러나 동시에 각종 불법 행위가 빈발할 것을 우려하여 현직 관리의 회사 참여는 금지했다.[10]

다음으로 육의전의 금난전권 폐지, 조세금납화 등에 따른 유통구조의 변화에 대처하기 위해 국책회사의 설립을 계획, 추진했다. 개화파 정권은 조세금납화의 후속 조치로 국립은행 설립을 계획했으며,[11] 이어 미상회사(米商會社), 진공회사(進供會社) 등의 국책회사를 설립했다. 이들 회사는 개화파 정권 붕괴 이후 바로 소멸했지만, 이는 개항 직후 「회사설」에서 강조한 '회사와 정부의 상약(相約)'을 통한 회사 육성 시도의 하나였다. 따라서 따로 회사 관련 법령을 제정하지는 않았지만, 개화파 정권 역시 회사를 유력한 근대화 추진 기구로 인식했다고 할 수 있다. 다만 그들은 회사를 자유주의적 시장질서에 적합한 형태로 변화시키려 했다. 이는 당연히 기존 회사에 대한 일제 정비를 전제로 했다. 그리하여 1895년 4월 농상공부 고시 제1호로 「각(各) 회사로부터 관허 장정(官許章程)과 상업 빙표(商業憑票)를 환수하는 건」이 공포되었다.

> 대져 회사라 하는 것은 衆力을 合하며 資本을 鳩하야 商貨를 販하고 民利를 重히 하믈 爲하야 設하는 거시어늘 商會라 하고 創始한 後로 群奸이 舞弄하고 百弊가 繁滋하매 …… 本部에서 商瘼을 除코저 하여 또 揭示하노니 各會社들은 此意를 體하야 章程과 憑票를 一一還納하면 本部에서 그 實境을 確究하야 許否를 妥處하리니 或도 遲悞하야 重繩에 抵하미 無할지어다.[12]

이는 농상공부가 업무 전반을 감독하고 납세를 독려하는 등 회사의 설립과 활동에 엄격한 허가주의와 감독주의를 적용하겠다는 의지를 표명한 것으로서, 개화파 정권이 표방한 자유주의적 상업 정책과 일견 모순될 정도로 이전 시기의 회사 정책을 크게 변경한 것이다. 이는 회사가 특권 기구처럼 되어 있던 상황을 반영한 것으로 정상적인 회사의 영업까지 단속하겠다는 뜻은 아니었다. 그러나 당시 회사들이 도고상업체제의 일각을 이루고 있었던 만큼 이 조치는 기존 회사들을 일병혁파하는 것과 같은 결과를 초래했던 것으로 보인다.

개화파 정권은 이와 동시에 합자영상(合資營商)의 회사와 단순한 상업결사를 구분하여 회사에 대한 합리적 관리 기준을 마련하려 했다. 1895년 11월 10일 법률 제17호로 제정된 상무회의소규례(商務會議所規例)는 개항장 객주 상법회사를 일반 기업회사와 구분하여 상업회의소의 위상을 갖는 순수 협의기관으로 만들려는 의도에서 제정된 것이었다. 이 규례에 따라 객주 상법회사의 수세 청부업무는 폐기되었고, 그 대신에 "상업이 왕성하는 방법이나 쇠퇴함을 구(救)하는 방안을 의결하는 일", "상업의 이해득실에 관하는 의견을 관청에 구신(具申)하는 일", "상업에 관하는 관청자문에 답신하는 일", "관계자의 청구를 의하야 기타 상업에 관하는 분의(紛議)를 재결(裁決)하는 일" 등의 기능만을 규정했다.[13]

그런데 개화파 정권의 상업 발전 구상은 곧바로 시행되기 어려웠다. 그것은 구래의 상관습(商慣習)에 일대 변혁을 요구했지만, 그를 뒷받침할 경제적 조건을 바로 구비할 수는 없었다. 개화파 정권이 전망한 도고상업체제의 완전 철폐는 그 역사성과 나름의 긍정성마저 부인한 것이었다. 도고상업체제는 상업의 자유를 저해하기는 했으나 한편으로는 외국 자본의 침투를 일정 정도 저지하는 역할도 수행했다.[14] 청일전쟁 이후 일본 자본이 급속히 침투하는 상황에서 자유주의적 상업 정책은 국내 상업을 발전시키는 데 도움이 되지 않았다. 특권적 상업 질서의 해체를 위해서라도 외국 자본의 침투를 저지할 수 있는 방안이 따로 마련되어야 했다. 그러나 개화파 정권은 기존의 유통 기구를 대체할 새로운 기구를 마련하지 못한 상태에서 자유주의적 원칙만을 서둘러 천명함으로써 상업계에 일대 혼란만 야기했다.[15]

개화파 정권은 은행 설립, 국책회사 신설 등을 통해 경제개혁을 추진하려는 의지를 보였으나, 재원을 일본 차관에만 의존하려고 했다. 이들은 중요 세원(稅源)이자 국내 시장을 보호하기 위한 최소한의 장벽이던 상업세 일반을 부정함으로써, 외국 자본에 대한 이중의 예속 상태에 빠져들 위험성을 간과했다. 도고상업체제 철폐는 국내 소상인과 영세상인의 요구이기도 했지만, 일본을 비롯한 외국 자본의 요구이기도 했다.[16]

개화파 정권의 산업 정책에는 근대적 제조공업의 발전에 대한 전망도 결여되었다. 개화파 정권은 당초 공무아문(工務衙門)을 설치하여 근대적 산업을 육성할 계획을 세웠지만, 일본은 식산흥업정책이 시급하지 않다고 하면서 이를 방해했다.* 개화파 정권은 결국 이에 굴복하여 제조업 관장 부서를 폐지하여 농상공부에 통합해버리고 말았다.

갑오 경제개혁은 외견상의 '혁명적' 성격에도 불구하고 이를 뒷받침할 만한 현실적·구체적 기반을 갖추지 못했기 때문에 추진력을 가질 수 없었다. 개화파 정권의 기대대로라면 경제개혁을 가장 환영해야 했을 상인층에서 먼저 저항이 일어났다. 보부상들이 독립협회**에 대항하여 황국협회(皇國協會)를 설립하고 독립협회 타도에 앞장섬으로써 상무사 복설(商務社 復設)에 성공했던 것,*** 시전 상인들이 황국중앙총상회(皇國中央總商會)를 결성하여 도고상업체제의 부활을 기도했던 것 등은 개화파 정권의 상업 정책이 지닌 제한성을 드러낸 것이라 할 수 있다.

또 상무회의소규례 제정에도 불구하고 한성상무회의소(漢城商務會議所)가 신설된 외에 객주 상법회사가 상무회의소로 전환한 사례는 발견되지 않는다. 이 규례(規例) 발표 직후 개화파 정권이 붕괴한 것도 한 원인이겠지만, 그보다는 이것이 현실을 제대로 반영하지 못한 조치였던 것이 더 큰 원인이었다고 생각된다. 서울에서는 혁파된 육의전을 대체할 상인 조직의 필요성 때문에 상무회의소 설립이 순조로웠을 것이나,**** 개항장에서는 사정이 달랐다. 인천에서는 순신창회사 사원 서상집이 객주들을 모아 회비를 걷고 임의로 의소(議所)를 설치했다가 농상공부의 제재를 받았는데,[17] 서상집이 규합한 객주가 80~90명에 달했던 것으로 보아 이곳 객주들은 상무회의소

---

*일본 공사 井上馨이 工務衙門 별설에 반대한 진정한 이유는 공무아문에 의한 철도, 전신, 광산 사업의 추구가 일본의 이권 확보와 배치되었기 때문이다. 李憲昶, 앞의 글, p.65.

**독립협회의 경제체제 개혁론은 갑오개혁 주도세력의 개혁론과 같았다. 朱鎭五, 1996「19세기 후반 開化改革論의 構造와 展開: 獨立協會를 中心으로」연세대학교 사학과 박사학위논문, p.195 참조.

***상리국 혁파 후 끊임없이 負商廳 복설을 요구하던 보부상들은 독립협회 해산 직후인 1899년 2월 상무사를 복설했고, 정부에서는 동년 6월 장정을 발급해주었다.「商務社章程」(奎章閣 文書, 想白古 951.054 j773s)

****漢城商務會議所는 1896년 6월에 설립되었다. 大韓商工會議所, 1976『商工會議所 90年史』p.27.

규례와 무관하게 움직였던 듯하다. 상법회사를 통한 영업세 징수가 중단됨으로써 혜택을 입는 객주가 있었던 반면, 상법회사로 집중된 독점영업권의 폐지로 기득권익을 침해당한 객주도 있었다. 이런 상태에서 이들을 하나의 조직으로 묶는 일이 쉽지는 않았을 것이다.

도고상업체제는 일종의 전기적(前期的) 독점체제였으며, 이같은 독점체제는 선진 자본주의 제국에 포위되어 있는 상황에서는 불가피한 측면이 있었다. 문제는 전기적 독점자본을 근대적 산업자본으로 전환할 수 있는 기반의 조성에 있었던 것이지, 그를 전면 배제한 상태에서, 또 자본 축적이 극히 미약한 조건에서, 바로 경쟁적 시장 체제로 이행하는 데에 있었던 것은 아니다.

(2) 국책회사(國策會社)의 설립

재정·경제 개혁을 추진하기 위해서는 새로운 기구와 주체가 필요했다. 개화파 정권도 회사를 그 중심 추진체로 설정했다. 개화파 정부가 가장 먼저 관심을 기울인 것은 은행 설립이었다. 1894년 7월 10일 군국기무처는 국고금 출납 사무를 담당할 국립은행을 설립하기로 결정했다.[18] 은행은 조세금납화의 전제이자 「신식화폐발행장정(新式貨幣發行章程)」에 따른 금지금(金地金) 보관 기구로도 기능해야 했기 때문에 그 설립은 대단히 시급했다. 1895년 4월 칙령 제75호로 제정된 「금고규칙(金庫規則)」은 국립은행이 설립되지 않은 상황에서 임시로 일반 은행 및 회사도 국고금을 취급할 수 있게 한 긴급조치였다.[19] 그러나 개화파 정권의 은행 설립 계획은 일본 차관 도입이 좌절됨으로써 추진력을 얻지 못했고, 갑오개혁의 중단과 함께 실패로 돌아갔다.

개화파 정부가 조세금납화와 공물(貢物) 폐지에 따른 문제를 해결할 목적으로 설립하려 한 것이 미상회사와 진공회사(進供會社)였다. 미상회사는 조세금납화에 따른 서울의 식량 문제를 해결하기 위해 도성 내 미전(米廛) 대행수(大行首)와 오강(五江) 강주인(江主人), 무미좌고(貿米坐賈)로 하여금 자본을 모아 설립하게 한 것이며,[20] 진공회사는 궁내부(宮內府)에 어용물품을 조달하기 위한 특수 목적 회사로 설립한 것이다.[21] 진공회사는 1895년 공동회사(公同會社)라는 이름으로 설립되어 조세 상납을 대행하는 한편 외국 무역에까지 진출했다가 개화파 정권 붕괴 이후 조세징수권이 군수에게 되돌아감으로써 소멸하고 말았다.* 미상회사는 각군(各郡) 조세금을 출급(出給)받아 상납하는 한편, 그를 이용하여 미곡무운(米穀貿運)에 종사했다. 그러나 회사가 지세(地稅)를 수취, 상납하는 과정에서 여러 폐단을 낳음에 따라 탁지부는 그에 대한 공전(公錢) 획급(劃給)을 금지했고, 다시 1895년 7월에는 일체의 외획(外劃)을 금지했다. 이에 미상회사는 활동 기반을 상실했으며,[22] 역시 개화파 정권의 몰락과 동시에 소멸하고 말았다.[23]

그런데 개화파 정권의 국책회사 설립안은 그 방향에 근본적인 문제가 있었다. 은행 설립안은 구체적 추진 방안을 마련하지 못한 채 표류하고 있었고, 미상회사나 진공회사 설립안도 조세금납화와 공물(貢物) 폐지에 따른 문제를 미봉하는 수준을 넘어서지 못했다. 기계, 해운 등 대규모 자본과 신기술을 요하는 분야에는 관심조차 갖지 않았다. 오히려 갑오 이전 최대 규모의 관독상판형 기업이던 이운사마저 민영화함으로써 국책회사 본래의 목적에 대한 무지를 드러내기조차 했다.** 이운사의 민영화는 정부의 용선(傭船)이라도 반드시 비용을 지불하게 하는 등[24] 경영을 합리화하려는 측면이 있었지만, 결과적으로는 해운업을 국가 기간산업으로 육성할 기회를 방기한 셈이 되었다.

2) 대한제국 전기의 회사 정책

(1) 대한제국 전기의 경제개혁

개화파 정권이 붕괴한 후, 건양·광무년간의 정치적 변화는 정국 전반에 대

---

*公同會社의 사장은 후일 仁川紳商會社 사장이 되는 서상집이었다. 羅愛子, 1998『韓國近代 海運業史硏究』國學資料院, p.210.

**이운사는 1894년부터 농민전쟁과 조세금납화로 인한 세곡운송의 두절, 일본군에 의한 소속 선박 징발 등으로 극심한 곤경에 빠져들었다. 羅愛子, 위의 책 참조.

한 군주의 개입을 강화하는 방향으로 전개되었다. 이에 따라 국호를 대한제국으로 개정하고, 군주의 지위를 황제로 격상했으며, 군주 직속 기구인 궁내부를 실질적으로 정부의 상위에 둠으로써 황권의 발동을 효율화했다.* 이렇게 황제에게 권력이 집중된 상황에서 추진된 것이 '광무개혁'이었다. 광무개혁은 전제군주제를 옹호하는 양반 유생층과 구래의 경제 질서 위에서 부를 축적해온 특권 상인층의 지지를 기반으로, 지주제와 특권 상업체제의 강화를 통하여 전제군주제의 물적 토대를 확보하는 한편 관료자본 주도로 근대적 개혁사업을 마무리하려는 것이었다.[25]

정치구조의 측면에서만 보자면 대한제국은 반동적 성격이 강했다.[26] 그러나 이러한 정치적 반동은 자본의 원시적 축적기에는 어디에서나 나타나는 현상이기도 했다.** 따라서 체제의 반동성 여부는 정권의 전제성(專制性) 뿐 아니라 정권이 추구한 목표와 관련해서도 검토해야 할 문제다. 자본의 축적 과정은 본래 무제한의 재화 수탈을 수반하는 것이며, 거기에는 반드시 강제력이 동원되었다. 대한제국기의 정치적 반동은 이같은 상황과 관련하여 이해할 필요가 있다.

광무정권은 강화된 황권을 기반으로 토지소유권의 확정, 호구 파악, 산업구조 재편, 지세 징수 등 국가 경영 전반의 획기적 변화를 유도하기 위해 '양전·지계 발급사업(量田·地契 發給事業)'을 추진하는 한편,[27] 근대적 상공업 육성 정책도 추진했다. 이는 갑오개혁 때의 졸속과 외세 의존적 자세에 대한

---

*나애자, 1994 「대한제국의 권력구조와 광무개혁」 『한국사』 11, 한길사 참조. 조선 후기 왕권 강화책은 주로 측근 관료의 양성, 별도의 무력 기반의 창설이라는 틀에서 추진되어왔다. 대한제국 전기 고종의 황권 강화책 역시 같은 방식을 취했다. 따라서 궁내부가 정부의 우위에 있었다든가, 측근 중심으로 국정을 운영했다든가 하는 것만으로 대한제국 전기의 정치현상을 파행적이었다고 이해해서는 곤란하다. 조선 후기 왕권 강화책에 대해서는 한국역사연구회 19세기정치사연구반, 1990 『조선정치사』 청년사 참조.

**원시적 축적 또는 본원적 축적이란 자본-노동 간의 관계가 전면화하기 이전 勞資關係의 역사적 형성을 말한다. 즉 자본의 원시적 축적 과정은 자본가와 노동자를 분리하는 과정이며, 이는 생산수단으로부터 노동자의 분리, 생산수단의 자본으로의 轉化 과정이기도 하다. 大阪市立大學經濟學硏究所 編, 1965 『經濟學辭典』 제2판, 岩波書店, pp.1237-38.

반성을 전제로 개혁 방향을 조정하는 의미를 지니는 것으로서,[28] 가급적 외세를 배제하면서 지주와 특권 상인층을 중심으로 '위로부터' 개혁을 추진하려는 것이었다.*

양전·지계 발급사업은 세수 확대에 기본 목적이 있었지만, 토지소유권의 확인 작업도 병행하여[29] 토지의 상품화를 촉진하는 효과를 지녔다. 더불어 외국인의 토지 소유는 일체 인징치 않음으로써 외국 자본의 토지 침탈을 억제하는 구실도 했다.[30] 따라서 양전·지계사업은 국내 자본을 동원하여 근대화를 추진하기 위한 전제이기도 했다.

상업세 증수 역시 관료와 특권 상인층이 주도하는 자본 축적의 한 계기였다. 대한제국 전기 정부와 궁내부는 상인들에 대한 수세를 확대하고 그 대가로 그들에게 물종별, 지역별 판매 독점권을 부여하는 정책을 일관되게 추진했다. 그 대표적인 것이 1899년의 상무회의소규례 개정이다.

개화파 정권은 1895년 말 상무회의소규례를 제정하면서 수세청부(收稅請負) 기능을 배제한 순수 상업회의소를 만들려는 의지를 보인 바 있었다. 그러나 1899년에 개정된 상무회의소규례는 오히려 수세청부 기능을 전면에 내세웠다. 즉 상무회의소를 상무사(商務社)로 개칭하여 객주단체와 회사를 구분한 이전 단계의 원칙을 변경하는 한편,[31] 상무사규례(商務社規例)의 첫째 항에 "농상공부 인지세칙 외에 무명잡세는 통금(痛禁)할 일"[32]을 규정하여 상무사를 인지세(印紙稅) 징수에 개입시켰다. 또 갑오개혁기의 상무회의소가 임의단체였던 데 반해, 상무사는 당지(當地) 상민(商民) 모두를 강제 가

---

*김경태는 광무년간의 통상 정책에 대해 "교역의 확장과 식산흥업을 꾀하고 있지만, 그 추진주체가 개명관료였고 이들의 계급적 성격이 지주층이었다는 것과도 관련하여 관료자본 내지 특권 상인을 오히려 비호하는 경향마저 나타났다"고 하여 부정적으로 평가했지만(김경태, 1994 『한국근대경제사연구: 개항기의 米穀貿易·防穀·商權문제』 창작과비평사, p.353), 이는 독립협회 등의 '자주민권운동'이 근대화의 문제를 외세 개입과 일체화하는 경향이 있었던 점을 고려하지 못한 주장이다. 독립협회에서 주장한 자유무역, 영세상인에 대한 수탈 금지 등은 당시 한국에 대한 일제의 요구와 객관적으로 일치했던 반면, 대중 수탈을 통해 소수에게 자본을 집중시킨 대한제국의 경제정책은 외세 침략에 맞서 국내 자본 축적을 서두르겠다는 의지의 표현이었다.

입시키고 각 도 관찰사가 분사장(分社長)을 겸하는 조직으로서 관(官)의 통제와 감독이 한층 강화된 관설(官設) 기구였다.

상무회의소규례의 개정으로 객주 상법회사는 이 시기 남설되는 도고회사류와 함께 영세상인을 억압하는 기구가 되었다. 그리고 개정 상무회의소, 즉 상무사의 운영 예는 그대로 여타의 상회사에도 적용되었다. 회사에 대한 인가는 독점권의 공인과 같은 의미를 지니게 되었고, 그에 따라 숱한 도고가 회사로 변신했다.

그러나 동시에 상무사는 장정 제12조에서 "자본에 따라 회사를 분설(分設)할 것"이라 하고, 그 구체적 방안으로 "먼저 조지(造紙)와 직조(織造)로부터 기선과 기차에 이르기까지 차차로 실행하며 온힘을 기울여 판매하여 상업을 확장할 것"을 제시하여 상민의 자본을 모아 각종 제조업 회사를 설립하겠다는 뜻을 밝히기도 했다. 이로 미루어보건대 대한제국 전기 상업 정책의 기조는 정부가 상업 일반을 강력히 통제하면서 상민의 자본을 동원하여 근대 산업을 육성하려는 것이었다고 할 수 있다.

정부의 강력한 상업 통제가 민간의 자본 축적과 회사의 성장에 도움이 될 것인지는 독점의 유지 정도, 정부 수세분(收稅分)의 다과(多寡), 정부의 회사 육성 정책 등과 관련하여 해석할 문제이지만, 광무년간의 상업세는 대개 과중했고, 그 독점도 권력과의 친소관계에 의해 결정되는 '전기적(前期的)'인 것이었다. 따라서 정부의 회사 보호는 주로 소상인의 성장을 억제하고 특권 상인층의 독점권을 강화하는 결과를 빚었다.

그렇다고 대한제국 전기의 회사 정책이 상업 자본 축적에 저해 요인으로만 작용했다고 볼 수는 없다. 회사에 대한, 또는 회사를 통한 상업세 징수 강화는 근대적 개혁 사업의 물적 기반을 확대하려는 의도와 관련되어 있었으며, 그 이면에서 황실 또는 황실과 연계된 일부 관료층의 자본 축적이 진행되고 있었다. 이 시기에는 조세 수탈이 강화된데다가[33] 백동화(白銅貨) 남발로 통화 인플레이션도 지속되어[34] 조세 징수 및 통화 관리와 관련된 인물들이 재부(財富)를 집적할 가능성이 높아졌다. 그리고 이렇게 축적된 관료자본의 일부가 다시 상공업 부문에 투자되었다.

황실과 관료들이 재부를 집중해가는 한편에서 정부의 식산흥업정책도 궤도에 오르기 시작했다. 대한제국 전기 식산흥업정책은 열강에 빼앗긴 이권을 회수하고 추가적인 이권 피탈을 방지하여 국내 생산 기반을 보호하는 동시에, 근대적 기술 인력을 양성하는 데 중점을 두고 있었다. 고종의 러시아공사관 이어(移御) 이후 열강의 이권 침탈은 차관의 담보 설정을 통한 이권 침탈을 넘어, 방대한 자본 규모와 고도의 과학 기술이 필요한 철도, 광산, 통신 등의 부문에 대한 직접 투자로 확대되고 있었다.[35]

그러나 1898년부터 정부는 외국에 대한 이권 양여를 중단하고 이미 양도한 이권도 가능한 한 회수하려는 태도를 보이기 시작했다. 1898년 6월 정부는 전국의 주요 광산을 모두 내장원 소유로 하고 외국인들에게 광산채굴권을 일체 허가하지 않는다는 방침을 밝혔다.[36] 또 1899년에는 프랑스에게 경의철도 부설권(京義鐵道敷設權)을 반환받아 이를 대한국내철도용달회사(大韓國內鐵道用達會社)에 양도했다가, 이 회사가 공사를 담당할 능력이 없자 직접 서북철도국(西北鐵道局)을 설립하여 철도 부설 공사를 강행할 의지를 보였다. 동시에 이 무렵부터 회사의 장정, 규칙에도 "외국인에게 권한을 양도하거나, 외국인과 합작할 경우 허가는 취소하며, 사원은 엄형(嚴刑)에 처한다"는 규정을 일률적으로 포함시킴으로써 민간 부문에서 외국인에게 이권을 양도할 수 있는 여지를 봉쇄했다. 이익균점을 주장하는 열강의 압력이 엄존하는 상황에서 정부의 이권 수호 의지가 온전히 관철될 수는 없었지만, 대략 1899년을 경계로 하여 이권 양여의 수와 규모는 크게 줄어들었다.*

---

*참고로 대한제국 전기 외국에 대한 이권양여 추이를 보면 다음과 같다.

1896년: 慶源·鍾城 鑛山採掘權(러시아), 鴨綠江流域 및 鬱陵島 木材伐採權(러시아), 京仁鐵道敷設權(미국), 雲山金鑛採掘權(미국)

1897년: 堂峴金鑛採掘權(독일)

1898년: 서울 電車敷設權(미국), 韓俄銀行 설립(러시아), 鑛山採掘權(영국), 京釜鐵道敷設權

그런데 외국 자본과의 합작은 기술 도입의 효과를 거둘 수도 있는 것이었다. 따라서 민간 부문에서 외국인과의 합작을 금지하는 한, 기술 도입의 난점을 해소할 수 있는 별도의 장치가 필요했다. 대한제국 정부는 1899년 우무학당(郵務學堂)과 전무학당(電務學堂) 설립을 필두로 1899년 상공학교 관제(商工學校 官制)를 제정했고, 1900년에는 광무학교 관제(礦務學校 官制)를 발포함으로써 상공업과 광업 전반에 걸친 기술 인력 양성 체제를 갖추고자 했다. 또 1901년에는 잠업시험장(蠶業試驗場)을 설립하여 농림업 부문에서도 신기술 인력을 육성하려 했다.[37]

민간의 기술교육도 활기를 띠었다. 정부는 1898년 상무사 복설(復設)을 허가하면서 장정 제8조에 "학교를 설립하여 상무(商務)를 가르칠 것"을 삽입시킴으로써[38] 상무학교(商務學校) 설립을 의무화했고, 그밖의 사립학교에서도 실업교육을 강화하게 했다. 그리하여 1900년에는 한성직조학교(漢城織造學校)와 사립 광성상업학교(私立 廣成商業學校)가 개설되었고[39] 사립 철도학교(私立 鐵道學校)도 개교했다.* 같은 해 말에는 사립 낙영학교(私立 樂英學校) 내에 공업전수과(工業傳授科)와 철도과(鐵道科)가 설치되었다.[40] 1900년 3월 22일에는 직조단포주식회사(織造緞布株式會社, 鐘路織組社)에서 학교를 분설(分設)하여 직조기를 구비하고 직조기술을 교습했으며,[41] 대한국내철도운수회사(大韓國內鐵道運輸會社)도 철도기사 양성을 위한 학교를 설립했다. 사립 흥화학교(私立 興化學校)도 양지아문(量地衙門) 설립과 때를 같이하여 양지속성과(量地速成科)를 설치했다.[42] 이같은 실업교육이 곧바로 국내 산업의 기술적 기반을 확대하는 성과를 거두었다고 보기는 어려우나,

---

(일본), 京義鐵道敷設權(프랑스)
1899년: 京仁鐵道敷設權(일본)
1900년: 殷山金鑛採掘權(영국), 稷山金鑛採掘權(일본)
金泳鎬, 1968「韓末 西洋技術의 受容: 近代西洋의 挑戰에 대한 主體的 對應의 一面」『亞細亞研究』 11－3, pp.327－28.

*사립 철도학교는 1900년 5월 서울 南署 長洞에서 개교했으며, 입학 자격은 20세 이상 30세 미만의 남자였다.『皇城新聞』1900년 5월 19일 광고.

앞 시기에 의신회사, 해산회사, 기선회사 등이 기술 부족으로 외국인을 고용하고 그를 계기로 외국 자본에 종속되는 길을 걸었던 전철을 밟지 않기 위한 시도라는 의미는 부여할 수 있을 것이다.

기술 교육을 담당하는 교사는 대개 갑오개혁 이후 일본에 파견되었다가 귀국한 유학생들로 충원되었다. 이들은 1895년, 1896년의 두 해에 걸쳐 파견되었다가 1899년부터 귀국하여 각종 학교의 교사, 또는 기술부문 관서의 관리로 활동했다.*

이렇듯 대한제국 전기의 식산흥업정책은 외국에 대한 이권 양여를 금지하거나 제한하여 국내 생산 기반을 보호하고, 실업교육을 강화하여 자국의 기술과 인력으로 부원(富源)을 개발하려는 것이었다. 그러나 이 시기의 식산흥업론은 중대한 한계도 안고 있었다. 무엇보다 화폐적 담보가 결여되어 있었고, 그를 안정화할 만한 금융기관도 불비(不備)한 상태였다. 화폐 제도의 문란에 따른 통화 인플레이션은 화폐 자산의 가치를 심각하게 훼손함으로써, 근대적 산업 경제의 육성에 결정적 장애가 되었다. 따라서 정부로서도 중앙은행의 설립과 안정적 통화제도의 확립을 마냥 미룰 수만은 없었다.

중앙은행 설립 구상은 갑오개혁 당시에도 나온 바 있으며, 대한제국 선포 후에도 몇 차례 설립 시도가 되풀이되었다. 그러나 1903년 「중앙은행조례(中央銀行條例)」가 발포되기 전까지는 모두 재원 부족과 외국의 반대로 실패하여 대한천일은행과 특립대한은행, 한성은행 등의 반관적(半官的) 민간 은행 설립으로 귀결되었을 뿐이다. 중앙은행 설립이 구체화한 것은 1903년 「중앙은행조례」와 「태환금권조례(兌換金券條例)」가 발포된 이후였다.** 그

---

*金根培에 따르면, 1899년 이후 일본에서 기술관련 전문교육을 받고 귀국한 한인 기술관료들은 대개 관련 부서의 관리로 임용되거나 공사립학교 교원이 되었다. 또 이들 중 일부는 이 시기 이후에 설립된 각종 기업회사에 참여했다. 金根培, 1996 「대한제국 전기~일제초 官立工業傳習所의 설립과 운영」 『韓國文化』 18, p.431.

**대한제국 전기 화폐개혁과 중앙은행 설립 시도에 대해서는 李潤相, 1996 「1894~1910년 재정제도와 운영의 변화」 서울대 국사학과 박사학위논문, pp.96-107 참조. 중앙은행은 자본금 300만환의 주식회사로서, 국고금 출납, 해관세, 諸稅의 수납, 태환금권 발행 등의 임무를 담당

러나 이조차 러일전쟁 이후 일본의 간섭이 본격화하면서 최종적으로 좌절되었다.*

(2) 대한제국 전기의 회사 정책과 내장원의 회사 지배

갑오개혁 때 마련된 농상공부의 일원적 회사 감독 방침은 개화파 정권의 붕괴와 더불어 유야무야되고 말았다. 건양·광무년간에는 회사에 대한 관리, 감독권의 행사 주체가 농상공부와 내장원으로 이원화했고, 그 틈을 비집고 각종 특권회사가 난립하는 양상이 빚어졌다.** 물론 이때에도 회사의 도고행위나 분세 강징(分稅 强徵)과 같은 관행은 표면상 엄금되었으나,[43] 이 원칙은 내장원의 수세 확대 요구에 압도되어 대개 구두선(口頭禪)에 그쳐버렸다.

1896년 6월 농상공부는 전라 남북도 일대에 비훈(秘訓)을 발하여 이미 인가받은 회사 중 "혹 도고침점(或 都賈侵占)하며 혹 늑수분세(或 勒收分稅)하는 폐단이 무(無)한지" 조사하게 하는 한편 자본을 모집하지 않고 특권만을 얻기 위해 설립된 도고회사 명색(名色)을 엄금하게 했다.[44] 또 1897년 10월에는 회사 설립 청원을 일체 수리하지 않겠다는 고시를 발했고,[45] 1898년 7월에는 자본을 갖추지 않고 회사 설립을 청원하는 자는 그를 허가하지 않을 뿐 아니라 엄히 나스리겠나는 뜻을 다음과 같이 표명하기도 했다.

하였다. 『議案·勅令(上)』 서울대학교 圖書館, 칙령 제8호, 칙령 제9호.

*惡貨 남발은 대중수탈을 통해 자본을 소수의 수중에 집중시키는데, 초기 산업화 단계에서 자본 조달을 위해 흔히 사용되는 방편이었다. 일본 역시 1866년부터 불환지폐 발행과 대부를 통한 부의 집중 방식을 택했다. 楫西光速 外, 1965 『日本資本主義の成立 2: 日本における資本主義の發達2』 pp.350－76 참조.

**농상공부가 회사에 대해 상대적으로 엄격한 기준을 적용했던 것과는 달리 내장원은 소정의 납세 약속만으로 쉽게 회사를 인가해주었기 때문에, 이를 이용하여 함부로 회사 인가를 청원하는 사례가 적지 않았던 것 같다. 다음은 그 사례의 하나다. "仁川港 柴炭主人을 昨年 會社設始時에 仍爲被奪該社한 後, 該社가 竟未見成하고 本主人도 尙未復設하니 究其商民興販之際하면 此不無主客之利便故로 玆以訓令하니 依舊隨行之意로 卽爲發令하야 以副商賈之願이 可함" 『仁川報牒, 謄本, 來牒』 各司謄錄 6, 1896년 6월 9일.

夫商者는 資本을 辦備하여 有無를 交易하고 利益을 沾漑함을 謂함이라. 是故로 行商坐市旅閣會社等이 其名은 雖殊하나 其爲商業은 一也어늘 近日 人民이 不知做商本意하고 赤手請願하여 或强佔民業하고 或勒徵分稅하며 或負褓商任房을 復設하며 甚者는 雜稅와 印紙와 船旗를 私設코자 하여 百計圖鎖하여 干囑이 日至하니 准許與否는 縱係本部職權이나 人民의 행위를 細究하면 犯分違規가 極涉痛駭한지라 嗣玆已往은 此等事件을 肆然來訴하는 자 有하면 非徒不爲聽施라 該人民은 斷當移送法司하여 別般嚴懲하리니 知悉勿犯함이 可할 事[46]

그러나 농상공부가 단속 방침을 거듭 밝혔음에도 내장원은 도고회사류를 방임하거나 심지어 설치를 강요하기도 했다. 대한제국 전기에도 회사의 인허가권은 원칙적으로 농상공부에 있었지만, 이는 궁내부 산하 기구들의 수세 확대 요구에 따라 제한되기 일쑤였다. 이 시기의 회사들은 대다수가 내장원 납세를 전제로 설립되었으며, 내장원이 직접 설립을 지시하기도 했다. 내장원 외 경위원(警衛院), 통신원(通信院), 한성부(漢城府) 등도 따로 회사에 대해 감독권을 행사했다.

1899년의 「국내선세규칙(國內船稅規則)」에 따라 선박을 사용하는 회사는 통신원에서 관할했으며,[47] 1898년 이후 속출한 철도 관련 회사는 철도원이 인허권을 행사했다.* 또 경위원이 회사를 설립케 한 사례도 있으며,[48] 부동산 중개를 목적으로 설립된 한성회사(漢城會社=漢城普信社)는 한성부의 인허를 받았다.[49] 신문사, 출판사 등은 기업회사가 아닌 것으로 취급되어 내부(內部)의 인가가 필요했다.** 때로 회사로 인한 각종 폐단이 발생할 경우에는 한성부가 철폐를 명하는 경우도 있었다.[50] 이렇듯 회사의 관리 주체가 불분명했기 때문에 정부 기구의 이해관계에 따라서는 회사의 치폐(置廢) 분

---

*徐午淳 등이 설립한 국내운수회사는 농상공부와 철도원에서 동시에 인가를 얻었다. 『東萊港報牒 9』 各司謄錄 14, 1905년 4월 26일.

**1900년 설립된 教育新報社는 內部의 인허를 받았다. 『皇城新聞』 1900년 10월 24일 광고.

제가 부서 간 분쟁거리로 부각되기도 했다.

내장원은 전국에 산재한 수세원을 포착하기 위해 여러 방법을 동원했는데, 봉세관(捧稅官)을 파견하거나[51] 회사를 설립케 하여 수세하는 방식을 주로 사용했다. 그에 따라 내장원 상납을 조건으로 특정 물품의 전매권을 요구하는 회사의 인가 청원이 잇따랐고, 내장원은 그를 대개 인허해주었다. 농상공부가 기각한 청원을 내장원이 다시 인허하는 사례도 있었다.* 내장원의 수세원 확대는 소상인을 수탈하는 비생산적·기생적 회사를 양산했다. 이와 관련하여 1898년 10월의 관민공동회(官民共同會)에서는 헌의6조(獻議六條) 제3항에 "전국 재정은 어떤 세(稅)든지 모두 탁지부에서 관리하되 다른 부부(府部)와 사회사(私會社)는 간섭하지 못하게 하며 예산과 결산을 인민에게 공포할 것"[52]을 집어넣어 수세도고회사의 일병혁파를 요구했다.

수세도고회사의 남설(濫設)은 소생산자, 소상인에 대한 수탈을 가중시킴으로써 상업자본 혹은 초기 산업자본의 성장에 심각한 부담을 주었다.[53] 이들 회사는 생산력 기반을 확충하는 데 도움이 되지 않았으며 오히려 조금씩 성장하던 상공업 발전의 싹마저도 꺾어버렸다. 여기에는 정책 담당자의 식견 부족, 관리들의 관행적 부패, 외상(外商)의 침투를 막아야 한다는 초조감 등이 두루 작용했지만, 가장 큰 원인은 재원 부족에 있었다. 생산력적 토대를 확충하는 데 필요한 재원을 소상인, 소농민층에 대한 수탈을 통해 확보하려 함으로써 거꾸로 생산력적 토대를 잠식한 점이 대한제국 전기 식산흥업정책의 근본 모순이었다.

---

*1904년 李道宰 등은 農鑛會社를 설치하고자 농상공부에 청원했다가 기각당하자 다시 궁내부에 청원하여 인허를 받았다. 『皇城新聞』 1904년 7월 14일 잡보.

2. 대한제국 전기 회사의 분화와 증가

1) 회사의 설립과 활동

(1) 연도별 설립추이

표 2-1은 대한제국 전기의 회사 설립 상황을 연도별, 업종별로 정리한 것이다. 공식 통계자료가 없는 탓에 신문류와 농상공부 왕복 문서류, 장정과 완문류(完文類), 그리고 일본 측 기록 등 단편적인 자료에 의거한 것이므로 실제와는 상당한 차이가 있겠지만, 연도별, 업종별 추이를 파악하는 데에는 유용할 것이다. 일관성을 유지하기 위해 업종별 분류는 일제하에 출간된 『조선은행회사조합요록(朝鮮銀行會社組合要錄)』의 기준을 따르되, 대한제국기 회사 설립의 특징을 확인하는 데 필요하다고 판단되는 정도에서 부분 수정했다. 인쇄업, 제약 및 매약업, 신문사를 비롯한 출판업, 그리고 유흥업과 영리 목적의 용역업은 모두 기타로 취급했다.

표 2-1에 따르면 이 기간 동안 발견되는 회사는 총 217개다. 연도별로 보면 1895년부터 1898년 사이에는 10여개 안팎의 회사가 새로 출현하는 데 그치다가 1899년부터 급증하고 있다. 1895년의 회사 중 절대 다수를 점하는 수산업 관련 회사는 모두 가사리회사(加沙里會社)들이다. 이밖에 국책회사격으로 설립된 미상회사와 진공회사, 그리고 전주의 국자회사(麴子會社)를 빼면 제조업과 수산업 부문의 회사 1개씩만 남는데, 그중 제조업 부문에 설립되어 있던 원만회사(圓滿會社)의 실제 설립 시점은 갑오개혁 이전인 것으로 보인다.* 따라서 1895년에는 민영 회사가 거의 설립되지 않았다

*원만회사가 청일전쟁 당시 일본군에게 무상으로 얼음을 제공하겠다고 제안한 내용이 『日本公使館記錄』과 『農商工部去來文』에 나타난다. 『農商工部去來文』(奎17820) 開國 504년 5월 11일; 『駐韓日本公使館記錄』 1895년 5월 13일 기타.

표 2-1. 1895~1904년간 회사 설립 상황

업종 연도	금융업	농림업	제조업	광업	상업	운수업	수산업	청부·토건업	기타	계
1895			2		2		8			12
1896	2		3		6	3			1	15
1897	1	1	1		2	3			2	10
1898	2					3		1	8	14
1899	4	2	5	2	13	8		2	4	40
1900		3	2	3	15	3	1	3	4	32
1901	1	2	3		4	1	1	4	8	24
1902		3		1	16	2		3	6	31
1903	1	1	1	1	10	3	1		2	20
1904		4	3	2	3	1		1	5	19
계	11	16	20	9	69	27	11	14	40	217

주: 1) 회사의 최초 출현 연도를 기준으로 작성했으며, 회사의 인가 여부와 관계없이 수록했으므로 실제로 설립되지 못한 회사도 포함되어 있음.
2) 도표 작성에 기초가 된 회사 관련 자료는 부록 참조.

고 보아도 무방하다. 이는 개화파 정권이 회사의 관허문빙(官許文憑)을 환수하고 신규 설립을 엄격히 규제한 때문이다. 아울러 갑오농민전쟁과 청일전쟁으로 인한 사회적·경제적 혼란도 회사 설립을 저해한 요인이었다.

갑오개혁 직후 극도로 위축되었던 회사 설립은 1896년부터 회복되기 시작하여 이 해에 중앙은행화를 목표로 한 대조선은행(大朝鮮銀行)이 설립되었다. 상업회사의 상당수는 군부용달회사(軍部用達會社), 창흥회사(彰興會社) 등 중앙관부에 소요 물품을 조달할 목적으로 설립된 용달회사들이었다. 조세가 금납화되고 재정이 탁지부로 일원화된 상황에서 중앙 각 관청은 소요 물품을 조달하기 위한 방법을 새로 찾아야 했고, 관용 물품 조달을 통해 생계를 유지하던 공인(貢人)들 역시 새 활로를 찾아야 했다. 이 시기 관서별 용달회사의 출현은 이같은 사정에 따른 것으로서, 이들 회사는 진공회사와 같은 역할을 수행했다.

회사 설립은 1897, 1898년에 더 활발해져 한성은행(漢城銀行, 1897), 특립제일대한은행(特立第一大韓銀行, 1898), 대한제국인공양잠합자회사(大韓帝國人工養蠶合資會社), 대조선저마제사회사(大朝鮮苧麻製絲會社), 한성전기회사(漢城電氣會社) 등이 금융업, 농림업, 제조업 부문에서 각각 출현했고, 해운업 부문에서는 이운사 기선을 불하받은 광통사(廣通社, 1897)와 한국우체기선회사(韓國郵遞汽船會社, 1898), 소기선(小汽船) 1~2척으로 내륙과 개항장 간 운수를 담당한 영흥회사(永興會社, 1897), 부선주식회사(艀船株式會社, 1898; 주식회사 명칭을 사용한 최초의 회사) 등이 설립되었다. 또 이 무렵의 대표적 자본가 다수가 참여한 마차회사(馬車會社)도 이 해에 설립되어 한동안 활발한 활동을 벌였다. 경인·경부철도 부설 공사가 본격화함에 따라 그 청부 공사를 담당하는 회사와 독자의 철도 부설 계획을 세운 회사들도 이때부터 속출했다.[54]

1899년의 회사 수 급증은 1896년 이후의 회사 설립열이 최고조에 달한 결과인 동시에, 이 해부터 새로운 추세가 나타난 때문이기도 했다. 새로운 추세란 '대한국국제(大韓國國制)'의 반포를 계기로 내장원 상납을 전제로 한 도고회사와 수세회사들이 본격 출현한 점을 말한다. 그렇지만 이 해에도 신설 회사의 다수는 기업회사였고, 특히 제조업과 운수업 부문의 회사 설립이 활발했다. 제조업 회사들의 업종별 분포는 대한제국 전기 제조업에 대한 국가적·사회적 관심이 전 단계와 달라진 면을 보여주는 것으로 주목할 필요가 있다.

갑오개혁 이전 제조업, 농림업에 대한 관심은 농상(農桑), 제지(製紙), 제다(製茶) 등 중국에서 이미 주요 수출산업으로 부각되어 있던 부문을 집중 육성하는 데 모아져 있었다. 그러나 이 시기의 제조업 회사는 직포(織布)와 연초(烟草) 등 수입대체 부문에서 주로 설립되었다. 국가로서는 극심한 수입초과로 인한 재정 곤궁을 타개할 필요가 있었을 것이고, 민간 자본가들도 수입품의 시장 확대를 지켜보면서 그 시장성에 주목하게 되었을 것이다.

해운업 부문에서는 1898년과 마찬가지로 대한협동기선회사(大韓協同汽船

會社), 원일윤선회사(元一輪船會社), 제익선사(濟益船社), 평양·인천의 종선회사(從船會社), 화륜선회사(火輪船會社) 등 주로 개항장과 미개항장 사이의 운항을 목적으로 하는 회사들이 설립되었다. 여기에는 이 무렵부터 본격화한 정부의 연안항행권(沿岸航行權) 보호 정책이 적지 않게 작용한 것으로 보인다. 정부는 이 해 5월 관선사관제(管船司官制)를 제정하여 내국 선척(內國 船隻)에 대한 관리를 일원화하는 한편,[55] 7월에는 국내선세규칙(國內船稅規則)을 발포하여 선박의 종류와 톤수(噸數)를 기준으로 세밀한 수세체계를 마련하여 외국 선척이 내국선으로 위장하는 것을 막고자 했다.[56] 당시에는 외국 선척의 미개항장 항행이 금지되어 있었음에도 일본 선박이 한국 선척으로 행세하면서 왕래하는 일이 적지 않았는데,* 이들 조치를 계기로 한인들이 일본인에게 명의만 대여하는 일이 줄어들었다. 이 사정을 일본인들은 다음과 같이 기록했다.

> 近來 當國 官民에 있어서는 當國 沿岸航海權을 자기 손에 쥐고자 하는 경향이 있어서 종전까지 本邦 回漕業者가 不開港地 航行의 便宜를 얻기 위하여 表面上 韓國旗를 걸고 다니던 일을 今後 當國 정부는 容易하게 許諾하지 않고 沿岸航海權은 漸次 當國人에게 蠶食당하는 형세다.[57]

1899년의 변화로 또 하나 주목해야 할 것은 최초로 광업회사가 출현한다는 점이다. 안경수(安駉壽),** 김익승 등의 관료들이 중심이 된 경성매광회사

---

*1898년 8월 현재, 함경도 일대의 미개항장과 원산 등지를 왕래하는 北關航路에는 顯益, 蒼龍, 海龍號 등 구 이운사 소속 선박과 더불어 知多丸(한인 소유), 秀吉丸(한인 소유), 瀨田川丸(韓國郵遞汽船會社 소유), 萩ノ浦丸(田宅保 借入), 利榮丸(宋之善 소유), 泰興號(金呂熙 소유), 松浦丸(李喆玉 借入) 등이 취항했는데, 이들 선박은 모두 한인 명의로 되어 있었지만, 그중 蒼龍號, 顯益號는 世昌洋行이, 海龍號는 한일합작 해운회사인 廣通社가, 泰興, 利榮, 萩ノ浦, 松浦, 瀨田川丸은 모두 일본인 상점이 그 운항권을 지배했다. 『通商彙纂』「元山三四兩月商況」1899년 5월 20일; 「韓國郵遞汽船會社航海開始幷現今北關各港回航汽船ノ狀況」 1898년 8월 5일.

**안경수(1853~1900)는 본관은 죽산이며 출신은 분명치 않으나 서자였다. 1887년 통리교섭통상사무아문 주사로 관직에 오른 이래 민영준의 통역관을 거쳐 1880년대에는 주로 製藥所 등

(鏡城煤礦會社)와 역시 현직 관료인 김각현(金珏鉉),* 하긍일(河肯一) 등이 주도하여 설립한 매광합자회사(煤礦合資會社)가 그것이다. 특히 채금광업(採金鑛業)이 아니라 석탄광업(石炭鑛業)에서 회사가 설립되었다는 점이 주목되는데, 이는 국내 해운업의 발전에 따라 석탄 수요가 급증한 때문이다.[58]

요컨대 1899년에는 제조업, 해운업, 광업 등을 중심으로 근대적 기업 설립열이 최고조에 달했으며, 이를 주도한 것은 관류들이었다. 또 이는 대한제국 전기의 경제 정책이 외국 자본의 이권 침투를 방지하는 데 관심을 모았던 사정과도 관련이 있다.

기업회사의 설립 열기는 1903년경까지도 크게 식지 않았지만, 1900년 이후부터는 수세도고를 회사 명색으로 가장한 회사가 크게 늘어났다. 북청, 함흥, 평양 등지의 국자회사, 이원오종회사(利原五種會社), 보공회사(補公會社), 어염회사(魚鹽會社), 철물회사(鐵物會社), 팔상회사(八商會社) 등은 모두 내장원 상납을 전제로 전매권을 획득한 회사들이었다.

(2) 부문별 회사의 활동

① 금융업

갑오개혁 당시의 조세금납화 이후 중앙은행 설치는 미룰 수 없는 과제였다. 우리나라 최초의 은행은 1896년의 조선은행(朝鮮銀行)인데, 이는 김종한(金宗漢), 안경수 등이 탁지부대신 심상훈(沈相薰)의 협력을 얻어 창립한 것으로 5~6년간 영업을 지속했던 듯하다.[59] 애초에는 중앙은행을 목표로 계획되어 정부 재정 자금과 해관세 수입을 관할하려 했으나 탁지부 고문 브라

신식 산업 시설에서 경력을 쌓았다. 갑오개혁 당시 우포도대장 겸 군국기무처 회의원, 탁지부협판을 거쳐 1895년 경무사, 군부대신을 역임했으며, 독립협회의 초대 회장을 맡기도 했다. 宋京垣, 1993「韓末 안경수의 政治 經濟活動 硏究」이화여대 사학과 석사학위논문 참조.

*김각현(1864~?)은 본관은 光山이며, 1891년 증광별시문과에 급제한 이후 典籍, 副司果 등을 지냈다. 고종의 러시아공사관 移御 이후 外部參書官, 同 交涉局長, 동래감리 겸 동래 부윤, 1899년 이후 學部 學務局長, 法部 司理局長 등을 지냈다.

운의 반대로 실패했다.[60] 그리하여 1899년 2월에는 한흥은행(漢興銀行)으로 개칭하고 권재형(權在衡), 민영환(閔泳煥), 이채연(李采淵), 김영준(金永準) 등의 관료 자본을 중심으로 한 민영 은행으로 명맥을 유지할 수밖에 없었다.[61]

다음해에는 대한특립제일은행(大韓特立第一銀行=大韓銀行)과 한성은행(漢城銀行)이 잇따라 설립되었으며 1899년에는 대한천일은행(大韓天一銀行)이 민병석(閔丙奭), 이근호(李根澔), 최석조(崔錫肇), 김기영(金基永) 등 관료와 상인의 합자로 설립되었다. 이들 은행 중 한성은행과 대한천일은행은 식민지화 이후까지 지속되었지만 나머지는 3~4년간 영업한 후 자취를 감추었다.[62]

대한은행은 황실 주도하에 심상훈, 민영기(閔泳綺), 유기환(兪箕煥), 고영근(高永根) 등의 관료를 참여시켜 국립 중앙은행을 목표로 설립되었으며,[63] 자본금은 5만 원이었다. 이 은행은 1900년 10월에 서강(西江),[64] 11월에 원산,[65] 1901년 8월에 홍주, 예산 등 국내 상업 중심지에 지점을 설치했는데,[66] 그때마다 새로 주식을 모집했기 때문에 자본 총액은 계속 늘어났다.

대한천일은행 역시 중앙은행 업무를 담당하려 했다. 설립 당시의 사장은 민병석이었으며,* 이사원(理事員)은 최석조·정영두(鄭永斗), 감사원(監事員)은 김기영·박경환(朴景煥)·김두승(金斗昇)·최문식(崔文植)이었고, 사무원은 홍정섭(洪正燮)이었다.[67] 초기 임원들은 대개 고종이 신임하는 상인이거나 이용익과 가까운 관료들이었다.** 자본금은 5만 6천 원이었으며 태환권(兌

*민병석(1858~1914)의 본관은 여흥이며, 민경식의 아들이다. 1880년 문과에 급제했고, 광무년간에는 군부, 학부, 궁내부 대신, 철도원 총재 등의 요직을 역임했다.

**최석조는 1897년 탁지부 전환국 技師가 된 이래 이용익과 함께 활동했으며, 1903년에는 이용익의 뒤를 이어 전환국장이 되었다. 1905년에는 개성부윤이 되어 開城蔘政을 관리했지만, 강점 후 몰락하여 생활고를 견디지 못하고 음독자살했다. 정영두는 광무초년 開城蔘政檢察委員으로 임명되었고, 1898년부터는 宮內府 物品司長, 전환국 기사를 역임했다. 김기영은 개성 출신 거상으로 1905년에 초대 한성상업회의소 의장을 지낸 인물이다. 김두승은 漢城電氣會社 창립 실무를 담당했으며, 최문식은 1900년 농상공부 농무국장, 1903년 中央銀行創設事務委員을 역임했다.

換券) 발행과 조세금(租稅金) 수송 등의 권한을 부여받았다.[68] 대한천일은행이 재정 자금을 관리하게 된 것은 특혜라 할 수 있지만, 정부에 대한 불건전 대부가 불가피하여 손실을 보는 경우도 적지 않았다.* 그리하여 황실이 상당액의 자금을 추가 투입하지 않을 수 없었고, 1902년에는 은행장도 민병석에서 영친왕으로 바뀌어 황실 은행이 되어버렸다.**

한성은행은 민간 보통은행을 표방한 최초의 은행이었다. 이 은행은 김종한, 민영찬(閔泳瓚), 이승업(李承業), 김영모 등의 관료와 상인들이 자본금 20만 원으로 발기했다.[69] 회사의 초기 영업 상황은 자세히 알 수 없지만, 1898년 초 주주들에게 배당금을 지급한 것으로 보아 상당한 성적을 거두었던 듯하다.***

이 시기의 활발한 은행 설립은 갑오 경제개혁 이후 화폐경제의 급속한 확대와 직접 관련되었다. 가장 시급했던 것은 중앙은행 설립이었으나 재원 부족과 열강의 방해로 실현되지 못했다. 1903년에 가서야 「중앙은행조례(中央銀行條例)」와 「태환금권조례(兌換金券條例)」가 각각 공포되었지만, 역시 설립 자금을 확보하지 못한데다가 러일전쟁 이후 일본의 주권 침탈로 백지화되고 말았다. 그렇지만 이 시기의 은행들은 대한제국 전기 최대 규모의 민간 기업이었고, 일부는 일제강점기에도 지속되었다. 이들 민간 은행은 다른 산업의 발전을 추동하는 구실도 했다. 특히 관료와 상인의 합자에 의한 은행 설립은 상인의 은행 이용을 촉진했고, 이는 상인들이 근대적 금융제도에 적응할 수 있는 기회를 부여했다.

---

*1899년 말, 탁지부에서는 대한천일은행에 3만 원의 대부를 요구했고, 은행은 이를 마련하기 위해 적지 않은 손실을 보아야 했다. 『通商彙纂』「仁川九月商況」.

**徐光云, 1972 『韓國金融百年』 創造社, p.689. 영친왕을 은행장으로 추대한 직후 대한천일은행의 영업은 급속히 신장하여 每朔 3~6할의 고배당을 했다고 한다. 高杉東峰, 1940 『朝鮮金融機關發達史』 實業タイムス社, p.755.

***『독립신문』 1898년 1월 18일 광고. 한성은행은 1898년 이후 한동안 경영 부진 상태에 빠져 있었는데, 1902년 러시아로부터의 차관을 좌절시키기 위해 제일은행이 30만 원을 융자함에 따라 다시 영업을 개시했다. 徐光云, 앞의 책, pp.653－54.

② 농림업

갑오개혁 이후에 처음 출현한 농림업 회사는 농상회사(農桑會社)다. 이 회사는 신식 농업기술을 보급한다는 취지 하에 서양식 농기구를 구입하여 사원들에게 판매하거나 임대하는 사업을 구상했다. 그런 점에서 이 회사는 이전의 경성농상회사(京城農桑會社)나 잠상공사(蠶桑公司)의 연장선상에 있었다. 또 "향약의 옛 규칙에 따라 농상회사를 창설한다"고 하여[70] 향약의 운영 원리에 입각하고 있는 점도 교하농상사(交河農桑社)와 같았다. 다른 점은 사원 자격이 경향(京鄕) 농민 일반으로 확대되었고, 농상아문(農商衙門)에서 호표(護票)를 발급하여 사원의 자격을 보증했다는 점이다. 그러나 이 회사에 관한 다른 기록이 없는 것으로 보아 계획대로 설립되지는 못한 듯하다.

농림업 부문에서 영업을 개시한 최초의 회사는 1897년에 설립된 대한제국인공양잠합자회사(大韓帝國人工養蠶合資會社)였다. 이 회사는 김가진(金嘉鎭), 박기양(朴箕陽), 서상면(徐相勉),* 서병숙(徐丙肅), 김종한 등의 관리가 외국 유학생 출신인 김한목(金漢睦), 방한영(方漢永), 한의동(韓宜東), 윤수병(尹壽炳) 등과 함께 설립한 것으로, 합자회사의 명칭을 쓴 것은 이 회사가 처음이었다.[71] 이 회사 역시 잠견(蠶繭)의 제조, 판매라는 애초의 목적은 달성하지 못했지만, 회사 안에 학교를 설치하여 양잠 기술자를 육성하는 한편 지방 각처에 뽕나무를 심고 졸업생들로 하여금 양잠 기술을 전습(傳習)케 하는 등의 성과를 거두었다.[72]

농림업 부문에서는 이밖에 개간회사(開墾會社, 1900), 목양사(牧養社, 1900), 양잠회사(養蠶會社, 1900), 농업회사(農業會社, 1901), 농광회사(農鑛會社, 1904), 인공잠농회사(人工蠶農會社, 1904), 농업회사(農業會社, 1905) 등이 차례로 설립되었다. 이 중 목양사는 민영환이 주도한 농장회사(農場會社)로 지주 경영의

*서상면의 본관은 대구이며, 徐正淳의 아들이고 趙重應의 고종형제다. 광무년간 大韓帝國人工養蠶合資會社(1897), 漢上紡績股本會社(1899), 香烟合資會社(1899) 등에 두루 관여했다. 『梅泉野錄』 융희 2년 戊申.

근대화를 시도한 사례로 주목된다.* 다음해 민병석, 김석환(金碩桓) 등이 설립한 농업회사(農業會社)도 "자본을 모아 편리한 농업기계로 여러 가지 농업을 확장코자" 했다. 이 회사는 토지를 매수하고 일본에서 농기구를 수입하는 한편, 젊은 농민을 뽑아 농잠법(農蠶法)을 교수하는 등 근대적 농업회사로 발전하려는 의지를 보였다.[73] 이 시점에 이르러 농업회사에 내재되어 있던 공동체적 원리가 후퇴하고 자본주의적 경제 논리가 전면에 나선 것이다.

농광회사(農鑛會社)는 1904년 이도재(李道宰)가 내장원 인허를 얻어 설립한 회사로 일본인들의 황무지 개간권 요구에 대응하여 국유 황무지를 개간할 계획을 세웠다.[74] 그러나 일본의 내정 간섭이 본격화하는 상황에서, 이런 회사가 존속할 수는 없었다. 이처럼 대한제국 전기 농림업 부문의 회사들은 근대적인 농장회사, 농업회사로 변모했으나, 러일전쟁 이후로는 일본의 토지 침탈로 더 발전할 수 없었다.

③ 제조업·광업

청일전쟁과 갑오개혁을 거치면서 국부(國富)의 원천을 제조업에서 찾아야 한다는 논의가 본격적으로 대두했다. 상업만으로는 국부를 이룰 수 없으니 제조업을 육성해야 한다는 논리였다.** 제조업 육성의 요구는 다른 측면에서도 제기되었다. 개항 이후 서구와 일본의 공산품은 목면류를 필두로 한국 소비 시장을 장악해갔고, 국내 소생산은 심각한 타격을 입었다. 수입상품을 대체하고 국내 생산 기반을 보존하기 위해서도 제조업 회사의 설립은 시급한 일로 인식되었다.

---

*『皇城新聞』 1900년 10월 24일 잡보. 牧養社는 민영환이 자결한 후 송병준에게 탈취당하는데, 송병준은 이 땅을 탈취하는 과정에서 민영환의 처에게 '大內'에서 이 땅을 다시 들이려 할 것이니 자기(송병준) 명의로 하는 것이 유리할 것이라고 했다. 이에 비추어본다면 명의상의 회사 소유주는 민영환이었지만 실제로는 황실 소유의 장토에 설립되었을 가능성이 크다.

**『독립신문』은 우리나라에 유망한 제조업으로 제재, 유리, 견직, 제혁, 果樹, 목축, 農桑 등을 들고, 이들 공업을 육성하면 외국산품의 수입을 억제할 수 있고, 수출을 통해 국부를 증진할 수 있을 것이라고 주장했다. 『독립신문』 건양 2년 9월 15일 논설.

이런 분위기에서 1897년 우리나라 최초의 민영 제조업 회사인 저마제사회사(苧麻製絲會社)와 관독상판형 기업인 대한직조공장(大韓織造工場)이 발기되었다. 이들은 모두 수입대체, 또는 수출산업 육성이라는 목표 하에 관료와 지식인이 주도하여 발기한 것이었지만, 자본 조달에 실패하여 실현되지는 못했다.[75] 같은 해 김익승이 직조설업장(織造設業場)을, 정섭조(鄭燮朝)·심의철(沈宜哲)·김가진(金嘉鎭)·윤덕영(尹德榮) 등이 한상방적고본회사(漢上紡績股本會社)를 각각 설립했으나 모두 생산에 착수하지는 못했던 것 같다.

실제로 생산을 개시한 최초의 직물업 회사는 1898년에 설립된 종로직조사(鍾路織組社, 織造緞布株式會社)였다.* 이 회사는 백목전(白木廛) 상인들이 민병석, 이봉래(李鳳來), 이근호 등의 관료들을 끌어들여 설립했기 때문에[76] 판로의 확보가 용이했고 처음부터 대규모 자본을 동원할 수 있었다. 1901년의 제직회사(製織會社) 역시 비슷한 방식으로 설립되었다. 이 회사는 제장국장(製章局長) 정동식(鄭東植)이 일본에서 염직기술을 배우고 귀국한 강영우(康永祐)와 함께 설립한 것으로 면포(綿布)와 불왜회(不倭繪)를 제직했는데,** 협폭(狹幅) 직기(織機) 50좌(座), 광폭(廣幅) 직기 10좌의 대규모 설비를 갖추고 생산을 개시했다.[77] 더욱이 기숙사 시설을 갖추고 여성 노동자를 고용하는 등 당시로서는 선진적인 경영 기법을 채용했기 때문에 매일 150~160척을 생산할 수 있었다고 한다.[78]

그런데 대한제국 전기에 직물업 회사의 성공적인 사례가 적었던 것은 이들 회사가 대개 생산자적 전통과 괴리된 채 관료 주도로 설립된 데에 기인

---

*織造緞布株式會社와 종로직조사는 동일 회사의 다른 명칭이었던 듯하다. 직조단포주식회사는 1900년 3월에, 종로직조사는 동년 5월에 각각 설립된 것으로 알려져 있지만, 1900년 3월은 직조단포주식회사가 株金을 모집하는 한편 학도를 모집하여 직조 기술을 교습하던 때였고, 종로직조사의 명칭으로 개업한 것은 5월이었다. 또 두 회사 모두 사장은 민병석, 부사장은 이근호였는데, 두 사람이 같은 목적의 회사를 2개월 사이에 따로 설립했다는 것은 이치에도 맞지 않는다. 종로직조사라는 명칭은 종로의 직조회사라는 의미이기 때문에 정식 명칭은 아니었다고 생각된다.

**강영우는 1895년 관비유학생으로 일본에 건너가 東京工業學校 색염과를 졸업하고 1899년에 졸업, 귀국한 인물이다. 金根培, 앞의 글, p.431.

한 바 컸다고 생각된다.* 또 직포는 기계화로 얻을 수 있는 생산성 상승폭이 방적 부문에 비해 상대적으로 적어 기업화의 이점이 두드러지지 않았고 그에 따라 가내공업의 완강한 저항이 지속되었다. 여기에 청일전쟁 이후 값싼 일본제 면포가 다량 유입되는 등[79] 직물업이 발전할 수 있는 주·객관적 조건은 대단히 열악했다.

직물업 이외의 부문에서는 연초 생산에서 일부 성공적인 사례가 있었을 뿐이다.** 국내 연초회사는 가격경쟁력을 무기로 한동안 상당한 성과를 거

*權泰櫶은 한말~일제하에 걸쳐 비교적 오랫동안 영업을 지속할 수 있었던 것은 경영자가 모두 직물업 그 자체에 일정한 소양을 지닌 회사, 공장들뿐이었다고 했다. 權泰櫶, 1989『韓國近代棉業史研究』一潮閣, p.68.

**1894~1904년간 제조업 회사를 생산 부문별로 보면 다음과 같다.

부문	회사명	설립년	설립자	비고
직물	苧麻製絲會社	1897	安駉壽, 李在衡, 徐載弼, 李采淵, 李根培, 尹奎燮, 方漢德, 禹恒善, 타운센트, 테일러, 존슨	
	大韓織造工場	1897	安駉壽	
	織造設業場	1899	金益昇	
	漢上紡績股本會社	1899	鄭夔朝, 沈宜哲, 李憲珪, 金彰漢, 金嘉鎭, 尹德榮	
	鍾路織組社	1899	閔丙奭, 李根澔, 李鳳來	
	織組會社	1900	崔景煥, 李泰浩	
	製織會社	1901	鄭東植, 康永祐	
	布木組織所	1901	李容翊	
양조	酒造勸業場	1899	金益昇	
연초	香烟合資會社	1899	李載純, 徐相勳, 정인홍, 서병석	2천 원
	信錫煙草合名會社	1903	崔錫肇	
	三業商會	1904	金永振	5만 원
철물	九成社	1901		
도량형	日新社	1901	吉明雲, 孔錫祚, 田中常太郎	한일합작
제재	截木會社	1904	玄東軾	
조선	造船會社	1904	金裕稷	
전기	漢城電氣會社	1898	李采淵, 李根培, 金斗昇, 콜브란, 보스트윅	한미합작
제혁	가죽회사	1896		
기타	圓滿會社	1895		製氷業
	肥料會社	1896		
	杲興會社	1899		성냥 제조
	製造會社	1899	金嘉鎭, 閔泳煥, 韓圭卨, 李根培	업종 불명

자료: 부록을 토대로 작성.

두었으나,* 일본과 서구의 대규모 연초회사가 속출함으로써 위축되고 말았다.

대한제국 전기 제조업 회사들의 한계는 대자본의 투입과 선진 기술의 도입, 관세장벽 설정 등 국가적 보호와 지원을 통해서만 극복될 수 있는 것이었으며, 당시 제조업 회사들도 이를 알고는 있었다. 예를 들어 최경환(崔景煥)의 직조회사가 정부에 20년간의 직물 전매권을 청원한 것은 비록 도고적 체질을 탈피하지 못한 것이기는 하지만 정부의 적극적인 지원을 요청한 것이라 할 수 있으며,** 직조단포주식회사가 학생을 모집하여 기술을 전수한 것도 기술 부족을 타개하기 위해서였다.[80] 그러나 이들 시도는 모두 실패로 끝나고 말았다.[81]

갑오개혁 이후 광업 부문의 회사 설립에는 열강의 이권 침탈이 광업 자원에 집중되었던 점이 영향을 미쳤다. 외국인 경영 광산에서 이용된 근대적 채굴 기술은 광산 개발에 대한 일반의 인식을 제고시켰다. 독립협회에서 광산채굴권의 양도를 수시로 비판한 것이나, 황실이 모든 광구(鑛區)를 내장원에 귀속시킨 것도 광산 개발의 이점을 뒤늦게 인식한 때문이었다.

모든 광산의 관할권이 내장원에 이속된 후에는 광업 기술을 내장원이 지원하기 시작했다. 내장원은 외국 기사(技師)를 초빙하고 기계를 수입하여 식섭 재광에 나서는 한편, 민간 광산에도 기계를 대여해주었다.[82] 광업 부문에서 최초의 민간 회사가 등장한 것은 이러한 지원이 본격화하는 1899년에 이르러서였다. 이 해에 조병직(趙秉稷), 김우성(金友性) 등이 경성매광회사(鏡城煤礦會社, 鏡城採炭會社)를 설립했으며, 김익승은 석탄매광회사(石炭煤礦會社)를 설립했다. 탄광에서 최초의 광업회사가 출현한 것은 이 시기 해

---

*李載純이 설립한 香烟合資會社는 1904년 현재 자본금 2천 원, 직공 30명의 규모를 갖추었다. 朝鮮協會, 1904『韓國實業指針』pp.212－14.

**織組會社는 충주 사람 李泰浩가 발명한 직조기를 최경환이 구입하여 직물을 생산할 목적으로 설립한 것인데, 설립 청원과 동시에 농상공부에 20년간의 직물 전매권을 청원했다.『皇城新聞』광무 4년 2월 12일 잡보.

운업의 발전에 따라 기선에 소요되는 석탄의 수요가 크게 늘어났기 때문이다.[83] 1900년의 광달회사(礦達會社)와 매광합자회사(煤礦合資會社),[84] 한석진(韓錫振)의 해서철광회사(海西鐵礦會社) 등도 모두 탄광과 철광에서 설립된 것으로 이 무렵에 비금광(非金鑛) 채굴업에 대한 민간의 관심이 증대하고 있었음을 보여준다.

금광업에서 처음으로 민간 회사가 출현한 것은 1903년 이후였다. 이 해에 김창언(金昌彦), 변내덕(邊乃德) 등이 수안금광합자회사(遂安金鑛合資會社)를 설립했고, 이듬해에는 합천군에 금광회사(金礦會社)가 설립되었다. 이들 회사의 규모나 경영 상태는 알 수 없지만, 1903년 「중앙은행조례」와 「태환금권조례」의 발포를 전후하여 지금(地金) 확보를 위한 정부의 노력이 강화되면서 이 부문에서 비로소 민간 회사가 출현한 것으로 보인다.

④ 상업

갑오개혁 이후의 상회사들은 앞 시기의 그것들이 대개 여러 물종을 취급하면서 상업 이외의 영역으로 활동 범위를 넓혀갔던 것과는 달리, 특정 상품을 전담 취급하거나 특정 기관에 전문적으로 납품하는 회사가 많았다. 마포미상회사(麻浦米商會社, 1895), 군부용달회사(軍部用達會社, 1897), 미두회사(米豆會社, 1899),* 석유용달회사(石油用達會社, 1899),** 석유목면회사(石油木棉會社, 1900), 용달회사(用達會社, 1901),*** 협상국(協商局, 1902), 석유석유황회사(石油石硫黃會社, 1903), 탄상회사(炭商會社, 1903) 등이 모두 그러한데, 이들

---

*미두회사가 米豆를 판매하는 회사인지 米豆去來所격의 회사였는지는 불분명하다. "中署社洞居하는 金奎植氏 등이 仁港에 米豆會社를 설치하는데 當社의 營業期限은 光武三年二月로 始하야 滿期十年한 後에 總會員의 決議를 依하야 更히 繼續할 事로 該社定款四十五條를 請願書에 付하야 農商工部에 呈하얏더니……" 『皇城新聞』 광무 2년 2월 21일 잡보.

**석유용달회사는 沈璣澤 등이 설립한 것으로 서울 시내 가로등용 석유를 공급했다. 『皇城新聞』 광무 3년 6월 2일 잡보.

***『皇城新聞』 1901년 3월 15일 잡보. 용달회사는 관청에 물자를 조달하는 공인계 성격의 회사로서 갑오개혁 당시 설립된 진공회사와 유사한 기능을 담당했다.

특정 물종 전담회사를 근대적 도매상으로 보기는 어렵다. 대한제국 전기에는 특정 물종에 대한 전매권을 주장하는 도고회사가 난립했기 때문이다. 위에 든 회사들은 직접 판매나 조달을 목적으로 설립된 회사만을 추린 것이지만 개중에는 도고 활동을 겸한 것도 있을 것이다.

아마도 물종별로 조직되어 있던 공인계(貢人契)가 갑오개혁 이후 도고회사와 물종별 도매업 회사로 분화된 것이 아닌가 한다. 물론 물종별 도매업 회사라 하더라도 전담조달권이나 전담판매권을 주장하는 한, 도고적 체질에서 벗어났다고 보기는 어렵다. 다만 도고가 관부의 힘에만 의지하여 특정 물종의 전매권을 주장했음에 반해 이들 회사는 자기 자본을 구비했다는 점이 달랐다.[85]

민간 상회사가 특정 물종이나 관서의 제한에서 벗어나는 것은 1900년경부터였다. 이 해에 한성(漢城) 내외 객주 등이 설립한 광신교역회사(廣信交易會社)는 처음 일반 소상인(小商人)의 물품을 2/100의 구문을 받고 위탁 판매하는 객주업으로 시작했는데,[86] 이후 급속히 발전하여 대규모 무역회사가 되었다. 이 회사는 처음부터 고금(股金)을 모집하여 자본을 조달했다는 점, 특정 물품의 독점판매권을 주장하지 않았다는 점 등에서 객주 자본이 근대적 기업 자본으로 전화(轉化)하는 전형을 보여주는 것이라 할 수 있다.

광신교역회사 이후 보통상업회사(普通商業會社, 1900), 협상회사(協商會社, 1900), 보성회사(普成會社, 1902), 광리사(廣理社, 1903) 등 유사한 회사들이 속속 설립되었지만, 이런 종류의 회사는 물종별 회사보다 적었다. 개항장에서는 객주가 여전히 상품 유통의 주도권을 쥐었던데다가, 서울 등지의 상권은 이미 일본 상인들이 크게 잠식한 상태였기 때문에 상업회사가 활동 영역을 확대하기는 쉽지 않았다. 그래서 이들 회사는 넓은 소비 시장을 갖춘 서울이 아니면 객주의 영향력이 상대적으로 약한 미개항장에서만 설립되었으며, 그나마 광신교역회사를 제외하고는 그리 오래 존속하지도 못했던 듯하다.*

⑤ 운수업

가. 수상 운송

민간 해운회사가 설립되기 시작한 것은 이운사(利運社)가 소멸한 1896년부터였다. 이 해에 원산에 덕리회사(德利會社)와 태운회사(泰運會社)가 설립되었으며, 서울과 인천에서는 선상회사(船商會社)가 설립되어 유음선(流音船) 12척을 구입하고 활동했다.[87] 특히 선상회사는 전국 주요 포구에 지점을 설치할 계획도 세웠다. 1897년에는 광통사(廣通社), 영창회사(永昌會社) 등이 설립되었고 1898년에는 우체기선회사(郵遞汽船會社)와 수운회사(輸運會社, 孵船株式會社)가, 그 다음해에는 대한협동기선회사(大韓協同汽船會社), 윤선종선회사(輪船從船會社, 搭客從船會社), 상선회사(商船會社), 원일윤선회사(元一輪船會社), 제익선사(濟益船社)가 각각 설립되었다. 이후 1904년에 이르기까지 대한협동우선회사(大韓協同郵船會社), 인한윤선합자회사(仁漢輪船合資會社), 종선회사(從船會社), 통운사(通運社), 협무회사(協務會社), 상선회사(商船會社), 선박영송회사(船舶迎送會社), 의령상선주식회사(宜寧商船株式會社), 유성태호회사(裕盛泰號會社)* 등이 속속 설립되었다.

덕리회사는 원산항 상민 한수경(韓秀卿), 송윤하(宋允夏) 등 7명이 소화륜선 1척을 구입, 국내 미통상구안(未通商口岸)을 왕래하기 위해 설립한 회사였으며,[88] 태운회사(泰運會社) 역시 원산항 상민 박유일(朴有一) 등이 일본 소화륜선 1척을 구입하여 내륙 각지를 항행할 목적으로 설립한 회사였다.[89] 원산에서는 이듬해에도 김형준(金亨俊), 이화실(李化實), 김정민(金正敏) 3명이 합자하여 영창회사(永昌會社)를 설립하고 일본 소화륜선 1척을 구입하여 불통상구안(不通商口岸)을 왕래했다.[90] 1897년에 설립된 광통회사(廣通會社)

---

*1903년 진주에 설립된 廣理社는 20여명이 합자하여 만든 회사였으나 불과 4개월 만에 해산하고 만다. 『皇城新聞』 광무 9년 6월 26일 광고

*유성태호회사는 鄭在洪 등이 인천에 설립한 회사로 주로 북어운송업에 종사했다. 『仁川報牒』 各司謄錄 6, 광무 8년 5월 31일 참조.

는 이운사 회계사무였던 우경선이 일본 굴상회(堀商會)와 합작 설립한 것으로,[91] 이운사 선박 해룡호(海龍號)를 불하받는 한편, 일본 윤선 수환(輪船 壽丸)을 고용하여 연안 운송에 종사했다.[92] 이들 회사는 모두 소화륜선 1~2척으로 연안 운송에만 종사한 영세규모의 회사였다.

한인 소유의 대규모 해운회사가 출현한 것은 1898년 이후의 일이다. 이 해에 김익승과 박영하는 만국우편협약에 따른 해외 우편사업과 석탄 수출업, 블라디보스토크 거주 한인과의 교류 등을 목적으로 우체기선회사를 설립했다.* 이 회사는 일본 기선 뇌전천환(瀨田川丸) 등 외국 선박을 고용하여 정부의 해외 우편물 수송을 전담하는 한편, 일반 객상의 화물도 운송했고[93] 개항장과 블라디보스토크 일대로 기항지를 확장했다.[94] 정부도 지방관에게 회사의 영업을 지원하도록 지시하는 등 적극적인 보호 의사를 밝혔다.[95]

우체기선회사의 출현은 몇 가지 중요한 의미를 갖는다. 첫째는 이 회사가 정부와 밀접한 관련을 맺으면서 활동했다는 점이다. 조선시대 해운업에서 가장 수요가 많았던 것은 세곡 운송이었기 때문에, 조세금납화로 조운(漕運)이 폐지되자 당시 최대의 운수회사였던 이운사조차 활동을 중단할 수밖에 없었다. 그런데 이 시점에서 우체기선회사는 막 본격화하기 시작한 우편물 수송에 착안했고, 그를 통해 화물을 안정적으로 확보할 수 있었다.

둘째는 외국에 출항했다는 점이다. 개항 이후 일본의 대형 운수회사들은 한국과 일본, 중국, 러시아를 잇는 정기 항로를 속속 개설하면서 국제항로를 장악했다. 이러한 상황에서 우체기선회사는 동해안 일대와 연해주를 잇는 항로에서나마 무역 화물 운송에 종사함으로써, 일본 자본과 경쟁했다.

부선주식회사(艀船株式會社)는 우체기선회사 창업자이기도 한 김익승이 원산항 상민 박노미(朴露美) 등과 함께 설립한 것으로 원산항에 정박한 중대형 선박에 화물을 탑재하거나 양륙하는 업무를 전담하고자 했다. 그러나

---

*『農商工部去來文』(奎17802) 광무 2년 11월 4일 照會 제27호. 우체기선회사의 석탄 수출업이란 김익승이 주도한 鏡城煤礦會社의 채굴탄 수출이었던 것으로 보인다.

일본 상인들이 이에 격렬하게 반발함으로써 결국 부선주식회사는 전담 양륙선박(揚陸船舶)을 국적선(國籍船)으로 한정하지 않을 수 없었다.[96] 그리하여 부선주식회사는 국적선의 화물 적재와 양륙을 전담하고 일본 선박에 대해서는 일본 격군(格軍)이 전담하는 분업구조가 마련되었다. 그러나 이러한 분담은 오래 지속되지 못했다. 부선주식회사에 불만을 품은 일본 격군들은 회사 대표 김익승을 집단 폭행했고[97] 정부가 그에 적절히 대응하지 못하는 틈에 회사의 권리를 탈취해버렸다.

우체기선회사와 부선주식회사는 이후의 해운회사들에도 상당한 영향을 미쳤다. 1899년 원산에서 설립된 원일윤선회사(元一輪船會社)도 우체 사무와 여객 운송을 병행하면서[98] 국내 각처와 블라디보스토크 등지로 왕래했다.[99] 같은해 부산에서 설립된 협동기선회사(協同汽船會社)도 일본 선박 수길환(秀吉丸)을 구입하여 연안 일대를 왕래했다.[100] 우체 사무와 여객 운송은 대규모 선사(船社)가 존립하기 위한 기본 조건이었던 듯하다. 1900년 7월에 설립된 대한협동우선회사(大韓協同郵船會社, 仁川郵船會社=官辦輪船會社)는 이운사 선박이던 이운호(利運號, 潮洲府號), 현익호(顯益號), 창룡호(蒼龍號)를 15만 원에 구입하고* 해룡호를 임대하여 우편물을 수송하면서[101] 이운사를 계승한 관판윤선회사(官辦輪船會社)를 자처했다.[102] 이 회사는 이윤용(李允用), 이영균(李泳均), 안영기(安永基) 등이 통신원(通信院) 특허를 얻어 자본금 3만 원으로 설립한 것으로 본점은 인천에 두고 각지에 대리점과 지사, 기지를 두었다.[103] 회사의 전신은 1899년 부산항 상민 정치국(丁致國) 등이 설립한 협동기선회사(協同汽船會社)였는데, 대한협동우선회사(大韓協同郵船會社)로 재발족하는 동시에 김익승의 우체기선회사도 흡수했던 것 같다.** 이

*『皇城新聞』 광무 4년 10월 10일 잡보. 조기준은 大韓協同郵船會社와 仁川郵船會社를 별개로 보았으나, 대한협동우선회사의 본점이 인천에 자리하고 있었기 때문에 흔히 인천우선회사로 통칭되었다. 趙璣濬, 1983 「民族資本」『한국사』 16, 국사편찬위원회, p.722 참조.

**김익승의 우체기선회사는 1900년 하반기 이후 더는 자료에 나타나지 않는다. 대한협동우선회사 역시 우편물의 운반을 담당했던 것으로 보아 우체기선회사는 이때 업무를 이 회사에 인계하

회사는 상해 등지를 왕래하는 등 활동망을 국제적으로 확장하여 이전 이운사의 활동 영역을 거의 회복했다.[104] 특히 운송업의 현안으로 남아 있던 한인 기술자 확보에도 상당한 성과를 거두어 일본에 유학한 한인 항해사를 선장으로 고용했다.[105] 또 외국어 능력을 갖춘 인물을 확보하기 위해 별도로 외국어학교 설립도 기도했다.[106]

그러나 선운업도 일본의 압력으로 심각한 곤란을 겪었다. 예컨대 협동우선회사(協同郵船會社)는 주요 항구에 기지를 설치할 수 있는 특권을 얻었는데, 기지 설치의 적격지 상당수는 조계(租界) 안에 있었다. 당시 한일 간에는 관판(官辦) 회사일 경우에는 조계 안에도 기지를 설치할 수 있도록 양해가 되어 있었고,[107] 협동우선회사는 그를 근거로 기지 설치를 추진했다. 그러나 일본은 이 회사가 관판 회사가 아니라고 억지를 부려 좌절시켰다.[108] 또 원산에서 문명원(文明元) 등이 설립한 탑객종선회사(搭客從船會社)는 일본인에게 영업권을 박탈당했으나, 정부는 일본 영사에게 문제 해결을 요구하는 외에는 아무런 실질적인 조치도 취하지 못했다.[109]

해운업 회사의 존립 기반은 러일전쟁을 전후하여 붕괴하고 말았다. 러일전쟁 직후 우편 업무가 일본에 이양된데다가 미개구안(未開口岸)도 갈수록 줄어들었다. 1898년 진남포와 목포의 개항, 이듬해 군산, 마산, 성진의 개항 등으로 국적선의 고유 항로는 크게 삼식당했으며[110] 일본 선박의 미개구안 운항 금지도 사문화되었다. 경부·경의 철도의 부설도 해운의 중요성을 감소시켰다. 정부의 특별한 보호 아래 개항장과 미개구안 간 항로를 중심으로 성장하던 해운회사는 발전을 위한 모든 조건을 잃어버렸다.

나. 육상 운송

1904년 경부·경의 철도의 부분 개통 전까지는 육상 운송업의 독자적 발전

고 해산한 듯하다.

이 가능했다. 대한제국 전기 최대 규모의 육상 운송 회사는 마차회사였다. 이 회사는 안경수, 그레이트하우스(Greathouse, 具禮),* 이완용, 김기영, 조진태, 백완혁, 하상기 등을 대주주로 하여 1897년 1월부터 주식 모집에 착수했는데, 불입자본금 총액은 1만 7,200원이었다.[111]

마차회사는 사륜양마차(四輪兩馬車) 2대, 사륜일마차(四輪一馬車) 10대, 양륜일마차(兩輪一馬車) 10대, 인력거 30대 등 총 52대의 차량을 구비하고 30여명의 직원을 고용하여 서울 시내와 경인 간 운송업에 종사하는 한편, 2km에 달하는 경편철로(輕便鐵路)를 부설할 목적으로 준천(濬川)을 병행했다.[112] 마차회사가 활동한 시기는 고종이 러시아공사관에서 환궁한 직후, 정력적으로 서울 도시개조 사업을 벌이던 시기로 마차회사의 준천사업은 고종의 뜻과도 일치했다.[113] 그러나 이 회사는 전차 부설과 거의 동시에 활동을 중단했다.

마차회사 소멸 이후 새로 출현한 육상 운송 회사들은 모두 기차 운송과 관련을 맺었다. 철도 운송이 개시됨에 따라 여타의 육상 운송수단은 매력을 잃었다. 그러나 철도를 일본인이 장악했기 때문에 한인 자본은 철도 운수에 종속되는 소하물 운송업 정도에나 진출할 수 있었다. 1898년에 설립된 대한운수회사나[114] 통운사가 그 예인데, 대한운수회사는 호남철도 부설운동을 주도한 서오순(徐午淳)이 설립한 것으로 장기적으로는 철도의 자력부설을 목표로 했다.[115]

그러나 일본 자본은 소운송업(小運送業)에도 어김없이 침투했다. 경부·경의 철도가 개통된 역사(驛舍) 주변에는 일본인 소운송업체들이 하나 둘씩 자리잡았다. 대한운수회사는 한인 화주(貨主)의 민족주의적 정서를 자극하는 한편, 정부에 국내 화물의 독점운송권을 거듭 요청하여 허가를 얻었지만[116] 일본 자본의 공세를 막아낼 수는 없었다.

---

*Greathouse는 1895년 법률고문으로 초빙된 미국인이다. 金允植,『續陰晴史』上, 국사편찬위원회, p.337.

⑥ 청부·토건업

1890년대 말의 철도 건설은 토건업 성장에 유리한 토양을 제공했다. 철도는 은행과 함께 근대 산업의 기간(基幹)으로서, 대한제국 전기 식산흥업정책에 관여했던 관료들이 일찍부터 눈을 돌린 부문이었다. 그러나 그 건설에는 막대한 자본과 기술이 필요한데다가 열강의 철도부설권 요구도 집요하여 결국 경인·경부 철도의 부설권이 외국인에게 양여되었다. 그 후 외국인들 사이에서 철도부설권을 전매하는 현상이 나타나자, 부설권 획득에만 목적을 둔 회사가 출현하기 시작했다. 예컨대 1898년 5월 박기종, 윤기영(尹基永) 등이 설립한 부하철도회사(釜下鐵道會社)는 철도부설권을 선점하는 데에만 목적이 있었던 것으로 보인다.[117] 그러나 초기 철도회사의 이러한 속성은 경부철도 건설이라는 대규모 공사가 눈앞에 닥치자 곧 변화했다.

토건회사 속출에 일대 계기가 된 것은 1898년 9월 8일에 체결된 「경부철도합동(京釜鐵道合同)」이었다. 이 계약은 철도 부설 공사에 한인 회사의 참여를 의무화했고, 그에 따라 대규모 공사를 수주하기 위한 토건회사 설립이 활기를 띠었다. 그런데 이 무렵의 철도 건설에서는 발기회사(發起會社)가 노선 선정, 철도 용지 확보 등을 담당하고 토목건축 청부회사가 부설공사를 수행하는 식의 역할 분담이 엄격히 적용되고 있었다.[118] 또 청부회사도 직접 공사를 담당하기보다는 일종의 노동력 공급 회사인 역부회사(役夫會社)들에게 재하청을 줌으로써 중간 차익을 얻는 것이 일반적이었다.[119]

따라서 청부회사의 설립에는 특별한 기술이나 자본이 필요하지 않았다. 역부(役夫) 입참비(入參費)로 회사 자본을 마련하는 것이 관행이었으며, 회사 설립을 칭하고 입참비를 가로채는 경우도 많았다.[120] 그런 점에서 청부회사의 설립자들이 대개 정상적(政商的) 속성을 지녔던 것도 무리는 아니다. 애초 철도의 자력 건설을 목표로 설립되었던 대한국내철도회사(大韓國內鐵道會社)가 대한국내철도용달회사(大韓國內鐵道用達會社)로 개칭하고 사장에 종친 이재순(李載純)을 추대한 것이나,[121] 대한경부철도역부회사(大韓京釜鐵

道役夫會社)가 철도원 총재를 지낸 민병석을 사장으로 앉힌 것은 모두 공사 수주에 유리한 고지를 선점하기 위해서였다.

1898년 이후 경부철도 공사가 속성공사로 전환하는 1903년경까지 토건회사가 속출할 수 있었던 것은 당시 토건업 일반의 이러한 관행 때문이었다. 그렇다고 해서 이들 회사가 역부 입참비를 가로채는 데에만 열중한 것은 아니었다. 규모가 작은 토건회사들은 경부철도주식회사에서 공사를 따낸 후 6%의 수수료를 받고 일본 토건회사에 명의를 대여하는 것이 일반적이었지만,* 10여 개의 대규모 한인 토건회사들은 실제로 공사에 참여하여 영등포~진위, 초량~밀양 사이의 구간 공사를 담당, 완공하기도 했다.[122] 특히 국내철도용달회사는 독일 영사 라인스도르프(Reinsdorf, 賴思德)의 출자 제의를 받은 바 있으며,[123] 경부철도역부회사는 철도원에서 역부모집 독점권을 얻기도 했다.[124]

그러나 철도 관련 토건회사는 1903년 이후 모두 해산된다. 러일전쟁을 앞둔 일본은 경부·경의 철도를 조속히 개통하기 위해 관련 공사를 모두 일본인 토건업자에게 발주했고, 한국 토건회사들의 항의는 간단히 묵살했다. 그러나 이 시기 토건회사 운영 경험은 이후 한인 자본가들이 역부회사(役夫會社), 노동회사(勞動會社) 등의 토건업 회사를 설립하는 데 유용하게 활용되었다.

항만·부두 축조를 목적으로 한 회사로는 1900년에 설립된 장산회사(長山會社)가 있다. 이 회사는 물길이 험하기로 유명한 장산곶 주변의 항로를 정비할 목적으로 완평군 이승경(完平君 李昇慶) 등이 설립한 것으로, 미국인 언더우드(Underwood, 元杜尤)를 기사(技師)로 고빙하고 외국 기계를 매입할 계획을 세웠으나[125] 실제로 공사에 착수하지는 못했던 것 같다.

궁궐과 제궁가(諸宮家)의 건축, 수리를 담당할 목적으로 1900년에 설립된

---

*정재정, 1985「京釜·京義鐵道의 敷設과 韓·日 土建會社의 請負工事活動」『歷史教育』37·38합집, p.243. 한인 토건회사의 명의 대여는 정부에서 얻은 인가권(文券)을 특권으로 간주하고, 그를 매매, 상속의 대상으로 삼았던 조선 후기의 관행과도 맥이 닿아 있다.

건축회사(請築會社)는 우리나라 최초의 건축회사였다.[126] 사장은 이재순이었고, 경영은 김익승과 여삼현(呂三鉉)이 맡았다.[127] 이 회사는 별도의 벌목장을 소유, 관리했고,[128] 1906년경에는 따로 벽돌공장을 설치할 정도로 성장했다.[129] 그러나 1904년 이후 정부 소관 공사의 발주권을 통감부가 장악함으로써 이 회사의 활동 근거도 소멸했다.

⑦ 수산업

대한제국 전기에 활동한 수산업 회사는 가사리회사류(加沙里會社類)를 제외하면 1880년대부터 존속해왔던 해산회사와 수산회사뿐이다. 해산회사는 1887년에 설립되었으나 1890년에 혁파 지시를 받았다. 그러나 이 혁파 지시는 이행되지 않았던 듯 1899년 12월 26일에도 해산회사 사원들은 회사가 통리아문의 인준으로 설립되었다고 주장했다.[130] 1905년의 자료에도 이 회사가 1890년에 통리아문의 인허를 받은 것으로 나타나는데,[131] 혁파 직후 복설(復設)되었을 수도 있다. 다만 이 무렵에는 대표사원이 유석(劉錫)으로 변경되는 등, 상당한 변동이 있었던 듯하다.

해산회사는 이 시기에도 과거와 마찬가지로 "각도(各道) 연군(沿郡)에 지사를 나누어 설립하여 어채(漁採)와 매매를 적당히 조치하고 어선, 어망 중 낡고 손상된 것을 수리하되 외국 기계도 사들이며 …… 생산한 물품을 수시로 무역하여 상업을 발달케 하고자" 하는 목적을 가지고 있었다.[132] 다만 앞 시기에는 대규모 어채사업을 병행했으나, 이 시기에는 어채보다는 어획물 매매 알선에 주력하는 상태로 위축되었다.[133]

러일전쟁 이후 한인 회사가 일본인 회사에 권리를 양도하는 사례는 수산업 부문에서도 나타났다. 민병한(閔丙漢)이 사장으로 있던 수산회사는 일본 장기포경합자회사(長崎捕鯨合資會社)에 권리를 양도했는데,[134] 농상공부는 회사의 인허를 취소하고 사장과 사원들을 처벌하려 했으나 일본의 압력으로 유야무야되고 말았다.[135]

⑧ 기타

대한제국 전기에는 신문·출판과 제약·매약 부문에도 여러 회사가 설립되었다. 이 시기의 신문사들은 대개 기업적 수익보다는 민중 계몽에 주안을 두었지만, 주주총회를 열고 임원을 선임하는 등 회사의 설립과 운영에 모범을 보였으며, 전국 각지의 회사 설립 소식을 소상하게 전하고 회사의 합리적 경영을 촉구하는 등 회사 일반의 발전에 상당한 기여를 했다. 한편 이 시기 인쇄기계를 도입하여 출판사를 설립한 사람들은 대개 구래의 서포(書鋪) 경영자들이었다. 대한제국 전기의 출판사들은 각종 신서적과 어학서, 학부용 교과서 등을 출판하여 정부의 보통교육 진흥책과 재야의 신지식 보급운동을 지원했다.

제약·매약업 회사들도 속출했는데, 이 역시 대개 조선후기 이래 의약업에 종사하던 사람들이 설립했을 것으로 생각된다. 당시 약국, 약종상, 제약소 등은 약재 무역을 병행하면서 직접 제조·판매하는 것이 일반적이었고, 양의학(洋醫學)이 보급됨에 따라 그와 전통의학 지식을 접목하여 새로운 약을 발명하는 경우도 적지 않았다. 그중 이윤용, 이재순 등의 고위관료와 황족을 사장으로 추대했던 제생사(濟生社)는 국제적인 약종 무역상으로 성장했다.[136]

그런데 대한제국 전기의 회사들에는 중대한 한계가 있었다. 이 시기 회사들은 일부 예외를 제외하고는 장기적으로 지속되지 못했고, 대규모 설비 투자를 단행하지도 못했다. 당시 국내의 자본 축적 정도나 기술 수준이 낮았던 것이 근본 원인이었지만, 정부의 회사 지원이 미흡했던 점, 거액의 설비 투자를 뒷받침할 수 있는 금융 체계가 마련되지 못했던 점도 중요한 원인이었다.[137] 대한제국 전기에 정부는 회사를 식산흥업을 위한 중심 기구로 파악하면서도 그를 재정적으로 지원하지는 않았다. 정부 재정이 파탄 지경에 있던 상황에서는 어쩔 수 없었겠지만, 초기 자본 축적과 산업 건설에서 정부의 지원을 기대할 수 없었던 것은 당시 한국 회사의 성장을 제약한 근본 문제 중 하나였다.

2) 상업세 징수와 상법회사

(1) 상무회의소규례의 개정과 상업세 징수

보부상을 비롯한 행상인들에 대한 정부의 관리는 혜상공국이 상리국으로 개편된 1885년부터 재정적 요구를 중심으로 재편되었다. 보부상들은 상리국에서 발행한 빙표를 받은 뒤에야 영업할 수 있었으며, 유상(鍮商)과 유상(油商)도 유유사(鍮油社)의 통제하에 들어갔다. 갑오개혁 당시 상리국과 각처 임방(任房)을 모두 혁파한 것은 이들 기구가 상업의 자유로운 발전을 막는다는 판단에 따른 것이었으며, 상무회의소규례를 제정한 것도 상리국 폐지에 따른 보완책의 의미를 지닌 것이었다. 그러나 상무회의소가 설립된 사례는 거의 없었고, 구래의 상관습을 일소할만한 계기도 마련되지 못했다. 그러한 상태에서 개화파 정권이 붕괴하자 1897년경부터 부상청(負商廳) 및 임방 복설 요구가 집요하게 이어졌다. 1897년 초 농상공부는 부상(負商)들이 함부로 도회(都會)를 열어 이전의 폐단을 되풀이하는 것을 금지했고,[138] 동년 9월 내부(內部)는 보부상의 명단을 작성·관장하되, 보부상이 입참비 명목을 거두지 못하도록 지시하기도 했다.[139]

그러나 보부상들은 관할권의 내부 이관(移管)을 임방 복설의 호기로 인식하여 조직적인 임방 복설운동을 개시했다.[140] 심지어는 지방관들조차 부상청이 복설되는 것으로 오해하여 그를 방관할 정도였다.* 보부상들은 일부 지방에 임의로 임방을 복설하는 한편,[141] 서울로 들어와 본격적인 청원운동을 개시했다.** 그러나 독립신문 등을 통한 개화파 지식인들의 계속되는 견제와 비난 속에서 정부가 이들의 요구를 바로 수용하기는 어려웠다.

보부상 임방 복설의 직접 계기가 된 것은 1898년 하반기에 들어서면서

*황해도 관찰사 金嘉鎭은 보부상의 복설을 기정사실로 이해하고 그를 취소해줄 것을 내부에 요청했다. 『독립신문』 광무원년 11월 20일.

**1897년 말에는 충청도의 負商 李哥와 경상도의 負商 某가 서울에 올라와 임방 복설 청원을 했다. 『독립신문』 광무원년 11월 20일.

심화된 정부와 독립협회 간의 갈등이었다.* 정부는 보부상을 독립협회 탄압에 동원하려 했고, 보부상들은 이를 기회로 임방 복설의 실질적 조치를 얻어내려 했다. 그리하여 헌의6조가 채택되기 바로 전날인 10월 27일, 황국협회는 일차로 농상공부대신을 강압하여 전국 상민들로 하여금 자신들이 발행한 신표(信票)를 지녀야만 장사할 수 있게 하는 데에 성공했다.[142] 이때 황국협회는 상민들에게 월연금(月捐金) 명목으로 매삭(每朔) 1냥씩 수봉(收捧)하기로 했던바, 이는 과거 상리국 시절의 징수 체계로 회귀한 것이었다. 이 조치는 황국협회의 만민공동회 습격 전날인 11월 20일에 상무사의 복설을 인가하는 것으로 이어졌다.[143] 그러나 이 조치는 황국협회가 만민공동회를 습격한 직후 바로 취소되었고,[144] 지방관에게는 이미 반포한 상무사장정을 환수하라는 지시가 하달되었다.[145]

그렇지만 부상청 복설 운동은 해를 넘긴 이후에도 지속되어 1899년 1월에는 김광희(金光熙), 길영수(吉永洙) 등이 재차 상무사 복설을 청원했으며,[146] 정부에서도 이를 받아들여 동년 2월 상무소장정을 발포하기에 이르렀다.[147] 이 장정은 동년 5월 칙령으로 개정된 상무회의소규례의 초안 성격을 띤 것으로, 이에 따라 상무소는 의정부 참정(參政) 신기선(申箕善)을 사장으로 하고 농상공부대신 민병석을 부사장으로 하여 복설되었다.[148] 그런데 이때는 바로 만민공동회 습격의 선봉에 섰던 길영수가 농상공부 상공국장에 취임한 직후로서 그가 처리한 첫번째 일이 바로 상무소 복설이었다.[149] 그런만큼 상무소 복설은 독립협회 탄압에 대한 논공행상이라는 의미가 포함된 것이기도 했다. 그렇지만 상리국이나 황국협회 산하 상무소에 대한 개화파 지식인과 영세상인들의 불만을 익히 알고 있던 정부로서는 부상청

---

*독립협회는 1898년 7월경부터 반정부운동으로 전환하기 시작했고, 10월 28일에는 정부를 強迫하여 관민공동회를 개최, 헌의육조를 채택하게 하는 데에 성공했다. 이 무렵부터 정부도 독립협회를 탄압하기 위한 방안을 다각도로 강구했다. 朱鎭五, 1994 「독립협회운동」『한국사』 11, pp.237－39.

의 공식 인가가 부담스럽지 않을 수 없었다. 상무소를 인가하면서도 이를 부상청의 복설로 이해해서는 안 된다는 단서를 단 것은 그 때문이었다.[150]

그러나 상무소의 기본 책무가 상업세 징수인 데에는 변함이 없었다. 상무소를 통해 인지세를 징수하고 인지를 붙이지 않은 물건은 모두 속공(屬公)하려 했던 것이다.[151] 인지세 징수는 이미 갑오개혁 때에 구상된 바 있었고,[152] 1898년 황국중앙총상회에서도 제기한 바 있었다. 그런데 갑오개혁 당시의 인지세 징수 구상이 징수 주체를 정부로 설정했음에 반해, 황국중앙총상회나 상무소는 자신들이 인지세 징수 특권을 얻으려 했다. 그런만큼 황국중앙총상회의 계획이 공개된 당시에는 독립협회의 강한 반발에 부닥쳐 더 논의될 수 없었다.[153] 그런데 이때 상무소는 같은 방안을 다시 제기하고 나섰다.

정부로서는 상무소와 같은 사설 기관에 인지세 징수를 허용할 수는 없었지만 상민 일반을 통제할 다른 뾰족한 방법이 있는 것도 아니었다. 이 난점의 해결책으로 강구된 것이 상무소를 국책회사격인 상무사(商務社, 商務會社)로 개칭하고 그에 전국의 상인 일반을 모두 참여시키는 한편, 이를 단순한 징세 청부기구에서 정부의 식산흥업정책을 보조하는 기구로 전환시키는 것이었다. 이에 따라 정부는 1899년 5월 상무소에 내려주었던 장정을 환수하고 별도의 장정을 성급(成給)해주었다.[154] 그런데 이렇게 되자 다시 갑오개혁 당시의 상무회의소규례와 중복되거나 상충되는 문제가 발생했다. 상무사가 수세 기능과 상업회의소 기능을 겸하게 되었기 때문이다. 그러나 마침 상무회의소는 1897년 6월부터 활동을 중단한 상태였기 때문에, 그 기능을 복설된 상무사로 완전히 이관하는 것도 어려운 일은 아니었다. 이에 따라 개정된 상무사장정의 초안은 곧바로 폐기되었고 그 대신 상무회의소규례를 개정하여 상무사를 상무회의소의 후신으로 삼았다.* 이제 상무사는

---

*「商務社章程」(想白古951.054 j773s). 이 자료에는 광무 3년 6월의 상무사장정 두 건이 합철되어 있는데, 하나는 장정으로 표기되어 있고, 다른 하나는 墨洞支社로 표기되어 있다. 묵동지사

한편으로는 상리국 단계의 상업세 징수 기능을, 다른 한편으로는 상무회의소 단계의 상업회의소 기능을 아울러 갖는 독특한 기구가 되었다.

상무소·상무사·상무회의소의 장정·규례가 지닌 특징을 정리하면 표 2-2와 같다. 이들 세 가지 장정·규례에는 상당한 공통점이 있다. ① 상민에게 빙표(憑票)를 성급(成給)하고 빙표대를 징수할 것, ② 자본을 모아 상무(商務)의 기초를 세울 것, ③ 상민 중 무의탁자·환자 등을 돌볼 것, ④ 무명잡세는 일체 징수하지 말 것, ⑤ 상민의 사설도회(私設都會)를 엄금할 것의 5항목이 그것이다. ①, ③, ④는 혜상공국 당시부터 유지되어오던 보부상단의 규약에 속하는 것이며, ⑤는 만민공동회 이후 정부가 민간의 사설도회를 철저히 금압하면서 첨가된 규정이라 생각된다. ②는 상무회의소를 상무사로 개칭하면서 이를 국책 상업회사로 삼으려는 정부의 의지를 반영한 것이다.

그러나 각각의 장정·규례에는 중요한 차이도 있다. 먼저 설립 목적을 보면, 상무소장정과 상무사장정이 각각 국가나 황실에 대한 충성과 보위를 전면에 내세운 반면, 규례에는 그러한 규정이 없다. 또 상무사 장정과 규례가 조직체계, 임원구성, 업무분장 등을 세밀히 규정한 반면, 상무소장정에는 그런 내용이 전혀 없다. 활동 내용에서도 상무소장정은 치안보조업무에 관한 규정이 많은 반면 학교 설립이나 신문 발간 등 식산흥업 활동에 대한 규정은 없는데, 상무사장정에는 거꾸로 식산흥업정책을 추진할 중추 기구의 위상을 보장하는 내용이 적지 않게 포함되어 있다. 최종 단계의 규례에는 치안보조업무와 관련된 규정은 물론 회사 설립에 관한 규정도 없지만, 학교 설립과 신문 발간에 관한 상무사장정의 규정은 인계되었다.

최초 단계의 상무소장정은 구(舊)상리국 체제로 복귀하려는 것이었다. 그러나 이 경우 상리국 철파의 이유였던 보부상들의 작폐가 재연될 뿐 식산

로 표기된 장정에는 '칙령 제19호 商務會議所規例改正件'이라고 부기되어 있는바, 이것이 개정 상무회의소규례의 원본일 것이다.

표 2-2. 상무소장정·상무사장정·개정상무회의소규례의 내용 비교

구분	상무소장정(1898.11)	상무사장정(1899.2)	개정상무회의소규례(1899.5)
설립목적	① 국가 유사시 힘을 다해 도울 것 ③ 都所를 皇城에 설치하고 농상공부의 훈령에 따라 13도의 상업을 管轄할 것	① 각기 자본을 내어 상무사를 설시하고 힘을 합쳐 황실을 보호할 것 ⑥ 충의를 분발하여 국가를 보위할 것	① 상무회의소는 상무사로 개칭하여 전국 상무를 統轄議定할 것
조직 및 임원	② 浮雜之類는 입회시키지 말 것	② 본사는 상무사로 칭하고 황성에 설치할 것 ③ 사원의 分掌과 月俸 ④ 업무처리 절차 ⑤ 지방 상민은 관찰사·군수가 分掌管轄 ⑲ 지방조직 규정	② 商務本社는 황성에 설치 ③ 임원규정 ④ 임원선임 및 업무분장 규정 ⑥ 회의사무권한 규정 ⑦ 특별회원 규정 ⑫ 지방조직 규정
활동내용	④ 자본을 鳩聚하여 회사를 결성할 것 ⑤ 상민에게 信票를 成給하여 奸商을 방지할 것 ⑥ 頭領들은 소속 상민의 수효를 일일이 成冊하여 皇城 本所에 매년 1차씩 보고할 것 ⑦ 信票 없이 상민을 칭탁하면서 행적이 수상한 자는 지방재판소로 압송할 것 ⑨ 상민 중 질병이나 사망하는 일이 있으면, 지방 任房에서 구호할 것 ⑫ 무명잡세를 징수하는 폐단이 있으면 황성 本所에 보고하여 금단하게 할 것	⑨ 상민 帖章을 빙표를 成給하여 奸商을 방지할 것 ⑩ 奸商을 다스리고 도적을 잡아 商路를 편히 할 것 ⑧ 학교를 설립하여 상무를 講明할 것 ⑪ 상무를 편리케 하는 기계를 제조·구입하여 이용할 것 ⑫ 자본을 모아 회사 分設 ⑬ 상민이 재난을 당하면 그를 구호할 것 ⑭ 상무신문을 발행할 것 ⑯ 상민의 애경상조는 舊規에 따를 것 ⑱ 各項雜稅는 一切痛禁할 것	⑤ 사장 이하 사원이 각기 股金을 내어 상무의 자본을 삼을 것 ⑧ 상민보호방법(농상공부 인지세 외 무명잡세 금단, 무의탁자·환자에 대한 구호) ⑨ 빙표를 成給하여 奸商을 막을 것 ⑩ 상무학교를 설립할 것 ⑪ 신문을 발행할 것
기타	⑧ 國事가 아닌데도 私自都會하는 亂流를 두령들이 엄중 단속할 것 ⑩ 황성의 本所에서 유사시 각처에 발령하면 지방 상민은 신속히 거행할 것 ⑪ 官令을 위반하지 말 것	⑦ 각자 股金을 내어 부강의 방책을 세울 것 ⑮ 임원의 빙표를 얻기 위해 뇌물을 주는 행위를 엄금할 것 ⑰ 상민의 私設都會 엄금	⑬ 상민의 私設都會와 藉衆行悖를 엄금할 것

자료: 『農商工部來文』「商務社章程」『韓末近代法令資料集』

흥업에 도움이 되지 않을 것은 명확했다. 이것이 정부가 상무사장정을 새로 마련하고, 나아가 상무회의소규례를 개정한 근본 이유였다. 그리하여 상무사에 황실 보호와 국가 보위의 책무를 지워 정치적 동원의 근거를 마련하는 한편, 학교 설립, 회사 분설(分設), 신문 발간 등 식산흥업정책을 추진할 의무까지 부과했던 것이다. 그런 점에서 상무회의소규례의 개정은 단순히 상공회의소연합회와 같은 조직을 만들기 위한 것만은 아니었다.[155]

그런데 상무사 복설운동을 주도한 자들의 관점에서, 상무사에 새로 부과된 식산흥업을 위한 책무는 부담스러웠다. 정부의 지속적인 감시와 압력이 없는 한, 이들이 자발적으로 식산흥업에 나서리라고 기대할 수는 없었다. 그러나 상무사 복설 직후인 1900년을 전후해서 내장원이 식산흥업정책 전반을 실질적으로 총괄하면서 상무사에 대한 정부의 기대나 관심은 희석되어버렸다. 따라서 상무사가 상업세 징수에 치중하게 된 것은 당연한 결과였다.

상무사는 1899년 8월 전국 13도에 임방을 설치하고 접장(接長)을 파송하여 징세 업무를 맡겼는데[156] 그 방법은 사원들이 1인당 2만 냥을 본사에 상납하고 그에 해당하는 상표(商標)를 받아 지방 상민에게 강매하는 것이었다.[157] 그에 따라 각지에서 부상(負商)을 자처하는 자들의 토색 행위가 빈발하기 시작했다. 이들은 각 포구의 길목을 지키고 있다가 상선이 들어오면 세전(稅錢)을 늑봉했고[158] 영세상인들에게 상표대(商標代)로 엽전 1냥씩을 강징(强徵)하기도 했다.[159] 심지어는 상민이 아닌 자들에게까지 상표를 강매하거나[160] 상업과는 무관한 보세 수세권(洑稅 收稅權)을 강탈하는 사례까지 있었다.[161] 상무사 본사는 이같은 작폐를 엄금한다는 지령을 수시로 지방 지사에 내려보냈지만,[162] 지방 부상(負商)들이 상무사를 부상청의 후신으로 이해하는 한 이런 행태가 근절될 수는 없었다. 영세상민들은 외국 영사관에 호소하여 정부를 압박하기도 했고,[163] 때로는 무리를 지어 상무사 위원을 구타하기도 했다.[164] 일본 영사 역시 이를 빌미로 상무사 철폐를 요구해왔다.[165]

결국 정부는 1903년 3월 지방의 상무사 지사를 모두 혁파했고[166] 러일전쟁 발발 직후인 익년 2월에는 다시 상무사 자체를 혁파했다.[167] 이는 결국 상무사를 식산흥업정책의 추진 기구로 삼으려 했던 정부의 방침이 실패했음을 의미한다. 상무사가 발간한 『상무신보(商務新報)』는 몇 달 안 되어 경비 부족으로 정간하고는 속간되지 못했으며,[168] 상무학교(商務學校)도 설립되지 못했다. 상무사가 설립한 회사는 전혀 없었고, 다만 경원, 경의철도 부설을 담당하여 외국인에게 양여치 않기로 하는 등 실현 가능성 없는 결의만 표명했을 뿐이다.[169]

(2) 상법회사 관리체계와 영업세 징수

갑오개혁 때 상무회의소규례가 제정됨으로써 객주상법회사도 상무회의소로 개편되어야 했으나 이는 실행되지 않았다. 상무회의소규례에 따라 조직된 것은 1896년의 한성상업회의소와 1897년의 인천신상회사(仁川紳商會社) 뿐이었다.[170] 그나마 서울은 육의전 도중(都中)을 개칭한 것이었고, 인천은 상법회사의 틀을 그대로 유지하면서 관료층의 참가를 허용하는 정도의 부분적 변개(變改)에 그쳤다.[171] 객주도중(客主都中)을 기반으로 강력한 조직력을 유지했던 객주상법회사는 오히려 1898년 이후 개항장의 증가와 함께 늘어나 창원(1898), 양산(1899), 군산(1900), 목포(1904) 등에도 속속 설립되었다.

객주상법회사에 대한 법적 규정은 1889년 객주영업세장정(客主營業稅章程)으로 처음 마련되어 1893년 상법회사절목(商法會社節目)으로 정비되었는데,[172] 갑오개혁 이후 객주 과세가 불법화함에 따라 객주상법회사 역시 공적 기관으로서의 지위를 잃었다. 그러나 개화파 정권이 붕괴한 이후 상업세가 부활되고* 1899년에 상무회의소규례가 개정됨으로써 객주상법회사에 대한

*무명잡세는 대한제국 전기에도 불법이었으나, 궁방 등의 收稅는 건양년간부터 부활하기 시작했다. 예컨대 1896년 5월에는 경모궁에서 갑오개혁 당시 혁파한 여각에 草物收稅를 복설했다. 『독립신문』 건양원년 5월 28일.

관리방식도 재정비되었다.

개정상무회의소규례에 따르면 각지 객주 역시 의무적으로 상무사에 가입해야 했다. 개항장의 객주상법회사는 상무사의 지사로 규정되었고, 지방 상무사의 분사장(分社長)은 각도 관찰사가, 분사무장(分司務長)은 목사(牧使), 군수가 예겸(例兼)하게 되었다. 이에 따라 상법회사는 관민(官民) 합영(合營)의 조직이 되었으며, 명칭도 신상회사(紳商會社, 인천)나 사상회사(士商會社, 목포)로 바뀌었다.* 객주영업세 징수 방식도 갱정(更定)되어 자본의 다소와 전관물품의 귀천, 기지(基址)의 우열에 따라 25등급으로 나누고 각 군 주사(主事)가 상무위원이 되어 징수하도록 했다.[173]

그런데 대한제국 전기의 객주회사와 관련하여 주목해야 할 점은 객주에 대한 감독권이 농상공부에 있었고 객주상법회사 역시 상무사의 지사로 취급되었음에도, 실제로 그들을 관할한 것은 내장원이었다는 점이다. 개항장 객주상법회사의 사장은 모두 내장원경이 예겸했고, 부사장은 해항(該港) 감리(監理)가, 총무는 내장원 주사가, 부총무는 해항(該港) 경무관(警務官)이 예겸하여 내장원 → 감리서로 이어지는 직할 구조였다. 이에 따라 객주상법회사를 통해 징수되는 세금은 모두 내장원에 상납되었다.**

객주상법회사가 내장원 관할로 편입되는 경로는 두 가지였다. 첫째는 기존 객주상법회사를 내장원에 이속시키는 것이다. 1903년 목포 객주들이 조직한 무안항사상회사(務安港士商會社)를 내장원에 이속시킨 것이 대표적인

---

*인천 상법회사의 경우 양반(紳士)과 상인이 함께 조직했다는 의미에서 仁川紳商會社(또는 仁川紳商協會)로 개칭했고, 목포의 객주상법회사는 務安港士商會社라는 명칭을 사용했다. 『紳商會社章程』 광무 3년 10월(國會圖書館所藏), 제1관 제1조, 『務安港士商會社章程』(奎18958).

**인천신상회사는 장정 제2관 제1조에 "本港 監理署에서 宮內府 訓令을 奉准하여 客主營業人의 稅則을 每年 二千元式 分兩等하여 陽曆六月과 十一月로 精氣하여 內藏院에 上納케 磨鍊할 事"라 했고(『紳商會社章程』), 군산의 永興社는 그 장정에 "內藏院에서 本社를 勾管할 事"를 규정했으며(「永興社釐定章程」(奎18957)), 務安港士商會社 역시 장정 제2조에 "本社에 社長 內藏院卿 例兼하고 副社長은 本港監理로 例兼하고……"라 하여 내장원 소관임을 밝혔고(『務安港士商會社章程』(奎18958)), 昌盛社도 장정 제2관에서 "內藏院에 營業稅則을 每年四千兩式 分兩等하여 …… 上納할 事"라 하여 내장원 관할임을 분명히 했다(『昌盛社章程』(奎18954)).

예다.[174] 객주상법회사 스스로 조직을 개편하고 내장원 상납을 결정함으로써 내장원의 보호를 청구하는 경우도 이 유형에 해당한다. 예를 들어 인천상법회사는 1897년 인천신상회사로 개칭하면서 내장원 상납을 결정했는데,[175] 이는 객주상법회사에 대한 내장원의 일률적 통제 방침에 따른 것이라 생각된다. 둘째는 내장원이 직접 객주상법회사를 설립하도록 지시하는 것이다. 1900년에 내장원은 군산항에 영흥회사(永興會社)를 설치하고 신현기(申鉉基)를 사장으로 파송하는 동시에[176] 객주들이 자발적으로 조직한 기존의 광흥사(廣興社)와 한흥사(韓興社)를 철폐했다.[177]

객주회사가 내장원에 귀속되는 대가로 얻은 권한은 독점영업권, 즉 도고권이었다. 그리고 이때의 도고권은 앞 시기와는 달리 장정에 의해 보장되었다.* 개항장 객주들의 객주상법회사 가입은 의무였으며,** 가입하지 않고 영업하는 자들과[178] 세금 납부를 거부하거나 탈루하는 자에 대한 벌칙은 대단히 무거웠다.*** 영업권을 양수(讓受), 상속, 매수할 경우에도 소정의 절차를 거치고 신참비(新參費)를 지불해야 했다.[179]

개항장 객주들은 도고권을 확보한 대신 더 많은 부담을 졌다. 당시 상법회사가 객주들에게 부과하는 세액은 인천과 무안항의 경우 구문(口文)의 10%로 규정되어 있었지만,[180] 실제 징수액은 그보다 훨씬 많았다. 같은 시기 부산의 경우 그 액수는 구문 총액의 60%에 날했으며,[181] 1903년 장성사

---

*조기준은 객주상법회사에 부여된 특권이 外商에 대항하기 위한 단결에서 파생된 운영상의 특권에 불과하다고 보았으나, 객주에 대한 영업 제한이 모든 물종, 모든 지역에서 일률적으로 적용되었던 점을 감안할 때, 대한제국 전기 황실 주도로 도고상업체제가 강화되는 과정에서 재규정된 것이라 보아야 할 것이다. 趙璣濬, 1974 「韓末의 民族商人團體의 性格考: 仁川紳商協會를 中心으로」 『學術院論文集』 p.150 참조.

**개항장에서 새로 객주 영업을 개시하고자 하는 자는 입참비를 내야 했는데, 그 액수는 목포, 군산 모두 200元이었다. 『務安港士商會社章程』 제8조, 『昌盛社章程』 제4조 제1관.

***『務安港士商會社章程』 제2관 제4조, "上納所重이 向別한즉 百十條를 收刷할 時에 各客主에게 文簿를 考準하여 口文을 隱匿하거나 歇捧하거나 貨物入去가 分明치 못하면 違規한 口文數를 對照하여 十倍를 徵捧하고 營業을 不許하되 或解罰하는 境遇에는 依重來例하여 五十元을 受贖할 事". 이는 『紳商會社章程』 제2관 제3조도 완전히 같다.

(昌盛社)에서는 육상미(陸商米) 구문에 한해 구문 수입의 50%만을 객주 몫으로 인정했다.[182] 이러한 부담은 구문남징(口文濫徵)으로 객상 일반에게 전가되었을 뿐 아니라, 무명잡세의 부활을 부추겼다.[183]

그런데 객주상법회사가 규정대로 내장원 상납을 충실히 이행했는지는 불분명하다. 내장원 상납이 확인되는 회사는 인천신상회사뿐이며,[184] 그조차 상납금을 자주 연체했던 듯하다.* 징세가 제대로 되지 않은 것은 일차적으로 징수와 감독 체계에 문제가 있었기 때문이겠지만, 내장원의 상업세 증수(增收)가 객주상법회사에 이미 부여한 특권마저 잠식했던 것도 중요한 원인이었다. 내장원은 인천신상회사에 인천에서 거래되는 상품 일반에 대한 독점적 매매중개권을 부여했음에도 불구하고 미상회사(米商會社), 남초채과회사(南草菜果會社), 상물회사(翔物會社) 등 물종별 전매권을 지닌 회사들을 별도로 인가해주어 신상회사의 항의를 받기도 했다.[185] 또 1903년에는 통동회사(通同會社)라는 별도의 객주 조직이 내장원 인허로 설립되어 신상회사의 활동 범위를 침범했다.** 내장원이 각 항구에 창설한 여각과 주인들도 수시로 객주상법회사의 영업권을 침해했다.*** 내장원은 또한 개항장 상권에 속하는 연해 일대에 별도의 객주상법회사를 설립케 하여 개항장 객주들의 입지를 좁히기도 했다.****

---

*1902년 내장원에서는 인천신상회사에 세납이 2년 가까이 지연되고 있음을 문책하고 하루속히 납세하도록 훈령했다. 『訓令照會存案』(奎19143) 광무 6년 4월 2일.

**통동회사는 객주들로부터 1,000원, 500원, 100원씩 股金을 거두는 한편, 객주가 수취한 구문 전액을 징수하여 股金 액수에 따라 매년 말에 배당금을 지급하는 형태로 운영했다. 『京畿道各郡訴狀』 各司謄錄 3, 광무 7년 10월 告訴狀.

***1897년 인천에는 紳商會社가 이미 설립되어 있었음에도 내장원은 따로 稚鷄旅閣, 菜果旅閣, 漁商旅閣, 柴炭主人 등을 창설했으며, 이들은 각각 稚鷄會社, 菜果會社, 漁商會社, 柴炭會社 등의 회사명을 쓰면서 해당 물종의 전매권을 장악했다. 이에 따라 신상회사는 누차 이들의 철폐를 요청했으나 내장원은 받아들이지 않았다. 『仁川報牒, 謄本, 來電』 各司謄錄 6, 광무원년 12월 15일 質稟書 제1호.

****"전라남도 함열, 용안, 임피 등 각군 각 포구에 신상회사를 설립하고 각처 객주에서 구문을 수입하기로 한다 하는데 궁내부로서 벌써 인허했더라." 『大韓每日申報』 광무 8년 8월 17일 잡보 「신상회사」.

내장원이 객주상법회사에서 징수한 영업세는 독점권 부여에 대한 반대급부로서, 소득세나 면허세 등 근대적 조세와는 달랐다. 세율은 대단히 높았고 그 부담은 다른 영세상인들에게 전가되었다. 따라서 내장원이 객주상법회사의 영업권 내에 별도의 회사를 인허하는 것은 객주상법회사에 이미 부여한 특권을 스스로 침해하여 그로부터 수세할 근거를 없애는 일이었다. 결국 객주상법회사에 대한 내장원의 과세는 개항장 객주의 반발과 중간 포탈에 의해 표류했던바,* 이러한 상황에서는 징수 체계를 개선하더라도 안정적인 징수를 보장할 수 없었다. 요컨대 대한제국 전기의 객주상법회사 체제는 내장원의 뒷받침에 의해 성립되었으면서도, 동시에 내장원의 근시안적인 상업세 징수 정책 때문에 동요할 수밖에 없었다.

3) 도고회사와 수세회사의 난립

(1) 도고의 회사화

개화파 정권은 도고와 유문권주인(有文券主人), 육의전 등을 모두 혁파하여 도고상업체제를 해체하는 데 경제개혁의 중점을 두었다.[186] 이에 따라 개혁 과정에서 도고 행위나 분세(分稅) 수취를 일삼는 도고회사**들이 대거 혁파되었다. 도고회사 난속은 개화파 정권 붕괴 후에도 한동안 지속되어, 1897년 6월에는 농상공부에서 전라도 일원에 사원(查員)을 파견하여 회사가 도

---

*부산에서는 1899년 상민들이 무명잡세 부활에 항의해 줄 것을 일본 영사에게 호소했고(『皇城新聞』 광무 3년 12일 5일 잡보), 1901년에도 과중한 영업세에 항의하여 警務官을 구타하는 한편 稅錢을 탈취하는 사건이 일어났다(『東萊港報牒』 各司謄錄 14, 광무 5년 1월 24일). 1903년 군산 永興社 소속 객주들도 영업세에 항의하여 세금 일부를 탈취했으며(『訓令照會存案』(奎19143) 광무 7년 6월 13일), 1904년 원산 객상들도 같은 이유로 신상회사를 습격하고 경무서까지 공격했다(『德源報牒』(奎17866) 광무 8년 3월 19일).

**이 글에서 도고회사라 함은 명칭은 회사이되 실제로는 도고의 행태를 취하는 회사 일반을 지칭한다. 여기에는 단지 경제외적인 방법으로 물자를 都聚하여 全擔販賣하는 것만이 아니라, 그 권리를 기반으로 일반 상인들로부터 무명잡세를 수취하는 회사까지도 포함된다.

고행위를 하거나 분세를 늑징(勒徵)하고 있지는 않은지 비밀리에 조사하기도 했다.187

그러나 「대한국국제」가 반포된 1899년부터는 회사를 칭탁(稱托)하는 도고뿐 아니라 여각 등 유문권주인까지도 각 궁방이나 내장원에 상납한다는 조건 하에 속속 복설되기 시작했다.* 그런데 이들 도고회사는 대한제국의 법제 내에서도 원칙적으로는 존립할 여지가 없었다. 1899년의 개정상무회의소규례에 따라 상무사가 전국 상무를 통할하게 되었고, 객주상법회사들도 상무사의 지사가 되었다. 상민들에게 징수하는 세도 농상공부 인지세로 한정되었다. 간상(奸商)을 막는다는 취지에 따라 상무사 빙표대(褓負商)와 분세(客主口文分納) 징수가 합법화하기는 했지만, 이는 원칙적으로 세(稅)가 아니었다.

그럼에도 불구하고 내장원은 도고 행위를 목적으로 하는 회사들을 거리낌없이 인가해주었고, 그들의 도고 행위를 묵인·방치했다. 도고회사를 인가하는 것은 개정상무회의소규례와도 어긋나는 일이었지만, 내장원은 상무사를 보부상 단체로 치부함으로써 이 모순을 묵과한 것 같다. 즉 상무사는 보부상을 구관(句管)하고 객주상법회사는 개항장 객주를 통할하며 그 밖의 상인들은 회사를 통해 관장함으로써, 전국 상민에게 빠짐없이 수세한다는 방침을 세웠던 듯하다.

이 시기의 대표적인 도고회사는 가사리회사와 국자회사들이었다. 이들 회사는 모두 과거의 도고를 명칭만 바꾼 것이었다. 개항 직후부터 주요 수출품으로 자리잡은 우뭇가사리**에 대해서는 1887년부터 그 채취, 판매에

---

*"경모궁 여각 주인들 초물 수세 받는 것을 재작년 육월 이후에 혁파하여 민폐를 덜었거늘 근일에 들으니 경모궁에서 여각 주인에게 훈령하여 초물 등 수세를 한다니 혁파한 후에도 다시 복설이 되어 수세를 받는지 알 수 없더라." 『독립신문』 건양원년 5월 28일 잡보.

**유길준이 「西遊見聞」에서 조선의 대표적 수출품으로 금, 쌀, 쇠가죽, 인삼, 우뭇가사리의 5종을 들고 있는 것으로 보아, 우뭇가사리의 수출은 1880년대부터 본격화했던 것으로 보인다. 「西遊見聞」 『兪吉濬全集』 1.

영업세가 부과되었고, 채취를 하려면 관허를 받아야 했으며,* 관허 없이 사사로이 채취하는 행위는 엄금되었다.[188] 중앙에서 우뭇가사리 영업세 징수를 하부(下附)받은 관청은 영업세를 선납한 후 파원(派員)을 보내 어민들에게 본가(本價)를 지급하고 일괄 매수해야 했지만,** 이 방법이 제대로 지켜졌을 가능성은 거의 없다. 이들은 영업세 징수권과 함께 부여받은 '채민(採民)의 잠매(潛賣), 모리배(謀利輩)의 작간(作奸), 이교(吏校)의 침어등폐(侵漁等弊)'를 단속할 권리를 이용하여 토색(討索)을 일삼았다. 파원의 이같은 영업세 징수는 도고와 다를 바 없었다.

갑오개혁 당시 우뭇가사리 영업세 징수 문제가 어떻게 처리되었는지는 불분명하지만, 1897년에 농상공부는 가사리회사를 인가하면서, 무뢰배의 침어(侵漁)와 관속배(官屬輩)의 토색, 기타 무명잡세를 일체 엄금하는 한편 사원이 도고하는 행위도 금지했다.[189] 그렇지만 정부도 가사리회사의 설립으로 무뢰배나 관속배의 토색이 바로 사라질 수 있으리라고는 생각지 않았던 것 같다. 회사를 인가한 지 4개월 후 비밀리에 사검위원(査檢委員)을 각지로 파견하여, 도고침점(都賈侵占)이나 늑수분세(勒收分稅)하는 폐단이 없는지 조사, 보고케 한 것은 그 때문이다.*** 그 결과는 알 수 없지만, 이후에도 가사리회사는 여전히 채취자에게 가사리초를 일괄 수매하고 그를 일본 상인에세 전량 매노하는 방식으로 영업을 지속했다.[190]

가사리회사는 이같은 독점권의 대가로 영업세를 납부했다. 1901년에는 상무사에 전라도 연안의 가사리회사를 구관(句管), 수세할 권리를 부여했는

---

*1887년에는 우뭇가사리 영업세를 부산항 경찰소에 부속했다가 일본 영사의 항의를 받은 바 있는데, 이는 우뭇가사리 영업세가 관허를 받은 채취자들에게 부과되었기 때문이다. 『統記』 丁亥 2월 20일.

**『統記』 丁亥 11월 10일. 우뭇가사리 영업세 징수권이 회사에 부여되는 경우도 있었다. 1890년에 해산회사 사원 李培遠이 우뭇가사리 영업세 수납원으로 임명된 것이 그 예다. 『全羅道關草』 各司謄錄 庚寅 윤2월 초5일 關完營.

***농공상부의 조사대상에 오른 회사는 모두 가사리회사와 국자회사들이었다. 『農商工部去牒存案』(奎18152) 건양 2년 6월 2일 秘訓令.

데,[191] 이는 상무사에서 세금을 선납하고 영업세 징수권을 취득한 결과로 보인다. 그런데 가사리회사는 채취 어민에게는 수탈자였지만, 가사리초의 수출 가격을 일정 수준 이상으로 유지함으로써 일본 상인들의 헐가늑매(歇價勒買)를 방지하는 구실도 했다. 그런 점에서 가사리회사는 대한제국 전기 도고회사의 특징을 보여주는 존재라 할 것인데, 바로 그 이유 때문에 통감부 설치 이후 바로 철폐되었다.[192]

국자회사 역시 가사리회사와 비슷한 경로로 설립되었지만, 취급 물종이 내수용이라는 점에서 차이가 있었다. 누룩은 개항 직후부터 도고가 독점 취급하던 물종이었다. 1885년에는 평안도 순천군과 연강, 경기도 광주의 국자도고(麴子都賈)를 제중원과 통리아문에 분속하고 감관(監官)을 하송(下送)했으며,[193] 1886년에는 통리아문이 영남의 관찰부 주사에게 해도(該道) 일원의 국자세(麴子稅) 징수를 맡긴 바 있었다.[194] 그런데 국자세의 징수 방법은 지역과 시기에 따라 달랐던 것 같다. 1885년에 국자도고로 하여금 국자세를 징수하게 했던 순천의 경우, 1887년에는 도고를 폐지하고 통리아문에서 감관을 직접 파견하여 수세하는 방식으로 변경했지만,[195] 이 역시 곧 취소되고 다시 도도고(都都賈)로 하여금 수세상납케 하는 방식으로 환원되었다.[196] 국자세 징수 도고 역시 갑오개혁 때에 혁파되었을 것이지만, 개화파 정권이 붕괴하자 곧바로 국자회사의 형태로 부활했다.*

대한제국 전기의 국자회사들은 누룩 제조업자들로부터 징세하는 데 머물지 않고 제조까지 독점했다. 그렇다고 국자회사들이 제조업 회사로 변신한 것은 아니었다. 그들은 여전히 도고권을 향유했다. 1900년 함흥국자회사는 자사(自社)에서 제조한 것이 아니면 매매할 수 없게 하고 잠조잠매(潛造潛賣)하는 경우 물건을 몰수하다가 농상공부로부터 철폐 지령을 받았으며,[197] 동년에 설립된 평안남북도국자회사는 연간 1만 원의 내장원 상납을

*1897년 6월에 농상공부서는 秘訓을 발하여 각종 회사의 행태를 조사, 보고케 했는데, 그 대상에 全州麴子會社가 포함되었다. 『農商工部去牒存案』(奎18152) 건양 2년 6월 2일 秘訓令.

전제로 도고권을 부여받았다.[198] 또 1901년 농상공부에 인허를 청원한 북청국자회사는 연간 800냥씩 상납하는 대신 사자매매(私自賣買)되는 누룩을 자사(自社)에 속공(屬公)하게 해 달라고 했다.[199]

내장원은 국자회사가 없는 지역에는 조속히 설립하라고 지시했으며,[200] 지시를 이행하지 않는 지역에는 임의로 사장을 정하여 파송(派送)하는 한편 지방관에게 수시로 공문을 발송하여 기한 내 세납을 독촉했다.* 그런 점에서 국자회사는 누룩의 제조·판매와 누룩세 징수를 겸하는 기관이었다고 할 수 있다.**

자본을 갖추고 상품을 제조·판매하면서도 독점권까지 부여받은 도고회사들은 이밖에도 여러 부문에서 설립되었다. 내장원이 관판회사로 설립한 삼정사(蔘政社)는 인삼의 종식(種植), 재배(栽培), 증조(蒸造) 등의 홍삼 생산 업무와 수세업무를 함께 담당하면서, 전국의 인삼 재배를 통할했다.[201] 이 회사 역시 잠채잠매자(潛採潛賣者)의 물건은 속공한다는 규정을 두었다.[202]

---

*내장원이 전라도 관찰사에게 보낸 훈령에서는 "該麴子稅를 創設이 已久에 徒有記名 而尙未實施함이 …… 自今爲始하야 該稅額을 每年 以一千兩式 妥定하고 會社主人을 以丁贊燮으로 另差下送하오며 ……"라 하여 사원을 파견하여 납세에 차질이 없게 한다는 뜻을 밝혔다. 이같은 공문은 河東, 樂安, 대구 등지에도 발송되었다. 1902, 『訓令照會存案』(奎19143).

**참고로 대한제국 전기의 국자회사와 가사리회사를 표시하면 다음과 같다.

가사리회사		국자회사	
연도	회사명	연도	회사명
1897	羅州康津加沙里會社	1897	全州麴子會社
		1900	平安南北道麴子會社
	加沙里艸協同會社	1901	咸興麴子會社
	突山智島加沙里會社		北青麴子會社
	順天長興加沙里會社	1902	開城麴子會社
			樂安麴子會社
	莞島加沙里會社		大邱麴子會社
	莞島突山加沙里會社		北青曲子會社
	珍島加沙里會社		定平麴子會社
1903	加沙里會社		河東麴子會社
		1903	全南曲子會社

자료: 부록을 토대로 작성.

또 1902년에는 원산에 만삼광화회사(蔓蔘廣化會社)가 설립되어 내장원에 납세하면서 원산 일대의 인삼채취와 교역을 전관(專管)했다.[203] 이 회사 역시 사사로운 인삼 매매를 단속할 권한을 가졌다.[204] 그런데 내장원은 서울의 약상(藥商)들에게도 4천 냥을 상납받는 대가로 만삼(蔓蔘) 취급권을 부여하여 분쟁을 야기하기도 했다.*

대한제국 전기 도고회사의 출현은 전국적인 현상이었다. 인천에는 시탄회사(柴炭會社), 어상회사(漁商會社), 미두회사(米豆會社), 채과회사(菜果會社), 상물회사(翔物會社), 남초회사(南草會社) 등이 있었는데,** 이들은 각기 해당 물종에 대한 전매권을 지녔고 일부는 농상공부에 납세했다.[205] 장연에는 어물 매매를 독점하는 어물회사(魚物會社)가 있었는데, 이는 어물도고(魚物都賈)라고도 불렸다. 회사와 도고의 명칭이 혼용되고 있었던 것이다.[206] 옥구(沃溝)에도 여각주인이나 감고(監考)가 복설되는 한편에서 어염회사(魚鹽會社)가 설치되었으며[207] 북청(北靑)에도 내장원 상납을 조건으로 철물회사(鐵物會社)가 설립되었다.[208] 이밖에 소금 전매권을 지닌 김해와 원산의 소금회사(鹽商會),*** 소금·철·종이·짚신·연초 5종의 전매권을 지닌 이원(利原)의 오종회사(五種會社),[209] 전주의 팔상회사(八商會社)[210] 등이 모두 내장원에 납세하는 대가로 물종별 독점권을 얻었다.

---

*서울의 藥商 金永敦, 閔汝元 등은 蔓蔘廣化會社가 蔓蔘의 독점권을 이용하여 자신들이 내장원에서 얻은 권리를 무시한다고 소청했지만(『京畿道各郡訴狀』 各司謄錄 2, 광무 6년 9월 請願書), 蔓蔘廣化會社는 내장원이 다른 이들에게 같은 권리를 부여함으로써 납세의 의의가 소멸되었다고 호소했다(『訓令照會存案』(奎19143) 광무 6년 9월 19일 訓令). 이 문제는 결국 내장원이 蔓蔘會社의 先取權을 인정하는 것으로 해소되었지만(『訓令照會存案』 광무 7년 7월 23일), 내장원의 특권 부여가 납세에만 좌우되고 있었음을 보여주는 사례라 할 것이다.

**「京畿道各郡報告」 各司謄錄 2, 광무 6년 11월 7일 보고서 제8호. 漁商會社는 별도의 漁船을 구비하고 직접 漁撈도 병행했다. 『京畿道各郡訴狀』 各司謄錄 2, 광무 5년 9월 訴狀.

***『독립신문』 건양원년 7월 7일 잡보. 원산의 鹽商會에 대해서 일본 측 기록은 다음과 같이 전했다. "元山里(韓人居住市街)에는 염상회라는 것이 있는데, 이는 회원조직으로서 20여명으로 성립되어 있으며 鹽業 從事者는 이 단체에 들어오지 않으면 마음대로 거래할 수 없다." 『通商彙纂』 1896년 3월 「元山港へ移入する本邦製鹽の概況」.

상인 측의 필요에 의해 도고가 회사로 전환하는 경우도 있었다. 1897년 경성에서는 상민들이 농상공부 인가를 얻어 상회사를 설치하고 감리서에 화물세 납부를 거부했다. 이들이 상회사 설립 이전에는 감리서에 납세했던 것으로 보아 그 전신은 도여각이었을 듯하다. 이 경우의 회사 설립은 지방관의 자의적 수세에서 벗어나기 위한 방편이었다고 할 수 있다. 따라서 경흥감리(慶興監理)도 "장래 해사중(該社中) 간섭한 상민(商民) 등에게 수륙화세(水陸貨稅)를 면추(免抽)하는 경우에는 여외각상(餘外各商)이 역시 모두 그를 본받아 회사명을 모칭(冒稱)하고 향응(響應)하오면 국과(國課)가 그에 따라 줄어들어 감리서의 업무 역시 지탱하기 어려울 것"이라고 하여 회사의 남설(濫設)을 우려했던 것이다.[211]

그런데 도고회사와 내장원의 이해관계가 반드시 일치하지는 않았다. 이 시기까지도 회사 관계 법규는 정비되지 않았고[212] 그 탓에 일관된 징세 기준이 마련되지 못했다. 회사의 납세는 장정으로 규정되었는데, 당시 은행이나 기업회사들은 영업세조차 납부하지 않았다.* 납세 규정이 있던 회사들은 대개 상업회사였으며, 특히 도고가 회사로 전환한 것이거나 내장원이 수세를 위해 설립을 지시한 회사들이었다. 이는 도고회사의 설립이 내장원의 수세 편의와 관련되어 있었음을 의미한다. 내장원은 회사를 통한 수세가 파원(派員)을 통한 수세보다 효율적이라고 판단한 경우에는 회사를 인가했지만, 일단 인가한 후에도 수세에 문제가 발생할 경우 곧바로 그를 무시하기도 했다.**

대한제국 전기에는 회사를 통한 수세가 도고나 여각을 통한 수세를 점차

---

*일제의 한국 강점 직전까지도 은행, 회사의 貸借對照表에는 租稅公課欄이 없었으며, 회사에서 징수하는 세목도 없었다. 1897년에 설립된 馬車會社가 납부한 세금은 馬車와 鐵路資材를 수입할 때 납부한 해관세뿐이었다. 『馬車會社經營會計冊』(奎27543).

**1904년 내장원은 경기도 일대의 소금 거래를 전담하던 鹽商會社의 상납이 지연되자 따로 海稅派員을 파견했고, 염상회사원들은 그에 항의하여 파원을 축출했다. 『京畿道各郡訴狀』 各司謄錄 3, 광무 8년 10월.

대체해갔다. 내장원은 상무사를 통해 보부상을, 객주상법회사를 통해 개항장 객주들을 각각 구관(句管)했고, 그 밖의 소상인, 소생산자들은 도고회사로 통할함으로써, 회사를 통한 수세라는 일원적 징세 방식을 만들어냈다. 이 경우 회사는 수세 기능면에서만 본다면 도고를 그대로 계승한 것이었다. 그러나 이 시기 도고회사에는 과거의 도고와 분명히 구별되는 측면도 있었다. 도고회사들은 자본을 구비하고 그를 기반으로 생산자에게 도취(都聚)하거나 생산을 독점했으며, 수익의 다소에 관계 없이 내장원 등에 정액 상납했다. 과거의 도고가 도고권 행사로 얻은 수익을 권력과 나누는 데 머물렀던 반면, 도고회사들은 정액의 영업세를 내는 독자적 영업 주체였다. 또 이들 도고회사는 예전의 도고가 지방 관아나 궁방에 예속되어 있던 것과는 달리 대개 황실 재정과 직접 결합되었다.213

도고에 전매권을 부여하고 그 대가로 징세하는 것은 조선 후기 이래의 관행이었지만, 개항 이전까지 그 징세분은 주로 지방 관아나 궁방의 재정 보전을 위해 사용되었다. 그런 점에서 대한제국 전기 도고회사의 출현을 이름만 바꾼 도고의 지속이라고만 볼 수는 없다. 변화의 핵심은 지방 관아, 궁방, 세도가들이 임의로 설정했던 도고(私自都賈)를 중앙 차원에서 재조직함으로써 그를 통해 상업에 대한 전국적 통제, 관리 체계를 마련하고 중앙의 산업 정책과 연계시키려 한 데에 있었다.*

(2) 수세회사의 남설(濫設)

도고회사는 난상 단속권을 근간으로 하는 도고권을 지닌 존재였지만, 한편으로는 자기 자본을 가진 경영 주체였다. 그런데 대한제국 전기에는 기본

---

*1902년 4월 漁商會社는 "…… 本社衆員이 依仰하옵기는 內藏院뿐이온대 當此歉春大同之患하와 百餘員이 目下窘絀이옵기로 敢將修報하오니 査燭後에 本港所經安南米一百石을 定價劃貸하옵시면 ……"이라 하여 내장원에 생계 보호까지 요구했다. 이로 미루어보건대 내장원과 도고회사의 관계는 과거 宮房·官衙와 差人間 관계와 같았다고 할 수 있다. 「京畿道各郡報告」 各司謄錄 2, 광무 6년 4월 21일.

적으로 도고회사의 변형이기는 하지만, 도고권 중 수세 기능만을 지닌 수세회사(收稅會社) 역시 다수 설립되었다.* 대한제국 전기 회사의 역사적 한계는 수세회사에서 가장 두드러지게 나타나며, 가장 심각한 민원을 야기한 것도 수세회사들이었다.

조선후기의 도고는 기본적으로 상품의 유통 과정을 장악하여 수익을 얻던 존재였다. 그들의 도고권은 본래 물화의 독점매매권이었으나, 상품 시장이 확대되고 상인층이 늘어남에 따라 도고권 침해를 양해하는 조건에서 상업 이윤의 일정 부분을 분여(分與)받는 방식도 나타났다.** 이렇게 수세권만을 장악한 자들도 도고나 도가(都家)로 불렸는데, 이들이 부과하는 세금은 모두 무명잡세에 속했다. 따라서 갑오개혁 당시의 무명잡세 일병혁파에 따라 수세도고(收稅都賈) 역시 일률적으로 혁파되었다.[214]

그러나 수세도고는 개화파 정권 붕괴 직후 바로 복설되어, 1896년 5월에는 일부 궁방에서 여각(旅閣)을 통한 수세를 재개했다.[215] 1899년에는 연일군(延日郡)에 선객주(船客主)가 설립되어 상민들에게 수세했고,[216] 은진 강경포 일대에서도 1903년경까지 객주 수세가 지속되었다.[217] 그러나 도고, 여각을 통한 징세는 원칙적으로 위법이었기 때문에*** 상민들의 강력한 반발을 초래했다. 이에 따라 취한 편법이 회사를 통한 수세였다.

갑오개혁 이전의 회사는 대개 중앙관청에 납세하는 대가로 영업상의 특권을 인정받았다. 내장원은 이 중 회사의 수세 상납 기능에만 주목했고, 그

---

*절대왕정기 유럽에서도 징세 청부회사가 국가에 조세를 선납하고 일정 지역의 징세권을 장악하는 것이 일반적이었다. 페르낭 브로델, 주경철 역, 2001『물질문명과 자본주의』II－1, 까치.

**독점매매권을 수세권으로 전환시키는 것은 육의전의 금난전권 행사가 대표적이었지만(高東煥, 1998『조선후기 서울 상업발달사연구』 지식산업사), 지방의 浦口나 장시에서도 지방관이 특정인을 差定하여 주인으로 삼거나 객주 중에서 주인을 차정하는 등 객주 영업권의 일부였던 수세권을 자립화하여 장악하는 사례가 많았다. 柳承烈, 1996,「韓末 日帝 初期 商業變動과 客主」 서울대 국사학과 박사학위논문, pp.19－20.

***1896년에는 잡세 폐지가 법으로 규정되었음에도 부활, 지속되자 재차 무명잡세 혁파 詔勅이 내려지기도 했다.『독립신문』 건양원년 8월 13일 잡보.

결과 면밀한 검토 없이 수세 기능만 자립화한 회사들을 인허해주었다. 그리하여 '각색 회사들이 전혀 협잡과 도고로 주장'하는 상황이 빚어졌다.[218] 물론 내장원은 수세회사를 공식적으로 인정하지 않았으나 청원서상의 사업 목적만으로는 도고회사와 수세회사를 구분하기 어려웠다. 수세회사가 도고회사와 다른 점은 내장원 인허를 받은 후 그 인허장을 배경으로 사업 목적과는 무관한 작폐를 서슴지 않았던 데에 있었다. 즉 도고회사가 자기 자본을 구비하고 영업독점권을 인정받은 회사였던 데에 반해, 수세회사는 도고회사와 동일한 명목으로 인허를 받았음에도 장정을 위반하여 수세 기능만을 행사한 회사였다. 그런 점에서 이들은 "장사하는 본뜻은 아지 못하고 적수로 청원하여 혹 백성의 업을 억지로 빼앗고 혹 분과세를 억지로 받으며 심한 자는 잡세와 인지와 배기를 사사로 설시코저" 하는 것으로서,[219] 명칭만 회사일 뿐 수세도고 자체였다.

대한제국 전기의 대표적인 수세회사는 보험회사들이었다. 갑오개혁 이전에도 부산에 호상보험회사가 설립되었다가 철파된 바 있는데, 이 시기에도 보험금 명목의 잡세를 징수하는 회사가 여럿 만들어졌다. 1897년 설립된 대조선보험회사와 1898년 설립된 무본보험회사(務本保險會社)는 표면적으로는 우척(牛隻)에 대한 보험을 내걸었지만,[220] 실제로는 우척 매매에 보험료 명목의 세금을 부과했을 뿐이다. 사원이 되려면 일정한 고본금(股本金)을 내야 했는데, 보험회사는 사원을 파원으로 삼아 보험료 징수 권리를 주었다.* 따라서 사원이 되기 위해 뇌물을 쓰는 자도 적지 않았다.** 결국 이들 회사는 파원들의 작폐 때문에 설립되자마자 바로 철파되었다.*** 그런데

---

*『皇城新聞』 광무 4년 3월 23일 광고 「務本保險會社」. 보험료 징수방법은 "養牛每頭에 葉一兩五錢式收取하되 一兩式은 該洞頭民에게 留置하여 從時價駕耕牛를 買하여 本洞無牛를 民에게 隨土俗都給했다가 斃牛를 代給하고 五錢內二錢은 京派員 三錢은 郡派員經費로 分用케 하"는 것이었다.

**"은진군 사는 전두사 이봉윤 씨가 돈 6만 냥을 가지고 보헊회사니 수렴이니 도득하려다가……." 『독립신문』 광무 2년 8월 5일 잡보 「협잡봉패」.

***이듬해인 1899년 초에는 前 보험회사 사원들이 회사의 복설을 청원했다. 『皇城新聞』 광무

무본보험회사는 이례적으로 1899년 말 다시 인가를 받았다.* 다만 이때에는 강제 보험을 임의 보험으로 바꾸어 이전의 폐단을 되풀이하지 않게 했다.[221] 그러나 규정 개정만으로 파원들의 작폐를 시정할 수는 없었다. 당시의 징세 관행에서는 '임의'와 '강제'가 잘 구분되지 않았기 때문에 보험료 강징은 여전했다.[222]

1898년에 설립된 보선회사(保船會社) 역시 선척의 파손, 침몰 등에 대한 피해보상을 내세웠으나, 실제로는 각 포구, 항구 등지에 지점을 설치하고 왕래하는 선척에서 보험료 명목의 잡세를 거두는 데에 몰두했다.** 1902년 경강에 창설된 동명(同名)의 보선회사는 수적(水賊) 방지를 빌미로 선척에 적재한 미(米) 1석당(石當) 엽(葉) 2전, 조 1석당 엽 2전씩을 징수하다가 다음해에 철폐되었고,[223] 같은 해 경강 일대에 설립된 도진회사(渡津會社)는 행행(幸行) 시 진선진배(津船進排)와 내장원 상납을 명목으로 도강(渡江)하는 모든 인원과 화물에 선표가(船標價)를 부과했다.[224] 이 회사 역시 연강(沿江)의 각진두(各津頭)에서 선임(船賃)과 선박 왕래시간을 통일하겠다는 구실을 내세웠지만,[225] 실제로는 사공들과 도강인(渡江人)들에게 선임을 수탈하는 데 머물렀다. 그러나 도진회사가 거두는 수익이 적지 않자,*** 내장원은 그 활동 범위를 경기도의 시흥군, 과천군, 광주군, 양주군, 양천군 일대로까지 확장하게 했다.[226] 이 와중에 선인(船人)과 민중이 합세하여 도진회사 사무소를 습격하고 사무원을 난타(亂打)·축송(逐送)하는 사건이 일어났고,[227] 내장원은 결국 회사를 철폐하여 사태를 수습했다.[228]

1896년에 김재풍, 조민희 등 10명이 농상공부 인허로 설립한 선상회사(船

3년 2월 23일 잡보「保險不許」.

*『皇城新聞』 광무 3년 11월 3일 잡보「保險會社」. 재조직된 牛隻保險會社의 사장은 玄學杓, 부사장은 崔景煥이었으며, 사원에게는 每人當 400元씩을 株金으로 걷었다.

**광무 2년 11월 보험회사 측에서는 징수한 보험료 중 1만 6천 냥을 보험금으로 徵給했다고 주장했지만, 그 내역을 조사한 東萊監理는 보험금 지급 사실이 없다고 밝혔다.『東萊港報牒』 各司謄錄 14, 광무 2년 11월 8일 報告 제35호.

***渡津會社가 징수하는 船賃은 하루 160여元에 달했다.『皇城新聞』 광무 6년 3월 12일 잡보.

商會社)도 선척을 구입하여 상업을 흥왕(興旺)케 한다는 목적을 내세웠으나,[229] 실제로는 징세기구에 불과했다.* 이같은 물종별, 지역별 수세회사들은 이밖에도 주초세회사(酒艸稅會社, 酒稅會社),[230] 호패회사(號牌會社),** 표백회사(漂白會社),*** 우세회사(牛稅會社),**** 태속중상회사(太屬仲商會社),***** 보공회사(補公會社)* 등이 있었는데, 모두 국내 객상과 외상(外商)의 거센 반발을 샀다.

정부나 내장원이 수세만을 전문으로 하는 회사를 공식 인가한 것은 아니었다. 현상적으로 볼 때, 수세회사가 인허 조건과는 무관하게 장정을 위반하여 불법 행위를 벌인 것이 문제 발생의 일차적 원인이었다. 그러나 더 근원적인 문제는 회사에 대한 정부의 감독과 인허 조건이 갑오개혁 직후보다 크게 완화된 데에 있었다. 대한제국 전기에는 회사가 상납 의사만 밝히면 내실을 따지지 않고 인허해주었기 때문에 수세회사가 난립할 수 있었다. 이는 상인층 일반을 수탈하여 부를 축적하려는 특권 상인자본과 수세

---

*설립 당시 船商會社는 경강과 인천에만 지점을 설치했지만, 점차 전국 주요처로 지점망을 확장할 계획을 세웠는데 1904년에 경남 양산군의 선상회사가 철파되는 것으로 보아 그 지점망은 상당한 지역에 걸쳐 있었던 것으로 보인다. 선상회사 철파 후 선상에 대한 수세는 捧稅官을 파견하는 방식으로 변화했다. 『독립신문』 광무 3년 11월 4일 잡보 「선상회사」; 『訓令照會存案』(奎19143) 광무 8년 4월 26일 訓令 제9호.

**號牌會社는 漢城內 거주자 전원에게 漢城府 烙印을 찍어 號牌를 出給하고 개당 엽전 1냥씩 수봉할 계획을 세웠으며 추후 전국에 지사를 설립할 구상을 했다. 이 회사는 1906년까지 활동하다가 內部로부터 정지 명령을 받았다. 『皇城新聞』 광무 5년 8월 12일 잡보 「號牌會社」; 『皇城新聞』 광무 10년 12월 15일 잡보 「號牌社停止」.

***漂白會社는 農商工部 인허를 稱托하여 漂白工들로부터 工錢을 加捧하다가 白木廛 상인들의 抗議로 撤罷되었다. 『皇城新聞』 광무 6년 11월 18일 잡보 「請罷漂稅」.

****牛稅會社는 원산에 설립되어 외국인에 대한 牛隻賣買를 금지하고 그를 위반하는 자에게 벌금을 부과하는 한편, 내국인 간의 牛隻 거래시 수수료(牛稅)를 징수하여 연간 2천 냥을 내장원에 상납했다. 『完文(元山港牛稅會社)』(奎18954) 광무 7년.

*****太屬仲商會社는 용산 일대에서 豆類 賣買에 대해 口錢 명목으로 징세하는 객주업 회사였는데, 1903년 일본 영사관의 항의로 收錢行爲를 금지당했다. 『農商工部去來文』(奎17802) 광무 7년 6월 8일.

*補公會社의 사장은 민병한이었으며, 내장원 인가를 얻어 주로 庖肆를 관리하면서 皮物에 인지를 붙이고 1/100세를 징수했다. 『皇城新聞』 광무 4년 6월 18일 잡보 「補公會社」.

원을 확대하려는 내장원의 이해가 합치된 때문이었고, 그런 의미에서 도고상업체제가 중앙 권력의 담보에 의해 전국적 범위에서 완성되었음을 의미하는 것이라고도 할 수 있다.

본래 도고상업체제는 상품화폐경제가 충분히 성숙되지 않은 상황에서, 정치권력과 결탁한 전기적(前期的) 자본이 제한된 상품 생산과 시장을 장악하는 방편으로 만들어진 것이기 때문에, 그 해체를 위해서는 상품 생산과 시장이 동시에 확대되어야 했다. 그런데 개항 이후 대외 무역의 확대와 조세금납화에 따라 국내 시장은 크게 확대되었지만, 상품 생산은 그 속도를 따르지 못했다. 쌀을 비롯한 곡물과 금, 우피(牛皮) 등 수출산품의 생산이 증가하기는 했지만, 목면(木棉)을 비롯한 일상 소비품 생산은 오히려 줄어들어 미면교환체제(米棉交換體制)가 강화되고 있었기 때문이다.*

도고상업체제는 생산품 가격을 수요와 관계없이 일정 수준 이하로 억제하는 한편, 소매상에게는 독점가격을 강요함으로써 특권 상인들이 생산자와 영세 상인들을 수탈할 수 있게 해주었다. 따라서 그것은 국가 권력의 폭력적 작용에 의한 부(富)의 일방적 수탈체제라고도 할 수 있다. 그런데 대한제국 전기의 도고는 상당한 자본을 지닌 상인들이 중앙 권력을 배경으로 독점매매권과 수세권을 결합시키고 있었다는 점에서 사적 권력을 배경으로 수세만을 일삼던 전 시기의 도고와 구분된다.[231] 결국 이 시기의 도고상업체제는 중앙 권력의 뒷받침하에 특권 상인자본의 축적을 촉진하는 중상주의적 상업체제라 할 수 있다.** 그리고 이는 결과적으로 외상의 이윤도

---

*일부 지역에서는 紡績絲 수입을 통한 土布生産이 광범위하게 전개되었지만, 상당수 지역에서는 생산을 축소하여 자급자족적 경영으로 후퇴하거나 곡물 생산 부문 등으로 대체되는 경향이 나타났다. 梶村秀樹, 1968「李朝末期綿業の流通及生産構造」『東洋文化史紀要』46(사계절 편집부 편, 1983『韓國近代經濟史硏究』에 재수록), p.202.

**이른바 收稅都賈가 봉건권력에 의해 창출되고 그를 통해 획득된 부의 대부분이 권력기관의 소비로 지출되는 경우에는, 그것이 생산적 자본으로 전화할 가능성은 극히 희박하다. 그러나 획득된 부가 상인과 권력에 의해 분점되고, 상인과 권력 양측 모두 부의 축적에 관심을 기울이게 되는 경우에는 이를 자본의 원시적 축적 과정으로 보아도 좋을 것이다.

잠식함으로써 국내 시장을 보호하는 구실도 했다. 도고상업체제는 이 점에서도 대한제국 정부와 황실의 이해에 합치했다.

반면 외상과 국내의 생산자, 소상인은 도고상업체제 혁파에 공동의 이해관계를 가졌고 다양한 방법으로 상호 연대를 모색했다. 부산에서 객주상법회사의 수세가 강화되자 상인들이 일본 영사에게 철폐 요구를 부탁한 사례가 대표적이다.[232] 즉 소생산자·영세상인·외상이 자유무역주의, 또는 자유주의적 경제정책의 지지자가 되고, 특권 상인·관료·정부가 보호무역주의, 또는 특권적 도고상업체제의 지지자가 되어 서로 대립하는 관계가 맺어졌던 것이다. 그리고 이는 독립협회와 대한제국 정부 간의 주요 대립점이기도 했다.

물론 도고상업체제는 본질상 과도적인 것으로서 궁극적으로는 경쟁적 시장질서로 전화(轉化)해야 할 것이었다. 그를 위한 기초적 조건은 재정·금융·화폐 제도의 전면적 정비였고, 1902년경부터는 대한제국 정부도 그 준비에 착수했다. 그러나 러일전쟁 승리를 계기로 한국에 대한 지배권을 장악한 일본은 대한제국 정부의 구상을 백지화하고 한국 식민지화라는 목적에 맞추어 이들 개혁을 독단적으로 추진했다. 일본 간섭하에 추진된 재정, 금융, 화폐 개혁은 한국 경제를 일본 경제의 순환 과정에 강제로 편입시켰고, 자본 축적의 주체를 한국 관료층과 특권자본가에서 일본인 자본가나 일본 국가자본으로 전환시켰다.

4) 외국 자본의 침투와 한인 회사

개항 이후 외국 자본의 침투는 상품수출과 더불어 ① 차관 공여(供與)를 빌미로 한 해관세 장악, ② 해관세 취급 금융기관의 장악(일본 제일은행), ③ 화폐 자주권의 침해, ④ 해운·광산·철도 등의 이권 탈취, ⑤ 조약 범위 외의 내륙행상, ⑥ 정치·군사적 압력을 통한 한인 기득권익의 탈취 등을 통해 진행되었는데, 이는 한인 회사들에도 큰 영향을 미쳤다.

해관세는 갑오개혁 이후에도 영국과 연계된 일본의 해관 침탈 책략으로 정부의 손이 닿지 않는 영역으로 남아 있었으며,[233] 그 용도는 1894년 이전에 차입한 차관 상환과 그 이후에 도입된 차관의 원리금 상환으로 제한되었고, 일부가 황실에 상납되는 데에 그쳤다.[234] 그밖에 극히 일부가 해관 운영비, 고용 외국인과 감리(監理)의 급료, 항만시설 운영비, 해외 공사관 경비와 사절단 경비 등으로 지출되었기 때문에,[235] 식산흥업 목적으로 사용되는 것은 불가능했다.

일본 제일은행이 해관세 취급을 전담한 것도 국고금을 취급하는 중앙은행의 설립을 곤란하게 했다. 1896년 이후 황실의 지원과 관료 집단의 참가로 조선은행(한흥은행), 대한천일은행, 대한은행 등이 잇따라 설립되었지만, 모두 국고금 취급 사무를 맡는 데에는 실패했다. 중앙은행의 부재는 화폐 자본의 축적을 방해했고, 이는 다시 회사 활동의 부진으로 이어졌다.

폐제(幣制)의 문란은 백동화 남발이 주원인이었지만, 일본의 화폐 주권 침해로 인해 악화된 면도 있다. 대한제국 전기의 악화 남발은 유통계를 혼란시키고 화폐 자본의 축적을 방해했지만,[236] 한편으로는 '백지(白紙)를 통한 대중 수탈'의 의미도 있었다. 문제는 일본 화폐의 유통을 허용한 상태에서 악화가 남발되어 일본 화폐의 신용도를 높이고 나아가 화폐 제도 자체의 대일 종속으로 귀결된 데에 있다. 화폐자주권이 유지되는 한에는 악화의 남발도 재정 자금 확보에 보탬이 될 수 있는 일이었다. 또 백동화는 그레샴 법칙에 따라 일화(日貨)를 배척하기도 했고 한화(韓貨)의 일화(日貨)에 대한 비가(比價)를 떨어뜨려 일본 상품 침투에 일정한 장벽을 만들기도 했다.[237] 그러나 일본 제일은행권이 특별한 제약 없이 통용되면서 일본 화폐가 실질적인 가치 척도로 기능했고, 그 대신 국고에는 지속적으로 가치가 하락하는 백동화만 들어오게 되어 국가 재정에도 도움이 되지 못했다.

열강의 이권 침탈도 근대적 기업의 발흥에 중대한 장애 요인이었다. 특히 고종이 러시아공사관에 머무는 동안 집중된 열강의 광산채굴권 탈취는 이른 시기부터 자본주의적 경영의 싹을 틔워온 광업 부문에서 회사가 설립되는 것을 크게 제약했다.* 그러나 1899년부터 정부 차원의 이권 양여를 중단하는 동시에, 사설 회사들이 외국인과 합작하거나 외국인에게 특허권을 양도하는 행위를 엄금하면서부터는 외국의 이권 침탈도 둔화되는 양상을 보였다.

그러나 정부의 이권 수호 의지에도 불구하고 열강은 각종 불법적인 방법을 동원하여 이권침탈을 지속했다. 열강은 이미 인가된 특권의 시한 연장을 요구하거나,** 불법적으로 각종 이권을 침탈함으로써 정부의 경제 주권 수호 의지를 무력화했다.*** 또 정부는 외국 상인들의 불법 행위를 단속할 수 있는 힘이 없었다. 문제가 발생할 경우 지방관과 외부(外部)는 서로 책임을 떠넘기는 데에 급급하는 실정이었다.[238]

국가의 적절한 보호가 없는 상황에서는 민간 상인들이 외상의 불법 행위에 직접 대응할 수밖에 없었다. 외상의 내륙 침투는 1880년대 후반부터 본격화했는데, 청일전쟁 이후 한층 확대되었다. 청일전쟁으로 일시 퇴각했던 청상(淸商)도 1897년경부터 환류하기 시작했으며, 1899년 한청조약(韓淸條約)의 체결로 합법적인 내지정주권(內地定住權)까지 얻었다.**** 외상의 내륙

*광업 부문에서는 일찍부터 덕대제라는 자본주의적 경영방식이 자리잡았으나, 열강의 광산 침투로 인해 砂金 採掘 이외의 영역에서는 점차 축소되는 경향을 보였다. 최윤규, 1986 『근현대조선경제사』 과학백과사전출판사 참조.

**1900년에는 通漁章程에 따라 경상, 강원, 함경도 연안의 포경권을 일본 遠洋漁業會社에 특허했는데 이때 特准에 따른 세금 외에는 해관세조차 면제되었다(『農商工部去來文』(奎17802) 광무 4년 2월 14일 「准單」). 그러나 이는 사실 이전에 일본 扶桑會社와 水産會社에 특허한 것을 연장한데 지나지 않았다(『東萊港報牒』 各司謄錄 14, 광무 4년 2월 20일 訓令 제11호).

***1902년 강화도에서는 일본·러시아를 비롯한 각국인이 정부의 금지를 무시하고 임의로 採石에 종사했다. 『仁川報牒』 各司謄錄 6, 광무 6년 6월 1일 報告書 제22호.

****日商의 내륙 행상은 청일전쟁 중인 1894~1895년부터 급증하여 1896년경에는 武裝行商團인 鷄林奬業團이 조직되기에 이르렀다. 이에 대해서는 李炳天, 1985 「開港期 外國商人의 侵入과 韓國商人의 對應」 서울대 경제학과 박사학위논문, pp.140-60 참조.

행상은 한인 수입 무역상과 수출품 매집상의 활동 영역을 잠식했다. 특히 청상은 고유의 합자조직을 통해, 일상(日商)은 재한(在韓) 일본 은행의 금융 지원을 통해 용이하게 대자본을 동원할 수 있는 체제를 갖추었다. 한상(韓商)은 근대적 금융기관의 지원을 기대할 수 없었기 때문에, 합자를 통해 자본 규모를 늘리고 외상의 내륙 행상을 막을 필요가 있었다. 그런 점에서 대한제국 전기 상인층의 회사 설립과 상권 수호운동은 표리관계에 있었다.

상인들의 상권 수호운동은 주로 상인단체들을 통해 전개되었다. 대한제국 전기의 상인단체는 개항장의 신상회사들과 개정상무회의소규례에 따라 조직된 상무사, 그리고 1898년 서울 시전 상인들이 조직한 황국중앙총상회 등이 있었다. 이 중 객주상법회사와 상무사에 대해서는 앞에서 살핀 바 있으므로, 여기에서는 황국중앙총상회의 상권 수호운동을 통해 당시 한상이 직면한 문제와 그 해결을 위한 운동의 양상을 검토하기로 한다.

황국중앙총상회(이하 '총상회'로 略記－필자)는 1898년 9월 시전 상인들이 설립한 것으로 처음에는 정부의 인허를 받지 못한 채 활동하다가 철파 지시를 받았다.[239] 그러나 곧 농상공부 대신의 집 앞에서 시위하여 인장(印章) 없이 도장(圖章)만으로 인가를 얻었다.[240] 이 편법 인가 때문에 농상공부 대신은 물론 총상회 회장으로 추대된 조병식(趙秉式)까지 유배되었지만, 인가는 취소되지 않았다. 두 사람을 유배한 것은 총상회 인가에 대한 독립협회의 반발을 무마하기 위해서였던 것 같다. 이보다 앞서 1898년 4월에 시전 상인들은 홍종우(洪鍾宇)를 소두(疏頭)로 상소를 올린 바 있었는데, 상소문은 ① 도하(都下)의 외국 장사를 항구로 내쫓을 것, ② 국중(國中)의 외국 군사를 물러가게 할 것, ③ 외국 상인의 내륙 행상을 금지할 것, ④ 외국 화폐의 유통을 금지할 것, ⑤ 곡물의 수출을 금지할 것, ⑥ 서울에 외국인 거류지를 획정(劃定)하고 거류세를 징수할 것, ⑦ 외국인의 홍삼 증조(蒸造)를 금할 것 등의 7가지를 요구했다.[241] 이는 대한제국 정부의 의도에 합치하는 것이었으며, 후일 총상회의 장정에도 그대로 반영되었다.

그러나 이 상소에 대해 독립신문은 조목조목 그 불가함을 지적, 비판했고, 상인들이 별도의 단체를 조직하는 것 역시 불가하다고 했다.[242] 독립협회의 비판은 객관적으로는 외국 자본의 국내 침투를 용인, 옹호하는 성격을 지니는 것이었지만, 정부로서는 독립협회의 이같은 비판을 전면 무시한 채 총상회를 순순히 인가할 처지가 아니었을 것이다. 그것이 총상회 인가에 편법이 동원된 이유라 생각된다. 이 점은 총상회의 장정을 보면 명확해진다.

총상회 장정은 그 전문(前文)에서 설립 주체가 황성(皇城) 중앙 각전(各廛) 상인들임을 밝히고, 설립 이유로는 상권회복과 상민보호를 들었다. 활동방침은 4개 조항으로 정했는데,[243] 첫째, 중앙 각전이 위치한 서울의 일정 구역에서는 외국인이 장사할 수 없게 할 것, 둘째, 상업세는 농상공부 인지세만 부과하되 그를 총상회에서 구관(句管)할 것, 셋째, 총상회에 가입하지 않으면 장사할 수 없게 할 것 등이었다. 이는 5개월여 전 홍종우를 소두(疏頭)로 한 상소 내용을 크게 완화된 형태로나마 계승한 것이다. 다만 홍종우 등의 상소가 일본군의 철수와 일본 상인의 도성 및 내륙 행상 금지, 일본 화폐의 통용 금지, 곡물 수출 금지 등 일본의 침략 책동 전반에 대한 저항을 촉구했던 데 반해, 총상회 장정은 외국인의 도성 내 개잔(開棧) 금지에 초점을 맞췄던 점이 다를 뿐이다.

총상회의 주장은 주로 국내 경제 사정의 개선에만 초점을 맞추었던 독립협회의 관점과는 명확히 대비되었다.* 독립협회는 홍종우 등이 상소를 올렸을 때에도, 또 총상회의 장정이 발표되었을 때에도 가차 없이 그를 비판했다. 그 주지(主旨)는 헛되이 외국사람을 배척하는 데 시간을 낭비할 것이 아니라 '좋은 사업'에 열중하여 먼저 상인들이 건전한 실력을 길러야 한다는 것이었다. 독립협회로 대표되는 개화파 지식인들의 인식과 상인들의 인

---

*『독립신문』은 홍종우의 상소를 비판한 것과 같은 맥락에서 총상회의 장정을 비판했다. 비판의 초점은 총상회의 상업세 징수 기도, 즉 外商의 침투 저지를 빙자한 도고상업체제 부활 시도에 맞추어져 있었다.『독립신문』 광무 2년 10월 1일 논설「총상회 규칙 변론」.

식 사이에는 커다란 괴리가 있었던 것인데, 상인들의 인식은 또한 대한제국 전기 정권 담당자들의 인식과도 맞닿아 있었다. 정부에서 회사를 인허할 때 그 장정에, "외국인과 합동하거나 외국인에게 권리를 양여할 때에는 장정은 취소하고 사원은 엄벌할 것" 등의 내용을 빠뜨리지 않은 것은 외국인의 이권 침투를 제한, 저지하려는 의도가 있었기 때문이다. 그리하여 1899년 개정상무회의소규례에는 홍종우 등의 상소 내용이 거의 그대로 수용되어 특권적 상업체제에 기반한 외세 침투 저지라는 구도가 마련되었다.

그러나 독립신문, 독립협회와 총상회의 갈등은 뒤이어 발생한 김홍륙 독다사건(金鴻陸 毒茶事件)과 관련한 양 단체의 연대 활동을 통해 해소되었던 것 같다. 즉 두 단체는 관계자 처벌을 요구하는 연대상소를 올렸고,[244] 이는 이어 외국 상인의 도성 내 정주 상업과 허가받지 않은 내륙 행상의 금지를 요구하는 연대상소로까지 발전했다.* 이는 그동안 총상회가 줄기차게 주장해온 내용으로 독립협회의 기존 주장과는 배치되는 것이었다. 독립협회는 그동안 도성 내 외국 상인의 정주 상업 금지는 조약 위반이며[245] 조약 개정 역시 대한제국의 국력으로는 불가능한 일이라고 주장해왔다.[246] 따라서 독립협회가 총상회의 요구를 수용한 것은 근본적인 태도 변화를 의미했다. 이는 또한 총상회의 상권 수호운동이 보편적 정당성을 획득해가고 있었음을 보여주는 것이기도 하다.

정부도 1898년 10월 19일자로 개항장 조계 10리 밖에서 상설 점포를 개설하거나 토지, 가옥을 임구(賃購)한 외국인을 통상구 조계로 철환(撤還)시

---

*『독립신문』 광무 2년 10월 18일; 『독립신문』 광무 2년 10월 19일 잡보 「양회편지」. 신용하는 독립협회와 황국중앙총상회의 연대상소에 대해 독립협회가 황국중앙총상회를 견인해낸 것으로 보았으나 그보다는 오히려 황국중앙총상회가 金鴻陸 毒茶事件과 관련하여 독립협회를 도와주는 대가로 外商의 내륙 행상 금지 요구에 독립협회의 동의를 얻어낸 것이라 보아야 할 것이다. 愼鏞廈, 1974 「19世紀末의 韓國對外貿易의 展開와 商權問題: 獨立協會와 皇國中央總商會의 商權守護運動」 『亞細亞硏究』 17－2 참조. 한편 兩會의 일련의 연명상소가 정부의 강압에 의한 것이었음을 시사하는 기록도 있다. 즉, "총상회에서 독립협회와 합동하여 하나이 된 것은 실상 정부에서 구박하여 시킨 것이라" 『독립신문』 광무 2년 10월 20일 잡보 「총상회편지」.

킬 것을 각도 관찰사에게 훈령했고 이듬해인 1899년 1월 10일에는 다시 한 번 훈령으로 재촉했다.[247] 그러나 일본은 한인이 확보한 권리를 폭력적으로 탈취하거나 한국 정부의 허가 없이 회사를 설립하는 등 여러 방법으로 상권을 확대해갔다.

1898년 원산에 부선주식회사(艀船株式會社)가 설립되어 한인 선박의 화물 양륙을 독점하자, 일본 상인들은 사장 김익승을 바다에 던지는 만행을 저질렀다.[248] 또 일본 영사는 단 한마디의 사과도 없이 부선주식회사가 한인 화물과 한인 인부를 독점하여 일본 상인들의 상권을 침해했다고 비난하면서 외부에 항의하기까지 했다.[249] 또 1899년에는 원산에서 일본인들이 탑객종선회사(搭客從船會社) 사원들을 구타하고 영업권을 빼앗는 사건도 발생했다.[250] 이에 대해 농상공부는 일인에게 빼앗긴 회사 영업권을 회복해줄 것을 지시했지만, 이 조처가 실현되었는지는 알 수 없다.[251] 1900년 삼화항(三和港)에서는 한상(韓商)들이 종선회사(從船會社)를 설립하려 하자, 기왕에 이 영업을 독점했던 일본인들이 자본금 500원을 자신들에게 납부하라고 요구하면서 회사 설립을 방해하는 사건이 일어났다.[252] 또 1903년에는 일본 영사가 일본 상인들을 위해 태속중상회사(太屬仲商會社)의 인가 취소를 요구하기도 했다.[253]

갑오개혁 이전에도 일본이 한인 회사의 철파를 요구한 사례는 적지 않았으나 그것은 전적으로 회사의 징세를 문제 삼은 것이었다. 그러나 이 시기 일본의 한인 회사 철파 요구는 주로 한인 회사가 지닌 사업권이나 경영권을 강탈하려는 의도를 담고 있었다. 대한제국 전기의 회사 중 상당수가 도고회사나 수세회사였음에도 한인 회사에 대한 일본 영사관의 항의, 압력이 그와 무관한 부문에 집중되었던 것도 이 때문이다.

외국인과의 합작 금지에도 불구하고 합작회사가 설립되기도 했다. 1898년 이운사 선박이던 해룡호를 인수하여 연안 해운업에 종사한 광통사(廣通社)는 한일 양국 상민이 함께 운영하는 회사였으며,[254] 수입무역업에 종사하던 보흥회사(普興會社) 역시 윤형식(尹亨植), 김병선(金丙善) 등의 한인이 참가했지만 사장은 일본인 미누오 온사부로(峰尾音三郞)였다.[255] 1899년부터 합작회사에 대한 정부의 대처가 강경해짐에 따라 이런 회사는 더 출현하지 않았지만, 음성적으로 외국 자본을 끌어들이는 경우는 적지 않았다. 1899년 김익승이 설립한 주조설업장(酒造設業長)의 실질적인 자본주는 일본인 미즈이 히데이치로(水井秀一郞)였으며,[256] 1902년 도량형기 제조 목적으로 설립된 일신사(日新社)는 일본인과 합작했다가 발각되어 인가장을 회수당하기도 했다.[257]

일본의 경제 이권 탈취는 한인 회사의 권리를 매수하는 방식으로도 이루어졌다. 일본 장기현포경회사(長崎縣捕鯨會社)가 대한수산회사(大韓水産會社)의 어채권을 매입한 것은 그 대표적 사례다. 대한수산회사는 1903년 9월 민병석을 사장으로 설립되어 연안 포경권을 확보했다. 이 회사의 인허 조건에도 외국인과 합작하지 않는다는 조항이 있었지만,* 1904년 11월 이 회사는 자사(自社)의 모든 권리를 연간 100원(圓)이라는 헐값으로 일본 장기현포경회사에 양도해버렸다.[258] 그러나 회사 간의 계약으로 정부가 부여한 특권을 양도하는 것은 불법이었기 때문에, 일단 양도받은 권리를 확고히 하기 위해서는 정부의 공인이 필요했다. 이에 일본 공사는 한국 외부대신에게 이 계약에 대한 정부의 태도를 다시 문의했다.[259] 이때 비로소 수산회사의 특허권 양도를 알게 된 정부는 회사 인허를 취소하고 사원을 처벌하기로 했지만,[260] 일단 넘어간 포경권과 어채권을 환수하지는 못했다. 이는 결국 통감부 설치 이후 일본 동양어업주식회사(東洋漁業株式會社)에 넘어갔으며,[261] 일본의 한국 강점 이후 조선수산회사(朝鮮水産會社)가 연안 어채권을 전면 장악하는 기반이 되었다.

*"외국인과 합자하거나 혹 與賣하는 事가 有하면 該認狀은 勿施하고 該社員은 自有當律이라 한 고로 農部에서 主事 1인을 閔丙漢氏家에 派送하여 質問했다더라." 『皇城新聞』 광무 8년 12월 7일 잡보 「農部質問」.

대한제국 전기 외세의 경제적 침탈은 정치·군사적 압력과 차관 공여를 근간으로 하여 경제 주권을 침해하는 한편, 자국 상인의 불법적인 활동을 비호하는 방식으로 진행되었다. 그리하여 관세자주권, 화폐자주권, 광산 등 각종 자원개발권이 일본을 비롯한 제국주의 열강에 의해 제약되거나 그 수중으로 넘어감으로써, 근대 국가의 물질적 기초를 마련하기 위한 작업은 심각한 곤란을 겪었다. 외세의 간섭은 회사의 설립·발전에도 악영향을 주었다. 국가 재정 자금에 대한 간섭은 식산흥업 자금의 정상적인 조달을 어렵게 했고, 내장원 중심의 편법적 재정 운용을 부추겼다. 이는 다시 자본 축적의 주역을 황실과 직결된 관료나 특권 상인 집단으로 한정하는 결과를 낳았지만, 그조차 확고한 권력적 담보를 갖지 못한 채 불안정한 상태에 놓였다.

일본인들의 기업 활동 방해도 한인 회사의 발전을 가로막았다. 일본인들은 회사 관계 법규가 미비한 틈에 각종 회사를 조직하는 한편, 그들과 경합하는 한인 회사의 활동을 폭력으로 제약했다. 경우에 따라서는 한인의 명의를 빌려 정부에서 각종 특권을 얻기도 했다.

외국 자본의 침투에 따른 기업 활동의 제약 문제를 해결하기 위해서는 먼저 빼앗긴 이권을 회수하고 외상의 불법적인 국내 활동을 저지해야 했으며, 이 시기 정부와 상인층이 일차적인 관심을 기울인 것도 바로 이 점이었다. 정부가 추가적인 이권 양여를 중단하는 한편 중앙은행을 설립하여 화폐 주권을 회복하려 한 것, 회사로 하여금 외국인과 합작할 수 없게 한 것 등은 모두 이와 관련되어 있었다. 또 상무사나 황국중앙총상회 등의 상인 단체들이 외상의 불법적인 내륙 행상과 도시 정주 상업의 금지를 가장 중요한 문제로 제기한 것도 같은 맥락에 있었다.

3. 회사 설립 주체의 변화

1) 관료층의 회사 참여

(1) 회사 참여의 배경

갑오개혁 이후에는 회사에 참여하는 사람이 크게 늘었으며, 그 출자(出自)도 다양해졌다. 특히 이 시기에는 관료층의 회사 참여가 두드러졌는데, 그 배경으로는 다음의 몇 가지를 들 수 있다.

첫째, 갑오개혁 이후 관료의 회사 참여가 합법화되었다는 점이다. 관리라 하더라도 휴관(休官) 후에는 상업에 종사할 수 있게 되어[262] 관료자본이 상공업 부문으로 유입되는 통로가 열렸다.* 물론 그 이전에도 관직을 지닌 채 회사에 참여하는 사람들이 더러 있었지만, 실직(實職)을 지녔다고 보기는 어려운 사람들이었다. 또 관영(官營) 기업에 참여한 관료들도 있었지만, 이는 대체로 관직에 따른 참여였을 뿐이다. 그런데 이 시기에는 관료들 자신이 회사 참여를 치부(致富) 활동의 일환으로 생각하는 경향이 크게 늘어났다.

둘째, 황제를 비롯한 종친들이 회사 설립에 앞장섰던 점이다.** 고종은 한성전기회사나 대한천일은행 같은 은행, 회사를 설립하게 하고 직접 투자

---

*본래 관료자본이라 함은 중국에서 관리들이 관독상판형 기업에 투자된 정부 재정 자금, 자신의 개인 자금 및 鄕黨으로부터 모집한 자금 전반을 독점적으로 운영한 데에서 비롯된 개념이다. 따라서 엄밀한 의미에서 관료자본가라고 할 경우에는 관독상판형, 또는 국영기업을 직접 장악하고 그를 관리하는 일군의 관료들만을 지칭해야 하지만, 경제 전반에 대한 국가 권력의 통제가 지속되는 한에서는 현직 관료로서 사적 기업을 설립, 운영한 자들도 그 범주에 포함시킬 수 있을 것이다. 이 경우에도 관료가 자기 자본을 투하하는 것을 전제로 함은 물론이다. 大阪市立大學 經濟學硏究所 編, 1979『經濟學辭典』 제2판, pp.180－81.

**한성전기회사는 고종이 육군총장 李學均에게 명하여 콜브란과 교섭하도록 하고 총 75만 원을 출자함으로써 설립되었다. 회사의 명의상 설립 출원자는 李根培, 김두승이었지만, 실질적인 소유자는 고종과 콜브란이었고 초대 사장은 李采淵이었다. 京城府, 1934『京城府史』 2, p.662 참조.

함으로써 회사를 서구 문물을 도입하는 기구인 동시에 재원 조달 기구로 활용하려 했다. 특립제일대한은행(特立第一大韓銀行, 1898)이 설립될 당시 황실은 1만원을 내어 최대 주주가 되었으며,[263] 대한천일은행에도 상당한 황실 자금이 투입되었다.* 또 1899년 조세를 포탈한 관료들의 가권(家券)을 전집(典執)할 목적으로 설립된 한성보신사(漢城普信社)도 내탕금(內帑金)으로 설립되었다.[264] 황제 자신이 은행, 회사의 설립에 참여하는 상황에서 황제의 측근은 물론, 고위 관료들의 회사 참여도 활발해졌다. 그에 따라 '휴관후 임편영상(休官後 任便營商)'이라는 조규는 사문화했고, 관료들은 현직에 있으면서도 여러 회사에 관여했다.

철도부설 사업도 정부가 관심을 기울인 일종의 국책사업이었는데, 여기에도 적지 않은 관료들이 참여했다. 1899년부터는 경부철도 부설 공사 착수와 관련하여 대한국내철도용달회사(大韓國內鐵道用達會社),** 대한경부철도역부회사(大韓京釜鐵道役夫會社),*** 대한운수회사(大韓運輸會社) 등이 설립되었고,**** 이들 회사에는 대개 관료들이 주요 임원으로 참여했다. 특히 1900

*『通商彙纂』「仁川9月商況(明治32年11月13日附 在仁川帝國領事館報告)」. 은행 창립 초기 이사였던 崔錫肇, 정영두는 모두 參政과 전환국 등 李容翊이 주관하던 업무를 담당했던 인물들로서 이용익의 대리인격으로 참여한 것으로 보인다.

**대한국내철도용달회사의 초대 사장은 전 관찰사 李秉承이었으나 곧 李夏榮으로 바뀌었고, 다시 李載純, 閔泳喆로 변경되었다. 회사의 실무자급에는 朴淇琮, 洪肯燮, 趙允鏞, 柳志淵, 金明集, 金允求 등 중하급 관료 또는 상인 출신들이 포진했다. 『독립신문』 광무 3년 3월 22일 잡보 「수응회사」; 『독립신문』 광무 3년 4월 18일 잡보 「철도회사」; 同 광무 3년 5월 18일 잡보 「회사청원」; 同 6월 4일 잡보 「철도회사」; 『皇城新聞』 광무 4년 11월 26일 잡보 「餞別社長」.

***대한경부철도역부회사는 1900년 7월 金基洛, 金敬煥 등이 주도하여 설립한 회사로서, 역시 尹永基, 金信默, 嚴俊源 등 중하급 관료와 상인들이 실무를 담당했다. 『皇城新聞』 광무 4년 7월 5일 광고.

****대한운수회사(鐵道運輸會社)는 1898년 京仁間 화물, 승객을 수송할 목적으로 嚴基元, 金載燦(이들은 모두 1888년 捕鯨會社에 관여한 인물들이었으며, 김재찬은 1908년 大韓獸皮合資會社에도 관여했다) 등의 상인들이 설립한 것이었지만(『各處所志謄錄』 戊子 8월 초3일), 1899년 서오순이 참여하면서 경인철도 정거장 건설을 주목적으로 변경했고(『독립신문』 광무 3년 9월 22일 잡보 「회사셜시」), 이국에 부여된 철도 이권이 회수된 후에는 스스로 철도부설을 담당하겠다는 목표를 세웠다(『皇城新聞』 광무 4년 2월 7일 광고). 나아가 李采淵(漢城府判尹), 金奎熙(貴族院卿), 權重顯(農商工部大臣) 등이 회사에 참여하고 권중현이 사장이 되면서부터는 경년에는 이용익, 민영선(閔泳璇), 서오순 등의 관료들이 경의철도 부설을 목적으로 서북철도회사(西北鐵道會社)를 설립했는데, 이는 곧 내장원 안의 서북철도국(西北鐵道局)으로 변경되었다.[265] 이밖에 부하철도회사(釜下鐵道會社),* 철도목석등물용달회사(鐵道木石等物用達會社),** 흥업회사(興業會社),[266] 경성토목회사(京城土木會社), 경부철도특허회사(京釜鐵道特許會社), 부산토목합자회사(釜山土木合資會社), 경부철도경상회사(京釜鐵道慶尙會社), 한일공업조(韓日工業組) 등 경부철도 부설 공사에 참여한 회사들에는 대개 관료들이 관여했다.[267]

셋째, 식산흥업운동이 활발해진 점이다. 특히 독립신문의 회사 설립 장려와 독립협회 회원들의 회사 참여는 관료들의 회사 참여를 촉진한 중요한 계기였다. 대한제국 초기 회사에 관여한 고위 관료들 중에 독립협회 관계자들이 특히 많았던 것은 이런 사정을 반영한다.

1896년 창립된 대조선은행(大朝鮮銀行)은 독립협회와 밀접히 관련되었다. 발기인은 김종한, 안경수, 이완용, 이채연, 이근배, 윤규섭, 이승업(李承業)이었는데,[268] 이들 중 김종한, 안경수, 이완용, 이채연은 독립협회의 창립 발기인이기도 했다.[269] 또 독립협회는 독립문 건립을 위해 모금한 기금을 모두 이 은행에 예탁함으로써[270] 초기 자금 조달을 도왔다.*** 특히 이 은행은 창립 직후의 독립협회가 정부와 밀접히 관련되어 있었던 것과 마찬가지로, 궁극적으로는 중앙은행이 될 구상 아래 설립되었다.****

부철도 공사에도 請負會社로 참가했다(鄭在貞, 1985「京釜·京義鐵道의 敷設과 韓·日 土建會社의 請負工事活動」『歷史教育』37·38합집, p.244).

*부하철도회사는 박기종, 정현철 등 부산 지역의 중하급 관료와 朴玟圭, 邊時中 등의 상인들이 설립한 회사였다. 藤永壯, 앞의 글 및「釜山港監理署日錄」(奎18148－1) 참조.

**철도목석등물용달회사는 李赫九 등이 경부철도 공사에 필요한 자재를 공급할 목적으로 설립한 회사다.『皇城新聞』광무 3년 5월 30일 잡보「鐵道會社」.

***독립문 건립 기금은 무이자로 조선은행에 예치되어 은행의 운영 자금으로 이용되었다. 朱鎭五, 앞의 글, p.89.

*****"本年 當國人 沈相薰 安駉壽 등이 朝鮮銀行을 설립할 계획을 세우고 同銀行을 우리 日本銀行과 같이 일반 政府財政上의 기관으로 하여 탁지부의 화폐를 이용하고자 기도하고 있지만 탁

독립협회 관계자들의 회사 참여는 이듬해에 더욱 활발해졌다. 6월에는 안경수, 이채연, 이근배, 윤규섭, 윤효정, 서재필 등 핵심 관계자들이 타운센드 등 영미(英美) 자본가들과 합작하여 대조선저마제사회사(大朝鮮苧麻製絲會社)를 발기하고 자본금을 모집했다.[271] 같은 해에 설립된 마차회사에 참여한 관료 중에도 안경수, 이완용, 이채연 등 독립협회 관계자들이 많았다.*

회사에 참여한 관료들은 권력을 이용하여 이권을 얻는 데에 머물지 않고 직접 자본을 투자하여 경영 수익을 얻는 데 주력했다. 관료 수중에는 상대적으로 많은 자본이 축적되어 있었다. 19세기 이후 매관매직과 지방관의 탐학(貪虐)이 순환하면서 관료들에게 부가 집중되었으며, 이들은 포구, 어장을 지배하는 등 사회경제적 변화에도 민감하게 대응했다.[272] 특히 대한제국 전기에는 내장원의 재정 기반 확대 과정에서 관료층의 치부 기회도 늘어났다.** 관료들은 지세(地稅) 인상과 백동화 남발 등을 이용하여 축재했고,[273] 징수한 조세금을 착복하기도 했다. 중앙에서는 조세금 탈루를 방지하기 위해 여러 방안을 강구했지만, 관료에 대한 감찰 기능이 제대로 작동하지 않았기 때문에 실효를 거두지 못했다. 이에 관직은 그 자체로 치부 기회를 보장해주었으며, 특히 지방관이 그랬다. 일제강점기의 대표적 거부들은 상당수가 대한제국 전기의 고위 관료나 지방관, 또는 봉세관(捧稅官)의 경력을 지녔다.

그런데 대한제국 전기 관료들의 축재 행위에는 이전과는 구분되는 몇 가

지부 고문 브라운 씨의 반대로 그에 이르지 못하고 겨우 하나의 사립은행으로 경성에 그 명목만을 유지했다." 『通商彙纂』 「29年中 仁川港商況年報(30年8月27日附在仁川領事館報告」.

*독립협히 관계자들은 이 시기 가장 정력적인 기업가군이었다. 신용하가 독립협회의 열성 회원으로 분류한 인물은 331명인데, 그중 105명이 1919년 이전까지 각종 회사에 참여했으며, 시기를 대한제국 전기로 국한하더라도 54명에 달했다. 愼鏞廈, 1976 『獨立協會硏究: 獨立新聞·獨立協會·萬民共同會의 思想과 運動』 一潮閣 참조.

**다음 기록은 대한제국 전기 관료들의 부패가 황제에 의해 조장된 측면이 있음을 보여준다. "是時 賣官之濫 比甲午以前殆過之 雖宗戚親昵 不敢乞一恩澤 觀察則十萬二十萬 一等守令則少不下五萬兩 及到官 無以償債 競挪公錢償之." 『梅泉野錄』 광무 5년 辛丑.

지 특징이 있었다. 먼저 이들이 축적한 재산 중 일부가 상공업 자본으로 전화했다는 점이다. 이 시기 대표적인 부정축재자로 거론된 자들은 열성적인 회사 경영자이기도 했다.* 이 시기 관직을 이용한 축재는 상품화폐경제의 확대에 대응한 자본 축적의 일환으로 진행되고 있었으며, 축적된 자본은 회사에 투자되거나 토지 구입 자금으로 전환되어 관료의 자본가화, 관료의 지주화를 촉진했다.

둘째는 이들의 축재가 관직에만 의존하지는 않았다는 점이다. 이들은 조세 상납 과정에서 환차익(煥差益)을 얻거나 외획(外劃)을 통해 상인들과 결탁하면서 축재했고, 그런 점에서 이는 자본주의적 상품화폐관계의 확대에 대응한 상인자본의 축적과도 궤를 같이했다. 특권 상인과 관료층의 결탁은 회사 설립에도 그대로 이어져 대한제국 전기의 대규모 회사들은 대개 관료와 상인의 합작으로 설립되었다. 그런데 이러한 관상합작(官商合作)은 재정 자금을 상업 자금으로 이용하던 상업 거래 관행과 무관하지 않았다. 육의전에서 파견한 차인(差人)들이 세도가의 재정 사무를 담당하는 것이 관행이었다는 기록에서 알 수 있듯이,[274] 상인들이 관료들의 자금을 관리하는 것은 이 시기의 일반적인 현상이었다. 따라서 관상합작 회사의 경우 자본은 관료가, 경영은 상인이 담당했을 것으로 보인다.** 이러한 결합은 후일 유수한 한인 회사들이 주로 신분 문제 때문에 내홍(內訌)을 겪는 배경이 되었다.

---

*1911년 時事新報가 조사한 바에 따르면 50만 원 이상의 자산을 가진 조선인은 李熹, 李堈, 朴泳孝, 李完用, 李載完, 宋秉畯, 閔泳徽, 閔泳達, 李東九, 李根培, 高允默, 金鎭燮, 金敦熙, 金鎔夏, 崔思永, 金驢煌(金麗煌), 片廷律, 白南信, 金祺中, 金暻中, 崔鉉軾, 張吉相, 金秉彦, 吳重默, 許泰和, 姜裕承 등 32명이었는데, 이들 중 대한제국기의 관료로서 회사에 관여하지 않은 인물은 민영달 1명에 불과했다.『每日申報』1911년 7월 28일「朝鮮의 資産家」.

**대한제국 전기~식민지화 초기까지 경성의 대표적인 자본가 3명(趙鎭泰, 趙秉澤, 白完爀) 중 1명으로 지목되던 趙秉澤은 본래 민영익의 傔人으로서 청일전쟁 당시 牛皮, 미곡무역에 종사하여 巨富를 얻었다고 한다.『每日申報』1912년 12월 10일.

(2) 회사 참여의 양상

① 고위 관료의 회사 참여

대한제국 전기 각종 회사에 관여한 자본가들을 출자별(出自別)로 구분해본 것이 표 2-3이다. 필자는 이 글이 다루는 전 기간을 대상으로 각종 자료상에 회사 관련 경력이 보이는 3,125명을 주로 안용식(安龍植) 교수의 『대한제국관료사연구(大韓帝國官僚史硏究)』(연세대 사회과학연구원, 1995-이하 『官僚史』로 略記)와 대조하여 관직 보유 여부를 확인했고, 기타 『조선신사록(朝鮮紳士錄)』 『경성시민명감(京城市民名鑑)』 『조선귀족열전(朝鮮貴族列傳)』 등의 인명록과 대조하여 데이터베이스화했다.* 그 밖에 『관료사(官僚史)』에서는 확인하지 못했지만, 인명 앞에 관직이 나타나는 사람들은 모두 관료로 취급했다. 중등(中等) 이상의 관료는 동명이인 여부를 대략 확인할 수 있었지만, 하급 관료는 동명이인의 혼입(混入)을 피할 도리가 없었다. 또 대한제국기에는 관직 매매가 공공연했기 때문에 관료층의 수는 실제보다 과대평가된다. 이 문제를 보완하기 위해 관료 중 실직(實職)에 있었다고 보기 어려운 자들을 따로 추려내었다.** 그래서 전업 관료인데도 허직(虛職) 관료로 취급

---

*이하 本稿의 인명에 대한 설명은 모두 이 데이터베이스를 토대로 했다. 서술의 편의상 데이터베이스를 '기업가 DB'로 명명하고, 典據를 밝힐 경우 이대로 쓰기로 한다.

**표를 작성하면서 實職 관료가 아닌 것으로 판단한 관직은 다음과 같다. 이들 관직은 동일 기간 중 지나치게 남발되었으며, 객주, 상인이 분명한 자들에게 주로 수여되었는데 궁내부 산하기관 소속이 특히 많다. 中樞院議官(奏任官6級~4級), 通信司電話課主事(判任官8級), 各陵參奉(判任官8級), 侍從院分侍從 / 分侍御(判任官8級~6級), 宗正院主事(判任官8級), 會計院主事(判任官5級), 營繕司主事(判任官8級), 各道觀察府主事(判任官8級), 秘書院丞(奏5), 秘書院郎(判7), 奉常司副提調(奏4), 弘文館侍讀(判4), 奎章閣直閣(判4), 侍講院侍讀(判4), 惠民院主事(判6; 주로 藥材商, 醫員들에게 부여), 宮內府種牧課主事(判7), 宮內府水輪課主事(判7), 水輪院公桑課技手(判8: 1902년 이후 남발), 各道軍物調査委員, 船稅委員, 海稅委員, 鑛務委員, 捧稅委員, 尙衣院主事, 太僕司主事, 管理署主事(判8), 成均館博士(判8), 各及學校副敎官, 副敎員, 廣濟院事務委員(1902년 이후 남발), 稅務委員, 商工學校敎官(判6), 種痘事務委員(주로 藥種商들에게 부여), 法部法律起草委員(1902년 이후 남발), 內部主事(判6: 1902년 이후 남발), 西北鐵道局主事(判6: 1902년 이후 남발), 武官의 경우 배속 부대 없이 계급만 있는 尉官級. 단, 이들 諸職에 해당하는 자라 하더라도 동일 계통에서 지속적으로 종사한 것으로 확인된 자는 實職 관료로 취급했다. 임명되고도 부임하지 않거나 10일 이내에 사임한 경우에는 아무리 임명 횟수가 많더

표 2-3. 1895~1904년간 신분별 회사 참여자 수(괄호 안은 비율)

관계 회사 수 / 구분	1	2	3	4이상	계
고위 관료	36(10.3)	13(38.2)	5(50.0)	13(92.9)	67(16.4)
중하위 관료	84(23.9)	8(23.5)	3(30.0)	1(7.1)	96(23.5)
소계	120(34.2)	21(61.8)	8(80.0)	14(100.0)	163(39.9)
허직 관료	77(21.9)	8(23.5)	1(10.0)	–	86(21.0)
상인, 기타	154(43.9)	5(14.7)	1(10.0)	–	160(39.1)
소계	231(65.9)	13(38.2)	2(20.0)	–	246(60.1)
합계	351(100.0)	34	10	14(100.0)	409(100.0)

자료: 기업가 DB를 토대로 작성.

된 예가 있을 것이고, 또 당시 신문 자료에는 인명이 오기되는 일이 많았기 때문에, 동명이인의 혼입으로 인한 관료층의 과장 문제는 어느 정도 상쇄될 것이다.

표 2-3에서 고위관료로 구분한 사람들은 칙임관(勅任官) 3등 이상으로 협판(協辦)이나 관찰사 급에 해당하는 인물들이다. 칙임관 3등을 기준으로 한 것은 당시의 정치 관행상 황제의 측근이거나 세도가 출신이 아니면 이들 직책을 맡기 어려웠기 때문이다. 그 이하의 실직 관료들은 모두 중하위 관료로 취급했다. 표 2-3에서 두드러지는 특징은 관료층의 비중이 40%에 육박할 정도로 많다는 점이다. 물론 이 표의 관료 비중은 다소 과장되었겠지만, 전체 인구에 대한 관료층의 비중을 감안하면, 이들의 회사 참여가 대단히 활발했다고 보아도 무방할 것이다.*

다음으로는 관료들이 복수의 회사에 참여하는 경향이 많고, 특히 고위관료일수록 이 경향이 두드러진다는 점이다. 이 시기 4개 이상의 회사에

라도 虛職으로 취급했다. 단, 군수는 모두 實職으로 취급했다.

*참고로 1905~1910년간에는 회사 관련자 중 관료층의 비율은 24.3%로 급감한다.

표 2-4. 1895~1904년간 회사 참여 관료의 경력(괄호 안은 비율)

직급	관여 회사	인원		전체 인원
		통상업무	인가기관	
고위직	1	3(8.3)	14(38.9)	36
	2	3(23.1)	4(30.8)	13
	3 이상	2(11.1)	12(66.7)	18
	소계	8(11.9)	27(40.3)	67
중하위직	1	10(11.9)	23(27.4)	84
	2	1(12.5)	4(50.0)	8
	3 이상	2(50.0)	2(50.0)	4
	소계	13(13.5)	29(30.2)	96
계		21(12.9)	56(34.4)	163

주: 동일인이 복수의 경력을 가지고 있을 경우, 각각의 경력에 중복 표시함. 따라서 표의 합계가 맞지 않는 것은 동일인이 서로 다른 경력을 중복하여 지닌 때문임.
자료: 기업가 DB를 토대로 작성.

참여한 자들은 모두 관료들이며, 이들 중 중하위 관료는 김익승 1명뿐이다. 고위 관료들이 어떠한 위치에서 회사에 관여했는가를 알아보기 위해 작성한 것이 표 2-4다.

표 2-4에서 통상업무 관련자라 한 것은 통리아문, 감리서, 외부(外部)에서 주로 경력을 쌓았거나, 이들 부서의 대신, 협판을 역임한 사람들을 말하며, 인가기관은 농상공부와 탁지부, 내장원, 철도원, 통신원 등에서 경력을 쌓았거나 고위직에 있던 경우를 말한다. 각부 대신이나 협판직은 고위 관료들이 순환 보직되는 것이 일반적이었기 때문에 특별한 의미를 부여할 수 없지만, 특정 기관에 근속하면서 전문적 식견을 쌓은 중하위직의 경우에는 회사를 대하는 태도에 영향을 미쳤을 것이다. 고위직의 경우에도 인가 기관의 현직 대신이나 협판은 회사에 대한 지원을 상징하는 차원에서 참여했을 가능성이 있다. 실제로 은행에는 대개 탁지부 대신이, 철도 관련 토건회사들에는 내장원과 철도원의 책임자가 참여했다. 농상공부 대신을 지낸 자

들의 회사 참여가 특히 활발했던 것도 이와 관련하여 이해할 수 있다.

표 2-4를 통해 알 수 있는 것은 일단 1~2개의 회사에 참여하는 관료들의 경우 고위직이나 중하위직을 막론하고 회사 참여와 담당 업무 간에 밀접한 관련을 찾기는 어렵다는 점이다. 그러나 중하위직에서 3개 이상의 회사에 참여하는 자들은 반 정도가 관련 기관에서 경력을 쌓았음을 알 수 있다. 특히 중하위 관료 중에는 회사 경영을 담당한 자들이 많았는데, 그들은 대개 개항장에서 경무사, 감리 등을 지내면서 상업적 경험을 쌓은 자들이었다.

참여 회사가 4개 이상으로 늘어날 경우 이러한 양상은 더 두드러진다. 표 2-5는 4개 이상의 회사에 관여한 고위 관료들의 경력을 표시한 것이다.* 우선 눈에 띄는 것은 이들의 회사 참여가 기업회사에 집중되었다는 점이다. 도고회사나 수세회사에 참여한 경우는 극히 드물며, 대개는 은행, 토건회사, 해운회사 등 국책적 회사에 참여했다. 이들 회사 중 상당수에는 황실에서도 자금을 지원했기 때문에, 이들 역시 명의만을 제공하는 데 그치지 않고 실제로도 투자했을 것으로 보인다.

다음으로는 이들 중 상당수가 감리서, 외부(外部) 등의 통상 관련 기관이나 기기국, 전환국 등 초기 신문물 도입 기구에서 주요 경력을 쌓았다는 점이다. 이는 이들에게 회사 제도에 대한 안목을 넓힐 기회를 제공했으며, 농상공부나 내장원 등 회사 인허가 기관의 고위직으로 진출하는 데에도 영향을 미쳤던 듯하다. 따라서 이 시기 이들의 회사 참여는 경제 부처에서

---

*나애자에 따르면 고종의 러시아공사관 移御 이후 러일전쟁 이전까지의 기간에 각부 대신 및 협판 등 고관을 역임한 인물은 51명이었는데, 그중 27명이 이 시기에 설립된 회사에 관여했고, 나머지 24명 중 5명은 1905년 이후 회사에 참여했다. 이 시기 회사에 참여한 고위 관료들은 초기 독립협회 관계자이거나(安駉壽, 李采淵, 李完用, 尹致昊, 李允用, 權在衡, 韓圭卨 등, 이에 대해서는 朱鎭五, 1995『19세기 후반 開化改革論의 構造와 展開: 獨立協會를 中心으로』연세대 대학원 박사학위논문 부록 참조), 황제의 외척들(閔丙奭, 閔泳綺, 閔泳璇, 閔泳煥, 閔泳駿, 閔泳喆), 그리고 親美派 또는 英語派로 분류되던 대신들(李采淵, 李完用, 權在衡, 李允用 등)이 중심이었다. 이는 고위 관료들의 회사 참여가 식산흥업에 대한 의지와도 관계되어 있었음을 보여준다.

표 2-5. 1895~1904년간 4개 이상의 회사에 관여한 고위 관료

성명	관여 회사와 공장	주요 관련 경력	비고
金宗漢	大朝鮮銀行, 大韓帝國人工養蠶合資會社, 漢城銀行, 大韓國內鐵道用達會社	본관은 안동. 校正廳 堂上, 군국기무처 회의원(1894), 궁내부협판(1895), 독립협회 위원(1896)	1910 이후 회사 참여
閔丙奭	漢城銀行, 織造緞布株式會社, 大韓天一銀行, 大韓京釜鐵道役夫會社, 農業會社, 商船會社, 豊阜會社	본관은 여흥. 궁내부대신, 철도원총재(1898), 농상공부대신(1899)	1910 이후 회사 참여
閔丙漢	牛隻保險會社, 特立第一大韓銀行, 大韓天一銀行, 補公會社, 農業會社, 豊阜會社, 大韓水産會社	본관은 여흥. 이조참의(1893), 경효전 제조(1897), 궁내부 특진관(1898)	사망 일시 불명
閔泳煥	製造會社, 漢興銀行, 牧養社, 船舶迎送會社	본관은 여흥. 典圜局 幇辦(1884), 機器局 總辦, 商理局 總辦(1887), 탁지부대신(1898)	1905 사망
沈相薰	大朝鮮銀行, 中央銀行, 特立第一大韓銀行, 大韓天一銀行	본관은 청송. 선혜청 당상(1894), 탁지부대신(1896)	사망 일시 불명
安駉壽	大朝鮮銀行, 大朝鮮苧麻製絲會社, 馬車會社, 鏡城煤礦會社, 大韓織造工場	본관은 죽산. 통리아문 주사(1887), 전환국 방판(1888), 탁지부협판(1894), 독립협회 회장	1900 사망
李根培	漢城電氣會社, 大朝鮮銀行, 馬車會社, 大朝鮮苧麻製絲會社, 大韓國內鐵道用達會社, 製造會社	기기국위원(1885), 탁지아문참의(1894), 내장원경(1904)	1915 사망 시까지 회사 경영
李根澔	織造緞布株式會社, 大韓天一銀行, 元一輪船會社, 廣信交易會社	본관은 전주. 농상공부협판(1898)	1910 이후 회사 참여
李完用	大朝鮮銀行, 馬車會社, 大韓運輸會社, 漢城銀行	본관은 우봉. 전환국총판(1890), 외무협판(1894), 외부대신(1896), 농상공부대신 임시서리	1910 이후 회사 참여
李容翊	大韓天一銀行, 補公會社, 西北鐵道會社, 中央銀行, 布木組織所	내장원경, 탁지부대신, 전환국장, 철도사감독(1897), 탁지부대신(1904)	1907 사망
李允用	馬車會社, 漢城銀行, 濟生社, 大韓協同郵船會社	본관은 우봉. 농상공부대신(1896)	1910 이후 회사 참여
李載純	大韓國內鐵道用達會社, 濟生社, 香烟合資會社, 建築會社	본관은 전주. 淸安君, 전권대사(1902)	1904 사망
李采淵	大朝鮮苧麻製絲會社, 大韓運輸會社, 馬車會社, 大朝鮮銀行, 漢城電氣會社	농상공부협판(1896), 독립협회 기담, 한성전기회사 사장(1899), 경인철도 감독	1900 사망

자료: 기업가 DB를 토대로 작성.

쌓은 실무 경험과 인허가 기관에서 얻은 정보를 바탕으로 했다고 할 수 있다.

셋째로는 이들이 현직을 떠난 후에도 회사 활동을 지속했다는 점이다. 이들 중 1910년 이후까지 생존한 인물은 모두 식민지화 이후에도 각종 회사의 대주주나 중역으로 활동했다.

마지막으로 이용익, 이채연, 이근배 등 고종의 측근을 제외하면 대개가 19세기 이래의 세도가 출신이라는 점이다. 이는 이 시기 관료층의 회사 참여가 19세기 이래 지속되어온 상업 활동의 연장선상에 있음을 보여준다.

대한제국 전기 고위 관료의 회사 참여 확대는 한편으로 정부의 국부(國富) 증대 방안이 회사를 유력한 지렛대로 했던 데 말미암았으며, 다른 한편으로는 상품화폐관계의 확대가 관료들에게 부를 축적할 수 있는 새로운 기회를 열어주었기 때문이다. 즉 이 시기 고위 관료층의 회사 참여 양상은 관료자본 주도의 자본주의화 과정을 반영했다.

② 중하위 관료의 회사 참여

고위 관료층의 상당수가 회사에 참여하기는 했으나, 그들의 주된 경제 기반은 지주제(地主制)였다. 그런만큼 그들의 한계 역시 분명했다. 그들은 자본가이되 경영자는 아니었다. 반면 중하위 관료의 회사 참여는 이와 달랐다. 관직을 이용해 치부할 기회는 상대적으로 적었고, 보유한 부 역시 많지 않았다. 그러나 동시에 이들은 전문 관료로 실무 경험과 식견을 쌓았기 때문에 전문 경영인으로 전신(轉身)할 가능성이 가장 높은 집단이기도 했다.

중하위 관료 중 가장 활발한 활동을 벌인 김익승은 일본 측 기록에는 안경수의 가제(家弟)로 나와 있으며[275] 김규식(金奎植)의 숙부였다.[276] 그는 1886년 인천항 서기관으로 관직에 진출한 이래[277] 1904년 외부 교섭국장이 되기까지 관직 생활의 거의 전 기간을 개항장에서 보냈다.* 김익승이 처음

*김익승의 官歷을 정리하면 다음과 같다. 1886 인천항 서기관, 1887 仁川海關幇辦(『統署日記』 丁亥 2월 7일), 1888 부산감리(『統署日記』 戊子 11월 20일), 1895 군무아문 주사 겸 외무아문

참여한 회사는 ᄆᆡ일신문, 제국신문을 인쇄하던 이문사(以文社)였는데,[278] 이 회사의 인쇄 시설은 그가 일본에서 수입했다. 제국신문은 이문사의 자금에 크게 의존했으며, 그중 상당액을 김익승이 부담했던 듯하다. 그러나 그의 제국신문 출자는 1898년 6월 안경수의 일본 망명을 계기로 중단된 듯하다.* 이후 김익승은 원산 감리로 있으면서 당지 상민들과 함께 부선주식회사(=從船會社)를 설립하여[279] 일본인이 독점했던 도선업(渡船業)에 진출하는 한편, 그와 별도로 한국우체기선회사를 설립하여 동해안 일대의 정기 항로를 개척했다.** 이후 김익승은 여러 기록에 전 감리(前監理), 또는 우체기선회사 총무원 등으로만 표기되는데, 이로 미루어보아 관직을 떠나 회사 경영에만 몰두한 것으로 보인다.

김익승은 1899년 초에는 일본 기술자와 자본을 끌어들여 주조권업장(酒造勸業場)과 직조설업장(織造設業場)을 각각 설립했지만,[280] 두드러진 성과를 거두지는 못한 듯하다. 1899년 말에는 신설 예정이던 상공학교장(商工學校長) 물망에 올랐으며, 1901년에는 이재순을 사장으로 삼아 청축회사(請築會社=建築會社)를 설립하고 총무원이 되어 궁궐 수리 등의 건축 사업에 진출했다.[281] 김익승은 1904년 외부 교섭국장이 된 이후에도 청축회사 총무원직은 유지했는데, 1906년 청축회사 총무 명의로 자사(自社) 소유의 벽돌공

주사(『官報』 開國 504년 正月 11일), 동년 원산항 감리(『官報』 開國 504년 正月 23일), 1898 의정부 참서관(『皇城新聞』 광무 3년 2월 15일 官報). 이후 1904년 외부 교섭국장에 임명되기까지는 관직에서 떠나 있었지만, 1899년 商工學校 관제 발표 이후 교장 물망에 오르는 등 상공업 분야의 식견은 높이 평가받았다(『皇城新聞』 광무 2년 12월 1일 잡보 「商工學校」). 그가 가장 정력적인 기업 활동을 벌인 시기는 관직에서 떠나 있던 1898년 말부터 1904년까지의 기간이었다.

*안경수는 1898년 6월 일본 망명길에 올랐고, 그 다음 달인 7월에 김익승은 인쇄기계를 ᄆᆡ일신문, 즉 협성회의 沈相翊에게 매도했다. 안경수와의 관련 때문에 김익승이 신문사에 계속 간여하는 것이 불가능해진 때문일 것이다. 宋京垣, 1993 「韓末 안경수의 政治 經濟活動 硏究」 이화여대 사학과 석사학위논문, pp.19－20; 崔起榮, 1991 『大韓帝國時期 新聞硏究』 一潮閣, p.25 참조.

**『독립신문』 광무 2년 11월 22일 잡보 「우선회사」. 이때 우체기선회사가 내륙 항로에 투입한 선박은 일본 기선 瀨田川丸이었으며, 선박 구입자금은 김익승이 自辦했다.

장 부지가 경부철도 정거장에 편입된 데 따른 손해 보상을 청구한* 것으로 보아 청축회사 경영을 전관했던 듯하다. 청축회사는 통감부가 탁지부 건축소 직영의 연와제조소와 토관제조소를 설치하고** 일본인 회사들에 관급 공사를 독점시킴에 따라 소멸한 듯하다. 이후 김익승은 1880년대 중반부터 지속되어온 해산협동회사(海産協同會社)에 참가하여 1907년 사장이 되었으며,[282] 일제의 한국 강점 이후에는 이현직(李顯稙), 김명제(金明濟) 등과 함께 수륙통운합자회사(水陸通運合資會社)를 설립하고 사장이 되었다. 그러나 1911년 수륙통운합자회사의 강제 해산을 계기로 모든 사업에서 은퇴했다.

박기종은 부산항 경무관으로 있던 1880년대 중반부터 기업 활동을 시작하여 1886년 전경회사(電警會社, 이후 汽船會社)를 해항(該港) 서기관이던 정현철, 역시 해항 감리서 직원이던 민건호와 함께 설립했다.[283] 이후 철도 건설 붐이 일자 독자적인 부설 계획을 세우고 부하철도회사를 설립하는 한편, 대한국내철도용달회사의 실무자로 참여하기도 했다.[284] 그러나 경부철도주식회사가 한인 토건회사의 공사 청부 우선권을 폐지함에 따라 대한국내철도용달회사는 일본 토건회사에 권리를 빼앗겼고,[285] 부하철도회사도 확보한 부설권을 일본인에게 양도한 채 소멸했다.[286] 이후 박기종은 1903년경 서울에서 매약업(賣藥業)에 종사했고,[287] 러일전쟁 후에는 일본인을 대신하여 황무지 개간을 위한 소규모 농업회사의 설립을 추진할 정도로 볼락했다.***

---

*청축회사는 영등포에 연와제조소를 설립하고 自社의 공사용 벽돌을 생산했다. 생산 설비나 규모에 대해서는 상세히 알 수 없지만, 부지만 5,767평이었다 하니 적지 않은 규모였을 것이다. 『大韓每日申報』 광무 10년 5월 17일 잡보 「訴推地價」.

**『皇城新聞』 광무 10년 12월 17일 잡보 「煉瓦設社」. 탁지부 건축소 부속의 연와제조소와 토관공장은 1906년 10월에 설치되었고, 다음해 4월에서 7월 사이에 각각 영업을 개시했다. 그 생산품은 관영 건축사업은 물론 민간 건축사업에도 공급되었다. 京城府, 1934 『京城府史』 3, pp. 286-87.

***『皇城新聞』 광무 9년 6월 20일 잡보 「韓日合資農業社」. 농업회사는 李道宰 등이 황무지 개간을 위해 설립했던 農鑛會社가 통감부의 압력으로 강제 해산된 후, 이 회사의 권리를 일본인에게 양여하기 위해 급조한 회사로 보인다. 이 경우 박기종은 일본인의 명의상 대리인이었을

부산항 서기관으로 관직 생활을 시작한 정현철도 1897년 삼화감리(三和監理), 1899년 성진감리(城津監理) 등을 지내면서 박기종과 함께 활동했다. 그는 전경회사와 대한국내철도용달회사 설립에 참여했으며, 1903년에는 동사(同社)의 사장이 되었다.[288] 그러나 그도 대한국내철도용달회사 소멸 이후 한동안 활동을 중단했다가 1908년에 중개조합소(仲介組合所)라는 소규모 거간업체(居間業體)를 신설, 운영하는 처지로 몰락했다.[289]

우경선은 1886년 김익승과 함께 인천항 서기관으로 임명된 후,[290] 해항(該港) 경찰관을 거쳐 1890년에는 전운국 특파위원이 되었고, 1893년 이운사가 설립되자 그에 참여했다.* 이운사 해산 후에는 그 소속 선박 해룡호를 연 1만 원에 세내어 따로 광통사(廣通社)를 설립하고 사장이 되었다.[291] 광통사는 당시로서는 드물게 한일합작으로 설립되었지만, 일본인은 자금만을 담당했고 경영 실권은 우경선이 쥐었던 듯하다.[292] 이 회사는 1899년에 수환(壽丸)을 구입하여 연안 항로에 투입하는 등 비교적 활발히 활동했지만, 선박 구입 비용 때문인지 곧 폐업했다.[293] 이후 그 역시 두드러진 활동을 벌이지 못한 채, 1914년 평양에서 자선당약국이라는 소규모 약재상을 경영하는 상태로 영락했다.[294]

1890년 전운국 주사로 관직에 진출한 오귀영(吳龜泳)도 이운사의 핵심 간부였다. 그는 1895년 이운사 사무관으로 경영을 맡았고,[295] 다음해에는 사장으로 승진했다.[296] 그는 우경선과는 달리 이운사 해산 이후에도 농상공부 참서관(參書官), 관선과장(管船課長), 통신원참서관(通信院參書官), 동래감리(東萊監理), 수륜원국장(水輪院局長) 등을 거치면서 1900년대 초반까지 주로 해운 관련 부서에서 관직 생활을 지속했는데, 을사늑약 이후에는 다시 대한운수회사(大韓運輸會社)에 참여하여 감독이 되었다.** 동시에 서울에 대한

가능성이 크다.

*「公文編案」(奎18154) 乙未 2월 초4일. 『通商彙纂』에는 우경선이 민영준, 정병하 등의 고관과 함께 이운사를 직접 설립했다고 기록되어 있다. 『通商彙纂』「沿海貿易及航運」 1894년 8월.

**『大韓每日申報』 융희 3년 9월 21일 잡보 「運輸會擴張」. 대한운수회사는 대한국내철도운수회

서양세탁염색사무소(大韓西洋洗濯染色事務所)라는 당시로서는 이색적인 기업을 설립하기도 했다.[297] 그러나 그 역시 강점 이후에는 협동우선합자회사(協同郵船合資會社, 大韓協同郵船會社)의 대주주로만 남았고, 경영에서는 완전히 손을 뗐다.

이상의 사례를 통해 몇 가지 사실을 확인할 수 있다. 첫째, 대한제국 전기 중하위 관료들의 기업 활동은 대개 한두 개 기업에 머물렀고, 다수의 기업에 관여할 경우라도 동일 부문에 집중되었다는 점이다. 특히 같은 시기에 두 개 이상의 회사에 동시 관여하는 사례는 거의 찾아볼 수 없다. 이는 중하위 관료들이 특정 부문에서 전문성을 획득하여 전문 경영인으로 성장해가고 있었음을 의미한다. 우체기선회사와 부선주식회사 등을 설립하여 연안해운업에서 전문성을 키워나간 김익승, 이운사 참여를 계기로 해운업과 운수업에서 활동한 우경선과 오귀영, 철도와 해운에 관심을 집중한 박기종, 정현철 등이 그 예다.

둘째, 이들 중하위 관료 대다수가 1880년대 중반부터 개항장에서 실무 경력을 쌓았다는 점이다. 이들은 개항장 근무를 통해 자본주의적 경제 운용의 원리를 터득하는 한편, 기업 경영의 유리성에 눈뜰 수 있었다. 이들 외에 개항장의 중하급 관리 출신으로 활발히 활동한 기업가로는 김각현(金珏鉉, 1896 東萊監理; 煤礦合資會社, 輸運會社, 洋絲會社, 韓一銀行), 김교홍(金敎鴻, 1898 仁川監理署主事; 大韓天一銀行), 김병선(金丙善, 1898 三和監理署主事; 普興會社), 변시중(邊時中, 1895 東萊監理署主事; 釜下鐵道會社), 정보섭(丁寶燮, 1898 務安監理署主事; 釜下鐵道會社), 최경환(崔景煥, 1898 仁川監理署主事; 牛隻保險會社, 織組會社), 팽한주(彭翰周, 1895 德源監理; 利運社), 하상기(河相驥, 1899 仁川港警察官; 馬車會社, 博文社), 현명운(玄明運, 1900 務安監理; 釜山土木合資會社) 등이 있다.

사가 철도 부설 사업에 실패한 후, 연안 및 육상 운송으로 업무를 전환한 것으로, 사장은 이봉래였다.

셋째, 고위 관료들이 식민지화 이후에도 자본가의 지위를 유지했던 것과는 달리, 전문 경영인으로 성장해가던 중하위 관료들은 식민지화를 전후하여 거의 몰락했다는 점이다. 식민지화 이후 주요 회사의 지배인직은 일본인이나 일본에서 교육받은 신진 경제 엘리트들이 독점하는데, 이는 자본주의화의 진전에 따른 자연스러운 현상이라기보다는 일제가 대한제국 전기 이래 축적되어온 근대적 기업 경영 역량을 파괴한 결과였다.*

2) 상인층의 회사 설립

대한제국 전기 상인층의 회사 참여는 일견 관료층보다 활발한 양상을 보였다(표 2-3 참조). 그러나 기업회사에 국한하여 본다면 상인층의 회사 설립과 참여는 오히려 극히 저조했다. 개항을 전후한 시기 상인층은 크게 세 부류로 나뉘어 있었다. 첫째는 시전체제에서 공적 특권에 입각해 부를 축적해온 공인(貢人)과 시전상인이며, 둘째는 상품화폐관계의 확대에 편승하여 성장했던 객주 등의 사상인층(私商人層)이고, 셋째는 보부상으로 대표되는 행상·소상인들이다.[298]

흔히 공시인(貢市人)으로 표현되는 시전 상인과 공인들은 조선 후기부터 심각한 재생산 위기에 직면해 있었다. 재정 곤란을 겪던 정부는 이들에게 지불할 공가(貢價)를 계속 연체했고, 이들은 공가 체불에 대한 대가로 금난전권의 강화를 거듭 요구했으나 사상도고(私商都賈)의 기세를 누를 수는 없

---

*일본인들의 조사에 따르면 조선에서는 물주의 자금을 운전하는 상인들이 많았다. 물주 1명에 자본 사용자 數人이 있는 경우도 적지 않았는데(이를 同事라 하는데, 회사의 原型에 가까웠으리라 짐작된다), 이 경우에는 물주에게 이식만을 지불하고 나머지를 자본 사용자들이 분배했다(『財務彙報』 14, 「商業關係事項調查書: 開城地方金融組合報告」 융희 3년 5월 10일). 또 자금의 순환 고리가 양반 → 객주 → 소매상으로 이어진다고 한 것으로 보아 타인 자금을 이용한 상행위는 일반적이었던 듯하다. 그런 만큼 타인 자본을 이용한 전문 경영인의 출현은 충분히 예상할 수 있는 일이었으며, 대한제국 전기는 중하위 관료들에게 그러한 가능성이 크게 열려 있던 시기라 할 수 있다.

었다.[299] 개항 이후 외국 상인의 진출은 이들의 곤경을 더욱 심화시켰다. 1883년 서울 개시 이후 밀려들어온 청상(淸商)과 일상(日商)들은 금난전권의 규제 밖에서 육의전의 상권을 침해했다. 시전 상인들은 외국 상인의 축출을 지속적으로 요구했으나 실효를 거두지 못했다.

육의전의 금난전권 폐지는 그나마 남아 있던 이들의 특권을 완전히 소멸시켰다. 이제 이들은 공적 특권의 밖에서, 오로지 자신의 경제력에 의존하여 상권을 지켜나갈 수밖에 없는 처지에 놓였다. 그러나 이러한 상황이 곧바로 이들의 회사 참여를 촉진한 것은 아니었다. 시전 상인들은 여전히 특권의 부활에만 관심을 기울였을 뿐이다.*

다만 본래 세도가와 밀접한 관련을 맺고 있던 극소수의 거상, 또는 정상(政商)들만이 고위 관료들과 함께 각종 기업회사에 참여했다. 대한천일은행이나 마차회사 등 당시 고관들이 주도한 회사에는 조진태(趙鎭泰),** 백완혁(白完爀),*** 정영두(鄭永斗),**** 김기영(金基永)***** 등 서울과 개성의 거상들이 참

---

*갑오개혁으로 금난전권이 폐지된 이후에도 육의전의 應役은 지속되었다. 1905년 육의전은 농상공부에 응역을 폐지하지 않을 양이면 금난전권을 부활해 달라는 청원을 올렸다. 『大韓每日申報』 광무 9년 1월 22일 잡보 「육의전 호소」. 그런데 응역이 지속되었다는 것은 국가로부터 일정한 대가가 있었음을 의미한다.

**조진태는 경기도 양주 출신으로 1875년 무과에 급제한 후 1895년 株式會社軍部被服會社(軍部用達會社)를 창설하면서 본격적으로 상업에 투신했다고 하는데 실제로는 육의전 布廛 상인이었던 듯하다. 일제 강점 이후의 기록에는 포전 대행수로 나온다. 그는 대한제국 전기에 馬車會社(1897), 漢城銀行(1897), 大韓天一銀行(1899) 등에 참여했으며, 1902년 外部參書官(奏6), 1906년 豊德郡守(奏4)에 제수되었고, 같은 해 漢城商業會議所 의장이 되었다. 1905년 이후에는 株式會社漢城農工銀行, 漢城共同倉庫株式會社, 湖南鐵道株式會社 등에, 일본의 한국 강점 이후에는 宇惠喜漿油株式會社, 朝鮮貿易株式會社, 大昌貿易株式會社, 龍山勸業株式會社 등에 대주주나 중역으로 참여했다. 朝鮮紳士錄刊行會, 1931 『朝鮮紳士錄』 p.278; 『每日申報』 1917년 2월 4일 「布廛組合의 紛糾」 참조.

***백완혁은 서울의 거상으로, 대한제국 전기에는 마차회사와 대한천일은행에 참여했고, 1905년 이후에는 주식회사한성농공은행, 한성공동창고주식회사, 호남철도주식회사, 京城隆興株式會社 등에 조진태와 함께 참여했으며, 강점 이후에도 朝鮮製糖會社, 朝鮮農業株式會社, 京城穀物委托株式會社, 株式會社湖西銀行 등에 중역으로 참여했다. 1899년 中樞院議官(奏任官 3等)에 임명된 것 말고는 관직을 지닌 바 없었다.

****정영두는 개성의 거상으로 대한제국 전기에는 한성은행, 대한천일은행의 설립에 참여했다.

여했는데, 이들 모두가 자발적이었다고 보기는 어렵다. 이들의 자금을 동원할 필요가 있었던 고관들의 권유나 요구에 의한 것이었을 가능성이 크다. 이들의 회사 참여가 본격화하는 것은 을사늑약 이후 전황(錢荒) 피해를 극복하는 방편으로 회사 설립이 고려되면서부터였다.

대한제국 전기 회사 설립에 적극적이던 상인들은 개항장(開港場)·개시장(開市場)의 객주들이었다. 1900년에 이근호를 사장으로, 민경식(閔景植)을 부사장으로 설립된 광신교역회사(廣信交易會社)는 곽태현(郭泰鉉) 등 경강 객주들이 주도한 것으로서,* 설립 목적은 서울의 객주 영업을 독점하는 데에 있었다.[300] 전국에서 서울로 이입되는 물자는 모두 이 회사를 거치도록 규정했고, 이 규정은 대체로 지켜졌던 듯하다. 이 회사에서 1905년 전황을 맞아 더는 13도 행상의 대표자 된 자격을 지킬 수 없다는 광고를 낸 것은 그 같은 정황을 말해준다.[301] 1903년 용산 객주들이 조직한 태속중상회사(太屬仲商會社)도 용산 강변 일대의 매매 알선을 전관했다.[302] 그런데 이들 객주업 회사는 개항장 일대에 설립된 객주상법회사와 크게 다르지 않았다. 즉 상대적으로 강고한 객주조합으로서 대한제국 후기에 속출하는 객주업 회사,** 즉 객주업 전문의 합자회사들과는 분명히 구별되었다.

1906년에는 東洋用達會社를 설립하여 궁내부에 소요 물품을 독점 납품했다. 開城蔘政檢察委員, 淸國特派蔘政委員 등 蔘政 관련 관직을 보유했으며, 1898년에는 宮內府物品司長(奏6), 度支部典圜局技士(奏5)가 되었고, 1900년에는 侍從院侍從에 임명되었다. 1909년에는 광업에 손을 대었으나, 이후의 기업 활동은 알 수 없다.

*****김기영은 개성상인 출신으로, 대한제국 전기에는 마차회사, 대한천일은행의 설립에 관여했고, 1905년 이후 호남철도주식회사에, 병합 이후에는 株式會社漢湖農工銀行, 韓一銀行, 合資會社永信社, 開城電氣株式會社, 合資會社高麗蔘業社 등 주로 개성 지역에 설립된 회사의 중역 또는 사장으로 참여했다.

*곽태현은 경강 객주로서, 1900년 廣信交易會社를 설립하고 경영을 전담했으며, 1906년에는 漢城商業會議所 의장을 맡기도 했다. 1903년 管理署主事(判8), 中樞院三等議官(奏6)에 임명된 것 말고는 관직을 지닌 바 없으며, 회사 관련 경력은 1905년 호남철도주식회사에 주주로 참여한 것이 유일하다.

**원칙적으로 객주업이란 객주가 수행하는 업무 일반을 지칭하는 것이지만, 객주의 업무는 여숙업, 창고업, 위탁매매업, 대금업, 징세청부업, 환업무 등 다방면에 걸쳐 있었고, 시기에 따라 그 업무의 범위와 중점도 달랐다. 객주업의 영역 자체가 지속적으로 변동했던 것인데, 그럼에도 개항장에서는 관허(官許) 객주상법회사 체제가 강고히 유지되었던데다가 객주들 사이에도 지역별, 물종별 전관제가 지속되었기 때문에, 별도의 회사를 설립할 필요는 없었다. 개항장의 회사들은 오히려 기존의 신상회사(紳商會社, 객주상법회사) 체제 외곽에서, 새로 객주업에 진출한 자들에 의해 설립되었다. 인천에는 미상회사(米商會社), 어상회사(漁商會社), 상물회사(翔物會社), 남초채과회사(南草菜果會社), 염상회사(鹽商會社) 등이 내장원 인허하에 설립되었고,* 옥구에도 어상회사가 설립되었다.[303] 이들 회사는 모두 내장원의 세수 확대책에 편승한 것으로 개항장의 객주상법회사와 갈등을 빚었다.

물종별, 지역별 전관권에 입각한 회사 설립은 비개항장에서도 같은 양상을 보였는데, 이들 회사의 설립 주체는 대개 상인들이었다.** 이러한 회사의 설립은 해당 물종의 전매권을 지니고 있던 객주들이 주도하거나, 내장원 상납을 전제로 기존 객주의 물종 전매권을 탈취하려는 유력자의 하예(下隷)들이 주도하는 것이 일반적이었다.***

개항장 객주로서 객주업 이외의 목적으로 회사를 설립하거나 그에 참여하는 경우는 극히 드물었다. 다만 덕리회사(德利會社), 수운회사(輸運會社), 유성태호회사(裕盛泰號會社), 협동기선회사 등 객주 영업을 보완할 목적으로

'객주'라는 명칭은 일반적으로 사용되었다. 러일전쟁을 전후한 시기에 상업 제 분야가 분화되면서 객주업은 '객주 책임하에 수행하는 위탁매매업'으로 특정되었던바, 대한제국 후기의 객주업 회사라 함은 이 용례를 따른 것이다. 「韓國各港駐在帝國領事館報告」(『서울학사료총서』 I, 1994 서울학연구소), p.99.

*仁川紳商會社에서는 내장원과 농상공부에 물종별로 설립된 회사의 철폐를 거듭 요청했으나, 내장원 납세를 전제로 설립된 이들 회사의 활동을 막을 수는 없었다. 『訓令照會存案』(奎19143) 광무 6년 11월 22일 照會 2호; 『京畿道各郡訴狀』 各司謄錄 3, 광무 8년 10월.

**물종별·지역별 전매권을 자임하는 회사를 설립한 사람들은 특별한 관직이 없거나(官報上에 記錄이 없는 경우), 관직이 있더라도 실제로는 虛職으로 보이는 관직을 일시 보유한 데 불과한 사람들로서, 상인들이라 보아도 무리가 없을 것이다.

***1896년 恩津郡의 논산, 강경 두 포구에 설립된 회사는 두 포구 객주들이 회사에 股本錢을 내지 않으면 영업할 수 없도록 함으로써 민원을 야기했는데, 이때 회사를 설립한 자들은 기존 상민은 아니었다. 『독립신문』 광무원년 10월 28일 잡보.

선운업에 진출한 경우가 일부 있을 뿐이다. 결국 대한제국 전기의 기업회사 설립은 기본적으로 관료자본이 주도했던 셈이며, 상인층은 그에 소극적으로 동참하는 정도였다.

3장

대한제국 후기(1905~1910) 일제의 경제침탈과 한인 회사의 대응

1. 일제의 한인 회사 통제

1) 일제의 화폐·재정 정리와 한인 자본

1904년 2월 러일전쟁을 도발한 일제는 한국 정부를 강박하여 한일의정서를 체결하는 한편, 주한 일본 공사 하야시 곤스케(林權助)의 「대한사견개요(對韓私見槪要)」를 토대로 「대한방침(對韓方針) 및 대한시설강령(對韓施設綱領)」을 확정했다.[1] 일제는 여기에서 "제국은 한국에 대해 정사상 급 군사상(政事上及軍事上)에 있어 보호의 실권을 거두고 경제상으로 더욱 우리 이권의 발전을 도모한다"는 대전제 하에, 각론으로 ① 방비를 완전히 할 것, ② 외정(外政)을 감독할 것, ③ 재정을 감독할 것, ④ 교통기관을 장악할 것, ⑤ 통신기관을 장악할 것, ⑥ 척식(拓殖)을 도모할 것 등을 제시했다.[2]

일제의 이 방침은 이후 대규모 일본군의 주둔, 외교·재정고문 파견과 통감부 설치, 시정개선(施政改善)을 표방한 제도 정비 등으로 실현되었다. 경제 부문에서 일제가 특히 중시한 것은 교통·통신 시설의 장악과 농업, 임업, 광업, 어업 등 원료 채취 부문의 '개발'이었다. 이는 ① 정치·군사적으로 한국을 완전히 장악할 수 있는 전제 조건을 마련한 후, ② 조선을 일본의 상품 판매 시장 및 원료·식량 구입 시장으로 고착하기 위한 제반 시설을 정비하고, ③ 일본인 이주를 촉진하여 식민지 지배의 강력한 지주(支柱)로 삼기 위함이었다.[3]

러일전쟁 직후 일제는 한국을 이주 식민지로 설정하고 한국 보호국화 방침을 수립했다.* 이를 위해서는 먼저 한국 경제를 일본 경제와 직결시킬

---

*일본의 對韓 식민지화 방안의 핵심은, 한국을 인구 및 식량 문제 해결을 위한 移住植民地로 삼는 데 있었다. 그에 따라 일본 정부는 농업 이민의 장려에 주안점을 두고 식민지 개발 계획을 입안했다. 鄭然泰, 1994 「日帝의 韓國農業政策; 1905-1945」 서울대 국사학과 박사학위논문,

필요가 있었는데, 그 첫 사업이 화폐정리였다. 일본인의 자유로운 한국 이주와 토지 취득에 편의를 제공하고, 그들이 한국에서 취득한 화폐 자산을 자유롭게 송출할 수 있게 하려면 화폐제도의 재편이 필수적이었다. 1904년 부임한 재정고문 메가타 슈타로(目賀田種太郎)가 가장 먼저 '화폐정리사업'을 추진한 것도 이 때문이다. 일제는 또한 이를 발판으로 다시 '재정 정리'에 착수했다. 이는 한국 식민지화에 필요한 경비를 한국 내에서 조달하는 한편, 한국의 자주적 근대화를 위한 재정 기반을 붕괴시키기 위함이었다. 이들 '사업'의 결과 한국 경제의 대일 예속화는 돌이킬 수 없게 되었고,[4] 특히 한국 상인들이 궤멸적인 타격을 입었다.

1905년 6월부터 시작된 화폐정리사업은 백동화 남발에 따른 유통계의 혼란을 수습한다는 명목으로 추진되었지만,[5] 근본 목적은 한국의 화폐 주권을 박탈하고 한국 경제를 일본 화폐의 유통권으로 편입시키는 데에 있었다. 나아가 화폐 정리 과정에서 임의적인 교환비율을 설정함으로써, 한국인이 축적해놓은 화폐 자산의 가치하락을 유도하기도 했다. 화폐정리사업 과정에서 빚어진 전황(錢荒)은 그 단적인 표현이었다.

전황은 ① 구화폐에 대한 신화폐의 대충량(代充量)이 부족했던 점, ② 화폐의 유통량이나 유통 속도를 고려하지 않고 조속한 정리에만 집착했던 점, ③ 구화와 신화의 교환 비율이 2 : 1이 됨으로써 한국인의 화폐 자산이 1/2로 줄어든 점, ④ 한전(韓錢) 어음 발행 중지와 외획(外劃) 폐지로 금융 핍박이 심해진 점, ⑤ 400만 환 상당의 화폐가 무효화됨으로써 화폐의 총량이 줄어든 점 등에 의해 발생했다.[6] 그러나 더 근본적인 이유는 한상(韓商)들에게 준비할 시간 여유도 주지 않고 갑작스럽게 정리를 단행한 일제의 책략에 있었다. 일제는 화폐 발행 준비도 없이 화폐 정리를 단행하여 유통계에 투입된 화폐의 총량을 줄였다. 그 결과는 경제 질서의 전면적인 교란

---

pp.12－20 참조.

으로 나타났다.

화폐정리사업 착수 한 달도 되지 않아 전국 상민들이 극심한 전황을 호소하기 시작했다. 서울 상인들은 화폐정리사업 개시 직후인 1905년 7월 한성상업회의소를 창립하고,* 정부에 전황으로 인한 상업 침체와 상인들의 파산에 대한 책임을 물어 철시투쟁을 단행했다.[7] 그러나 일제는 전황을 극복하기 위한 방안은 마련하지 않은 채 사업을 강행했고, 고종이 전황 피해 구제금으로 하부(下附)한 내탕금(內帑金) 30만 원마저 편취(騙取)하여 공동창고회사(共同倉庫會社)와 수형조합(手形組合) 설립 자금으로 전용(轉用)해버렸다.** 이 기간 중 한상은 급속히 몰락하여 1905년 말에는 서울에서만 거상 23명이 파산하고 10여명이 도타(逃躲)하는 사태가 벌어졌다.*** 시전 상인들의 피해는 특히 이들이 종래 정부기관을 주요 거래선으로 삼고 있었기 때문에 한층 심각했다. 중앙 권력을 장악한 일제가 이들과의 거래를 일방적으로 축소, 단절해버렸기 때문이다.[8]

전황 피해가 갈수록 심각해지자 한성상업회의소는 1905년 11월 6일 정부에 피해 보상을 요구하는 장문의 청원서를 제출했다. 한성상업회의소는 이 청원서에서 화폐정리사업의 근본적인 문제점으로 ① 악화(惡貨) 남발의 책임은 정부에 있는데도 악화 정리로 인한 피해를 고스란히 상민(商民)에게

---

*한성상업회의소는 전황 대책을 마련할 목적으로 1905년 7월 김기영 등 한성 상민 30여 명이 주도하여 설립되었다. 『皇城新聞』 광무 9년 7월 15일 잡보 「商會請認」; 同 7월 20일 잡보 「認許商會」. 이때 마련된 상업회의소 장정에서는 제2조에 "事務權限은 京城五署內에 商工業發達하기 爲하여 必要한 方法을 硏究할 事", 제3조에 "商工業에 前日 規模를 改良 及 商工業에 關한 官廳에 建議及意見을 表示할 事"를 각각 규정하여 정부에 대한 건의기능을 맨 앞에 배치했는데, 이를 통해서도 이때 상업회의소를 급히 설립한 의도를 엿볼 수 있다.

**『皇城新聞』 광무 9년 8월 7일 잡보 「商會輪牒」. 고종이 下附한 내탕금 30만 원은 서울의 各廛 各社를 구제하기 위한 자금이었다. 그러나 目賀田種太郎은 시전의 특수한 지위를 무시한 채, 이를 共同倉庫會社와 手形組合 설립 자금으로 전용했다. 黃夏鉉, 1982 「日帝의 對韓植民地支配構造의 形成過程: 目賀田改革을 中心으로」 『東洋學』 12, pp.326－27; 柳承烈, 1996 「韓末·日帝初期 商業變動과 客主」 서울대 국사학과 박사학위논문, pp.144－45.

***『皇城新聞』 광무 9년 11월 11일 잡보 「破産續起」. 錢荒으로 납세, 부채상환 등에 곤란을 겪다가 일본인들에게 토지를 방매하는 일반 민중도 많았다. 同 광무 9년 11월 17일 잡보 「錢荒人死」.

전가하는 것은 부당하다는 점, ② 정리의 방법이 전래의 상거래 관습을 완전히 무시함으로써 상민의 혼란을 가중하고 있다는 점, ③ 백동화 가치를 결정적으로 하락시킨 원인은 사주(私鑄), 묵주(默鑄)와 아울러 일본인들의 위조 백동화 밀수입에 있음에도 그 때문에 하락된 백동화 가치를 기준으로 교환비가를 정함으로써 한인 소유의 화폐 가치를 일방적으로 평가절하했다는 점 등을 들었다. 이러한 인식에 기반하여 이들은 ① 화폐정리에 유예기간을 두어 당분간 본위화(本位貨)와 백동화를 병용할 것, ② 백동화 교환비가를 현실화할 것, ③ 전황(錢荒)으로 피해를 입은 상민의 구제책을 마련할 것, ④ 외획과 어음의 폐지를 취소할 것을 요구했다.[9]

한성상업회의소가 제시한 방안은 화폐정리의 필요성을 부인하지 않으면서도 그 피해를 최소화할 수 있는 안이었다. 그러나 한국 정부는 이미 화폐 주권을 상실한 상태였기 때문에 아무런 대책을 취할 수 없었고, 일제로서는 한인 자본가의 곤경에 관심을 기울일 이유가 없었다. 전황 피해는 한인에게 국한되어 있었으며, 일본 자본가들은 오히려 이 과정에서 이득을 보았다.* 결국 한인 자본가들은 자본 가치의 전면적 하락을 감수한 채, 화폐정리 이후의 사태에 대비하지 않을 수 없었다. 그리고 이는 다소 역설적이지만, 한인의 회사 설립을 촉진하는 계기로 작용했다.

화폐정리로 한인의 화폐 자산이 폭력적으로 탈취당했지만, 이는 동시에 화폐가치를 안정시켜 자본가들로 하여금 "축적을 위한 확실한 도구"를 획득할 수 있게 했다. 즉 자본가들은 이제 상품의 판매와 구매를 계획화하고 공고한 표준 아래에서 가격과 이윤을 계산할 수 있게 되었다.[10] 화폐 가치가 지속적으로 하락하는 상태에서는 주식 등의 유가증권도 가치 하락을 면

*화폐정리 정보의 사전 유출에 의한 조기 대응, 일본 화폐의 자유 통용 등으로 일본 상인들은 오히려 전황의 덕을 보았다. 한성상업회의소는 서울의 일본인 상업회의소에 照會하여 공동으로 전황 해결책을 강구하자고 했으나, 일본인들은 화폐정리를 적극 지지했다. 四方博, 1941『京城商工會議所25年史』大海堂印刷株式會社, pp.95-96.

할 수 없었고, 그에 따라 화폐자본의 장기적 투자는 지속적인 손실을 초래할 수밖에 없었다. 대한제국 전기에 설립된 회사들 중 단기 대부에 치중한 은행이나 투하 자본을 바로 현물화한 해운회사 정도가 장기간 지속될 수 있었던 것도 이러한 사정에 말미암은 것이다. 장기간의 생산 과정을 거쳐야 하는 제조업 회사들이 한결같이 준비 과정에서 좌초한 주원인도 백동화 인플레이션에 따른 자본가치의 지속적 하락에 있었다. 화폐정리사업은 이들 문제를 일거에, 폭력적으로 해결했고, 이는 화폐자본의 집적 가능성을 한층 높이는 요인이 되었다.

한인 자본가의 전반적 몰락도 회사 설립에는 유리한 조건으로 작용했다. 전래의 신용 거래 기반이 붕괴함으로써 모든 상거래에 화폐(또는 手形)가 유일한 교환수단으로 기능하게 되었고,[11] 이는 상인들로 하여금 가용 화폐의 총량을 늘리지 않을 수 없게 했다. 합자(合資)의 필요성이 급격히 제고된 것이다.

뒤 이은 '재정정리' 역시 한인 자본가에게는 치명적인 영향을 미쳤다. '재정정리'는 제일은행에 국고 업무를 맡긴 데서부터 출발했다.[12] 1904년 12월 탁지부령 제2호로 공포된 「금고출납역설치건(金庫出納役設置件)」,[13] 다음해 1월 탁지부대신, 일본공사, 재정고문 간 협의에 따른 「금고설치(金庫設置)에 관한 협의안」, 동년 6월 탁지부령(度支部令) 4호로 공포된 「금고사무처리순서(金庫事務處理順序)」[14] 등에 따라 제일은행 경성지점이 중앙금고가 되었다. 대한제국의 국고를 장악한 일제는 이어 징세 기구의 개혁에 착수했다. 일제는 징세 사무에서 지방관을 배제하려 했지만, 전국에 걸쳐 의병이 봉기하는 상황에서 이를 당장 추진할 수는 없었다. 따라서 일제는 일단 재정고문부(財政顧問部)를 확충하고 지방에 재무관을 파견하여 징세 과정에 대한 감시·감독을 강화하는 데 주력해야 했다.[15] 동시에 그동안 큰 문제점으로 지적되고는 있었지만 한편으로는 한상(韓商)의 주요 금융수단이기도 했던 외획을 폐지했다.[16] 외획 폐지는 가뜩이나 전황으로 고통받던 상인층을 더욱 곤경에 빠뜨렸다.

일제는 이어 1908년에 재무감독국관제(財務監督局官制)와 재무서관제(財務署官制)를 제정하여 징세 기구를 장악하고, 각도·각군에 있는 징세 관련 서류를 모두 재무서에 인계시킴으로써 징세 과정에서 지방관을 전면 배제했다.[17] 이는 부수적으로는 관리들의 부정축재를 방지하는 효과를 지녔다. 그러나 다른 한편으로는 관료자본의 축적 가능성을 봉쇄하는 결과를 낳았다. 이제 한국 민중에게 징수한 조세는 관료의 사복(私腹)을 채우는 대신 일제가 장악한 국고를 채우게 되었다.

재정정리는 황실 재산을 약탈하는 데에도 목적이 있었다. 메가타(目賀田)는 1904년 10월 궁내부 제도를 장래의 '정리(整理)'에 적합하도록 개편할 목적으로 제실제도정리국(帝室制度整理局)을 설치했으며 이어 1905년에는 고무라(小村) 외무대신으로부터 한국 재정 통일에 관한 「요건각서(要件覺書)」라는 것을 교부받아 그를 토대로 황실 재정의 '정리'에 착수했다.[18] 이 각서 중 황실 재산과 관련한 정리안(整理案)의 요지는 다음과 같았다.[19]

① 내장원의 정리는 재정고문이 담당하게 하고, 同 고문의 감독하에 가능한 한 빨리 정리할 것

② 현재 한국 황실에 속하는 광산을 정리하고, 황실에 속하는 것과 정부에 속하는 것을 구분할 것. 단, 황실에 속하는 것의 수를 제한하고, 일반에 개방할 부분을 늘릴 것.

③ 황실에 속하는 광산은 가능한 한 일본인과 공동으로 경영하도록 할 것.

④ 한국 광산사무를 정리하기 위해 한국 정부로 하여금 광산기사 1명, 조수 약간 명을 초빙토록 하고, 동시에 同 기사 등에게 내장원 소관의 광산에 관한 사무도 담당하도록 할 것. 단 同 기사 등은 재정고문의 감독을 받게 할 것.

⑤ 황실에 관한 광산, 기타의 사업 경영 및 황실이 부담을 지는 사업 및 계획 등에 관해서는 모두 재정고문의 승인을 요하도록 할 것.

「각서」는 황실 소유 광산에 특히 주목했지만, 황실에서 지출하는 사업 자금도 모두 재정고문의 감시 하에 두어야 한다고 촉구했다. 황실의 광산 소유권을 탈취하는 한편, 황실 자금이 민간 기업에 유입되는 길을 차단하려는 것이었다.

고무라의 「각서」를 기초로 메가타는 곧바로 황실 재산 정리에 착수했다. 먼저 1905년 12월 황실의 모든 재용(財用) 및 경제사업을 심의하는 기구로 궁내부에 제실재정회의(帝室財政會議)를 설치했고, 이어 1906년 2월에는 제실제도국(帝室制度局)에서 심의 안건을 작성하도록 했다. 다시 1907년 6월에는 제실제도국 산하에 임시정리부(臨時整理部)를 두었으며, 7월에는 「임시제실유급국유재산조사국관제(臨時帝室有及國有財産調査局官制)」를 발포하여 그동안 황실 재산 관계로 설립되었던 모든 관서를 임시제실유급국유재산조사국(臨時帝室有及國有財産調査局, 이하 '재산조사국'으로 略記)에 통폐합했다.[20]

재산조사국은 ① 궁내부에서 징수하던 모든 잡세를 폐지하며, 이미 징수한 부분은 전부 국고에 귀속할 것, ② 인삼전매사업을 탁지부 소관으로 할 것, ③ 역둔토 등의 토지와 그 수입을 정부로 이속할 것, ④ 궁내부 소관의 토지를 조사하고 그중 민유지로 인정되는 것은 환부하거나 하급(下給)할 것 등의 방침을 정했다. 이로써 황실의 재정 기반은 철저히 해체되었고, 재산 대부분은 재정고문이 장악한 국고로 이속되었다. 동시에 재산조사국도 폐지되었으며, 그 업무는 탁지부 산하에 새로 마련된 재산정리국으로 이관되었다.[21]

대한제국 전기의 황실은 광대한 토지와 광산을 가졌을 뿐 아니라, 한성전기회사 등 근대적 기업의 지분도 소유했다.* 또 종친들도 대한제국 전기

---

*고종은 1910년 韓美電氣會社가 日韓瓦斯電氣株式會社(후에 京城電氣株式會社)에 매도될 때, 지분 문제를 둘러싸고 콜브란을 상대로 직접 소송을 제기하기도 했다. 『每日申報』 1913년 9월 30일.

의 유력 자본가로서 각종 근대적 기업에 투자했다.* 그런 점에서 황실 재산의 해체는 토착 자본가가 성장할 수 있는 길 하나를 봉쇄했다는 의미도 지녔다.

한편 황실 재정 해체 작업의 일환으로 단행된 무명잡세 폐지 조치는 내장원 납세를 전제로 설립된 도고회사와 상법회사의 존립 근거를 소멸시켰다. 일제가 황실 재산 정리의 대표적 효과로 내세운 것도 무명잡세 철폐와 도고상업체제 해체였다. 그러나 이런 회사는 일진회원이나 일본인 모리배들에 의해 대한제국 후기에도 지속적으로 설립되었다. 결국 일제의 황실 재산 정리는 황실이 주도하는 근대화 사업의 실현 가능성을 봉쇄하고,** 한국 산업 전반을 일제의 의도에 따라 재편하는 데에 목적이 있었다.

---

*대한제국 전기~일제강점기 종친들의 회사 참여 상황을 보면 다음과 같다.

성명	참여회사
李鳳來	織造緞布株式會社(1899), 大韓天一銀行(1899), 大韓運輸會社(1906), 東洋火災保險株式會社(1908), 大韓柞蠶株式會社(1909), 漢城美術品製作工場(1910), 農務組合所(1910), 朝鮮製糖會社(1910), 種苗株式會社(1910), 朝鮮農業株式會社(1912), 株式會社韓一銀行(1913), 朝鮮貿易株式會社(1913)
李載崑	潔穢會社(1902), 普運社(1905), 大海漁業會社(1910)
李載克	仁漢輪船合資會社(1900), 大韓商業株式會社(1909), 大韓柞蠶株式會社(1909), 蠶林組合(1909), 農務組合所(1910), 大海漁業會社(1910), 種苗株式會社(1910), 漢城銀行(1911), 朝鮮普殖園組合(1913), 朝鮮貿易株式會社(1913)
李載純	大韓國內鐵道用達會社(1899), 濟生社(1899), 香烟合資會社(1899), 建築會社(1900)
李載完	漢城銀行(1897), 京釜鐵道支線會社(1902), 韓國殖産奬勵會社(1906), 森林會社(1908)
李載現	製紙會社(1905), 通運社(1912), 京城硝子製造所(1913)
李埈鎔	埋築會社(1905), 大韓製紙會社(1908), 東洋火災保險株式會社(1908), 大日本農産株式會社(1913), 漢城銀行(1919)
李海昌	朝鮮製紙合資會社(1911), 朝鮮貿易株式會社(1913)

자료: 기업가 DB.

**대한제국 전기 정부 재정 기반을 축소시키면서 진행된 황실 재정의 확대는 정부 재정이 외세 감독하에 있던 상황에서 나온 재정 주권 확보책으로 이해할 수 있다. 楊尙弦, 1997 「大韓帝國期 內藏院 財政管理 硏究: 人蔘·礦山·庖肆·海稅를 중심으로」 서울대 국사학과 박사학위논문, p.3 참조.

2) 한인 회사의 권리 박탈과 일인 회사 지원

(1) 한인 회사의 권리 박탈과 「각종인허(各種認許)의 효력급기한(效力及期限)에 관(關)한 건(件)」

1906년 1월 서울에 설치된 통감부는 본격적으로 한국 내정 전반에 간섭하기 시작했다. 본래 을사늑약에 규정된 통감(統監)의 권한은 한국의 외교권을 위임받아 대리 행사하는 것이었고,[22] 내정까지 간섭할 수 있는 것은 아니었다. 그러나 이토 히로부미(伊藤博文)는 "한국 정부는 일본의 시정개선 권고를 받아들인다"는 1904년 한일의정서의 규정을 원용하는 한편,* 재정감독권을 지렛대로 삼아 내정 전반에 걸쳐 무소불위(無所不爲)의 권한을 행사했다.[23] 특히 경제면에서는 「대한시설강령(對韓施設綱領)」에 따라 대량의 일본 농업 이민을 받아들이기 위한 정지 작업에 치중했는데, 통감부의 한인 회사에 대한 정책도 이 틀 안에서 수립·추진되었다. 한인 회사에 대한 통감부의 억압이 주로 농업이나 임업, 광업, 철도 부문에 집중된 것도 이 때문이다.

1904년 8월 일본이 이재회사(理材會社)에 철파 압력을 가한 것은 그 대표적인 예다. 이재회사는 1903년 3월, 압록강 연안의 재목 벌채를 목적으로 설립되어 농상공부의 인허를 얻었다.[24] 압록강 연안 삼림벌채권은 1896년 한러 합작으로 설립된 조선목상회사(朝鮮木商會社)가 보유하고 있었지만,** 이 회사가 활동을 중단하자 한국 정부는 이재회사에 그 권리를 인계했다. 그런데 러일전쟁에서 승기를 잡은 일본은 뒤늦게 농상공부에 항의했고, 농상공부는 회사를 인허한 바 없다고 답변했다.*** 그러나 일본 공사관은 이재회사가 농상공부에서 받은 인허장을 확인하고 경위 해명과 관련자 문책을 요구했다.[25] 결국 이로써 이재회사는 철파되었고 그 권리는 일본인들의 삼

---

*일본의 식민정책학자들 역시 "被保護國은 일반적으로 能保護國의 시정개선 권고를 받아들일 의무가 있다"고 주장했다. 有賀長雄, 1906『保護國論』早稻田大學出版部, p.372.

**계약조건은 압록강과 울릉도 일대 관유 산림의 벌목과 양목의 권한을 러시아 상인에게 면세로 양도하고, 그 대가로 국왕이 회사 지분의 1/4과 이익금 1/4을 확보하는 것이었다.『農商工部請議書』(奎17719) 開國 504년 9월 9일「朝鮮木商會社 章程」

***『農商工部去來文』(奎17802) 광무 7년 5월 6일 照覆 제4호. 일본의 항의는 러시아가 한국 정부에게 얻은 권리는 전승국인 일본에 귀속되어야 한다는 전제에 입각했던 것으로 보인다.

림회사(森林會社)에 넘어갔다.[26]

1904년 황무지 개척을 목적으로 설립된 농광회사(農鑛會社)도 일본의 압력으로 철파되었다. 농광회사에 대한 철파 압력 역시 일본이 승세를 굳힌 1904년 8월부터 시작되었는데, 이때 일본이 이유로 내세운 것은 농광회사가 외자(外資)를 차입하려 했다는 점이다.[27] 그런데 이 외자 차입설은 농광회사 측에서 표명한 것이 아니라, 일본의 공작에 의해 『황성신문』에 보도된 것으로서,[28] 실제로 추진된 것은 아니었다. 그러나 정부는 이를 빌미로 한 일본의 집요한 압력에 굴복하여 결국 같은 달 8월 9일 철파 지령을 내렸다.[29] 농광회사 사장이던 전(前) 농상공부대신 이도재(李道宰)는 이에 대해 다음과 같이 불만을 표했다.

> 전해 듣기로는, 貴部에서 농광회사 철파의 일로 일본공사관에 答申한 중에 外資借入云云한 구절은 여러말 할 것 없는바 …… 외자 차관의 일은 後弊와 큰 관련이 있는 문제임을 알기 때문에 마음에서만 생각하고 있었을 뿐 실행하지는 않았던 것입니다. 그런데 일본공사가 어떻게 들었는지 公函으로 항의했으니 참으로 의혹스럽습니다. 또한 각하(농상공부대신)께서 이미 이 公函을 보셨으니 일단 회사중에 질문하여 확인한 후에 照覆하심이 옳았을 것입니다. …… 회사의 차관에 관한 說은 여러 신문사에서 근거 없이 보도한 데 따른 것입니다.[30]

농광회사 철파 직후 한일합작으로 농업회사 설립이 추진되었는데,[31] 이는 일본의 농광회사 철파 압력이 한국 황무지 개척권을 장악하려는 의도에 따른 것임을 보여준다.

광업부문에서는 내장원 특허 하에 채광(採鑛)했던 풍부회사(豊阜會社)가 철파되었다. 풍부회사는 1904년 8월 평안남도 일대의 황실 소유 철광과 탄광을 개발할 목적으로 설립된 것으로,[32] 동년 11월 운산금광 주변 사방 30리에 광구를 설정하는 한편[33] 1905년 2월에는 미국인을 고용하고 채굴기계를 도입하여[34] 7월부터 채굴에 착수했다.[35] 채굴 성과는 알 수 없으나, 1906년 3월과 4월 내장원이 평안남도 수조관(收租官)에게 공전(公錢) 5천 원과 1만 원을 풍부회사에 획송(劃送)하도록 지시한 것으로 보아 이때까지는 채광이 지속된 듯하다.[36] 그러나 제실재산정리에 관한 「각서」에서 황실 소유 광산의 국유화를 명시한데다가 1906년 6월 '광업법(鑛業法)'이, 동 7월 '사광채취법(砂鑛採取法)'이 각각 발포된 상황에서* 풍부회사가 존속할 여지는 없었다.

호남철도의 자력 부설을 기도했던 호남철도주식회사의 소멸 과정은 한인 회사의 기득권을 무효화하려는 통감부의 압력이 얼마나 집요했는가를 보여준다. 호남철도주식회사는 대한운수회사(대한국내철도운수회사) 사무장 서오순 등의 발의로 1904년 6월에 설립되었고,[37] 바로 철도원 인가를 얻었다.** 1905년 2월에는 청주·조치원에서 강경에 이르는 구간의 측량을 완료하고 서울에 창고를 건설하는 한편, 주금(株金) 모집에 박차를 가하여 1906년 중반에는 30여만 원의 자금을 모았다.[38] 1906년 8월에는 일본인 고다마(兒玉)와 400만 원 차관 도입 계약을 체결하는 한편,[39] 강경에 지사를 설치하여 공사를 총괄할 준비를 갖추었다.[40] 이때 황실에서도 1만 주를 인수하기로 하는 등 호남철도 자력 부설운동은 전국적으로 확산되었다.[41] 그리하

---

*『韓末近代法令資料集』 4, 법률 제3호 「鑛業法」 및 제4호 「砂鑛採取法」. 이들 법령에 대해 大韓每日申報는 이것이 한국 광업을 일본이 독점하기 위한 것이라고 지적했다. 『大韓每日申報』 광무 9년 7월 21일 논설 「韓國及外國資本」.

**서오순은 1895년 법부주사, 1905년 駐箚俄法墺公使館三等參書官을 지낸 외에는 특별한 관직 없이 철도 사업에만 종사했다. 그는 1898년 대한국내철도운수회사 총무장을 지냈고, 1899년에는 西北鐵道會社에 참여했으며, 1905년에는 호남철도주식회사 총사무장이 되었다. 호남철도주식회사가 해체된 후 1908년에는 大韓勞動會 설립을 주도했으나, 그 이후의 행적은 알 수 없다. 『大韓每日申報』 광무 10년 6월 26일 잡보 「最大事業」. 한편, 호남철도주식회사의 창립위원은 徐午淳, 李允用, 吳龜泳, 鄭顯哲, 邊永勳 등이었으며(이 중 정현철, 변영훈은 부하철도회사의 인원이었다), 사장은 이윤용이었다. 최초 창립위원의 출자액은 4만 3,830圓에 달했다. 臨時財産整理局, 「湖南鐵道株式會社收支調査書」(奎21062) 및 「募株費」 各司謄錄 54, 湖南鐵道會社領收證, 『大韓每日申報』 광무 10년 7월 18일 광고 등 참조.

여 1906년 12월에는 마침내 조치원에서 기공했고, 고종도 이때 1만 원을 하사했다.[42]

그러나 호남철도주식회사는 설립 직후부터 통감부의 방해 책동에 시달려야 했다. 일제는 철도원이 서오순에게 부설권을 허가한 직후부터 취소를 요구했으며,[43] 1905년 10월에는 일본공사 하야시 곤스케(林權助)가 농상공부에 다음과 같이 조회(照會)했다.

> 貴國人 徐午淳이 호남철도회사를 조직하고 발기인 총대가 되어 鐵道院 인허를 받았다 云云하는데, 該人을 조사해본 즉 과연 예정된 계획을 수행할 수 있을지 의심스럽다. 資力도 없고 경험도 없는 貴國人으로 이러한 大事業을 실행할 수 있으리라고는 결코 믿을 수 없다. …… 당사자가 속히 인허를 철회함이 公私上 타당할 것으로 생각된다. 本公使가 본국 정부의 훈령에 따라 누차 照會한 바 있음에도 貴政府가 함부로 인허한 데에 무슨 이유가 있는 것인지 실로 알 수 없다.[44]

이에 대해 농상공부는 해회사(該會社)가 계획대로 사업을 추진하고 있는 데다가, 호남철도회사는 을사늑약 체결 이전에 인허받은 회사인 관계로 일본 정부의 의견과는 무관하다고 답신하여 일단 일본 측의 요구를 거절했다.[45]

이후 호남철도주식회사가 주식 모집에 열중했던 1906년 중반까지 일본공사와 통감부는 이 문제에 대해 더 언급하지 않다가, 회사와 일본인 고다마 사이에 차관 도입 계약이 체결되는 등 사업이 진척되자 다시 인가 취소를 요구하고 나섰다. 1906년 7월, 통감부는 의정부 참정(參政) 박제순(朴齊純)과 농상공부대신 권중현(權重顯)에게 "발기인에게 계획대로 하지 말라고 유시(諭示)"하라는 조회를 발송했다.* 이어 동년 8월 강경에 호남철도주식

*『農商工部去來文』(奎17782) 광무 10년 7월 19일 照會 제143호;『大韓每日申報』1906년 7월 20일 잡보「徐認勿施」. 1905년 12월 18일 법률 제6호로 발포된「私設鐵道條例」에도 호남철도

회사 지사가 설치되자 다시 그를 폐쇄하라고 했는데,[46] 이때에도 한국 정부는 "철도 공사가 곧 기공할 예정이고, 인민의 기득권리를 특별한 이유 없이 박탈하는 것은 불가하다"는 이유로 거부했다.[47] 통감의 '시정개선' 권고를 받아들일 의무가 있던 한국 정부가 이러한 태도를 보인 것은 이례적이었다. 이는 아마도 고종이 직접 하사금을 지급하는 등 사업에 적극적인 자세를 보였기 때문일 것이다.

그러나 통감부는 '국방상의 이유'를 들어 본국 정부의 동의 없이는 철도 부설을 인정할 수 없다고 한층 강경한 자세로 나왔다.[48] 이에 농상공부는 다시 그 불가함을 주장하되,[49] 한걸음 물러서서 해사(該社)에서 불법한 일을 자행할 경우에는 엄중 단속하겠다는 취지로 답신하고[50] 이윤용의 사저(私邸)에 보관되어 있던 인허장을 회사 금고에 보관하도록 한 후 열쇠와 인허장 사본을 가져왔다. 농상공부의 이 조치는 당장 인허장을 환수할 명분은 없지만 향후 적당한 빌미를 잡아 인허를 취소하겠다는 의사를 내비친 것이었다. 이후 통감부의 호남철도 부설 방해 책동은 그 와해를 추진하는 형태로 변화되었다.[51] 이러한 상황에서 고종은 1907년 1월 호남철도주식회사에 1만 원을 하사하는 등 통감부의 압력에 맞섰고, 서오순 역시 손가락을 자르면서까지 철도를 완공하겠다는 결의를 표명했다.[52]

그러나 통감부의 압력은 회사의 임원들에게까지 미쳐 1907년 1월에는 사장 이윤용이 퇴임했다.* 이에 회사는 정현철, 변영훈, 오귀영 등 중하위 관료 출신 자본가들과 김기영, 성문영, 조진태, 백완혁 등의 거상들로 임원진을 개편하여 자금 동원력과 실무 역량을 강화하는 방식으로 대응했다.**

회사의 인허를 취소할 빌미를 마련하려는 의도가 포함되었던 것으로 생각된다. 『韓末近代法令資料集』 4, 법률 제6호 「私設鐵道條例」.

*1907년 3월에는 掌禮院典祀(勅任官2等)로서 大韓京釜鐵道役夫會社(1900)에도 참여한 바 있던 嚴俊源에게 사장직을 제의했으나 그 역시 고사했다. 『皇城新聞』 광무 11년 3월 4일 잡보 「鐵道社長推薦」.

**호남철도주식회사 사장 이윤용이 퇴진하자 상인층이 회사의 전권을 장악했다. 개성의 거상인 김기영이 사장, 서울의 거상 成文永이 총무부장이 되었으며, 그밖에 오귀영, 변영훈, 정현철 등 특히 조진태 등 서울의 거상들은 상인들을 독려하여 주식을 인수하게 하는 등 회사의 자금 모집에 적극적으로 나섰다.[53] 그에 따라 1907년 2월에는 윤정석(尹晶錫), 백주현(白周鉉), 정동식(鄭東植), 손석기(孫錫基) 등 유력 자본가들이 추가로 참여하여 호남철도 정리위원회(湖南鐵道 整理委員會)를 설치하고 주주 모집에 박차를 가했다.[54] 고종도 시종(侍從) 이용재(李龍在)를 파견하여 주식 모집 상황을 하순(下詢)하는 등, 회사에 다시 한 번 각별한 관심을 표시했다.[55]

1907년 8월 서오순, 오귀영 등은 다시 일본인 마메모토 하라이치(忠本原一) 및 요코다 도라히코(横田虎彦)와 계약하여 합작으로나마 호남철도를 완공하려 했으나, 농상공부는 사전에 통지하지 않았다는 이유로 계약서를 압수해버렸다.[56] 이때 서오순은 일본에까지 가서 자력 부설이 가능함을 호소했지만,[57] 일본인들은 그의 말에 귀를 기울이지 않았다.

그런데 이 무렵 갑작스럽게 각계의 유력자들이 호남철도주식모집연구회(이하 '연구회'로 略記)를 결성했다. 연구회는 유길준(兪吉濬), 윤효정(尹孝定), 홍긍섭(洪肯燮), 이동휘(李東輝), 장박(張博) 등 개명 지식인들이 주도한 것으로,[58] "철도 부설권이 서오순 1인에게 허가된 것이 아니라, 전국민에게 허가된 것"이라는 전제 하에, "회사의 주식을 전국민에게 모집하는 한편, 부족한 자금은 통감부에 의뢰하여 차관을 얻겠다"는 계획을 수립했다.[59] 연구회는 서오순에게 인허장과 도장을 인계하라고 요구했다. 통감부는 서오순의 사유권(私有權)을 강제로 박탈하기보다는 이를 일단 연구회로 이관한 후 다시 통감부 직할로 옮기는 것이 물의를 피하는 길이라고 판단했던 듯, 연구회의 활동을 오히려 후원했다.

1908년 9월부터 호남과 호서 일대의 관찰사, 군수가 직접 주식 모집위원이 되어 결총별(結總別)로 모집 주수를 할당하는 등, 강권적인 주식 모집운

의 중하급 관료와 조진태, 백완혁 등 거상들이 회사의 임원에 취임함으로써 자금 동원력이 크게 강화되었다. 『皇城新聞』 광무 11년 1월 31일 잡보 「湖南鐵道擴張社」.

동이 벌어졌다.* 한국인의 권리는 탈취하되, 자금은 동원한다는 방침이었다. 그러나 한반도 내 모든 철도 부설권을 직접 장악하려 한 군부의 반발 때문인지 이 방침은 얼마 안 가 폐기되었다. 1908년 11월, 행정관청의 주식 모집 개입을 금지한다는 내부대신 송병준 명의의 비훈(秘訓)이 내려졌고,** 1909년 5월부터는 탁지부 재산정리국에서 호남철도주식회사의 문부(文簿) 일체를 조사하기 시작했다. 이로써 호남철도 자력 부설을 위한 노력은 좌절되었다.[60]

어업 부문에서는 수산주식회사(水産株式會社)가 철파되었다. 이 회사는 1906년 장기렴(張基濂), 최익환(崔翊煥) 등이 농상공부의 인허를 받아 설립했는데,*** 통감부는 별다른 이유 없이 농상공부에 인허 취소를 요구했다. 농상공부는 이에 인허장을 환수하고 회사의 철폐를 지시했다.[61] 수산주식회사 사원들은 그동안 들인 경비가 수만 원에 달함을 들어 통감부에 철폐 조치를 취소해 달라고 청원했다. 통감부는 이때 민폐를 야기할 우려가 있는 정관을 개정하라고 요구했고 사원들은 그 요구에 따랐지만, 재인허되지 못했다.[62]

일제가 한인 회사의 기득권을 탈취하거나 기인가회사(旣認可會社)를 해산시키는 근거를 확보하기 위해 마련한 것이 1906년 10월의 칙령 62호, 「각종인허(各種認許)의 효력급기한(效力及期限)에 관(關)한 건(件)」이다.**** 그런데

*『大韓每日申報』 융희 3년 9월 24일 잡보 「湖南線委員會況」. 할당된 株數는 전북에 11만 주(550만 원), 전남에 16만 주(800만 원), 충남에 2만 주(100만 원), 경성에 1만 5천 주(75만 원)로 총 30여만 주였다. 『皇城新聞』 융희 2년 11월 5일 잡보 「湖南鐵道株式募集盛況」; 『大韓每日申報』 융희 2년 11월 6일 잡보 「鐵道株式募集盛況」.

**『皇城新聞』 융희 2년 11월 12일 잡보 「內大秘訓」; 『大韓每日申報』 융희 2년 11월 21일 잡보 「鐵道會社의 大失敗」. 행정 관청의 주식모집 개입 금지는 주식 모집이 완료된 이후에는 연구회가 철도회사를 별도로 설립하고 부설권을 재인가받을 것이라는 풍설이 광범히 유포된 때문인 듯하다. 통감부의 입장에서는 이 문제가 여론화되어 좋을 것이 없었다.

***수산주식회사의 설립 목적은 어업경영과 어시장 건설이었다. 『大韓每日申報』 광무 10년 10월 11일 잡보 「韓人은 營業無望」.

****서울대학교 도서관, 1991 『勅令(下)』(奎章閣資料叢書 錦湖시리즈 近代法令篇) p.204. 칙령

이 칙령에 관해서는 그동안 대다수 논자들이 회사의 설립 자체를 억제하기 위한 것으로 이해해왔다. 손정목(孫禎睦)은 이것이 회사에 대한 최초의 법령이었다는 점에 주목하면서도, 이를 간단히 '통감부시기의 회사령'이라 하여 한인 회사의 설립을 차단하기 위한 법령으로 이해했다.[63] 고바야시 에이오(小林英夫)도 당시 『조선신보(朝鮮新報)』에 게재된 다음 기사를 근거로 이 칙령의 목적이 '단순한 이권을 위해서만 회사를 설립하는 자를 취체(取締)' 하려는 데에 있었다고 보았다.[64]

> 근래 회사의 설립 청원을 하는 자 자못 많아 본년 1월 이래 이미 수십 건에 달했다. 그런데 그 청원자의 다수는 회사가 무엇인지를 이해하지 못하고 마치 일종의 특권을 정부에서 부여받아 독점적인 영업을 할 수 있는 것으로 생각하여 오히려 산업의 발달을 저해하는 사실이 있다. 그 청원인의 신원조사를 관할 경찰서에 촉탁하여 얻은 보고에 따르면, 그들은 자산 또는 신용에서 의심할만한 자가 많고 도저히 설립을 감당할 수 없는 자가 있으며, 旣設의 회사에 대해서도 능히 그 내용을 조사할 수 있다면 동일한 것이 또한 적지 않을 것이다. 무릇 회사의 감독에 관해서는 법령으로 정해야 하지만 현황이 이와 같기 때문에 그 취체에 관해서는 상당한 주의를 기울이기 바란다. 또 금후 설립청원자의 신원조사에 대해서는 경찰관리의 內偵을 번거롭게 하여서라도 그 경우에는 충분한 조사를 하여 보고함을 희망한다.[65]

의 전문은 다음과 같다.
제1조 各種會社의 組織과 荒蕪地開墾과 其他 農業 商業 工業과 玉石 砂土 採掘에 關한 請願에 對하여 認許를 受한 者는 認許한 日로부터 1箇年內에 實施 或 着手치 못한 時는 該認許는 無效로 함.
제2조 前此認許를 受한 者도 期限을 別定한 者를 除한 外는 幷히 제1조에 依함.
제3조 認許를 受한 者가 主務官廳의 承認을 未經하고 本國人에게 私相讓與하거나 外國人과 干連交通을 擅行한 境遇에는 期限 內라도 該認許는 無效로 함.
제4조 無效로 認定한 各種認許狀에 對하여는 該人의 名義로 延期 或 繼續請願함을 得치 못함.
제5조 本令은 頒布日로부터 施行함.

유승렬(柳承烈) 역시 이 법령이 표면에 내건 취지와는 달리 한국인의 회사 설립을 방해하여 식산흥업운동을 저지하는 용도로 이용되었다고 했다.[66]

그러나 「각종 인허의 효력급기한에 관한 건」을 한인 회사의 설립을 막기 위한 것이었다고 보기에는 상당한 무리가 있다. 우선 앞의 『조선신보』 기사는 이 칙령이 발포된 지 2년이 지난 후의 일을 기록한 것이다. 따라서 이는 이 칙령 이후에도 한인의 회사 설립 청원이 오히려 늘어났음을 보여준다. 또 1906년은 이미 한인 회사의 인허권을 통감부가 쥐고 있던 시기였다. 1905년 7월에 일본공사 하야시 곤스케(林權助)는 "무릇 상무(商務)에 특히 주의할 점은 인민들이 영리 목적으로 상회를 설립할 때에는 귀측(貴側)과 우리 측 관헌에게 먼저 통지하여 협의하는 것이 실로 가장 중요하오니 이 취지를 인민에게 널리 알리고 각도 관찰사에게 훈련하여 상민들이 모두 따르게 하라"고 외부(外部)에 조회하여 한인 회사 전반에 대해 간섭할 뜻을 명백히 한 바 있었다.[67] 그리하여 통감부는 자국 상인의 이익에 배치되는 한인 회사를 수시로 철폐하게 했고, 농상공부는 그에 굴복할 수밖에 없었다. 따라서 굳이 한인의 회사 설립을 제한하기 위해 별도의 칙령을 발포할 이유는 없었다.

또 회사 법규가 없었기에 특별한 권리가 필요하지 않은 회사는 농상공부 인허 없이도 설립할 수 있었다. 『조선신보』 기사가 강조한 것도 기설 회사의 사후적 '처리'가 아니라 사전 '단속'이었으니, 이는 후일 공포되는 「회사령」과 같은 법률의 필요성을 제기한 것이었다. 따라서 이 칙령의 목적은 새로 설립되는 한인 회사를 단속하려는 데에 있었던 것이 아니라, 이미 설립된 한인 회사의 권리를 박탈하려는 데에 있었다. 이재회사나 농광회사, 호남철도주식회사 등의 예에서 본 바와 같이, 간혹 농상공부가 일제의 회사 철파 요구를 거부하는 경우, 그 사유는 항상 '인민(人民)의 기득권익을 박탈할 수 없다'는 것이었고, 통감부로서도 이를 완전히 묵살하기는 어려웠다. 따라서 한국 정부와 자본가들의 항의를 차단하기 위한 법적 장치가 필요했고, 그 장치로 마련된 것이 바로 이 칙령이었다.

물론 통감부는 한인의 회사 설립을 억제하는 데에도 관심이 있었다. 1907년에는 관료들의 회사 참여를 일체 금지하여 관료자본의 회사 유입을 저지했고,[68] 다시 농상공부 훈령으로 자본이 부족한 회사의 일병혁파를 지시했다.[69] 또 1908년에는 일본의 상호령을 적용한 「한국상호령」을 공포하면서, 등기 장소를 이사청 및 통감부 법무원으로 규정하고 일본에서는 사법대신(司法大臣)이 쥐고 있던 권한을 통감에게 부여함으로써, 상업등기 문제에 관한 한국 정부의 권리를 완전히 배제했다.[70] 이같은 상황에서는 회사 인가 청원 자체가 어려웠을 뿐 아니라, 설사 청원한다 하더라도 승인받기란 사실상 불가능했다. 1909년의 한인 회사 인가 상황에 대한 『조선총독부시정연보(朝鮮總督府施政年報)』의 다음 기술은 이 사정을 여실히 보여준다.

> 한국인 간에 보통회사의 설립은 근시 현저히 줄어들어 본년에는 겨우 20건의 출원이 있는 데 불과했다. 이는 이익 독점을 목적으로 하는 회사는 인허하지 않는다는 한국 정부의 방침이 점차 민간에 주지된 데 따른 것으로 이 출원 건수 중 인허의 지령을 받은 것은 1건뿐이며 다른 것은 모두 인허되지 않았다.* 이밖에 종래 인허를 받은 회사로서 존립의 전망이 없다고 인정되어 인허를 취소한 것 1건, 스스로 해산한 것이 2건이다.[71]

따라서 일제강점 직전에는 설립 인가 신청을 하지 않거나, 일인을 한두

---

*일제강점 초기 총독부의 기록은 착오가 대단히 심하다. 1909년에 인허 받은 회사로 주식회사, 합자회사 등의 명칭을 쓴 한인 회사만 해도 株式會社大韓商業社, 京城隆興株式會社, 鐵工製造株式會社(信興鐵工株式會社), 株式會社湖上館商會, 義州義信合資會社 등이 있었으며, 그중 대한상업사와 호상관상회를 제외하고는 모두 회사령에 의해서도 재인가되었다. 이러한 착오는 1907년 44건 청원 중 2건 인허, 1908년 53건 중 8건 인허로 되어 있는 『韓國施政年報』의 기록도 마찬가지다. 여기에 실제로는 한인 회사이나 일인 1, 2명을 끼워넣어 이사청의 인가를 얻은 회사를 합하면 그 수는 훨씬 많아진다. 統監府, 1910 『第二次韓國施政年報』 p.13; 同 1911 『第三次施政年報』 p.187. 수정된 회사 데이터는 뒤의 부록을 참조.

사람 끼워넣어 합작회사로 인가 신청을 하는 회사가 더 많아졌다.* 1909년 하반기, 통감부가 회사법 제정에 착수한 것은 이런 문제를 근본적으로 해결하여 회사 설립을 사전(事前) 단속하기 위함이었다.**

(2) 일인 회사에 대한 지원

대한제국 전기에는 외국인의 회사 설립은 원칙적으로 금지되었으며, 한인이 외국인과 합작하는 일도 엄히 단속되었다. 따라서 1905년 이전까지 한국에서 일본인의 회사 설립은 예외적으로만 인정되었을 뿐이다. 그러나 러일전쟁 이후 일본인들은 통감부, 이사청의 지원 하에 속속 회사를 설립하기 시작했다.

표 3-1은 개항 이후 회사령 시행(1911) 전까지 한국에서 일본인이 설립한 회사를 표시한 것이다. 1904년까지 12건에 불과하던 일본인의 회사 설립은 1905년부터 급증하여 1907년 최고조에 달했다. 부문별로는 상업 회사가 가장 많고 대금업(貸金業)을 위주로 하는 금융 회사가 그 뒤를 이었다. 불입자본금을 기준으로 할 경우에는, 일본인 회사 전체의 불입자본금 총액 706만 1,700원(圓)의 31.7%에 해당하는 223만 8,300원이 투자된 금융업이 단연 수위였다.*** 그 다음으로는 제조업·광업과 운수업 관련 회사가 비슷한 비중으로 설립되었다.**** 같은 기간 한인의 회사 설립(신청)이 상업>제조업·광업>운수업>농림업>금융업으로 나타나는 것과 비교해보면, 일본인의 경우 금융 회사의 설립이 특히 활발했음을 알 수 있다. 이는 일본인들

---

*대한제국 후기에는 상당수의 회사가 인허 없이 활동했다. 또 회사령 시행 직전인 1910년 말에 인가를 받은 회사들은 대개 1명 정도의 일인을 사원으로 포함시키는 것이 관례였다.

**회사령 제정은 이미 1909년 10월경부터 준비되었던 듯하다. "近來 韓人의 會社 設立이 頗多한데 當國에서는 何等 憂慮가 有하다 하여 會社法을 制定한다는데 現今 法典調査局에서 起草한다더라." 『大韓每日申報』 1909년 10월 15일 잡보 「會社有法」.

***회사 데이터에 누락된 불입자본은 공칭자본을 기준으로 하여 재계산했다.

****농업, 식민, 척식을 목적으로 하는 회사들은 일본 내에서 주로 설립되었다. 참고로 당시 일본 국내에서 한국 '개발'을 목적으로 설립된 회사는 다음과 같다.

의 회사 설립이 전황으로 인한 한국 내의 금융 고갈에 편승하면서 진행되었음을 보여준다.

일인 회사의 급증에는 통감부의 특혜가 크게 작용했다. 통감부는 일인들의 한국 내 회사 설립 절차를 간소화하는 한편 각종 특권을 부여했고, 때로는 보조금을 지급하기도 했다. 대한제국 전기의 회사 설립은 표면상 엄격한 '인허주의'에 입각해 있었고, 농상공부는 회사의 인허와 해산에 관한 전권을 장악했다. 대한제국 후기에도 한국 내에서 회사를 설립하기 위해서는 당연히 농상공부의 인허를 받아야 했다. 그러나 통감부는 일인 회사의 인허권뿐 아니라 한인 회사의 인허권까지 불법으로 장악했다.

을사늑약 직후에는 일인도 회사를 설립하기 위해서는 농상공부의 승인을 얻어야 했던 것 같으나,* 이는 곧 발기인이 일본 이사청에 청원하면 이사청에서 감리서로 이첩(移牒)하고, 감리서는 다시 농상공부대신에게 보고하여 인가 여부를 결정하는 방식으로 바뀌었다.** 그런데 농상공부는 간혹 이를 거부했던 것 같다. 예컨대 대한식민합자회사(大韓植民合資會社=韓國移

회사명	설립년월	소재지	공칭자본	불입자본	목적
韓國興業株式會社	1904.9	東京	1,300,000		토지구입, 농업경영
韓國興農株式會社	1908.9	和歌山	300,000	75,000	황무지 개간, 경지·택지의 매수
韓國企業株式會社	1908.1	岡山	100,000		토지매수, 광산채굴
韓國實業株式會社	1907.8	香川	300,000		금전대부, 토지매매, 농업
日韓林業株式會社	1907.2	神戶	100,000		임업
土佐勸業合資會社	1908.1	高知	230,000		개간, 조림
石川縣農業株式會社	1908.7	石川縣	100,000		농업
朝日興業株式會社	1908	香川	30,000		농업
山陰道産業株式會社	1908	島根縣	500,000		토지매수, 대금업, 위탁매매

자료: 梶川半三郎, 1911『實業之朝鮮』朝鮮研究會, pp.275-84를 토대로 작성.

*1905년에 설립된 釜山棧橋株式會社는 한국 정부의 특허를 얻었다.『東萊港報牒』各司謄錄 14, 광무 9년 8월 14일 보고 제41호.

**1906년 8월 元山水力電氣會社의 예. "德源港 日本理事官이 該港 監理에게 照會하고 德源各地方에 水力電氣를 供給할 次로 本郡 赤田川 上流에 機械를 設置하고 竿木을 排立掛線하겠다 했는데 該監理는 農商工部에 認許與否를 質稟했다더라."『大韓每日申報』광무 10년 8월 28일 잡보「水力電氣設置」.

표 3-1. 회사령 시행 이전 일본인의 한국 내 회사 설립 상황

부문 \ 연도	~1903	1904	1905	1906	1907	1908	1909	1910	계
금융업	1		3	3	14	5	1	3	30
농림업			2	2	5				9
제조업·광업	3		4	3	3	4	4	7	28
상업	3	2	6	6	19	3	6	6	51
운수업	1		2	2	6	3	5	5	24
수산업					1	1		1	3
청부·토건업	1	1			3			2	7
기타				3	5	5	2		15
계	9	3	17	19	56	21	18	24	167

주: 小林英夫 編, 앞의 책, pp.251－58에 수록된 172사의 회사 데이터를 토대로 하되, 韓國銀行과 東洋拓殖株式會社, 그리고 한인 회사가 분명한 東洋用達株式會社(東洋用達合資會社), 合資會社晩成商會(一名 柴岩晩成社), 日韓運送合資會社는 제외했다. 부문별 분류 중 기타는 인쇄업, 신문업, 유흥업 등이다.

民會社)는 1906년 10월 농상공부에 인가신청을 제출했지만 인허되지 않자,[72] 1907년 통감부에 재청원했고 통감부는 다시 농상공부로 하여금 인허해주게 했다.[73] 그러나 일제는 곧 이러한 요식 절차마저 폐기하고 일본 상법을 원용하여 이사청 등기만으로 회사를 설립할 수 있게 했다. 1906년 말 보선회사(保船會社)가 통감부와 이사청 승인만으로 활동을 개시한 것은 이러한 사정을 보여준다.[74] 일인 회사의 인허권을 통감부가 장악함에 따라 한일합작회사의 경우 농상공부와 통감부에 동시 청원하는 것이 일반적이었고,* 통감부의 승인만 얻으면 농상공부의 인허 여부는 상관할 필요가 없었다.**

*한일합작으로 계획된 韓南沿海汽船會社의 예. "…… 韓日間 共同 汽船會社를 設立하려고 政府에 補助를 청하고 度支部와 農商工部와 統監府에 請願中이라는데 右發起人은 岡十郎, 大池忠助, 迫間房太郎, 福田增兵衛 及 韓人 5, 6명이라더라." 『大韓每日申報』 광무 10년 10월 15일 잡보 「汽船會社設立」.

**1908년 李稱翼은 농상공부와 통감부에 柴場會社의 설립을 동시 청원했다가 통감부의 승인만 얻고 영업을 개시했다. 『皇城新聞』 융희 2년 4월 9일 잡보 「農何不認」.

통감부의 지원에 힘입어 이 시기 일인 회사는 대한제국 전기의 수세도고 회사를 능가하는 불법 행위를 자행하면서 한인의 재산을 약탈했다. 1905년 온양에서는 일본인이 궁내부 특허를 빙자하여 제수사(蹟壽社)를 설치하고 민유지를 탈취, 점거했으며,[75] 같은해 일본권업회사(日本勸業會社)는 인천 영종면 일대의 민유지를 목장 용지로 무단 점거했다.[76] 1906년에는 일본인 기무라 미노루(木村稔) 등이 시흥군에 식산회사(殖産會社)를 조직하고 공유 및 민유 황무지를 점거하여 가옥을 건축하는 한편, 토지 개간에 착수했다.[77]

일제는 한국 재정 자금으로 일인 회사에 보조금을 지급하기도 했다. 1908년에는 오이케 마메스케(大池忠助), 오카 쥬로(岡十郎) 등이 설립한 한남연해기선회사(韓南沿海汽船會社)에 농상공부 산업장려비에서 연간 3만 원씩 9만 원을 보조하기로 결정했고,[78] 이듬해에는 동해안 항로를 경영하는 원산의 요시다 히타로(吉田秀太郎)에게 연간 1만 7,019원씩의 정부 보조금을 8년간 지급하기로 하는 한편, 탁지부에서 692톤급 융희호(隆熙號)를 구입하여 무료로 대여하는 특혜를 베풀었다.[79] 또 1909년에는 대구의 남한제연합자회사(南韓製筵合資會社)에 3년간 매년 1천 원씩 농상공부에서 보조하기로 결정했고,* 1910년부터는 그를 매년 2천 원씩으로 증액했다.[80] 그러나 이 시기 정부 지원을 받은 한인 회사는 단 한 곳도 없었다.

통감부가 한인 회사를 억압하고 일인 회사를 지원한 결과, 강점 이전에 이미 "내지인(內地人)의 상업은 일로전역후(日露戰役後) 비상(非常)한 진보를 이루어, 지금 각 무역지, 철도연선(鐵道沿線)의 도회(都會)는 물론 삼남지방(三南地方) 주요의 도회에는 일본인의 점포를 보지 못함이 없기에 이른" 상

---

*『大韓每日申報』 융희 3년 2월 10일 잡보 「合資製筵」; 同 융희 3년 9월 1일 잡보 「工業補助金」; 『皇城新聞』 융희 3년 2월 10일 잡보 「造席會社」. 南韓製筵合資會社는 1907년에 설립되었으며, 1909년에 徐丙五 외 3명의 한인과 小倉武之助 외 1명의 명의로 농상공부 인허를 받았다. 일본 강점 이후에는 大邱製筵合資會社로 명칭을 바꾸는데, 이때에는 한인 참여자가 보이지 않는다. 『官報』 1919년 1월 18일 彙報.

황이 빚어졌다.[81] 대한제국 전기 한인 회사가 정부에서 부여받은 각종 권한은 모두 일인 회사로 넘어갔고, 한인 회사는 무보호·무권리 상태에서 새롭게 활로를 개척해야 하는 처지로 전락했다.

3) 한인 자본을 동원한 '국책회사' 설립

일제는 한인 회사의 권리를 박탈하는 한편 한인의 자본을 동원하여 식민통치 기반을 구축하기 위한 '국책' 사업에 투입하려 했다. 일제는 먼저 전황 대책의 일환으로 한성공동창고주식회사(漢城共同倉庫株式會社)와 한성수형조합(漢城手形組合)을 설립하고[82] 거기에 서울의 주요 자본가를 대거 참여시켰다.* 그런데 한성공동창고주식회사의 설립 목적인 물품 담보 대부를 통한 금융난 해소는 굳이 회사를 따로 설립하지 않아도 되는 일이었다. 이 정도의 업무는 기존의 한성은행이나 대한천일은행에 자금을 지원해도 되었기 때문이다.** 그런데도 별도의 회사를 설립한 것은 고종이 전황 구제비로 하사한 자금을 한인 자본가들이 독자적으로 사용할 수 없게 하기 위해서였다고 생각된다.[83]

통감부의 한인 자본 동원은 농공은행과 동양척식주식회사, 한국은행의 설립 과정에서도 지속되었다. 농공은행은 한국 내 금융기관들이 상업대부를 주로 했던 상황에서, 농업 개발이라는 당면의 식민지 정책 목표를 달성하기 위한 보조 기관으로 계획되었다. 일제는 1906년 3월 농공은행조례를 공포하는 한편, 한국 정부에 일부 주식의 인수와 무이자 대부를 요구하여

---

*한성공동창고주식회사의 발기인은 趙鎭泰, 趙秉澤, 白完爀, 裵東爀의 4명으로 모두 서울의 손꼽히는 거상들이었고(『皇城新聞』 광무 9년 10월 10일 광고), 1906년 8월 현재 임원은 趙鎭泰, 白寅基, 崔思永, 成文永으로 역시 서울의 유력 자본가들이었다(『皇城新聞』 광무 10년 8월 18일 광고, 「漢城共同倉庫株式會社 제1회 營業報告」).

**1912년 한성공동창고주식회사가 업무 중복 등의 이유로 朝鮮商業銀行(대한천일은행의 후신)에 합병된 것으로 보더라도 한성공동창고주식회사를 따로 설립할 필요가 없었음은 자명하다. 『每日申報』 1911년 12월 21일 「倉庫會社의 合同」.

한성을 비롯한 11개소에 농공은행을 설립했다.* 이때 한인 자본만을 동원하기 위해 외국인의 주식 소유는 금지했다.[84] 은행 설립 준비는 각도 관찰사가 위원장이 되어 관민(官民)을 각 반수로 하는 설립위원을 선정하고, 그들에게 은행 설립에 관한 일체 사무를 위임하는 방식으로 진행되었다. 설립위원은 당연히 주주가 되어야 했으며, 그 선정은 관찰사와 재무관의 임의에 맡겨졌다.[85]

농공은행 설립위원으로 지명된 사람들은 대개 각지의 대지주나 거상들이었기 때문에,[86] 주식 모집 과정에서 이미 농공자금(農工資金) 대부를 위주로 한다는 설립 목적은 변질되지 않을 수 없었다. 한성농공은행의 경우, 개성상인과 경강상인들이 대거 주주로 참가했으며,[87] 이에 따라 바로 상업자금 대부 문제가 부각되었다. 1907년 한성농공은행은 탁지부에 보통은행 업무를 취급할 수 있도록 해 달라고 청원했으며,[88] 일제도 이를 용인할 수밖에 없었다.

대구농공은행의 경우에는 서병조(徐丙朝), 서병오(徐丙五), 이병학(李柄學) 등 대지주들이 대거 응모함으로써 주식 모집에는 별 문제가 없었지만, 지주층의 참여가 극히 제한적이었고 상업도 크게 발달하지 않았던 충주 같은 곳에서는 주식 인수자가 대개 관찰부 관료들로 채워지는 사태도 빚어졌다.** 지방에 따라서는 주주 모집이 극히 부진하여 탁지부에서 주식 모집을 서둘라고 훈령하기도 했다.[89] 농공은행 설립에 한인 자본가와 지주를 총동원하다시피 함으로써, 서울의 경우에는 농공은행의 임원이나 주주가 공동창고주식회사나 한일은행의 임원 및 주주가 되는 중복 투자 양상도 광범위

---

*高杉東峰, 1940『朝鮮金融機關發達史』實業タイムス社, pp.590－91. 농공은행은 처음 한성, 충주, 공주, 전주, 함흥, 평양, 해주, 대구, 경성, 진주, 광주의 11개소에 설립되었으나, 주식 모집이 지지부진했던 충주, 공주, 경성, 진주, 해주 농공은행이 각각 한성, 함흥, 대구, 평양 농공은행에 합병됨으로써 6개소가 되었다.

**충주농공은행의 이사였던 閔泳殷은 당시 청주군수였으며, 역시 이사였던 陰在檍은 觀察府主事였다.

하게 벌어졌다.* 이처럼 강권적으로 진행된 주주 모집의 결과, 농공은행은 1908년 말 현재 본점 6, 지점과 출장소 22, 공칭자본금 총액 120만 원, 불입 자본금 총액 55만 4천 원에 달하는 최대 규모의 한인 회사가 되었다.[90]

농공은행 설립 시의 할당제식 주주 모집은 동양척식주식회사(東洋拓殖株式會社, 이하 '동척'으로 略記)의 설립 때에도 계속되었다. 동척은 '한국을 경제적으로 개발하고, 문화에 균점케' 한다는 미명 하에 표면상 한일합작으로 설립되었지만,[91] 본래 목적은 일본인의 조선 이주를 촉진, 지원하는 데에 있었다. 따라서 이 회사는 일본인의 자금만으로 설립되어야 마땅했지만,** 일제는 동척의 침략성을 호도하는 한편 자금 조달원을 확대하기 위해 한국 황실과 관료는 물론 민간 자본가들까지 끌어들이려 했다.

동척은 1908년 9월 일인 83명, 한인 33명의 설립위원을 임명하여 설립

---

*한성농공은행의 초기 임원은 白完爀, 洪肯燮, 李鴻謨, 李健赫, 尹晶錫, 白寅基로 공동창고주식회사 및 한일은행과 대동소이했다. 『皇城新聞』 광무 10년 6월 6일 광고. 참고로 이 시기 漢城(漢湖)農工銀行, 漢城共同倉庫株式會社, 韓一銀行의 임원을 보면 다음과 같다.

회사명	사장	주주
漢湖農工銀行	白完爀	李濬相, 朴義秉, 洪忠鉉, 裵東爀, 高順載, 趙鎭泰, 趙慶濬, 金斗明, 洪肯燮, 李鴻謨, 李健赫, 尹晶錫, 白寅基, 禹恒鼎, 韓相龍, 崔思永, 薛孝錫, 金基永, 金溶泰, 金漢奎
漢城共同倉庫株式會社	趙鎭泰	白寅基, 崔思永, 成文永, 趙秉澤, 裵東爀, 白完爀, 尹晶錫
韓一銀行	趙秉澤	孫錫基, 鄭東植, 白周鉉, 朴泓鎰, 趙彰漢, 成文永, 沈宜碩, 吳熙源, 李君弼, 李完植, 金台植, 鄭斗煥, 孫錫基, 秋爀祚, 趙泰鎬, 金東爀, 金鳳源, 李完爀, 白瀅洙, 安聖敏, 安基祚, 金興燮, 吳兢默, 趙彰漢, 金顯珏, 申錫老, 李仁章, 吳璣善, 朱性根, 卓基昌, 安基宅, 林健相, 金鍾弼, 崔昌溶, 朴泓鎰, 白寅基, 劉秉璉, 裵東爀, 金鎭玉, 金時鉉, 李寅植, 金珏鉉, 李容汶, 白完爀, 金用集

자료: 『皇城新聞』 『大韓每日申報』의 관련 기사를 토대로 작성.

**일본인의 한국 이주를 지원하는 금융기관 설립안은 애초 大韓勸業銀行 설립안으로 제기되었지만, 이는 日本勸業銀行의 반대로 좌절되었고, 그 대신에 설립된 것이 동척이었다. 동척 설립안에는 移民에 필요한 자금과 토지 등을 '보호국'인 한국에도 일부 부담시킴으로써 일본의 자금난을 덜려는 목적도 내포되어 있었다. 동척의 설립을 둘러싼 논의에 대해서는 波形昭一, 1985 『日本植民地金融政策史の研究』 早稲田大學出版部, 236-43 참조.

준비를 본격화했는데, 이때 임명된 33명의 한인은 조진태, 백완혁, 한상룡(韓相龍), 이근배, 이건혁(李健赫) 등 서울의 부호 7명과 각도의 지주 2명씩이었다.* 창립 자본금은 1천만 원이었고, 이를 20만 주로 나누되, 그중 6만 주는 한국 정부로 하여금 토지로 투자하도록 했다. 나머지 14만 주는 일본 왕실이 5천 주, 일본 왕족이 1천 주, 한국 황실이 1,700주를 우선 인수하고 그밖의 14만 2,300주를 일본과 한국에서 공모하기로 했다.[92] 이때 한국에서 응모한 주는 8만 8,545주, 액면 가액 442만 7,250원에 달하는 것으로 당시의 한국 경제 사정으로는 감당하기 어려운 규모였다.

동척의 자본 모집 과정에서 설립위원들의 역할이 무엇이었는지는 알 수 없지만, 농공은행 설립 때처럼 행정력을 총동원하지는 않았던 듯하다. 그러나 그렇다고 자유롭게 방치한 것 같지도 않다. 적어도 설립위원들은 일정 수의 주식을 구입해야 했을 것이며, 이는 그만큼 한인 자본이 일본 기업으로 집중되어갔음을 의미한다. 설립 당시 동척의 한인 주주 500여 명(1인 평균 170여주)이 1913년에 250여 명으로 반감하는 것은 초기 주식 매입 과정에서 어떤 식으로든 강제력이 동원되었을 것임을 짐작케 한다.[93] 동척 주식 모집 당시 이완용과 송병준이 각기 경쟁적으로 자파(自派)의 인물을 임원으로 삼기 위해 노력했다고 하는데, 일본에 대한 이같은 충성 경쟁도 한인의 동척 주식 인수에 영향을 미쳤을 것이다.**

한국은행 설립에는 한국 정부의 재정 자금이 대규모로 동원되었다. 러일전쟁 이후 일제는 제일은행에서 중앙은행 업무를 대행하게 하여 한국 정부의 중앙은행 설립 계획을 무산시킨 바 있었다. 그러나 통감부는 1907년 하반기부터 중앙은행 설립을 다시 추진했다. 은행 설립안 작성 과정에서는 일

---

*趙璣濬, 1977「日人 農業移民과 東洋拓殖株式會社」『韓國近代史論』1, 知識產業社, p.59 참조. 동척의 설립위원으로 임명된 지방 지주의 상당수는 농공은행의 주요 주주, 중역이기도 했다.

**이완용계로 지목된 인물은 趙義淵, 韓相龍, 元應常, 兪承兼, 石鎭衡, 張憲植 등 주로 관료들이었고, 송병준계는 李根培, 金時鉉, 趙鎭泰, 白完爀, 白寅基, 尹晶錫 등 서울의 거상들이었다. 『大韓每日申報』 융희 2년 9월 4일 잡보 「兩大奔競의 內容」.

본법(日本法)에 의할 것인가, 한국법(韓國法)에 의할 것인가, 정부 지주(持株)를 양국 간에 어떻게 배분할 것인가, 중역의 구성을 어떻게 할 것인가, 보통은행 업무를 취급할 것인가 등이 모두 검토되었는데,[94] 결국 한국법에 의하고 정부 지주는 한국 정부 단독으로 인수하며, 중역의 국적별 배분은 고려하지 않고,* 보통은행 업무도 취급하는 것으로 결정되었다. 이런 내용을 골자로 한 「한국은행조례(韓國銀行條例)」가 발포된 것은 1909년 7월이었다.[95]

한국은행 설립안의 특징은 한국 정부와 황실의 부담을 최대화하면서도 경영에서는 한인을 전면 배제한 데에 있었다. 총 주수 10만 주 중 한국 정부 지주는 3만 주로 결정되었고, 이밖에 내장원경(內藏院卿, 한국 황실)도 별도로 1천 주를 인수하도록 했다. 반면 일본 측에서는 일본 왕실에 1천 주가 할당되었을 뿐, 나머지는 모두 민간 공모분으로 돌려졌다. 그런데 한국은행 주(株)에 대해서는 한국 정부에서 연간 최소 6%의 배당을 보장했기 때문에 주식 응모는 폭발적이었다.** 한국 내에서는 주식 모집 첫날 서울에서만 1,300여 명이 응모했고, 신청 주수는 38만 5,159주에 달했다.*** 그러나 주주가 될 수 있었던 한인은 211명에 불과했고, 그나마 그중 189명은 단 1주만 소유할 수 있었다.[96]

일제가 한국은행에 대해 주주 모집 방안을 따로 강구하지 않은 것은 이 때문이었다. 오히려 한국은행에 대해서는 한인의 주식 소유를 가급적 줄이려는 방침이 채택되었던 것 같다. 한국 병합이 확정된 단계에서 굳이 한국

---

*「한국은행조례」가 발표된 7월 26일 曾禰 통감과 이완용 간에 체결된 "韓國中央銀行에 관한 協定」에서는 그 제4조에 「韓國銀行의 重役은 당분간 일본인으로 충당한다"고 하여 韓人 배제 방침을 명확히 했다. 朝鮮銀行史硏究會, 1987 『朝鮮銀行史』 東洋經濟新聞社, p.46.

**한국 정부 인수분 3만 주를 제외한 잔여 7만 주에 대한 응모 주수는 2,035만 주로 292배에 달했다. 위의 책, pp.54−55.

***서울에서 응모한 자 중에는 일인도 포함되어 있다. 그러나 주식 청약을 한 은행별로 보면 한인의 신청이 일인보다 많았을 것으로 생각된다. 즉, 은행별로는 漢湖農工銀行 14만 1,415주, 352명/ 大韓天一銀行 11만 4,951주, 344명/ 第一銀行 11만 7,250주, 346명/ 韓一銀行 5,995주, 117명/ 漢城銀行 5,548주 44명이었는데, 漢湖農工銀行과 第一銀行을 제외한 韓人 民間銀行에 청약한 주수만 해도 12만 6,394주에 달했다. 『大韓每日申報』 융희 3년 9월 7일 잡보 「銀行募株速成」.

정부에 무배당주의 인수와 배당률 6% 보장이라는 막대한 부담을 지운 것은, 일제가 한인의 자금으로 한국을 통치한다는 원칙을 세웠음을 다시 한 번 확인시켜준다.* 한국 정부에 떠넘겨진 재정적 부담은 결국 한인 일반에게 조세 등으로 전가되었기 때문이다.

대한제국 후기에는 한인 자본이 대규모 일인 회사에 투자되기도 했다. 예컨대 1908년 아키다 츠요이(秋田毅) 등이 설립한 동양화재보험주식회사(東洋火災保險株式會社)는 애초 본점을 서울에 둘 계획으로 한국 정부의 인가를 얻는 한편, 한인 자본을 광범위하게 흡수하고자 했다.[97] 그를 위해 먼저 한국 황실로 하여금 2천 주를 인수하게 하는 동시에[98] 이준용(李埈鎔), 이봉래 등 종친과 조진태, 김시현(金時鉉), 백완혁 등 서울의 거상, 그리고 민영기, 이지용(李址鎔) 등 고관을 발기인에 포함시켜 한인을 상대로 주식 모집에 착수했다.[99]

정부의 재정 자금과 민간 자본을 대대적으로 '국책(적)' 사업에 동원한 것은, 한인의 자본 축적과 투자 방향을 크게 왜곡했다. 한인의 자금은 본래 일본 정부가 부담해야 할 한국 식민지화를 위한 자금으로 전용되었으며, 그럼에도 불구하고 한인은 경영권에서는 완전히 배제되었다. 전황 등으로 인한 자본 가치의 감소, 국책회사로 민간 자본을 집중시킨 데 따른 민간 투자의 위축,[100] 기업 경영권에서 배제된 데 따른 근대적 경영인 육성의 좌절 등이 대한제국 후기 한인 회사가 직면한 문제의 단면들이었다.

*통감부 재정 정책의 궁극 목표는 한국 내 재정 수입으로 식민 통치 비용을 충당하는 것이었다. 李榮昊, 1996「대한제국 후기 조세증가정책의 실현과정과 그 성격」『한국문화』18, p.353.

2. 대한제국 후기 한인 회사의 설립과 활동

1) 회사의 설립 추이

대한제국 후기 한인 회사의 설립(신청) 상황을 보면 표 3-2와 같다. 이 표는 회사의 설립(신청) 상황만을 표시한 것으로 활동 여부까지는 알 수 없다. 또 표에 수록된 회사 중에는 인가받지 못한 것도 있기 때문에 당시의 현상을 정확히 반영한 것은 아니다. 다만 신청에 그친 것이라 할지라도 회사 설립의 전반적인 추이를 보여줄 수는 있다. 또 이 시기에는 회사 법규가 정비되지 않아, 특권이 필요 없는 부문에서는 인가 없이도 회사를 설립할 수 있었다. 그런 점에서 농상공부의 인허 건수만을 가지고 회사 설립 상황을 파악하는 것은 오히려 당시의 실상을 왜곡할 가능성이 크다.

먼저 회사 설립의 시기별 추이를 보면 해마다 회사수가 급증하는 현상이 두드러진다. 연간 회사의 설립(신청) 건수는 대한제국 전기와 비교할 때 3~4배 가량 늘어났다. 물론 이 중에는 신청에 그친 것이 더 많았지만,* 회사를 설립하려는 움직임이 활발해졌음은 분명하다. 대한제국 후기 회사의 설립, 경영 조건이 크게 악화되었음에도 회사 설립 신청이 급증한 배경으로는 다음 몇 가지를 생각해볼 수 있다.

첫째는 관제(官制) 변경 등에 따라 퇴직 관리가 늘어난 점이다. 이 시기부터 중하급 관료 출신자들의 회사 설립 신청이 큰 폭으로 증가하는데, 이는 퇴직 관리들이 소액의 퇴직자금(恩賜金, 또는 恩給金)으로 생계 방편을 찾는

*1907~1909년간 회사 설립 상황에 대해 『皇城新聞』이 보도한 내용은 다음과 같다.
1907: 인허 2, 불허 42, 1908: 인허 8, 불허 45, 1909: 인허 1, 불허 11, 계: 인허 11, 불허 98. 그런데 인허된 것 중 중간에 취소된 것이 3건이므로 1910년 10월 당시 현존한 회사는 8처에 불과했다고 한다. 認許된 것보다 不許된 것이 훨씬 많았다는 것은 이로써도 알 수 있다. 『皇城新聞』 융희 4년 1월 16일 잡보 「會社認否數」.

표 3-2. 1905~1910년간 한인 회사의 설립(신청) 상황

업종 / 연도	금융업	농림업	제조업·광업	상업	운수업	수산업	청부·토건업	기타	계
1905	7	6	8	9	6		6	2	44
1906	10	2	13	21	11	4	6	14	81
1907	7	5	8	19	9	3	6	9	66
1908	4	8	11	25	8		3	13	72
1909	5	9	24	20	5	1	2	15	81
1910	3	7	32	22	6	1	1	9	81
계	36	37	96	116	45	9	24	62	425

자료: 부록의 회사표를 토대로 작성.

과정에서 회사 설립에 주목한 결과였을 것이다.*

둘째는 을사늑약 이후 교육구국·식산흥업을 표방하는 계몽운동이 고조된 점이다. 계몽운동가들은 회사 설립과 산업자본 육성에 대한 관심을 높이려 노력했으며,[101] 그중 일부는 직접 회사나 경제단체의 설립에 관여하기도 했다.** 또 상공인 계층의 계몽운동 참가도 활발해지면서, 일제의 경제

*1909년 사법권 위임에 즈음하여 법률학교 졸업생들이 진로를 모색하면서 實業에 注意하기로 결정했는데, 이러한 진로 변경은 퇴직관리들이나 官吏養成學校 졸업생들로서는 불가피한 일이었을 것이다(『大韓每日申報』 융희 3년 7월 27일 잡보 「其情戚矣」). 또 1909년에는 해산 군인들이 대규모 工業會社를 설립하기 위해 그 전 단계로 자본금 2만 원을 모아 大韓工業會를 설립했고(『皇城新聞』 융희 3년 8월 24일 잡보 「解將實業」), 1910년에는 각 관청의 퇴직 판임관들 중에 퇴직금으로 광산이나 殖產 등에 종사하려는 자가 가장 많았다고 한다. 『每日申報』 융희 4년 9월 17일 「終歸實業」.

**1908년 설립된 平壤磁器製造株式會社에는 李昇薰, 安泰國, 柳東說, 李甲 등이 참여했다. 그러나 계몽운동가들은 대개 회사에 참여하기보다는 경제단체를 조직하는 데에 열중했다. 참고로 이 시기에 조직된 경제단체를 보면 아래와 같다.

1905년: 協同社(평양), 商民共同會(평양)

1906년: 大韓殖產獎勵會(서울)

1907년: 牧畜營業會(서울), 實業硏究會(서울), 帝國實業會(서울), 興工團(서울)

1908년: 江原實業會(강원), 經濟硏究會(서울), 工業硏究會(서울), 共濟會(開城), 農工硏究會(서울), 農商工實業會(서울), 東洋實業獎勵會(대구), 商工勸務社(서울), 商興會(서울), 實業獎勵會(서울), 湖南鐵道株式募集硏究會(서울)

침투에 대항하기 위해서는 자본을 모아 대회사를 설립해야 한다는 생각이 확산되었다.*

셋째로는 일제의 화폐·재정정리로 화폐가치가 상대적으로 안정되고 금융기관이 정비됨으로써 회사의 설립·경영에 유리한 조건이 마련된 점을 들 수 있다. 백동화 인플레이션이 지속되는 상황에서는 주식 가치 역시 끊임없이 하락할 수밖에 없었고, 그것은 주식회사 형태의 회사 설립에는 심각한 장애 요인이 되었다. 그러나 백동화 인플레이션이 진정됨으로써 주식이나 기타 유가증권의 가치 역시 안정을 찾을 수 있었고, 이는 다시 회사에 대한 투자열을 자극했을 것이다. 이 시기부터 각종 채권과 유가증권 거래를 전문으로 하는 상점이 출현한 것도 이같은 사정을 반영한다.[102]

넷째, 일본 자본의 진출이 확대된 점이다. 이 시기부터 일본인의 한국 내 회사 설립이 급증했는데, 그들 중에는 정보나 상관습상의 이유로 한인과 합작하는 자들도 적지 않았다. 또 통감부의 억압을 피하기 위해 일인을 끌어들여 회사를 설립하는 한인도 늘어났다. 그래서 한일합작, 또는 일한합작 회사가 본격적으로 출현했다.**

1909년: 國民經濟會(서울), 婦人經濟會(서울), 國民興業會(서울), 大邱藥商立規興業會(대구), 大韓工業會(서울), 大韓農商協會(서울), 大韓商務部(서울), 大韓實業會(서울), 蠶業同志會(서울), 貯金共濟會(서울), 濟州民海業保管會(부산), 興業會(熙川)

1910년; 金融合資會(永平), 農林硏究會(서울), 大韓婦人蠶業會(서울), 明農會(서울), 蠶業同志硏究會(서울), 青年實業俱樂部(서울)

*이승훈의 關西資門論은 자본의 규모 문제에 관한 당대의 인식을 체계적으로 정리한 것이라 할 수 있다. 그는 일본 자본에 대항하기 위해 민족자본이 서로 합자하여 지역별로 합자회사를 설립하자고 주장했다. 이 주장에 기초하여 출범한 회사가 평양자기제조주식회사였으며, 이 회사에 대한 전국적 성원은 당시 민족자본의 위기감이 어느 정도였는지를 짐작하게 한다. 趙璣濬, 1988 「남강 이승훈 선생의 기업 활동」『南岡李昇薰과 民族運動』南岡文化財團出版部 참조.

**대한제국 후기 외국인과 합작으로 설립(청원)된 회사는 아래와 같다.

1904년: 合資會社三業商會

1905년: 通運社, 日韓協同遞運社, 日韓協同普運社, 農業會社, 韓美協同倉庫會社

1906년: 東洋株式會社(후에 東洋用達合資會社), 咸興金鑛會社, 慶尙北道起墾會社

1907년: 水道便利會社, 合資會社晩成商會, 運車株式會社, 大韓勸農株式會社

1908년: 東洋生命保險株式會社, 共益社, 鳥淸馬車株式會社, 大韓獸皮株式會社, 日韓瓦斯電氣

부문별로는 전 기간을 통하여 상업 회사가 가장 많이 설립되었지만, 제조업과 광업(대부분 금광업) 회사가 그 뒤를 쫓고 있는 점이 주목된다. 이는 제조업 회사의 설립 조건이 다소 나아진 데 따른 것으로 보인다. 대한제국 전기에 관료층이 주도한 제조업 회사들은 주로 정치적 동기에서 설립되었고, 그런만큼 당시의 경제적 조건에서는 장기적으로 존속하기 어려웠다. 그러나 이 시기에는 상대적으로 안정된 화폐가치 등에 기반하여 민간 자본가 주도로 소규모 제조업 회사가 다수 설립되었고, 이들은 대개 강점 이후까지 지속되었다.

한편 대한제국 후기 회사 설립과 관련하여 특기할 점은, 전 시기였다면 응당 회사 명칭을 썼을 상공업 결사체들이 조합 명칭을 사용하기 시작했다는 점이다. 이들 중에는 철도화물운송업조합(鐵道貨物運送業組合, 1905), 서적업조합(書籍業組合, 1907), 양복점조합(洋服店組合, 1908), 운송업조합소(運送業組合所, 1908), 무역상조합(貿易商組合, 1909) 등의 동업자 조직이나, 관선경강조합(管船京江組合, 1907), 석유청염조합소(石油淸鹽組合所, 1909), 수상조합(水商組合, 1909), 진부조합(津夫組合, 1909), 객주조합소(客主組合所, 1910) 등과 같이 수세도고회사(收稅都賈會社)가 변신한 것도 적지 않았지만, 그보다는 창희조합(彰熙組合, 1906; 1908 千里運輸會社로 개칭), 가쾌조합(家儈組合, 1910; 후에 家儈株式會社로 회사령 등기 신청), 광문조합(光文組合, 1908, 인쇄업), 내외조합중개소(內外組合仲介所, 1909), 한성시장청결조합소(漢城柴場淸潔組合所, 1909) 등 영리 목적의 조직이나 모군조합(募軍組合, 1905), 영신조(永信組, 1908), 활민노동조합소(活民勞動組合所, 1908) 등의 인부청부업체가 더 많았다. 조합은 특히 1908년 이후 급증하는데, 이는 이들이 일제의 한인 회사 억압을 회피

株式會社, 酒麯會社, 韓日河船運送營業合資會社
1909년: 麯子會社, 韓美興業株式會社, 千里運輸會社, 日韓運送合資會社, 韓日製紙會社, 酒類釀造會社
1910년: 水産合資會社, 種苗株式會社, 運輸會社, 大韓製紙會社, 大隆漁業會社, 日韓海陸運輸合資會社, 朝鮮製麻會社, 朝鮮製糖會社

하는 방편으로 만들어진 때문이다.*

대한제국 후기에는 회사 형태에도 상당한 변화가 있었다. 주식회사, 합

*참고로 대한제국 후기에 설립된 각종 조합의 상황을 살펴보면 다음과 같다.

구분 연도	영리목적의 조합	인부청부 조직	동업자조합	수세도고적 조합	관제조합, 기타
1905		募軍組合	鐵道貨物運送業組合		
1906	彰熙組合				
1907			書籍業組合	管船京江組合, 均興組合	
1908	光文組合, 大韓測量組合所, 仲介組合所, 韓日農業組合所	水商組合所, 活民勞動組合所	東亞理髮組合所, 洋服店組合, 洋鞋組合所, 運送業組合所, 紙物商組合	大韓商務組合部, 大韓實業組合所, 酒商組合所	妓生組合所, 漢城手形組合
1909	內外組合仲介所, 農事組合所, 大韓農桑組合, 大韓柞蠶組合, 商業株式組合所, 水產物販賣組合所, 水產組合所, 利農組合, 日旗組合所, 蠶林組合, 漢城柴場清潔組合所, 漢城市街撤水組合所	大韓木工組合所, 大韓土木工組合所, 水商組合, 津夫組合	京城酒造組合所, 穀商組合所, 貿易商組合, 典當總合所, 漢城藥業總合所	大韓米商組合所, 石油淸鹽組合所, 旅閣組合所, 烟草組合所, 酒商組合所, 漢城果商組合所	烟草職工組合所, 娼妓組合所, 倡夫組合所, 漢城小手工組合所
1910	家僧組合, 各洋漆工組合所, 開城勸業組合, 古物仲介組合所, 共益組合所, 均宜組合所, 農務組合所, 代書組合所, 大韓發綿組合所, 塗褙組合所, 圖書組合, 水陸物產組合所, 柴場組合所, 實業組合所, 牛馬車運送組合所, 柞蠶組合所, 製紙組合, 土木組合所, 學生寄宿組合所, 咸鏡北道北魚漁業組合所	木工組合所, 木工組合所	圖章鋪組合, 開城蔘業組合, 石油商組合所, 藥商組合所, 韓國飴商組合所, 咸興理髮組合	客主組合所, 京城果商組合所, 京城米商組合所, 大韓油商組合所, 渡船組合, 屠獸組合所, 豆腐組合所, 麵商組合所, 水產組合所, 漁基組合所, 油商保險營業團組合所, 笠商組合所, 苧布組合所, 柴商組合所, 主人組合, 中央果商組合所	烟草組合所, 藏花調査總合所

자료: 『大韓每日申報』 『皇城新聞』의 기사와 광고를 토대로 작성.

자회사 등의 명칭은 광무 초년에도 간혹 사용되었지만, 이 시기에는 그것이 더욱 일반화하여 합명회사, 합자회사, 주식합자회사, 주식회사 등의 명칭을 쓰는 회사가 대거 출현했다. 그렇지만 회사법이 없었기 때문에 회사 명칭을 붙이는 데에 특별한 제한은 없었다. 주식회사의 형태이면서도 단지 '상회(商會)'로 칭하거나(湖上館商會 등), 개인업체이면서도 회사를 자처하는 경우(상업회사 등)가 적지 않았다.

회사 명칭에서 나타난 변화는 일본의 회사제도가 영향을 미쳤기 때문이다. 일본의 『회사법(會社法)』이 번역, 출판되었고, 회사 설립에 관한 소개서도 출판되었다. 회사 설립 시에 일본 상법을 따르는 경우도 있었다. 1906년 김종한 등이 설립한 대한연초주식회사(大韓煙草株式會社)는 일본 상법에 규정된 설립 절차를 밟은 최초의 한인 회사였다.[103] 당시에는 상호 등기제도가 없었음에도 이 회사는 일본 상법(明治32년 법률 제48호) 제120조에 규정된 목적, 상호, 자본총액, 1주의 금액, 취체역(取締役)이 소유할 주식의 수효, 본점급지점(本店及支店)의 소재지, 회사가 공표하는 방법, 발기인의 성명주소를 그대로 신문지상에 공표했다.* 일본 상법에 따라 회사를 설립하는 사례는 1908년 「한국상호령(韓國商號令)」 공포 이후 급증하여, 1908년 경성융흥주식회사(京城隆興株式會社),[104] 대한제지회사(大韓製紙會社),[105] 1910년 분원자기주식회사(汾院磁器株式會社),** 수륙물산주식회사(水陸物産株式會社)[106] 등이 모두 같은 절차를 따랐다. 이 무렵의 한인 자본가들은 조만간 일본 회사법이 한국에 적용될 것으로 예상했다.

일본 법규에 따른 회사가 늘어나면서 인허가 과정에도 상당한 혼란이 나타났다. 회사의 인허가권은 원칙적으로 농상공부에 있었지만, 다른 기관들이 회사의 인허 여부를 결정하는 일이 비일비재했다. 경성양조합명회사(京

---

*일본 상법은 『官報』 1908년 10월 28일 農商工部告示 제13호에 譯文으로 수록되어 있다.
**일본 상법에서는 주식회사의 1주당 금액을 50원으로 정하고 있었지만, 분원자기주식회사는 그를 10圜으로 했다. 『皇城新聞』 융희 4년 8월 18일 광고.

城釀造合名會社, 1906)와 주국회사(酒麯會社, 1908)는 탁지부 인허를 받았고,[107] 동양용달합자회사(東洋用達合資會社, 1908)는 궁내부 인허 하에 활동했다.[108] 한미흥업주식회사(韓美興業株式會社, 1908)는 미국 아리조나 주지사의 인허를 받아 활동했으며,[109] 주식회사대한상업사(株式會社大韓商業社, 1909)는 재무감독국의 인가를 얻었고[110] 한성 내 가쾌(家儈)들이 조직한 한성보신사(漢城普信社, 1909)는 한성부의 승인을 얻었다.[111] 한일합자회사의 경우에는 농상공부와 이사청의 인허를 모두 얻어야 했지만, 대개는 일본 이사청의 승인만 얻었다.*

인가 기관이 통일되지 않았기 때문에 회사에 대한 감독 체계는 혼란스러울 수밖에 없었으며, 그런만큼 정부의 인가 없이 회사를 설립하는 일도 잦았다. 통감부가 회사의 등기를 의무화한 것은 1910년 중반 이후였다.** 회사에 관한 공식 집계와 실제 수치가 맞지 않는 것은 이 때문이다.

2) 부문별 회사 활동

(1) 금융업

대한제국 전기에는 황실이나 고관의 참여 하에 설립된 대규모 은행들이 금융 회사의 주류였음에 반해, 을사늑약 이후에 설립된 금융 회사들은 대개 상업자금 대부를 주목적으로 하는 소규모 대금회사(貸金會社)들이었다.

---

*1909년에 설립된 韓日(日韓)運送合資會社, 1910년의 韓日河船運送營業合資會社 등 대다수의 한일합작 회사들이 이사청 인허만으로 區裁判所에 등기하고 활동을 개시했는데, 이는 일본인 회사에 대한 승인 절차가 간단하고 빨랐기 때문이다. 한일하선운송영업합자회사는 농상공부의 인허는 얻지 못했지만, 이사청 인허를 얻자 바로 지사 설치에 나섰으며(『大韓每日申報』 융희 2년 11월 25일 잡보 「船社出張」), 일한운송합자회사는 일인 武田八十郎 외에는 사장 이하 각도 지사장, 각 지점 책임자가 전원 한인으로서 실제로는 한인 회사였다(『大韓每日申報』 융희 3년 7월 27일 광고; 同 9월 2일 잡보; 同 융희 4년 9월 21일 잡보 「運送支社擴張」 등).

**區裁判所 등기만으로 영업을 시작한 최초의 회사는 1910년 6월에 설립된 일한운송합자회사였다. 『皇城新聞』 융희 4년 6월 9일 광고.

1905~1907년간 신설 금융 회사의 대종을 이룬 것은 농공은행이었지만 이 밖에도 주식회사한일은행(株式會社韓一銀行), 저장은행주식회사(貯藏銀行株式會社), 한미협동창고회사(韓美協同倉庫會社), 합자회사만성상회(合資會社晩成商會), 구포저축주식회사(龜浦貯蓄株式會社), 주식회사한륭사(株式會社韓隆社＝京城隆興株式會社) 등이 상업 자금이나 토지구입 자금 대부를 목적으로 설립되었다. 이는 전황으로 기업 자금이 고갈된 상황을 반영하는 동시에,* 화폐가치가 상대적으로 안정되어 대금업의 수익성이 높아진 데 따른 것이다.

상업자금 대부를 주목적으로 설립된 최초의 한인 은행은 한일은행(韓一銀行, 1906)이다. 한일은행은 '재정개혁'으로 초래된 공황에 대처하기 위해 한성상업회의소의 조병택(趙秉澤), 정동식(鄭東植), 손석기(孫錫基) 등이 주도하여 자본금 15만 원으로 설립했다.[112]

한일은행은 발기 취지문에서

> 我國經濟界 恐慌以來로 玆의 歷歲를 經했으되 更히 適確한 融通의 途를 求하기 不能하며 反히 日日月月히 金融逼迫의 狀態에 在하니 若此現狀을 放任하고 惟其 정부의 施設에 依賴할진대 我經濟界는 更히 多大한 變動을 遭遇하여 擧民이 破産할 境에 瀕하리니 是等大悲慘의 事를 豫防하고 更進하여 事商工業의 改善發達을 計圖하는 목적으로서 業務방침은 文明의 制度를 參酌하여 我國情及慣習에 適應케 할 方法을 求하며 ……[113]

라 하여 화폐정리와 공동창고주식회사(共同倉庫株式會社), 수형조합(手形組合) 등의 설립에 대한 반감을 노골적으로 드러냈다. 이 취지문이 강조한 것은, 정부(재정고문)의 시설에만 의지할 수 없다는 점과 문명의 제도를 참작하되 우리의 국정(國情)과 관습에 적합한 금융을 실시하겠다는 점이다. 이

*자금 고갈현상은 비단 화폐개혁 직후에만 나타난 것이 아니라, 1910년경까지도 지속되었다. 『財務彙報』 10, 융희 3년 3월 10일 「五江商民近況」.

는 일제의 화폐·재정정리가 전래의 상관습을 일거에 '개혁'함으로써 빚어진 혼란에 대한 문제제기이기도 했다.

설립 취지가 이러했기에, 한일은행의 초기 활동은 다분히 메가타(目賀田) 개혁에 반(反)하는 양상을 보였다. 한일은행은 설립 직후 백동화의 '무애영수(無碍領收)'를 천명하여 화폐개혁의 부당성에 항의했다.[114] 1908년에는 백동화 교환 지정 은행이 아니었는데도 소액의 백동화라도 기한을 넘기면서까지 교환해주는 등, 화폐개혁으로 인한 한인 상공업자의 피해를 줄이기 위해 노력했다.[115]

설립 주체들이 메가타 개혁에 저항한 때문인지, 한일은행의 인가에는 일본 상법에 준한 부대조건이 첨부되었다. 탁지부는 1906년 5월 21일 한일은행 설립을 인가하면서, 은행의 폐지와 변경 시는 물론 ① 설립에 관한 사무를 처판(處辦)하기 위하여 일정한 사무소를 정한 때에는 그 소재지와 사무 담당자의 성명, 거주지와 직업, ② 주식모집의 기간과 방법을 광고할 때에는 그 기간과 방법, ③ 주식 전수(全數)의 담임이 있을 때에는 담임자의 성명, 거주지와 담임 주수, ④ 제1회 주금납입기간을 각 주식 담임인에게 통지할 때에는 그 납입 기간 등 주식 모집과 관련한 세부 사항을 일일이 탁지부 대신에게 보고하도록 하는 내용의 규칙을 추가하라고 지시했다.[116] 이에 따라 한일은행은 일본 상법에 준하여 설립된 최초의 한인 회사가 되었다. 그런데 당시 일본 상법에 따르면 이들은 회사 창립 전에 공지(公知)해야 할 사항이었지 정부에 보고할 사항은 아니었다.[117] 그럼에도 불구하고 주주의 변경까지 탁지부 대신에게 보고하게 한 데에는 한일은행의 주주 모집을 방해하려는 의도가 있었던 듯하다. 한일은행은 1907년 신보조화(新補助貨)를 살포하기 위한 방안으로 중앙금고에서 시내 각 은행에 무이자 대하(貸下)를 할 때에도 유독 대상에서 배제되었다.[118]

초창기 한일은행의 영업이 순조롭지 못했던 데에는 일제의 이같은 억압도 영향을 미쳤을 것이다. 창립 첫해의 순익금은 376원 3전에 불과하여 한푼도 배당하지 못했고,[119] 은행 내에서 신분 간 갈등이 노출되는 등의 문제가 발생하기도 했다.[120] 한일은행은 일본화재보험주식회사 대리점 겸업 등을 통해 근근이 곤경을 극복해갔지만,[121] 그에 대한 상업계의 기대는 자못 컸다. 창립 첫해의 실적이 좋지 않았음에도 이듬해 자본금을 50만 원으로 증자할 수 있었던 것은, 상업 자금에 대한 수요가 컸던 점도 원인이었겠지만, 한일은행이 보인 민족적 태도와도 무관하지 않았을 것이다.[122]

은행으로는 한일은행 외에 일진회원들이 주축이 된 저장은행주식회사(貯莊銀行株式會社)가 설립 신청을 했지만 인가받지 못했고,[123] 은행 업무를 주로 하는 구포저축주식회사가 1908년 장우석(張禹錫), 윤상은(尹相殷) 등 구포 주변의 지주와 객주들에 의해 설립되었을 뿐이다.[124]

한편 이 시기에 설립된 대부업 회사로는 1909년 이재극(李載克), 이윤용, 이하영(李夏榮) 등 고위 관료들이 주축이 된 주식회사대한상업사(株式會社大韓商業社)와* 같은 해의 광업주식회사(廣業株式會社),[125] 그리고 1908년 최석하(崔錫夏) 등 의주 상인들이 설립한 의주보산합자회사(義州保産合資會社)가[126] 대표적이었다. 이밖에 한미협동창고회사(韓美協同倉庫會社, 1905),** 대한권농주식회사(大韓勸農株式會社, 1907),*** 합자회사만성상회(合資會社晩成商會, 1907)**** 등 한일, 또는 한미 합작의 척식(拓殖)·창고회사(倉庫會社)들도 대

---

*『皇城新聞』 융희 3년 8월 12일 잡보 「商業社組織」; 同 8월 25일 잡보 「商業社總會」; 同 9월 11일 「商業株式社計劃」. 주식회사대한상업사는 1909년 財務監督局의 인가를 얻어 주식 모집에 착수했으나, 콜레라 유행으로 중단했다. 1910년 3월에 주식모집을 재개하면서 명칭을 大韓商業株式組合으로 바꾸었다.

**한미협동창고회사는 尹晶錫과 미국인 訖法이 자본금 5만 원으로 합자, 설립한 것으로 창고업과 대금업을 경영했다. 『大韓每日申報』 광무 9년 10월 15일 잡보 「韓美合設」.

***대한권농주식회사는 일본인 山田桃作 등과 백인기, 성문영, 조진태가 합자 설립했다. 『皇城新聞』 융희원년 10월 19일 광고.

****합자회사만성상회는 宋台弘, 李東燦, 張正孝, 鄭奎源 등 남문 밖 객주들이 일인 吉成秀之介를 끌어들여 설립한 것으로 倉庫業과 貸金業을 경영했다. 『大韓每日申報』 광무 11년 3월 31일 광고. 이 회사는 정부의 위탁을 받아 賭租를 보관하고, 그를 作錢上納하는 일도 맡았다. 『訓令照會存案』(奎19143) 광무 10년 6월 24일 照會.

금업(代金業)을 주 업무로 했다.

(2) 농림업

대한제국 전기의 농림업 회사들이 주로 농장 경영이나 황무지 개간 등을 목적으로 했던 데 비해 대한제국 후기에는 그에 덧붙여 양잠업 회사가 급증하는 양상을 보인다. 러일전쟁 직후에는 일본의 황무지 개척권 요구와 관련하여, 애국적 동기에서든 그 반대 입장에서든 황무지 개간을 목적으로 하는 회사가 다수 설립되었다. 1905년에는 박영대(朴永大) 등이 축보(築洑) 기계를 발명하고 농상공부 인허를 받아 기보회사(機洑會社)를 설립했으며,[127] 종목회사(種牧會社)도 경기도 일대에서 축보 등의 사업을 벌였다.[128] 또 1906년에는 오평묵(吳平默) 등이 대구에서 토목기보회사(土木機洑會社)를 발기하고 관개사업(灌漑事業)을 벌일 계획을 세웠다.[129]

그런데 1906년부터는 황무지 개간을 목적으로 하는 회사의 설립 양상이 크게 달라진다. 박기종은 농광회사가 가지고 있던 특권을 탈취하기 위해 일본인과 합작하여 자본금 50만 원의 농업회사를 설립했는데,[130] 같은해 말 해회사원(該會社員) 김윤혁(金潤赫)이 농상공부에 수철리(水鐵里) 일대의 채석권을 청원한 것 말고는 별다른 행적을 찾을 수 없다.[131] 한편, 일진회원들 역시 국민농업회사를 설립하여 국내의 황무지 개간권을 얻으려 했다. 이 회사는 특히 일진회에 가입한 현직 관료들에게 주금(株金)을 강징하여 자본금을 마련했는데,[132] 민영환의 소유로 되어 있던 부천의 목양사(牧養社) 토지가 주된 기반이었던 것으로 보인다.* 국민농업회사는 전국 각지에서 민유지(民有地)를 탈취하면서 소유 토지를 확대했다.**

---

*1905년 민영환이 자결하자, 그의 식객인 吳信默은 부인에게 황실에서 목양사 토지를 상납하라는 지시가 있을 터인데, 그를 송병준에게 매각하면 빼앗길 염려가 없다고 매각을 강권했다. 그러나 송병준은 자신에게 팔았다는 假牌旨 한 장만 써주면 토지를 보존할 수 있을 것이라 하여 부인을 속이고는 그 牌旨를 근거로 목양사는 물론, 민영환 소유의 의주, 이천, 진잠 등지의 1500여석 토지문서를 강탈해갔다고 한다. 『大韓每日申報』 융희 2년 12월 2일 광고.

그러나 일제는 1907년 7월 법률 제4호로 「국유미간지이용법(國有未墾地利用法)」을 공포하여 친일 모리배들이 중심이 된 황무지 개척 시도조차 중단시키고 말았다.[133] 이후 농업 부문에서는 생사원료를 공급하기 위한 작잠업(柞蠶業) 회사만이 다수 설립되었다. 개항 이후 조선 정부는 일본, 중국과 마찬가지로 생사를 주요 수출품으로 상정하여 잠상공사를 설립한 바 있었다.[134] 잠업(蠶業)의 육성은 개항 이후 정부의 주요 관심사였고, 민간에서도 대한제국인공양잠합자회사(大韓帝國人工養蠶合資會社) 등 상당수의 잠업회사가 설립되었다.

그런데 대한제국 전기까지의 잠업회사는 당장은 상수(桑樹)의 도입과 보급, 양잠 기계의 도입 등을 주업무로 했지만 궁극적으로는 생사의 수출을 지향했다.* 그러나 통감부 설치 이후에는 양상이 크게 달라져 잠업회사들은 일본에 생사 원료, 즉 작잠(柞蠶)이나 가잠(家蠶)을 공급하는 일을 주목적으로 했다. 이 시기에 설립된 안의학현잠업회사(安義鶴峴蠶業會社), 잠농사(蠶農社), 작잠합자회사(柞蠶合資會社), 작잠회사(柞蠶會社), 전라남도주식잠농사(全羅南道株式蠶農社), 작잠주식회사(柞蠶株式會社), 종상회사(種桑會社), 작잠제탄주식회사(柞蠶製炭株式會社) 등은 모두 잠견(蠶繭) 생산만을 목적으로 했다. 이는 한국 경제가 미면교환체제(米棉交換體制)로 깊이 빠져들면서 새로 생사 원료 조달지로서의 위치를 부여받은 결과였다.**

대한제국 후기에 설립된 최초의 잠업회사는 1907년 평양의 김숙현(金淑

**1908년 10월에는 農業會社員이 沔川郡 合德에서 防築을 쌓으면서 민유지를 침탈했고(『大韓每日申報』 융희 2년 10월 7일 잡보 「合德民의 質問」), 信川郡 獐川坪에서는 민유지에 築洑함으로써 민원을 야기했다(『大韓每日申報』 융희 3년 9월 16일 잡보 「事必歸正」).

*대한제국 전기 蠶業會社의 설립에 대해서는 金英姬, 1986 「大韓帝國時期의 蠶業振興政策과 民營蠶業」 『大韓帝國硏究』 5, 梨花女大 韓國文化硏究院, pp.26-28 참조.

**일본의 生絲 산업은 일본 최대의 외화 획득 부문이었다. 일본의 생사 수출량이 중국을 앞지른 것은 1906년 이후였고, 蠶繭 확보에 각별한 관심을 기울이기 시작한 것도 이 무렵부터였다. 石井寬治, 1975 「産業資本(2): 絹業」 大石嘉一郎 編, 『日本産業革命の硏究』 東京大學出版會, pp.171-73.

鉉)이 설립한 잠농사(蠶農社)였다. 이 회사는 농상공부와 경리원(經理院)에 동시 청원하여 모두 승인을 얻고 활동을 개시했다.[135] 1908년에는 김병선(金秉先)의 안의학현잠업회사(安義鶴峴蠶業會社)가 잠업광달회사(蠶業廣達會社)로 개칭하고 업무를 확장했다.* 이병현(李秉賢), 한용찬(韓用瓚) 등이 설립한 작잠회사는 가장 활발한 활동을 벌였다. 이 회사는 1908년 12월 작묘(柞苗) 10만 그루를 구입하고 사업을 개시한 이래[136] 홍주, 청주, 서흥, 여주 등지에 지사를 설치하고 청국인을 고용하여 누에를 기르는 한편, 양잠 견습생 50여명을 모집할 계획을 세웠다.[137] 1909년 2월에는 작잠합자회사(柞蠶合資會社)로 개칭하고[138] 산림 측량 사업도 병행했다.[139] 다시 7월에는 주식회사로 조직을 개편하고[140] 사원 4명을 상해에 파견하여 잠종(蠶種)을 구입했다.[141]

1909년 이후 고위 관료나 퇴직 관료들의 회사 설립이 늘어남에 따라 작잠회사들의 규모도 커졌다. 1909년 김회수(金晦秀), 정우교(鄭禹敎), 정진홍(鄭鎭弘) 등 퇴직 관료들이 발기한 작잠회사[142]에는 시종(侍從) 이항구(李恒九)가 금화 1천 원을 기부하기도 했다.[143] 특히 1910년 김윤식(金允植), 이재극, 이하영, 이근상(李根湘), 이봉래 등 고위 관료와 일인 히코 마사츠쿠(日戶勝造) 등이 합작 발기하여 농상공부 승인을 얻은 대한작잠주식회사(大韓柞蠶株式會社)는 자본금이 10만 원에 달했다.**

임업 부문의 대표적 회사는 압록강 일대 삼림의 벌목을 목적으로 1906년에 설립된 삼림회사(森林會社)였다. 러일전쟁 이후 일제는 조선목상회사(朝鮮木商會社)의 권리를 합법적으로 승계한 이재회사(理材會社)를 철파하고, 따

---

*『大韓每日申報』 1908년 6월 27일 광고. 金秉先은 영남의 대지주로서 1917년 현재 논 4천 두락, 밭 2천 두락을 소유하고 있었고, 소작인만 1천여 명에 달했다. 1902년 安義鶴峴蠶業會社를 설립한 이래 식민지화 이후에도 잠업, 무역업, 광업 등 다방면에 투자했다. 靑柳綱太郎, 1917 『新朝鮮成業銘鑑』 朝鮮硏究會, pp.56－61.

**『皇城新聞』 융희 4년 1월 20일 잡보 「柞蠶社設立費」. 이 회사는 동년 4월부터 노동자 모집에 착수하여 본격적인 업무를 개시했다. 同 융희 4년 4월 26일 잡보 「柞蠶志願者」.

로 한일합작의 삼림회사 설립안을 내놓았다.[144] 통감부는 1906년 8월, 한일 양국 정부가 각각 60만 원씩 출자하여 자본금 120만 원을 마련하는 것을 골자로 한 회사 정관(定款)을 작성했다.[145] 그러나 이 정관은 재정상의 이유로 실현되지 못했고 대신 내부, 학부, 탁지부, 농상공부, 법부, 군부의 6대신이 각각 10만 원씩 출자하여 한국 정부 분담분 60만 원을 채우는 방식으로 회사 설립안이 확정되었다.[146] 국책회사안이 폐기되고 사설 회사로 귀착된 것인데, 이로써 압록강 삼림 벌채권은 일본 수중으로 완전히 넘어갔다. 이 회사는 1907년 4월부터 압록강변 일대의 토지를 강제 수용하면서 사업을 개시했다.[147]

이와 별도로 1908년에는 이재완(李載完), 이하영, 이규항 등이 다른 삼림회사 조직에 착수했지만, 실현되지는 못한 듯하다.[148] 1909년에는 2천 원의 소자본으로 영림사(營林社)가 설립되었는데, 자본금 외에 따로 수백만 평의 임야를 확보하고 식림(植林)에 착수했다.[149]

축산업 부문에도 몇 개의 회사가 설립되었다. 1908년에는 지경근(池景根)이 장례원(掌禮院) 종목과(種牧課) 폐지로 궁내부(宮內府) 향사(享祀)에 진배(進排)하던 희생(犧牲)을 공급할 기관이 사라지자, 그를 담당할 목적으로 종목사(種牧社)를 설립했다.[150] 다음해에는 김진범(金鎭汎)이 수조회사(獸鳥會社) 설립을 경시청에 청원했으며,[151] 강인규(姜寅圭) 등도 육축회사(六畜會社)를 설립했다.[152] 또 한국축산합자회사(韓國畜産合資會社)가 자본금 6천 원으로 발기되었으며,[153] 김종한의 축양회사(畜養會社)도 설립 준비에 들어갔다.[154] 그러나 이 회사들이 실제로 축산에 종사했는지는 확실치 않다. 이들 중에는 축산업 경영을 빌미로 일본인의 토지 점탈(占奪)을 방조한 회사도 있었다. 1905년 인천에 설립된 양저양계회사(養猪養鷄會社)가 그런 회사였다.

양저양계회사는 황석원(黃錫元), 이치명(李致明) 등이 영종도의 진황지(陳荒地) 일부에서 돼지와 닭을 키우겠다는 명목으로 궁내부 인허를 받아 설립한 회사였다.[155] 궁내부는 부대조건으로 "외국인과 결탁하여 전당잡히거나 매매하는 폐단이 있으면 인허를 취소한다"는 단서를 달았지만,[156] 이들은 이 규정을 바로 무시했다. 이듬해 일본인 다케가와 세이지(武川盛次)는 회사 인허권을 매입했다고 주장하면서 궁내부에서 입표(立標)한 토지를 점탈했다. 정부는 이 행위가 회사 인허조건에 위배된다고 하여 원상회복을 지시했고,[157] 영종도민 역시 다케가와가 민유 가옥과 분묘, 전답까지 마구잡이로 점탈하는 데 항의하여 상경(上京) 시위를 벌이는 한편 『대한매일신보』를 통해 사건의 경과를 폭로했다.[158] 그러나 일본 이사청에서는 황종원과 이치명 등이 이미 세금을 완납한 이상 다케가와가 취득한 권리를 인정하라고 요구했고,[159] 정부는 하수인인 한인들만 처벌하는 것으로 사태를 마무리했다.[160]

(3) 제조업·광업

대한제국 후기에 설립(신청)된 제조업 회사를 업종별로 정리한 것이 표 3-3이다. 가장 두드러지는 특징은 제혁업(製革業)을 제외하고는 수입 대체 효과를 노린 업종의 회사 설립(신청)이 압도적으로 많았다는 점이다. 개항 직후 몇 개의 관영, 관독상판형 제조업체가 만들어졌고, 대한제국 전기에는 저마포(苧麻布)의 생산, 수출을 목적으로 대조선저마제사회사(大朝鮮苧麻製絲會社) 설립이 추진되기도 했다. 면포, 양조, 연초 등 국내 소비시장이 넓은 부문에서 주로 공장이나 회사 설립이 시도되었지만 수출용 상품 생산에 대한 관심도 높았다. 그러나 대한제국 후기의 한인 공업은 국내 소비 시장을 상대로 하거나 일본 이외 지역에 대한 수출(비단, 종이 등)을 목적으로 하는 상품 생산으로 국한되었다.*

---

*통감부는 官立農商工學校를 官立工業傳習所로 개편하면서 염직, 도기, 금공, 목공, 응용화학, 토목이 6개과를 설치했는데, 이들 하과는 공업원료의 시험 분석, 직공 양성 등을 통해 일본 기업의 한국 진출 기반을 다지려는 목적을 지녔다. 金根培, 1996「대한제국 전기: 일제초 官立工業傳習所의 설립과 운영」『韓國文化』18, p.431.

표 3-3. 1905~1910년간 한인 제조업 회사의 업종별 분포

업종 연도	織布	烟草	釀造	製紙	木工	製革	機械鐵物	陶器	製粉	기타	계
1905	1	1		2						2	6
1906	2	1	3		1					1	8
1907	1	1	3	1						1	7
1908	1		1	3		2	1	1		2	11
1909	5	5	2	2	1	1	4	1			21
1910	10	4	2	1	1	2		1	1	4	26
계	20	12	11	9	3	5	5	3	1	10	79

자료: 부록을 토대로 작성.

① 연초제조업

연초는 1660년대 조선에 전래된 이래 수요가 급증했고, 경작 농가도 늘었다.[161] 가공 기술도 발달하여 19세기 이후에는 상품 연초의 종류가 다양해졌고 연초 상인도 늘었다.[162] 그런데 개항 이후 외국산 가공 연초의 수입은 국내의 연초 생산자, 가공업자, 판매자 모두에게 심각한 위협이 되었다. 개항 직후 관영 또는 관독상판형 제조장에 연초제조업이 다수 포함된 것이나* 1883년 한영수호통상조약에서 연초의 관세율을 최고율인 20%로 정한 것은 이러한 위협에 대한 대응인 동시에,[163] 정부 스스로 국내 연초 시장에 주목했기 때문일 것이다.

폭넓은 국내 수요와 높은 관세율 등으로 국내 연초제조업의 기반은 상대적으로 안정되었다. 비록 외국산 연초 수입이 꾸준히 늘었고 갑오개혁을 전후한 시기에는 외국 자본이 지권연초(紙捲烟草) 제조업에 진출하는 사례도 있었으나,[164] 대한제국 전기까지는 향연합자회사(香煙合資會社) 등의 한

*1880년대 중반까지 설립된 관영, 또는 관독상판형 연초제조장은 順和局, 捲烟局, 蓮花烟務局 등이었다.

인 회사들이 이 업종을 주도했다.

그런데 러일전쟁 이후 외국인의 회사 설립에 대한 규제가 사라짐에 따라 동아연초회사(東亞烟草會社), 일한연초회사(日韓烟草會社), 법한연초회사(法韓烟草會社) 등 외국 자본에 의한 대규모 연초회사가 속속 등장하여,[165] 한국 연초 시장을 장악했다. 이들 회사에서 생산한 연초는 관세를 물 필요도 없었던데다가 한국인의 기호에 맞는 토종 연초를 원료로 했기 때문에 시장을 급속히 확대할 수 있었다. 이런 상황에서도 연초 회사가 신설 제조업 회사의 다수를 점한 것은 생산 과정이 노동집약적이어서 제조 설비나 기술 수준에 크게 좌우되지 않았기 때문이다.

이 시기 한인 자본이 참여하여 설립한 최대의 연초회사는 1904년의 광강상회(廣江商會)였지만, 이는 일제의 한국 강점을 전후하여 일본인 단독 경영 회사로 바뀌었고,[166] 순수한 한인 기업으로 설립된 최초의 회사는 1906년의 대한연초주식회사(大韓煙草株式會社)였다.[167] 김종한 등이 주도한 이 회사는 자본금 55만 원(불입자본 27만 5천 원)으로 창립되어 바로 농상공부 인허를 얻었는데, 일본 상법의 회사 설립 규정을 따른 최초의 한인 회사이기도 했다.* 한편 1907년 서울에서 설립된 곡향합자회사(谷香合資會社)는 창립 광고에서 "우리나라는 크고작은 일용품을 모두 외국에 의존하니 …… 본사에 이익은 없으나 크게 주의하는 것은 이 사업을 멀리 내다보고 경영하는 것이므로 몇 년간의 손해는 감수할 터이오니 ……"라 하여 토산 연초 장려를 위해 경제적 손해를 감수하겠다는 뜻을 밝히기도 했다.[168]

연초제조업에서는 이밖에도 서병옥(徐丙玉) 등이 자본금 1,500원으로 설립한 연초주식합자회사(烟草株式合資會社, 1909),[169] 강화상회(江華商會, 1909),[170] 유익남(柳翼南), 탁종호(卓鍾鎬) 등의 반도제연사(半島製烟社, 1909),[171] 동지상회(同志商會, 1909),[172] 의주 상인 최선옥(崔善玉), 문도경(文道敬), 박봉엽(朴奉

---

*『皇城新聞』 광무 10년 9월 12일 광고. 회사의 발기인은 金宗漢, 李義絅, 李普應, 李升鉉, 金景秀, 車基倫, 金景明, 金榮觀 등이었다.

燁) 등이 설립한 반송제연사(盤松製烟社, 1909),* 양수현(梁壽賢), 이명현(李明鉉) 등이 설립한 서울의 산해연초상회(山海烟草商會, 1909),[173] 황연수(黃演秀) 등의 연초회사(烟草會社, 1909),[174] 강산연초상회(江山煙草商會, 1910),** 안광순(安光淳) 등의 광성상회(廣成商會, 1910),[175] 장석윤(張錫胤), 김희진(金熙鎭) 등의 용수회사(春水會社, 1910),[176] 부인실업상회(婦人實業商會)에서 여자 직공을 모아 별설한 권연초회사(捲烟草會社)[177] 등이 설립되었다.

연초제조 회사가 늘어남에 따라 1909년에는 서울에만 연초제조 노동자가 1천여 명에 달했으며, 우리나라 최초의 업종별 공장 노동자 조합이라 할 수 있는 연초직공조합회(煙草職工組合會, 1910 漢城烟草職工總合所로 개칭)가 발족하기도 했다.***

② 직물업

대한제국 전기의 직물업 회사들이 주로 관료 주도로 설립된 데 비해, 대한제국 후기에는 상인·수공업자들이 개량직기를 도입하고 회사를 설립하는 양상이 일반화했다. 이 기간 중 고위 관료가 중심이 된 회사는 이윤용의 직조회사(織組會社, 1906)[178]와 유길준 등의 한성직물주식회사(漢城織物株式會社, 1910)[179]뿐인데, 이들은 모두 발기 단계에서 중단된 듯하다.

직물업 부문에서 상인·수공업자의 회사 설립이 활발해진 것은, 러일전쟁 이후 상품 수입선이 일본 상인의 수중으로 완전히 넘어간 데 따른 것이

---

*『大韓每日申報』 융희 4년 3월 6일 잡보 「朴氏專管」. 朴奉燁은 盤松製烟社 외에도, 染織株式會社(1909), 韓美興業株式會社(1908) 등의 설립에 관여한 유력 상인이다.

**『大韓每日申報』 융희 4년 2월 15일 광고. 이 회사는 회사령 실시 이후인 1911년에도 江華烟草會社의 이름으로 활동했다. 『每日申報』 1911년 8월 20일 「併合紀念日 參加團體累報」.

***연초직공조합소는 朴重箕, 徐廷台 등 연초제조 노동자 23명이 발기했고, 소장은 趙允鏞, 부장은 徐永基였다(『大韓每日申報』 융희 3년 11월 17일 광고; 同 융희 4년 1월 19일 잡보 「職工總合發起」; 同 6월 29일 잡보 「煙草職工의 貯金」; 同 7월 9일 잡보 「烟所夜校」; 『每日申報』 융희 4년 12월 25일 「煙草組合의 日語敎授」). 소장 조윤용은 연초회사인 同志商會의 주인이었으며, 일제의 한국 강점 이후에는 家僧組合(1912), 京城織物組合(1913) 등에 관여했다.

다.[180] 이는 일본제 상품을 수입, 판매하던 상인들을 곤경에 빠뜨렸고, 이들은 그 대안으로 개량 직기를 이용한 기계제 직물의 생산에 착수했다. 1905년에 배오개 상인 박승직(朴承稷) 등이 자본금 15만 냥의 염직회사(染織會社=化學染織會社)를 설립한 것이 그 한 예다. 이 회사는 400여 명의 노동자를 고용할 정도로[181] 규모가 컸다.* 직포업 부문에서는 이 외에도 한성염직회사(漢城染織會社, 1906),[182] 미동직조회사(美洞織組會社, 1908),[183] 한흥직조회사(韓興織組會社, 1909),[184] 창업사(創業社),[185] 경성직뉴합명회사(京城織紐合名會社, 1910)[186] 등이 활동했다.

그런데 명칭으로도 알 수 있듯이, 이 시기 회사들은 직포업보다는 직포가공 부문에 주로 설립되었다. 식민지화 이후까지 지속되는 경성직뉴합명회사나** 그 밖의 염직회사들은 전통적 수요에 편승한 특수 직물을 생산하거나 가공에 집중함으로써 일본제 직물이 선점한 시장의 공극(空隙)에서 근근이 명맥을 유지할 수 있었다.

③ 양조업

양조업 부문에서는 개항 직후 관영 제조장으로 양춘국(釀春局)이 설립된 바 있지만, 대한제국 전기에는 누룩의 생산과 판매를 전담하는 회사가 주로 설립되었을 뿐이다. 특히 누룩은 내장원의 세원(稅源)으로 편입되어 도나 군 단위로 독점권을 행사하는 국자도고(麯子都賈)나 국자회사가 전국에 걸쳐 조직되었다. 그런데 러일전쟁 이후 내장원 소관 잡세가 일괄 혁파되면서, 직접 누룩을 제조, 판매하거나 상품용 주류(酒類)와 장유(醬油)를 제조하는 회사가 나타났다. 주류 생산을 먼저 개시한 것은 일본인들이었지만 러

---

*1905년 말 이후 化學染織會社에 관한 기사가 나타나지 않는 것으로 보아 이 무렵 해산한 듯하다. 『大韓每日申報』 광무 9년 12월 13일 잡보 「染坊創設」.

**경성직뉴합명회사는 1911년 9월 회사령에 따라 다시 총독부의 승인을 얻었다. 『每日申報』 1911년 9월 15일 「商業登記公告」 株式會社設立登記 제36호.

일전쟁 이전까지는 일본인 거류민을 상대로 한 소규모 생산이 지배적이었고, 본격적인 공장제 생산이 개시된 것은 그 이후였다.*

따라서 이 시기 한인 양조(釀造) 회사는 과거의 도고적 유습(遺習)을 극복하고 새로운 질서에 적응하는 과제와 아울러 일인 회사·공장과 경쟁하는 문제에 직면해 있었다. 일인 자본과 경쟁하는 문제는 민족 간 기호(嗜好)의 차이에 따른 시장 분할을 이용하여 당분간 피해 나갈 수 있었지만, 도고적 유습의 청산은 쉽지 않았다.

1906년 최건식(崔健植) 등이 설립한 전주국자회사(全州麴子會社)는 도고 폐풍을 금집(禁戢)할 것을 천명했고,[187] 같은 해 김택영(金澤榮), 이명건(李命健) 등이 설립한 주장회사(酒漿會社) 역시 생산적 국자회사를 지향했다. 이 회사는 합명회사로 설립되었지만, 부분적으로는 과거의 도고적 유습을 고수하기도 했다.[188] 이들 회사가 도고 청산을 내세운 것은 역설적으로 이 업종에서 도고 관행이 그만큼 뿌리 깊었음을 보여준다. 국자회사로는 이밖에 평안남북도국자회사(平安南北道麴子會社)로 조직되어 있던 평양의 누룩 상인들이 자본금 1만 8천 원을 모아 설립한 평양국자회사(平壤麴子會社)[189]와 1907년 이두환(李斗煥) 등이 자본금 400원으로 설립한 북청국자회사(北青麴子會社),[190] 1909년 경제연구회(經濟研究會)에서 부설한 경제국자사(經濟麴子社)[191] 등이 있었는데, 모두 누룩 제조를 주업무로 삼았다.

최초의 한인 주류 양조회사는 1906년 이근배 등이 자본금 2만 원으로 설립한 경성양조합명회사(京城釀造合名會社)였다.[192] 양조회사로는 이밖에 이관영(李觀永), 양명수(楊明洙) 등의 주국회사(酒麯會社, 1906),[193] 양신원(梁信遠) 등의 해주주업회사(海州酒業會社, 1907),[194] 김창한(金彰漢) 등의 주업회사(酒業會社, 1908),[195] 이원식(李源植) 등의 양춘사(釀春社, 1908),[196] 민원식(閔元

*병합 직전 서울의 일본인 주류 양조장은 9개소였는데, 그중 러일전쟁 이전에 설립된 것은 단 1개소에 불과했고, 인천은 7개소 중 2개만이 러일전쟁 이전에 설립된 것이었다. 앞의 朝鮮總督府, 1913『京城仁川商工業調査』p.30, 46 참조.

植)이 일인과 합작으로 설립한 주국회사(酒麯會社),[197] 김재순(金在珣), 김병황(金炳璜) 등 퇴직 관료들이 설립한 국자회사(1909),* 이용복(李容復), 최정규(崔晶圭) 등 상인들과 일인 모토우에 요이하치(最上義八) 등이 자본금 5만 원으로 설립한 주류양조회사(酒類釀造會社, 1910),[198] 청양사(靑陽社, 1910)[199] 등이 있었다. 일본인이 독점했던 장유(醬油) 생산 부문에서는 1909년에 조희연(趙羲淵), 김용제(金鎔濟) 등이 대한장유제조주식회사(大韓漿油製造株式會社)를 발기했지만 제품을 생산하지는 못했다.[200]

④ 제지업

제지업 역시 전래의 수공업 기술에 의존하는 업종으로, 종이는 조선의 대표적 특산품이었다. 개항 직후에도 정부에서 제지국(製紙局)을 설립한 바 있었고, 중국 등지로 계속 적지 않은 양을 수출했다. 그럼에도 민간 제지업 회사는 대한제국 후기에야 설립되었다. 이는 아마도 한지(韓紙)의 생산 공정이 계절적 영향을 많이 받는 관계로,** 고정 자본 투하가 곤란했기 때문인 듯하다. 그래서 이 시기에 설립되는 제지회사들은 한지가 아니라 화양지(和洋紙) 생산을 목표로 했다. 당시 화양지는 신문, 잡지 등을 통한 계몽 운동의 활성화, 교과서 등 신서적 출판과 관련하여 수요가 늘고 있었다.

처음 양지(洋紙) 생산을 개시한 한인 회사는 이재현(李載現) 등이 1905년 덕소에 설립한 제지회사였다.*** 이어 1906년에는 오규희(吳圭熙) 등이 조지용달회사(造紙用達會社)를 설립하고 폐지를 원료로 화양지를 제조했다.[201]

---

*『皇城新聞』 융희 3년 8월 25일 잡보 「麴子會社 承認」. 김재순은 秘書院丞, 侍從院侍從, 評理院判事 등을 거쳐 1905년 內藏院卿, 通信院會辦을 역임했으나 을사늑약 이후 면직된 인물로, 1913년 독립운동 혐의로 체포된 바 있다. 김병황 역시 단양군수, 예천군수를 지냈다.

**韓紙의 제조설비는 비교적 간단하여 1920년대 초반까지도 솥과 몽둥이, 물통과 세척용 漂布만 있으면 되었고, 제조 기간은 10월 말부터 2~3개월에 불과했다고 한다. 朝鮮總督府, 1922 『朝鮮紙に關する調査』 pp.117－19.

***『大韓每日申報』 1905년 1월 31일 잡보 「製紙所 設施」. 李載現은 1904년 秘書院卿, 1906년 宮內府特進官을 지낸 고관으로, 식민지화 이후에는 國內通運社, 京城硝子製造所 등에 관여했다.

1908년에도 평북 철산에서 제지회사가 설립되었는데,[202] 그해 말에는 주금(株金) 모집을 완료하고 생산을 개시했다.[203] 같은 해 민영기, 이지용 등 고위관료들이 설립한 대한제지회사(大韓製紙會社)는 자본금 50만 원을 모집하고 용산에 공장을 건설했다.[204] 또 1909년에는 함흥 상인 이명진(李明振), 노민수(盧旻洙) 등이 일본에서 기계를 도입하여 제지회사를 설립하고 생산에 착수했다.[205]

⑤ 도자기 제조업

도자기 제조업 역시 한국에서 특히 발달한 부문이었는데, 1905년 이후 일본제 도자기 수입이 늘어나면서 수입대체를 목적으로 상당수의 회사가 출현했다.* 이 시기에 설립된 대표적인 도자기 회사는 평양자기제조주식회사(平壤磁器製造株式會社)다. 이 회사는 처음부터 일본 자본에 저항한다는 목표를 내걸고 설립되었다. 회사 설립을 주도한 이승훈(李昇薰)은 이 무렵 관서자문론(關西資門論)이라는 민족 상권 보호책을 세우고, 그를 실험하는 한 방편으로 자기회사(磁器會社)의 설립을 추진했다. 발기인은 이승훈, 한삼현(韓三賢), 정인숙(鄭仁淑) 등 평양의 유력 상인이었으며, 자본금 6만 원을 모아 1908년 8월에 농상공부 인허를 얻었다.[206] 『대한매일신보』는 논설을 통해 이 회사의 설립을 격려했으며,[207] 인천신상회사도 주식 모집에 적극 참여하는 한편 '애국이용(愛國利用)의 군자(君子)'들에게도 사업 참여를 권유했다.[208] 이에 따라 유력한 계몽운동가는 물론 평안도 일대의 지방관들까지도 대거 주식모집에 참여했다.

평양자기제조주식회사는 계몽운동에 편승하여 설립 첫해부터 이익을 보았다고 하는데,[209] 이후에는 더 발전하지 못했다. 애국적 동기가 설립 초기의 성공을 이끈 반면, 식민지화 이후에는 오히려 장애가 되어 매년 적자를

*일본제 도자기 수입이 급증한 것은 1905년 이후이며, 그에 따라 鍮器商들이 대거 몰락하기도 했다. 趙璣濬, 1988 「남강 이승훈 선생의 기업 활동」 南岡文化財團出版部, 앞의 책, p.63 참조.

보는 상태로 전락했다.*

도자기 제조업 부문에서는 이밖에도 1908년 합자 형태의 양자기제조소(洋磁器製造所)가 기계를 구입한 후 생산에 착수했고,[210] 1909년에는 여운형(呂運亨)이 광주(廣州)에 사기회사(沙器會社)를 설립했다.[211] 1910년 일제의 한국 강점 직전 퇴직 관료, 특히 중하급 관료들이 설립한 분원자기주식회사는 1910년대 중반까지 영업을 지속했다.**

⑥ 제혁업

제혁업은 정미업과 더불어 개항 이래의 대표적인 수출품 가공 업종이었다. 개항 이후 조선의 대일 수출은 미(米)·두(豆)·금(金) 등 원료산품이 주였고, 1차 가공품으로는 우피(牛皮) 정도가 손꼽혔다.*** 이 부문에서 여러 회사가 설립된 것은 가죽의 수출 판로가 넓고 제조 공정이 비교적 간단했기 때문이다.

한인이 설립한 최초의 제혁 회사는 1908년의 대한수피합자회사(大韓獸皮合資會社)다. 이 회사는 심성택(沈性澤), 이관식(李寬植) 등 17명이 발기하여 농상공부의 인허를 얻었다. 발기인의 합자금 총액은 4천 원이었고, 별도로 입사금 1,300원을 모아 총 5,300원으로 영업을 개시했는데,[212] 1909년 돌연 인허 취소 처분을 받았다.[213] 그 이유를 알 수는 없지만, 아마도 일제는 피혁이 주로 군수품으로 사용되었기 때문에 일찍부터 그 생산을 일인에게 독

---

*平壤磁器製造株式會社는 『每日申報』 1914년 11월 23일자에 주주 失權 공고를 냈는데, 이때 실권한 주주 중에는 계몽운동가나 仁川柴炭會社 등의 상인단체는 물론, 李昇薰, 韓三賢, 崔有文 등 발기인도 다수 포함되었다. 『每日申報』 1914년 11월 23일 「平壤磁器製造株式會社 株主失權公告」.

**분원자기주식회사의 발기인은 具宗書, 金洙瑩, 金裕定, 閔濬鎬, 卞榮憲, 申圭植, 安暎洙, 安泰瑩, 尹致晟, 李南久, 李敦求, 鄭志衙, 鄭鎮弘, 趙轍熙, 池圭植, 咸英燮, 黃瑩秀의 17명이었는데, 이들 중 최소 10명이 퇴직 관료였고 그중 6명은 퇴역 군인이었다.

***1908년 현재 牛皮는 地金을 제외한 조선의 대외 수출품 가액 중 生牛에 이어 5위를 점했으며, 수출 총액에서 차지하는 비율도 3.7%에 달했다. 朝鮮總督府, 『朝鮮總督府統計年報』(1911년판), pp.729－32 참조.

점시킬 구상을 했던 듯하다. 그래서인지 1911년에는 조선피혁주식회사(朝鮮皮革株式會社)가 공칭자본 100만 원, 불입자본 35만 원의 대규모 회사로 창립되어 조선의 피혁 제조를 독점했다.[214]

제혁업에서는 이밖에 수피주식회사(獸皮株式會社=牛皮會社, 1908),[215] 강태현(姜台鉉) 등의 우피제조회사(牛皮製造會社, 1908),[216] 거창 최용기(崔龍基) 등의 우피회사(牛皮會社, 1909),[217] 윤치성(尹致晟) 등의 혁제회사(革製會社, 1909),[218] 한응리(韓應履) 등의 우피회사(牛皮會社, 1910),[219] 정태환(鄭泰煥) 등의 합명우피회사(合名牛皮會社, 1910)[220] 등이 발기되었는데 대개 불허되었다. 다만 윤치성의 혁제회사만이 공장을 세우고 생산에 착수했던 듯하다.

⑦ 기타

인쇄업에서는 1907년 주식회사로 조직된 인쇄공업회사(印刷工業會社)가 농상공부의 인허를 받았다.[221] 자본금은 1만 원이었는데, 주주는 전원 인쇄기술자였다. 회사 내에 주조부(鑄造部), 문선부(文選部), 식자부(植字部), 인쇄부(印刷部), 장책과(粧冊科), 석판과(石版科), 사진과(寫眞科)의 부서를 두었는데, 회사 경비는 사원 월봉의 2/100를 수합하여 마련했던 것으로 보아[222] 처음에는 조합 성격을 겸했던 것 같다. 그러나 곧 민영기, 최석창(崔錫彰) 등의 관료들을 끌어들여 회사 체세를 정비하는 한편,[223] 만세보(萬歲報)를 찍던 보문관(普文館)을 인수하여 합설(合設)하고 영업을 확장했다.[224]

1909년 목포사상회사(木浦士商會社)의 객주들이 철공제조주식회사(鐵工製造株式會社, 강점 후 信興鐵工株式會社)를 조직하여 농기구, 솥 등의 철제품을 생산했으며,[225] 같은해 김병욱(金炳旭) 등 14명은 자본금 5천 원을 모아 기공회사(器工會社)를 설립하고 일제 농기계를 모방 제조했다.[226] 이밖에 우마차 제조를 목적으로 한 공업운수마차동창회사(工業運輸馬車東昌會社, 1907),[227] 안경테를 제조하던 양경상회(洋鏡商會, 1910),[228] 식료품을 생산하던 진수상회(珍需商會, 1910),[229] 책자용 종이를 재단하는 한편 지권연초를 생산하던 영신단재사(永信斷裁社, 1909),[230] 양초 수만 개를 제조 판매한 납촉일광회사(蠟燭一光會社, 1906)[231] 등이 있었다.

한편 광업법(鑛業法) 시행에 따라 광구 대부분이 개인에게 인허되었기 때문에 광업 회사 설립은 전 시기보다 크게 줄었다. 1910년 황학천(黃鶴天) 등의 대동회사(大同會社)가 의주의 금광(金鑛) 두 곳에서 채굴하고 있었고,[232] 그 밖에는 대한석재회사(大韓石材會社, 1906)가 서울 주변에서 건축용 석재를 채취하는 정도였다.[233]

요컨대 대한제국 후기의 한인 제조업 회사들은 대개 전래의 수공업 기술에 의존하는 부문이나 고유의 시장이 형성된 부문에서 설립되었고, 그들 중 일부는 상당한 성과를 올렸다. 그렇지만 비교적 시장이 넓은 부문에는 예외없이 일본 자본이 침투해 들어왔다. 이 시기 제조업 회사들이 직면한 공통의 문제는 자본력의 열세와 기술 부족이었지만, 통감부가 내정(內政) 전반을 좌우하는 상황에서 정부의 보호나 보조를 기대할 수 없었다는 점도 문제였다. 통감부는 한인 회사에 대해 '방해(妨害)는 할지언정 보호(保護)는 무(無)하며 금알(禁遏)은 할지언정 장려(奬勵)는 무(無)'한 태도를 취했다.[234] 이러한 상황에서 한인 기업이 기댈 수 있는 지원이란 고작 애국적 언론에서 고취하는 국산품 애용론뿐이었지만,* 그마저 오래 지속되지 않았다.

제조업 회사의 발전에 필수적인 신기술 도입에도 어려움이 따랐다. 통감부는 1904년 문을 연 관립농상공학교(官立農商工學校)를 1906년 공업전습소에 통합했는데,[235] 여기에서는 염직, 도기, 금공(金工), 목공(木工), 응용화학, 토목의 수공업 기술만을 전수했다.[236] 따라서 국내에서 신기술을 습득할 수 있는 길은 거의 차단되었다. 제조업 회사가 신기술을 채용하기 위해서는

---

*1909년 『大韓每日申報』는 製造界一般이라는 題下의 논설에서 서울과 대구의 織組, 전주의 製紙, 서울과 개성의 煙草 등 세 부문을 한국 제조업의 중요 성과로 들고, 이들 제품을 애용함으로써 제조업 발전의 토대를 삼자고 설파했다. 『大韓每日申報』 융희 3년 1월 27일 논설 「製造界一般」.

유학생 출신이나 외국인을 고용해야 했지만, 막상 이들을 고용하더라도 신기술 도입은 쉽지 않았다. 외국(거의 일본)에서 제대로 된 기술을 배워온 자는 극히 드물었으며, 외국인을 고용할 경우에는 기술 전수를 거부하는 것이 일반적이었다.* 국가적 보호의 결여와 신기술 도입의 곤란은 자본 규모의 저위성(低位性)에 앞서 이 시기 제조업 회사의 지속적 발전을 저해한 근본 요인이었다.

(4) 상업

대한제국 후기에도 상업 부문에 가장 많은 회사가 설립되었다. 특히 전 시기의 상업 회사 중 상당수가 수세도고회사였던 점을 감안하면, 상업 회사의 증가폭은 훨씬 컸다. 이 기간 동안 상업 회사에서 나타난 특징은 첫째, 객주업(위탁판매업, 창고업, 대금업 겸영) 전문 회사의 출현, 둘째, 일본 상품의 직수입을 목표로 한 무역회사의 출현, 셋째, 도시정주상업의 발달에 따른 시장 관리 회사의 출현, 넷째, 지역별·물종별 전매권에 대한 정치적 보호가 소멸된 데 대응한 조달업, 용달업의 증가다.

① 객주업 회사

대한제국 전기까지 객주는 객주상법회사 등에 의무적으로 가입하고 일정한 상납금을 내는 대가로 독점영업권을 보장받았다. 그런데 통감부가 내장원의 재정 기반을 해체하면서 객주 과세가 금지되었고, 객주들의 독점영업권(主人權) 역시 부정되었다. 객주들은 권력의 통제에서 벗어났지만, 동시에 보호에서도 배제되었다. 이에 따라 객주영업권은 자본력에 의해서만 유지

---

*『大韓每日申報』 융희 2년 11월 5일자 논설 「實業界失敗者의 可憐話」는 양초제조업, 비누제조업, 철공업의 예를 들어 이러한 사정을 생생히 묘사한 후, "吾輩가 財團을 集하여 爲先 製造等에 着手하매 乏人才의 嘆이 有한지라 於是乎不得不日人을 雇用할지나 雇用하는 日人이 其術의 盡試를 不肯하며 於是乎不可不 日本에 往하여 學得코자 하나 敎授하는 日人이 其秘의 盡傳함을 不肯하니 ……"라 하여 이 시기 기술 습득의 곤란을 지적했다.

될 수 있는 것으로 변화했다. 이에 따라 객주들의 합자에 의한 객주업 회사가 속출했다.

객주업 회사의 출현은 아직까지 상품화폐경제의 발전 정도가 미미했던 사정과도 관련이 있다. 본래 객주는 창고업, 대금업, 중개업, 숙박업, 수세청부 등 다양한 활동을 담당했지만, 주업은 위탁판매업이었다.[237] 위탁판매는 광범위한 소생산자를 기반으로 하는 제한적 상품 생산으로 인해 상품 거래의 시간적·공간적 일치점을 찾기가 쉽지 않을 때, 그리고 상업 자본이 상품 일반을 지배하지 못하고 있을 때에 이용되는 거래방식이라 할 수 있다. 따라서 자본주의적 상품생산이 발전하면 위탁판매업의 영역도 축소될 수밖에 없다. 그런데 개항 이후 유통구조는 기본적으로 일본 상인 ↔ 한인 생산(소비)자를 기축으로 하는 식민지적 구조로 변화했고, 그 속도는 이 시기에 들어 한층 빨라졌다. 이때 일본 상인과 한인 생산자·소비자를 매개하는 존재인 객주, 또는 위탁매매업자의 존재 가치는 그만큼 부각되게 마련이었다.* 특히 통감부 설치 이후 객주업의 독점성이 소멸함에 따라 객주는 일본 상인들이 쉽게 손잡을 수 있는 파트너가 되었다. 1910년대까지도 한상(韓商)이 객주업에 집중되어 있었던 것은 이 때문이다.** 따라서 이 시기에는 본래 객주였던 자들은 물론, 시전 상인이나 관료 출신들도 다투어 객

*다음 기록은 통감부 시기 일본 자본이 객주를 필요로 했음을 잘 보여준다. "(인천항에서) 미곡 매입방법은 두 가지가 있다. 하나는 미곡상 스스로 각 産地에 출장하여 매입하는 것이고, 다른 하나는 當港에 도착하는 것을 기다려 매입하는 것이다. 수년 전까지는 제1의 방법도 다소 행해졌지만 …… 지금에는 거의 제2의 방법, 즉 荷積을 기다려 매입하는 자이며 ……" 『財務彙報』 44, 1910 「韓國貿易品ノ取引順序及運賃等ニ關スル調査」.

**일본의 한국 강점 이후 객주업을 통한 성공 사례를 통해, 객주들이 비특권 상인으로서 경제 변화에 능동적으로 대응한 때문이라고 보는 경우가 많지만, 객주 출신 자본가와 객주업은 구분해야 한다. 1905년 이후에는 관료 출신으로 객주업에 투신하는 자들이 늘어났고, 일제강점기에는 대다수 상업 회사가 객주업을 주요 업무로 삼게 된다. 즉, 객주업 잔존의 비결은 객주 자신의 능력에 있었던 것이 아니라 일제의 요구에 있었던 것이며, 객주가 한국 자본가의 주축이 되었다는 것은 그런 점에서 식민지 경제 구조의 불구성을 표현할 따름이다. 이 시기 객주의 '성공사례'에 대해서는 柳承烈, 앞의 글, pp.267-80 참조.

주업에 투신했고, 그 과정에서 다수의 상업 회사들이 객주업을 본업, 또는 부업으로 설정하게 되었다.

이 시기 개항장에서는 객주들이 합자하여 회사, 상사를 설립하는 사례가 늘어났는데, 그중에는 객주업 전문 회사가 많았다. 1906년에 설립된 대한무역상사(大韓貿易商社)는 객주업을 기본으로 하면서 운수업, 무역업에도 손을 대었고,[238] 다음해에 신석현(申錫鉉), 최덕련(崔德鍊) 등 마포의 어염객주(魚鹽客主)들이 조직한 마포어염협성회사(麻浦魚鹽協成會社)는 어염판매의 독점을 기도했다.[239] 서울의 시암태흥사(柴巖泰興社, 1908)[240]나 인천의 광제사(廣濟社, 1907),[241] 객주협신상회(客主協信商會, 1910)[242] 등도 모두 객주업 회사들이었다. 1900년 서울 객주들이 설립한 광신교역회사(廣信交易會社)도 이 시기까지 지속되었는데, 1909년에는 자본금 5만 원의 주식회사로 개편하고 서울에 출입하는 물화 매매를 사실상 독점했다.[243] 또 1906년에는 백완혁, 윤정석, 조창한(趙彰漢) 등이 서울에 자본금 2만 원의 창희조합(彰熙組合)을 설립하고 미곡의 보관과 위탁매매업에 착수했으며,[244] 1910년에는 김연홍(金然弘), 김현덕(金顯德) 등이 일인 사카이 나오요시(坂井猶吉)를 대표로 수륙물산주식회사(水陸物產株式會社)를 설립했다.[245]

주영업목적이 객주업이 아닌 회사들도 다투어 객주업에 뛰어들었다. 1908년 의주에서 설립된 청한무역합자회사(淸韓貿易合資會社)는 우피무역(牛皮貿易)을 주목적으로 하면서도 위탁매매업을 겸했다.[246] 또 1909년 충남, 전북의 유력 상인들이 설립한 호상관상회(湖上館商會) 역시 주업무는 외국 물화의 직수입 판매였지만 숙박업, 위탁매매업을 병행했다.[247] 1910년에는 역시 외국 물화의 직수입을 주업무로 하던 합명회사창신사(合名會社彰信社)가 객주업 겸영을 선언했으며,[248] 운송업을 목표로 설립된 일한운송합자회사(日韓運送合資會社)도 영업 종목에 위탁매매업을 추가했다.[249]

② 무역회사

무역회사는 개항장 객주의 독점권이 소멸한 뒤, 한인 객주와 일본 상인들이 수취하던 중간 이윤을 배제하려는 의도로 설립되었다. 1906년 외국 직물의 직수입을 위해 자본금 10만 원으로 설립된 창신사(彰信社)는 이 시기 대표적인 무역회사였다.[250] 사원은 서울 포목상 80여 명이었는데, 일본인 니시하라 카메미츠(西原龜三)의 알선으로 일본 부시방적회사(富士紡績會社)의 광목을 전담·판매하기로 계약하고 영업을 개시했다.* 그런데 이같은 특판계약으로 상당한 이익을 얻자, 일본인들이 일부 사원과 결탁하여 특판권을 유지한 채 회사를 이탈하는 사태가 벌어졌다. 1907년 박승직(朴承稷), 김원식(金元植), 최경서(崔景瑞) 등이 니시하라와 함께 창신사를 탈퇴하고 별도로 합명회사공익사(合名會社共益社)를 세운 것이다.** 이에 창신사는 다른 거래선을 찾아 일본 이예직포회사(伊豫織布會社)와 특약하는 한편,[251] 자본금을 15만 원으로 증자하고 상호를 합명회사창신사(合名會社彰信社)로 개칭했다.***

1905년에는 중국산 소금을 독점 수입할 목적으로 청염회사(淸鹽會社=淸國鹽運會社)가 설립되었다. 이 회사는 본래 인천 상민 박규일(朴奎日), 홍선병(洪善柄) 등에게 인허되었지만,[252] 자본 부족으로 사업을 개시하지 못하자 정영길(鄭永吉) 등이 최석조(崔錫肇)를 끌어들여 농상공부에 재신청, 인허를

---

*『皇城新聞』 광무 9년 7월 18일 잡보 「商業稍旺」; 同 광무 11년 9월 13일 잡보 「共益社創立」. 西原龜三은 1905년 경성 日本人商業會議所의 서기이기도 했다. 四方博, 1941 『京城商工會議所 25年史』 大海堂印刷株式會社, pp.131－33.

**공익사가 창신사에서 분립된 경위에 대해서는 양측의 주장이 엇갈린다. 共益社側에서는 회사 설립을 주도한 박승직을 사원들이 배척함으로써 마침내 퇴사하여 별도의 회사를 세웠다고 주장했고, 창신사 측에서는 퇴사한 자가 3명에 불과함을 들어 富士紡績會社 제품의 독점 판매권을 차지하기 위해 西原龜三과 박승직이 모의하여 별도의 회사를 설립한 것이라 주장했다. 그런데 애초 창신사와 富士紡績會社의 특약을 주선한 西原龜三이 공익사 사장에 취임한 것으로 보아 공익사 설립의 주도권은 西原龜三이 지녔던 듯하며, 그가 공익사의 別設을 기도한 것은 직수입 판매로 인한 이익을 독점하려는 의도에 따른 것이었다고 생각된다. 『大韓每日申報』 1907년 9월 11일 잡보 「三氏退社」; 『皇城新聞』 광무 11년 9월 17일 잡보 「共益社辨明」 등 참조.

***『皇城新聞』 융희 2년 2월 12일 잡보 「彰信振興」. 창신사가 합명회사창신사로 개칭한 시점은 1908년 8월경이었다. 『皇城新聞』 융희 2년 8월 11일 잡보 「彰信狀況」.

받고 청국산 소금의 독점판매권을 취득했다.[253] 1908년에는 청한무역합자회사(清韓貿易合資會社)가 농상공부 인허를 받아 의주에 본사, 서울과 중국 안동현(安東縣)에 지사를 설치하고 압록강 양안에서 이루어지는 한청(韓淸) 간의 무역 전반을 주관했다.[254] 이밖에 1907년 개성 상인들이 조직한 흥업사(興業社)도 개성에 본점, 인천에 지점을 두고 일본에서 잡화를 직수입하여 판매했고,[255] 1908년 충남과 전북의 유력 상인들이 설립한 호상관상회(湖上館商會)도 외국 물화의 직수입에 종사했다.[256] 1906년에 인가된 대한무역상사(大韓貿易商社) 역시 평택, 대전, 대구, 개성, 평양, 신의주, 인천 등 전국 21곳에 지점을 설치하고 외국 물화의 직수입과 토산품 수출에 종사했다.[257]

무역회사로 특기할 것은 1908년 미국 법인으로 설립된 한미흥업주식회사(韓美興業株式會社)다. 이 회사는 1908년 12월 개성 상인 김동선(金東宣), 의주 상인 박봉엽(朴奉燁) 등이 미국인 마이어(Myer, 馬野)와 함께 미국 물품의 직수입과 한국 상품의 대미 수출을 목적으로 설립했다.[258] 그런데 이 회사는 한국 정부나 통감부의 승인 없이 바로 미국 아리조나 주지사의 인허를 얻어 주식을 모집했다.* 자본금 전액을 한인들이 담당했음에도 회사가 미국 법인으로 설립되고 사장, 부사장을 모두 미국인이 맡은 것은 통감부의 한인 회사에 대한 억압 때문이었던 듯하다. 회사 설립 직후인 1909년 2월 통감부는 회사 측에 주주나 대리점주들에게 번거로움을 끼치지 않겠다는 내용의 공문을 띄우는데,[259] 이는 회사의 설립 과정에 통감부의 압력이 작용했음을 반증한다.

경북 일대의 유력 지주, 상인들이 집결하여 발기한 경주흥업주식회사(慶州興業株式會社)**가 인허 신청 절차를 밟던 중 한미흥업주식회사의 지점으

---

*한미흥업주식회사의 본사는 아리조나 주에 설치했다고 하나 사장 馬野나 부사장 吉納威이 계속 서울에 거주하고 있었고, 후일 馬野 등이 회사 자금을 횡령했을 때에도 미국 측에서 그 사실을 알지 못했던 것으로 보아 실제로 미국에서 인가받았는지는 알 수 없다. 『大韓每日申報』 융희 2년 12월 12일 광고; 同 융희 2년 12월 29일 광고; 同 융희 3년 1월 7일 잡보 「興業特許」.

**『皇城新聞』 융희 2년 12월 18일 광고. 경주흥업주식회사의 사원은 崔鉉教, 崔浚, 金永鶴, 金益

로 편입하기로 결정한 점이나,[260] 1909년 역시 평북(平北) 일대의 유력 상인들이 회사를 조직하면서 그 명칭을 한미흥업주식회사평북지사로 결정한 것도 모두 미국을 배경으로 통감부의 압력을 피하려는 의도에 따른 것이었다고 생각된다.* 이는 한인 회사에 대한 압력이 그만큼 심했던 사정을 반영하는 것이지만, 바로 그 이유 때문에 한미흥업주식회사는 설립되자마자 대한제국 후기 최대의 무역회사가 되었다.

한미흥업주식회사는 전국 49곳에 대리점을 설치했는데, 대리점 책임자는 개성 김동선(金東宣), 원산 김이문(金以文), 청진 장낙신(張樂臣), 의주 박봉엽 등 각지의 대표적 상인들이었다.[261] 초기에는 영업도 순조로워 유기를 비롯한 다량의 한국산 특산물을 매집, 1909년 1월 수출을 개시했다.[262] 그러나 일제의 한국 강점이 기정사실화하면서, 회사의 명목상 대표자였던 마이어가 회사의 주금(株金) 금화(金貨) 4천 원과 회사에서 구입한 유기 제품 7천 원어치를 가지고 도주한 사건이 발생했다.[263] 이 사건으로 한미흥업주식회사는 궤멸적 타격을 입었고, 도주한 마이어에게서 자산을 환수하기 위해 백방으로 노력했지만, 미국 총영사나 일본 통감부가 한인 자본가를 보호해줄 이유는 없었다.

③ 시장, 상가 관리 회사

시장, 상가 관리 회사는 도시 정주상업(定住商業)의 발전과 시전 특권의 폐지를 배경으로 출현했다. 육의전의 금난전권은 갑오개혁 당시에 공식 폐지되었지만, 육의전 도가(都家)의 후신격이던 상무회의소가 1896년경부터 유명무실화하고 1899년 개정상무회의소규례에 의해 상무사가 만들어짐으로써

鳳 등 경주 일대의 상인, 지주 84명이었다.

*한미흥업주식회사평북지사는 "1. 본사 명칭은 韓美興業株式會社平北支社라 함. 2. 本社位置는 義州에 置히되 ……, 3. 株金은 2만 원을 2천 주에 배정함 ……"이라 하여 명칭이 지사임에도 주식 모집이나 주주총회를 별도로 했고, 한미흥업주식회사평북지사를 독립 상호처럼 사용했다. 『大韓每日申報』 융희 3년 6월 19일 광고.

육의전의 특권도 부분적으로 소생했다.* 그러나 이 특권은 통감부 설치를 계기로 다시 소멸했다. 한편 1896년부터 진행된 서울 도시 정비 과정에서 선혜청(宣惠廳) 창고와 이현(梨峴)에 상설 시장이 형성됨으로써 그 관리의 필요성도 새롭게 대두되었다.**

최초의 시장관리 회사는 1905년에 김종한 등이 설립한 광장회사(廣長會社)였다.*** 이 회사는 광교(廣橋)에서 장교(長橋)까지 부교(浮橋)를 설치하고 그 위에 시장을 세울 계획으로 자본금 300만 냥을 모집하는 한편, 1905년 7월에는 농상공부의 인허를 얻었다. 그러나 일본 공사관은 이 시장 설립 계획에 대해 일인이 장악한 남대문 상권을 침해할 우려가 있다는 이유로 반대했다. 이에 굴복한 정부는 회사 임원들에게 압력을 가했고, 그에 따라 김종한, 신태휴(申泰休) 등 관료들이 탈퇴했다.**** 설상가상으로 복개 공사를 위해 쌓아놓은 목재가 홍수로 유실되어 시장 설치도 불가능해졌다. 그러나 회사는 곧 이현에 시장 건물을 새로 짓고 명칭을 광장회사(廣藏會社)로 바꾸었으며, 탈퇴했던 김종한, 신태휴 등도 복귀했다.***** 이후 1909년에는 다시 이현에서 동별영(東別營)으로 시장을 옮겼다.

---

*육의전은 대한제국 전기에도 市場稅 등을 거두어 應役에 필요한 경비를 조달했다. 1905년 육의전에서 이제 더는 "利나는 구멍'이 없어졌으므로 應役을 영영 勿施하거나 아니면 전례대로 '分을 도로 받게 하여 달라"고 청원한 것은 이 때문이었다. 『大韓每日申報』 광무 9년 1월 22일 잡보 「육의전 호소」.

**1896년의 도시정비사업은 종로와 남대문로 일대의 假家를 일제 정비하면서 시작되었다. 鐘路假家 상인 중 다수는 宣惠廳 倉內場으로 이전했고, 대로변의 假家는 10년 기한으로 기득권을 인정해주었다. 『독립신문』 건양원년 10월 1일 잡보; 李泰鎭, 1995 「18~19세기 서울의 근대적 도시 발달 양상」 『서울학연구』 4 참조.

***이하 선혜청 창내장과 광장시장에 대해서는 全遇容, 1999 「대한제국기~일제초기 宣惠廳 倉內場의 形成과 展開」 『서울학연구』 12; 全遇容, 2001 「한말 일제초의 廣藏株式會社와 廣藏市場」 『典農史論』 7 참조.

****『皇城新聞』 광무 9년 7월 21일 잡보 「金申退社」. 신태휴는 1905년 평안남도관찰사를 지내고 1906년 당시에는 侍從院副卿으로 있었다.

*****『大韓每日申報』 광무 10년 6월 23일 잡보 「廣藏運動의 可痛」. 1906년 8월부터는 신태휴 등이 관권을 이용하여 別巡檢을 파견, 각처의 목재상과 석재상을 강제로 이현 시장으로 끌어들임으로써 시장 건설을 본격화했다. 『大韓每日申報』 광무 9년 8월 22일 잡보 「廣長可畏」.

광장시장이 개설된 이후 선혜청 창내장 상인들은 따로 남대문상회(南大門商會)의 설립을 청원했다. 이들은 설립 청원서에서 점포 이용세를 거두어 상납하는 한편 일본 상인들의 상권 침탈에 대항하겠다고 밝혔는데,[264] 인가 받지는 못했다. 선혜청 창내장 상민들은 1897년 시장 개설 이후 한동안 농상공부에 납세하다가 1900년경부터 납세처를 내장원으로 바꾸었는데, 일제가 내장원의 수세원을 봉쇄함으로써 이때에는 납세처가 사라진 상태였다. 이러한 상황에서 상민들이 광장시장을 본떠 선혜청 창내장의 운영권을 확보할 의도로 계획한 것이 남대문상회였다. 그러나 선혜청 창내장의 관리 운영권은 결국 일진회의 농업회사로 넘어갔는데, 이 과정에 일본의 입김이 작용했을 것은 분명하다.

1906년에는 이화영(李華榮), 노병희(盧秉熙) 등이 종로 북측에 중앙시장을 개설하고자 시장개운회사(市場開運會社)의 설립을 청원했으나,[265] 인허 여부는 알 수 없다. 또 임치대(林致大), 장정환(張正煥) 등이 아현의 노립장(蘆笠場)을 구관(句管)할 목적으로 노립상업회사(蘆笠商業會社)의 설립을 청원했고,[266] 1908년에는 이칭익(李稱翼), 김교빈(金敎彬) 등이 통감부의 승인을 얻어 동대문 연지동에 시장회사(柴場會社=柴炭合名會社)를 설립했다.[267] 1908년에는 남대문시장 부근에 따로 경성융흥주식회사(京城隆興株式會社=韓隆社, 隆熙株式會社)가 설립되어 상가 건물 임대업을 경영했다.[268]

④ 용달회사

용달업은 도시 상업의 한 형태로서, 서울의 급수상(汲水商), 시탄상(柴炭商) 등 일상 소비품을 취급하는 상인들은 예전부터 가가호호를 방문하여 물과 땔감 등을 공급해왔다. 다른 업종의 상인들과 마찬가지로 급수상이나 시탄상들 역시 도중(都中)으로 조직되어 있었을 것이다. 그러나 러일전쟁 이후 상업 질서가 변동하면서 도중이 지니고 있던 동직조합적 성격도 약화되었고, 그에 따라 영세상인을 장악하려는 상업 자본의 공세가 본격화했다.

급수상의 경우 1908년에 설립된 대한수도회사의 수돗물을 공급하기 시작한 이래* 수상야학회(水商夜學會), 수상공업소(水商共業所), 수상조합소(사)(水商組合所)(社) 등 고위 관료를 대표로 한 조합들의 통제하에 놓였지만, 시탄상은 주로 회사를 통해 지배되었다. 최초의 시탄 용달업 회사는 1906년 7월에 설립된 시탄주식용달회사(柴炭株式用達會社)였다.[269] 이 회사는 시탄 가격의 공정(公定), 상규(商規)의 개량 등 시탄상을 단속하는 일뿐 아니라 연강(沿江)의 대규모 시탄 거래나 산판(山坂)의 매매 등에 자금을 대여하는 일도 영업목적으로 삼았다. 시탄도고(柴炭都賈)가 회사의 명칭으로 부활한 셈이다.

1908년 6월에는 위생 문제를 해결하여 공익을 발달케 한다는 취지로 시탄합명회사(柴炭合名會社)가 설립되어 연지동에 시탄장(柴炭場)을 개설했다.[270] 다음해 7월에는 1920년대까지 지속된 대표적인 목재와 시탄 취급 회사인 한성재목시탄주식회사(漢城材木柴炭株式會社)가 문을 열었다. 이 회사는 연강상하(沿江上下)의 재목상(材木商)과 시탄상을 결집하여 만든 것으로,[271] 시탄을 일정한 규격으로 묶어 가가호호에 배달, 판매했다.[272] 이 회사는 창립 초기에 이미 하루 수송물품이 40여 수레에 달할만큼 호황을 누렸다.[273] 이밖에 1907년에는 신곡회사(薪穀會社)가,[274] 1909년에는 조병택(趙秉澤), 이상필(李相弼) 등에 의해 주식회사 형태의 공수상사(供需商社)가 각각 발기되었으나[275] 인허 여부는 알 수 없다. 또 1909년에는 윤치성, 이응송(李應松), 한진창(韓鎭昌) 등 퇴역 군인과 상인들에 의해 찬상용달부(饌商用達部, 가나다집)가 설립되어 운현궁을 비롯한 반가(班家)에 반찬을 공급했다.[276]

관부(官府) 및 민간 단체에 소용물품을 전담 공급한 대표적인 회사는 1906년에 설립된 동양용달회사(東洋用達會社=東洋用達合資會社)다. 이 회사

---

*대한수도회사의 설립 이후 수도회사가 물장수를 포섭, 통제하는 방식에 대해서는 金載昊, 1997 「물장수와 서울의 水道: '측정' 문제와 제도변화」 『經濟史學』 23 참조.

는 궁내부 기구 축소로 발생한 물품 조달 문제를 해결하기 위해 설립된 것으로,[277] 조동원(趙東元), 정영두(鄭永斗), 예종석(芮宗錫) 등 한인 자본가와 중국인 담걸생(譚傑生, 同順泰 주인), 일인 후쿠베 겐몬스케(服部鍵文助) 등이 참여했다. 그러나 사장, 부사장, 총무 등 실권을 쥔 임원은 모두 한국인이었고 중국인과 일본인은 이사와 감사로만 참여했다.** 이 회사는 설립 직후 탁지부, 학부 등에도 물품을 공급하는 한편,[278] 별도로 어용사기(御用砂器)의 제조에도 착수했다.[279] 또 자본금 5천 원의 남서위생사(南署衛生社)를 별설(別設)하여 청소 용역을 담당하는 등[280] 업무를 확대했고, 1909년경부터는 일반 도소매상도 겸영하여 종합적인 상업 회사로 성장했다.[281] 그러나 일본의 한국 강점을 전후하여 회사에 투자했던 청일상인(淸日商人)이 퇴사함에 따라 회사령으로 재인가받은 1911년에는 자본금 1만 4천 원의 소규모 회사로 전락하고 말았다.[282] 이밖에도 1909년 대한노동회 소속 노동자들에게 소용 물품을 전담 공급하는 용달회사가 설립되었고,[283] 1907년에는 여자교육회 부설로 용달주식회사가 설립되었다고 하나 상세히는 알 수 없다.[284] 또 같은해 오영근(吳榮根), 현공렴(玄公濂) 등 서울의 서적상들이 설립한 대동상회(大東商會)는 일종의 구매조합으로, 사원들의 가정에 가용물품(家用物品)을 용달했다.[285]

북어처럼 산지는 국한되어 있으나 소비는 전국에 걸친 생산물의 경우에는 산지의 상권을 장악하여 전국적인 매매독점권을 쥐려는 시도가 나타났다. 1906년 김종현, 최군천(崔君天) 등 함경도 북어상들이 농상공부 인허를 받아 설립한 창흥사(彰興社)는 북어의 중간 집산지인 부산에 본사를 두고 전국에 지점을 설치하는 한편, 대한협동우선회사와 수송 특약을 맺어 생산-유통의 전 과정을 지배하려 했다.[286] 이같은 물종 단위 매매권 독점 시

**창설 당시 동양용달회사의 임원은 다음과 같다. 사장 趙東元, 부사장 鄭永斗, 총무 芮宗錫, 전임 山中勤, 이사 五十嵐光彰, 杉市郎平, 李汶植, 감사 同順泰, 奥田貞次郎. 『皇城新聞』 광무 10년 6월 27일 광고; 同 융희 2년 12월 15일 광고 등.

도는 과거의 도고와 유사하기는 했지만, 이제 그것은 더 이상 관권(官權)에 의해 지지되지는 않았으며, 오직 자본력과 경영 능력에 좌우되었다. 따라서 이는 그만큼 취약한 독점권이었으며, 일제의 민족차별적인 경제정책 아래에서는 더욱 그러했다. 이 회사가 이후 상당 기간 성장했음에도,* 결국 북어매매권을 일본인들에게 탈취당한 것은 그 때문이었다. 자본 규모를 확대하여 특정 물종의 전매권을 장악하려는 시도는 다른 지역에서도 나타나, 1909년에는 서울의 미곡상들이 미곡 매매를 독점할 목적으로 미상조합사(米商組合社)를 설립하기도 했지만,[287] 이 역시 오래 지속되지는 못했다.

(5) 운수업

대한제국 전기의 운수업 회사는 국가권력과 밀접한 관련을 맺으면서 성장했다. 그러나 1906년 통신원 폐지를 계기로 해운업의 자주권이 박탈되고,[288] 일본 해운회사가 국내 전 지역을 장애 없이 항행할 수 있게 되면서 한인 해운회사는 결정적인 타격을 입었다.

한인 해운업을 더욱 위축시킨 것은 1905년에 개통된 경부·경의철도였다. 이에 따라 주로 국내 미개항장과 개항장 일대를 왕래하던 한인 해운회사의 처지는 급속히 악화되고 그 자리를 철도운송이 차지했다. 해운회사의 급속한 소멸에도 불구하고 운수업 관련 회사가 전반적으로 증가한 것은 철도운송에 부수되는 소운송업(小運送業) 회사가 속출한 때문이었다. 이들은 처음부터 통감부의 강력한 통제하에서 철도 운송의 보조업무만을 수행했으며, 자본 규모도 영세했다.

① 선운업(船運業)

해운업 부문에 새로 출현한 회사는 인천의 신명사(新明社)가 확인될 뿐인데,

---

*창홍사는 국채보상운동에 조직적으로 참여했으며, 회사의 주요 사원들은 일제시기 함흥 지역에서 설립된 咸興牛賣買合資會社, 合資會社咸成社 등의 중역으로 활동했다.

이는 지토선(地土船)으로 홍주, 예산 등지를 운항하는 영세한 회사였다.[289] 대한협동우선회사와 인천의 전운회사(轉運會社)도 영업은 계속하고 있었으나,[290] 전자는 옥구항의 회사 기지마저 일본인 거류민단에 탈취당하는 등 곤욕을 겪다가 군소회사로 전락하고 말았다.[291] 그리하여 1908년에는 본사를 서울로 이전했고[292] 1909년 서해안 정기 항로 개설 계획을 세우고 농상공부에 보조금 교부를 청원했지만 받아들여지지 않았다.*

일본 자본이 해운업을 완전히 장악하자 일부 한인 선주들은 강운(江運)에서 활로를 찾으려 했다. 1906년 이완용 등 대관이 출자하여 설립한 용산의 열항회사(洌航會社)는 기선 한강환(漢江丸)을 구입하여 용산－양근, 용산－강화 간의 정기 항로를 개척했다.[293] 1906년에는 여삼현 등이 소기선 세 척을 구입하여 동제회사(同濟會社)를 설립하고 경강에서 도진업(渡津業)을 경영할 계획을 세웠고,** 참령(參領) 이기홍(李起泓) 등도 자본금 2만 원으로 예선회사(曳船會社)를 설립하고 한강 상하류 사이의 강운을 개척하려 했지만, 모두 좌절된 듯하다. 한강 강운을 목적으로 설립된 회사로는 이밖에도 1908년 김화준(金華駿), 이석종(李奭鍾) 등이 자본금 8천 원으로 설립한 연강목선운수합명회사(沿江木船運輸合名會社)[294]와 1910년 유성준, 안영수(安暎洙)가 일본인 미우라 오츠로(三浦乙郎)와 합자하여 송파시장(松坡市場)에 설립한 송파운수회사(松坡運輸會社)***가 있었지만 상세한 사정은 알 수 없다. 지방에서는 1908년 황국일(黃菊逸), 이상환(李尙煥) 등이 통진사(通津社)를 인수하여 용천－의주 간 강운에 종사했는데,[295] 이런 종류의 회사는 더 있었던 것으로 보인다.

---

*『大韓每日申報』 융희 3년 2월 11일 잡보 「汽船社請願」. 대한협동우선회사의 보조금 청원은 전술한 일인의 한남기선주식회사에 대한 보조금 지급에 영향받은 것이지만, 결국 한푼도 지급받지 못했다.

**여삼현은 서울의 객주로서 1911년 海陸運送合資會社에 참여하기도 했다. 『皇城新聞』 광무 10년 6월 20일 잡보 「同濟社章程」.

***『皇城新聞』 융희 4년 3월 25일 잡보 「松坡運輸社」; 『大韓每日申報』, 융희 4년 3월 25일 잡보 「運社設立」. 안영수는 육군 참위 출신으로 1910년에는 분원자기주식회사 설립에도 참여했다.

② 육상 운송업

육상 운송업 부문에서 원거리 운송을 목표로 한 것은 철도 부설 공사 중의 교통 공백을 메우기 위해 한시적으로 설립된 한두 회사가 있었을 뿐이고 대개는 도시 내 단거리 운송을 위한 우차(牛車), 마차회사(馬車會社)들이었다. 이런 회사로 처음 등장한 것은 1906년 서울에서 이창운(李昌雲), 정원근(鄭元根) 등이 조직한 우차회사지만,296 영업을 개시하지는 못했던 듯하다. 서울에서 본격적인 우마차 운송업을 시작한 것은 1907년 한일합작으로 설립된 운차주식회사(運車株式會社)였다.* 1908년에는 김동창(金東昌) 등이 공업운수마차동창회사(工業運輸馬車東昌會社, 馬車會社)를 설립하여 우마차를 제조하는 한편 시내 운송업도 겸했다. 이 회사는 설립 직후 상당한 호응을 얻었으나 시설 투자에 사용한 부채를 상환하지 못해 마차를 차압당함으로써 소멸하고 말았다.297 같은해에 김완규(金完圭), 김승진(金昇鎭), 김태훈(金泰薰) 등도 차량합자회사(車輛合資會社, 馬車會社)를 설립하고 농상공부 인허를 얻었다.298 이 회사는 동문(東門) 밖, 마포, 용산, 공덕리, 남문 밖, 한강 등지에 출장소(停車場)를 설치하는 등299 서울 전역에 걸친 마차 운송망을 구축했다. 이와 별도로 식산장려회(殖産獎勵會)도 마차회사 설립계획을 세우고, 주금을 모집했다.300

원거리 운송을 목적으로 한 회사로는 경의선 완공 시까지 한시적으로 영업할 목적으로 1906년에 설립된 자동차회사와 조치원－청주 간의 마차 운송을 위해 설립된 조청마차주식회사(鳥淸馬車株式會社)가 있었다. 자동차회사는 권병수(權丙壽), 구연소(具然韶) 등의 퇴직 관리들이 설립한 것으로 농상공부 승인을 얻은 후 자동차 5량을 주문했다고 하는데, 그 후의 활동 내용은 알 수 없다.** 조청마차주식회사는 1908년 한일합작으로 설립된 것으

---

*운차주식회사의 임원은 琴世貞, 柳台榮, 鄭鎭永, 金龍熙와 일인 山口玉吉, 細川雄藏이었다. 『大韓每日申報』 광무 11년 4월 24일 광고 「農商工部認許 運車株式會社 營業廣告」.

**경의철도가 예상외로 빨리 全通된 것도 자동차회사의 실현을 불가능하게 만든 것 같다. 『大韓

로* 자본금 1만 원으로 마차를 구입하여 조치원－청주 간의 육상 운송에 종사했다.

③ 철도화물 운송업(소운송업)

철도화물 운송업은 대한제국 후기 운수업 회사의 절대다수가 몰려 있던 부문이다. 일제는 1905년 경부철도를 매수하는 한편, 경의선과 마산선을 '국유'로 하여 통감부 철도관리국에 넘겨버렸다.[301] 경부·경의철도의 완공은 한국의 교통운수체계를 변혁시킨 대사건으로 운송업, 객주업 등에도 심대한 영향을 미쳤다. 철도가 화물운송의 주요 부분을 담당함에 따라 상권의 중심은 포구에서 역전(驛前)으로 바뀌었다. 이미 경인철도 개통 직후부터 경인지역 객주 중에서 철도화물 운송업에 진출하는 자들이 나타나기 시작했는데,[302] 경부·경의철도가 개통된 후에는 이러한 움직임이 본격화했다.

객주의 기존 영업망을 활용하면서 소자본으로 창업할 수 있었기 때문에, 많은 한인 자본가와 객주들이 이 분야에 뛰어들었다. 이들 회사의 설립에서 특히 주목되는 것은 일본인이나 고위 관료를 배경으로 철도화물 운송의 독점을 기도한 회사가 많았다는 점이다. 일한협동체운사(日韓協同遞運社),** 일한협동보운사(日韓協同普運社)***는 모두 한인이 주도했지만 상호에 '일한(日韓)'이라 하여 일본을 앞세웠으며, 특히 보운사(普運社)는 이재곤(李載崑)

每日申報』 광무 10년 9월 21일 잡보 「自動車營業」; 『皇城新聞』 광무 10년 5월 15일 잡보 「自動車會社」.

*『皇城新聞』 융희 2년 2월 12일 잡보 「馬車會社」. 조청마차주식회사의 사장은 한인이었고, 이사는 5명 중 3명이 한인이었다. 따라서 이 회사의 실질적 지배권은 한인이 쥐고 있었다.

**일한협동체운사는 朴昶鎬와 일인 加藤이 설립한 것으로 경부철도 연선의 화물취급을 전담한 계획을 세웠다. 『皇城新聞』 광무 9년 1월 28일 광고.

***일한협동보운사는 朴尙浩, 金正鎭, 權澤, 和田章作 등이 발기한 것으로, 사장은 李載崑, 감독은 和田章作이었다. 이 역시 京釜鐵道 沿線의 화물 취급을 전담할 목표를 세웠다. 이 회사는 1910년 金正厚, 徐俊九 등에게 경영권이 양도되면서 일본인을 배제하고 普運社로 개칭했다. 『皇城新聞』 광무 9년 5월 18일 광고; 同 7월 8일 잡보 「普運社興旺」; 『大韓每日申報』 융희 4년 6월 29일 광고.

을 사장으로 추대하여 그의 영향력을 이용하려는 뜻을 드러내기도 했다. 또 대한운수회사는* 외부대신에게 동래 상민들의 철도 화물 운수를 자사(自社)에 전담시켜줄 것을 요청하여 승인을 얻기도 했다.[303]

경부·경의철도 부설 이후 이 부문에서 설립된 한인 회사로는 합자회사 동미운송부(合資會社東美運送部, 1905),** 포상운수회사(浦上運輸會社, 1905), 천일운송부(天一運送部, 1905), 삼광운수회사(三光運輸會社, 1905),[304] 제일운수회사(第一運輸會社, 1907),*** 보운회사(普運會社, 1907), 대동운수회사(大同運輸會社, 1908),[305] 천리운수회사(千里運輸會社, 1909),**** 박물운수회사(博物運輸會社, 1909)[306] 등이 있었는데, 이들 회사는 전국 각지의 객주들을 규합하기 위해 치열한 경쟁을 벌였다.

그런데 통감부는 소운송업체의 난립이 철도 운송을 통제하는 데에 지장을 초래할 것으로 판단했다. 통감부 철도관리국은 일본 내국통운주식회사의 한국 진출을 종용하는 한편[307] 철도화물 운송점들로 하여금 철도화물운송업조합(鐵道貨物運送業組合)을 결성케 했다.***** 운송료와 운송 시간을 통일

---

*대한운수회사는 1899년 서오순 등이 설립한 회사였는데, 서오순이 호남철도 부설운동에 매달리면서 경영 상태가 악화되어 1909년경에는 적자 누적액이 3,500원에 달했다. 호남철도 부설이 실패하자 서오순은 파산을 선언하고 주주에게 회사의 자산을 배분했는데, 이때 이봉래, 오귀영 등이 이를 인수하여 철도화물운송업 중심으로 영업을 지속했으며, 강점 후인 1911년에는 朝鮮運輸合名會社로 상호를 바꾸고 회사령에 따라 재인가를 받았다. 『大韓每日申報』 융희 3년 6월 24일 광고; 同 9월 4일 광고; 同 9월 8일 잡보 「運輸組織」; 『每日申報』 1911년 6월 10일 「運輸合名會社 承認」.

**합자회사동미운송부는 尹晶錫, 任命鎬, 鄭寅琥 등 서울의 유력상인들이 설립한 것으로, 농상공부 인허를 얻었다. 『大韓每日申報』 광무 10년 2월 13일 광고.

***제일운수회사의 중앙 사업은 安台善, 洪在明, 林悳想 등이었다. 『大韓每日申報』 광무 11년 6월 18일 광고.

****천리운수회사 역시 감독 林嘉太郎를 제외하고는 사장 曺可煥, 부사장 任泳鎬를 비롯한 임원 16명 전원이 한인이었다. 『大韓每日申報』 융희 3년 5월 22일 광고.

*****『皇城新聞』 광무 9년 6월 26일 광고. 철도화물운송업조합에 가입한 운송점은 서울의 稻田組運送部·根岸運送店·高宮運送部·中村運送店·尾崎運送部·協同組(이상 일인 運送店), 浦上運送部·日韓協同普運社·廣安號·天一運送部·日韓三光運送部(이상 한인, 또는 합작 運送店), 인천의 稻田組運送部·根岸運送店·中村運送店·尾崎運送部·協同組·三相組(이상 일인 運送店), 日韓協同普運社·廣安號·天一運送部·日韓三光運送部(이상 한인, 또는 한일합작 運送店)이었다.

함으로써 한인의 철도 이용률을 높이려는 의도에서였다. 그러나 철도 이용률이 높아지자, 1907년 12월 통감부는 철도화물운송업의 개량이라는 미명하에 포달(布達) 제125호로 「철도화물운송취급인승인급화물운임할려수속(鐵道貨物運送取扱人承認及貨物運賃割戾手續)」을 제정하고 이를 근거로 내국통운주식회사 등 37점을 승인화물취급인으로 지정했다.[308] 철도관리국은 승인화물취급인에게 보증금을 징수했는데,[309] '부정업자를 자연도태시키고 자력(資力)과 신용이 있는 업자를 보호'한다는 명목에서였다.[310] 이는 당시의 조건에서는 한인 자본의 배제를 의미하는 것이었다. 1908년 현재 전선(全線) 26개 역에서 승인받은 운송업자는 내국통운주식회사의 직할점 3개를 포함하여 모두 41개점이었는데, 그중 한인 회사는 9개점에 불과했다.[311]

철도관리국의 승인화물취급인 지정과 보증금 징수에 따라 한인 소운송업체들은 자본 규모를 늘릴 방안을 찾아야 했는데, 그에 따라 설립된 것이 운송업조합소였다.[312] 이 조합은 이후 운송점 7사를 통합한 합자보흥운수조(合資普興運輸組)로 개칭하고 대규모 운송회사로 발돋움했으나[313] 회사 내부의 갈등으로 곧 분열하고 말았다.* 이 후에도 소규모 업체 간 통합 시도는 지속되어 1909년에는 다시 9사가 연합하여 합자운수회사(合資運輸會社)를 설립하기도 했지만,[314] 이러한 결합 상태는 오래 지속되지 못했고 참여업체들은 대개 식민지화 이후 군소 화물취급소로 전락하고 말았다.

소규모 업체들의 이합집산이 거듭되는 한편에서 1908년부터는 철도와 수운을 망라하여 전국적인 운송망을 확보하려는 시도도 나타났다. 이 해 조희연, 유길준 등이 발기한 한일하선운송영업합자회사(韓日河船運送營業合資會社, 河船運送營業會社)는 하선운송업과 철도운송업을 병행할 계획을 세우

*합자보흥운수조는 회사에 참여한 合資會社東美運送部가 서울의 廣信商業學校에 연간 1천원을 기부하는 조건으로 廣信交易會社 물화의 독점취급권을 획득한 데 대해 다른 운송업체들이 반발함으로써 설립 1년여 만에 해산되었다. 『皇城新聞』 융희 2년 10월 7일 광고; 同 융희 2년 10월 9일 잡보 「運輸業界의 情況」.

고315 지사 설치에 착수했다.* 또 1909년에는 김현두(金顯斗), 이기동(李基東) 등이 이사청의 인가를 얻어 일한운송합자회사(日韓運送合資會社)를 설립하고 전국 각지에 지사를 조직하는 한편** 이듬해 7월 3일 철도관리국과 화물 운송 전담 계약을 체결했다.*** 그러나 이 회사는 일본의 한국 강점 직후 돌연 이사청에서 인허를 취소함으로써 소멸하고 말았다.**** 1910년에는 같은 방식으로 합자회사보통조합(合資會社普通組合)이 설립되었다.***** 이들 회사는 대개 한인 회사였음에도 일인 1명을 끌어들여 한일합작을 자처했으며, 위탁매매업, 창고업 등 전래의 객주업무를 기본으로 하면서 운송업과 양륙업(揚陸業), 인부청부업 등을 겸하는 종합적 유통회사를 지향했다.

---

*『大韓每日申報』 융희 2년 11월 25일 잡보 「船社出張」; 『皇城新聞』 융희 2년 11월 22일 잡보 「河船支社出張」. 한일하선운송영업합자회사의 인허 여부에 대해서는 불분명한 점이 있다. 1908년 11월의 보도에는 이 회사가 농상공부와 이사청 모두의 승인을 얻어 지사 설치에 착수한 것으로 되어 있는데, 익년 3월에는 이사청은 승인했지만, 농상공부는 보증금 2만 원 선납을 요구하면서 승인을 미루고 있다는 기사가 나온다. 아마도 이사청의 인허만 얻은 상태에서 지사 설치에 착수하고, 지사에서 보증금을 수납하여 농상공부에 납부할 계획이었던 것 같다. 『大韓每日申報』 융희 3년 3월 13일 잡보 「河船社請認」.

**『大韓每日申報』 융희 3년 8월 17일 잡보 「運送社取扱」; 同 9월 2일 「運送社承認」. 재판소에 등기한 일한운송합자회사의 목적은 河舟運送, 陸揚積載, 철도 牛馬車運送, 인부청부, 위탁매매 등으로 한일하선운송영업합자회사와 동일했다. 『皇城新聞』 융희 4년 6월 9일 광고. 李基東은 광무년간 황국협회의 주요 간부였으며, 1897년 法部協辦, 1899년 侍衛隊聯隊長을 거쳐 을사늑약 이후에는 중추원 참의를 역임한 인물이다. 1899년에는 대한천일은행의 설립에도 관여했다. 이 회사 역시 사원은 武田八十郎을 제외하고는 사장과 각도 지사장, 각지 대리점주 등이 모두 한인이었다. 『大韓每日申報』 융희 4년 4월 9일 광고.

***『大韓每日申報』 융희 4년 7월 3일 잡보 「運社契約」. 1910년 8월 16일 당시 일한운송합자회사의 등기사항을 보면 사장은 幾度直作이었고, 사원은 李基東, 具然跆(具然韶의 오기인 듯), 金顯宇(金顯斗의 오기인 듯), 仁位幹(한인의 오기인지 일인인지는 확실치 않음)으로 되어 있었고, 자본금은 5천 원이었다. 『官報』 융희 4년 8월 16일 商業登記公告.

****『每日申報』 1910년 9월 26일 「運社許可取消」. 일한운송합자회사 인허 취소의 표면적인 이유는 지사, 대리점을 설치하면서, 보증금조로 금전을 수취한 데 있었던 것 같으나(『每日申報』 1910년 10월 6일 「事近欺騙」), 실제로는 이 회사가 일한합작을 표방하면서도 한인이 주도한 때문으로 보인다.

*****『大韓每日申報』 융희 4년 4월 28일 광고. 합자회사보통조합의 사장은 延時泰, 총사무장은 金鉉洙, 이사는 權寧樂 등이었으며, 강점 후인 1910년 10월 재판소 등기를 마쳤으나, 회사령 발포로 더는 지속되지 못했다. 『大韓每日申報』 융희 4년 6월 18일 잡보 「合資會任員」.

한편 통감부의 소운송업체 통제와 보증금 징수는 일제가 후일 「회사령」 제정의 이유로 든 '불건전한 회사'를 양산하는 결과를 빚기도 했다. 소운송업체들은 대개 철도역 주변에 대리점을 두었는데, 보증금 납부 제도는 승인화물취급인으로 지정된 회사들이 보증금을 대리점에 전가하는 관행을 만들어내었다.[316] 당시 대리점이나 취급소의 책임자들은 거의가 당지(當地) 객주들이었다.* 철도화물의 보관은 객주 본연의 업무인 위탁매매, 창고업과 동일했기 때문이다. 따라서 운수업 회사가 농상공부나 이사청의 인허를 받으면 바로 각지 객주와 연락하여 그들을 지사장이나 대리점주로 삼고 보증금을 징수하는 것이 일반적이었다. 훗날 일제가 '회사의 인허를 특권처럼 생각하며 금전을 갈취'한다고 비난했던 운수업 회사의 지점 설치 관행은 일제의 소운송업 통제 정책의 산물이었다.

(6) 수산업

수산업은 「대한시설강령(對韓施設綱領)」에서도 중요하게 거론한 부문으로서, 일제는 1908년 11월 어업법(漁業法)을 공포하여 어업권을 물권화(物權化)하는 동시에,[317] '한일 양국 신민의 어업에 관한 협정서'를 강요하여 일본인이 한국 연안에서 자유롭게 조업할 수 있게 했다.[318] 따라서 어로(漁撈) 부문에서 한인 회사가 활동할 여지는 거의 없었다. 따라서 이 시기의 수산업 회사들은 모두 어로는 포기한 채 어시장 경영권을 확보하는 데 열중했으며, 개중에는 정부에서 부여받은 권리를 일본 수산회사에 양도하는 경우도 있었다.** 그러나 어시장 경영권조차 이윽고 일본인 자본가와 회사들이

*철도화물 운수업의 대리점주나 지점장들이 당지 객주였음은 다음 광고에서도 드러난다. "本人이 汗浦驛에서 穀物客主로 營業한지 不過 周年에 …… 本驛前에서 大同運輸會社를 금번 인계하여 ……" 『大韓每日申報』 1910년 7월 10일 광고. 또는 "…… 仁川驛 通運社 主任 李昌奎 씨는 자퇴하고 其代에 杻峴七會社 주임 金興完 씨가 陽 7월 16일로부터 兼營이오니 ……" 『大韓每日申報』 융희 3년 8월 3일 광고. 즉, 각 지역 객주들이 특정 운수회사의 대리점 책임자를 맡았고, 경우에 따라서는 여러 회사의 대리점을 겸하기도 했다.

**大韓水產會社는 閔丙漢을 사장으로 하여 金溶相, 李春肯 등이 설립한 회사였으나 1904년 말

장악했다. 1908년 당시 주요 어시장과 그 관리 주체를 보면 표 3-4와 같다. 소읍(小邑)인 몽산포의 공영사(共榮社)와 대한제국 전기에 설립된 인천항 어상회사(漁商會社)를 제외하면, 통감부 설치 이후 이 부문에 신설된 한인 회사는 없다.

수산업 관련 회사로 주목할 만한 것은 해산회사(海産會社)다. 해산회사는 1888년 통리아문의 관허로 설립된 것으로, 1897년에는 다시 농상공부의 인허를 얻어 강원도와 경상도 연안에서 어채와 어물매매를 주업무로 활동을 지속했다. 이 회사는 1900년 이후 한동안 기록에 나타나지 않다가, 1905년 3월, 돌연 궁내부의 인가를 다시 얻었다.* 이때 해산회사는 사장에 이지용, 부사장에 방한덕(方漢德) 등 관료를 끌어들이는 한편,[319] 각처에 지사를 설치하고 해산학교(海産學校)를 설립하는 등 활발한 활동을 벌였다.[320] 그런데 제실 재산 정리 사업이 진행되는 와중에서 1906년 내부(內部)는 느닷없이 해산회사에 철파 지령을 내렸다.** 궁내부와 내장원의 재정 기반을 허무는 작업의 일환이었던 듯하다. 이에 해산회사는 다시 농상공부에 인허를 청원했는데, 그 과정에서 이지용을 사장으로 한 유석(劉錫) 등의 해산주식회사와 김익승을 대판사장(代辦社長)으로 한 최익환(崔翊煥) 등의 해산회사(海産會社, 海産協同會社)로 분열했다.***

회사가 부여받은 모든 연해 어업권을 일본 長崎捕鯨合資會社에 10개년간 매년 100원씩 받기로 하고 양도했다. 『大韓每日申報』 광무 8년 11월 28일 잡보 「수산회사계약」

*『皇城新聞』 광무 9년 7월 14일 잡보 「海産會社」. 해산회사의 인가 신청자는 광무년간 해산회사를 실질적으로 운영한 劉錫이었다. 궁내부에 인가 신청을 한 것은 궁내부 상납을 조건으로 魚商들로부터 수세하려는 목적에서인 듯하다. 실제로 해산회사의 지방 지사는 궁내부 인허를 받자마자 어상들로부터 무명잡세를 징수하여 물의를 빚었다. 『皇城新聞』 광무 9년 8월 5일 일진회 광고.

**『皇城新聞』 광무 10년 3월 31일 잡보 「海社革罷」. 공교롭게도 당시 내부대신은 해산주식회사 사장 李址鎔이었다.

***해산회사의 분립 경위에 대해 유석은 최익환 등이 회사의 권한을 탈취했다고 주장한 반면, 최익환은 해산회사가 과거 회사와 무관하며 자신들이 농상공부 인허를 얻어 신설한 것이라고 주장했다. 『大韓每日申報』 광무 11년 3월 4일 광고; 同 3월 7일 광고.

표 3-4. 1908년 현재 주요 어시장과 그 관리주체(단위: 원)

소재지	어시장명	경영자명	자본액	불입액	설립년월일
蔚山	蔚崎魚市場	蔚崎水産株式會社	10,000		1908
釜山	釜山魚市場	釜山水産株式會社	600,000		1903.1.1
馬山	馬山水産株式會社魚市場	馬山水産株式會社	20,000	5,000	1906.4.8
長承浦	長承浦魚市場	長承浦魚市場	10,000		1907.2.20
統營	統營魚市場	統營魚市場組合	5,000		1907.4.1
木浦	木浦魚市場	長浦福市	5,000		1900.9.6
群山	群山海産株式會社魚市場	群山海産株式會社	10,000	2,500	1907.3.27
京城	株式會社京城水産物市場	(株)京城水産物市場	60,000	15,000	1905.1.11
龍山	株式會社龍山魚市場	(株)龍山魚市場	17,500		1907.11.9
京城	日ノ丸魚市場	香椎源太郎			1908.5.16
仁川	仁川水産株式會社魚市場	仁川水産株式會社	300.000	75,000	1877(1907?).11
仁川	仁港漁商會社魚市場	仁港漁商會社	2,680		1899.11.15
鎭南浦	鎭南浦水産株式會社魚市場	鎭南浦水産(株)	40,000		1908.3.12
平壤	株式會社平壤魚菜市場	(株)平壤魚菜市場	30,000		1906.10.20
新義州	新義州江岸魚市場	藤原秀吉	2,200		1908.5.10
夢山浦	共榮社	鄭翰圭 외 7명	800		1908.8.1
三和		李庸仁	200		
永柔		宗鳳年			

자료: 農商工部水産局, 1908『韓國水産誌』제1집, pp.365-66.

해산주식회사와 해산회사는 모두 승인을 얻었고, 농상공부는 각 지방관에게 해산회사의 업무에 편의를 제공하라고 훈령하기도 했다.[321] 이 중 해산회사는 1906년 중반경에 상호를 대한농상해산협동회사(大韓農商海産協同會社)로 개칭했고,[322] 곧이어 다시 수산주식회사(水産株式會社)로 바꾸었다.*

그러나 회사의 명칭과 인가처를 바꾸었다고 해서 영업 방식까지 달라지지는 않았다. 해산주식회사는 어상들에게 무명잡세를 징수하다가 민원을

*해산협동회사와 수산주식회사는 동일 시기에 다른 이름으로 자주 등장하지만, 두 회사 모두 실무책임자는 崔翊煥이었다.

야기한 바 있고,[323] 해산협동회사도 강화, 옥포 등지에서 과거 선희궁(宣禧宮)이 징수하던 해세(海稅)를 다시 징수하여 물의를 빚었다.[324] 그런데 1906년 10월 통감부는 돌연 수산주식회사의 철폐를 요구했고,[325] 이에 농상공부는 1907년 2월 회사에 인허취소 처분을 내렸다.[326] 두 회사가 같은 문제를 야기했음에도 수산주식회사만 철폐된 데에는 해산주식회사가 이지용을 참여시키고 일본에서 차관 도입을 계획하는 등 친일 행보를 보였던 사정이 작용한 것으로 보인다.[327] 실제로 해산주식회사는 1909년 따로 일본 이사청의 승인을 얻기까지 했다.[328]

그러나 이후 더는 기록에 나타나지 않는데, 1909년 말 일인 어업자들이 한해수산조합(韓海水産組合, 大韓漁業組合)을 결성함에 따라 일제가 인허를 취소한 듯하다.[329] 이는 1909년 말 해산주식회사 사장 이지용이 이재극, 이재곤(李載崑), 이근호(李根澔) 등의 관료와 나일영(羅一永), 박화숙(朴和淑), 이문구(李文九) 등의 상인, 그리고 고지마 칸(小島岩) 등 일본인을 끌어들여 다시 별도의 수산주식회사를 설립하고 인허를 청원한 것으로도 짐작할 수 있다.[330] 이 회사는 1910년 초 회사명을 대륭어업회사(大隆漁業會社)로 바꾸고 재청원하여 인가를 얻었다.* 이 회사는 일본의 한국 강점 이후 합자회사대륭사(合資會社大隆社)로 개칭하고 1916년 해산될 때까지 어시장 경영과 어패류 양식 등에 종사했다.

(7) 청부·토건업

대한제국 후기 가장 빠르게 몰락한 부문은 청부·토건업이었다. 본래 이 업종은 특별한 기술이나 자본 없이도 정부의 지원만 얻는다면 가장 빨리 성장할 수 있는 부문이었다.** 대한제국 전기에는 경부철도 부설 사업과 관련

---

*『大韓每日申報』 융희 4년 3월 13일 잡보 「漁業社組織」; 同 융희 4년 3월 22일 잡보 「漁社請願說」; 『皇城新聞』 융희 4년 5월 22일 잡보 「大隆社擴張」. 수산주식회사의 목적 역시 각지에 어물시장을 설치하고 관리하는 일이었다.

**일본의 대규모 토건회사 역시 인부조달을 기본 업무로 삼았던 점에서는 한인 회사와 다를 바

하여 다수의 한인 토건회사가 속출했고, 이 사업에서 한인 회사가 배제된 뒤에도 궁궐 영건(營建), 수리 사업 등에서 청축회사(請築會社) 등의 한인 토건회사가 활동을 지속했다. 그러나 통감부 설치 이후 대규모 관급공사는 거의 일인 토건업자들이 장악했고, 한인들에게는 일인이 수주한 공사를 하청받는 길밖에 남지 않았다. 다만 이 시기에 일제는 개항장 일대에서 활발한 부두 축조 공사를 벌였기 때문에,* 이 부문에 진출해보려는 한인들이 몇몇 토건회사를 설립한 사례는 있다.

이대영(李大榮) 등의 매축회사(埋築會社)는 1905년 2월 인천, 부산, 삼화 3개 항의 부두 축조 공사를 전담시켜줄 것을 외부(外部)에 청원하여 인가를 얻었다.[331] 이 회사는 인가 직후 바로 3개 항에서 활동을 개시했는데, 그해 10월 인천 감리는 돌연 외부대신에게 회사의 인허 취소를 요청했다.[332] 감리가 인허 취소를 요청한 표면적인 이유는 회사 사원 송운용(宋運用)의 지계발급(地契發給) 요청에 문제가 있다는 것이었지만, 사실은 일본 공사관의 압력을 받았던 듯하다. 같은달 17일 일본 공사는 한국 정부가 인천항 부두의 경계를 임의로 설정한 데 항의하는 한편, 공사를 둘러싸고 매축회(埋築會, 埋築會社)와 전축회(塡築會)가 서로 다투고 있으니 이 문제를 조사하기 위해 직원을 파견하겠다고 나섰는데,[333] 매축회사의 인허 취소 요구는 이 과정에서 나온 것으로 보인다.

1905년 8월에는 현기(玄琪) 등이 부산항 부두 축조 공사를 담당할 계획으로 선사(船社)를 설립하고 인허를 청원했다.[334] 그러나 1906년 일제가 각 항의 부두축조 공사를 세관으로 이관한 후에는 부두 축조를 목표로 한 회사

없었다. 그런 의미에서 토건업은 자본 축적을 위한 가장 유리한 조건을 확보한 부문이라고 할 수 있다. 鄭在貞, 1985「京釜·京義鐵道의 敷設과 韓·日 土建會社의 請負工事活動」『歷史敎育』 37·38합집, p.34.

*1908년 세관공사 명목으로 계상된 예산총액은 364만 4,546圓에 달했으며, 인천의 경우 이 해에 海面 1만 8천여평을 매축하여 하역장을 만드는 대규모 공사가 진행되고 있었다.『韓國施政年報』1, p.281.

는 다시 나타나지 않는다.[335]

1906년 4월에는 박기영(朴基英), 송헌빈(宋憲斌) 등이 황실과 정부의 토목건축 사업 일체와 개인의 가옥 건축에 종사할 계획으로 대한토목건축회사를 설립하고 농상공부의 인허를 얻었다.[336] 이 회사는 다시 6월에 윤치성, 심의석(沈宜碩) 등의 관료를 끌어들여 상호를 토목건축주식회사로 바꾸고 자본금 25만 원을 목표로 주식 모집에 착수했다.* 그러나 활동 자체는 별 성과를 내지 못했다. 동년 7월에 성균관 개조 공사에 응찰했지만,[337] 낙찰되지는 못한 듯하다. 이미 일제가 관급 공사의 전권을 쥐고 있는 상황에서, 한인 회사에 공사를 넘겨줄 이유는 없었기 때문이다. 1908년 회사 발기인이자 그 자신 유능한 건축가였던 심의석이 다시 같은 종류의 회사를 발기하는 것으로 보아[338] 1908년 이전에 해산된 듯하다.

일제가 모든 관급 공사의 배급권을 장악한 상황에서 한인이 참가할 수 있는 영역은 일본인이 맡은 공사에 인부를 조달해주는 인부청부업밖에는 없었다. 특히 개항 이래의 농민층 분해로 양산된 자유노동자군은 인부청부업 확대의 유력한 기반이었다.[339] 그럼에도 대한제국 전기까지 인부청부업 회사가 나타나지 않았던 것은 개항장에 특유한 노동 통제 방식 때문이었다. 개항장에 흘러들어온 노동자들은 지역별, 직능별 도중(都中)으로 조직되었고, 이들 도중의 대표인 십장이나 검찰은 관이 차정(差定)했다.[340] 따라서 인부청부업 회사의 설립은 관권을 침해하는 것과 마찬가지였다. 그런데 러일전쟁 이후 관에서 십장을 차정하는 관행은 중단되었던 것 같다. 이러한 변화가 없고서는 인부청부회사의 설립이 불가능했을 것이기 때문이다.

---

*『皇城新聞』 광무 10년 6월 14일 광고. 토목건축주식회사의 발기인은 尹致晟, 金倫求, 沈宜碩, 柳東作, 朴基英, 宋台觀이었다. 이 중 심의석은 한국 최초의 근대적 건축가로 꼽히는 인물로 독립문 건립에 참여했고, 광무년간에는 경운궁(덕수궁) 내의 각종 양식 건물의 건축에도 참여했으며, 회사 설립 당시에는 內部技師였다. 그는 이 회사 외에도 朝陽報社, 韓一銀行, 漁業會社, 京城隆興株式會社, 漢城材木柴炭株式會社, 廣藏株式會社 등에 참여하는 등 활발한 기업 활동을 벌였다.

물론 이 경우 회사와 도중 사이의 갈등을 피할 수는 없었지만,* 신규 노동자군이 지속적으로 유입되는 상황에서 관권의 지원을 받지 못하는 도중이 모든 노동자를 장악하기란 불가능했다.

1906년 전도성(全道誠) 등이 서울에서 발기한 노동권업사(勞動勸業社)는 이 시기 청부업 회사의 대표격이었다. 이 회사는 '운수, 건축토공 등에 소용되는 인부 조달'을 목적으로 농상공부의 승인을 얻어 전국 각지에 지사를 설치했다.[341] 인천 지사는 기존의 노동자 도중인 응신청(應信廳)과 경쟁하면서 인부 청부업을 경영했고,[342] 홍학진(洪學鎭) 등이 조직한 평양 지사도 인부를 모아 각 공사장에 공급했다.[343] 논산과 강경에도 지사가 조직되었다.[344]

같은해에 민영선(閔泳璇), 정응리(鄭應离) 등은 용산에 대한역부회사(大韓役夫會社)를 설립했는데,[345] 용산열항회사(龍山洌航會社)와 같은 건물을 사용하고 광고도 함께 하는 것으로 보아, 열항회사(洌港會社) 선박의 화물 양륙을 전담했던 것으로 보인다.[346] 이밖에 신필휴(申弼休), 조영식(趙永植) 등의 경강고군방회사(京江雇軍房會社, 1907)도 용산, 마포, 서강 등지에서 화물 하륙업과 인부청부업에 종사했고,[347] 1908년에는 부산의 부두노동자들이 도중을 모태로 영신조(永信組)라는 청부회사를 조직했으며,[348] 서긍순(徐肯淳), 조경식(趙慶植) 등 퇴직관료들도 노동운송합명회사(勞動運送合名會社, 勞動運輸會社)를 설립하고 경강 일대에서 역부 조달과 하륙업에 종사했다.[349] 또 청결회사(淸潔會社, 1904),[350] 삼화항민역사(三和港民役社, 1907),[351] 위생회사(衛生會社, 1907),[352] 청결점등합자회사(淸潔點燈合資會社, 大邱, 1907),[353] 위생회사(衛生會社, 1908)** 등 청소용역을 전담하는 청부업체도 나타났다.***

---

*인천항의 노동자 都中인 應信廳은 일본인이 신규 노동자를 끌어모아 조직한 勞動組와 대립했다. "本港所有應信廳은 役夫等會廳 而港內進出物貨輸入輸出을 一切受雇擔負하야 以資多民營業이 自是設港後定規이온바 日本人鈴木慶藏이 創設勞動組하고 符同本國無賴輩하야 集合募軍數千名 而別設會社하고 各佩該組募軍牌하야 應信廳利益을 覇奪이온 故로 ……" 「仁川報牒」 各司謄錄 6, 광무 9년 2월 24일.

**위생회사는 勞動夜學會에서 자본금 5萬圜으로 설립한 것으로, 한성부의 인허를 얻어 시민에게 위생비를 징수하는 대신 서울 시내 분뇨 처리를 전담했다. 『皇城新聞』 1908년 5월 10일 잡

(8) 기타

대한제국 후기에는 신문·잡지사 및 인쇄업 관련 회사의 설립이 특히 활발했다. 표 3-5는 이 시기 신문사, 잡지사의 설립 상황을 개관한 것이다. 황성신문과 제국신문을 제외하면, 이 시기에 발간되던 신문은 모두 1904년 이후(대한매일신보를 예외로 하면 1906년 이후)에 창간되었다. 개중에는 일진회나 이완용 내각의 기관지로서 노골적인 친일 논조를 편 신문도 있으나 대부분은 계몽운동의 일익을 담당했다. 이 시기의 신문사나 잡지사는 영리를 목적으로 하지는 않았지만, 일부는 주식회사나 합자회사의 형태를 갖추었다.

출판사, 인쇄소도 빠르게 늘어났다. 특히 인쇄소는 상당한 설비를 갖추어야 했기 때문에 대다수가 합자회사 형태로 설립되었다. 표 3-6은 이 시기 출판사, 인쇄소의 개략적인 설립 상황을 표시한 것이다. 인쇄소는 1896년 최초의 사설 인쇄소인 이문사(以文社)가 설립된 이래, 신서적 수요에 맞추어 꾸준히 늘었고, 그중에는 회사 형태를 갖춘 것도 적지 않았다. 신서적을 판매하는 서점이 본격적으로 출현한 것도 이 시기였다.*

대한제국 후기에는 이밖에도 여러 부문에서 회사가 설립되었다. 1899년 내장원 자금으로 설립되었던 보신사(普信社)가 1909년에는 사설 한성보신

보「淸潔股金」;『大韓每日申報』융희 2년 12월 15일 논설「衛生會社」.

***청소용역업도 1908년경에는 일제가 완전히 장악했던 것으로 보인다.『梅泉野錄』에는 일인들이 매호 1칸당 2전씩의 淸潔費를 징수하여 민원이 자자하다는 기록이 있다.『梅泉野錄』융희 2년 戊申.

*참고로 대한제국 후기 신문지상에 광고를 내고 있던 서점을 살펴보면 아래 표와 같다.

출현 연도	서점명
1905	廣學社
1906	普文館
1908	大韓書林, 興文社, 文明書館, 高濟洪書鋪, 東一書館, 英林書館, 匯東書館, 大東書市, 廣學書鋪, 唯一書館, 博文書館, 廣德書館, 光東書觀, 博學書館, 中央書館, 新舊書林, 漢城書畵館, 太極書館, 義進社, 石室書館
1909	同文館, 遠東報館, 古今書海館, 海星書會, 文華堂, 廣韓書林, 教育書畵館, 廣智書鋪
1910	海東書林, 修文書館, 普及書館, 同文書林, 同興書館, 泰興書林, 廣文堂書鋪, 漢陽書市, 韓興書館, 東一堂, 普明書館

자료:『皇城新聞』『大韓每日申報』의 광고를 토대로 작성.

표 3-5. 1905~1910년간의 신문사·잡지사 설립 상황

회사명	창간	종간	간행	주요 관계자	비고
帝國新聞社	1898	1910	日刊	李鍾一, 張孝根, 沈相翊	인쇄업 겸영
皇城新聞社	1898	1910	日刊	南宮檍, 柳瑾, 張志淵	주식회사 형식
大韓每日申報社	1904	1910	日刊	裵說, 梁起鐸, 林蚩正	每日申報로 改題(1910)
國民新報社	1906		日刊	李容九, 韓錫振, 宋秉畯	一進會 기관지
萬歲報社	1906	1907	日刊	吳世昌, 李人稙, 崔永年	天道敎 기관지
京鄕新聞社	1906	1910	週刊	安世華	天主敎 기관지
帝國雜誌社	1906				大韓自强會月報 발행
家庭雜誌社	1906	1906	月刊	柳一宣	
朝陽報社	1906	1907		沈宜性, 申德俊, 張志淵	朝陽雜誌社, 월 2회 발행
大韓新聞社	1907	1910	日刊	李人稙	李完用 內閣 기관지
奬學月報社	1907		月刊		
大同報社	1907	1908	月刊	金光濟	日刊 大同日報로 개편
法政新聞社	1907				
敎育月報社	1908		月刊	南宮檍	
大韓民報社	1909	1910	日刊	吳世昌, 張孝根, 崔榮穆	大韓協會 기관지
大同日報社	1909	1910	週刊	張世基, 洪鎭裕, 安翊善	
時事新聞社	1909	1910	日刊	閔元植	
時事新報社	1909			鄭永澤	자본금 2천 원
漢城新報社	1909		日刊	李濟翼, 李舜夏, 李斗淵	
慶南日報社	1909		日刊	金弘祚, 姜渭秀, 張志淵	자본금 3만 원
中央醫藥新報社	1909			李庚鳳	
漢陽日報社	1909		日刊	金光濟	자본금 3천 원으로 준비
漢陽新聞社	1910		日刊		
漢城新聞社	1910		日刊	姜華錫, 韓錫振, 南宮薰	
大韓日日新聞社	1910		日刊	李紹鍾, 愼台範	孔子敎會에서 買收(1910)

자료: 崔起榮, 1991『大韓帝國時期 新聞硏究』一潮閣;『皇城新聞』『大韓每日申報』등의 자료를 토대로 작성.

표 3-6. 1905~1910년간 출판사·인쇄소 설립 상황

연도	회사명	주요 관계자	비고
1905	廣學社	南廷哲, 金鶴鎭, 李根澔, 金宗漢, 尹致昊, 閔泳徽	출판, 인쇄
1906	廣文社		출판, 서울
	大邱廣文社	金光濟 등	출판, 주식회사
	普成社	申海永, 趙齋桓	출판
1907	普文社	孫秉熙, 閔健植, 崔錫彰, 韓榮浩, 梁漢默, 李潤德	천도교 서적 발간, 주식회사
	右文館		출판
	日新社		인쇄
1908	大同廣智社		출판, 인쇄
	同文社	李學宰, 徐肯淳, 金鶴鎭, 南廷哲, 李容稙, 金有濟	출판, 주식회사
	文雅堂		인쇄
	輔仁社	李觀化, 梁在權	인쇄
	盛文堂		출판
	新文館		출판
	搭印社		인쇄
1909	校文館		출판
	普成館	玄昇奎, 林鳳來, 崔奎鎭, 朴漢榮	출판
	隆文館		출판
1910	廣文社		출판, 평양

자료: 『皇城新聞』『大韓每日申報』 각 연도 판을 토대로 작성.

사(漢城普信社)로 변경되었는데,* 부동산 중개업, 측량업 등을 경영하면서 강점 이후까지 지속되었다.[354] 서울에 유학하는 학생이 늘어나면서, 그들을 대상으로 한 숙박업소도 출현했다. 1907년경 정희찬(鄭熙燦)은 대동기숙관(大同寄宿館)이라는 일종의 기숙사 겸 상가 건물을 짓고 숙박업과 임대업을 병행했는데,[355] 1908년 초 건축비 마련을 위해 진 부채를 상환하지 못하여

*『皇城新聞』 융희 3년 2월 5일 잡보 「普信社組合」. 1880년대 서울에는 統(5호)마다 1명씩의 家儈가 있어서 부동산 거래를 중개했다. 1909년 현재 漢城普信社의 사원이 2천 명이었다고 하는 것으로 보아(家儈 호수를 2천 호로 잡으면 서울의 호수는 1만 호가 된다) 이때까지도 家儈는 5호당 1호의 수를 유지했던 듯하다. Allen, 金源模 譯, 1996 『알렌의 日記』 檀國大出版部, p.115.

바로 경영난에 빠졌다. 이에 지석영(池錫永), 윤효정(尹孝定), 유성준, 장지연(張志淵) 등이 대동기숙관 건물에 입주한 상인들과 함께 대동기숙관유지회를 조직하고 그를 인수하여 주식회사대동기숙관으로 확장했다. 관장은 민영휘였고, 총무는 유진태(兪鎭泰), 학생감독은 지석영이었으며,[356] 숙박업과 임대업 외에도 간이학교를 운영했다.[357]

3) 상법회사 체제의 붕괴

일제는 한일의정서 체결 직후인 1904년 3월, 「개정상무회의소규례」를 폐지함으로써 도고상업체제를 혁파하는 작업에 착수했다.[358] 개항장의 객주상법회사와 내륙의 수세도고회사들로 구축된 도고상업체제가 일본 상품과 자본의 운동을 방해한다는 판단 때문이었다. 이 조치로 상법회사 체제가 바로 붕괴하지는 않았지만, 일부 지역에서는 상법회사가 내장원 관할에서 벗어나는 사례가 나타났다.

1904년 4월, 내장원에 부속되어 있던 무안항 사상회사(士商會社)를 궁내부로 이관하려는 시도가 있었으나 내장원의 강력한 반발로 무산되었다.* 그러나 이 해 가을부터는 내장원 관할에서 벗어나는 상법회사들이 속출했다. 창원항 상법회사는 러일전쟁 직후 철파되었다가 1904년 10월 경위원(警衛院) 부속으로 복설되었다.** 옥구항 신상회사(紳商會社)가 1905년에 내장원에서 외부(外部)로 이관되었고,[359] 부산항 상업회의사(商業會議社)도

---

*『訓令照會存案』(奎19143) 광무 8년 10월 12일 照會; 同 10월 28일 訓令 제3호 및 照會. 1904년 4월 務安港 士商會社에서는 內藏院卿署理 金永鎭을 사장, 내장원 주사 金熙祥을 총무로 삼고, 영업세 상납이나 신입객주에 대한 단속, 비사원의 객주 영업 금지 등 내용상으로는 과거의 객주회사와 다를 바 없는 장정을 새로 만들었다. 『務安港士商會社章程』(奎18958) 광무 8년 9월 23일.

**『昌原港報牒』 3 各司謄錄 14, 광무 8년 10월 10일 報告 제62호; 同 12월 11일 報告 제75호. 1904년 10월에 신상회사가 복설되었지만, 監理는 거듭 외부에 철폐를 요청했다. 『昌原港報牒』 광무 9년 2월 7일 報告 제9호.

1905년 4월 외부에서 새로운 장정을 발급받았다.[360] 특히 부산의 경우 외부는 특별히 '궁내부에 행문(行文)할 필요가 없다'는 내용을 추가했는데, 이는 객주상법회사에 대한 궁내부와 내장원의 지배권이 이미 와해되었음을 의미하는 것이라 할 수 있다.[361] 원산항상의소(元山港商議所)도 1906년 장정을 바꾸면서 영업세 상납처를 농상공부로 바꾸었다.*

상법회사의 변화에 모델이 된 것은 서울의 상업회의소였다. 서울의 상업회의소는 1905년 7월 전황 해결을 요구하는 상민들의 철시투쟁이 격렬히 전개되는 가운데, 농상공부 대신 이근택(李根澤)이 서울의 객주와 시전 상인, 인천 신상회사 상민들을 초치(招致)하여 대책을 협의하는 과정에서 기안되었다.[362] 회의소 창립에는 김기영, 백완혁, 조진태, 곽태현(郭泰鉉) 등 여러 층위의 상인들이 관여했으며, 장정은 다음과 같았다.**

- 第一條 本會議所는 大韓帝國 京城 中署 鍾路에 置할 事
- 第二條 事務權限은 京城五署內에 商工業發達하기 爲하야 必要한 方法을 研究할 事
- 第三條 商工業에 前日 規模를 改良 及 工業에 關한 官廳에 建議 及 意見을 表示할 事
- 第四條 商工業에 景況 及 統計調査를 發表할 事
- 第五條 商工業者에 委托을 因하야 商工業에 關한 事項을 調査하며 又或商品에 産地價格을 調査할 事
- 第六條 官廳에 委托을 因하야 商工業에 關한 鑑定人이나 參考人을 推薦할 事
- 第七條 關係人의 請求를 因하야 商工業에 關한 紛議를 仲裁할 事

---

*원산항에서 영업세는 연간 100원으로 격감했지만, 여전히 징수되고 있었다. 『皇城新聞』 광무 10년 7월 3일 「元山港商議所章程」. 반면 부산항에서는 영업세 납부 규정이 사라지고 상민 간 분쟁의 중재, 상공업 발전 방안 연구 등, '근대적' 상업회의소로서의 성격이 전면에 부각되었다. 『皇城新聞』 광무 10년 11월 28일 「商會章程」.

**김기영은 개성 상인 출신이었고, 趙鎭泰, 白完爀은 모두 서울 상인이었다. 郭泰鉉은 경강 객주였다. 이런 조건에서는 강고한 길드적 규정을 두기 어려웠을 것이다.

• 第八條 官廳에 認可를 承하야 發達을 希圖하기에 必要한 施設에 關할 事
• 第九條 未盡條件은 追後增補할 事[363]

이 장정은 조사, 청원, 자문, 중재 등 근대적 상업회의소의 일반 업무만을 규정한 것으로, 갑오개혁 직후의 '상업회의소규칙'과 흡사하며 대한제국 전기의 「개정상무회의소규례」와는 전혀 다르다. 실제로 한성상업회의소는 설립 이후 전황 구제책 제시, 시장세에 관한 진정, 마포 선교(麻浦船橋) 철폐 요구,* 한인 무역업자 보호 요구** 등 정부와 통감부에 대한 교섭과 상공월보(商工月報) 발간, 육의전 건물의 내력 조사를 비롯한 조사 연구,*** 상품진열관 설치, 기타 업자 간 중재 등의 활동을 벌였으나,**** 정부나 황실에 대한 상납 의무는 없었고, 당연히 구문(口文)도 징수하지 않았다. 이 경우 운영자금 마련이 문제가 될 수밖에 없는데, 처음에는 황실에서 하사한 내탕금(內帑金) 30만 원이 주로 사용되었지만[364] 1908년경부터는 상인 일반에게 규비(規費)를 징수했다.[365] 물론 규비는 말 그대로 자발적인 의연금이어야 했지만, 당시의 관례에 비추어본다면 첩세(疊稅)로 간주될 수 있었다.*****

---

*마포 선교 문제란 1910년 초 일본인 桑田이 내부 인허를 받아 마포 江上에 船橋 부설을 시도함에 따라 파생된 문제다. 船橋로 인해 생업을 잃을 것을 염려한 마포 사공들이 정부에 인허 취소를 요구했지만 정부는 이를 거부했다. 그러나 한성상업회의소와 인천상업회의소까지 반대 운동에 합세하자 결국 취소하고 말았다. 『皇城新聞』 융희 4년 2월 20일 잡보 「仁川商會公函」.

**1908년 海關은 회령 상인들이 블라디보스토크에서 수입해 들여오는 광목을 밀수품이라 하여 압수했는데, 한성상업회의소가 통감부에 교섭하여 그를 돌려주었다. 『皇城新聞』 융희 2년 1월 22일 잡보 「商會效力」.

***육의전 건물 내력조사란 을사늑약 이후 일제가 국유지와 관유지를 조사하는 과정에서 불거진 육의전의 소유권 문제를 말한다. 일제는 처음 육의전 대지를 국유지로 취급하고 상인들을 전부 몰아내려고 했으나 전황으로 인해 가뜩이나 반일감정이 격앙되어 있던 상인들을 더 자극하지 않는 것이 좋겠다고 판단하여 결국 민유지로 인정했다. 四方博, 1941 앞의 책, pp.61-62.

****四方博, 1941 앞의 책, p.340. 업자 간 중재의 한 예로는 서울의 果商으로 설립된 京城果商組合과 漢城果商組合의 분쟁을 중재하여 단일 기구로 통합시킨 것을 들 수 있다. 『皇城新聞』 융희 4년 2월 22일 잡보 「果商分爭解決」.

*****상업회의소의 규비 징수에 대해 전당포 등에서는 이미 관허를 받아 영업하고 있는 상황에서 疊稅를 물 수는 없다고 반발하기도 했다. 『大韓每日申報』 1909년 1월 31일 잡보 「典鋪反對」.

한성상업회의소가 보인 활동 양상은 「개정상무회의소규례」가 사실상 폐기되었음을 의미한다. 그러나 그를 대체할 새로운 법규가 당장 만들어지지는 않았다. 따라서 각처 상법회사에 대한 일원적 관리도 불가능했고, 상법회사 체제의 붕괴 과정도 지역별로 상당한 차이를 보였다.* 그러나 기본

*참고로 1905년 이후 통감부 시기 한인 상회소 설립 변천 상황을 살펴보면 다음과 같다.

명칭	설립년도	개편 과정
元山商議所	1882	1906 元山商業會議所로 개편
仁川商法會社	1884	1896 仁川紳商會社, 1910 仁川商業會議所로 개편
漢城商業會議所	1884	1896 常務會議所 規例에 따라 개편, 1905.7 재발족
務安港士商會社	1898	1909 木浦士商會社
釜山港商會所	1889	1906 東萊商業會議所로 개편
馬山商護會	1900	1908 馬山商業會議所
沃溝港紳商會社	1904?	1907 群山港 客主商會社, 群山港紳商會社
平壤商業衆議所	1904	1908 平壤商業會議所로 개칭
北靑郡商業會議社	1905	
三和港紳商會社	1906	1908 鎭南浦商業會議所
論山浦商業會議所	1906	
大邱商議所	1906	1908 大邱商業會議所
龍川港商會所	1906	
西面商業會議所	1906	
金泉商業會議所	1907	
開城商業會	1907	동년 開城商業會議所
海州商會所	1907	
遮湖商業會議所	1908	
龍南郡商業會議所	1908	
咸興商會所	1908	1911 咸興商業會議所, 1915 해산
統營郡商業會議所	1908	1915 商業會議所令에 따라 統營物産奬勵契로 개칭
水原商業會議所	1908	
淸州郡商業會	1908?	
安州商業會議所	1909	
義州商業會議所	1910	
江華商業會議所	1910	

주: 『商工會議所九十年史』에는 상당수 상업회의소의 결성 연대가 잘못되어 있으며, 해주, 청주, 통영, 용천, 논산, 안주, 용남, 서면, 안주, 遮湖津의 상업회의소는 누락되어 있다.
경주, 금산, 철산 등에는 商務社, 商務所, 商業會社 등의 보부상 단체가 상업회의소의 기능을 담당하면서 활동했지만, 이들은 제외했다.
자료: 大韓商工會議所, 1976『商工會議所九十年史』同所, p.82, 『朝鮮總督府統計年報』(1911), 『皇城新聞』『大韓每日申報』 등을 토대로 작성.

방향은 상법회사들이 내장원 지배에서 이탈하여 농상공부 산하로 들어가는 한편 납세를 중단하는 것이었다. 예외적으로 인천신상회사는 1907년경까지도 내장원 납세를 지속했지만,[366] 나머지 상법회사들은 대개 납세 조항을 두지 않았다.*

중앙 상납이 중단됨에 따라 상법회사가 지역 객주들에게 거두는 규비나 객주구문의 근거가 소멸했다. 더불어 객주의 독점적 영업체제, 즉 상법회사 체제도 붕괴했다. 물론 상업회의소를 유지하기 위해서는 상인들에게 경비를 징수해야 했다. 그 방안도 여러 가지여서, 예전처럼 강제 가입을 규정한 곳이 있는가 하면** 회원 간 분쟁이 있을 때 그 중개수수료로 경비를 마련하려 한 곳도 있었다.*** 대개 상법회사에 대한 일상(日商)의 압력이 심했던 지역(부산 등)에서는 강제 가입 규정이 일찍 소멸한 반면, 그렇지 않은 지역(김천 등)이나 한인 객주들의 결속력이 강했던 지역에서는(원산, 인천 등) 객주구문 징수가 상당 기간 지속되었다. 1908년 한성 상업회의소가 규비 징수를 강행한 것이나 개성 상업회의소가 학교 설립 비용을 마련한다는 명목으로 외구(外口) 징수를 결정한 것도 이같은 오랜 관행 때문일 것이다.[367]

물론 객주 구문 징수는 일제의 '자유상업체제' 구상에 배치되었지만, 관행이 바뀌는 데에는 법규만이 아니라 시간도 필요했다. 상법회사 체제는

---

*東萊港商業會議社에 대해서는 1905년 농상공부가 새 장정을 내주면서 "商民營業上과 物貨運輸時에 浮雜之類가 操弄作奸이면 爲弊多端한즉 亟宜禁戢하야 以安商情할 뿐더러 慶祝之儀와 使行禮迎之節이 極爲重大하야 與他無名雜稅로 逈有別焉하기로 ……"라 하여 納稅를 지시했다. 『東萊港報牒』 9 各司謄錄 14, 광무 9년 4월 25일.

**1906년 개정된 元山港商議所章程에는 "新設客主者가 無本會認許勅 不得設始하고……"라는 규정이 있었고(『皇城新聞』 광무 10년 7월 3일 「元山港商議所章程」), 1907년 신설된 金泉商業會議所 역시 장정 제9조에 "新設客主營業하는 員은 贊成金 60圓을 例納會議所하고 章程及憑帖을 受한 後 開業케 할 事"라 하여 강제 가입 규정을 남겨두었다. 「商業會議所」 想白 古 381 Sa58(奎章閣).

***부산의 경우 장정 제4조에 "本會議社는 仲裁를 爲하여 請求人에게 相當한 費用金額을 預納케 함"이라 한 것 외에는 가입금 규정을 두지 않았다. 『皇城新聞』 광무 10년 11월 28일 잡보 「商會章程」.

일본의 한국 강점 직전에 가서야 완전히 해체되었다. 1910년 농상공부는 "각 객주업자에게 수수료를 징수하고 종종의 명목으로 금전을 수납하고 있기 때문에 일반 상업의 발전을 저해하는 폐가 있다"는 이유로 인천신상회사를 해산시켰는데,* 인천신상회사는 최후까지 내장원에 납세한 회사였다. 이 회사가 국채보상운동 등의 국권회복운동에 참여했던 것도 강제 해산의 한 배경이겠으나, 농상공부가 명시적으로 밝힌 해산 사유는 객주 구문 징수였다. 이는 관행을 더는 용인하지 않겠다는 의사 표명이었다.

상법회사 체제가 붕괴하는 과정에서 같은 지역에 복수의 상법회사가 출현하는 사례가 속출했다. 1905년 부산항에서는 일부 상민들이 따로 건상회사(建商會社)를 설립하고 외부 인허를 얻었으며,[368] 1907년 군산에서는 군산신상회사(群山紳商會社, 沃溝港商會社)와 별도로 군산항객주상회사(群山港客主商會社)가 신설되었는데, 이 두 회사는 1908년 통합하여 군산항신상사(群山港紳商社)로 되었다가 재분열, 최종적으로는 군산항신상회사와 군산항합자객주회(群山港合資客主會)로 분립했다.[369] 삼화항(三和港)에서는 1908년 신의사(信義社), 공신사(公信社) 등의 객주 조직이 만들어졌는데, 이들은 신상회사를 배제하고 따로 상업회의소(商植會議所)를 건설하려 했다.[370] 객주 조직의 분열은 내장원을 배경으로 한 독점적 상업체제가 붕괴함에 따라 나타난 현상이지만, 결과적으로 객주들의 일상(日商)에 대한 교섭력을 약화시켰다.

4) 수세도고회사의 변질

러일전쟁 이후 일제의 '자유 상업' 정책과 내장원 재정 기반 파괴는 원칙적으로 수세도고회사의 토대를 일거에 허무는 일이었다. 그렇지만 수세도고회사는 을사늑약 이후에도 형태를 바꾸어가면서 계속 신설되었다. 이는 한

*『大韓每日申報』 융희 4년 3월 30일 잡보 「商會解散」. 신상회사로서 대한제국 후기 강제해산된 것은 인천신상회사가 유일하다.

편으로 수세도고회사가 전통적인 상관습에 기반을 둔 때문이기도 하지만, 다른 한편으로는 통감부의 불투명한 태도에 따른 것이기도 했다.

통감부는 겉으로는 수세도고회사의 폐지를 강력히 요구했다. 가사리초회사와 해산회사를 철폐한 것[371]은 모두 통감부의 압력에 따른 일이었다. 그러나 대한제국 후기에도 수세도고회사의 설립 청원은 지속되었고, 일부는 인허를 받기도 했다. 1905년 한강 두모포(豆毛浦) 일대의 준설공사를 목적으로 설립된 용연굴강회사(龍淵掘江會社)는 공사비 마련을 핑계로 선세(船稅) 등을 징수하겠다고 청원했고,[372] 송파 선인(船人) 등 30여 명이 설립한 진선조합회사(津船組合會社)도 선임(船賃) 통일을 빌미로 도진세(渡津稅)를 징수하려 했다.[373] 육운곡료회사(陸運穀料會社)는 대한제국 전기 승감고(升監考)로 있던 자들이 설립한 것으로, 여전히 두승(斗升)을 측정하면서 수수료를 징수했다.[374] 이밖에 충청도 일대의 연초 수매 독점권을 노린 청주의 초상회사(草商會社, 1906),[375] 목공장(木工匠)들에게 빙표를 강매하던 목장회사(木匠會社, 1906),[376] 최석창(崔錫彰), 홍순양(洪淳陽), 이승원(李昇遠) 등 퇴직관리들이 소금 전매권을 얻기 위해 설립한 남양의 염업회사(鹽業會社, 1908),[377] 김교철(金敎哲), 박윤병(朴允秉) 등이 수적(水賊) 방비(防備)를 빌미로 수세권(收稅權)을 청원한 보선회사(保船會社, 1910)[378] 등이 모두 수세도고회사들이었다.

수세도고회사는 일차적으로 일진회원들의 집중적인 공격대상이 되었다. 일진회는 불법적인 도고행위를 금단한다는 명목으로 각처 도고회사의 활동을 방해하고 정부에 철폐를 요구했다. 1906년에는 평안남도국자회사의 활동을 금지했고,[379] 익년에는 경강의 역부회사(役夫會社, 勞動運送合名會社)가 연강잡세를 징수한다고 하여 정부에 철폐를 요구, 관철했다.[380] 그러나 일진회의 참된 목적이 수세도고회사의 혁파에 있었던 것은 아니다. 일진회가 내건 명분은 잡세 혁파의 본지(本旨)에 어긋나는 회사를 없애야 한다는 것이었지만, 그들 자신이 수세도고회사를 설립하는 경우도 적지 않았다. 일진회원들은 1907년 함북에 해산회사를 설립하고 어물 매매에 수세했으며,

삼화항에도 도수회사(屠獸會社)를 설립하여 포사세(庖肆稅)를 징수했다.[381] 일진회원이 아니더라도 일본인과 결탁하거나 통감부의 비호만 얻는다면 얼마든지 수세도고회사를 설립할 수 있었다. 1906년 한일합작으로 설립된 광원회사(廣源會社, 廣興會社)는 그 대표적인 예다.

도수(屠獸)와 수육(獸肉) 판매를 담당한 포사(庖肆)에는 조선시대에도 세금이 부과되었고, 대한제국 전기에는 징수처가 내장원으로 일원화되었다.[382] 포사세(庖肆稅)는 내장원에서 포사위원(庖肆委員)과 파원(派員)을 파견하여 징수했는데, 이들과 포사주인 간에 분쟁이 잦아 1905년에는 서울, 경기, 충남의 포사와 포사세를 따로 관할하기 위해 검포소(檢庖所)가 설립되었다.[383] 그런데 광원회사는 경리원(經理院)에 1년치 세금을 선납하고 경기, 충남 일대의 포사 구관권(勾管權)을 검포소에서 탈취했다.[384] 이 회사에 대해 『대한매일신보』는 통감부가 경리원과 농상공부에 권고하여 설립한 것이라고 보도했고,[385] 회사 사원들은 주차일본군사령부(駐箚日本軍司令部)의 지휘에 따른 것이라고 주장했는데,[386] 어느 경우든 일제가 배경이었음은 분명하다. 이밖에 경강 일대에서 도강(渡江) 화물에 세전(稅錢)을 징수한 보선회사(保船會社, 沿江保船組, 1906),[387] 이학재(李學宰) 등이 설립한 보선회사(補船會社, 1907),[388] 양계훈(梁季勳), 김홍두(金洪斗) 등이 일본인과 부동(附同)하여 설립한 상업회사(商業會社, 1906),[389] 한일합작으로 발기된 한국축산회사(韓國畜産會社, 1908)[390] 등이 모두 겉으로는 수적(水賊) 단속이나 상업진흥, 축산장려 등을 내세웠지만, 실제로는 잡세를 징수하거나 고금(股金) 명목으로 상민들을 수탈하는 등 이전의 수세도고회사와 같은 행태를 보였다.

대한제국 후기에는 도고들이 조합으로 이름을 바꾸고 무명잡세 징수를 지속하는 일도 많았다. 1909년 재무감독국의 인가를 얻어 설립된 주조조합소(酒造組合所)는 조합 유지비 조로 각 군의 매주가(賣酒家)에게 10~30원씩 징수하여 물의를 빚었으며,[391] 같은해 인천의 주상조합소(酒商組合所)도 주상(酒商)들로부터 10원씩의 고금(股金)을 강징하고, 거부하는 자는 영업할 수 없게 했다.[392] 주류 취급자에 대한 수탈은 1909년 초에 공포된 주세법(酒稅法)과 관련이 있었다.* 일제는 징세 편의를 위해 조합 설립을 권장했지만, 조합도 도고적 관행에서 벗어나지 못했다.

특히 1909년 이후 속출한 조합들은 상당수가 징세청부 기관을 자임하면서 상민을 수탈했다. 1909년 서울의 대한미상조합소(大韓米商組合所)는 남문, 동문, 종로, 시암(柴岩) 4처의 비전세(米廛稅)를 수쇄(收刷)하여 재무시에 청납(請納)했으며,** 도선업자(渡船業者)들로 조직된 관선경강조합(管船京江組合)도 잡세를 징수했다.[393] 또 수상공익사(水商共益社, 水商組合)도 수상(水商)들에게 매삭(每朔) 6원 60전씩을 징수했고,[394] 다음해에 설립된 도수조합소(屠獸組合所)는 지소 설립비 명목으로 보증금 100원씩을 받았으며,[395] 시상조합소(柴商組合所)도 시상(柴商)에게 태당(駄當) 5전씩을 거뒀다.[396]

요컨대 대한제국 후기 수세도고회사의 잔존은 일차적으로 도고상업체제가 그만큼 견고했기 때문이지만, 한편으로는 일제가 수세 편의를 위해 이를 방치한 때문이기도 했다. 수세도고회사는 권력을 배경으로 상민을 수탈하는 기구였고, 이 시기 권력을 장악한 것은 바로 통감부였다. 일제가 설정한 기본 방향은 자유상업체제의 구축, 즉 도고상업체제의 청산이었지만, 일본인과 일부 친일 관리, 상인층이 도고적 관행에 입각하여 민중을 수탈하는 것도 용인했다. 이 시기 수세도고회사가 대한제국 전기와 현저히 달라진 것은, 권력 배경을 황실에서 일제 통감부로 변경하여 일본인과 친일 모리배들의 자본 축적을 뒷받침했다는 점뿐이다.

---

*주세법에 따른 酒稅는 酒類 釀造者에 대해서만 부과되었지만, 당시 주류는 대개 자가용으로 생산되고 있었기 때문에 財務監督局에서는 주조업자들로 하여금 조합을 결성케 하여 그를 통제하려 했다. 그러나 이때 결성된 주조조합소 등은 본래 면세 대상인 酒商들로부터도 금전을 징수했다. 주세법에 대해서는 大藏省, 1939 『明治大正財政史(朝鮮編)』 財政經濟學會, pp. 447-50 참조.

**『大韓每日申報』 융희 3년 12월 8일 잡보 「米商組合發起」. 대한미상조합소가 징수한 수수료는 미곡의 경우 3/100, 잡곡은 5/100로 상당한 고율이었다. 『大韓每日申報』 융희 4년 1월 12 잡보 「米商組合規則」.

3. 대한제국 후기 한인의 회사 참여

1) 관료층의 회사 참여

(1) 고위 관료의 회사 참여

대한제국 후기 회사 관여자로 파악되는 인물은 모두 1,354명이다. 이들을 관직 보유 여부에 따라 구분한 것이 표 3-7이다. 이 표를 앞의 표 3-3과 비교해보면 몇 가지 특징이 드러난다. 회사수와 기록 자료가 모두 급증했기 때문에 회사 관계자 수가 큰 폭으로 늘어난 점에 의미를 부여할 수는 없지만, 관직이 없는 인물이 크게 늘어난 점은 주목할 만하다. 이 그룹은 대한제국 전기에는 39.1%에 불과했지만, 이 시기에는 53.1%로 반수를 넘어섰다. 이는 회사 설립에서 관료의 주도성이 약화되고 상인들이 권력 배경 없이 회사를 설립하는 사례가 늘어난 결과일 것이다.

관료 중에서도 특히 고위 관료의 회사 참여 비중이 크게 줄었다(16.4%→6.2%). 이 시기 칙임관 3등이 중앙 부서의 국장급으로까지 격하된 점을 감안할 때, 그 하락폭은 더 컸다고 할 수 있다. 이 점은 여러 회사에 관여한 자 중 고위 관료층이 점하는 비중의 변화에서 두드러지게 나타난다. 이전 시기 4개 이상의 회사에 관여한 자들의 92.9%가 고위 관료였음에 반해, 이 시기에는 불과 19.4%로서, 허직 관료는 물론 중하위 관료보다도 낮다. 여기에는 현직 관료의 회사 참여를 억제한 통감부의 정책도 작용했겠지만,[397] 그보다는 대한제국의 관직이 더 이상 회사의 특권을 보장해줄 수 없게 된 결과였다고 해야 할 것이다.

대한제국 후기 3개 이상의 회사에 참여했던 고위 관료들은 김종한, 민영기, 유길준, 이근호, 이봉래, 이윤용, 이재극, 이준용(李埈鎔), 이지용, 이하영, 장석주(張錫周),* 조중응, 조희연의 13명으로 이 중 유길준, 장석주, 조

표 3-7. 1905~1910년간 경력별 회사 참여자 수(괄호 안은 비율)

참여회사 수 / 신분	1	2	3	4이상	계
고위 관료	51(94.4)	20(15.2)	6(23.1)	7(19.4)	84(6.2)
중하위 관료	196(16.9)	30(22.7)	5(19.2)	11(30.6)	242(17.9)
소계	247(21.3)	50(37.9)	11(42.3)	18(50.0)	326(24.1)
허직 관료	246(21.2)	40(30.3)	7(26.9)	16(44.4)	309(22.8)
상인, 기타	667(57.5)	42(31.8)	8(30.8)	2(5.6)	719(53.1)
소계	913(78.7)	82(62.1)	15(57.7)	18(50.0)	1.028(75.9)
총계	1,160(100.0)	132(100.0)	26(100.0)	36(100.0)	1.354(100.0)

주: 경력 구분은 앞 장의 표 3-3과 동일하다.
자료: 기업가 DB를 토대로 작성.

중응, 조희연, 이준용은 일본에 망명했다가 러일전쟁 이후 귀국한 자들이며, 이근호, 이윤용, 이지용, 이하영은 을사늑약에 적극 협력하여 일제의 우우(優遇)를 받던 자들이다. 이봉래, 이재극은 종친이고 외척인 민영기도 동척 이사를 맡는 등 일제 시책에 적극 협력한 인물이었다. 결국 이 시기 여러 회사에 관여한 고위 관료들은 소수의 종친을 제외하면 모두가 일제 권력과 유착한 사람들이었다.

또 대한제국 전기 다수 회사에 참여한 고위 관료들은 대개 농상공부나 내장원 등 인허가 기관의 장이었지만, 이 시기에는 인허가권과 무관한 직책에 있던 사람들이 많았다. 그러나 통감부가 실질적인 인허가권을 장악하고 있었기 때문에, 이 변화에 큰 의미를 부여할 필요는 없다.

그렇지만 이 시기 고위 관료들이 참여하는 회사가 주로 농업 부문에 집중되었다는 점은 주목할 필요가 있다. 대한작잠주식회사(大韓柞蠶株式會社), 종

*張錫周(張博)는 함북 경성 출생이다. 漢城旬報 주필과 통리아문 주사, 법무아문 참의, 협판을 거치고 김홍집 내각에 대신으로 참여했다가 1895년 일본으로 망명했다. 1907년 귀국한 후 궁내부 특진관, 帝室會計監査院卿을 지냈고, 일제의 한국 강점 후 남작이 되었다. 대한제국 후기에는 한성보신사, 韓日河船運送營業合資會社, 호남철도주식회사에 관여했다.

묘주식회사(種苗株式會社), 국민농업회사(國民農業會社) 등은 모두 고위 관료가 중심이 된 회사들로서, 이는 정책 방향에 민감한 고위 관료들이 농업 수탈에 중점을 둔 일제의 식민지화 정책에 적극 편승한 결과였다고 생각된다.

(2) 중하위 관료의 동향

중하위 관료들의 회사 참여 비율도 전 시기보다 줄어들었지만(23.5% → 17.8%), 이는 지주·상인층의 회사 설립이 상대적으로 더 많아진 때문이지 이들의 회사 참여가 준 탓은 아니다. 일제가 대한제국의 내정에 간섭한 이래 한인 관료들을 거듭 축출했기 때문에, 이들의 회사 참여는 오히려 크게 늘어났다. 권세가의 자제가 아닌 한, 이들 중 다수는 퇴직 시 받은 소액의 '은급(恩給)'으로 새로운 생계 방도를 찾아야 했다. 그런 처지에서 회사 설립이나 광산 경영은 현실적인 방안이었다.*

군대가 해산된 1907년부터 중하위 관료 출신자들의 회사 참여는 급속히 늘어났고,** 그들 중에는 다수의 회사에 관여하면서 새로운 활동의 장을 개척하려는 사람들도 많았다. 이전 시기에 중하급 관료로서 3개 이상의 회사에 관여한 인물은 4명, 4개 이상의 회사에 관여한 인물은 1명이었던 데 반해, 이 시기에는 각각 15명, 10명씩으로 대폭 늘어나 고위관료를 앞질렀다.

표 3-8은 이 시기 3개 이상의 회사에 관여한 중하위 관료 출신자들의 최종 관직과 관여 회사를 표시한 것이다. 이 중 조진태는 상인이지만, 분류의 일관성을 유지하기 위해 일단 중하위 관료로 취급했다. 조진태, 오태환

---

*퇴직관료들이 퇴직금으로 회사를 설립하는 일은 일반적이었던 것으로 보인다. 일본의 한국 강점 직후에 나온 다음 기사는 이같은 상황을 반영했다. "各官廳 勅奏判任官中에 多數淘汰한다는 說에 對하여 各其來頭生活을 硏究中인데 畢竟에 相當한 賜金이 有할터인즉 鑛山 殖産 等 營業에 從事하기로 決意한 者이 多하다더라." 『每日申報』 1910년 9월 17일 「終歸實業」.

**일례로 1909년 대규모 공업회사의 설립을 전망하면서 설립된 大韓工業會는 회장 尹致晟 외에 林在德, 金善浩, 李淑元, 張錫祚, 申圭植, 趙轍熙, 尙灝, 鄭鎭弘 등 임원이 모두 해산 군인들이었다. 『皇城新聞』 융희 3년 8월 24일 잡보 「解將實業」; 同 융희 3년 11월 9일 잡보 「工業會總會」; 同 융희 3년 9월 7일 잡보 「大韓工業 開會」.

표 3-8. 1905~1910년간 복수회사(3개 이상)에 참여한 중하위 관료

성명	최종 관직	관여 회사
白寅基	陸軍參尉(1907)	漢城農工銀行(1905), 漢城共同倉庫株式會社(1905), 湖南鐵道株式會社(1905), 韓一銀行(1906), 大韓勸農株式會社(1907), 東洋火災保險株式會社(1908), 富國織物合名會社(1909), 日韓瓦斯電氣株式會社(1908)
沈宜碩	內部技師(1908)	朝陽報社(1906), 韓一銀行(1906), 土木建築株式會社(1906), 漁業會社(1907), 京城隆興株式會社(1908), 漢城材木柴炭株式會社(1908)
安國善	理財局國庫課長(1909)	大東商會(1907), 富國織物合名會社(1909), 朝鮮製麻會社(1910), 平壤磁器製造株式會社(1908), 合名會社彰信社(1905)
吳台煥	印刷局技師(1908)	博文社(1905), 普文館(1906), 石鑛會社(1906), 株式典當會社(1910)
尹致晟	陸軍副領(1909)	土木建築株式會社(1906), 革製會社(大韓製革所; 1909), 汾院磁器株式會社(1910), 饌商用達部(1909)
尹致旿	學部 學務局長(1908)	株式會社大同寄宿館(1907), 饌商用達部(1909), 革製會社(1909), 廣業株式會社(1910), 汾院磁器株式會社(1910), 柞蠶製絲株式會社(1910)
鄭鎭弘	農商工部 水産局長(1908)	平壤磁器製造株式會社(1908), 大韓商業株式會社(1909), 柞蠶會社(1909), 汾院磁器株式會社(1910)
趙鎭泰	豊德郡守(1906)	漢城農工銀行(1905), 漢城共同倉庫株式會社(1905), 湖南鐵道株式會社(1905), 大韓勸農株式會社(1907), 韓日河船運送營業合資會社(1908), 東洋火災保險株式會社(1908), 漢城材木柴炭株式會社(1908), 漢城織物株式會社(1910)
崔錫彰	財務署財務官(1908)	麴子製造販賣合資會社(1910), 普文社(1907), 鹽業會社(1907), 印刷工業組織會社(1907)
韓相龍	平式院總務課長(1902)	漢城農工銀行(1905), 湖南鐵道株式會社(1905), 漢城銀行(1906), 東洋用達合資會社(1908), 漢城材木柴炭株式會社(1908), 東洋拓殖株式會社(1909)
金光濟	咸昌郡守(1901)	大邱廣文社(1906), 書籍購覽會社(1909), 漢陽日報社(1909), 湖上館商會(1909)
金漢奎	學部書記官(1907)	廣藏會社(1905), 廣學社(1906), 東洋用達會社(1906)
林炳恒	晉州郡守(1906)	廣學社(1906), 韓美興業株式會社(1908), 大韓獸皮合資會社(1908)
鄭寅琥	淸道郡守(1899)	珍需商會(1910), 韓美貿易株式會社(1910), 合資會社東美運送部(1905)
趙鍾緖	順川郡守(1906)	大韓製紙會社(1908), 染織株式會社(1909), 京城織紐合名會社(1910)

자료: 기업가 DB를 토대로 작성.

(吳台煥), 최석창을 제외하고는 모두 이때에 처음으로 회사 관련 기록에 이름이 등장하는 사람들이다. 또 이들 중에는 현직에 있으면서 회사에 관여한 사람도 일부 있지만, 퇴직 후 회사 설립과 경영에 뛰어든 사람이 대다수였다.

중하위 관료 출신 기업가는 몇 개의 그룹으로 나눌 수 있다. 첫째는 권세가나 부호 출신이면서도 관직을 포기하고 전문적인 기업가로 나선 경우다. 백인기(白寅基), 한상룡(韓相龍)이 대표적인데,* 이들은 농공은행, 한성공동창고주식회사 등 통감부가 정책적으로 설립한 회사에 처음 발을 들여놓은 이래, 동양척식주식회사, 일한와사전기주식회사(日韓瓦斯電氣株式會社), 동양생명보험주식회사(東洋生命保險株式會社) 등 국책적 회사, 또는 일본인 회사에 주주로 참여했다. 이들은 일본의 한국 강점 이후에도 일본인 자본가들과 긴밀히 협력하면서 성공적인 기업 활동을 벌였다.

둘째는 관직에 있으면서 관련 분야의 회사에 참여한 이들로서, 심의석, 오태환 등이 이에 속한다. 심의석은 목수 출신으로 대한제국 전기에는 내부 기사(內部技師)로서 독립문 건립 공사 등 정부와 황실의 각종 토목사업을 주관했다. 이 시기에는 영선사장(營繕司長), 내장원 기사, 내부 기사 등을 지내면서 토목건축주식회사를 설립했는데, 일본의 한국 강점 이후에도 한성토목조합(漢城土木組合), 광장주식회사 등에 중역으로 참여했다. 오태환은 탁지부 인쇄국 기사로 근무하면서 박문사(博文社), 보문관(普文館) 등 출판업

*한상룡은 이완용의 생질로 1914년 日韓合同으로 설립된 漢城商業會議所의 常議員이 되었으며, 한성은행, 朝鮮貿易株式會社, 京城電氣株式會社, 朝鮮中央鐵道株式會社, 朝鮮殖産銀行, 金剛山電氣鐵道株式會社, 東洋拓殖株式會社 등에 중역으로 관여했다. 그가 참여한 회사는 이완용, 이윤용 형제가 지배한 한성은행과 조선무역주식회사를 제외하면 모두 일본인이 지배하던 회사들이었다. 전우용, 2003 「한상룡: 민족을 비월한 사이비 근대인」『한국사인물열전 3』돌베개 참조. 백인기는 광무년간의 檢稅官 白南信의 아들로, 1905년 한성농공은행과 漢城共同倉庫株式會社에 참여하면서 회사 활동을 본격화하여 강점 후에도 京城電氣株式會社, 朝鮮勸農株式會社, 株式會社湖西銀行, 朝鮮貿易株式會社, 漢城材木柴炭株式會社, 朝鮮物産貿易株式會社, 朝鮮農業株式會社 등에 두루 관여한 청년 실업가의 대표격이었다.

회사에 참여했다. 이밖에 안국선, 김한규, 최석창 등도 관직과 뚜렷한 관련은 없지만 현직에 있으면서 회사에 참여했다. 이 경우 이들의 주된 생활기반이 관직인지 회사인지는 불분명하지만, 망국을 목전에 둔 상황에서는 관직을 떠날 준비를 하지 않을 수 없었을 것이다.

셋째는 퇴관(退官) 후 비로소 기업 활동에 뛰어든 사람들이다. 윤치성, 윤치오(尹致旿), 정진홍(鄭鎭弘), 임병항(林炳恒), 정인호(鄭寅琥), 주종서(趙鍾緖), 김광제(金光濟) 등이 이들로서, 계몽운동의 일환으로 출판 사업을 벌인 김광제 외에는 모두 1906~1908년 사이에 처음으로 회사에 관여했다. 제조업, 상업, 출판업 등 참여 분야도 다양했지만, 국책회사나 일본인 기업에 참여한 사례는 보이지 않는다. 이들 역시 식민지화 이후에도 회사 활동에 열성적이었다. 그러나 이들 중 기업가로 성공한 인물은 극소수였고,* 대개는 회사령의 질곡을 넘어서지 못하고 영세상인으로 전락한 듯하다.** 기업에 대한 이렇다 할 식견이나 일제의 비호 없이 회사를 설립하고 경영한 결과일 것이다.

2) 상인층의 회사 참여 확대

대한제국 후기 회사의 증가를 이끈 것은 상인들이었다. 앞 시기에도 회사에 참여한 상인들이 적지 않았지만, 그들이 주도한 회사는 대개 도고회사

---

*鎭衛隊 參領을 지낸 申羽均은 군대 해산 이후 의주에 정착하여 三興會社를 설립했는데, 이 회사는 1911년 일인을 끌어들여 三興酒造合資會社로 확대, 발전했다.

**1905년 이후 객주업을 새로 시작한 사람들 중에는 하급관료 출신이 적지 않았으며, 서울의 書籍商, 藥材商 중에도 관료와 군인 출신이 많았다. 1914년 평양에서 설립된 平壤合同精米組合도 조합원의 반수 가까이가 해산군인들이었다. 회사령 시행 직후 강제 해산된 海陸運輸合資會社, 水陸運輸合資會社 등도 해산 군인들이 설립한 회사들이었다. 尹致晟, 尹致旿 형제는 식민지화 이후 汾院磁器株式會社, 廣業株式會社, 廣藏株式會社 등에 두루 관여했지만, 1915년 尹致旿가 株式詐欺 혐의로 체포된 이후에는 기업 활동에서 완전히 손을 뗀다. 『每日申報』 1915년 12월 29일 참조.

였다. 그러나 이 시기에 들어 구래의 상업 질서가 급속히 붕괴되자 그 대응책의 일환으로 회사 설립이 적극적으로 모색되었고, 여기에 많은 상인이 참여했다. 그래서 이전 시기에는 3개 이상의 회사에 참여한 자가 단 3명, 4개 이상은 전무했던 상인들이 이 시기에는 각각 33명, 18명으로 늘어났다.

대한제국 후기, 3개 이상의 회사에 참여한 상인(여기에는 일부 지주나 양반들도 섞여 있을 것이다)은 아래와 같다.

金時鉉, 金然鶴, 朴承稷, 裵東爀, 白完爀•, 成文永, 吳榮根, 尹晶錫, 李鴻謨, 趙秉澤, 趙彰漢•, 韓慶履, 洪肯燮•, 洪鍾晥, 金溶泰, 李學宰(이상 4 이상), 金用集, 朴基英•, 徐相敦•, 呂三鉉•, 李源植, 崔思永•, 金致允, 朴奉燁, 劉錫•, 李重來, 鄭國永, 鄭斗煥, 秦學冑, 崔翊煥(이상 3개 회사)

(•는 1905년 이전 회사 참여 경력이 있는 자를 표시한 것임).

백완혁과 조병택은 조진태와 함께 서울 상업계의 3대 원로로 꼽힌 인물로서 세도가와 밀접한 관련을 맺었으며,* 예종석은 전우학교(電郵學校)를 졸업하고 전우총국(電郵總局) 주사, 유곡도(幽谷道) 찰방을 지내다가 러일전쟁 이후 일본에 협력하면서 상계(商界)에 진출한 인물이다. 이홍모는 약재상 가문 출신이며, 홍종환은 수원의 부역상이었다. 김용집은 약국에서 사환으로 일하다가 동순태의 고용인이 된 후, 그 대리인 격으로 궁내부용달 동

---

*백완혁은 무과 출신으로 1880년대 초반 훈련원 주부, 친군장위영 대장 등을 역임하고 광무년간부터 본격적으로 상업계에 진출했다고 하지만, 조선 후기 무관들과 상인들 간의 긴밀한 관계에 비추어볼 때, 상인가문 출신이었던 것으로 생각된다. 『每日申報』 1912년 12월 7일 「朝鮮人物觀」. 조병택 역시 무과 출신으로 관직을 지녔지만 모두 이름뿐이었던 것 같고, 실제로 致富하게 된 계기는 민영익의 傔人으로 苧布 무역을 담당하면서부터였다. 『每日申報』 1912년 12월 10일 「朝鮮人物觀」. 상인들과 세도가 사이의 관계에 대해서는 예종석의 다음 회고가 참고된다. "鐘路의 六矣廛 중 1軒에 아이들이 2, 3인 있으며, 그중 한 사람은 상인으로, 다른 한 사람은 고관 집에서 일했습니다. 이는 옛적의 세금은 돈이 아니라 穀物과 木棉으로 내는 것이었기 때문에, 무슨 문제가 생기면, 그 고관에게 의뢰하여 문제를 수습하기 위해서였습니다." 四方博, 앞의 책, pp.61-62.

양합자회사의 총무를 맡아 두각을 나타낸 인물이다.[398] 또 박승직은 배오개 객주 출신이었다.[399] 이렇듯 이 시기 회사에 적극적으로 참여한 상인들은 시전 상인, 약재상, 무역상, 객주 등 다양했으며, 이는 회사 설립에 대한 상인 일반의 욕구가 그만큼 높았음을 의미한다.

이 시기 회사 설립 주체의 변화와 관련하여 한 가지 더 지적할 것은 지주층이 회사에 관심을 갖기 시작했다는 점이다. 그 직접적인 계기는 1905년의 농공은행과 1909년의 동양척식주식회사 설립이었다. 이때 지방의 유력 지주들이 농공은행 이사나 동척 설립위원이 되었고, 이를 계기로 지주들의 회사 참여도 점차 늘어났다. 전북의 박영근, 경북의 이병학, 최준(崔浚), 전남의 현기봉(玄基奉), 경남의 김홍조(金弘祚) 등은 모두 수십 정보를 소유한 대지주로서 농공은행 참여를 계기로 각종 회사에 관여하기 시작했다.*

*지주층의 회사 참여는 대개 농공은행 설립과 함께 시작되었다. 이후 최준이 慶州興業株式會社를, 현기봉이 信興鐵工株式會社를 발기하는 등 회사를 설립하는 지주들이 속속 출현했다.

4장

일제하(1911~1919) 조선회사령 체제와 한인 회사

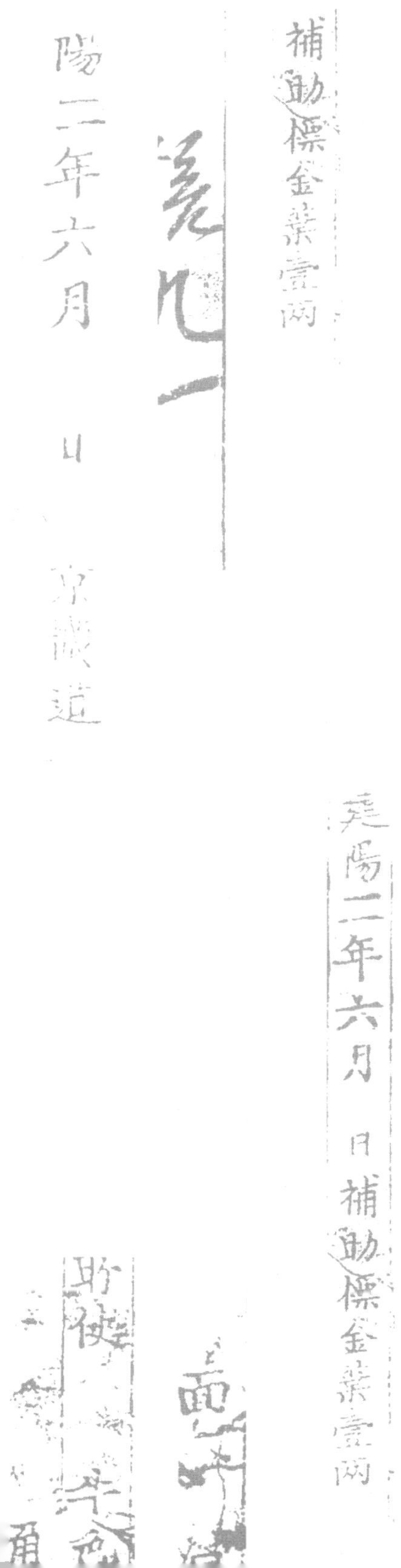

1. 조선회사령의 제정과 시행

1) 조선회사령의 제정

(1) 조선회사령과 '회사령시행규칙'

1910년 8월 한국의 국권을 박탈한 일제는 곧바로 회사 통제 입법에 착수하여 1910년 12월 29일 제령(制令) 제13호로 조선회사령(이하 '회사령'으로 略記)을, 부령(府令) 제66호로 동 시행규칙을 발포, 1911년 1월 1일부로 시행했다. 회사령은 1920년 폐지될 때까지 조선 경제의 식민지적 특수성을 규정한 일반 법률로서, 회사의 설립과 활동 전반에 대한 총독부의 간섭을 제도화했다. 회사령은 부칙을 포함하여 총 20개조로 이루어졌는데, 주요 조문은 다음과 같다.[1]

- 제1조 會社의 設立은 朝鮮總督의 許可를 受함이 可함이라.
- 제2조 朝鮮外에서 設立한 會社가 朝鮮에 本店이나 又는 支店을 設코자 하는 때는 朝鮮總督의 許可를 受함이 可함이라.
- 제3조 朝鮮外에서 設立하여 朝鮮에서 事業을 營하는 事를 主目的으로 하는 會社가 其 사업을 營함에는 朝鮮에 本店이나 又는 支店을 設함이 可함이라.
- 제4조 제1조나 又는 제2조의 規程에 의하여 許可를 受한 후 1년 내에 會社가 成立치 아니커나 又는 本店이나 혹 支店을 設치 아니하는 때는 許可는 其效力을 失함이라. 朝鮮總督은 正當한 事由가 有한 때는 申請에 因하여 前項의 期間을 伸張함을 得함이라.
- 제5조 會社가 本令이나 或 本令에 據하여 發하는 命令과 許可의 條件에 違反하거나 又는 公秩序나 或 善良한 風俗에 反하는 行爲를 하는 때는 朝鮮總督은 事業의 停止와 禁止와 支店의 閉鎖와 又는 會社의 解散을 命함을 得함이라.

· 제6조 不實한 申告를 하여 제1조나 又는 제2조의 許可를 受한 時는 朝鮮總督은 其許可를 繳銷함을 得함이라.

· 제7조 제1조나 又는 제2조의 허가가 效力을 失하거나 又는 繳銷한 바가 된 時는 支店設置의 許可에 關하는 경우를 除하는 外는 會社는 解散함이라.

· 제9조 營利를 目的으로 하는 社團法人은 總히 會社로 看做함이라.

· 제10조 會社가 아닌 것은 其名稱 중에 會社인 것을 示할만한 文字를 用함을 得치 못함이라.

이하 14조까지는 처벌 규정인데, 처벌대상이 되는 행위는 허가 없이 회사를 설립한 경우(제12조), 부실신고로 허가를 취득한 경우(제13조 1항), 본점, 지점을 설치하지 않고 조선에서 영업을 개시하는 경우(제13조 3항), 사업금지, 정지 명령을 위반하여 영업을 지속하는 경우(제13조 4항), 회사가 아니면서 명칭 중에 회사의 문자를 사용하는 경우(제14조) 등이다.

제17조에서는 "구한국정부(舊韓國政府)의 면허를 수(受)하여 본령(本令)을 시행하는 제(際)에 사업을 영(營)하는 회사는 본령에 의하여 설립한 것으로 간주함이라" 하여 한인 기설회사(既設會社)의 기득권에 대한 유예조항을, 제18조에서는 "본령 시행 전에 상법(商法)에 의하여 조선(朝鮮)에서 설립한 회사는 본령에 의하여 설립한 것으로 간주함이라"고 하여 대한제국 후기에 설립된 일인 회사의 기득권에 대한 유예조항을 두었다. 그리고 제19조와 제20조는 지점에 대한 유예조항과 지점 없이 영업하는 외국 소재 회사에 대한 유예조항이었다.

회사령시행규칙은 회사 설립 신청 절차와 설립된 회사의 감독 체계를 규정한 것으로, 신청 양식은 일본 상법에 준하되(제1조), 기허가사항(既許可事項)의 변경 역시 총독의 허가를 받도록 했고(제3조), 회사의 영업 및 재산 현황에 대한 총독의 임의조사감독권(任意調查監督權, 제4조), 기설회사(既設會社)의 계출사항(屆出事項, 제6조~제8조), 조선 내에 본점이나 지점을 설립하지 않고 영업하는 외국 회사의 지점 설립 기한(제9조), 관계 서류의 계출절차(제10조), 처벌 사항(제11조) 등을 규정했다. 특히 주목되는 것은 대한제국 후기의 이원적 회사 관리 체계를 반영하여 한인의 기설회사(旣設會社, 회사령 제17조의 회사, 즉 한국정부의 면허를 받은 회사)와 일인의 기설회사(회사령 제18조의 회사, 통감부, 이사청의 인허를 받은 회사)에 대한 처리가 달랐던 점이다. 즉, 한인 기설회사에 대해서는 회사령 시행일로부터 6개월 내에 면허장, 정관 및 '설립 후의 경과, 업무와 재산의 현황, 업무를 집행하는 역원(役員)의 씨명과 주소'를 기재한 계서(屆書)를 제출하는 한편, 본점과 지점의 소재지에서 새로 일본 상법에 따라 등기하도록 의무화한 반면 일인 기설회사의 경우에는 계출 기한을 1개월로 하고 이미 등기한 경우에는 그를 추인하도록 했다.

양자 간의 차이는 계출 기한과 기등기사항(旣登記事項)의 추인 여부인데, 이전까지 한인 회사의 경우 재판소에 등기를 하지 않았기 때문에 새로 등기를 요구하는 것은 당연한 일이라 하겠지만, 계출 기한을 각각 6개월과 1개월로 구별한 데에는 한인의 기설회사를 억압하려는 의도가 있었던 것으로 보인다. 즉 시행규칙 제10조는 계출시 지방장관을 경유하도록 했는데, 이 과정에서 지방장관, 경찰 등이 한인 회사의 계출서류를 검토하고, 관계자의 신원을 조사할 시간이 필요했을 것이다. 일인 회사는 이미 등기한 사항을 그대로 인정하되, 한인 회사는 계출사항의 진위를 조사하고 경우에 따라서는 계출 자체를 저지하여 자연 해산을 유도했을 가능성이 크다. 대한제국 후기에는 통감부의 공식 통계와 무관하게 적지 않은 회사가 활동하고 있었지만, 1911년 말 현재 공식 통계에 잡힌 한인 대표회사가 27개사에 불과했던 점은 이런 사실을 반영한다고 생각된다.[2]

회사령의 최대 특징은 회사의 설립, 운영, 해산에 걸친 전 과정에 대한 조선총독의 개입을 명문화했다는 점이며, 이러한 통제가 한인 회사에 대해서뿐 아니라 조선 내 일인 회사에까지 일률적으로 적용되었다는 점이다. 이는 계출제를 택한 일본 상법과는 전혀 다르며, 같은 일본의 식민지인 대만에서도 시행된 바 없는 독특한 것이었다.[3] 그동안 회사령 연구에서 주로 주목한 것도 이것이 일본 상법체계와는 달리 허가주의를 채택함으로써, 식민지 조선 내의 기업 활동을 원천적으로 억압했다는 점이다.*

그런데 당시 조선총독 데라우치 마사다케(寺內正毅)는 1911년 1월 예산위원총회석상에서, "회사령은 조선인의 포말회사(泡沫會社)에 현혹되어 재산을 탕진함을 보호키 위함인즉, 종래의 허가주의를 취하던 구관(舊慣)을 답습함에 불과"하다고 주장했다.[4] 즉, 이 법률의 비교대상을 일본 상법이 아닌 대한제국 전기의 회사 정책으로 설정한 것이다. 개항 이래 조선/한국 정부는 회사에 대해 표면상 엄격한 허가주의를 채택했으며, 회사가 물의를 빚을 경우 수시로 혁파 지시를 내리기도 했다. 이는 대한제국 후기에도 달라지지 않아서, 한인 회사에 관한 한 통감부가 한국 정부에 철폐를 요청하면 그에 따르는 것이 일반적이었다. 반면 일인 회사는 형식적으로 이사청 인가를 받아야 했지만, 대개 일본 상법을 준용(準用)했기 때문에 형식 요건만 갖추는 것으로 충분했다.

따라서 회사령에 따라 설립 환경이 크게 달라지는 것은 일본인 회사들이었지, 한인 회사들에게는 새삼 문제될 소지가 없었다고 할 수도 있다.** 그러나 개항 이래 조선/한국 정부의 허가주의 원칙은 대단히 느슨했다. 대한제국 전기까지 회사에 대한 인허는 곧 영업독점권 부여로 인식될 만큼, 당시의 회사는 대개가 많건 적건 특권을 지녔고,*** 대한제국 후기에 한인 회

---

*회사령에 대한 연구 성과로는 趙璣濬, 1977『韓國資本主義成立史論』大旺社; 孫禎睦, 1919「會社令硏究」『韓國史硏究』45; 小林英夫, 1975「會社令硏究ノート」『海峽』3; 小林英夫 編, 1994『植民地への企業進出: 朝鮮會社令の分析』柏書房 등이 있다. 이 중, 小林英夫의 1994년 성과를 제외하면, 모두가 회사령이 일본 상법과 비교하여 악법이었음을 전제로 그 성격을 정리했다.

**小林英夫는 "조선인 기업가의 압살이라는 면에서 본다면 그 과제는 이전에 이미 어느 정도 진행되고 있었던 것이기 때문에, 문제는 그때까지 상법 규정을 포함한 각종 규제로부터 제외되어 있었던 일본인과 외국인의 회사 설립을 조선인과 마찬가지로 엄격한 규제하에 둔다는 것"이라고 지적했다. 小林英夫, 1994 앞의 책, p.25.

***기본적으로 특권이라 하면 영업독점권, 관급공사의 독점청부권, 정부 및 궁중 자금의 관리권, 국유 未墾地 개간권 등 광무년간 일반화되어 있던 각종 권리를 의미하는 것이지만, 그밖에

사들이 지닌 특권의 근거—권력 배경—가 외견상 소멸했다고는 하지만, 일제와 결탁하여 새로운 특권을 획득한 회사도 속출했다. 또 회사 명칭을 사용하는 데에도 별다른 제한이 없었기 때문에, 공식적 특권이 필요없는 회사는 인허 없이도 영업할 수 있었다.* 대한제국 전기까지 회사에 대한 인허는 회사의 권리에 관한 것이지 그 법인격에 관한 것이 아니었기 때문이다. 회사에 대한 벌칙도 인허장을 환수하고 책임자를 처벌하는 데 그쳤을 뿐, 청산 문제 등에 대해서까지 고려할 필요는 없었다. 따라서 회사령 공포는 일인 회사뿐 아니라 한인 회사 일반에 대해서도 이전까지와는 전혀 다른 통제 체제가 마련되었음을 의미하며, 그것이 이전 시기와 결정적으로 다른 점은 회사의 설립과 운영 전반에 관한 '사전적(事前的)' 통제가 이루어진 데에 있다.**

(2) 조선회사령 제정의 배경

회사령은 토지조사사업과 더불어 1910년대 일제의 조선 경제 정책을 이해하는 데 핵심적인 문제로서, 이에 대해서는 이미 여러 견해가 있다. 먼저 고바야시 에이오(小林英夫)는 회사령은 기본적으로는 조선인 자본을 압살하기 위한 것이지만, 부수적으로는 시부자와 에이치(澁澤榮一) 등 일본 정우회(政友會)에 관련된 기업인의 조선 진출을 저지하려는 의도도 담았다고 보았다.[5] 조기준(趙璣濬)은 고전적 식민지 이론에 입각하여 회사령이 근대적 공업 회사의 설립을 억제함으로써 조선을 식량·원료 공급지로 고착시키기 위

무명잡세 침탈 금지 조처도 소극적이기는 하지만 회사의 특권을 구성한다고 할 수 있다.

*1907년에 설립된 共益社나 圖南會社 같은 상업 회사들이 따로 인가를 받았다는 기록은 발견할 수 없다.

**小林英夫는 대한제국 후기에 공포된 「各種 認許의 效力 及 期限에 關한 件」을 통감부기의 회사령으로 평가하고, 이로써 한인 회사에 대한 통제의 기반은 일단 마련되었다는 전제 하에, 회사령의 중심 특징을 일본인, 조선인을 불문한 통제기제였다는 점에서 찾고 있다. 그러나 앞에서 살펴본 바와 같이 「各種認許의 效力及期限에 關한 件」의 통제방식은 어디까지나 사후적이었고, 회사 설립까지 통제할 수는 없었다.

한 것이라고 했다.[6] 이에 대해 손정목(孫禎睦)은 회사령의 주목적은 어디까지나 한인 자본을 억압하기 위한 것이며, 일본인들의 회사 설립은 오히려 장려되었다고 하여 이를 비판했다.[7] 이밖에 고바야시 겐치(小林賢治)는 회사령이 제3국 자본의 광업권 획득을 저지하는 작용을 한 데 주목하여, 이를 제3국 자본의 조선 진출을 억제하기 위한 법률로 파악했다.[8]

회사령 제정 배경에 관한 이상의 여러 견해는 회사령의 주된 적용 대상을 달리 보고 있기는 하지만, 회사령 제정이 회사의 설립 자체를 제한하려는 것이었다고 보는 점에서는 일치한다. 그런데 고바야시 에이오는 회사령 이전 한국 정부의 회사 정책을 재검토하고, 그것이 이미 엄격한 허가주의에 입각해 있었던 점을 근거로, 회사령에서 특히 중요한 것은 한국 정부의 회사 정책을 총독부가 그대로 '인계(引繼)'한 점이라고 주장했다.[9] 즉, 한국 내의 일인 회사에까지 한국 정부의 회사 정책을 적용한 '조선화(朝鮮化)'가 최대 특징이라고 본 것이다. 나아가 그는 이같은 '조선화'가 1910년대 무단통치의 한 특징이라고 규정했다.

사실 그동안 대다수 연구는 회사령에만 주목했을 뿐, 대한제국기의 회사 정책에 대해서는 거의 고려하지 않았다. 그런 점에서 고바야시 에이오 등의 이 연구는 중요한 진보를 이룬 것이라 할 수 있다. 그러나 문제는 '조선화'의 형식이 아니라 내용이다. 일제가 한국 정부의 회사 정책을 답습함으로써 얻으려 한 것이 과연 무엇이었는지를 먼저 해명해야 한다.

대한제국 시기의 엄격한 회사 통제는, 비록 일관성은 없었지만 분명한 정책 의도를 갖고 있었다. 이 땅에 처음 회사라는 명칭을 갖는 기업 조직이 출현한 때부터, 정부는 이를 근대적 개혁 추진을 위한 유력한 기구로 설정했다. 따라서 무명잡세 징수 엄금 등의 조치를 통해 이를 보호하는 한편, 그 활동 전반을 정부의 통제하에 두려 했다. 대략 1890년을 전후하여 차관 원리금 상환 문제와 결부되어 관세 자주권이 심각하게 침해되면서 회사를 '세원(稅源)' 파악을 위한 도구로 이해하는 태도가 부각되기도 했지만, 회사를 식산흥업적 견지에서 이해하는 방식은 대한제국 전기까지 대체로 지속되었다. 그래서 정부 인허를 받아 설립된 회사는 일종의 특권 기업이 되었다.

은행 설립이나 철도 부설 같은 국책 사업을 위해서든, 아니면 내장원의 재정 기반을 확충하기 위해서든, 대한제국 전기에 인허된 회사들은 모두 국가 권력과 밀접한 관련을 맺고 활동했다.* 그러나 러일전쟁 이후 일제가 한국 내정 전반을 실질적으로 지배하면서, 이같은 회사의 특권은 부정되었고, 일제와 유착하거나 일본인과 부동(附同)한 자들이 다시 특권적 회사를 설립한 외에는, 대개 특권과는 무관한 회사들이 설립되었다. 이러한 회사들은 근대적 경제 조직에 한 걸음 다가선 것으로 평가할 수도 있겠지만, 국가적 규모에서 자본 축적을 서둘러야 했던 당시의 조건에서 자립적 근대화를 위한 기구가 될 수는 없었다.

그런데 총독부가 회사령 제정의 이유로 제시한 현상 중 하나는 "일반 조선인 회사의 통폐(通弊)로서 관청의 허가에 의해 사업의 독점권을 얻은 것처럼 선전하여 우민(愚民)을 속이고 부정한 이득을 탐하는 것"[10]이었다. 문맥대로라면, 총독부는 바로 대한제국 전기의 한인 회사가 일반적으로 보유했던 특권 자체를 완전히 배제하려 한 것이다. 대한제국 전기의 허가주의가 한인이 외국인과 합작하지 못하게 함으로써 회사가 지닌 특권이 제국주의의 손에 넘어가지 않게 하려는 목적이 있었던 반면, 총독부의 허가주의는 거꾸로 한인 회사가 한국 정부에게 부여받은 제반 권리를 말살하고 그것을 일본인 수중으로 옮기는 수단이었던 것이다. 따라서 중요한 것은 현상적으로 드러나는 '조선화'가 아니라 그 이면에 자리잡은 일제의 요구다.

그렇다면 일제가 회사령을 제정한 진정한 의도는 무엇일까. 회사령 제정

---

*대한제국기의 회사들이 지닌 특권을 '봉건적 특권'으로 치부해서는 곤란하다. 政商輩를 육성하여 특권적 대자본가로 만드는 일은 후발 자본주의 국가의 근대화 과정에서 흔히 나타나며, 대한제국기의 회사 정책도 그러한 기조를 유지했다. 다만 대한제국에 가해진 외압이 특히 강했고, 화폐, 금융, 관세 등 주요 경제주권이 이미 심각히 손상된 상황에서 이것이 성공할 가능성이 희박했던 점이 문제일 뿐이다.

배경에 대한 일제의 공식 주장은 『매일신보(每日申報)』 1911년 1월 21일자에 실린 스코마츠(少松) 총무부장대리의 담화로 표명되었다.[11]

> 금회에 실시된 조선회사령에 대하여 각종의 臆說을 做出하되 혹은 엄혹하다 하고 此를 비평하며 혹은 ①泡沫會社 防遏策이라 하여 此를 변호하는 자가 有하니 實際의 사정을 詳知치 못하는 內地人이 嚴酷함으로 見함도 容或無怪어니와 다만 泡沫會社의 防遏策이라 할진댄 아직 未盡한 바가 有하도다. 원래 寺內總督의 방침이 ②朝鮮의 富源을 개척하고 민력의 발달을 圖함에는 건전한 사업의 경영을 장려함에 在함은 누차 언명한 바이오 착실한 회사의 설립을 환영함은 다시 容疑할 여지가 無한 동시에 泡沫會社가 자연히 배척됨에 至할 것은 당연한 결과로다. 조선의 현상은 내지와 부동하니 병합후 아직 반년이 못되었은즉 개선의 사업은 其緖에 就함에 불과한지라. 此 過渡時代에 在하야 幸히 稀有한 平穩의 狀況을 呈하고 ③三千萬圓의 恩賜公債는 일일이 분배되어 此로부터 生하는 150만원의 利金은 조선인민 旣有의 富에 加入할지니 此企業熱이 勃興할 時를 당하여 ④조선인 중에는 일면으로 아직 경제사정을 十分 通解치 못하는 다수의 양민이 有하고 他방면에는 其 무경험함을 乘하야 奇利를 攫코저 하는 교활한 徒輩가 不少하며 又 ⑤內地에서도 目下는 특수한 시기라 世人이 능히 朝鮮의 實情을 周知치 못하는 時를 乘하여 何事를 영위할 지라도 성공함은 無疑하다 鼓吹하고 猥妄히 자본을 鳩集하야 朝起夕蹶하는 회사를 설립하는 자가 不無할지니 如是則 ⑥日韓兩民의 損害를 蒙하는 자가 多할 것은 물론하고 정당한 기업가도 此로 爲하야 각종의 障碍를 遭하야 其手足을 伸하기 不能함에 至할 것은 明若觀火한 事理인데 此를 傍觀하고 자연의 형세에 방임하라 함은 어찌 잔인한 주문이 아니리오 ……⑦要之컨대 泡沫會社의 배척은 수단이라 할 지언정 목적은 아닌즉 조선에 회사라 할만한 회사가 無한 금일에 徒然히 회사를 防遏할 필요가 豈有하리요. 회사령 제정의 本旨는 건전한 회사를 설립하는 道를 開함에 在함은 明瞭함으로써 江湖의 識者가 환영할 것은 吾人이 信之無疑하는 바로다.

이 담화가 지적하는 바는 다음과 같다. 첫째, 회사령 제정의 근본 목적은 조선의 건전한 산업 발달을 위해 건전한 회사를 육성하는 데에 있다는 것이다(⑦). 이는 곧 회사령이 일본의 조선 경제 재편 계획 전반에 관련된 것임을 분명히 한 것이다. 그리고 여기에는 각 산업 부문의 재편 작업을 수행할 중추 기구인 회사의 역할이 불가결하다는 생각도 작용했다. 즉, "조선의 부원(富源)을 개척하고 민력의 발달을 도(圖)함에는 건전한 사업의 경영을 장려함에 재(在)함"이라는 판단이었다(②).

둘째, 조선에서 발흥하고 있는 기업열이 총독부의 기업 통제를 불가능하게 할 수도 있다는 우려다. 총독부가 기업열 발흥의 배경으로 판단한 것은 두 가지다. 하나는 은사공채(恩賜公債) 3천만 원의 이자 150만 원으로 조선인의 유휴자본이 늘어난 것이며(③), 다른 하나는 조선이 일본의 새 영토가 됨으로써 일본인의 조선 투자열이 비상히 높아진 것이다(⑤). 그런데 총독부는 이같은 기업열의 고조를 방관할 수만은 없다고 보았다. 즉 조선인들은 회사가 무엇인지를 알지 못하기 때문에(④), 교활한 자들에게 이용당해 투기적 사업을 벌임으로써 가산을 탕진하고 경제계를 교란시킬 우려가 있다는 것이다(⑥).

총독부 당국자의 담화대로라면, 회사령 제정의 근본 의도는 조선에 배포될 은사공채 자금과 조선 진출을 계획하고 있는 일본 국내의 자본이 투기적으로 사용되는 것을 막고, 이들이 총독부의 조선 경제 재편 구상에 따라 적절히 사용되도록 유도하려는 것이었다고 할 수 있다.

그런데 회사령 제정의 필요성에 대한 논의는 이미 1909년부터 시작되었다. 1909년 10월 15일 『대한매일신보』에는 "근래 한인(韓人)의 회사 설립이 파다(頗多)한데 당국에서는 하등(何等) 우려(憂慮)가 유(有)하다 하여 회사법을 제정한다는데 현금(現今) 법전조사국에서 기초한다더라"[12]는 기사가 실렸다. 통감부도 「각종인허의 효력급기한에 관한 건」이 규정한 '사후적 단속'의 한계를 극복할 필요를 느끼고 별도의 회사법을 만들려 했던 것이다. 이

때 만들어진 법률초안이 어떤 과정을 거쳐 회사령으로 구체화했는지는 알 수 없지만, 이 기사로 미루어볼 때 당시 회사법 제정의 이유는 '한인의 회사 설립이 파다(頗多)함에 따른 하등(何等)의 우려' 때문이었다고 할 수 있다.

그러나 회사령 발포 직전인 1910년 12월 14일자 『매일신보』 기사는 회사령 제정의 이유를 다른 각도에서 언급했다.[13]

> 朝鮮의 諸會社에 대해서는 曾往부터 取締하던 法律이 없고, ①其設立認可의 申請에 대하여도 大半 放任主義로 大抵 許可의 방침을 取했는 故로 弊害가 層生할 뿐 아니라 旣設會社라도 不完全한 者가 있고 ②今後 설립코자 하는 者에 대하여도 其 性質, 내용 등을 調査한 後에 認許를 與할 必要와 兼하여 取締할 必要가 있음으로써 총독부에서는 向日來로 회사령을 發布하기로 審議하던 中인데 ……

이 기사가 회사령 제정의 이유로 든 것은 ① 방임주의에 따른 폐해의 시정, ② 향후 설립할 회사들의 성질, 내용에 대한 전반적인 단속의 필요성이다. 특히 ①과 관련해서는 통감부가 한인의 회사 설립을 엄혹할 정도로 제한했던 사정에 비추어본다면, '대저(大抵) 허가(許可)의 방침을 취(取)한' 회사는 일인 회사를 가리킨다고 할 수 있다. 한인 회사를 단속할 목적으로 준비된 회사법이 1년여를 경과하는 동안에 일인 회사에까지 적용하는 것으로 바뀐 셈인데, 여기에는 ②의 사정, 즉 향후 조선에 설립하고자 하는 회사의 성질, 내용에 대한 전면적 통제가 필요하다는 인식이 작용했다.

결국 문제의 핵심은 이 시기 총독부가 회사를 어떻게 활용하려 했는가에 있다. 을사늑약 이래 일본 식민정책론자들의 한국 식민지화 방안은 기본적으로 '이주식민지(移住植民地)'안이었다.[14] 그리고 이는 1908년 만한이민집중론(滿韓移民集中論)으로 정립되어 일본 대외 정책의 기조가 되었다. 동척 설립은 바로 이를 실행하는 수단이었다. 그런데 이주식민지안은 한국이 인구 면에서나 유휴토지 면에서 일본의 농촌 과잉인구를 충분히 수용할 수 있으리라는 전제 위에 입안되었다. 그러나 한국을 강점한 이후 일제는 그들이 예상한 이상으로 인구가 많으며, 유휴토지도 거의 없는 상태임을 발견했다. 이에 따라 자작농을 대거 이주시켜 식민지 지배의 근간으로 삼으려던 정책방향을 수정하지 않을 수 없었다. 1914년 지주형 이민을 받아들일 수 있도록 한 동척의 이주규칙(移住規則) 수정은 이에 따른 것이다.

한편 러일전쟁 이후 급성장한 일본 자본주의의 식량·원료에 대한 요구는 한층 높아졌다. 이에 따라 1913년에는 조선미이입세(朝鮮米移入稅)가 폐지되었고, 총독부도 쌀 반출 정책을 적극화하여 본격적인 미작개량사업(米作改良事業)에 착수했다.[15] 특히 1914년에 발발한 제1차 세계대전은 일본 자본주의에 미증유의 호황을 안겨주었다. 전쟁 발발 직후 해상 운송 두절, 무역·환거래의 일시적 중단 등으로 공황 상태에 빠져들었던 일본 경제는, 1915년부터는 해운과 무역이 급속히 확대되면서, 오히려 경제구조 자체가 변모할 정도로 발전했다. 1914년 당시 농업 45.5%, 수산업 5.1%, 광업 5.1%, 공업 44.4%였던 일본의 산업별 생산액은 1918년에는 각각 35.1%, 3.8%, 4.3%, 56.1%로 바뀌었고, 만성적인 채무국의 지위에서 벗어나 자본 수출을 도모할 정도로 성장했다.[16]

조선에 회사령이 시행된 기간은 바로 일본 자본주의의 이같은 발전 양상에 규정되어, 조선에 대한 일제의 요구가 이주식민지에서 투자식민지로 변모하는 과도적 시기에 해당한다. 회사령이 제정된 시점은 조선을 이주식민지로 만들려는 의도가 강하게 작용하던 시기이며, 회사령이 폐지된 1920년 전후는 일제의 이주식민지 구상이 최종적으로 파탄되고, 조선을 자본 수출지로 만들려는 의도가 부각된 시기였다. 총독부가 일본 자본가들의 비난을 감수하면서까지 회사령을 강행한 것은 이주식민지안에 따라 한국 식민지화 작업을 추진한 때문이다.

1910년대 초반 총독부의 산업정책을 살펴보면 이는 분명해진다. 우선 세출면(歲出面)을 보면, 1911~1919년간에는 철도, 도로, 항구 등의 공사비

표 4-1. 조선경영비의 추이(단위: 円)

항목 \ 연도	1907	1908	1909	1910	1911
군사비	10,224,123	15,441,294	10,358,404	10,193,530	10,509,310
행정 및 사업비	16,701,527	15,679,920	10,848,846	15,643,230	12,350,000
총계	26,925,650	31,121,214	21,207,250	25,836,760	22,859,310

자료: 『朝鮮總督府施政年報』 明治44年分, p.96.

(45.3%), 행정비·경찰사업비(30.4%), 토지조사사업비(4.2%) 등이 압도적 비중을 점했던바,[17] 이에 대해 데라우치 총독은 "조선 개발상에 주의할 것은 농업의 발달을 계(計)함에 재(在)하고 농업의 발달을 조성함에는 위선(爲先) 도로, 철도, 항만의 건축 개량을 행(行)함으로써 순서라 하노니 ……"[18]라 하여 도로, 철도, 항만 등의 건설이 조선 농업 발달의 근본 전제라고 밝혔다.

산업 개발에 필요한 재원은 조세 수탈의 확대와 토지조사사업 과정에서 탈취한 국유지의 불하대금으로 충당했지만,[19] 그것만으로는 턱없이 부족하여 해마다 거액의 자금을 일본에서 들여와야 했다. 이른바 조선사업공채(朝鮮事業公債)에 의한 조선경영비(朝鮮經營費)가 이것으로 표 4-1에서 보는 바와 같이 그 액수는 매년 2,000~3,000만 원에 달했다. 그러나 당시의 일본 경제 사정에 비추어볼 때 식민지에 매년 거액의 자금을 투하하기는 어려웠다. 따라서 대한제국 후기에 이미 조선 식민지화를 위한 재원은 가능한 한 조선 안에서 조달한다는 방침이 정해졌다.* 1906년 통감부는 「한국세계계획안(韓國歲計計劃案)」을 작성하여 조세 증징을 통한 식민통치 비용의 한국 내 조달 방침을 수립했고, 장기적으로는 토지조사사업 등을 통해

*"모국의 경제 재정도 비상히 유치하여 아직 저급한 수준에 있었기 때문에 조선에 그리 많은 돈을 들일 수는 없었습니다. 그래서 거창한 사업은 불가능했지만, 조선은 장래 중요한 위치를 점할 것이라는 점은 伊藤統監이 누누이 강조한 바입니다." 四方博, 1941 『京城商工會議所25年史』 大海堂印刷株式會社, pp.49-50.

표 4-2. 1910~1915년간 총독부 세출 중 산업 관련 지출액과 비율(단위: 円)

연도	세출총액(A)	권업모범장	중앙시험소 공업전습소	권업비	권업 보조비	산업관련비 총액(B)	A/B (%)
1910	29,280,694	90,857	30,379	140,734	273,000	534,970	1.8
1911	76,633,219	206,416	63,630	315,618	525,150	1,110,814	1.4
1912	83,124,699	204,899	114,501	396,907	921,394	1,637,701	2.0
1913	87,713,699	215,531	144,247	395,481	833,340	1,588,599	1.8
1914	95,019,626	197,144	158,067	244,754	974,992	1,574,957	1.7
1915	95,318,221	195,662	169,169	237,222	860,776	1,462,829	1.5

자료: 朝鮮總督府, 1915『朝鮮關係帝國議會議事經過摘錄』pp.259-66을 토대로 작성.

식민지적 생산양식을 창출함으로써 식민통치의 물적 기반을 마련하려 했다.[20] 조선경영비가 1908년을 정점으로 점차 감소하는 것은 이같은 노력의 결과였다. 한국 강점 이후에도 이 방침은 지속되어, 총독부는 1914년「재정독립 5개년 계획」을 수립했다. 이 계획은 지세 증징, 시가지세 부과, 소비세 신설 등을 통해 매년 일반회계 보충금을 100만 원 내지 200만 원씩 줄여 1919년에는 완전히 중단한다는 것이었다.[21] 이러한 긴축재정 방침 아래에서는 조선 산업 개발에 필요한 재원을 세금으로 마련하는 데에는 한계가 있었다. 실제로 조선총독부 특별회계 세출부에서 도로, 항만 등을 건설하는 데 투여된 금액을 제외한 산업 관련비는 표 4-2에서 보는 바와 같이 극히 소액에 불과했다. 그나마 권업모범장(勸業模範場)은 곡물, 채소의 시작(試作), 종류 비교(種類比較), 가잠(家蠶), 작잠(柞蠶)의 시육(試育), 가축사육(家畜飼育), 양어(養魚) 등 농업, 축산업 부문의 개량을 위한 것이었고,[22] 중앙시험소(1911년까지는 공업전습소) 역시 도기, 화학, 염직 등 기초적인 제조업 기술을 시험, 교습하는 시설이었기 때문에 여기에 투하된 자금은 엄밀한 의미에서 산업개발비라고 할 수 없었다.*

*관립공업전습소에는 일본인 공업 이민을 안내하는 임무도 부여되었다. 金根培, 1996「日帝時

재정 자금만으로 조선 경제를 재편할 수 없었던 총독부는 민간 자본을 동원하려 했다. 총독부는 일인 자본의 조선 진출을 유도하는 한편, 이미 조선에 투자된 자본의 유출을 저지할 방침을 세웠다. 『매일신보』는 이에 대해 다음과 같이 기술했다.

> 朝鮮의 貿易은 年年히 移入超過를 示하나 此의 決濟는 母國政府의 資金移入과 會社 其他 個人의 投資에 依하여 써 調和하여 其權衡을 維持하는 中이로되 元來 朝鮮의 開發을 圖코저 함에는 母國資本의 移入이 必要할 뿐 아니라 現今 朝鮮에 散布한 資金은 盡力하여 此를 朝鮮에 保留하여 產業 其他의 資金에 充用치 아니치 못할 것은 朝鮮財界 年來에 照하건대 決코 空論이 아니로다.[23]

여기에서 다시 문제가 된 것이 조선인을 회유하기 위해 지급한 3천만 원의 은사공채 자금이었다. 이 자금은 일본에서 연리 5%의 국채를 발행하여 조달했는데,[24] 그중 1,300만 원은 퇴직한 관료와 귀족, 그리고 각지의 노인과 환과고독자(鰥寡孤獨者)들에 대한 사금(賜金)으로, 1,700만 원은 각도부군(各道府郡)에 임시은사금으로 할당되었다. 이 임시은사금은 강점 직전에 이미 통감의 유고(諭告)로 수산(授產), 교육, 흉겸구제(凶歉救濟)의 세 항목으로 나누어 집행할 방침이 결정되었는데,* 1910년 10월 총독부는 다시 부령(府令)으로 임시은사금관리규칙을 발하여 원금은 그대로 두고 이자만 사용하게 하는 동시에,[25] 훈령으로 그 지출 비율을 수산비(授產費) 3/5, 교육비 1.5/5, 흉겸구제비(凶歉救濟費) 0.5/5의 비례로 하도록 했다.[26] 그런데 임시

期 朝鮮人 과학기술인력의 성장」 서울대학교 대학원 과학사 및 과학철학 협동과정 박사학위논문, p.29.

*"지방 민중이 積弊의 영향으로 혹은 失業하고 혹은 破產하며 심지어는 流離饑餓에 떨어지는 者가 있음으로써 먼저 民力의 休養을 圖함이 急務라 생각되어 …… 國帑 1,700萬円을 지출하여 그를 13도 320餘郡에 配與하여 써 士民의 授產, 教育의 補助 및 凶歉의 救濟에 充當한다." 朝鮮總督府, 1911 『朝鮮各道府郡臨時恩賜金由來及其ノ事業概要』 pp.1-2.

표 4-3. 임시은사금 중 授産費의 지출 부문

항목	내용
恩賜授産場 설치	양잠 관련 강습소, 전습소 116개소, 機業傳習所 56~74개소, 가마니, 종이, 麻 등의 제조전습소 14개소
기타 시설에 위탁	잠업 관련 16개소, 機業 6개소, 농업 1개소, 가마니 제조 2개소, 제지 2개소, 어업 4개소, 海苔製造 1개소
별도전습소 설립	稻扱傳習所 100개소, 돗자리 가마니 등 제조전습소 19~57개소, 海苔製造傳習 1개소, 乾鰮製造法傳習 2개소, 造船傳習 4개소
기타	種牝牛 種豚의 배부 또는 예탁 1,038頭, 種苗場, 桑園 225개소, 模範田, 監督田의 지정 40府郡, 어업 장려 45府郡 등

자료: 朝鮮總督府, 1911『朝鮮各道府郡臨時恩賜金由來及其ノ事業概要』p.9.

은사금은 5% 이자의 공채로 조달되었기 때문에 그 이자 역시 매년 5%, 즉 86만 9,900원에 불과했다. 따라서 이를 총독의 훈령대로 배분할 경우 연간 수산비는 52만 1,940원, 교육비는 26만 9,700원, 흉겸구제비는 8만 6,990원[27]이었다.*

수산비는 표 4-3에서 보는 바와 같이 주로 양잠과 기업(機業), 농업, 그리고 농가부업적인 제조업에 집중되었다. 이들 부문은 대개 일본 자본주의를 위한 식량·원료 공급과 그에 부수하는 부문이었다. 이처럼 소액의 임시은사금을 이용한 수산(授産)사업조차 일제의 대한(對韓) 식민지화 방안을 뒷받침하는 데 집중되었고, 매년의 지출항목은 총독의 인가를 얻어 결정되었다.

총독부는 민간에 하부(下附)된 1,300여만 원의 은사공채 자금도 직접 통제하려 했다. 각도부군(各道府郡)에 하부된 임시은사금은 총독부가 지출 내역을 결정할 수 있었지만, 민간에 넘겨준 은사공채 자금은 별도의 통제방

*은사수산금의 실제 집행에서는 약간의 편차를 인정하지 않을 수 없어서, 1913년 집행액은 각각 61만 9,618円, 26만 6,771円, 12만 3,474円이었으며, 1914년에는 각각 66만 6,125円, 26만 1,371円, 14만 9,614円이었다. 朝鮮總督府 殖産局, 1914「大正2年度 臨時恩賜金豫算及事業概要」p.3; 同 1915『大正3年度 臨時恩賜金豫算及事業概要』p.3.

안을 마련하지 않을 경우 총독부의 의도와는 무관하게 사용될 수 있었기 때문이다. 그래서 총독부는 환과고독자(鰥寡孤獨者) 몫의 소액은 현금으로 주었으나 퇴직관료나 귀족들에게는 국채증서(國債證書)로 교부했다. 이 국채증서는 5년 거치 50개년 상환의 증서로, 그동안은 이자만 지급하는 기만적인 것이었기 때문에,[28] 퇴직관료나 귀족들에게 지불될 현금은 극히 적었다. 또 이는 기명식(記名式) 증권인데다가 총독부의 인가 없이는 양도나 질입(質入)을 할 수 없었다.[29] 이를 매각할 경우에도 총독의 인가를 받은 뒤 조선은행에만 액면가로 판매할 수 있었다.*

그러나 은사공채를 현금화하려는 욕구는 폭발적이었다. 총독부는 부득이한 사유가 아니면 절대로 허가하지 않는다는 방침을 세우고,[30] 청원자에 대해서는 경찰서에서 사실을 조사하도록 하는 등[31] 강력한 억압책을 썼지만, 현금 상환액은 1911년 5월 현재 200만 원에 달했다. 그중 100만 원 가량은 부채 상환 등에 사용되고 100만 원이 산업 투자 목적으로 사용되었다고 하는데,[32] 총독부는 이 정도 금액조차도 조선인에게 맡겨둘 생각이 없었다. 그렇지만 은사공채의 기만성을 은폐하기 위해서라도 현금화를 마냥 거부할 수만은 없었다. 결국 총독부는 공채자금의 투자방향을 제한하는 방식을 택했다.

은사공채의 현금화를 승인하되, 그 용도를 제한하기 위해 마련된 방안이 바로 귀족에게 교부한 은사공채를 이용한 한성은행의 증자였다. 총독부는 1911년 1월, 부령 제2호로 「주식회사한성은행의 자본증가급업무감독에 관한 건」을 공포했는데,[33] 주요내용은 다음과 같다.

> 제4조 새로 모집한 주식은 明治 43년 12월 31일 현재의 주주에 할당한 것 외에

---

* 『朝鮮總督府官報』 54, 1910년 11월 1일 朝鮮總督府告示 제40호; 同 1911년 1월 12일 朝鮮總督府告示 제2호. "임시은사공채를 한국은행에 양도 또는 質入하고자 하는 자는 사유를 상세히 갖추며 京城에 在住하는 조선 귀족은 조선총독에게, 기타의 자는 도장관을 거쳐 조선총독에게 稟請한다."

明治43년 칙령 제329호에 의해 하부한 은사공채의 소유자로서 당해 공채증서로 불입에 충당하는 자에 한하여 그를 인수한다.

제5조 은사공채로 출자한 주주로서 주금 불입일로부터 10년간 그 소유한 주식을 양도 또는 質入하고자 할 때에는 정관이 정하는 바에 따라 조선총독의 인가를 받아야 한다.

제6조 주식회사한성은행은 左의 사항에 대해 조선총독의 인가를 받아야 한다.

1. 취체역 及 감사역의 취임
2. 주주에 대한 이익금의 배당
3. 적립금의 사용
4. 다른 은행 또는 회사의 대리업무.

제7조 주식회사 한성은행은 그 업무에 관해 左의 보고서를 조선총독에게 제출해야 한다.

1. 매일 실제보고서
2. 매월말 諸貸出金 개인별 現在庫表.

주목되는 것은 은사공채로 출자한 주주는 공채를 주권으로 교환할 수는 있지만, 그 주권조차 매매, 전당 시에 총독의 인가를 받아야 했다는 점, 은사공채를 주식으로 확보한 한성은행은 매일의 영업 상황을 총독에게 보고하는 한편, 임원 선정과 이익금 배당 등 영업의 모든 측면에 걸쳐 총독의 인가를 받아야 했다는 점 등이다. 즉 총독은 명목상 귀족, 관료들에게 지급한 은사금의 지출조차도 철저히 감독하려 했다. 요컨대 이는 은사공채 소유자에게 투자 욕구를 발산할 기회를 주면서도 그 자금의 관리권은 여전히 총독이 장악하려는 의도를 지녔다.

일본의 한국 강점으로 관직을 잃은 대한제국의 관료와 귀족 중 상당수는 새로운 활동의 장(場)을 기업에서 찾았으며, 그런만큼 기업열이 고조되었다. 1910년 10월에는 민영소(閔泳韶) 등이 제지회사 설립 계획을 세웠으며,[34] 11월에는 이완용, 조중응,* 이하영, 이윤용 등이 귀족 작위를 받은 자들만으로 별도의 은행을 설립하고자 했다.** 또 1911년 10월에는 남작 박기양(朴箕陽), 장석주(張錫周)가 자본금 1만 5천 원의 수륙운송회사(水陸運送會社=諸物貨問屋營業合資會社)를 발기하고 경찰서에 청원했으며,[35] 1912년 2월에는 박영효, 김종한, 박기양, 조민희(趙民熙) 등의 귀족들이 권업주식회사(勸業株式會社)를 발기했다.[36] 1910년 12월에는 이완용, 조중응, 민병석, 고영희(高永喜), 김종한, 김성근(金聲根), 민영소 등의 귀족들이 회사를 설립할 목적으로 귀족실업회를 조직했는데, 이는 총독부와 협의하는 과정에서 미간지 개간 등을 목표로 하는 명농회(明農會)로 귀착되었다.[37] 또 1911년 1월에는 송병준이 최상돈(崔相敦)을 소장으로 하여 대성사잠업소(大成社蠶業所)라는 유사회사(類似會社)를 설치한 바 있고,[38] 그 밖에도 여러 귀족이 양잠업에 투자하기 시작했다.*** 귀족들은 대지주이기도 했지만, 귀족 자금이 농림업, 양잠업 등에 집중 투하된 데에는 총독부의 권유도 크게 작용했을 것이다. 1913년 송병준, 이완용, 이재극, 조중응, 박영효(朴泳孝), 민병석, 조동윤(趙東潤), 윤덕영(尹德榮), 민영찬, 심상익(沈相翊) 등 고위 관료 출신과 귀족들이 자본금 20만 원의 대기업으로 결성한 조선보식원조합(朝鮮普殖園組合)****에 대한 『매일신보』의 다음 기사는 저간의 사정을 짐작케 해준다.

---

*조중응(1862~1919)은 을미사변에 연루되어 일본에 망명했다가 1905년 귀국한 이래 법부대신(1907), 농상공부대신(1908) 등을 역임하고 강점 후 자작이 된 전형적인 매국 귀족이었다. 귀국 이후 한성은행(1906), 어업회사(1909), 조선흥업합자회사(1910), 明農會(1910), 조선창고주식회사(1912), 朝鮮勸業協會(1913), 宇惠喜漿油株式會社(1913), 朝鮮普殖園組合(1913), 조선무역주식회사(1913), 京城織物組合(1913) 등 숱한 회사에 참여했다. 『每日申報』 1912년 12월 8일 「朝鮮人物觀; 大臣의 任命을 聞하고 驚喜失度한 正四位 趙重應子」.

**『每日申報』 1910년 11월 10일 「貴族銀行의 設立」. 이는 결국 총독부의 은사공채 자금 관리 방안과 관련하여 한성은행의 貴族銀行化로 귀결되었다. 同 11년 29일 「貴族銀行有望」.

***『每日申報』 1913년 4월 20일 사설 「貴族과 養蠶」. 귀족들의 양잠업 투자는 대한제국 후기부터 진행된 것인데, 작잠회사류가 이 시기에 자취를 감추는 것은 이들이 개인 경영으로 바뀐 때문인 듯하다.

****『每日申報』 1913년 7월 4일 「普殖園創立總會」. 조합장은 朴泳孝, 부장은 尹德榮, 간사는 李完用, 宋秉畯, 趙重應, 尹澤榮, 沈相翊이었다. 『每日申報』 1913년 7월 9일 「貴族普殖園役員」.

朝鮮 貴族은 比較的 資産이 有하고 加之而恩賜公債御下賜에 依하여 一層 資力을 加한 터인데 何等 堅實한 生産事業에 投資하려 함은 各自 希望이라. 經驗 知識이 共히 缺乏한 新事業에 着手함은 根本的으로 失敗할 慮가 有함으로 地方에 所有한 各自 耕地에 農事改良을 施하고 又山林에는 植林을 計하여 富의 增殖에 資코자 協定하고 今春 早早에 其實行에 着手하기로 決했으나 今回 總督의 訓示에 基하여 荒蕪地 開墾에 從事할 事를 內定했으니…… 此에 關히여 貴族 등은 各自 應分의 出資를 爲하여 아무쪼록 多額의 資金을 集한 후 適當한 擇地를 하여 官憲의 保護 指導 下에서 水利事業을 起하여 未墾荒地를 耕地로 爲하여 써 國富를 增加코자 함에 在하며 且 事實上 純然한 農工銀行의 設立을 請願하여 其支援을 仰할 心算이라더라.[39]

즉 이들이 생소한 '신사업(新事業)'에 투자하기를 포기하고 각자의 경지를 개량할 계획을 세웠으나 그나마 총독의 훈령에 따라 황무지 개간으로 목표를 바꾸었다는 것인데, 신사업 투자 포기에도 총독부나 기타 관헌의 입김이 작용했을 것임은 충분히 짐작할 수 있다.* 요컨대 총독부는 은사공채자금은 물론 귀족들의 개인 자금까지도 총독부의 뜻에 따라 지출할 것을 강요했고, 회사령은 바로 이 요구를 뒷받침하는 법적 근거였다.

일본 자본의 조선 진출 열기도 문제였다. 1934년 『경성부사(京城府史)』는 이 문제에 관해 이렇게 언급했다.

內地 자본가도 朝鮮의 實情을 잘 알지 못하기 때문에 企業家의 誇張된 말에 動하여 ①실제로는 적절하지 않은 사업에 투자하는 者도 있다. 또한 실제로 ②有利

*귀족, 관료 출신 자본가들은 이 시기 다양한 신사업에 참여했다. 한성은행이 貴族銀行化한 것은 앞서 살펴본 은사공채자금 처리 과정에서며, 그밖에도 協同郵船合資會社에 이윤용, 민대식 등이, 조선제지합자회사에 민영기, 이지용 등이 참여했다. 대한제국기 이래 신사업에 가장 익숙한 이들이 바로 귀족, 관료층이었으며, 그런만큼 '익숙치 않은 신사업'이란 이들에게는 적용하기 어려운 말이라고도 할 수 있다.

한 사업에 대해서는 多數의 企業家가 다투어 同一한 計劃을 세워 결국 投資者의 損害로 그치는 弊害가 있을 뿐 아니라 이들 投資家의 損害가 나아가서는 朝鮮産業 一般의 發達을 沮害하기에 이를 것을 考慮하여 朝鮮總督府는 ③이와 같은 時弊가 아직 그 害毒을 甚하게 流布시키기 전에 이에 周到한 注意監督을 가함으로써 朝鮮産業의 健全한 發達을 企圖할 必要를 認定하고 ……[40]

사후적인 진단이기는 하지만, 이 글에서 일본 자본의 조선 진출 문제로 지적하고 있는 것은 ① 적절하지 않은 사업에 대한 투자, ② 과당 경쟁으로 귀결될 투자이며, 이는 모두 ③ 조선경제의 건전한 발달을 저해하는 요인으로 취급되었다. 즉 회사령은 일본 자본의 조선 진출 자체를 억제하려는 것이 아니라 그 진출 방향을 총독부의 의도에 맞게 조율하려는 것이었다는 설명이다.

실제로 강점 직후 일본 자본의 조선 진출 욕구는 대단히 강렬하여, 1910년 12월 현재 조선의 면화 사업에 진출할 목적으로 발기된 회사가 도쿄에서만 네 개에 달했다.[41] 또 1913년에는 마츠헤이(松平) 자작(子爵)과 나카노 무에이(中野武營)가 각각 평안도에 제당회사(製糖會社) 설립 계획을 세우고, 총독부의 인가를 얻기 위해 치열한 경쟁을 벌이기도 했다.* 총독부가 보기에 이러한 과당경쟁은 비효율적이었다. 총독부가 회사 설립 인가 기준 중 하나로 '경합하는 동일 업종 기업을 동일 지역에 허가하지 않는 것'[42]을 설정한 이유도 회사 간 경쟁에 따른 위험을 줄이려는 데에 있었다.

요컨대 회사령 제정의 근본 목적은 첫째, 조선인 자본과 조선 내 일인

*『每日申報』 1913년 6월 13일 「製糖社妥協」. 제당회사 설립 문제는 제30회 제국의회에서도 논란이 되었는데, 이에 대한 총독부의 해명은 "두 회사가 동일 방면에서 개별적으로 영업하면 분명히 예기한 이익을 거둘 수 없을 것이기 때문에, 서로 합동하는 것이 좋다고 생각되어 목하 합병을 권유하는 중"이라는 것이었다. 회사령에 따른다면 총독부는 설립신청서를 심의하고 인허 여부를 결정하면 그만이지만, 거중 조정, 중재 등의 역할도 떠맡고 있었다. 朝鮮總督府, 1915 『朝鮮關係帝國議會議事經過摘錄』 p.111.

자본, 조선에 진출하려는 일본 내 자본을 막론하고 모든 민간 자본의 투자 방향을 총독부가 장악하여 조선 산업의 식민지적 재편을 마무리하려는 것, 둘째, 일본 자본의 자유로운 활동 공간을 보장하기 위해 조선인의 상업 관행을 말살하고 '자유상업체제', 또는 '자유경쟁체제'를 구축하려는 것이었다고 할 수 있다.

권력이 자본 축적과 투하 방향 전반을 장악하려 했다는 점에서 회사령은 일견 조선/대한제국의 회사 정책과 유사한 면모를 보인다. 그렇다면 이는 분명 '조선화'에 해당할 것이다. 그러나 대한제국 전기의 회사 정책이 외국 자본의 침투를 제한하고 자립적 근대화를 실현하려는 노력의 일환이었던 데 반해, 회사령은 거꾸로 권력을 배경으로 조선 경제를 식민지화하려는 목표에서 마련되었다. 회사령이 시행되던 시기의 회사들이 총독부의 주장과는 달리 여러 면에서 '특권적'이었던 것도 권력을 기반으로 한 수탈적 자본 축적의 양상을 보여준다. 회사령이 대한제국 전기의 회사정책을 '답습'하는 형태로 마련된 것은, 이 시기 변화의 핵심이 '축적 주체의 변화'에 있었음을 드러내는 것이라고 할 수 있다.*

2) 조선회사령의 개정과 폐지

(1) 회사령시행규칙 개정(1914)

회사령은 시행 당초부터 일본 내 자본가들의 집중적인 비판을 받았다.[43] 비판의 요점은 이것이 일본인의 조선 투자에 장애가 된다는 것이었고, 비판 여론이 비등한 결과 이 문제는 1910년 12월에 개최된 제27회 제국의회에

---

*식민지화 이후에는 자본 축적 방식에도 상당한 변화가 있었음은 분명하다. 대한제국기의 도고 회사가 소멸한 것은 그를 압축적으로 표현한다고 할 수 있다. 그렇다고 '권력을 배경으로 한 독점'에서 '자본력을 기반으로 한 독점'으로 변하한 것은 아니다. 총독부는 지간접으로 특정 자본에 특혜를 베풀었고, 회사의 인가 자체가 특권을 부여하는 것이기도 했다. 방식은 세련되었지만, 본질에서 결정적인 변화가 있었다고 보기는 어렵다.

안건으로 상정되었다. 1911년 3월 9일, 오다케(大竹) 중의원 의원(衆議院議員)을 제출자로 하고 이시하시(石橋) 중의원 의원 외 31명을 찬성자로 한 「조선총독부(朝鮮總督府)의 시정(施政)에 관(關)한 질문주의서(質問主意書)」는 "회사령은 그곳 실업계에 다대한 불편과 악영향을 주고 있다고 하는데 진상은 어떠한가"라는 질문을 9개 질의항목 중 세 번째로 올려놓았다.* 이에 대해 총리대신은 "회사령의 목적은 조선 경제계의 온건한 발달을 기하는 데에 불과한 고로 유익하고 착실한 회사의 설립은 정부가 가장 바라는 바이며 또 병합 이래 조선 경제계는 더욱 순조롭게 발전하고 있고 수출입 무역도 현저히 진보하는 등, 질의제출자가 말하는 것처럼 실업계에 악영향을 미치는 사실은 없다"[44]고 답했다.

1912년 12월에 소집된 제30회 제국의회에서도 회사령 문제가 다시 거론되었다. 이때 호하시(法橋) 중의원 의원은 "회사령 발포 때에 다소 물의를 빚은 바 있는데, 이미 2개년의 시일이 흐른 금일(今日) 상공업의 안녕을 해(害)하지 않는 한 이 허가주의를 고치는 것이 낫다고 생각하는바 목하의 상황 및 장래의 전망은 어떠한가"라고 하면서 철폐를 요구했다.[45] 이에 대해 아라이(荒井) 정부 위원은 "회사령에서 허가주의를 택한 것은 회사의 설립 혹은 회사로서 독단적 권리를 획득하는 것처럼 생각하는 조선인 등, 기타 부정한 목적을 지닌 자들이 있어 이들을 단속할 필요에 따른 것"이라 하여 고수할 방침을 재천명했다.[46] 회사령 관련 논의는 제31회 제국의회에서도 지속되어, 모리야 고노스케(守屋此助) 중의원 의원 등이 「회사령폐지법률안(會社令廢止法律案)」을 제출하는 데까지 이르렀다.[47] 그러나 이때에도 정부는 회사령이 ① '부정한 목적으로 설립된 회사, 사업 성공의 전망이 없는

*「朝鮮總督府ノ施設ニ關スル質問」 朝鮮總督府, 1915 『朝鮮關係帝國議會議事經過摘錄』 p. 26. 이러한 질의는 총독의 法令制定權이 위헌인가 하는 문제와 결부되어 제기된 것이었으며, 결국 총독의 법령 제정권이 인정됨으로써 회사령 문제도 더는 강력히 제기되지 못했다. 이에 대해서는 小林英夫, 1994, 앞의 책, pp.55-56 참조.

회사, 경제 사회를 교란할 우려가 있는 회사'를 단속하기 위한 것이며, ② 외국인의 조선 내 광업권 취득을 제한하기 위한 것이기 때문에 그를 지속시킬 필요가 있다고 주장하여 결말을 보지 못했다.[48]

회사령을 둘러싼 이같은 공방은 총독부의 회사 정책과 일본 내 개별 자본의 이해가 부분적으로 상충한 데 따른 것이다. 개별 자본은 식민지 초과 이윤 획득에 미련을 버릴 수 없었지만, 최소의 비용으로 최단 시간 내에 식민지 경제기반을 구축할 목표를 세운 일제로서는 이들의 요구를 일일이 들어줄 수 없었다. 일본 정부와 총독부는 조선 내에 유보(留保)된 자산을 가능한 한 유지, 확대하여 조선의 재정 자립도를 높이는 것이 시급하다고 판단했기 때문에, 조선 내 자산을 일본으로 반출하는 데 일차적 관심을 가지고 있던 개별 자본과 이해가 충돌했다.* 정부위원들이 한결같이 총독부의 주장을 충실히 대변한 것도 회사령이 일본 정부의 구상에 따른 것이었음을 보여준다. 그러나 총독부도 일본 의회의 회사령 폐지 압력을 끝내 무시할 수 없었다.

더욱이 1910년대 중반경부터는 일제의 조선 경제 재편 구상도 크게 변화했다. 자작농형 이주식민지안(自作農型 移住植民地案)의 현실성이 의문시되었고, 동척의 이주 방침도 지주 이민을 수용하는 쪽으로 변경되었다.[49] 이주식민지안이 폐기되는 동시에 농업 일변도의 조선 경제 재편 구상에도 일정한 변화가 나타나기 시작했다. 1914년 1월『매일신보』의「조선(朝鮮)의 공업여하(工業如何)」라는 다음 사설은 이러한 변화상을 보여준다.[50]

---

*萩原彦三은 회사령 적용 상황에 대한 회고에서, 회사령 시행 직후 회사 설립 계획을 세운 자들은 대개 조선인이었지만, 조선인만의 회사를 설립하려는 경우는 적었고, 대개는 일인과 합작하는 것이었다고 했다. 그런데 조선인과 합작하려는 일본인들은 대부분 조선의 자본을 일본으로 빼내가려는 자들이었고, 寺內 총독은 이를 대단히 경계했다고 한다. 여기에서도 총독부의 회사령 제정이 '조선내 자금에 대한 집착'과 관련되어 있음을 엿볼 수 있다. 友邦協會, 1969『日本統治下における朝鮮の法制』友邦シリーズ 14, p.17.

> 我 朝鮮은 今日의 現狀으로써 하면 單純한 農業地인즉 此 農業을 經營하는 要件에는 다만 農業勞動者를 得함으로써 足하다 할 것이나 農業만 發達하고 他의 産業을 開發치 아니함은 惟獨 經濟上의 理數에 違反할 뿐 아니라 又 人生自然의 法則에 違反함이라. 故로 農業에 伴하여 農業的 工業이 起할 것이요 此에 대하여 一般의 製造工業이 發達할 것이로다. …… 朝鮮에 自今 機械를 多數 輸入하여 經濟的 事業의 發達을 見함은 吾人의 最히 希望하는 바이라.

공업 개발의 필요성에 대한 인식이 새로 대두한 것이 회사령의 변화를 직접 매개하지는 않았을지라도, 적어도 그 적용에 상당한 탄력성을 부여할 것임은 충분히 예상할 수 있다.

제1차 세계대전 발발을 전후한 시기에는 일제의 강권과 경제 상황의 변화를 배경으로 한일인(韓日人) 자본가의 결합도 진전되었다. 개항 이래 한인 자본가들은 조선 후기 이래의 도고 관행에 따라 활동했으며, 대한제국 후기 관권의 뒷받침이 사라진 뒤에도 이 관행은 사라지지 않았다. 강점 직후 강제해산된 회사들은 거의가 도고권과 회사 인허장을 동일시하던 관행을 극복하지 못한 회사들이었다.* 총독부는 회사령 시행 직후 먼저 이같은 회사들을 불허 또는 강제해산하는 한편 객주들에 대한 통제를 강화했다. 1913년에는 객주취체규칙(客主取締規則)을 제정했는데,[51] 그 내용은 상세히 알 수 없지만 인천의 경우 객주들은 소관 경찰서에 손님들의 출발, 숙박에 대한 보고서를 매건마다 한시간 안에 관할 파출소에 보고하게 되어 있었던 것으로 보아,[52] 대단히 혹심한 통제가 가해졌을 것이다. 1913년 서울에서 조직된 객주조합도 이 규칙과 관련된 것으로 보인다.** 지방 상권을 장악했던

*회사령 시행 직후 강제해산당한 水陸通運合資會社, 海陸運送合資會社 등은 총독부의 인허장을 활용하여 각지 객주를 연결함으로써 독점적 상업유통망을 구축하려 했다.

**『每日申報』 1913년 1월 28일 「客主組合의 設立」; 同 3월 18일 「客主組合의 近況」; 同 3월 23일 「客主組合의 業務」. 이보다 앞서 회사령 시행 전인 1910년 9월에도 趙義明, 李淳榮 등이 경무총감부에 객주조합소의 인허를 청원했으나 인허되지 않았다. 『每日申報』 1910년 9월 25일

객주에 대한 단속은 바로 한인의 상업관습 전반에 대한 규제를 의미한다.

객주를 비롯한 한인 자본가의 기반을 붕괴시키는 과정에서 나타난 것이 상업회의소 통합 문제였다. 한일인(韓日人) 상업회의소의 통합은 대한제국 후기에 처음 논의되었지만,* 그것은 사적(私的)으로 제기되었다. 그런데 총독부는 이 문제를 공식 거론했다. 1913년 11월 4일 총독부는 상업회의소령을 기안(起案)하면서 이를 상공업자 통제에 활용할 방침을 세우고, 여기에 한인을 끌어들이려 했다.[53] 총독부는 이전에도 개성과 같이 한인의 상권이 압도적으로 우세한 지역의 상업회의소는 직접 감독하려 했으나,** 서울 등 일본인 상업회의소가 우세한 지역의 한인 상업회의소는 대체로 방임해 두었다.

상업회의소령은 처음 심의에 착수한 뒤 1년여를 끌다가, 1915년 7월에 가서야 제령 4호로 공포되었다. 이는 상업회의소에 법인격을 부여하는 한편, 일정 규모 이상 상공업자의 강제가입과 부과금 강징을 규정하고, 그 설립, 정관과 임원 변경 등 주요 사항에 대해서는 총독의 인가를 얻도록 하는 등,[54] 대한제국 전기의 그것보다 훨씬 강화된 상인 통제법이었다. 상업회의소령의 또 다른 특징은, 지구(地區)를 부 구역(府 區域)으로 한정하고, 회원 자격기준을 부영업세(府營業稅) 납부액으로 설정하는 등 상업회의소를 일인 자본가의 기관으로 삼으면서도 한인 자본가를 강제로 편입시킨 데에 있다.*** 이에 따라 부(府) 이외의 지역에 있던 한인 상업회의소는 해산하거나

「客主組合」.

*대한제국 후기 서울의 한인 상업회의소는 통감부의 견제로 말미암아 規費 징수가 불가능해지자 재정난을 타개하기 위한 방안으로 일본인 상업회의소와 통합하는 문제를 제기했다.

**1911년 개성군수는 일본인 의원이 1명도 없는 개성상업회의소에 일본인 서기장을 강제로 배치했다. 『每日申報』 1911년 1월 19일 「開城會議所擴張」.

***상업회의소 회원의 자격기준은 일정하지 않아서 목포의 경우에는 영업세 납부액 7円 이상이었고, 서울은 20円 이상이었다. 『朝鮮總督府施政年報』 大正5年分, pp.181－82. 참고로 1919년 현재 조선 내 府 및 학교조합에서 부과하는 영업세를 납부하는 자는 1만 5천 명 미만이었다. 『朝鮮彙報』 大正 8年 5月號, p.45. 또 府 이상의 지역은 전체 인구 중 일본인의 비중이 상대적으로 높은 지역으로서 대개 강점 이전 개항장, 개시장이던 곳이었다. 이에 대해서는 孫禎睦,

명칭을 바꾸어야 했다.* 한인의 상권이 우세하던 의주와 개성의 한인 상업회의소는 해산되었으며,** 한인의 상권이 일인과 경합하던 평양에서는 영업세 납부액의 상한을 올려 한인에 대한 일인의 절대적 우세를 인위적으로 조장했다.*** 그리하여 1916년까지 설립된 9개소의 상업회의소에서 한인이 점하는 비중은 최고 20%(京城), 최하 10%(인천)에 불과하게 되었다.[55]

요컨대 상업회의소령은 일인 자본가가 주도하는 기구에 한인 자본가를 강제로 편입시키는 한편, 자본에 대한 권력의 개입을 한층 강화한 데에 특징이 있다. 강점 이전의 한인 상업회의소(객주상법회사, 신상회사) 역시 강제가입제와 국가권력에 대한 종속에 특징이 있었지만, 이들이 국가권력에 종속된 대가로 얻은 것은 외상의 침투에 맞설 수 있는 권한이었다. 그러나 총독부가 만든 상업회의소 체제는 한인의 독자적 이해를 실현할 수 있는 기능은 철저히 배제한 채, 한인 자본가의 이해를 일인 자본에 종속시키고, 총독부가 자본가들을 통제할 수 있게 해주었다. 그런 점에서 상업회의소령은 회사령을 보완하는 의미를 지녔다.

한인 자본가의 이익단체가 소멸해가는 가운데 1915년 9월 경복궁에서 「조선물산공진회(朝鮮物産共進會)」가 개최되었다. 조선물산공진회는 조선총

1982 『韓國開港期 都市變化過程硏究』 一志社 참조.

*통영의 경우 1908년에 통영군상업회의소가 설립되었으나 상업회의소령에 따라 명칭을 통영군물산장려계로 바꾸고 사업내용도 변경했다. 『每日申報』 1915년 8월 10일 「商業會議改稱」.

**1916년 현재 상업회의소가 설립된 9개 府는 경성, 인천, 부산, 원산, 평양, 진남포, 대구, 목포, 군산으로 평양을 제외하고는 모두 개항장이나 일본군 주둔 지역이었다. 이에 대해서는 孫禎睦, 1982 앞의 책 참조.

***평양에는 본래 한인 상업회의소만 있었는데, 상업회의소령 제정으로 합동 회의소를 새로 만들면서, 한인의 참여를 제한하는 조처가 취해졌다. 한인들은 회의소원 자격으로 영업세 3원 50전 이상, 국세 10원 이상의 납부자로 할 것을 요구했지만, 최종 확정된 것은 일본인 측의 요구액인 영업세 5원 이상, 국세 20원 이상보다 훨씬 높은 영업세 10원 이상이었다. 『每日申報』 1915년 12월 5일 「平壤商議와 鮮人側」; 同 1916년 4월 14일 「商議會員資格」; 同 4월 15일 「商議와 資格(平壤)」. 평양의 경우 총독부 안에 따른 상업회의소 의원은 일인 207명 대 한인 87명이었지만, 7원 이상으로 할 경우에는 337 : 163이었고, 한인 측 안대로라면 한인이 더 많아지는 상태였다.

독부의 치적을 홍보하고 친일 자본가를 표창함으로써 자본가의 친일화를 촉진하는 기회로 활용되었는데, 이와 더불어 주목해야 할 것은 공진회 기간 중에 조선광업가연합간화회(朝鮮鑛業家聯合懇話會), 주조업자대회(酒造業者大會), 운수업자대회(運輸業者大會), 수산대회(水産大會), 조선금융업자대회(朝鮮金融業者大會), 조선상업회의소연합회(朝鮮商業會議所聯合會) 등, 산업별·업종별 동업자대회가 개최되었던 점이다.* 이들 동업자 대회에는 예외없이 총독부 관계자가 참석했고, 그 자리에서 총독부 시책에 적극 협력하자는 결의가 채택되었다.**

1914년 말의 조선회사령시행규칙 개정은 이같은 상황 변화를 반영한다. 즉 농업이주민 수용을 최우선 목표로 했던 식민정책이 파탄 조짐을 보이는 가운데, 한편으로는 일본 본국의 요구를 수용하고 다른 한편으로는 조선 내 자본가들을 직접 통제할 수 있는 별도 기구를 마련함으로써, 무단적인 회사령을 부분 수정할 수 있게 된 것이다. 이보다 앞서 1913년 4월 총독은 각도 장관 앞으로 통첩을 보내 "회사의 본점과 지점 소재지 변경에 관해서는 굳이 총독의 인가를 얻을 필요 없이 계출(屆出)만으로 처리하도록" 함으로써 회사령시행규칙의 개정 내용 일부를 미리 실행하기도 했다.[56] 실제로 1914년이 되면 총독부가 자평한 대로 '부정이득을 탐하는 회사는 자취를 끊'었기 때문에, 더 이상 회사 운영을 단속할 필요가 없었다.[57]

회사령시행규칙*** 개정의 요점은 그동안 신고사항이던 내용 중 일부를

---

*朝鮮物産共進會와 함께 개최된 연합대회는 全國金物商聯合大會, 內外鑛業家聯合懇話會, 酒造業者大會, 移入酒商大會, 運輸業者大會, 水産大會, 朝鮮金融業者大會, 朝鮮商業會議所聯合會, 朝鮮農會總會 등이었다. 朝鮮總督府, 1916『始政五年紀念朝鮮物産共進會報告書』참조.

**운수업자대회에는 조선 全道의 운수업자 156명이 참가하여 총독부의 각과(鐵道局 營業課, 海事課 등) 長으로부터 현안 설명을 듣고 적극 협조하겠다는 내용의 결의안을 채택했다.『朝鮮彙報』1915년 11월호 共進會紀念號 2, pp.107－108.

***개정된 회사령시행규칙의 주요 조문은 다음과 같다.

제3조 會社令 제1조의 許可를 受한 者 會社 成立 前 제1조 1호, 제4호 내지 6호에 揭한 事項을 變更코자 하는 時는 朝鮮總督의 許可를 受함이 可함. 但 無限責任社員된 者 又는 發起人의 改氏名 혹 住所의 變更은 此限에 不在함. 前項 但書의 境遇에 在하여는 遲滯 없이 此를 朝鮮總督에

계출사항으로 변경한 데 있다. 회사의 신규 설립이나 지점 신설은 이 개정과 무관했지만, 기인허회사(既認許會社)에 대한 회사령 적용은 상당히 완화되었다. 그런데 이 개정은 조선에서 사업하려는 일본 국내 자본가의 요구를 수용하는 데 중점을 둔 것이라 생각된다. 이 개정으로 조선에 본점을 둔 회사도 어느 정도 운영상의 자유를 얻었지만, 그 직후 상업회의소령이 공포됨으로써 조선 내 자본가에 대한 총독부의 통제는 한층 강화되었기 때문이다.*

(2) 조선회사령 개정(1918)과 폐지(1920)

일본 경제는 제1차 세계대전 발발 직후 일시 공황 상태에 빠졌으나 1915년부터는 급속히 호황국면으로 이행했다. 유럽 각국이 전화(戰禍)에 휩쓸려

게 申告함이 可함. 제1조 제2호, 제3호 又는 제7호에 揭한 事項을 變更할 時 亦同함.
제3조의 2. 會社令 제1조의 許可를 受하고 設立한 會社 又는 同令 제2조의 許可를 受한 會社가 제1조 제1호 又는 제4호에 揭한 事項을 變更코자 하는 時는 朝鮮總督의 許可를 受함이 可함. 단 朝鮮에서 事業을 經營함을 주된 目的으로 아니하는 會社로서 朝鮮에 支店만 設하는 자는 此限에 不在함.
제3조의 3. 會社令 제1조의 許可를 受하고 設立한 會社 又는 同令 제2조의 許可를 受한 會社는 遲滯없이 左의 事項을 朝鮮總督에게 申告함이 可함.
(1) 제1조 제2호, 제3호 又는 제7호에 揭한 事項의 變更, 但 前條 但書의 會社가 朝鮮外에 在한 支店의 設置 于는 其變更을 除함.
(2) 無限責任社員의 移動, 取締役, 監査役 又는 朝鮮에 在한 代表者의 移動이 有할 씨는 其氏名, 還住住所
(3) 無限責任社員, 取締役, 監査役 又는 朝鮮에 在한 代表者의 改氏名 혹은 住所의 變更. 前條 但書의 會社가 제1조 제1호 又는 제4호에 揭한 事項을 變更한 時 亦 前項과 同함.
제10조 중 "左의 境遇에 在하여 一年 以下의 懲役 或은 禁錮 又는 200원 以下의 罰金에 處함"을 "제1호 내지 제3호에 該當하는 時는 一年 以下의 懲役 或은 禁錮 又는 200원 以下의 罰金, 제4호 又는 제5호에 該當하는 時는 200원 以下 罰金에 處함"으로 改하고 제1호 급 제4호를 左와 如히 改함.
(1) 제3조 제1항의 規程에 違反하여 제1조 제1호, 제4호 乃至 제6호에 揭한 事項을 變更하며 又는 제3조의 2의 規程에 違反하여 제1호 혹은 제4호에 揭한 사항을 變更한 時
『朝鮮總督府官報』 1914년 11월 13일 府令 제162호.
*상업회의소령에서는 회사법인에도 회원 자격을 부여하는 한편, 의무가입제를 택했기 때문에, 회사령시행규칙 개정에 따른 회사 통제의 이완은 상업회의소를 통해 보완할 수 있었다.

있는 틈에 아시아 일대의 광대한 시장을 공략할 수 있었기 때문이다. 이해부터 수출관련 산업, 해운업, 조선업, 기초산업 부문 등이 이례적인 팽창을 기록했다. 1914년 상반기 평균 14.8%에 머물던 회사의 이윤율도 급증하여 1918년 하반기에는 무려 55.2%에 달했다.[58] 이같은 고이윤율(高利潤率)을 배경으로 계획자본도 격증하여 비상한 기업열이 발흥했다. 일본 내 기업열의 발흥은 당연히 조선에 대한 투자 욕구의 증대를 동반했다. 일본의 조선 투자는 1916년부터 급증했으며, 그에 따라 조선내 회사 설립도 크게 늘어났다.[59]

일본 자본주의가 비약적으로 성장하자 총독부도 일본 민간 자본의 조선 진출을 적극적으로 요망하기 시작했다. 또 그 진출 분야에 대한 총독부의 기대는 이제 농업 부문보다는 공업 부문에 집중되었다.

> 凡 國土開發의 方針에 先後가 有하고 遲速이 有하고 緩急이 有함은 其勢를 因하여 導하며 其宜를 隨하여 行하는 故이니 …… 方針의 先者 速者 急者는 旣히 遂行했다 하여도 可하고 其次는 何者보다도 急한 것이 工業이니 …… 自是已往으로 朝鮮은 工業勃興의 時期에 入하여 朝鮮內에서 生產하는 工業原料品은 朝鮮人의 手로 加工하여 朝鮮人의 需要에 供할 氣運을 撞着할지오.[60]

조선 산업개발의 선자(先者), 속자(速者), 급자(急者)인 농업 개발은 완수되었다는 전제 하에 이제 공업 발흥을 기도해야 한다고 본 것이다. 그리고 공업 발흥을 위해서는 무엇보다도 일본 자본의 진출을 기다려야 했다.

> …… 若其國家의 大方針을 從하여 植民地 及 大陸의 發展에 注目할진대 爲先 新領土된 我朝鮮을 發展케 하고 其次는 滿洲 支那에 及할 順序인대 內地의 會社 及 個人으로서 아직 朝鮮에 대하여 大規模의 投資로 事業을 經營하는 者를 未見했으니 平素 爲國家的의 賢明한 內地人이 어찌 念이 此에 及치 못했으리오만은

……會社令에 拘碍되어 然함인가. 或者는 曰 朝鮮에서 事業을 經營코자 하면 會社令의 取締가 嚴切함으로 如意치 못하다 하니 此는 最初부터 不健全한 浮雜의 事業을 企하여 反히 朝鮮의 啓發을 沮害하고 不正의 私利를 圖코자 하던 者類의 語法이라. 足히 掛念할 必要가 無하거니와 若其 充實한 資金으로 健全한 事業을 經營하여 眞心 誠意로 朝鮮을 開發할 美擧에 出할진대 當局에서 極力 保護하고 盡心 贊助함에 餘念이 無할지니 元來 會社令 發布의 趣旨가 此에 在함이라……
植民地의 開發 如何에 依하여 本土의 財政 及 經濟上에 影響을 及케 함이 莫大하니 國家의 大方針에 依하여 遠大한 目的으로 大陸發展에 有志한 諸君子는 爲先 朝鮮을 開發誘導함으로써 急先務를 삼고 漸次 滿洲及支那에 鵬翼을 殿할지어다.[61]

그러나 이 글에서도 지적한 대로, 회사령은 일본 자본의 진입에 중대한 장애였다. 이 장애를 제거하지 않는 한, 총독부의 조선 개발 계획에 차질이 생기지 않을 수 없었다. 1918년 6월의 회사령 개정은 이같은 사정을 인식한 결과였다.[62] 이때 개정된 내용은 제3조 2항, 제11조, 제13조였는데, 이에 따라 조선에 지점을 설치한 일본 본국 회사는 일본 상법에 의해 영업할 수 있게 되었다. 동시에 상업등기취급규칙도 개정되어 일인 회사의 등기사항도 축소되었다.[63]

이로써 회사령이 존속할 필요성은 소멸한 것이나 마찬가지였다. 총독부 스스로 천명한 바와 같이, '부정한 이득을 노리는 포말회사(泡沫會社)'는 1914년을 경계로 사라졌고, 1917년부터는 일본 대자본의 조선 진출이 본격화하여 조선, 제당, 성냥, 시멘트, 제지, 방직, 생사, 제분, 경질도기(硬質陶器), 제철 등의 공업 부문에서 대규모 회사가 속속 설립되었다.[64] 조선 사정에 어두운 일본인들이 무익한 사업에 투자하는 것을 방지한다는 주장도 이로써 설득력을 잃었다.

그럼에도 불구하고 회사령을 존속시킨 이유는 여전히 핵심 문제로 남아 있던 경쟁의 배제, 자본가치 보존의 문제에 있었다. 『매일신보』는 회사령 존속의 필요성에 대해 다음과 같이 썼다.[65]

> …… 會社 사업의 知識 經驗이 乏한 朝鮮人과 朝鮮의 實情에 明치 못한 資本家等이 徒히 他言에 惑한 바 되어 成功의 所望이 無謀의 事業에 投資코자 하는 者와 혹은 農商經營의 名下에 土地兼併의 弊를 誘致코자 하는 者와 如함이 絶無하다고 言키 難한 狀況일 뿐 아니라 今에 猝然히 本令을 廢止하면 其跡을 絶함에 至한 彼의 會社의 設立으로써 恰히 獨占權을 得함과 如히 吹彫하여 不正의 利得을 食코자 하는 者와 如함이 再히 其弊를 甚케 함이 至함에 無함은 保치 못할지오 然한대 如上 會社事業의 失敗는 다만 投資者에 不測의 損害를 蒙케 함에 止치 아니하고 延하여 他의 有望한 事業에 影響하여 產業의 發達을 沮害함이 不尠할 터이므로 會社令은 當分間 此를 存續하여 會社事業에 對하여 適當한 保護 監督을 加함은 必要不得已한 事이라 하노라.

이 글에서 회사령 존속의 명분으로 내세운 것은 '토지겸병의 폐를 야기할 우려가 있는 회사'를 단속할 필요를 제외하면 '현존하는 위험'과는 무관했다. 이 글에서 가장 강조한 것은 '졸연(猝然)히 회사령을 폐지하면 과거의 폐풍(弊風)이 소생할 우려가 있다'는 점이다. 잠재적 위험 때문에 허가주의를 고수하는 것은 명분상에서나 실질상에서나 의미가 없었다. 실제로 회사령 개정 직전인 1917년 4월부터 1920년 4월까지의 기간 동안 회사에 대한 해산처분은 전혀 없었고, 불허는 신청 423건에 겨우 2건뿐이었다.[66] 1920년 4월의 회사령 폐지는 1918년 이래 사문화하다시피 한 회사령의 소멸을 공인한 것에 불과했다.[67]

일제는 회사령 폐지의 이유로 '조선인 경제력의 현저한 발전과 일본인 기업가의 조선에 대한 이해 증진'을 들었지만,[68] 그들이 스스로 밝힌 대로 회사령 제정의 목적이 '포말회사 단속'에 있었던 것만은 아니다. 한인 회사든 일인 회사든 그를 단속하는 것은 오직 '수단'에 불과했고, 목적은 '조선 산업의 건전한 발전'에 있었다. 회사령은 바로 이 목적 달성을 위한 '권력의 자본 통제'를 뒷받침하는 법률이었다. 따라서 회사령 폐지의 근본 이유는 '강권에 의한 식민지 체제의 구축'이 일단락된 데에 있었다.*

---

*3·1운동을 계기로 무단통치가 퇴조한 것도 회사령 폐지에 영향을 미쳤겠지만, 진정한 배경은 회사령이 소기의 목적을 완수한 데에 있다고 보아야 할 것이다.

2. 한인 회사의 설립 추이

회사령은 1911년 1월 시행된 이래, 1914년 11월의 시행규칙 개정, 1918년의 본령 개정 등 두 차례의 개정을 기쳐 1920년 4월 폐지되었다. 여기에서는 법령 개정을 기준으로 시기를 구분하여 분석하고자 한다. 그런데 이렇게 시기를 구분할 때에는 한 가지 중대한 문제가 발생한다. 즉, 회사령 적용에 관한 통계자료가 회사령 개정 시점과 일치하지 않는다는 점이다.

『조선총독부시정연보(朝鮮總督府施政年報)』는 매년 회사의 설립 신청과 인허가 상황을 게재했는데, 그 기준 시점은 4월부터 익년 3월까지다. 이밖에 『조선총독부통계연보(朝鮮總督府統計年報)』도 회사의 수치를 수록하고 있지만, 그것은 당해연도 말에 현존하는 회사만을 대상으로 하기 때문에, 불허처분, 또는 해산명령을 받았거나 해산된 회사에 대해서는 알 수 없다. 한편 『관보(官報)』는 회사의 인허, 허가실효 등에 관한 기사를 싣고 있지만, 누락분이 적지 않아 정확한 통계를 작성할 수 없다. 이밖에 『조선휘보(朝鮮彙報)』 『매일신보』 등에도 회사의 발기·인허 여부에 대한 단편적인 기사가 실렸지만 역시 일관된 통계를 작성하기란 불가능하다. 따라서 시기 구분은 원칙적으로 회사령 개정에 따르되, 『조선총독부시정연보』의 통계를 추수(追隨)할 수밖에 없다. 여기에서는 회사령 제정 후 시행규칙 개정까지의 기간에 관한 통계를 담고 있는 1911년 1월~1915년 3월까지의 기간을 제1기, 이후 회사령 개정까지의 기간을 포괄하는 1915년 4월~1918년 3월까지의 기간을 제2기, 1918년 4월~1920년 4월까지의 기간을 제3기로 구분한다.*

---

*여기에서 사용한 구분법은 小林英夫(1994)의 구분법과 유사하지만 小林英夫는 제3기를 일본 회사의 진출이 늘어나는 1917년 3월부터로 잡고 있다. 이는 회사령과 일본 자본 사이의 관계를 분석하는 데에는 유용하지만, 이 책은 한인 회사를 주대상으로 하기 때문에 법률 개정 문제에

표 4-4. 회사령 하의 회사 설립·지점 설치 상황

	기간	회사 설립										
		신청(A)	비율(A/B)	前年未了	실적심의건수(C)	허가지령(D)	비율(D/E)	비율(D/C)	불허	신청취하	처분未了	해산명령
제1기	1911.1~1911.3	7	1.04		7	1	0.18	14.29			6	
	1911.4~1912.3	63	9.32	6	69	46	8.27	66.67	(15)14		9	
	1912.4~1913.3	52	7.69	9	61	25	4.50	40.98	(15)7	12	17	6
	1913.4~1914.3	24	3.55	17	41	32	5.76	78.05	(4)3	1	5	1
	1914.4~1915.3	39	5.77	5	44	26	4.67	59.09	(3)11	3	4	
	소계	185	27.37	37	222	130	23.38	58.56	(37)35	16	41	7
제2기	1915.4~1916.3	36	5.32	4	40	11	1.98	27.50	2	7	20	
	1916.4~1917.3	32	4.73	20	52	21	3.78	40.38	3	5	23	
	1917.4~1918.3	45	6.66	23	68	47	8.45	69.12	2	3	16	
	소계	103	16.71	47	160	79	14.21	49.38	7	15	59	
제3기	1918.4~1920.4	378	55.92	16	394	347	62.41	88.07				
	소계	378	55.92	16	394	347	62.41	88.07				
합계		(B)676	100.00			(E)556	100.00		42	31		7

주: ( ) 안의 수치는『施政年報』1914년판의 기사를 근거로 수정한 수치다.
자료: 小林英夫, 앞의 책, p.111에서 전재한 표에서 시기구분만 수정.

단, 제1기는 회사령이 처음 시행되면서 한인 회사가 급격히 재편된 시기이기 때문에 이를 다시 1912년까지의 초기와 1914년까지의 후기로 나누었다.

이같은 구분을 기초로 회사령 시행 전 기간에 걸친 회사 설립 상황을 표시한 것이 표 4-4다. 그런데 이 표의 허가상황은 진위를 가리기 어렵고 신청 및 불허 처분에 대해서도 그대로 받아들이기 어려운 점이 있다. 우선『조선총독부시정연보』에서도 이에 관한 수치가 엇갈린다. 즉 1914년판에는 불허 및 해산 처분이 1911, 12년에 각각 15건, 1913년에 4건, 1914년에 3건인데,[69] 이 표에서는 1911년 1월~1912년 3월 간 20건, 1912년 4월~1913년 3월 간 8건, 1913년 4월~1914년 간 3건으로 되어 있다. 이를 기준

주목하여 시기를 달리 구분했다.

으로 환산해보면, 1912년 1~3월 간 불허 및 해산은 5건이며, 1912년 1월~1913년 3월 간에는 13건으로, 1912년의 불허 및 해산 총수 15건보다 오히려 2건이 적다. 한편 『매일신보』 1912년 11월 7일자에는 1912년 10월까지의 처분 상황이 나와 있는데,* 그에 따르면 인허 건수는 64건(그중 일인 38건, 한인 20건, 日韓合同 5건, 日美合同 1건)이며, 불허 건수는 14건이다(그중 일인 6건, 한인 10건, 日韓合同 4건). 여기에 해산처분 7건을 더하면 불허 및 해산은 27건이 되어, 1912년 11~12월간의 불허·해산을 3건으로 추산하면 『시정연보(施政年報)』 1914년판의 기록에 근사한 수치가 된다.

고바야시 에이오 등은 표 4-4의 기초가 된 『시정연보』의 누계치가 중의원 위원회에 보고된 내용을 근거로 한 수치일 것으로 보았다.[70] 『시정연보』 1914년판의 수치는 『조선휘보』 1915년 9월호의 수치는 물론 『매일신보』의 수치와도 일치하기 때문에,[71] 그 지적은 타당하다. 따라서 이 표에서 불허 건수는 실제보다 축소되었으며, 신청취하 건수는 과장되었다고 보아야 한다.

1) 제1기(1911~1914)의 추이

(1) 설립 신청과 처분

① 회사령 시행 직후(1911~1913. 3)의 설립 신청과 처분

설립 신청은 회사령이 개정된 1918년 이후를 예외로 하면 제정 초기인 1911년~1913년 3월 간에 가장 많았다(표 4-4). 『시정연보』는 신청 건수를 민족별로 구분하지 않았기 때문에, 1912년 10월까지를 대상으로 한 『매일신보』에 근거하면, 한인의 신청 및 인허 건수는 각각 30건, 20건으로 표면

---

* 『每日申報』 1912년 11월 17일 「會社令實施後 成績」. 이 기사에서 국적별 처분에 대한 수치와 합계는 각각 64와 66으로 달리 표기되어 있다. 나머지 2의 편차가 지점 설치 건수인지는 확실치 않다.

상 일인의 44건, 38건에 크게 뒤지지 않았다. 그러나 회사령 시행 초기 한일합작 회사는 대개 일인의 명의만 빌린 한인 회사들이었기 때문에, 일한합동(日韓合同)을 한인 회사에 추가하면 신청은 39 : 44, 인허는 21 : 38이 되어 한인 회사의 인허율은 53.8%, 일인 회사의 인허율은 86.4%가 된다. 더욱이 이는 총독부의 처분 상황을 말하는 것이고, 총독부에 서류가 올라가기 전에 각지 경찰서와 경무국의 사전심사가 있었던 점을 감안하면,* 한인 회사의 인허율은 훨씬 떨어질 것이다.

표 4-5는 『조선총독부월보(朝鮮總督府月報)』와 『조선총독부관보(朝鮮總督府官報)』를 토대로 1911년 1월~1913년 3월 간의 인허 상황을 민족별로 표시한 것이다. 『매일신보』의 기사와 다른 점은 대표자의 성명에 따라 구분한 관계로 한일합작회사를 따로 표기하지 않은 것이다. 이 표는 1913년 3월까지가 대상이지만, 인허회사는 22 : 38로 『매일신보』를 토대로 추정한 내용과는 단 1사(일인 회사)의 차이가 있을 뿐이다.** 이 표에서 볼 때 한인 회사는 그 수에서 대략 35% 내외를 점하고 있어 뒷시기와 비교해본다면 일인 회사에 대한 격차는 크지 않았다. 그러나 자본금면에서 본다면 한인의 지위는 형편없이 떨어진다. 한 회사당 평균 자본금은 1911년에 7만 원 남짓, 1912년에 12만여 원으로서 일인의 27만여 원의 반도 안 되었다. 이는 물론 일인 회사에 조선피혁주식회사(朝鮮皮革株式會社), 조선우선주식회사(朝鮮郵船株式會社), 경성부동산주식회사(京城不動産株式會社), 조선기업주식회사(朝鮮起業株式會社) 등 자본금 100~300만 원 정도의 대규모 회사가 포함된 것이 주원인이지만, 회사령 시행 초기 한인 회사가 대체로 자본금 10

---

*공식 문건에 나와 있는 신청회사가 당시 활동하고 있었거나 준비 중이던 회사를 전부 반영한 것은 아니다. 총독부에 신청서를 제출하기 전에 경찰서를 거쳐야 했고, 이 과정에서 많은 회사가 신청서조차 제출하지 못했다. 회사령 시행 직후만 해도 1911년 1월 金時鉉 등의 貯蓄銀行, 2월 해주 徐相崙 등의 養蠶會社, 5월 趙重冕 등의 魚鹽賣買合資株式會社가 모두 警務部 請願 단계에서 포기했다. 『每日申報』 1911년 1월 25일 「貯蓄銀行設立」; 同 2월 7일 「長淵의 養蠶會社」; 同 5월 28일 「魚鹽賣買會社請認」.

**1912년 11월~1913년 3월까지는 일본인 회사 1사만 인가된 것으로 보이지만 단언할 수는 없다.

표 4-5. 1911~1912년간 민족별·자본금액별 인허 회사(자본금; 円)

기간			일본인대표회사	한인대표회사	비율	합계
1911.1~1912.3	건수		23	14	37.8	37
	자본금	합계	6,168,000	919,500	13.0	7,087,500
		평균	268,173.91	70,730.769		
1912.4~1913.3	건수		15	8	34.8	23
	자본금	합계	4,087,000	987,200	19.5	5,074,200
		평균	272,466.67	123,400		
합계	건수		38	22	36.7	60
	자본금	합계	10,255,000	1,906,700	15.7	12,161,700
		평균	269,868.42	86,668.182		202,695

자료: 『朝鮮總督府官報』『朝鮮總督府月報』의 인허회사를 토대로 작성.

만 원 이하의 영세한 규모였던 것은 분명하다.

표 4－6은 1911~1912년간 인가 신청한 것으로 보이는 한인 지배 회사에 대한 총독부의 처분 상황을 표시한 것이다.[*] 이 표에 따르면 인허된 것 10개, 대한제국 전기에 설립되었으면서도 새로 설립 신청을 하여 인허된 것(再認許)[**] 12개로 인허 건수는 22건, 불허 건수는 6건이다. 그런데 앞의 『매일신보』 기사에 따르면 1911~1912년 10개월간 한인과 한일합동회사(韓日合同會社)에 대한 인허와 불허처분은 각각 25건, 14건으로 이 표와는

*표 4－6의 회사 중에는 京城果物合資會社나 西江水產市場合名會社같이 명목상으로만 일인이 대표자인 회사도 포함되어 있다. 이 경우에는 대표자 다음에 나오는 사람의 이름을 취했다.

**회사령 시행 이전에 설립된 회사들은 屆出만 해도 되었지만, 그렇게 하지 않은 것으로 보아 이들 회사는 대한제국기에 인허 없이 활동한 회사들이었을 가능성이 크다. 동양용달합자회사는 1906년 궁내부 특허로 설립되었고, 조선운수합명회사는 1897년에 설립된 대한운수회사의 후신이기는 하지만 1908년에 이봉래로 대표가 바뀌었고, 李冕宰가 사무장이었다. 대표가 바뀌면서 회사 임원이 인허장 기재내용과 달라졌기 때문에 새로 신청을 한 것으로 보인다. 그밖에 同志商會株式會社는 趙鼎允 등이 설립한 것으로 대한제국 후기에는 동지상회라는 이름만 사용했고, 의신합자회사, 의주보산합자회사, 신흥철공주식회사 등은 설립 기사는 나오지만, 인허신청 여부는 확인할 수 없었다. 경성직뉴주식회사가 새로 신청한 것은 합명회사를 주식회사로 변경한 데 따른 것이다.

표 4-6. 회사령 시행 초기 한인 회사에 대한 처분 상황

구분	회사명	자본금	대표	경력	신분	업종
재인허	義州保産合資會社	15,000	崔錫夏	義州府主事(1895), 義州地方委員(1907)	商人	貸金
	義信合資會社	10,000	張明昊	義州府主事(1895), 義州地方委員(1908)	商人	賣買
	京城織紐株式會社	100,000	安泰瑩	奉天號 客主(1912)	商人	製造
	朝鮮運輸合名會社	4,500	李冕宰	軍部 軍事課長(1895), 中樞院議官(1902)	官僚	運輸
	廣業株式會社	500,000	尹致昭	中樞院議官(1901)	官僚	貸金
	東洋用達合資會社	14,000	鄭永斗	宮內府物品司長(1898), 侍從院侍從(1900)	官僚	用達
	同志商會株式會社	100,000	金榮灝	義城郡守(1902), 奉常司副提調(1907)	官僚	製造
	信興鐵工株式會社	15,000	裵學潤	客主, 公立木浦普通學校學務委員(1910)	商人	製造
	株式會社興業社	15,000	金璣昊	未詳	未詳	貸金
	朝鮮興業合資會社	20,000	權重奭	陸軍參將	官僚	運輸
	京城果物合資會社	15,000	姜友喆	未詳	未詳	賣買
	西江水産市場合名會社	6,500	李源昇	奎章閣副提學(1910)	官僚	市場
인허	汾院磁器株式會社	40,000	尹致晟	騎兵中隊長(1905), 陸軍副領(1909)	官僚	製造
	忠南物産株式會社	100,000	兪鎭泰	度支部主事(1904), 秘書監丞(1906)	虛職	貸金
	韓興煙草合名會社	3,500	李宜春	江原觀察府主事(1905), 春川郡守(1908)	官僚	製造
	陶瓮合資會社	5,000	趙炳基	未詳	未詳	製造
	株式會社慶南日報社	25,000	金基邰	公立晉州普通學校學務委員(1909)	地主	新聞
	永昌興業合資會社	2,500	李廷鴻	未詳	未詳	貸金
	合資會社永興社	3,360	權泰赫	未詳	未詳	賣買
	(資)咸興牛賣買取扱所	5,000	張錫觀	未詳	未詳	仲介
	光州工業合名會社	22,200	金衡玉	光州地方委員(1907), 昌平郡守(1908)	官僚	製造
	合資會社永信社	10,000	孔聖學	經理院分主事(1906), 懿陵參奉(1906)	虛職	賣買
강제해산	牛馬賣買合資會社	3,000	朴銓瀅	未詳	未詳	仲介
	水陸運輸合資會社	3,500	張元達	未詳	未詳	運輸
	朝鮮牛皮合名會社	10,000	崔昇煥	未詳	未詳	賣買
	水陸通運合資會社	3,000	金益昇	外部交涉局長(1904), 中樞院議官(1904)	官僚	運輸
	海陸運送合資會社	8,100	尹泰吉	未詳	未詳	運輸
	運輸旅閣合資會社	7,500	韓慶履	永禧園參奉(1909)	虛職	運輸
	京城普信合名會社	4,200	白鍾斗	未詳	未詳	仲介
	京城麴子製造販賣(資)	5,000	崔錫彰	度支部財務官(1908)	官僚	製造
불허	豊順合資會社	6,000	劉載豊	未詳	未詳	屠畜
	京城家儈合資會社	1,100	李根榮	旌善郡守(1902), 洪原郡守(1902)	官僚	仲介
	(資)固城水産物商會	4,500	許牗	未詳	未詳	市場
	家畜合資會社	10,000	趙漢鏞	潭陽郡守(1901), 度支部書記官(1907)	官僚	仲介
	全南運輸旅閣株式會社	10,000	金仲善	客主, 公立木浦普通學校學務委員(1910)	商人	運輸
	勸業株式會社		朴泳孝	宮內府大臣(1907), 宮內府特進官(1908)	官僚	貸金
불명	慶北安東合資會社	3,000	宋秉銓	未詳	未詳	運輸
	慶北榮川(資)普通組合	600	權河永	未詳	未詳	運輸
	慶尙普成合資丸熙會社		金萬經	未詳	未詳	運輸
	朝鮮海陸運輸合資會社		河圭一	漢城府少尹(1902), 鎭安郡守(1905)	官僚	運輸
	合資會社慶北普通組合	4,000	權寧樂	未詳	未詳	運輸
	合資會社月城普通組合	3,500	金翼鳳	商人, 慶州興業株式會社(1908)	商人	運輸
	禮山木材薪炭合名會社	2,380	李象熙	未詳	未詳	市場
	咸南興業合資會社		李東浩	未詳	未詳	運輸

주: 재인허는 강점 이전 설립된 회사이지만, 새로 설립 신청을 하여 인허된 회사, 불명은 식민지화 이후 회사령 시행 이전까지 상업등기를 마쳤지만, 그 후의 행적을 알 수 없는 회사임.
자료: 『조선총독부관보』 『매일신보』 『조선총독부월보』 등을 토대로 작성.

각각 3건, 8건의 차이가 있다.* 여기에 이 기간 중 강제해산된 회사 8개를 인허 회사에 추가하면 인허된 회사는 오히려 5개가 늘어난다. 이 5개를 1912년 10월 이후에 인허된 것으로 가정하면 모순은 사라지지만 단언할 수는 없다. 불허회사는 회사령 시행 직전 상업등기를 했으나 회사령에 따라 어떤 처분을 받았는지는 불분명한 회사** 8개를 모두 불허된 것으로 보면 14개가 되어 대략 맞아떨어진다. 그밖에도 한일합동 회사로 불허된 것 중에 한인 지배 회사가 더 있었을 것이지만 정확히는 알 수 없다.

표 4-6을 통해 보자면, 1911~1912년간의 회사 인가 신청은 43건이다. 그를 대표자의 경력별로 보면, 관료 출신이 15명,*** 기타가 28명으로 이제껏 살펴본 어느 시기보다 관료 출신의 비율이 높다. 대표자의 신분을 미상으로 기재한 회사들도 성격상 상인들이 설립한 것으로 보인다. 대표자 중 지주임이 분명한 자는 주식회사경남일보사(株式會社慶南日報社)의 김기태(金基部)뿐이다. 이는 강점 직후의 기업열이 '신부(新附)의 영토(領土)'를 얻은 일본인뿐 아니라, 국권 상실로 직업을 잃은 한인 관료들 사이에서도 뜨거웠음을 보여준다.

표 4-7은 회사 설립 신청 및 인가 상황을 관료 출신이 대표인 회사와 그밖의 회사들로 나누어 살펴본 것이다. 회사 설립 신청에서 퇴직관료가 대표인 회사는 1/3 이상을 점했고, 인가율에서는 양자가 비슷하다. 반면 강제해산된 회사는 8개 중 2개만이 관료 출신이 주도한 것으로, 상인들이 설립한 회사가 더 심한 타격을 입었다. 자본 규모로 보면 불허, 또는 강제해산된 회사는 전부 1만 원 이하의 영세한 회사들이었다.

신청 회사를 업종별로 보면 표 4-8과 같다. 신청 건수에서는 운수업이

---

*회사령 시행 초기 한일합작 회사는 한인이 소유, 경영의 실질적인 주체인 경우가 많았다.

**처분 사항이 불분명한 회사들은 식민지화 이후에 상업등기를 한 회사로서, 과도기였던 관계루 인허장이 없었을 것이기 때문에 회사령 제정 이후 다시 인허 신청을 했을 가능성이 크다

***관료 출신으로 구분한 자들은 虛職이나 명예직인 學務委員, 主事, 參奉 등을 제외한 자들이다.

표 4-7. 회사령 시행 초기 설립 신청 회사에 대한 처분 상황(대표자의 신분별)

구분	신청(A)(A/D)	인가(B)(B/A)	불허	해산(C)(C/B)
관료	15(34.1)	11(73.3)	4	2(18.2)
상인, 기타	29(65.9)	19(65.5)	10	6(31.6)
합계(D)	44(100.0)	30(68.2)	14	8(26.7)

자료: 표 4-6과 기업가 DB를 토대로 작성.

표 4-8. 회사령 시행 초기 설립 신청 회사에 대한 처분 상황(업종별)

구분		신청(A) (A/D)	인가(B) (B/A)	불허	강제해산(C) (C/B)
대금업		6(13.6)	5(83.3)	1	
제조업		8(18.9)	8(100.0)		1(12.5)
상업	매매, 위탁매매업	7(15.9)	6(85.7)		1(16.7)
	중개업	5(11.4)	3(60.0)	2	2(66.7)
	시장경영	3(6.8)	1(33.3)	2	
신문업		1(2.3)	1(100.0)		
도축업		1(2.3)	(0.0)	1	
운수업		13(29.5)	6(46.2)	8	4(66.7)
합계(D)		44(100.0)	30(68.2)	14	8(26.7)

자료: 『조선총독부관보』 『조선휘보』 『조선총독부월보』를 토대로 작성.

단연 수위를 점했고, 그 뒤를 제조업과 대금업(貸金業), 상업이 따르고 있다. 그러나 인허 상황은 이와 달라 제조업>운수업>금융업=상업의 순이었다. 더욱이 운수업에서 인허된 회사 6개 중 4개는 곧바로 강제해산 처분을 받아서, 잔존한 운수업 회사는 2개(朝鮮運輸合名會社, 朝鮮興業合資會社)뿐이다.* 그밖에 농림업이나 광업, 수산업, 토건업 등 대한제국 전기에 적지 않

*조선운수합명회사는 1897년 설립된 대한국내철도운수회사의 후신인 대한운수회사(1908)의 사무장 李冕宰가 설립 신청한 것으로서, 본래는 계출 대상 회사였다. 이 회사가 굳이 다시 설립 신청을 한 것은 이봉래가 서오순의 대한운수회사를 인수하는 과정에서 인허장이 없어진 때문으로 보인다. "前大韓運輸會社는 該社員 李冕宰, 尹滋璟, 宋聲玉 諸氏가 營業을 擴張키 위하여

게 출현했던 회사의 인가 신청은 단 한 건도 없다. 특히 강점 직후 조선 산업정책의 기본 방침이 '농본(農本)'이었던 점, 대한제국 후기 작잠업을 중심으로 한 회사 설립 시도가 활발했던 점 등을 고려한다면, 농림업 부문의 회사 설립 신청이 없는 것은 의외다. 반면 같은 기간 일인의 농림업 회사는 농경업(農耕業) 회사 8개를 비롯하여 15개가 인가되었다.[72] 이는 일제가 회사령을 시행하면서 일인 농업이민 확보에 방해가 될 소지가 있는 한인 농업 회사의 설립을 의도적으로 억제한 때문인 듯하다. 일례로 1910년 9월 말 일진회가 해산될 때 회원들이 대규모 농업 회사를 조직할 계획을 세우고 사무소까지 마련했는데,[73] 이 시도는 바로 좌절되었다.*

인가 상황과 관련하여 주목되는 것은 대금업과 제조업의 신청 및 인가율이 절대적·상대적으로 높다는 점이다. 대금업 회사가 활발히 설립된 것은 이 시기까지도 신화폐(新貨幣)가 부족했던 때문이지만, 제조업 회사의 약진에 대해서는 약간의 설명이 필요하다. 제조업 회사를 세분해보면, 도자기제조업 2(汾院磁器株式會社, 陶瓷合資會社), 철공업 1(信興鐵工株式會社), 목죽세공(木竹細工) 1(光州工業合名會社), 연초제조업 2(韓興煙草合名會社, 同志商會株式會社), 직물업 1(京城織紐株式會社), 국자제조업(鞠子製造業) 1개다. 이러한 분포는 대한제국 후기와 거의 같으며, 모두가 내수(內需)를 목적으로 한 것들이다. 그나마도 연초제조업 2개사를 제외하면 한인의 전통적 수요를 노린 소규모 생산 부문에 집중되어 있어 수입대체적 효과도 없었다. 결국, 인허된 제조업 회사는 일본 상품의 조선 진출에 걸림돌이 되지 않는 것들이었다고 할 수 있다. 그런데 제조업 부문의 회사 인가율이 현상적으로 높게 나타난다고 해서 제조업 회사의 설립이 쉬웠다고 보기는 어렵다. 일례로 1911년

朝鮮運輸合名會社라 개칭하여 승인차 총독부에 신청했다더니 日前에 許可되었다더라." 『每日申報』 1911년 6월 10일 「運輸合名會社 承認」.

*일진회의 농업회사 설립계획은 민영환 소유였던 牧養社와 龍川 일대의 토지를 바탕으로 계획된 것인데, 이 토지가 일본인에게 매각됨으로써 회사 설립이 중단되었던 것으로 보인다. 『每日申報』 1911년 3월 5일 「牧養社賣渡說」.

현재 서울에서 직물제조업에 종사하는 업체는 총 38개소였는데, 그중 한인이 경영하는 곳이 34개소였다. 이들 중 회사 형태를 취한 곳은 경성직뉴주식회사 단 하나뿐이었지만, 이밖에도 적지 않은 공장이 경성직뉴주식회사에 못지않은 생산 설비를 갖추고 있었으며, 그중에는 대한제국 후기에 이미 합자 형태로 조직된 곳도 있었다.* 따라서 회사 설립에 제한이 없었다면 이들 중 다수가 회사 형태를 취했을 가능성이 크다.

어시장이나 시탄시장 등 시장 관리, 경영을 목적으로 한 회사는 서강수산시장합명회사(西江水産市場合名會社) 1개만 인허되었으며, 매매중개업 역시 5건 신청 중 3건만 인허되었고 그나마 1건은 강제해산되었다. 이렇게 본다면, 회사령 시행 초기 일제가 가장 강력히 억압한 회사들은 다름 아닌 운수업과 시장 관리, 매매 중개를 목적으로 한 회사들이었다고 할 수 있다. 왜 이들 부문의 회사가 집중적인 억압을 받았을까.

불허처분된 회사와 강제해산된 회사의 내역을 좀 더 상세히 살펴보면 그 원인을 짐작할 수 있다. 1910년 말 『관보』에는 갑작스럽게 한인이 중심이 된 회사의 등기가 급증하는데, 이들 회사의 등기사항 중 영업목적을 보면 표 4-9와 같다. 인허된 3개 사가 어떤 근거로 특별대우를 받았는지는 불분명하지만, 조선흥업합자회사(朝鮮興業合資會社)의 경우는 조중응, 권중석 등 친일 거두가 참여했던 점이 배려된 것이 아닌가 한다.** 이 회사는 서기순(徐起淳), 천응성(千應聖) 등이 자본금 3천 원으로 설립한 것으로, 곧 권중현, 조중응 등 친일 거두를 끌어들여 자본금을 2만 원으로 늘렸다.*** 이어

---

*명목상 개인경영으로 되어 있는 업체 중 경성직뉴주식회사에 버금가는 설비를 갖추고 활발히 활동하던 곳은 漢城美術品製作所·李容稙工場·金在允工場·魚潭工場, 韓鎭昌의 漢陽織造場·金宗漢工場, 金德昌의 中谷染織工所 등이었다. 朝鮮總督府, 1913 『京城商工業調査』 pp.37-39.

**조선흥업합자회사의 사원은 다음과 같다. 權重奭(陸軍參將), 尹進學(中樞院議官), 李秀榮(成均館博士), 金聖基(麗州郡守), 尹道淳(全北宣撫委員), 金泰圭, 崔錫彰(度支部財務官), 崔相敦(農商工部山林局長), 李容台, 金基煥(京城地方裁判所 書記), 李億, 金鳳濟, 曹秉瓚, 趙重應(農商工部大臣, 子爵), 朴齊斌(承寧府副總管), 劉鍾烈(中樞院議官), 李載源, 宋振玉(評理院判事).

***조선흥업합자회사는 처음 共業社, 工業社 등으로 보도되었다. 『每日申報』 1910년 10월 28일

표 4-9. 회사령 시행 직전 등기를 마친 한인 회사와 영업목적

회사명	설립일	본점	영업목적	처분상황(한/일)
運輸旅閣合資會社	1910.11.7	경성	운반, 중개업, 旅閣業, 대금업, 인부청부	강제해산(8/1)
慶尙普成合資丸熙會社	1910.11.1	칠곡	운송, 위탁매매, 인부청부, 곡물무역	불명(4/1)
朝鮮海陸運輸合資會社	1910.10.29	목포	운수, 위탁매매	불명(5/2)
慶北安東合資會社	1910.11.15	안동	운송, 獸皮 매매, 위탁매매, 노동청부, 獸肉 판매	불명(6/1)
合資會社月城普通組合	1910.10.25	경주	운송, 獸皮 매매, 위탁매매, 노동청부, 獸肉 판매	불명(9/1)
京城果物合資會社	1910.11.21	경성	果實 및 瓜類 매매, 위탁판매	재인허(11/1)
水陸運輸合資會社	1910.11.15	경성	운수, 위탁매매, 창고업, 인부청부	강제해산(10/0)
海陸運送合資會社	1910.11.1	경성	貸金, 운송, 인부청부, 위탁매매	강제해산(10/1)
咸南興業合資會社	1910.11.17	영흥	운송, 인부청부, 위탁매매	불명(3/3)
水陸通運合資會社	1910.10.1	경성	운송, 인부청부, 위탁매매, 창고업	강제해산(7/1)
牛馬賣買合資會社	1910.12.6	경성	우마 매매 중개업	강제해산(10/1)
禮山木材薪炭合名會社	1910.11.25	예산	목재 및 신탄의 매매	불명(6/1)
京城麴子製造販賣(資)	1910.12.14	경성	麴子의 제조판매	강제해산(8/1)
京城普信合名會社	1910.12.23	경성	토지가옥 매매 典當의 중개업	강제해산(3/0)
慶北榮川(資)普通組合	1910.12.20	영천	운송, 獸皮 매매, 위탁매매	불명(5/1)
合資會社慶北普通組合	1910.8.4	대구	운송, 獸皮 매매, 위탁판매, 인부청부	불명(3/1)
西江水產市場合名會社	1910.10.5	경성	대금업, 위탁판매, 수산물 보관, 매매	재인허(6/1)
朝鮮興業合資會社	1910.12.24	경성	운수, 인부청부, 용달	재인허(18/0)

주: ( ) 안의 수치는 사원의 한/일인 수치임.
자료: 『조선총독부관보』에서 작성.

1910년 12월부터는 조중응의 알선으로 각 관청에 대한 용달업무를 맡아 한

「共業社設立」; 1910년 11월 1일 「工業社 任員」; 同 1910년 12월 22일 「興業會社와 趙子」.

인 회사로는 보기 드문 특혜를 받기도 했다.[74] 『관보』에는 이 회사의 인허 관련 기사가 없지만, 『매일신보』에 따르면 1911년 2월에 권중석을 사장으로 설립신청한 것으로 되어 있다.[75] 이 회사는 1911년 5월 지사 설립 명목으로 상인들에게 화목(火木), 가옥 등을 수탈하다가 물의를 빚어 부정회사(不正會社)로 지목되었는데도 해산처분을 받지 않았고, 동년 10월에는 조선상업합자회사(朝鮮商業合資會社)로 상호를 바꾸어 영업을 지속했다.[76] 이는 후술할 수륙통운합자회사(水陸通運合資會社)와 비교해보면 명백한 특혜다.

나머지 불허, 또는 강제해산 처분을 받은 회사들을 영업목적별로 보면 운송업, 위탁매매, 인부청부, 매매 및 무역·용달, 중개업, 대금업, 창고업 및 보관업 등 조선 후기 이래의 객주 영업을 거의 그대로 포괄하고 있음을 알 수 있다. 객주업 회사는 대한제국 후기에 본격 출현했지만, 이때 설립 시도가 집중된 것은 객주들이 관행적으로 지녀온 '매매독점권'을 회사령으로 공인받으려 했기 때문이라고 생각된다. 대한제국 후기의 재정정리, 특히 내장원 재정 기반의 파괴에 따라 도고상업체제가 붕괴하면서, 각지의 객주들은 유문권주인의 지위를 상실했다. 객주들은 이 상황에 대처하기 위해 여럿이 합자하여 객주업 회사를 창설하거나 각 지역 객주를 연결하는 독립된 영업망을 구축하려 했다. 이 중 각 지역 객주를 지사로 삼아 회사를 설립하려는 시도는 1909년경부터 본격적으로 나타났는데, 회사령 시행 직후 이 종류의 회사가 다수 인허를 신청한 것은 객주들이 이러한 대응양식을 공인받으려 했기 때문이다.[77]

강제해산, 또는 불허된 회사들의 설립 방식을 보면 이 점은 분명해진다. 먼저, 이들 회사는 대개 1~2명의 일인을 끌어들여 명목상의 대표자로 내세우고 상업등기를 했다. 그런데 여기에 참여한 일인은 총독부가 회사령 제정의 이유로 든 "그(조선인의–필자) 무경험함을 승(乘)하야 기리(奇利)를 확(攫)코저 하는 교활한 도배(徒輩)"들뿐이었다. 예컨대 일인 미츠코 쇼우니(三好章二)는 경북안동합자회사(慶北安東合資會社), 경상보성합자환희회사(慶尙

普成合資丸熙會社), 경북영천합자회사보통조합(慶北榮川合資會社普通組合), 합자회사경북보통조합(合資會社慶北普通組合) 등 경북 일대에서 설립된 회사에 번갈아가며 명의만 대여했다.[78] 서강수산시장합명회사(西江水産市場合名會社)의 대표사원 노사키 게이타로(野崎計太郎) 역시 한푼도 출자하지 않은 채 1년치 보수 50원을 출자액으로 충당하다가 회사 인허가 확실해지자 퇴사해버렸다.[79] 이처럼 한인 자본가들이 일인의 명의를 빌려 회사를 설립한 것은, 일인을 앞세울 경우 상대적으로 쉽게 인허를 받을 수 있었기 때문이다.

한인 자본가 일부가 회사령의 공인을 얻어 객주 영업의 독점권을 확보하려 했음은 해산 사유를 확인할 수 있는 수륙통운합자회사와 수륙운수합자회사(水陸運輸合資會社), 운수여각합자회사(運輸旅閣合資會社)의 예를 통해 살펴볼 수 있다. 수륙통운합자회사는 1910년 10월 1일 김익승을 대표로 하여 이현직(李顯稙), 김용제, 여삼현, 이순호(李舜鎬), 구의조(具懿祖) 등의 퇴직관료와 일부 상인, 그리고 일인 야마구치 요츠로(山口四郎)가 설립한 것으로 자본금은 3천 원이었다.* 그러나 곧 김익승을 제외한 여삼현 등 한인이 모두 퇴사하고,** 그 대신 일인 이케다 진고(池田仁吾)가 참여하여 김익승, 이케다 진고, 야마구치 요츠로만의 회사로 바뀌었다. 이때의 출자액은 김익승 1천 원, 이케다 진고 1,500원, 야마구치 요츠로 500원이었지만 대표는 여전히 김익승이었다.[80]

수륙통운합자회사는 이후 부산, 개성, 옥구, 마산, 공주 등지에 지점을 설치하면서 영업을 확장했는데,[81] 1911년 12월 8일 돌연 강제해산당했다.[82] 1911년 12월 8일자 『매일신보』는 그 경위를 다음과 같이 보도했다.

> 日鮮人이 共同發起하여 設立한 水陸通運合資會社를 解散했다 함은 已報한 바

---

*『朝鮮總督府官報』 1910년 10월 8일 「合資會社設立登記」. 여삼현은 1903년 黃海道地契委員을 지낸 인물로 대한제국 전기에는 請箕會社에서 김익승과 함께 일했고, 후기에는 同濟會社에 참여했다. 구의조는 1907년 陸軍參領으로 있다가 퇴직하고 1909년부터는 광업을 경영했다.
**水陸通運合資會社에서 퇴사한 한인들은 별도로 海陸運送合資會社를 설립했다.

어니와 其內容을 得聞한즉 當初의 設立目的은 運送, 人夫 請負, 委託品賣買及倉庫業을 經營함인데 昨年度 10월에 設立 以來로 目的되는 業務는 不爲하고 或 ① 地方에 出張員을 派送하여 該사업을 獨占했다 放言하고 不正의 利金을 詐取도 하려 하며 且金益昇은 ② 黃海道에 支店設置 請願中임을 不拘하고 住所不明한 尹緯求로 同道支店長을 任命함에 尹은 此를 利用하여 白川郡에서 朝鮮人 1명에게 金貨를 詐取한 事實도 有하고 金川 平山 兩郡의 取扱所長을 被任했다 誇張하고 金員을 詐取하려다가 同地憲兵分遣所에 發覺되고 又③ 忠南公州郡芙江出張所에서는 海老鹽漬를 運搬하는 商人에게 대하여 强制로 手數料를 徵收하는 등 不正行爲가 有한 會社로 認定하여 解散을 命함이라더라[83]

여기에서 거론한 회사의 부정행위는 ① 영업독점권을 얻은 것처럼 과장한 행위, ② 지점을 설치하면서 금전을 수취한 행위, ③ 동일 영업에 종사하는 상인에게 수수료를 징수한 행위다. 그런데 이는 대한제국 전기 도고회사 일반이 보이던 행태이며, 그런 만큼 한상(韓商)들에게는 관례적인 것이기도 했다. 앞에서 본 조선흥업합자회사 역시 지점 설치를 빌미로 주변 상인들을 수탈했던바, 『매일신보』 사설도 이 점을 다음과 같이 지적했다.

…… 近日 會社를 考察하건대 有名無實한 不正의 會社가 多하여 ① 或他人의 金品을 欺取한다 ② 或 無理의 濫稅를 收한다 ③ 或 正當한 他人의 사업을 妨碍한다 ④ 或支店主及 出張員의 賂物을 要求한다 하여 其他百弊가 枚擧키 難하니. ……[84]

장원달(張元達) 등 13명이 설립한 수륙운수합자회사도 '조선전토 운수업의 무상(無上)한 권(權)을 부담함과 여(如)히 과장하여' 화주(貨主)에게 회사세, 수수료 등을 강청하는 한편, 지점장을 모집하면서 적립금 명목을 징수했다 하여 강제해산되었다.[85]

한편 운수여각합자회사는 해산 처분을 받았을 뿐 아니라, 핵심 사원들이 일제 검거를 당할 정도로 혹독한 탄압을 받았는데, 이때 처벌 사유 역시 ① 출장소 사무원직을 판매한 것, ② 인부 공급 계약을 빌미로 모집 인부에게 금전을 수취한 것, ③ 사원의 입사금을 횡령한 것 등으로서, 앞의 두 회사와 같았다.[86] 그럼에도 탄압이 특히 심했던 데에는 정치적 의도가 작용한 듯하다. 이 회사의 주역은 홍종우(洪鍾宇), 이세직(李世稙) 등 김옥균 암살 사건 관련자로서 대한제국 전기의 열렬한 황권 옹호론자들이었다.[87]

이상 살펴본 바와 같이, 회사령으로 강제 해산된 운수업이나 위탁매매업 회사들은 대개 대한제국기 수세도고회사의 유풍을 간직한 회사들이었다. 대한제국 후기의 일한운송합자회사가 그랬던 것처럼,* 이 시기 운수업 회사들은 소규모 선운업(船運業)과 우마차 운송을 병행하면서 각지 포구와 철도역 주변의 객주들을 조직하여 전국적 유통망을 확보하려 했다. 이들 회사의 지점 책임자가 되는 것은 곧 해당 회사 화물의 독점취급권을 확보하는 것으로, 회사는 지점 책임자에게 관례적인 대가를 요구할 수 있었다.** 강제해산된 회사 중 우마매매합자회사, 예산목재신탄합명회사(禮山木材薪炭合名會社), 경성국자제조판매합자회사(京城麴子製造販賣合資會社) 역시 물종별 도고권을 확보하려 들었을 것으로 추정된다.***

불허된 회사들도 별반 다르지 않았다. 풍순합자회사(豊順合資會社)는 목적이 우마 매매 관계자에게 수수료를 징수하는 이전의 악습을 되풀이하는

---

*일한운송합자회사의 대표였던 李基東 역시 열렬한 皇權論者로서 황국협회 회장을 지냈다. 일한운송합자회사는 이사청의 인가취소에도 불구하고 1910년 10월까지도 영업을 지속했다.『每日申報』1910년 10월 6일「事近欺騙」.

**孫禎睦, 小林英夫 등은 모두 이 점을 간과하여 지점을 다수 설치한 것을 회사의 영업이 활발했던 증거로 보았는데, 이런 종류의 회사는 지점 설치가 영업 활동보다 중요했다. '목적하는 영업은 하지 않고 지점을 설치한다는 명목으로 운운'한 것은 바로 이 사정을 말한 것이다.

***우마매매합자회사는 사장 외에 별도로 총재직을 두어 남작 조희연을 추대했는데, 관권에 의지하기 위함이었다고 생각된다. 이 회사는 각지에서 農牛를 매매하는 자에게 금화 50전을 강징하다가 강제해산되었다.『每日申報』1911년 5월 11일「牛馬會社臨時總會」; 同 1911년 6월 20일「牛馬會社의 弊害」; 同 1911년 6월 24일「牛馬賣買會社解散」.

데 불과하다 하여 불허되었고,[88] 우마보험회사(牛馬保險會社)도 같은 사유로 불허되었다.[89] 이 둘은 대한제국 전기 전형적인 수세도고회사였던 우척보험회사를 모방한 회사였다. 단, 가쾌주식회사(家儈株式會社)를 불허한 것이나 경성보신합명회사(京城普信合名會社)를 강제해산한 것은 경성 내 일인의 토지가옥 취득에 편의를 주려는 의도였던 듯하다. 강점 이전 경성 내의 가쾌는 토지가옥의 매매중개를 전담하고 있었고, 토지증명서를 위조하는 등의 폐단을 야기하기도 했다.[90] 따라서 일제는 애초부터 가쾌 조직을 해체할 계획을 세웠던 것으로 보인다. 1911년에 회사 설립을 신청한 한인의 가쾌 조직은 경성보신합명회사와 가쾌주식회사의 2개였는데, 이 중 경성보신합명회사는 인허, 가쾌주식회사는 불허되었다.* 이는 동일 목적의 회사를 동일 지역에 인가하지 않는다는 방침에 따른 것이었겠지만, 굳이 경성보신합명회사만 인허한 데에는 다른 이유도 있었다.

보신사(普信社)는 대한제국 전기에 황실이 내탕금을 내고 가쾌를 모아 설립한 회사인데, 대한제국 후기에는 황실과 관계가 단절되고 예종석, 최정규(崔晶圭) 등 친일 자본가들에게 주도권이 넘어갔다. 보신사는 1909년 합방청원 문제가 제기될 때 사장이던 최정규가 사원 2천 명의 이름을 도용하여 합방을 청원함에 따라 분열되었다. 사원 대다수는 새 사장에 유길준을 추대하는 한편, 최정규의 행위는 보신사의 공식 입장과 무관하다고 선언했다. 그러나 이 때 일부가 최정규와 함께 이탈했던 듯하다. 1911년 가쾌주식회사와 경성보신합명회사가 별도로 설립 신청을 했기 때문이다. 경성보신합명회사만을 인허한 것도 논공행상의 의미가 다분했던 것으로 생각된다. 그러나 이마저 1912년 2월 17일 강제해산되었고, 그 다음날 바로 일본인을 대표로 하는 경성부동산주식회사(京城不動產株式會社)가 인가되었다.[91] 회사를 해산시킨 이유가 경성 내 토지가옥 매매 중개권을 일본인 자본에 넘기는 데 있

---

*『朝鮮總督府月報』에는 가쾌주식회사가 불허된 것으로 나와 있지만, 『每日申報』는 일단 인허를 얻었다가 곧 취소된 것으로 보도했다. 『每日申報』 1911년 6월 16일 「家儈會社認許繳消」.

었음을 시사하는 대목이다.*

이상에서 살펴본 바와 같이 회사령 시행 초기에 한인 회사가 인허된 부문은 대금업이나 제조업, 상업 등 식민지 산업 정책을 보조하거나 일본 상품의 유입을 촉진하는 부문이었고, 불허·강제해산된 회사들은 대개 조선 후기 이래 관행으로 지속되어온 도고권을 확보·창출하려 한 회사들이었다. 도고권은 개항 이래 일본 상인들이 집중적으로 공격해온 것으로, 대한제국 전기에는 외상(外商)의 상권 침탈을 방지하는 구실도 했다. 대한제국 후기 도고상업체제를 뒷받침하던 내장원의 재정 기반이 해체된 뒤에도, 각지 객주들은 서로 연락하여 물종별·지역별 매매 독점권을 유지하려 했다. 회사령 발포를 전후하여 매매 독점권을 노린 회사의 설립이 속출한 것은 한상(韓商)들이 오랜 상거래 관행을 '새로운 체제'하에서 추인받고자 한 때문이었다. 그러나 이런 회사들이 회사령 체제에서 존립할 수는 없었다. 회사령의 목적은 한인들 사이의 상거래 관행을 개혁하고 식민지적 유통구조 및 산업구조를 구축(이른바 '건전한 산업발전')하는 데에도 있었기 때문에, 총독부는 이들 회사의 설립을 불허하거나 인허하더라도 바로 해산시켰다.

그렇지만 이로써 특권적 경제 질서가 폐기되었다고 볼 수는 없다. 수륙통운합자회사나 운수여각합자회사에 비해 나을 바 없는 조선흥업합자회사가 해산을 면한 데에서도 일제 권력의 불공정성을 엿볼 수 있지만, 더 중요한 것은 총독부의 회사령 운용 방침이었다. 총독부는 같은 목적을 지닌 회사는 동일 지역에 인가하지 않는다는 방침을 택했기 때문에,[92] 일단 인가받은 회사는 해당 지역 내의 독점업체가 되는 셈이었다. 이 특권은 도고권과

---

*경성부동산주식회사는 익년에 허가가 실효되었고, 그 대신 자본금 500만円의 東京建物株式會社가 1912년 3월 지점 설치 허가를 받았다. 경성부동산주식회사의 허가 실효 역시 동경건물주식회사의 지점 설치계획을 뒤늦게 확인한 총독부가 설립을 의도적으로 지연시켰기 때문이다. 小林英夫, 앞의 책, p.126.

는 전혀 달랐지만, 자본력에 기초한 독점권도 아니었다. 총독부의 선택이 이같은 독점업체의 설립에 결정적 영향력을 행사하는 상황에서, 한인 자본가들은 절대적으로 불리한 처지에 놓였다. 총독부는 의식적으로든 무의식적으로든 일인 자본가를 비호하고 한인 자본가를 차별했다. 그런 점에서 본질적으로 달라진 것은 특권의 내용과 주체였을 뿐이다.

회사령이 한상의 관행과 그에 입각한 소자본의 결집을 정면 부인하는 상황에서 한인에게 남은 길은 총독부 정책에 순응하는 회사를 만들거나 일본인 회사에 참여하는 길밖에 없었다. 주식회사대구은행(株式會社大邱銀行), 주식회사호서은행(株式會社湖西銀行), 평북작잠주식회사(平北柞蠶株式會社)의 3개 회사가 1913년 1~3월 사이에 설립되었는데, 이 중 대구은행은 일본인을 중역으로 영입했고,* 호서은행(湖西銀行)은 서울 거상이던 김진섭(金鎭燮)** 과 성낙헌(成樂憲), 유진상(兪鎭相), 민유식(閔裕植) 등 충남의 대지주들이 설립했다. 또 평북작잠주식회사(平北柞蠶株式會社)는 최석하 등 의주 상인들이 조직했던 작잠조합(柞蠶組合)을 도장관(道長官)의 지시에 따라 개편한 것으로서*** 도장관이 직공 모집을 알선하고93 보조금을 지급하는 등 각별한 지원을 받았다.****

---

*대구은행은 鄭在學, 崔浚, 李柄學 등 경북의 대표적인 지주들이 주도한 것이지만, 坂本俊資 등의 일본인도 참여했다.

**김진섭은 강점 후 예산에 거주하면서, 상업 활동의 기반을 이 일대로 옮겼다.

***『每日申報』 1913년 7월 9일 「柞蠶會社의 現況」. 평북작잠주식회사의 전신은 1911년에 설립된 평북작잠조합(조합장 최석하)인데, 이때 조합의 형식을 취한 것도 회사령 때문이었다(『每日申報』 1911년 2월 26일). 그 후 1912년 10월 평북 도장관의 권유에 따라 일인 北川敬介를 맞아들여 주식회사로 변경하고(同 1912년 10월 27일 「鴨綠江岸의 築堤」; 同 1913년 2월 14일 「平北柞蠶會社創立」), 총독부의 승인을 얻었다. 회사 창립 당시에는 北川敬介, 木村淸太郎, 靑木太郎, 望月龍太郎, 鵰田歸 등 5명의 일인이 대주주로 참여했지만(同 1913년 2월 26일 「平北柞蠶會社의 總會」), 1916년 일본인 중역 일부가 물러나면서 자본금 3만 원을 減資했다(同 1916년 5월 10일 「柞社總會의 決議內容」). 이후 계속 경영 곤란을 겪다가 1916년 11월에는 회사를 일인 安藤ロ二에게 매각하고 한인은 모두 철수했다.

****1913년 평북작잠주식회사가 창립된 직후 지급된 지방비 보조금은 700원이었다. 『每日申報』 1913년 9월 30일 「柞蠶社補助增額」.

회사령이 한인의 회사 설립을 억제하는 상황에서 일부 한인 자본가들은 일인 회사에 참여함으로써 돌파구를 찾으려 했다. 한일합작 회사는 대한제국 후기에도 많았지만, 이때의 합작회사는 한인들이 특권을 매각하거나 통감부의 압력을 피하기 위해 일본인을 끌어들인 것이 대부분이었다. 그러나 회사령 시행 이후에는 거꾸로 일인 회사의 안정성에 주목한 한인 자본가들이 이에 가담하는 사례가 본격적으로 나타났다.

회사령 시행 초기에 한인이 참여한 일인 지배 회사들은 대전전기주식회사(大田電氣株式會社, 1911), 평양전기주식회사(平壤電氣株式會社, 1911), 주식회사선남은행(株式會社鮮南銀行, 1912), 주식회사도교시장(株式會社都橋市場, 1911), 경성경매주식회사(京城競賣株式會社, 1911) 등이며, 여기에 참여한 한인 자본가들은 송병준, 이춘섭(李春燮), 이병학(李柄學), 장직상(張稷相), 정재학(鄭在學), 김경모(金景模), 김세영(金世永), 김연(金淵), 김학진(金鶴晉), 박재양(朴載陽), 신명숙(申明淑), 조성준(趙性濬), 진병삼(秦柄三), 최증상(崔增祥), 황철규(黃哲圭), 조한용(趙漢鏞) 등이다.[94] 1912년에 발기한 조선창고주식회사에는 조중응, 조희연, 정진홍(鄭鎭弘), 박영효, 이완용, 박제순, 민영휘, 이윤용, 장석주(張錫周) 등 귀족들이 대거 참여했다.* 또 1910년 말부터 준비된 조선제당회사(朝鮮製糖會社)에는 이완용, 송병준 등의 귀족과 백완혁, 조병택 등의 거상이,[95] 조선권농주식회사(朝鮮勸農株式會社)에는 성문영(成文永)과 백인기가,[96] 한해어업회사(韓海漁業會社)에는 송병준이 각각 조선 측 발기인 또는 중역으로 참여했다.[97] 일인 회사에 참여한 한인들은 대개 귀족, 대지주, 거상이었던바, 이들의 일인 회사 참여는 결과적으로 한인 회사의 위축을 촉진했다.

---

*조선창고주식회사는 『官報』에는 인허 기록이 없으나, 『每日申報』에는 1912년 11월에 설립 인가를 받은 것으로 되어 있다. 발기인 대표는 河村寬靖이었고, 藤野五一 등이 참여했지만, 실제 주창자는 조중응이었으며 대주주는 대개 한인 귀족들이었다. 『每日申報』 1912년 10월 20일 「朝鮮倉庫株式會社」; 同 1912월 10월 30일 「倉庫會社 確立」; 同 1912년 11월 9일 「朝鮮倉庫近況」.

② 1913년 이후의 설립 신청과 처분

회사의 설립 신청, 불허, 해산 처분은 1913년부터 현저히 줄었지만 인가율은 그에 반비례하여 높아졌다. 표 4－4에 따르면 1913년 4월~1915년 3월 사이의 불허는 14건으로 전 시기 합계 21건의 2/3 수준이며 해산 처분은 한 건도 없다. 더구나 『조선총독부시정연보』 1914년판의 기사를 근거로 수정한 수치를 취하면 불허는 7건으로 이전의 30건에 비하면 23%로 줄어든다. 따라서 총독부의 회사령 운용은 1913년부터 상당히 이완된 것처럼 보인다. 그러나 이는 1912년까지의 강력한 단속으로 회사를 설립하려는 시도 자체가 줄어든 때문이다.

표 4－10은 이 기간 중 『관보』에 수록된 인허 회사를 대표자의 민족별로 표시한 것이다. 앞의 표 4－4와 비교하면 회사 수에서 5개의 차이가 난다. 이 기간 중 인허된 것이 분명하지만 『관보』에 누락된 한인 회사는 1913년 12월에 설립된 완천합자회사(完天合資會社)다.* 이 표에 따르면, 1913년(이하 4월부터 다음해 3월까지는 해당년으로만 표기)까지 비교적 활발하던 한인 회사의 설립은 1914년에 급격히 줄어들었다. 이는 일본 경제가 전쟁 공황에 빠져든 탓일 수도 있으나,** 같은 기간 일인 회사에 대한 설립 인가가 그다지 줄지 않았을 뿐 아니라 자본 금액은 오히려 증가한 것을 보면 그렇게만은 볼 수 없다. 총독부의 완고한 회사령 적용이 한인의 회사 설립열을 급속히 냉각시킨 것이 더 큰 이유였다고 생각된다.

---

*『官報』에서 누락된 부분은 1921년판 『朝鮮銀行會社要錄』을 통해 추적할 수 있지만, 설립 사실이 누락되고 1921년 이전에 해산한 회사는 찾아낼 수 없다. 완천합자회사의 대표는 朴永根이었고, 영업종목은 위탁매매, 대금, 창고업이었다. 1921년 현재의 자본금은 10만 원이었다.

**1913년에 인허받은 朝鮮物産株式會社는 결국 설립되지 못하고 認許失效處分을 받았는데, 실효처분을 받은 한인 회사는 이 회사뿐이다. 『朝鮮總督府官報』 1914년 9월 19일. 한편, 이 기간 중 실효처분된 일인 회사는 釜山渡船巡航合名會社(16,500), 朝鮮牧畜株式會社(1,000,000), 朝鮮生命保險株式會社(500,000)의 3개사로서 모두 1914년에 설립 인허를 받았다. 참고로 1911년~1913년 3월까지 조선에 지점을 설치한 일본, 또는 외국 회사는 19개사였지만, 1913년 4월~1915년 3월까지에는 9개사에 불과했다.(『朝鮮總督府官報』의 지점 설치 인허 집계)

표 4-10. 1913~1914년간 민족별·자본금액별 인허 회사(단위: 円)

기간			일본인대표회사	조선인대표회사	비율	합계
1913.4~1914.3	건수		25	6	19.4	31
	자본금	합계	2,111,500	1,050,000	33.2	3,161,500
		평균	84,460	175,000		
1914.3~1915.3	건수		21	1		22
	자본금	합계	3,526,000	25,000		3,551,000
		평균	167,905	25,000		
합계	건수		46	7		53
	자본금	합계	5,637,500	1,075,000		6,712,500
		평균	122,554	153,571		

주: 조선인대표회사 중 光州輕便鐵道株式會社(1913.11.12), 일본인대표회사 중 平壤市街鐵道株式會社(1915.3.12)는 자본금액이 표시되어 있지 않음.
자료: 『조선총독부관보』의 인허 회사를 토대로 작성.

이 점은 회사당 평균자본금을 보면 분명해진다. 이 기간 중에 설립된 회사의 평균자본금은 한인 회사가 일인 회사보다 오히려 많으며, 특히 1913년에는 한인 회사의 평균 자본금이 일인 회사의 두 배를 넘는다. 이는 일인에 대해서는 소규모 회사 설립을 용인하면서도 한인에 대해서는 일정 규모 이상의 자본을 갖춘 경우에만 인허한 때문이라고 생각된다. 제1기의 전기(前期)에 인허받은 한인 회사 중 상당수가 자본금 3,000~10,000원 정도의 소규모 회사였던 점을 감안하면, 1사당 자본금의 증가는 소규모 자본의 결집이 불가능해진 결과로도 이해할 수 있다.

표 4-11은 이 기간 중에 설립된 한인 회사의 영업 종목과 대표자의 경력을 표시한 것이다. 앞 시기와 비교할 때 영업 종목에서 두드러지는 점은, 금융업(貸金業)과 제조업, 운수업 회사의 설립이 급격히 퇴조한 반면 일반매매업, 무역업 회사가 비교적 대자본으로 설립되었다는 점이다. 철도운송 관련 회사가 1911년 내에 된서리를 맞았던 점을 고려하면 운수업 회사의 퇴조는 당연하다 하겠지만, 제조업 회사가 매약주식회사(賣藥株式會社) 하나

표 4-11. 1913~914년간에 설립된 한인 회사

회사명	자본금(円)	영업 종목	대표자	대표자의 경력	비고
(名)開城社	100,000	賣買, 委託賣買	金益煥	廣濟院事務委員(1902)	
(株)朝鮮貿易公司	500,000	貿易	朴泳孝	宮內府大臣, 侯爵	
賣藥(株)	50,000	賣藥製造 販賣	李秉斗	厚陵參奉(1902)	
朝鮮物産(株)	300,000	販賣業	權重冕	凌州郡守(1907)	1914 失效
光州輕便鐵道(株)		運輸業	金衡玉	昌平郡守(1907)	
北魚倉庫(株)	100,000	倉庫業	李明汝	元山客主	
完天(資)		貸金業, 委託賣買	朴永根	全北觀察府主事(1906)	100,000원
海南運輸(株)	25,000	水運業	閔慶鎬	未詳	

자료: 『조선총독부관보』 『朝鮮銀行會社要錄』을 토대로 작성.

뿐인 점은 쉽게 이해하기 어렵다. 총독부가 제조업 회사를 상대적으로 쉽게 인허해주었던 전례에 비추어본다면,* 이는 회사령 때문이라기보다는 이 분야의 사업 전망이 악화된 결과인 듯하다.

회사령 시행 직후 인허된 한인 제조업 회사들은 한동안 상당한 성과를 거두었으나 1913년부터는 거의 모두 극심한 경영 부진에 빠져들었다. 조선제지합자회사(朝鮮製紙合資會社)는 1913년부터 더 이상 유지하기 어렵게 되었으며,[98] 평양자기제조주식회사와 분원자기주식회사도 1913년부터는 매년 지방비 보조를 받아 근근이 버텨나갔다.** 조선고려자기제조주식회사(朝鮮高麗磁器製造株式會社)***는 설립 1년 만에, 도옹합자회사(陶瓮合資會社)도

*매약주식회사는 李鴻讃 등 서울의 약재상들이 설립한 회사로 주목적은 약재의 수입판매였고, 제약은 부수적인 영업종목이었다. 『每日申報』 1913년 8월 21일 「賣藥株式會社創立」.

**총독부는 1913년부터 평양자기제조주식회사와 분원자기주식회사에 매년 보조금을 지급했다. 『每日申報』 1913년 2월 16일 「磁器社總會」; 同 1913년 6월 6일 「汾院陶業保護獎勵」; 同 1913년 6월 15일 「平壤磁器社 大改革」; 同 1914년 6월 9일 「磁社補助」.

***『官報』에는 도옹합자회사의 대표자가 岡田類藏으로 기재되었으나(『朝鮮總督府官報』 1913년 4월 21일), 실제 설립자는 徐相龍, 鄭在學, 秦喜葵, 李一雨, 鄭海鵬, 姜奭熙 등 모두 한인이었다. 그러나 1914년 12월부터는 서상룡이 독립경영하는 상태가 되었다고 한다. 『每日申報』

1916년에 각각 자진해산했다.[99] 이같은 제조업의 부진은 이 시기 한인 공업이 전반적으로 매뉴팩처 수준을 벗어나지 못한 때문이기도 하지만,[100] 그보다는 조선 내 제조업에 대한 보호장치가 결여되어 있던 점이 더 큰 원인이었다.*

대금업 부문이 저조한 것은 1912년에 공포된 은행령과 관련된 듯하다. 은행령은 1912년 10월 24일 제령 제5호로 공포되었는데,[101] 주목적은 총독부가 조선 내 자금의 투하 방향을 감독하려는 것이었다.** 그런 점에서 이는 회사령을 보완하는 의미를 지녔다. 일제는 은행이 아닌 회사가 예금, 어음 할인 등 은행과 유사한 업무를 담당하지 못하게 함으로써, 소규모 대금업 회사들을 정비하고 상업금융을 장악하고자 했다.*** 이에 따라 1912~1913년간 구포저축주식회사(龜浦貯蓄株式會社)와 합명회사칠성회(合名會社七星會)가 은행으로 전환했고, 선남상업은행(鮮南商業銀行), 부산상업은행(釜山商業銀行), 대구은행(大邱銀行), 호서은행(湖西銀行), 경성은행(京城銀行) 등이 설립되었다.**** 이러한 상황에서는 대금업 회사가 새로 출현할 수 없었을 것

1912년 12월 10일「高麗磁器社 設立」; 同 1914년 12월 17일「大邱磁器會社 困境」.

*민족공업 건설을 표방하고 출발한 경성직뉴주식회사가 총독부에 자진해서 접근한 사례는 권력의 보호에 대한 제조업의 요구가 얼마나 컸는지를 상징적으로 보여준다. 이에 대해서는 Carter J. Eckert, 주익종 역, 2008,『帝國의 後裔』푸른역사 참조.

**銀行令은 "은행은 매월의 영업실제보고, 매영업연도의 영업보고서 및 대차대조표를 조선총독에게 제출 또 대차대조표를 공고해야 함"(제6조)이라는 규정을 두어, 매일매일의 업무를 감독할 수 있도록 규정했다.

***회사령 시행 전에도 은행에 대한 단속은 강력했다. 1910년 12월 개성의 자본가들이 은행으로 발전시킬 목적으로 勸業組合을 설립하려 하자 경기도는 이것이 은행의 성질을 가지고 있다고 하여 중단시켰다. 또 1911년 5월에는 은행령 제정을 위한 사전 작업으로 유사 은행을 일제 단속하기도 했다.『每日申報』1910년 12월 8일「開城勸業組合」; 同 1911년 5월 21일「類似銀行整理」.

****波形昭一, 1985『日本植民地金融政策史の研究』早稲田大學出版部, pp.433－34. 波形昭一은 이 시기에 은행이 속출한 것이 회사가 은행으로 轉身한 때문이었을 것이라고 추측했는데, 이는 은행령을 규제에 중심을 둔 것으로 이해한 때문이다. 그러나 구포저축주식회사와 합명회사칠성회를 제외하고 회사가 은행으로 바뀐 사례는 없다. 은행령 공포의 핵심 목적은 회사령과 마찬가지로 은행 설립을 지역별로 제한하여 은행의 독점성을 보장해주고, 이를 총독부 정책을 보조하는 기관으로 삼으려는 것이었다.

이다. 한편 이 때 설립된 회사 중 최대 규모인 자본금 50만 원의 조선무역공사(朝鮮貿易公司)는 1912년에 김용달(金容達)이 설립한 조선무역공사를 주식회사로 개조한 것으로서 신설이라고 보기는 어렵다. 따라서 이 기간 동안의 회사 설립은 표에 나타난 것보다 훨씬 저조했다고 할 수 있다.[102] 대표자의 신분별로는 대한제국 관료 출신이 3명, 기타가 5명으로 관료 출신자의 비율은 전 시기와 대략 같다.

불허회사는 모두 14건(수정치를 취하면 7건)인데 사유는 분명하지 않다. 다만 한인 회사에 관해서는 1913년 4월의 호남합명회사(湖南合名會社)와 7월의 의주은행(義州銀行), 8월의 산삼채취회사(山蔘採取會社), 1914년 7월의 우마보험회사에 관한 기록이 있다. 호남합명회사(湖南合名會社)는 이원상(李元相) 등 4명이 자본금 10만 원으로 발기하여 신청한 것으로, 목적은 물품매매 및 위탁매매, 동산 및 부동산 담보 대부, 운송취급업이었는데,[103] 인허했다는 기록은 없다. 김두형(金斗衡), 이명환(李明煥), 신학건(申學健) 등이 발기한 의주은행에 대해서도 설립 관련 기록을 찾을 수 없다.[104] 산삼채취회사는 발기하자마자 헌병대의 금지 명령을 받았다.* 우마보험회사는 이우태(李愚泰), 인월벽(印月璧) 등의 유생들이 발기하여 총독부에 인가 신청을 했던 듯하다. 그러나 인가 처분이 나오기도 전에 지사장을 파견한다는 명목으로 각지에서 금전을 수취하다가 발기인들이 구속되었다.[105] 이때까지도 회사를 특권 조직으로 보는 수세도고의 유풍(遺風)이 남아 있었던 것이다.**

그러나 개성의 권업조합(勸業組合)이 은행업을 도모한다는 이유로 금지된 것이나 의주 상인들의 은행 설립 계획이 저지된 것은 수세도고의 유풍과는

---

*산삼채취회사는 적정한 산삼 가격을 유지하기 위해서는 산삼을 전문으로 취급하는 회사가 있어야 한다고 하면서, 산삼 채취자에게 판매가의 1/10을 수취하려 했다. 『每日申報』 1913년 8월 15일 「會社令違反取調」.

**회사령의 억압에 따라 이 시기에는 상호등기만으로 특권을 얻은 것처럼 행세하면서 금품을 수탈하는 사례가 많았다고 한다. 그런데 이런 사기행위를 자행한 것은 朝鮮牧畜場, 朝鮮家畜社, 家畜仲介社, 朝鮮飼畜場, 保牛社 등 대개 일인이 등기한 업체들이었다. 『每日申報』 1913년 4월 27일 「商號登錄惡計」.

무관하다. 개성이나 의주처럼 강점 직후에도 한동안 한상(韓商)의 세력이 일상(日商)을 압도한 지역에서는 의도적으로 한인 회사의 설립을 억제했을 가능성이 크다.

제1기의 후기(1913~1914)에는 회사령의 엄격한 적용으로 한인의 회사 설립이 퇴조하는 한편, 그 전기에 다수 설립되었던 제조업과 금융업 회사들이 각각 보호장벽 부재와 총독부의 상업 금융망 정비로 인해 존립 근거를 잃어갔다. 그런 점에서 이 시기는 한인 회사가 압살당하고 조선 내 회사들이 일인 자본 중심으로 재편된 시기라 할 수 있다. 1914년의 회사령 시행규칙 개정이 일본 본국의 압력에 따른 것이 아님은 이를 통해서도 알 수 있다.

한인 회사의 전반적 퇴조를 반영하여 이 시기에는 일인 회사에 참여하는 한인이 한층 많아졌으며, 그 중심은 역시 관료 출신과 대자본가들이었다. 조중응, 조진태, 이필준(李弼駿), 최진(崔鎭), 한진구(韓鎭逑) 등 대한제국기의 거상과 관료들이 우혜희장유주식회사(宇惠喜漿油株式會社)에 주주로 참여했으며,* 한상봉(韓相鳳), 양성관(梁聖寬), 홍건섭(洪健燮), 오득영(吳得泳) 등 대한제국 군인 출신들과 수원의 유력 상인들은 수원전기주식회사에 참여했다.** 시종원(侍從院) 부경(副卿)을 지낸 박기순(朴基順)은 전북경편철도주식회사(全北輕便鐵道株式會社) 설립에 참여했고, 이근호(李根澔)는 조선임업주식회사(朝鮮林業株式會社) 취체역이 되었으며,[106] 송병준과 백완혁은 경성곡물위탁주식회사(京城穀物委托株式會社) 발기인이 되었다.*** 대일본농산주식회사(大日本農産株式會社) 조선 지점장은 심상익(沈相翊)이었으며, 이준용(李埈

*『每日申報』 1913년 4월 16일 「醬油會社의 擴張」. 최진은 1908년 法部에서 퇴직한 후 변호사로 활동하면서 광업을 경영하는 한편 조선무역주식회사(1914), 주식회사한일은행(1915)에 각각 중역으로 관여했다. 이필준은 마포 객주로 1908년에는 한미흥업주식회사의 麻浦代理店主였다.

**한상봉은 侍衛隊 正尉로 있다가 군대 해산 이후 수원에 거주하면서 수원전기주식회사(1913), 수원인쇄주식회사(1919)에 참여했으며, 오득영도 육군 副尉 출신으로 한상봉과 같은 회사에 참여했다.

***『每日申報』 1912년 5월 7일 「京城穀物會社」. 이 회사는 인가되지 못했다. 同 1912년 5월 12일 「穀類委托會社不成立」.

鎔)과 이승현(李升鉉)도 중역으로 참여했다.[107] 관료 출신과 거상들의 일인 회사에 대한 투자는 식민지 경제 질서 구축에 한인 자본을 동원하려 한 회사령 제정 의도를 충족시키는 일이었다.

(2) 계출회사(屆出會社)의 처리

회사령 제정으로 발생한 주요 문제 중 하나는 대한제국 정부가 인허한 회사의 처리 문제였다. 회사령 제17조는 "구한국정부의 면허를 수(受)하여 본령을 시행하는 제(際)에 사업을 영(營)하는 회사는 본령에 의하여 설립한 것으로 간주함이라" 하여 한인 기설 회사는 계출로 인허를 대신한다는 원칙을 내세웠지만, 원칙이 그대로 지켜지지는 않았다. 우선 대한제국의 인허장은 회사에 법인격을 부여한 것이 아니라 영업권만을 인정한 것이기 때문에, 특권이 필요없는 회사들은 인허장 없이도 영업할 수 있었다. 따라서 인허장과 장정, 경과를 제시하라는 회사령시행규칙의 규정을 만족시킬 수 없는 회사가 많았다. 또 대한제국 후기에는 한인 회사에 대한 억압이 극심하여 아예 인허를 청원하지 않고 회사를 설립하는 경우도 적지 않았다.

표 4-12는 1910년 현재 활동 상황이 확인되는 회사들이 회사령에 따라 어떻게 변모했는지를 표시한 것이다. 시기를 1910년으로 한정한 것은 1910년도 기록을 확인할 수 없는 회사는 중도 소멸했을 가능성이 높기 때문이다. 따라서 이 표의 회사 상황은 실제보다 과소평가되었다고 보아야 한다. 이를 근거로 다시 업종별로 처분 상황을 표시한 것이 표 4-13이다. 표 4-13에서 보는 바와 같이 기설(발기) 회사에 대한 기득권 인정(屆出認可)은 대략 20%에 불과하며, 10% 정도는 인가는 하되 처음부터 다시 절차를 밟도록 했다. 이는 수치상의 인허율이 허구였음을 의미한다. 1910년 중반까지 활동하고 있었거나 설립 준비에 나섰던 회사들이 자진하여 포기했다고는 보기 어렵기 때문이다. 1911~1912년 10월 사이에 공식 집계된 한인의 회사 설립 신청은 42건이지만, 표에서 보는 바와 같이 실제로 영업 중이었

거나 새로 발기한 회사는 1910년 현재 100개 이상이었다. 기록에 나타나는 것만 해도 60% 이상이 총독부에 신청서조차 제출하지 못한 셈이다. 1911년 이후에 발기되어 신청서를 제출한 회사가 적지 않았음을 감안하면, 이 비율은 훨씬 높아진다. 이는 도장관(道長官) 등 하급관청의 사전 심사가 대단히 엄격했음을 보여준다.

총독부는 계출 규정도 자의적으로 적용했다. 회사령 제정 이전에 이미 영업을 개시했던 광업주식회사(廣業株式會社), 주식회사흥업사(株式會社興業社), 경성직뉴합명회사(京城織紐合名會社), 동지상회(同志商會), 한흥상회(韓興商會), 공익사(共益社), 동양용달회사(東洋用達會社), 대한운수회사(大韓運輸會社) 등에 대해서는 새로 설립 절차를 밟도록 한 반면, 일인 1~2명을 끌어들여 급조한 회사(1910년 등기를 마친 회사의 대부분)나 조선흥업합자회사, 대한제지회사(大韓製紙會社=朝鮮製紙合資會社), 합자회사대륭사(合資會社大隆社) 등 친일 귀족들이 1910년 중반 이후에 발기한 회사는 계출만으로 인가해주는 모순된 태도를 취했다.

계출허가를 업종별로 보면 금융업>상업>운수업>수산업>제조업 순으로, 앞에서 살펴본 인허 상황과 비교하면 제조업의 저위(低位)가 두드러진다. 제조업은 생산품목별로도 인허와 소멸(불허, 조직 변경)이 비슷했기 때문에 인가 기준은 자본금이나 설립자의 신분 등이었을 것이다. 제조업 부문에서 유독 새로 신청을 하여 인가된 회사가 계출로 추인된 회사보다 많았던 것은, 이 부문이 설립 후 생산 설비를 갖추는 데까지 상당한 시간을 요하는데다가 특권이 필요없는 관계로, 아예 설립 당시 인허 신청을 하지 않았기 때문일 것이다.*

---

*분원자기주식회사는 1910년 8월에 발기총회를 열고 12월 27일에 인가를 청원했는데, 총독부는 회사령 제정 이후 이를 기각하고 회사령에 따라 다시 청원하게 하여 승인했다. 동지상회주식회사나 한흥연초합명회사는 모두 회사 조직이었지만 상회 칭호를 쓰다가 회사령이 제정되자 새로 인가 신청을 했으며, 경성직뉴주식회사는 처음 경성직뉴합명회사로 설립되었다가 주식회사로 개편하면서 재신청했다.

표 4-12. 기설회사(1910)에 대한 회사령 적용 상황

구분	회사명	대표자	경과	회사령 처분
금융업	韓一銀行	趙秉澤	1906 설립	계출인가
	大韓天一銀行	李鳳來	1897 설립, 1911.2 朝鮮商業銀行으로 개칭	계출인가
	漢城銀行	李允用	1897 설립	계출인가
	漢城共同倉庫(株)	白完爀	1905 설립	계출인가
	龜浦貯蓄株式會社	尹相殷	1908 설립	계출인가
	廣業株式會社	尹致昭	1910.1 설립, 株式募集完了	신청인가
	株式會社興業社	金璣昊	1910.2 설립	신청인가
	株式典當會社	吳台煥	1910.3 설립, 典當業	소멸
	興文社	吳斗泳	1910.10 영업 중, 典當業	소멸
	義州銀行	崔錫夏	1910.5 발기	소멸
	平壤銀行	全台憲	1910.6 발기, 자본금 30萬円 예정	소멸
농림업	農業株式會社	宋秉畯	1905 설립	계출인가
	製炭柞蠶(株)	尹致旿	1910.8 이전 설립	소멸
	農業會社		1910.9 발기, 일진회원	소멸
	柞蠶株式會社	李載克	1910.8 발기총회 개최	소멸
	種苗株式會社	李載克	1910.2 발기	소멸
	柞蠶會社	張煥善	1910.5 발기, 자본금 1,000원	소멸
	柞蠶會社	金允植	1910.8 발기	소멸
	開拓社	許在淑	1910.12.6 경무총감부에 청원	소멸
제조업	盤松製烟社	朴奉燁	1909 설립, 1910.9까지 영업 중	소멸
	汾院磁器(株)	尹致晟	1910.8 발기, 12.27 설립 청원	신청인가
	廣成商會	宋光淳	1910.8 설립, 연초 제조	소멸
	合名韓昌會社	富來祥	1910.1 창립, 사장 法國人, 총무 金秉徽	소멸
	(資)大韓製革所	尹致晟	1910.1.30 활동 중	소멸
	義州染織(株)	趙鍾緒	1910.7 발기, 1910.9.26 퇴각	사전퇴각
	江山煙草商會		1910.1 활동 중	소멸
	平壤磁器製造(株)	鄭仁叔	1908 설립, 강점 후 金南滈로 대표 교체	계출인가
	興海織組會社	方善容	1910.3 발기, 자본금 1,000원	소멸
	同志商會	趙允鏞	1909 설립	신청인가
	織組會社	吳正根	1910.4 발기, 자본금 10,000원	소멸
	麴子製造販賣(資)	劉喜星	1910.9 발기, 일명 麯草會社	강제해산
	大韓製紙會社	李址鎔	1910.4 발기, 朝鮮製紙合資會社의 전신	계출인가
	洋鏡商會	朴景千	1910.4 설립, 자본금 1,500원, 안경테 제조	소멸
	京城織紐(名)	安泰瑩	1909 설립, 1911 京城織紐株式會社로 개편	신청인가
	漢城織物(株)	兪吉濬	1910.7 발기, 자본금 10,000원	소멸
	春水會社	張錫胤	1910.6 연초제조 개시	소멸

표 4-12 계속

구분	회사명	대표자	경과	처분
제조업	捲烟草會社		1910.7 발기	소멸
	大邱染織(株)	趙東濟	1910.6 영업 개시	소멸
	珍需商會	鄭寅琥	1910.7 統監府特許局 승인	소멸
	製粉會社	劉錫	1910.9 발기, 자본금 1,000원	소멸
	朝鮮製麻會社	中野武營	1910.10 발기, 한인 19명, 일인 4명	소멸
	製紙會社	閔泳韶	1910.10 발기	소멸
	染織會社	吳翰泳	1910.11 설립, 자본금 3,000원	소멸
	韓興商會	李宜春	1910.11 활동 중	신청인가
	沈菜會社	芮宗錫	1910.12.1 발기	소멸
광업	大東金鑛(株)	黃鶴天	1906 설립, 1910.6 활동 중	소멸
상업	合名會社彰信社	洪鍾晥	1905 설립	계출인가
	廣藏會社	金宗漢	1906 설립, 12만 원, 1910 대표 金漢奎	계출인가
	京城隆興株式會社	白完爀	1908 설립, 10만 원	계출인가
	漢城材木柴炭(株)	趙鼎允	1908 설립	계출인가
	韓盛商會	文明鎭	1909 설립	조직변경
	株式供需會社	趙秉澤	1910.1 農商工部에 청원	소멸
	共益社	西原龜三	1907 설립, 朴承稷 등이 주도, 1914년에 인가	신청인가
	義州協商會社	李俊善	1910.1.30 활동 중	소멸
	漢城普信社	芮宗錫	1898 설립, 京城普信合名會社의 전신	강제해산
	協信商會	徐相彬	1910.3 설립	소멸
	吉興社		1910.3 영업 중	소멸
	湖上館商會	趙秉承	1909 설립, 1910.5 영업 중	소멸
	大韓商業(株)	李載克	1909 설립, 1910.3 大韓商業株式組合	조직변경
	東洋用達會社	鄭永斗	1906 궁내부 특허로 설립	신청인가
	合名牛皮會社	鄭台煥	1910.4 신청, 農商工部에서 퇴각	사전퇴각
	布光社		1910.5 영업 중	소멸
	韓美興業(株)	馬野	1908 설립, 대표 대리 李孝稙	소멸
	水陸物産(株)	坂井猶吉	1910.6 설립, 발기인 5 중 일인 1명	소멸
	大韓興業(株)	尹致晟	1909 설립, 大韓興業會의 후신	소멸
	韓佛興業社		1910.7 영업 중	소멸
	法韓烟草會社		1910.9 활동 중	소멸
	牛皮會社	韓慶履	1910.8 설립, 朝鮮牛皮合名會社의 전신	강제해산
	合資永興商會	方善容	1910.11 설립, 1921 현재 合資會社永興社	조직변경
	牛馬賣買(資)	朴銓瀅	1910.12 登記畢	강제해산
	禮山木材薪炭(名)	李象熙	1910.12 登記畢	소멸(불허)
	京城果物(資)	姜友喆	1910.11 登記畢, 명목상 대표는 大久保機一	계출인가

표 4-12 계속

구분	회사명	대표자	경과	회사령처분
운수업 창고업	協同郵船會社	李允用	1898 설립, 1910 현재 대표 丁致國	계출인가
	大韓運輸會社	李鳳來	1898 설립, 1910 대표 李冕宰, 朝鮮運輸合名會社	신청인가
	彰興社	高敬必	1909 설립, 1915 이후 彰興倉庫株式會社	조직변경
	大同運輸會社	安海珉	1907 설립, 1910 현재 활동 중	조직변경
	博物運輸會社		1909 설립, 1910 현재 활동 중	소멸
	松坡運輸會社	兪星濬	1910.3 설립, 자본금 300원	소멸
	(資)普通組合	延時泰	1910.4 영업 중, 9 (資)慶北普通組合記, 權寧樂	소멸(불허)
	運送會社	景元植	1910.10 설립	소멸
	合資普興運輸組	尹晶錫	1908 설립, 1910 현재 대표 金致允	조직변경
	日韓海陸運輸(資)		1910.6 영업 개시, 목포에 본점	소멸
	普運社	金定玉	1905 설립, 1910.6 활동 중	조직변경
	海陸運送(資)	尹泰吉	1910.10 登記畢	강제해산
	陸地運送會社	趙南喆	1910.10 설립	소멸
	朝鮮興業(資)	徐起淳	1910.10 업무 개시, 1911 사장 權重奭	계출인가
	運輸旅閣(資)	韓慶履	1910.11 登記畢	강제해산
	合資丸熙會社	金萬經	1910.11 登記畢	소멸(불허)
	慶北安東(資)	宋秉銓	1910.11 登記畢	소멸(불허)
	(資)月城普通組合	金翼鳳	1910.11 登記畢	소멸(불허)
	朝鮮海陸運輸(資)	河圭一	1910.11 登記畢	소멸(불허)
	水陸運輸(資)	張元達	1910.11 登記畢	강제해산
	咸南興業(資)	李東鎬	1910.11 登記畢, 대표는 阪本金三郎, 한일합작	소멸(불허)
	慶北榮川(資)	權河永	1910.12 登記畢	소멸(불허)
수산업 어시장	水產合資會社	閔泳綺	1910.1 설립	소멸
	水產株式會社	李址鎔	1909 청원, 1910.3 재청원	소멸
	大海漁業會社	李根澔	1910.3 설립	소멸
	(資)大隆社	李載克	1910.6 자본 모집 중, 1916 해산	계출인가
	西江水產市場(名)	李源昇	1910.10 登記畢	계출인가
출판사 인쇄소	普成社	申海永	1906 설립, 1910.4 활동 중	소멸
	興文社		1910 활동	소멸
	義進社	韓慶履	1908 설립	소멸
	慶南日報社	金基邰	1909 창간, 1910 폐간, 1912 복간	신청인가
	文明社	李寅燮	1910 활동	조직변경
기타	保船會社	金敎哲	1910.3 발기	소멸
	補船會社	李學宰	1910.4 활동 중	소멸
	木工會社		1910.5 활동 중	소멸
	渡船會社		1910.11 활동	소멸

주: 商會는 다수인의 합자가 분명한 것만을 포함시켰으며, 農工銀行은 제외했다.
자료: 『皇城新聞』『大韓每日申報』『每日申報』를 토대로 작성. 회사에 따라서는 관련기사가 너무 많기 때문에 전거는 일일이 밝히지 않았다.

표 4-13. 기설회사에 대한 회사령 적용 상황(회사 수)

구분	계출 인가	%	신청 인가	%	소계	%	사전 퇴각	%	소멸/조직변경	%	합계
금융업	5	45.5	2	18.2	7	63.6			4	36.3	11
농림업	1	14.3			1	14.3			6	85.7	7
제조업	3(1)	11.5	4	15.4	7	26.9	1	3.8	18	64.3	26
광업						0.0			1	100.0	1
상업	7(3)	26.9	2	7.7	9	34.6	1	3.8	16	61.5	26
운수업 창고업	5(3)	22.7	1	4.4	6	27.3			16	72.7	22
수산업	1	20.0			1	20.0			4	80.0	5
출판사			1		1	20.0			4	80.0	5
기타						0.0			4	100.0	4
계	22(7)	20.6	10	9.3	32	29.9	2	1.9	73	68.2	107

주: 계출인가 중 ( ) 안의 수치는 강제해산된 회사 수임.
자료: 표 4-12를 토대로 작성.

금융업 부문에 계출만으로 인허된 회사가 특히 많은 것은, 이 부문 회사들의 자본 규모가 상당했던데다가, 관료 출신자들이 다수 참여한 때문일 것이다. 더구나 금융업 회사(대부분 은행)들은 1912년 은행령에 따라 총독부의 정책 보조 기관처럼 되었다. 상업과 운수업 부문도 인가 비율에서나 건수에서 평균을 상회하지만, 그 반수 정도가 인가 후 바로 강제 해산되었기 때문에 이 부문의 실질 인허율은 10% 내외에 불과하다.

한 가지 흥미로운 점은 회사령 시행 이후 일인 기설 회사의 동향이다. 회사령 시행을 앞둔 1910년 말부터 1911년 말에 이르기까지 1년간, 『관보』에 해산 등기를 한 일인 회사는 26개 사에 달한다. 이 기간에 일인의 회사 설립열도 대단히 높았음을 감안하면, 이를 경영 부진에 따른 결과라고만은 볼 수 없다.* 해산한 일인 회사는 다양한 업종에 걸쳐 있었다. 해산한 두 신문사는 언론 통제 때문으로 추정되는데, 나머지 회사들도 총독부가 회사령 시행을 앞두고 사전 정비 차원에서 해산을 요구했을 가능성이 크다. 일인 회사의 상당수가 '자진 해산'한 것은, 회사령이 회사 일반에 대한 일제 정비의 의도도 지니고 있었음을 보여준다. 대한제국 후기에 활동하던 한인 회사 다수가 계출조차 못한 것도 일제의 사전 조치 때문이었을 것이다.

요컨대 은행을 비롯한 일부 대규모 금융 회사를 제외하면 전반적으로 기설회사의 10% 정도만이 계출만으로 인허되었고, 상당수는 계출 대상이라도 새로 설립 신청을 해야 했다. 설립 신청조차 할 수 없었던 회사들은 조합으로 조직을 변경하거나, 상회 등으로 상호를 바꾸었다.* 참고로 1910년 말부터 1912년까지 『매일신보』에 등장하는 조합과 상회, 유사 회사를 보면 표 4-14와 같다.

표 4-14에서 보는 바와 같이 보운사(普運社), 합자보흥운수조(合資普興運輸組), 대동운수회사(大同運輸會社) 등 여러 지역의 객주를 연결하여 화물탁송업을 하던 운수업 회사들은 회사령 이후 지역간 연계를 포기하고 소운송

*1910~1911년 말까지 자진 해산한 일인 회사를 업종별로 보면 다음과 같다.

<table>
<tr><th>업종</th><th>회사명</th><th>업종</th><th>회사명</th></tr>
<tr><td rowspan="5">제조업</td><td>京龍豆腐合資會社</td><td rowspan="12">상업</td><td>京城十友合資會社</td></tr>
<tr><td>東亞煙草株式會社</td><td>釜山共益株式會社</td></tr>
<tr><td>釜山製粉株式會社</td><td>仁川木材合資會社</td></tr>
<tr><td>山西酒造株式會社</td><td>日英貿易合資會社</td></tr>
<tr><td>元山鐵工合資會社</td><td>日韓貿易株式會社</td></tr>
<tr><td>금융업</td><td>合名會社平壤信用組合</td><td>合名會社明治屋</td></tr>
<tr><td rowspan="2">운수업</td><td>木浦航運合名會社</td><td>合名會社小田商會</td></tr>
<tr><td>合名會社川中運輸</td><td>合名會社二田商會</td></tr>
<tr><td>수산업</td><td>馬山水産株式會社</td><td>合名會社日韓食品組</td></tr>
<tr><td>농림업</td><td>山陰道産業株式會社</td><td>合資會社京城製瓦販賣所</td></tr>
<tr><td rowspan="2">토건업</td><td>萬石洞埋築株式會社</td><td>合資會社元藤商店</td></tr>
<tr><td>釜山埋築株式會社</td><td>전기업</td><td>釜山電燈株式會社</td></tr>
<tr><td rowspan="2">신문업</td><td>群山日報株式會社</td><td>기타</td><td>群山演劇株式會社</td></tr>
<tr><td>北韓新報株式會社</td><td></td><td></td></tr>
</table>

자료: 『朝鮮總督府官報』의 「광고」를 토대로 작성.

*小林英夫는 강제 해산될 것을 우려하여 조합이나 개인 경영으로 바꾸고 회사 인가를 신청하지 않은 경우가 많았을 것으로 보았는데, 그보다는 신청 과정에서 압력을 받아 불가피하게 전환한 경우가 더 많았을 것이다. 小林英夫, 앞의 책, p.115.

표 4-14. 1911~1912년간 조합, 상회, 유사회사 일람

구분	명칭	대표자	활동내용	비고	게재일
상회 유사 회사	薪炭會社		벌채, 목재상	纛島 소재	1911
	韓盛商會	文明鎭	상업		1911.1.21
	金龍商會		도장재료 판매		1910.11.22
	永興商會	方善容	상업, 합자조직		1910.11.19
	江華商會		연초제조업	1909.7 설립	1911
	東光社		연초제조업	1911.5 설립	1911
	廣成商會		연초제조업	1910.1 설립	1911
	協信商會	徐相彬	상업, 5명의 합자조직		1911.5.2
	朝鮮北魚賣買商會	朴箕陽	상업, 합자조직	1911.5.2 이전 설립	1911.5.2
	保民商會	申鉉九	상업, 8명의 합자조직		1911.7.16
	信行商會	金然鶴	금은세공업, 직공 20명	1908.11 설립	1911.7.27
	共盛商會	方奎煥	약재무역, 합자조직		1911.7.30
	紙物商會	吳基禎	紙物 書畵 매매		1911.8.2
	中央雜貨商會	李耈鍾	상업		1911.8.17
	興信社		상업		1911.8.17
	壽昌商會		잡화 매매		1911.9.28
	海東商會		잡화 매매		1911.9.28
	信興商會		위탁매매, 석탄상		1911.12.26
	成川染織會社	李冕均	製織, 염직	1911.4 설립	1912.2.18
	廣興商會		상업		1912.3.15
	朝鮮貿易公司	金容達	직물 매매	商號登記	1912.5.11
	京城商會	金潤壽	포목상		1912.6.20
	鑛業用品商會	具舜喜	광업용품 매매		1912.6.30
	三益社		무역업		1912.7.6
	廣昌商會	鄭基學	모직물, 잡화 매매		1912.8.11
	合資會社共益社	朴承稷	1907 설립	1914 株式會社共益社로 개편	1912.8.14
	開城社	金基永	1906 설립	1913 合資會社開城社로 개편	1912.7.3
	大成社	宋秉畯	蠶絲業, 製絲業, 1910 설립	職工 36명	1912.8.16
	國內通運社	李載現	通運社의 후신(主流)	商號登記, 崔錫彰, 朴禎鎬 등	1912.9.19
	通運社	金致允	通運社의 후신(個別化)	商號登記	1912.9.29
	普興運輸組	李喬寧	合資普興運輸組의 후신	商號登記	1912.9.29
	大同運送部	具漢會	大同運輸會社의 후신	商號登記	1912.9.29
	東洋運輸組	沈宜性	신설	沈宜性은 參尉, 군수 역임	1912.10.3
	三榮商會	李時雨	開城, 무역업		1912.10.6
	大正社	金容俊	제화업		1912.10.8
	木絲會社	李淵相	4명의 합자	非認可會社	1912.10.17
	三通商會	李秀三	帽子商		1912.10.24
	朝鮮染織洋行	趙禹衍	染織業, 染織會社의 후신(?)		1912.10.31
	昌文社	金翼洙	인쇄업		1912.11.30
	普明社		인쇄업		1912.11.30
	開城油燈會社		油燈 點燈		1912.12.11

표 4-14. 계속

구분	명칭	대표자	활동내용	비고	게재일
조합	北魚賣買組合	宋鍾聲	北魚賣買, 어시장 경영	總督府認許, 一名 魚市場組合	1911.1.1
	土木請負組合	沈宜碩	자본금 4,000원, 趙秉澤 등	一名 漢城土木組合	1911.2.1
	漢城柴場組合	金溶泰	시탄매매 중개, 합자조직		1911.2.1
	家僧組合	芮宗錫	1911.4.2 인가 청원	家僧株式會社의 前身(?)	1911.3.2
	豆腐組合	許致哉	두부매매, 조합원 41명	道廳請願	1911.4.1
	平壤牛肉組合		牛肉賣買	設立請願	1911.4.2
	麵商組合	趙春三	麵類賣買	强制解散	1911.5.4
	酒釀組合		酒類 麯子 賣買		1911.11
	連山紙業組合			道廳에서 보조금 지급	1912.4.1
	京城米商組合所	沈錫祚	大韓米商組合所의 후신		1912.4.1
	成川染織組合	金元圭	조합원 4명, 자본금 4,000원	染織工場 附設	1912.5.3
	北魚組合所		彰興社의 후신		1912.6.8
	鎭南浦淸潔組合	林祐敦	淸掃用役業	潔穢會社類	1912.7.2
	三永組合	鄭仁叔	무역업, 합자조직	신설	1912.9.2

주: 유사회사란 '社'의 稱號를 쓰면서 영업 활동을 하는 기업 조직들이다. 이발상조합, 금물상조합, 시계상조
등 단순한 동업자 조직은 제외하고 영리를 목적으로 하는 조합만을 수록했다.
게재일은 동기간 중 관련기사가 최초로 나온 일자다.
東光社, 江華商會, 廣盛商會, 薪炭會社는 朝鮮總督府, 1913『京城商工業調査』p.33 및 p.140에 수록된 기
으로서 1911년 현재 영업 중인 유사회사다.
자료: 『매일신보』를 토대로 작성.

업체로 전락했으며, 비교적 대자본으로 무역업에 종사한 공익사(共益社), 개성사(開城社), 삼영조합(三永組合), 삼영상회(三榮商會) 등도 회사가 되지 못했다. 회사령이 한인 자본의 결합을 곤란하게 하여 한인 기업의 영세화를 유도했음은 이 사실을 통해서도 분명히 알 수 있다.

2) 제2기(1915~1917)의 추이

제2기에 설립된 회사를 민족별(대표자 기준)로 나누어보면 표 4-15와 같다. 그런데 이 표는 『관보』에 기록된 인허 건수만으로 작성한 것이기 때문에 역시 누락분이 있다. 한인 대표 회사의 누락분은 1917년 4월에 설립된 개성전기주식회사(開城電氣株式會社)*인데, 일인 대표 회사 중에도 누락분이

표 4-15. 1915~1917년간 민족별·자본금액별 인허 회사(단위: 円)

기간		일본인대표회사	조선인대표회사	비율(%)	합계
1915.4~1916.3	건수	10		0.0	10
	자본금	1,637,000		0.0	1,637,000
1916.3~1917.3	건수	17	4	19.0	21
	자본금	8,670,000	690,000	7.4	9,360,000
1917.4~1918.3	건수	36	6	14.3	42
	자본금	17,020,500	1,230,000	6.7	18,250,500
합계	건수	63	10	13.7	73
	자본금	27,327,500	1,920,000	6.6	29,247,500

주: 小林英夫, 앞의 책 '附錄'의 통계 데이터에는 일부 지점이 混入되어 있어, 그와는 약간의 오차가 있다. 참고로 혼입된 지점은 日海興業株式會社, 朝鮮無煙炭鑛株式會社, 稷山金鑛株式會社, 大正起業株式會社다.
자료: 『朝鮮總督府官報』의 인허 회사를 토대로 작성.

있을 수 있으므로 굳이 통계를 수정하지는 않았다. 이 표에서 보는 바와 같이 1915년에 설립된 한인 회사는 한 곳도 없다. 일인 회사의 설립도 1915, 1916년에는 전 시기에 비해 부진했다. 1917년에는 회사 설립이 크게 늘었지만, 일인 회사가 그 수에서나 자본금에서나 전년 대비 두 배 이상 신장한 데 반해 한인 회사는 그에 훨씬 못 미쳤다.*

1917년에 한인 회사의 자본금 비중이 상대적으로 높게 나타난 것은 자본금 50만 원의 조선제사주식회사(朝鮮製絲株式會社)와 30만 원의 조선지주식회사(朝鮮紙株式會社)가 각각 홍충현(洪忠鉉)**과 조중응이라는 거상, 귀족을

*개성전기주식회사는 개성의 유력 상인들이 주도하고 일부 일인이 가담하여 설립한 것으로 1921년의 사장은 개성의 거상 김기영이었고, 자본금은 공칭 10만 원, 拂込濟였다. 『朝鮮銀行會社要錄』 1921년판, p.123.

*小林英夫는 일인 회사의 급증에 주목하여 1917년부터를 회사령 제3기로 구분했는데, 이렇게 구분하면 일본 자본의 진출 양상을 중심으로 회사령을 분석할 수밖에 없다. 그러나 회사령으로 식민지 산업 기반을 재편하려 한 총독부의 의도에 주목한다면, 조선 내 회사, 특히 한인 회사의 설립 상황을 중심으로 시기 구분하는 것이 옳다고 본다.

**홍충현은 극빈가에서 태어나 약국 사환으로 일하다가 15~16세부터 무역에 나섰다고 하는데,

대표로 하여 설립된 때문이다. 두 회사의 자본금 합계 80만 원을 제하면 나머지 4개 사의 자본금은 전년도 4개 사의 그것보다 오히려 크게 줄었다.

1914년 회사령시행규칙 개정으로 회사령 적용이 상대적으로 이완되었음에도 한인 회사의 설립이 특히 저조했던 것은 일본 경제의 불황과도 관련이 있겠지만* 근본적으로는 상업회의소령 공포 등을 통한 통제 기구의 정비와 전 시기 동안 지속된 회사 설립 억제의 영향, 그리고 총독부의 일인 회사 우대 등이 주된 원인이었던 듯하다. 표 4-16은 1912~1916년간 주요 회사의 경영 상태 변화를 표시한 것인데, 일인 회사는 모두 불입자본(拂込資本)이 늘어난 반면, 증자한 한인 회사는 찾아보기 어렵다. 한인 회사는 외형(新設)뿐 아니라 내실에서도 크게 위축되어 있었다.

제2기 이후 강제 해산된 회사는 없지만, 허가 비율은 표 4-4에서 본 바와 같이 49.4%로 전기의 58.6%보다 줄었다. 불허 사유를 상세히 알 수는 없지만, 『조선총독부시정연보』에 기재된 내용을 통해 짐작할 수는 있다(표 4-17 참조). 1912년부터 토지겸병의 폐단을 거론한 것은 자작농 중심의 이주식민지안이 아직 폐기되지 않은 사정을 반영한다. 1914년부터 '일반 조선인 회사의 통폐(通弊)인 부정이득을 탐하는 회사'가 사라진 것은 한인 회사의 도고 관행에 대한 강력한 탄압이 성과를 거둔 때문이다. 1917년에 '경쟁의 배제'가 추가된 것은, 이 해부터 일본 본국 자본의 조선 투자가 늘어나면서 대규모 회사가 설립되던 상황을 반영한다.[108]

따라서 제2기에 불허 처분을 받은 회사들은 사업 목적이 불분명한 것과

淸國 및 安南米 수입을 담당하면서 치부했다고 한다. 이로 미루어볼 때 이용익과 연계된 미곡상 출신이었던 것 같다. 『每日申報』 1912년 12월 4일 「朝鮮人物觀」. 그는 대한제국기에 中樞院三等議官(1902), 京畿觀察府警務署警務官(1905), 掌禮院典祀(1910) 등의 관직을 받았다. 1899년 대한천일은행에 참여했고, 한성농공은행, 광장주식회사, 조선무역주식회사 등에도 중역으로 참여했다. 『每日申報』 1912년 12월 4일 「朝鮮人物觀 洪忠鉉氏」.

*일본 경제는 1915년부터 호황을 누렸고 1916~1917년에 절정에 달했다. 이에 비추어본다면 회사 설립 부진을 불황 탓으로 돌릴 수만은 없다. 이에 대해서는 安藤良雄 編, 1978 『兩大戰間期の日本資本主義』 東京大學出版會 참조.

표 4-16. 회사령 제1~2기 주요 회사의 경영 상태 변화(단위: 円)

회사명	연도	공칭자본금	불입자본금	적립금	정부 보조금	순익금	배당률 (%)
東洋拓殖株式會社	1912	10,000,000	7,507,838	299,600	300,000	572,666	0.65
	1916	10,000,000	10,000,000	663,700		817,971	0.65
朝鮮郵船株式會社	1912	3,000,000	750,000	2,870	277,711	57,384	0.6
	1916	3,000,000	1,500,000	165,820	534,884	322,693	0.95
京城電氣株式會社	1912	6,000,000	3,750,000	79,370		351,023	0.875
	1916	6,000,000	6,000,000	260,000		568,136	0.85
朝鮮瓦斯電氣株式會社	1912	3,000,000	1,049,150	13,660		59,072	0.55
	1916	3,000,000	1,350,000	51,522		126,448	0.625
東亞煙草株式會社	1912	1,000,000	1,000,000	112,000		288,439	1.1
	1916	3,000,000	1,900,000	240,000		465,004	1.3
朝鮮皮革株式會社	1912	1,000,000	498,950			12,103	
	1916	1,000,000	600,000	400,000		284,655	1.3
廣業株式會社	1912	500,000	125,000	25,000		45,992	1.3
	1916	500,000	125,000	62,500		40,154	1.0
京城織紐株式會社	1912	100,000	75,000	12,00		9,161	1.1
	1916	100,000	75,000	2,380		−882	
廣藏株式會社	1912	100,000	78,000			1,867	
	1916	100,000	78,000	9,678		7,902	0.3
京城隆興株式會社	1912	150,000	100,000			2,238	1.0
	1916	150,000	100,000	7,100		8,167	1.0
株式會社漢城銀行	1912	3,000,000	1,500,000			51,243	
	1916	3,000,000	1,500,000	66,500	50,000	75,087	0.7
株式會社韓一銀行	1912	750,000	500,000			54,960	
	1916	750,000	500,000		140,000	9,750	0.3

주: 京城商業會議所, 1917 『朝鮮經濟年鑑』 pp.138−240에 수록된 회사 중 1912년과 1916년을 비교할 수 있는 회사 전부를 대상으로 하고, 거기에 『매일신보』에 공고된 대차대조표를 토대로 廣藏株式會社 이하의 회사를 추가하여 작성.

표 4-17. 『조선총독부시정연보』에 나타난 연도별 불허 사유

연도	불허 사유
1911	① 일반 조선인 회사의 通弊로서 관청의 허가에 의해 사업의 독점권을 얻은 것처럼 선전하여 우민을 속이고 부정한 이득을 貪하는 것 ② 사업목적이 확실하지 않아 도저히 성공가능성이 없는 것
1912~1913	①, ②는 존속 ③ 토지겸병의 폐단이 점차 나타나는 데에 편승하여 종종의 명목하에 토지의 매수를 목적으로 하는 것
1914~1916	①은 소멸 ②, ③은 존속
1917	②, ③은 존속 ④ 無用의 경쟁을 야기하여 산업의 발전을 저해할 우려가 있는 것

자료: 『조선총독부시정연보』 각 연도 판을 토대로 작성.

토지겸병을 목적으로 한 것, 그리고 동일 부문에서 경합하는 것들이었다고 할 수 있다. 이 중 토지겸병을 억제한다는 원칙은 1917년 이후 사실상 폐기되기 때문에,* 그 이후 불허된 것은 대개 기존 회사와 경쟁할 가능성이 있는 회사들이었을 것이다.

그런데 한인은 대한제국 후기에 작잠업에는 활발히 진출했지만, 농경업이나 개간업에는 관심을 갖지 않았다. 이는 한인의 농업 경영이 개인 지주 중심이었던 사정과도 관련이 있지만, 기본적으로는 총독부의 억압 때문이었다고 생각된다. 일본 농민의 대량 이주를 당면 목표로 설정한 상황에서, 한인의 토지 매수를 방치하지 않았을 것이기 때문이다. 앞에서 언급한 명농회(明農會)가 사업 목적을 변경한 것이 일례다. 이렇게 본다면 토지 매수에 열중한 자들은 대개 일인이었을 것이다.

---

*1914년 4월~1916년 3월 사이의 기간 중에 농경업 회사는 일인의 1개 사만 인허되었을 뿐이지만, 1917년 4월~1920년 3월까지의 기간에는 농경업, 양잠업, 산림업, 개간업 등 '농업경영의 명목 하에 토지겸병의 폐단을 야기할 우려가 있는 것'의 인허가 일인 23건(일인 인허 건수 전체의 8%), 한인 7건(한인 인허 건수 전체의 7.2%)에 달했다. 小林英夫, 앞의 책, p.160－61, 170－71.

표 4-18. 제2기 중 일인 지배 회사에 참여한 한인 자본가

회사명	설립일	자본금(円)	한인 중역, 대주주	전거
東洋奬工株式會社	1916.2.24	1,000,000	趙重應, 韓相龍, 白完爀	每, 1916.7.1
朝鮮製糖株式會社	1917.2.8	500,000	趙鎭泰, 韓相龍	每, 1916.12.26
朝鮮製紙株式會社	1917.8.6	5,000,000	趙鎭泰	要
朝鮮紡織株式會社	1917.8.9	5,000,000	韓相龍, 方奎煥	要
群山印刷株式會社	1917.11.28	60,000	邊光鎬	要

주: 每는 每日申報, 要은 朝鮮銀行會社要錄임.

한인 회사에 문제가 된 것은 '경쟁의 배제' 원칙이다. 한인과 일인이 같은 목적의 회사를 설립하려고 경합할 경우 일인에게 유리한 처분이 내려졌을 것이기 때문이다.[109] 이는 한인 회사의 설립이 극도로 부진한 가운데에도 한인이 참여한 일인 회사의 비중은 오히려 늘어난 점을 통해서도 확인된다. 특히 군산인쇄주식회사(群山印刷株式會社)를 제외하면 이들 회사는 모두 자본금 50~500만 원의 대규모 회사들이었고, 여기에 참여한 한인 역시 백완혁, 한상룡, 조진태 등의 대자본가들이었다(표 4-18 참조). 총독부는 정책적 고려에서 한인 대자본가의 일인 회사 참여를 요구하기도 했다.* 한인 자본과 일인 자본의 통합을 촉진하고 한인의 독자적 사업을 억제하기 위함이었다. 그런 점에서 이 시기 한인 회사의 부진은 총독부가 한인의 독자적 회사 설립을 억제한 결과였다.

제2기에 설립된 한인 회사를 업종별, 자본 규모별로 살펴보면 표 4-19와 같다. 금융업과 농림업, 광업, 운수업, 수산업 부문에서는 1개 사도 설립되지 않았고, 제조업이 4개 사(전기업 포함)로 전체의 40%를 점했다. 품목별

*朝鮮製糖株式會社는 최초 발기인 18명 전원이 일인이었지만, 총독부는 조선 최초의 대사업인 만큼 한인을 반드시 추가하라고 요구하여 경성상업회의소 副會頭 조진태와 常議員 한상룡을 참여시켰다. 자본금 500만 원의 1회 불입금은 1인당 10만 원씩 180만 원이었는데, 이 두 사람이 참여함으로써 200만 원으로 늘어났다. 『每日申報』 1916년 12월 26일 「製糖會社 發起」.

표 4-19. 제2기의 한인 회사(단위: 원)

회사	설립일	자본금	업종	대표자
慶南印刷株式會社	1916.4.14	50,000	인쇄업	李圭直
大昌貿易株式會社	1916.4.17	500,000	판매업, 무역업	白潤洙
唐津物産株式會社	1916.12.6	20,000	기계기구류 판매	李種起
忠南苧布株式會社	1917.2.26	150,000	苧布 매매	金鍾翕
開城電氣株式會社	1917.4.14	100,000	전기업	金基永
株式會社泰成社	1917.6.28	150,000	무역업	鄭萬善
(資)水原精米所	1917.8.28	40,000	정미업	金舜九
合資會社白山商會	1917.11.17	140,000	곡물 등 매매	安熙濟
會寧貿易株式會社	1917.12.29	100,000	무역업	盧成龍
朝鮮製絲株式會社	1918.1.16	500,000	견사방적업	洪忠鉉
朝鮮紙株式會社	1918.2.25	300,000	제지업	趙重應

자료: 『朝鮮總督府官報』『朝鮮銀行會社要錄』을 토대로 작성.

로도 제1기에는 도자기, 연초제조, 특수직물에 집중되었으나 이 시기에는 도자기 제조업은 하나도 없고,* 견사방적(絹絲紡績), 전기, 제지, 정미(精米)에서 각각 1개 사씩 설립되었다. 자본 규모도 정미업(精米業) 1개 사를 제외하면 모두 10만 원 이상으로 중규모 이상에 해당한다.** 품목별 분포에서 나타나는 최대의 특징은 수출품 제조 부문이 재등장했다는 점이다. 그렇다 해도 수이출(輸移出) 곡물의 상품 가치를 높이기 위한 것(精米業)이나 중국 수출을 목적으로 하는 것(제지)뿐이어서 이들 회사가 일본제 상품의 조선 침투에 장애가 되지는 않았음에 유의해야 한다. 따라서 내수품 제조 회사의 몰락과 수출품 제조 회사의 출현은 오히려 조선의 상품시장화, 원료공

*1916년까지 평양자기제조주식회사, 분원자기주식회사, 陶瓮合資會社, 조선고려자기제조주식회사의 陶磁器 4개사가 모두 소멸해버렸기 때문에, 이 기간에 陶磁器製造業은 1개사도 남지 않았다.

**小林英夫는 이 시기 조선 내에 설립된 회사 전체를 분석하면서 10만 원 미만을 소규모, 10~30만 원을 중규모, 30만 원 이상을 대규모로 분류했다.

급지화가 급진전된 사정을 반영한다. 일본 상품 수입 판매를 주목적으로 하는 상업 회사가 50%를 점한 것도 같은 맥락에서 이해할 수 있다.

제2기에는 회사의 대표자 면에서도 상당한 변화가 나타났다. 대표자 10명 중 대한제국기의 고관은 조중응 1명뿐으로, 강점 직후 이들의 회사 설립열이 높았던 점을 감안할 때 극히 위축된 면모를 보인다. 나머지 9명 중에도 대한제국기에 회사에 관계한 경력이 있는 인물은 김기영(마차회사, 대한천일은행, 호남철도주식회사)과 홍충현(대한천일은행, 한호농공은행, 광장회사)뿐이다.

나머지 8개사의 대표들은 모두 식민지화 이후 회사에 관여하기 시작했는데, 대개는 상인들이었다. 1912년 구포은행(龜浦銀行) 두취(頭取)가 된 이규직(李圭直)은 부산 객주였고,[110] 백윤수(白潤洙)는 시전상인가(縇廛)에서 출생한 포목상이었다.* 수원정미소의 김순구(金舜九)는 1910년 강제 해산된 우마매매합자회사 사원이었으며, 이종기(李種起), 노성룡(盧成龍), 정만선(鄭萬善) 등도 회사 설립 지역과 업종을 고려할 때 지방의 유력 상인이었을 것이다. 충남저포주식회사(忠南苧布株式會社)의 김종흡(金鍾翕)은 회사 본점이 부여에 있었던 것으로 보아 지주일 가능성이 크다. 구포저축주식회사(龜浦貯蓄株式會社)의 발기인이기도 했던 안희제(安熙濟)는 관료 가문 출신으로 그의 기업 활동은 정치적 동기에 더 많이 좌우되었던 것 같다.**

요컨대 제2기에는 식민지화 이후부터 회사에 참여한 상인들이 회사 설립을 주도했다. 이는 일제가 대한제국 관료 출신자들에게 제한적으로나마 부여했던 특권을 회수한 결과이지만, 고관 출신 자본가들이 일인 회사에 투자하는 데 더 큰 관심을 보인 사정과도 무관하지 않다.

---

*백윤수는 개항 직후부터 무역업에 진출하여 치부했다. 『朝鮮銀行會社要錄』 1921년판, p.167. 백윤수의 경력에 대해서는 趙璣濬, 1973 『韓國企業家史』 pp.186－89 참조.

**안희제는 私立興化學校와 普城專門學校에서 수학했으며, 대한제국 후기에는 계몽운동에 열중했다. 일본의 한국 강점 후 간도, 연해주 일대를 전전하다가 1913년에 귀향하여 白山商會를 설립했다. 趙璣濬, 위의 책, p.295.

3) 제3기(1918~1919)의 추이

(1) 회사 설립의 급증과 자본금 규모의 확대

제3기는 1918년 6월의 개정으로 회사령이 유명무실해져 설립 신청 건수는 격증한 반면 불허비율은 격감한 시기다. 신청 건수가 격증한 것은 전쟁 경기를 타고 급성장한 일본 자본의 대외 진출 욕구가 커진데다가, 토지 상품화의 진전으로 한인 지주들의 수중에 화폐가 집적된 결과다.[111] 회사령 체제의 허구화는 이들의 욕구 실현 통로를 넓혀주어, 이 시기를 '기업발흥기'로 만들었다.[112] 이 시기에는 회사의 신청 건수가 급증했음에도 인허율은 90%에 달했다. 이전까지의 평균 인허율이 50% 내외에 불과했던 것과 비교하면 놀라운 증가다. 표 4-20에서 보는 바와 같이 불과 2년 1개월 사이에 인허된 한인 회사는 총 91개 사로, 앞의 두 시기에 걸쳐 인허된 41개 사(그 중 8개 사는 강제해산)의 두 배 이상이었다. 1개 사당 평균 자본금도 43만 7,978원으로 제2기의 19만 2천 원에 비해 두 배 이상 격증했다.

신설된 회사 중에서 한인 회사가 점하는 비중도 전 시기에 비해 크게 높아졌다. 제2기에 인허된 한인 회사가 전체 인허 회사에서 점한 비중은 13.7%, 자본금은 6.6%였으나, 제3기에는 각각 26.8%, 18.7%로 각각 두 배 이상 늘어났다. 이 시기에 일본 본국 자본의 조선 침투가 급증했음을 감안하면, 일인 자본을 포함한 조선 내 자본의 회사 설립에서 한인이 담당한 몫은 이보다 훨씬 컸다.*

제3기에 신설된 한인 회사를 업종별, 자본금별로 보면 표 4-21과 같다. 상업, 운수업, 창고업 등 유통 부문에 설립된 회사가 48개 사로 전체의 52.7%를 점했다. 농림업(개간업, 종묘업 등)에서도 7개 사가 설립되었는데, 이는 이 업종에 대한 규제가 사라진 때문일 것이다. 인쇄업의 약진도 두드

---

*제3기의 회사 설립 상황을 제1기와 비교하면 회사 수에서 한인과 일인의 증가율은 대략 같고, 평균 자본금은 일인이 2.31배, 한인이 3.77배로 한인의 증가율이 훨씬 높다. 小林英夫, 앞의 책, p.188.

표 4-20. 1918~1919년간 민족별·자본금액별 인허 회사(단위: 원)

기간			일본인대표회사	조선인대표회사	비율(%)	합계
1918.4~1919.3	건수		72	17	19.1	89
	자본금	합계	23,424,000	4,650,000	16.6	2,807,4000
		평균	325,333.3	273,529.4		
1919.3~1920.4	건수		176	74	29.6	250
	자본금	합계	149,256,500	35,115,000	19.0	184,371,500
		평균	848,048.3	474,527		
합계	건수		248	91	26.8	339
	자본금	합계	172,680,500	39,765,000	18.7	212,445,500
		평균	696,292.3	436,978		

주: 小林英夫, 앞의 책 '부록'의 통계 데이터에는 일부 지점이 혼입되어, 자본금액에서 상당한 오차가 있다. 참고로 혼입된 지점은 日海興業株式會社, 朝鮮無煙炭鑛株式會社, 稷山金鑛株式會社, 大正起業株式會社다.
자료: 『조선총독부관보』의 인허 회사를 토대로 작성.

러지는데, 이는 한인 신문 창간이 허용된 것과* 서적상, 인쇄업자들이 신문화의 확산에 대응하여 회사 설립에 나선 결과다.** 그밖에 광업 1개 사, 기타 3개 사(숙박업 2개 사, 예식업 1개 사) 등은 식민지화 이후 처음 설립된 회사들이다.

자본금 규모(공칭자본 기준)를 보면 10만 원 미만의 영세회사는 11%에 불과하다. 일인 회사 중에서 이 규모의 회사가 점하는 비중은 22.2%였다.*** 한인 회사는 10만 원 이상 100만 원까지의 중위 규모가 74.7%로서 절대 다수를 점했으며, 100만 원 이상의 대규모 회사도 14.3%에 달했다. 특히

*1919년 자본금 100만 원의 『東亞日報』와 50만 원의 『朝鮮日報』가 각각 창간되었다.
**大東印刷株式會社는 1908년부터 博文書館을 경영한 盧益亨, 誠文社(1913) 주인 沈禹澤, 新舊書林(1908) 주인 池松旭, 寶文館 주인 洪淳泌 등이 주동하여 설립한 회사이며, 朝鮮圖書株式會社 역시 盧益亨, 池松旭, 洪淳泌과 唯一書館(1908) 주인 南宮濬, 廣學社(1908), 同文社(1908), 翰墨社(1908) 등에 두루 참여했던 南廷哲 등이 주도한 회사였다. 『朝鮮銀行會社要錄』 1921년판 및 『皇城新聞』 『大韓每日申報』 『每日申報』 등.
***일인 회사 중 자본금 10만 원 이하의 회사는 38개였으며, 1만 원 미만의 회사도 7개나 되었다. 반면 한인 회사 중 1만 원 미만의 회사는 하나도 없었다.

표 4-21. 제3기에 설립된 한인 회사의 업종별, 자본금별 분포(단위: 1,000円, 괄호 안은 비율)

업종 / 자본금	금융업	농림업	제조업	상업	운수업	창고업	인쇄업	기타	계
10~	1(10.0)		2(11.8)	5(11.6)	2(100.0)				10(11.0)
100~		5(71.4)	8(47.0)	19(44.2)		1(25.0)	1(20.0)	2(66.7)	36(40.0)
300~		1(14.3)	2(11.8)	6(14.0)		1(25.0)	1(20.0)		11(12.1)
500~	4(40.0)	1(14.3)	3(17.6)	9(20.9)		2(50.0)	2(40.0)		21(23.1)
1000~	5(50.0)		2(11.8)	4(9.3)			1(20.0)	1(33.3)	13(14.3)
계	10(100.0)	7(100.0)	17(100.0)	43(100.0)	2(100.0)	4(100.0)	5	3(100.0)	91(100.0)

자료: 『朝鮮總督府官報』에 기재된 인허 회사를 토대로 작성.

농림업과 운수창고업을 제외한 모든 업종에서 대규모 회사가 설립되어, 이 시기에 한인 자본이 대규모로 결집하고 있었음을 보여준다.

(2) 신설 한인 회사의 부문별 특징

① 금융업

금융업 회사들은 거의가 대규모 은행이다. 그런데 이 시기에 신설된 한인 은행들은 여러 면에서 대한제국 전기에 설립된 은행과 달랐다. 대한제국 전기의 은행들은 정부와 황실의 지원 하에 중앙은행을 목표로 설립되었고, 관료들의 참여도 이와 관련되어 있었다. 그러나 이 시기의 은행들은 지방 금융을 담당하기 위해 설립되었고, 본점도 지방 도시에 두었다.[113]

그런데 일제는 지방 은행의 설립은 특별히 제재하지 않았다. 일인 농업 이민의 조선 정착을 지원하려는 정책적 고려 때문이었을 것이다. 총독부는 식민지 지주제의 확대로 상당한 현금을 확보한 조선인 지주들이 일인의 정착 자금을 공급할 수 있는 체계를 만들려고 했다.*[114] 그래서 제1기 후기에

*"併合以來 地方 鮮人의 資金은 점차 豊富할 뿐 아니라 各地에 대한 産業의 勃興은 其生計에 不少한 餘裕를 與했으며 更히 內地로써 資産家의 農事經營 或은 土地買收 等을 目的으로 하여 地方에 居住를 定하는 者가 增加하니 此等의 結果는 各地方 대하여 幾分 資金의 潤澤을 見케

이미 대구은행, 호서은행 등이 신설되고 구포저축주식회사가 경남은행으로 확장되었다. 제2기에 은행 설립이 없었던 것은 불황 탓일 테지만, 그렇다고 제3기에 자본금 100만 원 이상의 대규모 지방 은행이 속출한 것을 호황 덕이라고만 보기는 어렵다.*

지방 은행 신설과 관련하여 주목할 것은 1918년 6월의 조선식산은행령(朝鮮殖産銀行令) 공포다. 이 법령의 골자는 각지 농공은행을 통합하여 총독부가 직접 관할하는 대규모 은행을 설립하는 데 있었다. 총독부는 농공은행들이 농공업자에 대한 자금 대부라는 본연의 임무를 방기하고 단기적 상업자금이나 농촌 고리대의 자금원으로 전락해버림으로써, 조선 산업의 '발전'에 기여하지 못한다고 주장했다.** 이 문제를 해결한다는 명목으로 설립된 조선식산은행은 ① 30년 이내의 연부상환 또는 5년 이내의 정기상환의 방법에 의하여 부동산 또는 부동산상의 권리를 담보로 하는 대부, ② 5년 이내의 정기상환의 방법에 의하여 어업권을 담보로 하는 대부, ③ 법령의 규정에 의하여 설정한 재단을 담보로 하는 대부, ④ 농업자 또는 공업자 20명 이상이 연대하여 채무를 부담하는 자에 대한 5년 이내의 정기상환의 방법에 의한 무담보 대부 등 장기 대부에 치중하는 한편, 금융조합, 어업조합 등 총독부의 산업 정책을 뒷받침하는 법인에 대한 대부도 확대할 방침을 세웠다.115

농공은행이 폐지된 후 지방에서는 단기 상업 자금에 대한 수요가 급증했

하며 更히 進하여 事業을 企圖케 하는데 一方으로는 此 資金 供給의 必要를 生했으므로 ……" 『每日申報』 1913년 3월 11일 「普通銀行의 勃興」.

*제1기 후기에 설립된 지방은행들은 주로 제1차 세계대전 중의 금리 상승에 편승한 것들이었다. 趙璣濬, 1973, 앞의 책, p.36.

**1985 『日本植民地金融政策史の研究』 早稻田大學出版部, p.446. 農工銀行 폐지와 朝鮮殖産銀行 설립은 은행의 통폐합에 그치는 문제가 아니었다. 농공은행은 '조선인에 한하여 주주가 될 수 있'었기 때문에, 비록 일인 지배인이 운영의 전권을 쥐고 있었지만 한인 금융기관이라는 성격도 있었다. 그러나 농공은행이 폐지되자 朝鮮殖産銀行은 그 자산을 고스란히 인수해버렸다. 더불어 농공은행에 투입되었던 한인 자본도 총독부의 직접 관할하에 들어갔다.

표 4-22. 제3기에 설립된 은행의 대표자와 경력

은행명	대표자	경력/여타 기업 활동
株式會社開城銀行	金元培	開城商人/厚陵參奉(1905)/合資會社永信社(1912), 開城電氣株式會社(1919), 株式會社漢城銀行(1919)
株式會社湖南銀行	鄭洛敎	地主/湖南物産株式會社(1919)
株式會社慶一銀行	張吉相	地主/固城郡守(1901), 奎章閣直閣(1907)/鮮南商業銀行(1912), 朝鮮殖産銀行(1919), 大邱酒造株式會社(1919), 慶一銀行, 東亞燐寸株式會社, 倭館金融倉庫株式會社, 株式會社新民公司
株式會社平北銀行	崔熙淳	義州商人/新義州電氣株式會社(1919), 平安商業株式會社(1919), 群山酒造株式會社(1920)
株式會社海東銀行	閔哲勳	舊韓國官僚, 地主/宮內府特進官(1907), 男爵/百濟商事株式會社(1919), 朝鮮運輸合名會社(1919)
株式會社主一銀行	金弘祚	地主/秘書監丞(1908)/博文社(1905), 蠶桑會社(1901), 蠶業會社(1909), 株式會社慶南銀行(1919), 朝鮮製菓株式會社(1919), 高麗窯業株式會社(1919)/共進會 林業 金牌 受賞(1915)
株式會社東萊銀行	尹炳準	釜山客主/株式會社龜浦銀行(1912), 合名會社尹炳準商店(1919), 釜山穀物信託株式會社(1919)
(株)北鮮商業銀行	高敬必	咸興 北魚商/彰興社(1906), 咸興農工銀行(1907), 咸興藥業組合(1913), 咸興酒商組合(1913), 咸興商業會議所(1915)
株式會社全北銀行	朴永根	地主/全北觀察府主事(1902)/株式會社全州農工銀行(1906), 完天合資會社(1913)/共進會 林業 銀牌 受賞, 資産 50만 원

자료: 기업가 DB를 토대로 작성.

던바, 1918년 이후 지방 은행이 속출한 것은 이 수요에 대응하기 위해서였다. 당시 풍부한 유동 자금을 지닌 사람들은 토지조사사업의 완료와 미가(米價)의 앙등을 기회로 자산을 축적한 지주들과 전통적인 상업 도시의 상인들이었다. 표 4-22에서 보는 바와 같이, 이 시기에 신설된 은행의 대표자들은 대개 지주, 상인들로서 대한제국기의 은행에 관여했던 자는 1명도 없다. 대한제국 고위 관료 출신은 민철훈(閔哲勳)이 유일한데, 해동은행은 소위 '귀족은행'으로 이 시기에 신설된 은행 중에서는 특수했다. 지주로서 은행을 설립한 사람들 중 상당수는 대한제국기에도 회사에 참여한 바 있다. 상인으로 은행 대표가 된 사람은 함흥의 고경필(高敬必), 의주의 최희순(崔熙淳), 개성의 김원배(金元培), 부산의 윤병준(尹炳準)인데, 개항장 객주 출신은 윤병준뿐이고,* 나머지는 옛 사행로(使行路)나 특산물 산지의 거상들이다.**

가장 두드러지는 특징은 고관 출신과 귀족의 참여가 현저히 줄어든 반면,*** 지주층의 진출이 본격화했다는 점이다. 특히 일본의 한국 강점을 전후한 시기부터 대금업, 작잠업 등으로 사업 영역을 확장해 나간 기업가형 지주가 중추를 이룬 점이 주목된다. 반면 상인층의 회사 참여는 대한제국기와 비교하여 큰 차이가 없다. 의주 상인들은 1880년대부터 회사를 설립·운영해왔으며, 1905년 무렵부터는 함흥, 개성 등지의 상인들도 회사 설립에 적극적이었다. 이들이 이 시기에도 은행 설립의 주역이 된 것은 내륙 상권에 대한 한상(韓商)의 지배력이 상대적으로 오래 유지된 때문일 것이다. 남부 지방의 은행들은 주로 지주가 대표를 맡았던 반면 의주, 함흥, 개성 등 북부 지방의 은행은 상인들이 주도했던 것도 이런 사정과 관련이 있다.

② 제조업

제조업 회사를 세분해보면, 기계 제조업 1, 도자기 제조업 1, 양조업 4, 정

---

*小林英夫는 개항장 객주들이 쇠퇴한 이유를 개항장의 중심적 영업 부문을 일인이 장악한 때문으로 보았다. 실제로 개항장 객주 출신으로 일제강점기에 회사 설립을 주도하거나 대자본가로 부상한 사람은 극히 적었는데, 이는 식민지화 이후 일제가 이들을 집중적으로 억압한 것이 주요 원인이었다. 일제의 개항장 객주 억압에 대해서는 柳承烈, 1995「韓末 日帝初期 商業變動과 客主」서울대 국사학과 박사학위논문 참조.

**일본인 은행 설립자들은 잡화상, 무역상, 운수창고업자, 공장경영자, 농장주 등 잡다한 분포를 보였지만, 개항 이후 조선에 건너와 치부한 자들이라는 공통점이 있었다. 堀和生, 1983「朝鮮における普通銀行の成立と展開」『社會經濟史學』49-1, p.35.

***고위 관료들도 지주였지만 대한제국기까지는 부를 축적하는 경로가 보통 지주들과 달랐으며 회사에 참여하는 양상도 달랐다. 양자를 구분짓는 것은 특권의 유무다. 고위 관료층은 또 恩賜公債의 수혜자로서 자금 사용면에서 총독부의 엄중한 감독을 받았다.

표 4-23. 제3기에 설립된 제조업 회사의 대표자와 경력

회사명	대표자	경력/여타 회사 관련
南鮮蠶業株式會社	金衡玉	지주 겸 미곡상/全南觀察府摠巡(1905), 東拓設立委員(1908), 창평군수(1908)/光州工業合名會社, 株式會社湖南銀行, 光州輕便鐵道株式會社, 南鮮蠶業株式會社
高麗窯業株式會社	李相武	지주/大邱商事株式會社
朝鮮酒造株式會社	安熙濟	지주/白山貿易株式會社, 合資會社白山商會, 株式會社慶南銀行
南鮮釀造株式會社	金轍鉉	지주/株式會社馬山精米所
合資會社高麗蔘業社	朴宇鉉	개성 상인/개성군수(1909)/株式會社朝鮮商業銀行, 合名會社開城社/合資會社高麗蔘業社는 1913년 高麗蔘業社를 개조한 것
藥業株式會社	白瀅洙	시전 상인/京城證券信託株式會社, 朝鮮紙株式會社, 朝鮮貿易株式會社, 滿洲實業株式會社
朝鮮製皮合名會社	趙命九	서울 상인/光陵參奉(1905)/漢城材木柴炭株式會社, 朝鮮紙株式會社
京城紡織株式會社	朴泳孝	관료/內部大臣(1895), 宮內府大臣(1907)/朝鮮勸業株式會社, 朝鮮倉庫株式會社, 朝鮮貿易株式會社, 朝鮮普殖園組合, 朝鮮物產貿易株式會社, 朝鮮殖產銀行, 株式會社新民公司
朝鮮製絲株式會社	石鎭衡	관료/法學校敎授(1909), 전남도참여관(1921), 충남 도지사(1924)/株式會社大同寄宿館(1907), 漢城商業會議所(1905), 株式會社湖西銀行(1913), 株式會社서울호텔(1919)
東亞燐寸株式會社	張稷相	지주/신령군수(1910)/株式會社鮮南銀行, 株式會社慶一銀行, 倭館金融倉庫株式會社
朝日石鹼株式會社	曹喜暻	지주/法聖浦物產株式會社

자료: 기업가 DB를 토대로 작성.

미업 1, 제약업 2, 제혁업 2, 직물업 4, 화학공업 2의 분포를 보인다. 업종 분포는 제2기와 유사하지만, 기계 제조업(잠사기계), 화학공업(비누, 성냥), 제혁업이 새로 출현했고, 직물업도 종전과 같은 특수직물이 아니라 제사방적(製絲紡績), 직포업(織布業) 등 대량 소비품 생산에 집중하는 양상을 보인다.

주류 양조 회사의 증가는 1916년에 제정된 '주세령(酒稅令)'에 따라 양조장 규모를 확대하지 않을 수 없었기 때문이다.116 제조업 회사들이 다양하게 설립되면서, 일인 회사와 경쟁하는 회사도 나타났다.* 자본금 규모는 소규모에서 대규모까지 고루 걸쳐 있지만, 10만 원 이하의 소규모 회사는 전체의 10% 정도에 불과하다. 반면 경성방직주식회사(京城紡織株式會社), 조선제사주식회사(朝鮮製絲株式會社) 등 대규모 회사가 신설되어 한인의 제조업이 새로운 단계에 들어섰음을 보여준다.

표 4-23은 경력을 확인할 수 있는 제조업 회사의 대표자를 표시한 것이다. 은행 대표자들과 마찬가지로 개항장 객주 출신은 보기 어렵고,** 지주 출신과 서울 및 개성 상인, 대한제국 관료 출신이 섞여 있다. 그러나 추세상으로는 역시 식민지화 이전 회사 참여 경험이 없는 지주층이 주축이었다. 이 표에 수록하지 못한 인물들이 어떤 층에 속하는지는 알 수 없으나,*** 대다수가 양조업 회사 대표인 것으로 보아 역시 지주였을 것이다.

③ 농림업

농림업 부문에서는 개간업이 4개 사로 수위를 점했고, 농경업(農耕業), 종묘업(種苗業), 산림업(山林業)이 각각 1개 사씩 설립되었다. 개간업(開墾業)의 활기는 기본적으로 미가(米價) 상승 때문이겠지만, 제1~2기의 '개간을 명목으로 토지를 겸병할 우려가 있는 회사의 설립 금지'가 중단된 영향도 컸다. 자본금 규모에서는 모두 10만 원 이상 100만 원 이하의 중위 규모였다.

농림업 부문 7개 사의 대표로 경력을 알 수 있는 인물은 최연국(崔演國,

---

*小林英夫에 따르면, 공업회사만이 일인과 한인 사이에, 또는 일인들 사이에 경합하는 경우가 있었다. 小林英夫, 앞의 책, p.181. 한인 자본가들이 물산장려운동에 적극 참여한 것도 이러한 경쟁관계 때문이었을 것이다.

**金衡玉은 목포의 미곡상이었다고 하는데, 동척 설립위원이었던 것으로 보아 주된 경제 기반은 지주경영이었을 것이다. 趙璣濬, 1973, 앞의 책, p.162 참조.

***대한제국기 관료와 개항장 객주의 人名은 대부분 조사했기 때문에, 확인할 수 없는 경우는 이 層에서 제외된다고 보아 무방하다. 경력을 확인하지 못한 인물은 43명 중 17명이다.

鷄林農林株式會社), 김승환(金昇煥, 合資會社大成社), 백형수(白瀅洙, 滿洲實業株式會社), 조병택(趙秉澤, 朝鮮人蔘株式會社), 김호찬(金虎贊, 西鮮通產株式會社), 조중응(趙重應, 忠淸興業株式會社)의 6명이다. 대표의 경력을 확인하지 못한 합자회사신흥사(合資會社新興社)의 경우 1921년 당시의 대표 신석정(申錫定)은 함흥지방재판소 판사를 역임한 관료 출신이었다. 6명 중 조중응은 귀족이며, 최연국은 지주이고 나머지 4명은 모두 상인이다.* 농림업 부문에 상인의 진출이 활발한 것은 이 시기 농업 경영의 수익성이 높아짐에 따라 거상들이 지주화하고 있었기 때문이다. 이 시기에는 상인의 지주화, 지주의 상인화가 양 방향에서 동시에 진행되었다.

④ 상업

상업 부문에서는 무역업이 19개 사로 최다를 점했고, 판매업이 17개 사, 매매중개업이 5개 사, 주선업(周旋業, 信託業 등)이 2개 사씩 설립되었다. 이 시기까지도 대다수 상업 회사가 위탁매매, 대금업 등 과거의 객주 업무를 거의 그대로 인계하고는 있었다. 이는 공장제 공업이 발흥하지 않은 상황에서, 상업 일반이 광범위한 농민적 소상품 생산을 배경으로 하는 한 불가피한 현상이었다.** 그렇지만 매매중개업이나 주선업 등 간접적 상업 거래가 후퇴하고 매매업처럼 자기 자본을 기반으로 한 직접 거래가 전면에 부상한 것은, 객주 중심의 상업 질서가 사실상 해체되었음을 의미한다. 무역업이 수위를 점한 것도 같은 맥락에서 이해할 수 있다. 총독부가 회사령을 통해

---

*최연국은 경남은행에도 관여한 영남의 지주이며, 김승환은 함흥의 北魚商 출신으로 함흥상업회의소 상의원이었고, 백형수, 조병택은 모두 시전상인 출신이다. 또 김호찬은 신의주무역주식회사에도 관여한 의주 상인이다.

**中村哲은 단순소상품의 유통 과정을 매개함으로써 이윤을 얻는 상업 자본을 '새로운 상업 자본'으로 명명하면서, 그를 前期的 자본(노예제나 농노제 등의 전자본주의적 생산관계에 기생하여 이윤을 추출하는 자본)과 근대적 상업 자본(산업자본이 만들어내는 잉여가치의 일부를 획득하는 자본)의 중간에 위치한 것으로 보았다. 中村哲, 1992『世界資本主義와 移行의 理論』比峰出版社, p.319.

표 4-24. 제3기에 설립된 상업 회사의 대표자와 경력

회사	대표자	경력
朝鮮商事株式會社	高允默	용산 객주/惠民院參書官(1902), 용산면장(1911)/株式會社朝鮮商業銀行, 株式會社韓一銀行
合資會社德興商店	鄭德鉉	원산 객주
宜春商工株式會社	嚴桂和	울산 지주
合名會社三成社	金重瑞	함흥 상인/咸興商業會議所, 株式會社北鮮商業銀行, 北鮮倉庫株式會社
元山貿易株式會社	金秉洧	원산 객주/朝鮮貿易株式會社
廣元貿易株式會社	李孝健	삼화항 객주/內部主事(1900)/三和商業會議所 副會頭, 鎭南浦倉庫株式會社, 合資會社加藤精米所, 平壤銀行
株式會社咸北社	崔元燮	관료/陸軍正尉(1907), 鑛業經營(1909)
濟州物産株式會社	玄基奉	목포 지주/木浦商業會議所 常議員/全南印刷株式會社, 木浦倉庫金融株式會社, 海東物産株式會社, 朝日石鹼株式會社, 信興鐵工株式會社
東洋物産株式會社	金潤冕	白木廛 상인
海東物産株式會社	尹定夏	지주/株式會社大邱銀行
湖南物産株式會社	鄭洛敎	지주/株式會社湖南銀行
大東貿易株式會社	鄭在學	지주/大邱地方委員(1907)/株式會社鮮南商業銀行, 朝鮮高麗磁器製造株式會社, 株式會社大邱銀行, 大興電氣株式會社, 朝鮮殖産銀行, 東洋杞柳株式會社
大同貿易株式會社	金宗國	서울 상인/始興郡守(1905), 漢城商業會議所/龍山勸業株式會社, 大同貿易株式會社
元東貿易株式會社	玉麒煥	지주/南鮮釀造株式會社
京南廣業株式會社	金鎭燮	마포 객주/通信司電話課主事(1900)/大韓天一銀行, 商務會議所(1897), 株式會社湖西銀行, 渡船組合
忠南商業株式會社	兪鎭相	지주/忠南物産株式會社, 株式會社湖西銀行
株式會社共進商會	金東鎭	서울 상인/西北鐵道局主事(1904)/圓南會社(1906)
三一産業株式會社	姜渭秀	지주/株式會社慶南銀行, 合資會社主一商會
大邱商事株式會社	李相武	지주/高麗窯業株式會社
株式會社東益社	金宗煥	관료/農商工部 技手, 經理院書記郞(1907)/合資會社永信社
百濟商事株式會社	金世濟	관료지주/懷仁郡守(1905)
安城商事株式會社	李宅承	상인/惠陵參奉(1906)
龍山勸業株式會社	閔裕植	관료 지주/陸軍參尉(1907)/株式會社韓一銀行, 株式會社湖西銀行, 共同貿易株式會社, 大同貿易株式會社, 廣業株式會社
法聖浦物産(株)	曹喜暻	지주/朝日石鹼株式會社
共同貿易株式會社	金用集	서울 상인/同順泰의 고용인/京城釀造合名會社(1906), 東洋用達合資會社(1908), 漢湖農工銀行(1907), 廣藏株式會社, 賣藥株式會社, 朝鮮商業銀行, 株式會社韓一銀行, 漢城銀行
株式會社東成商會	金時龜	상인/厚陵參奉(1902)/白山貿易株式會社

자료: 기업가 DB를 토대로 작성.

재편하고자 한 상품 유통관계가 어떠한 것이었는지도 이로써 명백해진다.

자본금 분포는 제조업과 유사하여 전 규모에 걸쳐 있다. 100만 원 이상의 대규모 회사는 원산무역주식회사(元山貿易株式會社), 광원무역주식회사(廣元貿易株式會社), 동양물산주식회사(東洋物産株式會社), 경남광업주식회사(京南廣業株式會社)의 4개 사로 무역업이 3개 사, 중개업이 1개 사다. 표 4-24는 상업 회사의 대표자 43명 중 경력을 조사할 수 있었던 인물을 표시한 것이다.

상업 회사의 대표자도 지주가 압도적으로 많지만, 개항장 객주나 경강 객주 출신이 상당수 포함되어 있는 점이 특징적이다. 경강 객주 출신들은 다른 부문의 회사 설립에도 참여했으나, 개항장 객주들은 대개 상업 회사에만 참여했다. 개항장 객주 출신이 대표를 맡은 회사는 자본금 100만 원 이상의 대규모 무역회사 2개 사인데, 이로써 개항장 객주 중에 근대적 기업가로 전신한 사례가 있었음을 알 수 있다. 그러나 지역적으로 한강 이북에 국한되었기 때문에 일반화할 수는 없다.

⑤ 기타

운수업은 개항 이후 가장 먼저 회사가 출현하여 자본 규모면에서나 운영면에서 선진적인 면모를 보인 부문이었다.* 그러나 철도 부설과 조선우선주식회사(朝鮮郵船株式會社) 설립 이후 결정적인 타격을 입었으며, 식민지화 이후에는 협동우선합자회사(協同郵船合資會社)가 이윤용, 민병석, 엄주익(嚴柱益) 등 귀족 자본을 배경으로 근근이 명맥을 유지해 나가는 정도였다. 그나마 1917년 말 이후 기록에서 사라지는 것으로 보아 이 무렵 소멸한 듯하다. 제3기에 신설된 운수업 회사는 모두 자본금 10만 원 이하의 자동차 운

*개항 이후 운수업 부문에서 출현한 주요 회사는 박기종 등의 기선회사, 관독상판형으로 경영된 이운사, 광무년간의 우체기선회사, 협동우선회사 등이 있으며, 대한제국 후기에도 龍山洌船會社 등이 기선운송업을 경영했다.

수업 회사로, 철도 운송을 보조하는 정도에 머물렀다.

창고업은 과거 객주의 주된 영업 종목으로, 대한제국 후기 객주업에 대한 단속이 심해지면서 독립된 부문이다. 그러나 식민지화 후에도 한인의 창고업은 대체로 객주업에 편입된 상태여서 제1기에 강제 해산된 회사들은 대개 창고업을 겸했다.* 제2기까지 한인의 창고업 회사는 1914년의 북어창고주식회사(北魚倉庫株式會社)가 유일했다.** 따라서 이 부문에 4개 시기 설립된 것은 이 무렵 창고업이 객주업에서 분리되는 추세가 빨라졌음을 의미한다. 자본 규모는 모두 중위 규모였다. 제주물산주식회사(濟州物産株式會社)의 현기봉(玄基奉)과 왜관금융창고주식회사(倭館金融倉庫株式會社)의 장직상(張稷相)은 각각 호남과 영남의 대지주이며,*** 동진창고주식회사(東鎭倉庫株式會社)의 김현두(金顯斗)는 대한제국 후기 한일하선운송영업합자회사(韓日河船運送營業合資會社) 사장을 지낸 인물로 식민지화 이후에는 약재상을 했다. 또 원산의 이명여(李明汝, 北鮮倉庫株式會社)는 1914년에 설립된 북어창고주식회사의 대표이기도 했는데, 두 회사 모두 1906년에 설립된 창흥사(彰興社)****와 연관이 있는 것으로 보인다. 이명여는 원산 객주 출신이다.

이밖에 숙박·요식업에 2개 사, 장의업(葬儀業)에 1개 사가 설립되었는데, 특히 석진형(石鎭衡)이 인허받은 주식회사 서울호텔은 자본금 100만 원의 대규모로 계획되었다.

확실히 이 시기에는 모든 산업 부문에서 회사 설립열이 소생했다. 그러나 내면을 들여다보면, 이 시기에 설립된 회사들은 과거와는 전혀 다른 토양에서 탄생했다. 회사령은 한인의 회사 설립, 참여 양태를 완전히 바꾸었

---

*일인들은 이미 대한제국 후기에 韓國倉庫株式會社, 合名滿韓倉庫會社 등의 창고업 회사를 설립했다. 小林英夫, 앞의 책, p.99.

**1905년에 설립된 한성공동창고주식회사도 창고업 회사였지만, 1913년 조선상업은행에 통합됨으로써 북어창고주식회사가 유일한 창고업 회사가 되었다.

***장직상(1883~1947)은 慶尙道觀察使를 지낸 張承遠의 아들이며, 대구의 대지주였다. 朝鮮紳士錄刊行會, 1931 『朝鮮紳士錄』 p.275.

****창흥사는 1906년 함경도 북어 상인들이 조직한 것으로 본사를 부산에, 지사를 원산에 두었다.

고, 한인 자본가들은 새로운 경제 질서에 순응하여 회사를 설립했다. 그런 점에서 이 시기 회사 설립열은 대한제국 전기와는 전혀 달랐다.*

지주자본이 산업자본으로 전화(轉化)한 사례가 보이지만, 지주층은 지주 경영을 주된 기반으로 남겨둔 채 제한적으로만 참여했다. 또 거꾸로 상인의 지주화도 진전되어, 지주제를 근간으로 한 농업 중심의 식민지 산업구조는 견고히 유지되었다. 회사가 주로 설립된 부문도 한일 간의 상품 유통을 확대하거나 보조하는 부문, 또는 수출품 가공 부문이었다. 이는 한인 자본이 식민지 산업구조를 강화하는 데에 동원되었음을 의미한다. 식민지 경제 구조를 구축하는 데 민간 자본을 동원하려 한 회사령의 목적은 이렇게 달성되었다.

*小林英夫는 한인의 기업 발흥기를 1906~1907년경 관료층과 귀족층이 회사를 이권 확보의 수단으로 삼던 시기와 1910년대 후반 지주, 상인층이 일본 경제에 연계되는 형태로 다수의 기업을 설립한 시기로 나누었지만, 그에 앞서 대한제국기에 근대적 산업을 육성하려는 의도에서 설립된 한인 회사들은 살피지 않았다. 小林英夫, 앞의 책, p.8.

3. 한인 회사 참여자들의 활동 양상

1) 회사 설립 주체의 변화

한인 회사의 대표자들은 이미 살펴보았기 때문에, 여기에서는 분석 대상을 중역 전체와 대주주(合資會社, 合名會社의 경우 사원)로 확대하여 전반적인 추이를 검토해보고자 한다.* 회사령 시행기에 한인이 지배한 회사에 중역 또는 주주로 참여한 인물은 모두 1,526명으로 확인되었다. 이들을 회사에 참여한 시기와 경력에 따라 구분한 것이 표 4−25이다. 그런데 이 표에는 몇 가지 문제가 있다. 하나는 대다수가 1918년 이후에 설립되었다는 점이고, 다른 하나는 주 참고자료가 1921년 당시에 영업 중이던 회사를 대상으로 한 것이라는 점이다. 따라서 1911년 이후 회사에 참여했지만 사망, 은퇴 등으로 기록에 누락된 인물이 적지 않을 것이다. 그러나 이를 감안하더라도 식민지화 이후에 비로소 회사와 관련을 맺기 시작한 인물이 절대 다수라는 점은 이 시기 회사 설립은 과거의 회사와 무관한 새로운 인물들이 주도했음을 보여준다.

대한제국 전기에 회사 참여가 확인된 인물은 409명이었고, 대한제국 후기에는 1,354명이었다. 그러나 이 표에 따르면 대한제국기 회사에 관여한 경험이 있는 사람은 200명뿐이다. 대한제국기에 회사에 참여했던 자 중 14.8%만이 식민지화 이후에도 회사에 관여한 셈이다. 그렇지만 대한제국기에 관료로 회사에 참여한 사람들은 대개 식민지화 이후에도 회사에 관련된 활동을 지속했고,** 고위 관료일수록 그러했다. 대한제국 전기 고위 관료

---

*주주와 사원을 확인하는 데 추가로 참고한 자료는 『官報』『每日申報』의 商業登記公告, 『朝鮮銀行會社要錄』 1921년판의 중역 및 대주주 명부로, 이를 「기업가DB」에 추가하여 분석했다.

**대한제국기 관료 중에는 일제의 한국 강점 초기, 회사에 투자하는 외에 개인적으로 제조장이나 상점을 설립한 자들이 많았다. 서울의 경우 1911년 현재 가동 중이던 34개의 직물공장주

표 4-25. 회사령기 경력별·최초 참여 시기별 회사 관여자 수

회사 수 신분	1880 ~	%		189 5~	%		190 5~	%		1911 ~	%		계(B)
		/A	/B		/A	/B		/A	/B		/A	/B	
고위 관료	3	75.0	4.9	19	39.6	31.1	18	12.2	29.5	21	1.6	34.4	61
중하위 관료	1	25.0	0.6	13	27.1	7.7	39	26.3	23.2	115	8.7	68.5	168
소계	4	100.0	1.7	32	66.7	14.0	57	38.1	24.9	136	10.3	59.4	229
虛職官僚			0.0	11	22.9	4.1	49	33.1	18.1	210	15.8	77.8	270
기타			0.0	5	10.4	0.5	42	28.4	4.1	980	73.9	95.4	1,027
소계			0.0	16	33.3	1.2	91	61.5	7.0	1,190	89.7	91.8	1,297
합계(A)	4	100.0	0.3	48	100.0	3.1	148	100.0	9.7	1,326	100.0	86.9	1,526

주: 비율의 좌측 항목(/A)은 관련 회사수가 같은 집단 내에서 점하는 비중, 우측 항목(/B)은 동일 신분층 내에서 점하는 비중을 표시.
자료: 기업가 DB를 토대로 작성.

출신으로 이 시기 회사에 참여한 인물 중 이전 시기의 회사 관련 기록이 보이지 않는 인물은 34.4%에 불과하지만, 기타(대개 중소상인이나 중소지주, 또는 전 시기 자본가의 자제일 것이다)에 속한 인물은 95% 이상이 식민지화 이전 회사에 참여한 경력이 없다.

회사에 참여한 경험은 관료 출신들이 상인이나 지주보다 많았지만, 대한제국 후기 이후에 회사에 참여한 이들로 한정하면 관직 경험이 없는 인물들의 진출이 두드러진다. 이는 대한제국 전기 관료 중심의 축적 양상이 반전되었음을 의미한다. 회사령 시행 이후 회사에 처음 참여한 자들 중 구 관료층이 점하는 비중은 10.3%에 불과하며, 대한제국 후기부터 참가한 자들 중에서 차지하는 비중도 38.1%에 지나지 않는다. 요컨대 회사령 시행기(좀 더 앞당긴다면 대한제국 후기 이후)는 대한제국 전기의 관료(국가권력)를 중심

중 대한제국 관료 출신은 洪淳康(내장원사무, 1908), 李載克(제실제도정리국 총재, 1910), 李容稙(학부대신, 1907), 李濬相(탁지부이재국장, 1908), 金明煥(육군연성학교주사, 1905), 魚潭(陸軍正領, 1909), 韓鎭昌(군부협판, 1907), 具升會(법관양성소 박사, 1904), 金宗漢(남작), 崔錫肇(전환국장, 1904)의 10명으로 전체의 1/3 가까이를 점했다. 朝鮮總督府, 1913『京城商工業調査』pp.37-39 참조.

으로 한 축적 과정이 일본 자본을 중심으로 한 축적 과정으로 전환하는 시기였다고 할 수 있다. 이에 따라 상인이나 지주들은 권력의 뒷받침 없이 회사를 설립할 수 있게 되었다. 화폐정리 직후 반일적 태도를 보였던 상인들이 식민지 지배에 순응해간 것도 이런 사정과 관련된다.

표 4-26은 앞의 표 4-6에서 제시한 회사 중 대표 이외의 사원을 확인할 수 있는 회사의 사원(주식회사의 경우 주주) 구성을 표 4-25와 같은 기준으로 정리한 것이다. 이를 회사령 시행기의 경력별 참여자 구성과 비교하면(표 4-28 참조), 우선 고위 관료 출신의 참여가 대단히 저조한 점이 두드러진다. 이는 옛 고관들이 회사 설립에 소극적이었음을 보여준다. 식민지화 직전에 발기, 설립하여 회사령으로 인허된 회사에는 그나마 3.5%의 고관 출신이 참여하여 회사령 시행 전 기간의 참여율 4.0%에 근접했지만, 회사령 시행 후 발기한 회사에 참여한 고관 출신은 단 한 명도 없다. 이는 은사공채 자금에 대한 강력한 단속 등 고관 출신의 소유 자본에 특히 통제가 심했던 결과일 것이다. 일본의 한국 강점 직후 많은 고관 출신이 회사를 설립하기 위해 활발히 움직였지만, 회사령 제1기에는 한성은행 등 기존 회사에 투자하는 데 그쳤을 뿐 신설 회사에는 참여하지 못했다.

반면 중하위 관료 출신들은 오히려 회사령 시행 직후 신설 회사에 참여한 비율이 높다. 회사령 시행 전 기간에 걸친 이들의 참여율은 11.0%였지만, 제1기의 전기에는 21.3%였다. 이들 중 40% 가까이가 해산 군인인데, 이는 해산 군인을 비롯한 퇴직 관료들이 이 시기 회사 설립을 주도했음을 의미한다. 실제로 인허된 회사 중 서울에 위치한 회사들에는 대개 관료들이 참여했다. 관료 출신이 참여하지 않은 회사는 의주의신합자회사(義州義信合資會社), 의주보산합자회사(義州保産合資會社), 신흥철공주식회사(信興鐵工株式會社), 도옹합자회사(陶瓮合資會社), 합자회사함흥우매매취급소(合資會社咸興牛賣買取扱所)인데, 도옹합자회사를 제외하면 모두 지방에 있었다.* 그런데 중하위 관료 출신이 주도한 회사들은 광업주식회사(廣業株式會社)를 제외하면 대개 영세성을 면하지 못했다.

한편 불허된 회사, 또는 불명(不明)인 회사는 기타(대개 상인층이었을 것이다)가 점하는 비중이 높다. 이보다는 덜 하지만 강제 해산된 회사도 상인, 기타의 참여율이 존속된 회사보다 높다. 앞에서 불허, 또는 강제 해산된 회사들이 주로 도고 관행을 지속한 회사들이었다고 밝힌 바 있는데, 이를 아울러 고려하면 식민지화 직후에도 상인층은 도고 관행에서 자유롭지 못했음을 알 수 있다. 조선 후기 이래의 거상(의주, 개성 등지의 상인, 김윤면, 백윤수 등의 시전 상인)이나 세도가와 연결된 상인(조진태, 조병택, 백완혁 등), 또는 대한제국 후기 이후 기민하게 일본 자본과 결탁한 일부 상인(박승직 등)을 제외하고는 성공한 상인층이 드물었던 것도 이와 관련된다.

그러나 관료 출신의 주도성은 오래 지속되지 않았다. 1913년경부터는 바로 회사 설립 주체가 변하는 양상이 나타난다. 표 4-27은 제1기의 후기~제2기에 설립된 한인 회사의 사원 구성을 표 4-26과 같은 기준으로 정리한 것이다. 표 4-26과 비교해볼 때 두드러지는 특징은 고위 관료 출신의 회사 참여율이 회복된 데 반해, 중하위 관료층의 참여율은 크게 줄어든 점이다. 여기에는 고위 관료 출신이 조선무역주식회사(朝鮮貿易株式會社) 설립에 대거 참여한 점이 크게 작용했지만, 이는 이들의 투자에 관한 제약이 완화되었음을 보여주는 것이기도 하다.* 중하위 관료, 특히 해산 군인 출신의 회사 참여가 극히 저조한 것은 이 시기의 한인 회사들이 주로 대자본을

*지방 소재 회사 중 상당수는 몇 가족이 결합하여 설립한 것으로 보인다. 예컨대 義州保産合資會社의 사원은 張德晟, 張晩梓, 張齋翰, 張春梓, 崔相鳳, 崔錫夏, 崔鴻模, 崔鴻昭, 韓一鉉, 韓二賢, 韓三賢, 韓正奎으로 전원이 張氏, 崔氏, 韓氏로 이루어졌으며(사장 최석하), 義信合資會社 역시 이들 세 가문이 지배했던 듯하다(사원 27명 중 張氏 5명, 崔氏 7명, 韓氏 3명. 사장 張明昊). 또 忠南物産株式會社는 成樂奎, 成樂憲, 成台永 등 예산의 成氏家와 兪鎭相, 兪鎭泰 등 劉氏家가 지배한 회사였다.

*조선무역주식회사에 참여한 귀족(또는 고관 출신)들은 金宗漢, 朴泳孝, 宋秉畯, 兪吉濬, 李根培, 李鳳來, 李載克, 李海昌, 趙民熙, 趙重應 등이다. 『每日申報』 1913년 7월 6일 「朝鮮貿易株式會社株式募集」.

표 4-26. 회사령 초기 설립기도된 한인회사의 사원 구성(괄호 안은 비율)

구분	회사명	대표	사원 구성						업종
			고관	중하관	군인	虛官	기타	계	
재인허	義州保産合資會社	崔錫夏				1	11	12	貸金
	義信合資會社	張明昊				4	23	27	賣買
	京城織紐株式會社	安泰瑩		10	1	5	4	19	製造
	朝鮮運輸合名會社	李冕宰	1			3	1	5	運輸
	廣業株式會社	尹致昭		12	5	3		15	貸金
	東洋用達合資會社	鄭永斗		5	2	5		10	用達
	信興鐵工株式會社	裵學潤				2	5	7	製造
	株式會社興業社	金璣昊		2		2	7	11	貸金
	朝鮮興業合資會社	權重奭	3	7	2	5	7	22	運輸
	西江水産市場合名會社	李源昇	1			4	8	13	市場
	소계		5(3.5)	36(25.5)	10(7.1)	34(24.1)	66(46.8)	141	
인허	汾院磁器株式會社	尹致晟		12	7	5	6	23	製造
	忠南物産株式會社	兪鎭泰		1		3	8	12	貸金
	韓興煙草合名會社	李宜春		2		3	1	6	製造
	陶瓮合資會社	趙炳基				1	4	5	製造
	株式會社慶南日報社	金基邰		4	2	6	11	21	新聞
	(資)咸興牛賣買取扱所	張錫覲				1	3	4	仲介
	合資會社永信社	孔聖學		3		8	12	23	賣買
	소계			22(23.4)	9(9.6)	27(28.7)	45(47.9)	94	
강제해산	牛馬賣買合資會社	朴銓瀅		3	1		8	11	仲介
	水陸運輸合資會社	張元達		1	1	3	10	14	運輸
	朝鮮牛皮合名會社	崔昇煥		1	1		5	6	賣買
	水陸通運合資會社	金益昇	1	5	2	5	11	22	運輸
	海陸運送合資會社	尹泰吉		4	4	4	10	18	運輸
	運輸旅閣合資會社	韓慶履	1	4		5	19	29	運輸
	京城普信合名會社	白鍾斗		1	1		2	3	仲介
	京城麴子製造販賣(資)	崔錫彰		3		2	3	8	製造
	소계		2(1.8)	22(20.2)	10(9.2)	19(17.4)	66(60.6)	109	
不許	京城家儈合資會社	李根榮		2		2	7	11	仲介
	소계			2(18.2)		2(18.2)	7(63.6)	11	
불명	慶北安東合資會社	宋秉銓					6	6	運輸
	慶北榮川(資)普通組合	權河永					5	5	運輸
	慶尙普成合資丸熙會社	金萬經					4	4	運輸
	朝鮮海陸運輸合資會社	河圭一		1			4	5	運輸
	合資會社慶北普通組合	權寧樂					5	5	運輸
	合資會社月城普通組合	金翼鳳		1	1		8	9	運輸
	禮山木材薪炭合名會社	李象熙					6	6	市場
	소계			2(5.0)	1(2.5)		38(95.0)	40	
총 계			7(1.8)	84(21.3)	30(7.6)	82(20.8)	222(56.2)	395	

자료: 기업가 DB 및 표 4-6과 같은 자료를 토대로 작성.

표 4-27. 제1기의 후기~제2기에 설립된 한인 회사의 사원 구성(괄호 안은 비율)

구분	회사명	대표	사원구성						업종
			고관	중하관	군인	虛官	기타	계	
1기 후반	株式會社大邱銀行	鄭在學		1		7	7	15	銀行
	平北柞蠶株式會社	申雲祥				1	3	4	農林
	株式會社湖西銀行	兪鎭相		3	2	6	13	22	銀行
	소계			4(9.8)	2(4.9)	14(34.1)	23(56.1)	41	
제2기	合名會社開城社	金益煥		2		10	10	22	賣買
	朝鮮貿易株式會社	朴泳孝	11	7	2	11	5	34	貿易
	賣藥株式會社	李秉斗		2	1	11	11	24	製藥
	開城電氣株式會社	金基永				3	6	9	電氣
	慶南印刷株式會社	李圭直		1		1	4	6	印刷
	大昌貿易株式會社	白潤洙		1		3	1	5	貿易
	忠南苧布株式會社	金鍾翕					5	5	賣買
	株式會社泰成社	鄭萬善				1	11	12	貿易
	合資會社水原精米所	金舜九					3	3	精米
	會寧貿易株式會社	盧成龍				2	9	11	貿易
	朝鮮製絲株式會社	洪忠鉉	1	2		3	11	17	製絲
	소계		12(8.1)	15(10.1)	3(2.1)	45(30.4)	76(51.4)	148	
총계			12(6.3)	19(10.1)	5(2.6)	59(31.2)	99(52.4)	189	

자료: 『每日申報』『朝鮮總督府官報』『朝鮮銀行會社要錄』 등을 토대로 작성.

결집하여 설립되었기 때문이다. 제2기의 군인 출신 3명은 백인기(두 곳에 중복 참여)와 민유식(閔裕植)이지만 둘 다 직업군인은 아니었다. 반면, 허직(虛職) 관료(중위 규모 이상의 상인이나 지주) 층은 크게 늘었고, 기타 층 역시 제1기에 비해 조금 늘었다. 따라서 제2기의 회사 설립은 대자본가들이 주도했다고 할 수 있다.

그런데 이때까지도 대자본가들은 대한제국기의 고위 관료 출신이나 거상들이었다. 지방 은행을 중심으로 지주가 참여하는 사례도 나타났지만 아직은 제한적이었다. 그러나 지주층은 제1기 후기의 대구은행과 호서은행 설립을 계기로 회사에 대한 투자를 확대하여 대구은행에는 정재학(鄭在學), 최준(崔浚), 이일우(李一雨), 배상락(裵相洛), 이종면(李鍾冕), 장길상(張吉相), 이병학(李柄學) 등 대구와 경주 일대의 대지주들이,[117] 호서은행에도 김갑순(金甲淳),* 유진상(兪鎭相), 유진태(兪鎭泰), 성낙규(成樂奎), 성낙헌(成樂憲), 이기승(李基升),** 김윤환(金潤煥) 등 충남 일대의 구 관료, 대지주들이 대거 참여했다. 그러나 지주층의 회사 참여는 제2기에 다시 소강 상태에 빠져든다. 제2기에 설립된 회사 중 지주층이 다수 참여한 회사는 조선무역주식회사, 완천합자회사(完天合資會社),*** 경남인쇄주식회사(慶南印刷株式會社)**** 정도로 나머지는 대개 상인들이 주도했다.

개성의 합명회사개성사(合名會社開城社)*****와 개성전기주식회사는 김기영, 손봉상(孫鳳祥), 박우현(朴宇鉉) 등 전래의 인삼 상인(동시에 蔘圃主이기도 했겠지만)들이 주도했으며, 대창무역주식회사(大昌貿易株式會社)는 시전 상인 출신인 조진태와 백윤수 일가(白樂三, 白樂承, 白樂仲 등 모두 백윤수의 아들)가 설립했다.[118] 또 매약주식회사(賣藥株式會社)는 이홍모(李鴻謨),* 이응선(李應善)** 등 약재상들이 주도한 회사로 김용집 등의 상인과 유기영(柳基泳), 이

---

*김갑순(1872~?)은 충남 공주 출신으로 1901년 충남 捧稅官, 1902년 부여군수, 1910년 아산군수 등을 역임했고 일본의 한국 강점 이후에는 지주 경영에 몰두했다. 朝鮮紳士錄刊行會, 1931 『朝鮮紳士錄』 p.130.

**이기승은 충남 서산 출신으로 1908년 華林農場이라는 대규모 농장을 설치했으며, 1913년 한호농공은행 監査役에 취임한 이래 은행을 중심으로 여러 회사에 참여했다. 朝鮮紳士錄刊行會, 위의 책, p.471.

***완천합자회사 사장 朴永根은 동척 설립위원, 전주농공은행장 등을 지낸 전주의 대지주였지만, 관직 경험은 全北觀察府主事뿐이다.

****경남인쇄주식회사의 金弘祚, 全錫準은 모두 부산 인근의 지주였고, 사장 李圭直은 부산의 객주였으며, 李靑도 株式會社海來春(숙박업)을 설립한 것으로 보아 객주 출신이었던 것 같다.

*****합명회사개성사는 1906년경에 설립된 무역 회사인데, 회사령 시행 후 따로 인가 신청을 하지 않고 있다가 1913년 5월에야 인가를 얻었다. 『每日申報』 1912년 12월 13일 「三榮商會發展」; 同 1913년 5월 18일 「合名會社設立登記公告」.

*이홍모는 약재상의 자제로서 대한제국 후기 朝鮮藥業總合所 소장 등을 역임한 대표적인 약재상이었다. 『每日申報』 1913년 1월 5일 「朝鮮人物觀」.

**이응선은 인천에서 객주업을 시작했다가 淸商의 신용을 얻어 약재 무역에 진출, 부를 축적한

종혁(李鍾赫) 등의 퇴직 관료도 참여했다. 충남저포주식회사(忠南苧布株式會社)는 옛 저포전(苧布廛) 상인들이 조직한 것으로 추정되며,* 주식회사태성사(株式會社泰成社)와 회령무역주식회사(會寧貿易株式會社), 합자회사수원정미소(合資會社水原精米所) 역시 상인들이 중심이었다.** 조선제사주식회사(朝鮮製絲株式會社)에는 홍충현(洪忠鉉)과 민병석을 중심으로 석진형(石鎭衡), 민형기(閔衡基), 안영기(安永基) 등의 대한제국 관료 출신***이 다수 참여했다.

요컨대 제1기 후기~제2기에는 지방 은행을 중심으로 지주층의 회사 참여가 확대되는 가운데, 중하위 관료 출신의 회사 설립은 격감하고, 고위 관료 출신자들의 회사 참여가 소생하는 양상을 보였다. 이는 은사공채 자금에 대한 통제가 이완되는 한편, 자본 규모가 작은 회사들에 단속이 집중된 사정을 반영한다.

지주층이 본격적으로 회사에 참여하는 것은 토지조사사업이 완료되고 미가(米價)가 앙등하여 지주들 수중에 다액의 화폐 자산이 집적되는 제3기 이후다. 이는 제3기에 설립된 대규모 회사(자본금 100만 원 이상)들에 투자한 사람들의 경력을 보면 알 수 있다. 경성방직주식회사(100만 원)의 대표는 박영효였지만, 주식의 대부분은 김기중(金祺中), 김경중(金暻中), 김성수(金性

인물이다. 대한제국기 이래 和平堂이라는 약국을 경영하면서 서울의 대표적 약재상으로 꼽혔다. 『每日申報』 1912년 12월 3일 「商店評判記 '和平堂本鋪」; 同 1913년 2월 4일 「朝鮮人物觀」.

*충남저포주식회사 관계자 5명은 모두 관직 경력이 없다. 대지주가 포함되었다면 한두 명쯤은 虛職이라도 관직 기록이 있었을 것이다.

**태성사의 발기인 12명 중 1명만 種痘事務委員이었다. 회령무역주식회사에는 공립보통학교학무위원 2명이 있는데, 지역적 특성을 감안하면 모두 상인들이었을 것이다. 사원 중 朴泰源은 강제 해산된 우마매매합자회사의 사원이기도 했다. 또 합자회사수원정미소의 金舜九는 우마매매합자회사에 관여했으며, 나머지 2명 중 1명은 수원전기주식회사(韓日合同, 한인은 韓相鳳 등 주로 해산 군인 출신이었다)에도 관여했는데, 米穀商이었는지 지주였는지는 알 수 없다.

***민형기는 법관양성소 박사 출신으로 분원자기주식회사, 주식회사한일은행, 朝鮮製絲株式會社, 광업주식회사 등에 참여했으며, 석진형은 일본 和佛法律學校에서 수학하고 귀국한 뒤, 軍部軍法局 主事, 法學校 교수 등을 역임하고 총독부 관리가 되었다. 참여 회사는 株式會社大同寄宿館, 株式會社湖西銀行, 주식회사서울호텔 등이다. 안영기는 制度局參書官을 지낸 인물로 대한제국기에는 대한협동우선회사에 참여했으며, 일제강점기에는 조선제사주식회사, 공동무역주식회사의 중역을 지냈다.

洙) 부자(父子)와 조설현(曹偰鉉) 등의 호남 지주가 소유했으며, 그밖에는 장두현(張斗鉉), 장춘재(張春梓)* 등 회사 경영 경험이 있는 사람들과 구 경성직뉴주식회사** 관계자들이 참여했을 뿐이다. 시전 상인 출신 김윤면이 주도한 동양물산주식회사(200만 원)에는 서울 포목상들이 다수 참여했다.119 이 회사의 전무취체역(專務取締役)을 맡은 김동은(金東殷)은 해산 군인 출신으로 퇴관 후 바로 포목 도산매에 뛰어든 인물이다.*** 경성방직주식회사의 장두현과 장춘재도 이 회사에 참여했으며, 지주로 추정되는 사람은 대한제국 전기에 군수를 지낸 이창익(李昌翼)과 이현재(李賢在) 정도다.

주식회사서울호텔(100만 원)은 인가 직후 주식회사서울사로 개칭하고 영업 목적에 부동산 매매 및 금융업을 추가했는데, 이와 동시에 대표자 석진형이 퇴진하고 김원백(金源百)이 사장, 김상옥(金尙沃)이 전무취체역에 취임했다. 김원백은 조선제사주식회사, 동진창고주식회사(東鎭倉庫株式會社) 등에도 관여한 서울 상인 출신이지만, 김상옥에 대해서는 알 수 없다. 그밖에 대주주, 중역으로 참여한 자들 중에는 의주 상인 장춘재와 오상은(吳尙殷), 서울 상인 홍학표(洪鶴杓)와 최형식(崔瀅植),**** 일본군 통역 출신 송태관(宋台觀) 등이 있다.***** 이로 미루어볼 때 이 회사는 서울 상인들이 중심이 되고 지방 상인 일부가 합세하여 설립한 것으로 보인다.

원산무역주식회사(100만 원)의 대주주는 김병유(金秉洧), 서준성(徐駿聖), 안정협(安廷協), 남관희(南觀熙)로, 이들은 거의가 원산 객주 출신이다.* 광

---

*장춘재는 의주상인 출신으로 평양자기제조주식회사, 조선무역주식회사, 동양물산주식회사, 주식회사서울사(1920), 의주보산합자회사 등에 관여했다.

**경성직뉴주식회사는 서울의 직물업자들이 설립한 경성직뉴합명회사의 후신으로 관계자 중 상당수가 수공업자 출신이다. 權泰檍, 1989『韓國近代棉業史硏究』一潮閣, p.68.

***김동은은 1911년 당시 경성의 유력 포목상 30여명 중 1명으로 꼽혔다. 朝鮮總督府, 1913『京城仁川商工業調査』, p.165.

****최형식은 잡화상인 唯一商會의 주인이었다.

*****송태관은 1905년 軍部繙譯官으로 있다가 1907년에 侍從院副卿(勅任官 1등)으로 벼락출세한 인물이다. 대한제국기에는 심의석과 함께 土木建築株式會社를 설립한 바 있다.

*김병유는 조선무역주식회사의 중역이었고, 안정협은 원산상업회의소 상의원으로 菁南株式會

원무역주식회사(廣元貿易株式會社, 100만 원)는 1921년판 『조선은행회사요록』에 누락되어 있지만, 대표 이효건(李孝健)은 대한제국 후기 이래 삼화항(三和港) 상업회의소의 대표이던 인물로, 상업회의소령 공포 이후에는 진남포 상업회의소 부회두였다.

한편 경일은행(慶一銀行), 호남은행(湖南銀行) 등 영호남의 지방 은행은 모두 관료 출신과 지주들이 설립했다. 호남은행의 대주주 중 상인 출신은 목포 객주였던 문재철(文在喆), 차남진(車南鎭)뿐이고 김상섭(金商燮)은 관료 출신이며,* 고광준(高光駿), 고하주(高厦柱), 박현경(朴賢景), 오완기(吳完基), 현기봉(玄基奉), 김성수(金性洙), 오상현(吳相鉉), 윤정하(尹定夏) 등은 모두 50정보 이상을 소유한 거대지주였다.[120] 또 경일은행에는 장길상, 장직상, 이병학, 이선호(李宣鎬) 등이 대주주로 참여했지만, 실제로는 장길상 일가의 가족은행이었다.[121] 반면 북선상업은행(北鮮商業銀行) 설립은 고경필, 김승환(金昇煥), 노민직(盧民稷), 주종노(朱鍾魯) 등 대한제국 전기 이래의 유력 객주들이 주도했다.

요컨대 회사령 시행기 한인 회사의 설립 주체 변화는 다음 몇 가지로 정리할 수 있다. 첫째, 대한제국 전기에 고위 관료를 지낸 자들의 참여는 전반적으로 퇴조했으나 이들 중 일부는 '귀족 자본가'가 되어 자신들만의 폐쇄적인 회사를 설립했다. 이들의 회사 설립은 총독부의 비호에 힘입은 측면도 있지만, 기본적으로는 풍부한 자금력에 뒷받침되었다.

둘째, 강점 직후 잠시 활기를 띠었던 중하급 관료 출신의 회사 참여는 제1기 이후 사실상 중단되었다. 이들 중 다수는 대지주가 아니었기 때문에 퇴직 후 새로운 생계 방도를 찾아야 했다. 제1기에 이들의 회사 설립 움직

社, 株式會社東昌社, 주식회사원산상업은행 등 원산의 주요 회사에 빠지지 않고 참여했다.

*김상섭(1875~?)은 전남 완도 출신으로 三和, 東萊, 務安港의 警務官을 지냈으며, 대한제국 후기에는 완도군수, 칠곡군수 등을 역임했다. 일제강점기에는 변호사로 활동하는 한편 객주업에 투신하여 목포상업회의소 평의원이 되기도 했다. 朝鮮紳士錄刊行會, 앞의 책, p.133.

임이 활발했던 것도 이 때문이다. 그리고 바로 이런 이유에서 이들은 전문 경영인이 될 수 있는 조건을 가장 잘 갖춘 사람들이었다. 이미 대한제국기에 김익승, 오귀영, 우경선 등은 기업가로 성공하기 위해 많은 노력을 기울이기도 했다. 그러나 회사령 하에서, 특히 주요 회사의 경영권을 일인들이 장악한 상황에서, 이들이 설 자리는 없었다.*

셋째, 회사령에 대한 상인층의 대응은 층위별로 다양했다. 유력한 시전 상인이나 경강 객주들은 이미 대한제국 후기에 농공은행, 공동창고회사, 수형조합 등으로 조직되어 통감부의 통제를 받았다. 이들은 회사령 시행 제1기에는 회사 신설을 주저하면서 이미 그들이 참여한 회사에만 주력하는 양상을 보였다. 이들이 다시 회사를 신설하는 것은 제2기 이후였는데, 이때부터는 회사에 관여한 적이 없던 시전 상인이나 경강 객주들도 다수 참여했다. 내륙 각지의 객주(=유문권주인)들은 주인권 행사가 금지되자 회사를 설립하여 위기를 타개하려 했다. 철도 운송은 이들의 대응 방식을 규정했다. 이들은 소자본으로 운송회사를 설립하고 철도역 주변의 객주들을 조직하여 매매 독점권을 유지하려 했다. 합자회사동미운송부, 대동운수회사, 국내통운사 등이 대표적인데, 이런 회사는 일본의 한국 강점을 전후한 시기에 급증했다. 1909년 일한운송합자회사가 설립된 이래 수륙운수합자회사, 수륙통운합자회사, 해륙운송합자회사, 해륙운수합자회사, 합자회사보통조합 등 비슷비슷한 이름의 회사들이 다수 설립되었고 회사령 발포 직전에는 기

*대한제국기 관료였다가 일본의 한국 강점 이후 영세상인으로 전락한 인물은 郭致中(1907 陸軍參尉, 1908 약재상), 金道一(1909 裁判所飜譯官補, 1910 誠仁堂藥局), 金東遠(1907 平壤鎭衛隊參尉, 1913 평양 普仁堂藥局), 金相禹(1909 財務署主事, 1914 대구 景和堂藥局), 金錫胤(1907 陸軍正尉, 1910 牛馬賣買合資會社, 1914 慈善堂藥局), 金英鎭(1908 安城郡守, 1915 平壤乾材藥局), 金雨均(1908 울산구재판소 판사, 1910 同文書林), 金有鐸(1907 軍部書記郎, 1909 教育書畵館), 文台源(1910 麻田郡守, 1914 약재상), 李命七(1907 官立漢城漢語學校 부교관, 1914 研精堂書籍部), 李容漢(1908 農商工部繙譯官, 1914 東美書市), 李柱浣(1907 陸軍副尉, 1914 永豊書館), 崔誠愚(1903 郵遞司主事, 1914 光文書館), 崔永鎬(1908 軍部主事, 1910 漢城書畵館), 玄檍(1909 學部編輯官, 1914 文明書館), 玄桓(1907 陸軍副尉, 1909 廣智書鋪) 등이다.

득권을 인정받기 위해 다투어 상업등기를 했다. 그러나 이들 회사 지점 중 통감부 철도관리국의 승인을 얻은 곳은 없었다.* 더구나 회사령 제정의 주 목적이 도고상업체제 혁파에 있었기 때문에, 이런 회사는 회사령 시행 이후 거의 불허 또는 강제 해산되었다. 한편 의주, 평양, 개성 등 일상(日商)의 진출이 비교적 늦었던 전통적 상업 도시의 상인들은 일본이 한국을 강점할 무렵부터 회사 설립에 적극성을 보였다. 이는 일찍부터 일상과 경쟁했던 개항장 객주들이 대한제국 전기에 회사 설립에 적극적이던 것과 같은 맥락이다. 즉, 국권 상실 이후 일상의 침투가 본격화하자 자본 규모를 확대하여 대응했던 것이다. 같은 시기 이미 일상과 경쟁할 수 없게 된 개항장 객주들은 따로 회사를 설립하지 않았다. 개항장 객주 출신은 회사령 제1기의 후기에 지방 은행들이 설립될 때에야 다시 회사에 참여한다.

넷째, 지주층 일부는 통감부가 동척, 농공은행 등을 설립할 때 투자를 강요당했고, 식민지화 직전에는 경주흥업주식회사(慶州興業株式會社), 구포저축주식회사(龜浦貯蓄株式會社) 등에 자발적으로 참여하기도 했다. 그러나 이들의 회사 참여가 본격화한 것은 1912년 은행령 공포 이후 대규모 지방 은행이 설립되면서부터였다. 지주들의 회사 참여는 1914년 불황을 겪은 이후 상당 기간 중단되었다가 토지조사사업이 일단락되고 미가(米價)가 앙등하는 등 지주 경영이 호조를 보이면서 다시 확대되었다. 이들의 투자는 은행과 무역업, 양조장, 정미소 등의 제조업에 걸쳐 있었지만, 어느 경우든 지주 경영을 보조하는 의미 이상을 지니지 못했다.

---

*통감부 철도관리국의 승인을 얻은 한인 운송점은 普興運輸組(남대문역), 國內通運社(초량역), 合同運送店(평택역), 運送組合(천안역), 大韓運輸組合(대구), 六一組(김천), 十運送店(영동), 國內運送店(마산) 등 9곳뿐이었다. 통감부 철도관리국의 승인운송점 제도는 母會社를 인정하지 않았기 때문에 일본 내국통운주식회사 지점조차 몇 개 역에서만 승인받을 수 있었다. 한인회사 중 合資普興運輸組와 國內通運社도 전국 각지에 지점이 있었지만, 승인된 지점은 각각 1개 소뿐이었다. 朝鮮運送株式會社, 1940『朝鮮運送株式會社十年史』p.90.

2) 한인의 회사 참여 양상

회사령 시행기 회사 참여자를 출신 신분별, 관련 회사 수별로 표시하면 표 4-28과 같다. 다수 회사에 관여하는 비율은 여전히 관료 출신이 높지만, 격차는 현저히 줄었고 절대수에서는 관직 경험이 없는 사람들이 오히려 많다. 관료 출신의 참여 비율은 각 회사 수 그룹에서 대한제국 후기에 비해 반 정도로 줄었는데(앞 장의 표 3-7 참조), 참여 회사 수가 적을수록 감소폭이 크다. 그동안 사망이나 은퇴로 관료 출신자의 수가 감소했음을 감안하더라도, 같은 그룹 내에서 참여 회사 수의 변동이 다르게 나타나는 한 이 현상은 하나의 추세로 인정할 수 있을 것이다. 즉, 1~2개 회사에 참여하던 관료층이 크게 준 반면, 다수의 회사에 참여하던 관료층은 이 시기에도 별 변동이 없었다. 이는 회사령 제2기 이후 한인 회사의 자본 규모가 커지면서, 회사 설립에서 영세 자본가들이 배제된 결과다.

참여 회사 수의 증가는 관료층에만 국한된 현상은 아니어서 전반적으로 다수 회사에 참여하는 사례가 늘었다. 대한제국 후기 회사 관계자들의 참여 회사 수는 1개 사 85.7, 2개 사 9.7, 3개 사 1.9, 4개 사 2.7%였지만, 식민지화 이후에는 각각 83.2, 10.7, 3.1, 3.0%으로 한 회사에만 참여하는 자는 줄고, 그 밖에는 모두 조금씩 늘었다.

표 4-29는 회사령 시행기에 4개 이상의 회사에 참여한 자들을 지역별로 나누고 다시 일인 회사에 참여했는지를 조사하여 작성한 것이다. 4개 이상의 회사에 참여한 46명 중 한 지역의 한인 회사에만 참여한 자들은 15명인데, 그중 10명은 4개 사에만 참여했다. 6개 이상인 12명은 참여한 회사가 전국에 걸쳐 있었고, 일반적으로 일인 회사에도 참여했다. 이들 중 공성학(孔聖學), 김기영(金基永), 김원배(金元培)는 모두 개성 상인이며, 김형옥(金衡玉), 전석준(全錫準), 최준은 영호남의 대지주다. 민형기는 고위 관료의 후손이며, 이창림(李昌林), 김동은, 김한규(金漢奎)는 대한제국 전기 중하급 관료 출신이다. 장두현은 서울 청포전(靑布廛) 상인 출신이며, 홍학표(洪鶴杓)

표 4-28. 회사령 시행기 회사 참여자의 신분별·경력별 참여 회사 수와 비율

회사수 / 구분	1	%		2	%		3	%		4–	%		계	%
고위관료	33	54.1	2.6	15	24.6	9.2	6	9.8	12.5	7	11.5	15.2	61	4.0
중하위관료	126	75.0	9.9	22	13.1	13.5	8	4.8	16.7	12	7.1	26.1	168	11.0
소계	159	69.4	12.5	37	16.2	22.7	14	6.1	29.2	19	8.3	41.3	229	15.0
허직관료	205	75.9	16.2	38	14.1	23.3	13	4.8	27.1	14	5.2	30.4	270	17.7
기타	905	88.1	71.3	88	8.6	54.0	21	2.0	43.8	13	1.3	28.3	1,027	67.3
소계	1,110	85.6	87.5	126	9.7	77.3	34	2.6	70.8	27	2.1	58.7	1,297	85.0
합계	1,269	83.2	100.0	163	10.7	100.0	48	3.1	100.0	46	3.0	100.0	1,526	100.0

주: 비율의 좌측 항목은 동일 신분층 내에서 점하는 비중, 우측 항목은 관련 회사 수가 같은 집단 내에서 점하는 비중임.
자료: 기업가 DB를 토대로 작성.

는 동양흥산주식회사(東洋興産株式會社)에 참여한 것으로 보아 서울 포목상 출신인 듯하다. 김동혁(金東爀)은 대금업자였는데 서울 상인이었을 가능성이 크다. 김두형(金斗衡)은 의주 상인이며,* 김용집(金用集)은 동순태의 고용인 출신이다. 이 중 6개 이상의 회사에 참여하면서 한 지역 내에서 한인 회사에만 참여한 자들은 전업적 기업가라 할 수 있다. 장두현은 가전(家傳)의 청포전을 경영하다가 한때 농상공부 비서관을 지냈으며, 퇴관한 후 1906년 경성양조합명회사(京城釀造合名會社)에 처음 참여했고, 식민지화 이후에는 동양용달합자회사와 광장주식회사, 조선창고주식회사, 주식회사조선상업은행, 분원자기주식회사, 공동무역주식회사, 경성방직주식회사, 동양물산주식회사, 대동무역주식회사에서 취체역을 맡았다.[122] 김한규는 시위대 참위 출신으로 군대 해산 이후 관립일어학교장을 지내면서 광장회사에 참여한 이래, 동양용달합자회사, 조선상업은행, 경성융흥주식회사, 한일은행, 한호농공은행 등에 실무형 취체역으로 참여했다.[123] 또 김용집은 궁내

*김두형은 대한제국 후기부터 平壤磁器製造株式會社, 龍川場市商會, 義州柞蠶株式會社에 대주주로 참여한 청년 실업가였다. 『每日申報』 1913년 7월 9일 「地方銀行創立乎」.

표 4-29. 회사령기 다수 회사 참여자의 참여 양태

회사수	4				5				6~			
명단	지역		민족		지역		민족		지역		민족	
	동일	분리	동일	분리	동일	분리	동일	분리	동일	분리	동일	분리
	孔聖學		孔聖學		金基永		金基永			金聖煥		金聖煥
		金東健		金東健		宋台觀		宋台觀	金用集		金用集	
	金東殷		金東殷		崔浚		崔浚		金漢奎		金漢奎	
	金東㶝		金東㶝		白瀅洙			白瀅洙	朴泳孝			朴泳孝
	金斗衡		金斗衡							白完㶝		白完㶝
	金元培		金元培							白寅基		白寅基
		金鼎熙		金鼎熙						宋秉畯		宋秉畯
	金衡王		金衡玉							吳尙殷	吳尙殷	
		金弘祚		金弘祚						張吉相		張吉相
	閔衡基		閔衡基						張斗鉉		張斗鉉	
	朴箕陽			朴箕陽						張春梓	張春梓	
	尹炳準			尹炳準						鄭在學		鄭在學
		李鳳來	李鳳來							趙重應		趙重應
	李孝健			李孝健						趙鎭泰		趙鎭泰
		崔圭錫	崔圭錫							朱性根		朱性根
	全錫準		全錫準							韓相龍		韓相龍
	李昌林		李昌林							玄基奉		玄基奉
	李王職			李王職						鄭在涴		鄭在涴
	張稷相			張稷相						李柄學		李柄學
	朴基順			朴基順						閔裕植	閔裕植	
	安廷協			安廷協								
	洪鶴杓		洪鶴杓									
인원	17	5	13	9	3	1	2	2	4	16	6	14

주: 지역은 동일 지역내(道單位)에 본점을 가진 회사에만 참여했는가의 여부, 민족은 한인 회사에만 참여했는가의 여부를 표시하는 것임.
자료: 기업가 DB를 토대로 작성.

부 특히 동양용달회사가 한·중·일 3국합작으로 설립될 때 담걸생(譚傑生)을 대신하여 경영을 맡으면서 역량을 발휘, 전문경영인으로 높이 평가받은 사람이다.[124] 그는 경성양조합명회사, 한호농공은행, 광장주식회사, 매약주식회사, 조선상업은행, 한일은행, 한성은행, 공동무역주식회사 등에 두루 참여했다. 결국 한 지역에서 한인 회사에만 참여한 사람들은 서울, 개성,

의주 등 전통 상도(商都)의 상인 8명(전업적 기업인 2), 지주 3명, 관료 출신 5명(전업적 기업인 1) 등으로 나눌 수 있다.

다음 한 지역의 회사에만 참여했지만 일본인 회사에도 투자한 인물은 9명으로 그중 7명이 4개 회사에 투자한 자들이다. 이 중 이왕직(李王職) 재산은 총독부의 영향력 아래 있었기 때문에 제외하고, 나머지 8명을 출신별로 보면, 박기양(朴箕陽), 박영효는 고관 출신이며, 윤병준(尹炳準), 이효건(李孝健), 안정협(安廷協)은 각각 부산, 진남포, 원산의 객주 출신이다. 박기순(朴基順)은 여산군수를 지낸 전주의 대지주이며, 장직상은 영남의 대지주다. 백형수(白瀅洙)는 서울 시전 상인 출신이다. 즉 이 그룹은 고관 출신 2, 개항장 객주 출신 3, 지주 2, 시전 상인 출신 1명으로 구성된다.

셋째로 여러 지역에 걸쳐 한인 회사에만 참여한 경우다. 이에 속하는 사람은 이봉래, 최규석(崔圭錫), 오상은(吳尙殷), 장춘재(張春梓), 민유식(閔裕植)의 5명이다. 이봉래는 종친으로 이왕직 소유의 한성미술품제작공장을 책임진 인물이다. 오상은과 장춘재는 모두 의주 사람인데, 장춘재는 의주보산합자회사에 참여하는 한편, 평양자기제조주식회사, 조선무역주식회사, 경성방직주식회사, 동양물산주식회사, 주식회사서울사에도 두루 참여했다. 오상은은 도참사(道參事) 오희원(吳熙源)의 아들로 일본 유학 이후 평북작잠주식회사에 취체역으로 참여했지만,[125] 회사가 일본인에게 양도된 후 서울로 활동 무대를 옮겨 조선무역주식회사, 대동무역주식회사, 주식회사서울사, 경성제피주식회사, 만주실업주식회사(滿洲實業株式會社) 등에 참여했다. 그런데 이들은 모두 대자본가는 아니었고, 활동 양상으로 볼 때 전업적 기업인에 가까웠다. 최규석은 충남의 지주 출신이며,* 민유식은 민영휘의 아들이다. 즉 이 그룹은 고관 출신(및 그 후예) 2, 상인 1, 지주 1, 전업적 기업인(유학생 출신) 1명으로 구성된다.

---

*최규석은 충남물산주식회사, 주식회사호서은행, 충남상업주식회사, 주식회사호남은행에 참여했는데, 이들 은행은 대개 지주 자본을 기반으로 설립되었다.

마지막으로 지역적으로 도(道) 경계를 넘어서면서, 일인 회사에도 참여한 인물은 17명인데, 그중 6개 이상의 회사에 참여하여 가장 왕성한 면모를 보인 사람이 13명이다. 이들을 다시 출신별로 보면, 고관 출신은 송병준, 조중응, 송태관이며, 상인 출신에는 서울 포목상 김동건(金東健),* 서울 지물상 김성환(金聖煥)**과 백완혁, 조진태, 주성근(朱性根) 등 대한제국 전기 이래의 유력 상인들이 포함되어 있다.*** 김홍조(金弘祚), 징재완(鄭在涴), 이병학, 정재학, 장길상은 영남의 대지주이며, 현기봉은 목포의 대지주다. 김정희(金鼎熙)는 조선농업주식회사 외에는 충남에 본점을 둔 회사(忠淸自動車運輸株式會社, 忠南興業株式會社, 忠南蠶業株式會社)에만 참여한 것으로 보아 충남의 지주였을 것이다. 중하급 관료 출신으로 분류한 한상룡과 백인기는 각각 이완용과 백남신(白南信)을 배경으로 한 부호 자제들로 대한제국 후기에 이미 전문경영인 취급을 받던 청년 실업가들이다. 즉 이 그룹은 고위 관료 3, 서울 상인 5, 지주 7, 전문경영인 2명으로 구성된다.

이상을 다시 출신별로 정리하면 표 4-30과 같다. 일인 회사에 대한 태도를 중심으로 보면, 일인 회사에도 참여한 자가 25명으로 한인 회사에만 참여한 20명보다 많았고 참여 회사 수가 많은 사람일수록 그러했다. 일인 자본이 한인 대자본을 포섭하는 과정이 상당한 정도로 진행되었음을 알 수 있다. 지역별로는 한 지역에서만 활동한 사람과 전국 범위에서 다양한 사업에 참여한 사람의 수가 대략 같았지만, 참여 회사 수가 많을수록 활동 범위도 확대되는 양상을 확인할 수 있다.****

---

*김동건은 1906년 포목상들로 조직된 圖南會社 사원이었다.

**김성환은 서울 상인 金宗國의 아들로 동경상업학교 전문과를 졸업하고 1908년 귀국한 후 서울에서 지물포를 경영했다. 朝鮮總督府, 1913『京城商工業調査』p.170;『每日申報』1913년 5월 27일.

***주성근은 시전상인 출신으로 1905년 한일은행 발기인의 1명이 되었던 인물이며, 1910년대 초반에는 廣興泰라는 포목상을 경영하는 한편 한호농공은행, 조선상업은행의 중역이 되었다. 朝鮮總督府, 1913『京城仁川商工業調査』p.165.

****회사 참여자를 추출할 때에 합자회사, 합명회사는 사원, 주식회사는 중역 및 대주주를 대상

표 4-30. 회사령기 복수 회사 참여자의 出自別 참여 양태

구분		단일지역		전국 범위		계
		단독	합작	단독	합작	
관료	고위	1	2	2	3	8
	중하위	3			2	5
상인	전통상도	8	1	2	5	16
	개항장		3			3
지주		3	2	1	7	13
전업적 기업인		3		1	2	6
계		15	8	5	17	45

주: '단독'은 한인 회사에만 참여한 사람들, '합작'은 일인 회사에도 참여한 사람들의 수다.
자료: 기업가 DB를 토대로 작성.

출신별로 보면 고관 출신은 전 그룹에 고루 포진하여 특별한 경향성을 살피기는 어렵지만, 일인 회사에 참여한 자들(박기양, 송병준, 송태관, 조중응, 박영효) 중에는 친일 거두가 다수 포함되어 있고, 한인 회사에만 참여한 자들은 이봉래와 민씨일족 등 구 황족들이어서 정치적 성향에 따른 분리를 간취(看取)할 수 있다. 반면 중하급 관료 출신 중 전국 범위에서 일인 회사에까지 참여한 자는 백인기, 한상룡뿐으로, 이 그룹의 기본적 동향은 단일 지역에서 한인 회사에만 참여하는 것이었다고 할 수 있다.

상인층을 서울, 개성, 평양, 의주 등 전통상도와 개항장으로 나눈 것은, 양자 간에 회사 참여 양상이나 일인 자본에 대한 태도에서 상당한 차이가 있을 것으로 본 때문이다. 개항장 객주들은 일찍부터 일상(日商)과 일면 예

으로 했다. 합자회사, 합명회사는 그 설립 방식이 기본적으로는 同志人의 의견결집을 기초로 할 것이기 때문에 대개 동일 지역 자본가들로만 구성될 것이지만, 주식회사의 경우에는 이미 주식매매가 일반화한 만큼 전국적으로 참여자를 모을 수 있었다. 그러나 이때에도 발기인은 대개 동일 지역에 거주하는 자들이었을 것으로 생각되며, 발기인이 중역 또는 대주주가 되는 것이 일반적이었기 때문에 전국 범위로 활동 영역을 확대한 자들은 전국적으로 명망있는 자본가들이었을 것이다.

속, 일면 수탈되는 관계를 맺었지만, 개성, 의주 등 일인 자본이 뒤늦게 침투한 지역의 상인들은 일상과 경쟁해야 했다. 이는 한상(韓商)이 시전과 경강을 중심으로 한동안 상권을 유지한 서울에서도 마찬가지였다. 이들의 행태는 이러한 현상을 반영한다.

전통상도 상인들의 경우에는 10 : 6으로 한인 회사에만 참여하는 쪽이 우세하다. 그러나 이를 좀더 세밀하게 살펴보면, 일인 회사에 참여한 자들은 조진태, 백완혁, 주성근, 백형수, 김동건, 김성환 등 서울의 시전 상인이거나 경강 객주 출신이며, 의주 상인이나 개성 상인들은 일인 회사에 전혀 관계하지 않았다. 서울의 대상인들은 이미 대한제국 전기부터 정치 권력과 긴밀한 관계를 맺고 활동해왔던바, 이러한 양상은 일제강점기에도 변하지 않았다. 총독부가 서울의 거상들에게 일인 회사 참여를 독려한 사례가 있음은 이미 살펴본 대로다. 반면 개항장 객주들은 모두 한 지역 내에서 한인 회사와 일인 회사에 모두 관여했다. 이는 일인 자본의 한인 자본 포섭이 개항장에서 더 급속히 이루어졌음을 보여준다.

마지막으로 지주층은 4 : 9로 일인 회사에도 참여하는 쪽이 많았다. 대다수 지주는 자기 지역 내의 은행과 무역회사에 참여하거나 양조장, 정미소 등을 설립하는 데 그쳤기 때문에, 이러한 현상은 지주층의 회사 참여 역시 일인 자본에 포섭되면서 진행되었음을 의미한다. 요컨대 회사령 시행기에는 지주 경영과 밀접한 관계를 가진 대자본, 또는 일인 자본과 일찍부터 상호 보완 관계를 형성했던 상업 자본을 중심으로 한인 자본이 일인 자본에 통합되는 과정이 급진전하고 있었다.

맺으며

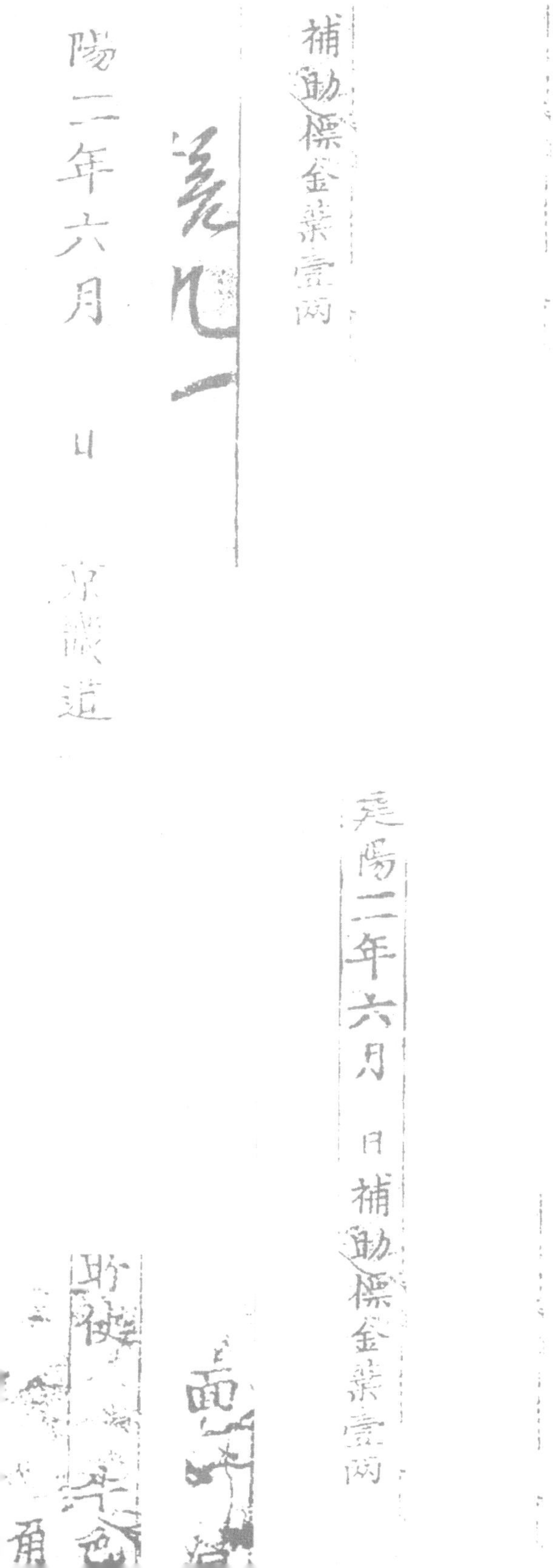

개항 이후 조선 정부는 외세의 침투에 대응하기 위해서뿐 아니라, 조선 후기 이래의 적폐(積弊)를 해소하기 위해서도 개혁을 서둘러야 했다. 국내 문제 해결과 외세 침탈 저지라는 두 과제는 동전의 양면과 같았다. 이에 대해서는 이미 개항 전부터 다양한 논의가 있었지만, 개항 이후에는 외래 문물에 대한 태도 문제가 중심이 되었다. 정부는 조선 후기의 개혁 방안을 계승하여 체제에 관련된 개혁은 유보한 채, 행정 기구와 식산흥업 기구를 근대화하여 '부국강병'을 달성하려 했다. 이러한 대응 방식은 개항 직후의 동양 3국에 공통된 것으로서 기본적으로 '위로부터의 근대화'를 전망하는 것이었다.

정부의 개혁은 1880년경부터 본격화하여 행정 기구 개편, 유학생 파견, 신식 학교와 통신 시설 설치, 대외 통상 확대 등으로 전개되었다. 이 과정에서 1883년부터는 식산흥업 기구로 기기창(機器廠), 박문국(博文局), 직조국(織造局), 조지국(造紙局) 등의 관영 제조장과 연화연무국(蓮花烟務局) 등의 관독상판형 기업들이 시범적으로 설치되었다. 의신회사(義信會社), 대동상회(大同商會) 등 회사, 상회의 명칭을 사용하는 기업 조직도 이때 출현했다. 따라서 회사, 상회는 탄생 당시부터 근대화 정책과 밀접한 관련을 맺고 있었다. 정부에서 발행하던 『한성순보(漢城旬報)』에 「회사설(會社說)」 등의 논설이 실리고, 일부 개명 지식인들이 회사 설립을 주장한 것도 이 무렵부터였다. 즉 처음 출현한 회사들에는 '정부의 근대화 정책을 뒷받침하는 유력한 민간 추진 기관'의 지위가 부여되었다. 그래서 초기 회사는 처음부터 상당한 '특권'을 보유했다. 정부가 회사에 제공한 '보호'는 주로 지방관이 징수하는 무명잡세를 면제해주는 것이었다. 회사는 그 대가로 정부에 상납할 의무를 졌지만, 그조차 유예되는 경우가 적지 않았다.

초기 회사들이 '근대화 추진 기구'였음에도 그들이 처한 상황은 아직 과도적이었다. 조선후기 이래의 도고상업체제는 강고히 유지되었다. 흔히 사상도고로 표현된 상인층은 궁방(宮房), 아문(衙門) 또는 세도가와 사적(私的)인 연계를 맺고 그들의 뒷받침 아래에서 영업독점권을 확보했다. 이렇듯 권력에 의해 지지되는 독점은 전기적(前期的) 성격을 벗어날 수 없었다. 권력을 배경으로 한 '전기적 독점'은 초기 상업 자본 축적 단계에서는 보편적인 현상으로, 조선후기 이래의 사회경제적 발전에 조응했지만 당장은 상업자본의 축적을 촉진하지 못했다. 이들을 뒷받침한 권력이 사적 성격을 탈피하지 못했고, 이에 따라 '특권 상인'조차 종종 과중한 수탈에 시달렸기 때문이다. 그런데 개항 이후 정부는 회사들에 무명잡세를 면제해주었을 뿐 아니라 매매독점권까지 주었다. 이는 '사적 권력에 뒷받침되는 도고' 중심의 유통 질서가 '공적 권한에 입각한 독점' 중심의 질서로 이행하는 과정이, 회사를 중심으로 진행되었음을 의미한다.

초기 회사들은 정부의 보호에 힘입어 전국에 걸쳐 수산업, 광업, 운수업 등을 경영했고, 때로는 수세청부(收稅請負)를 맡기도 했다. 그렇다고 이들 회사가 국가 권력에만 의지한 것은 아니다. 이들은 상당한 자본을 갖추었고 그를 기반으로 활동 영역을 확대했다. 이들의 활동 기반은 여전히 도고상업체제였지만, 그 안에서는 근대적 회사로 성장할 수 있는 싹이 자라고 있었다.

그런데 1890년대에 접어들면서 정부의 근대화 정책은 중대한 장애에 봉착했다. 차관이 눈덩이처럼 불어나 재정 기반에 균열이 생겼다. 정부는 근대적 교육, 군사, 산업 시설에 필요한 재원을 주로 해관세에 의존했다. 그런데 해관세가 차관의 담보물이 되면서, 1890년을 전후하여 해관세 수입의 대부분이 차관 원리금 상환에 쓰이게 되었다. 이는 정부가 설치한 각종 시설의 운영난으로 이어졌고, 정부는 이를 타개하기 위해 다시 새로운 세원

(稅源)을 찾아 나섰다.

새로운 재원으로 주목된 것이 상업세였다. 조선 정부는 본래 생산물과 인정(人丁)에 대해서만 과세해왔다. 소유나 유통에 대한 세금은 실제로는 광범위하게 부과되었으나 원칙적으로 무명잡세였다. 그래서 개항 이전에도 정부는 수시로 무명잡세 금단조처를 내렸다. 그러나 지방관아나 궁방은 이 조치를 묵살하고 각종 무명잡세를 신설·징수하곤 했다. 재정난에 처한 정부는 사적으로 징수되던 무명잡세를 공적 재원으로 흡수하고자 했다. 과세 대상으로 특히 주목한 존재가 개항장 객주였다. 개항장은 새로 만들어진 상업 지역이었기 때문에, 이곳은 오랜 기간의 매매·상속을 거치면서 주인권이 물권화한 지역과 사정이 달랐다. 개항 직후에는 객주업 창설이 자유로웠으며, 새로 객주가 되려는 자에 대해서도 특별한 제재가 없었다.

1889년의 객주영업세 창설은 이러한 상황을 크게 바꾸었다. 객주영업세는 정부가 개항장 객주들을 '유문권주인'으로 추인해주는 대가로 징수하는 구문분세(口文分稅)였는데, '유문권주인'의 자격을 주기 위해서는 독점권을 구체적으로 명시하고 보장해주어야 했다. 이를 위해 객주 열읍분장제가 마련되었으나, 낙과객주(落窠客主)나 소읍을 차정(差定)받은 객주들의 반발로 철회되었고 결국 객주들이 자발적으로 조직한 상회소, 상법회사에 수세업무를 맡기게 되었다. 더불어 정부는 두형균평회사를 설치하거나 감동(監董), 두목을 파견하여 수세 근거를 확보하려는 시도도 병행했다.

이 무렵 보부상에 대한 정책도 바뀌었다. 1883년에 보부상을 관리하기 위해 창설된 혜상공국은 관영 회사의 일종이었다. 혜상공국은 보부상들에게 빙표대(憑票代)를 징수했지만 그것이 중앙 재정에 편입되지는 않았다. 그러나 1885년 혜상공국이 상리국으로 개칭되고 1887년 상리국절목이 새로 반하(頒下)되면서 보부상에 대한 정책도 보호보다는 수세에 중점을 두는 쪽으로 변화했다.

상업 과세가 공식화, 전면화하는 상황에서 정부의 회사 정책도 달라졌다. 회사를 민간 부문의 근대화 추진 기구로 설정한 인식이 전면적으로 후퇴하지는 않았지만, 회사를 세원으로 포착하려는 시도가 나타났다. 정부는 1890년 상회와 객주의 통공영업(通共營業)을 지시하면서, 상회(회사)로부터도 영업세를 징수하기 시작했다. 1893년 「상회규칙」은 회사와 상회에 대한 영업세 징수를 공식화했다. 이에 따라 회사는 상납을 전제로 영업독점권을 보유한 유문권주인과 같은 존재가 되었다. 이를 계기로 회사는 근대적 기업인 동시에 도고상업체제에 뿌리내린 존재라는 이중성을 고유한 특질처럼 지니게 되었다.

갑오 경제개혁의 한계 중 하나는, 도고상업체제의 역사성과 현실적 의미를 도외시한 채 곧바로 철폐하려 들었다는 점이다. 도고상업체제는 상업의 자유를 저해하기는 했지만, 외세의 경제 침탈을 저지하는 구실도 했다. 그러나 개화파 정권은 자유주의적 경제관에 입각하여 급히 경제 개혁을 추진했다. 조세금납화와 신식화폐발행장정 등은 자본주의 경제의 발전에 궁극적으로 필요한 조치이기는 했지만, 이는 결과적으로 한상(韓商)의 발전을 이끌기보다는 외국 상인, 특히 일상(日商)의 상권 확대를 조장하는 결과를 빚었다.

개화파 정권은 1895년 4월 농상공부 고시 제1호로 「각 회사로부터 관허장정과 상업빙표를 환수하는 건」을 공포하여 회사에 대한 이왕의 인허를 전면 취소하고 자유상업체제에 적합한 회사만 용인했다. 이에 따라 상당수의 회사가 철폐되었다. 또 동년 11월에는 법률 제17호로 「상무회의소규례」를 제정하여 상법회사들의 길드적 독점권을 폐지하고 개항장 객주 영업을 자유화했다.

근대적 금융기관이 정비되지 못한데다가 외국 자본의 침탈에 대한 방어벽도 갖추지 못한 상태에서 도고상업체제를 혁파하는 것은 한인의 자본 축적 가능성을 스스로 제한하는 것과 마찬가지였다. 개화파 정권이 은행 설립이나 토지개혁을 구상하지 않은 것은 아니었으나, 그들의 구상에는 외국 자본의 침투를 저지하려는 의지가 담겨 있지 않았다. 이 때문에 몇 가지 개혁 조치에도 불구하고 회사 설립은 극도로 부진했다.

개화파 정권이 붕괴한 뒤 새 정부는 '구본신참(舊本新參)'을 강령으로 하여 갑오개혁을 근본적으로 수정했다. 수정의 주된 방향은 실추된 왕권을 회복하되, 근대 국가로 전환하기 위한 개혁은 지속하는 것이었다. 이는 1899년 「대한국국제」의 공포로 구현되었는데, 이와 더불어 양전지계사업(量田地契事業), 국립은행 설립계획 추진 등 근대 국가의 물적 토대를 조성하는 작업도 구체화했다.

상공업 정책에 관해서는 외세의 침탈을 억제하며, 민간에서 사사로이 외국 자본을 도입해서는 안 된다는 원칙이 수립되었다. 대한제국기에 한성전기회사, 목상회사(木商會社), 한아은행(韓俄銀行) 등 정부가 주도한 합작회사들이 여럿 설립, 계획된 반면, 각종 민영회사의 장정에 "외국인과 합동하거나 회사 인허권을 외국인에게 양도할 경우에는 장정은 물시(勿施)하고 사원은 엄처할 사"라는 규정이 빠지지 않았던 것은 이 원칙 때문이었다.

외세, 특히 일본 자본의 침탈을 막는 것은 당시 상인들의 일반적 요구이기도 했다. 1898년 서울과 내륙에서 외상(外商)을 축출하려 한 황국중앙총상회의 시위 운동은 이 요구의 표출이었다. 그런데 이 무렵 상인들의 외상 축출 요구는 도고상업체제의 부활과 맞물려 있었다. 전국의 상인들에 대한 일원적 통제 기제를 마련하는 한편 상업세 징수를 제도화하여 독점적 상업체제를 구축하고, 그에 기반하여 외상의 상권 침탈을 막자는 것이 황국중앙총상회의 핵심적 요구였다.

그런데 새 정부의 회사 정책은 상당 기간 갑오개혁 당시의 기조를 유지했다. 1897년경까지, '회사명색의 도고행위를 일체 금단'한다는 농상공부의 태도에는 변화가 없었다. 그러나 1899년 「대한국국제」 공포를 전후하여 내장원이 수세원 확대를 본격화한 뒤에는 농공상부의 도고 금지가 무의미해졌다.

1899년의 「개정상무회의소규례」는 갑오개혁 당시에 마련된 자유주의적 상업 정책을 전면 폐기하는 의미를 지녔다. 이 규례는 상무사에 전국 상무의 통할권(統轄權)을 주는 대신 상공학교, 회사 등 근대적 경제 시설을 설립할 의무도 부과함으로써, 이를 식산흥업정책의 보조기구로 삼으려 했다. 그러나 상무사는 이러한 의도에 부응할 수 없었다. 일반 상민은 상무사 설치를 보부상 임방의 복설로 인식했다. 더욱이 당시의 상민층은 출자(出自)에서나 활동 양태에서나 대단히 이질적인 구성을 이루고 있었고, 같은 부류끼리의 조직을 강고히 유지했다. 이런 사람들을 아무런 경과조처 없이 하나의 조직으로 묶기란 불가능했다. 결국 상무사는 보부상만 통할하게 되었고, 개항장 객주는 객주상법회사를 통해, 그밖의 상인은 회사를 통해 통할하는 분리 통섭체제로 귀결되었다.

내장원의 상업세 징수 확대는 이 체제 아래에서 진행되었다. 내장원경은 객주상법회사(紳商會社)의 장(長)을 예겸(例兼)했고, 개항장 감리와 내장원 관리들이 회사 임원을 예겸했다. 객주들에게 거둔 구문분납액(口文分納額)은 내장원에 귀속되었다. 전국 각지의 영세상인들을 각종 회사로 조직하고 이를 통해 수세하는 방안도 마련되었다. 이에 따라 대한제국기 많은 상회사들이 수세청부기구의 성격을 벗어나지 못했다.

수세 기반을 확대하려 한 내장원의 시도는 회사를 도고와 구분하기 어려운 조직으로 만들어버렸다. 회사에 대한 인허는 수세권 부여와 같은 것으로 인식되었다. 그렇지만 대한제국의 식산흥업정책이 전면적으로 퇴조하지는 않았다. 상업세 수탈이 확대되어 민간에서 자본이 축적될 가능성은 줄었지만, 거꾸로 국가와 관료 중심의 자본 축적은 가속화했다. 근대 기업과는 거리가 먼 수세도고회사가 남설되는 한편에서, 관료들이 중심이 된 근대적 회사도 다수 출현했다. 1896년부터 대조선은행, 한성은행, 특립제일대한은행, 대한천일은행 등 근대적 은행이 잇달아 설립되었으며, 대조선저마제사회사, 대한제국인공양잠합자회사, 직조단포주식회사, 향연합자회사, 매광합자회사, 한국우체기선회사, 대한협동우선회사, 마차회사 등 제조업,

광업, 운수업 회사들도 속출했다. 대한국내철도용달회사, 대한경부철도역부회사, 부하철도회사 등 경부철도 부설에 참여한 회사들도 도고와 무관했다. 이들도 일종의 특권을 보유했으나, 도고상업체제에 일반적이던 영업독점권이나 수세권과는 전혀 달랐다. 이들이 보유한 것은 후발 자본주의 국가의 초기 산업화 과정에서 흔히 보이는 '국책사업에 결부된 특권'이었다.

대한제국 전기 회사의 설립을 주도한 것은 현직 고위 관료들이었다. 이 시기 회사에 높은 관심을 보인 관료들은 안경수, 김종한 등 친일개화파로 분류되던 사람들과 이채연, 이완용, 이윤용 등 정동구락부 계열, 그리고 이재순, 이재극, 민병석, 민병한, 민영환 등 황제의 친인척들이었다. 그밖에 황제의 두터운 신임을 얻은 이용익, 이근배 등도 여러 회사에 관여했다. 이들 고위 관료, 특히 황제 측근의 회사 설립에는 정책적 고려가 크게 작용했다.

중하위 관료들 중에서도 관직 경력보다 회사 경영을 우선하는 자들이 적으나마 출현하기 시작했다. 김익승, 우경선, 오귀영 등은 광업, 운수업, 제조업 등 각 분야에서 일관된 경력을 쌓으면서 전문경영인의 소양을 다졌다. 반면 상인층의 근대적 회사 참여는 극히 제한적이었으며, 고위 관료나 황실과 맺은 사적 관계에 따라 소극적, 수동적으로 참여하는 자들이 많았다.

대한제국기 회사의 발전에 큰 장애가 된 것은 자본 부족이나 경영 능력 결핍 등 회사 내부의 문제만이 아니었다. 더 큰 문제는 화폐 제도의 문란, 관세장벽의 결여, 국가 재정의 곤궁 등 회사 외부에 있었다. 특히 백동화 인플레이션은 화폐 및 유가증권의 가치를 끊임없이 하락시켜, 자본가치를 보전할 수 없게 했다. 주식회사가 다수 설립되었음에도 불구하고 주식 모집이 순조로울 수 없었던 것도 이 때문이다. 근대적 경제 체제가 먼저 정비되지 않는 한, 근대적 회사의 발전을 기약할 수는 없었다.

그런데 백동화 인플레이션은 한편으로 무차별적인 대중 수탈의 성격도 지녔다. 국가를 중심으로 한 자본 축적에서는 이조차 원시적 축적의 한 계기를 이룬다. 문제는 이것이 다시 국가 재정을 위기로 몰아갔던 데에 있는

데, 이에 따라 정부는 「태환금권조례(兌換金券條例)」와 「중앙은행조례(中央銀行條例)」를 각각 발포하는 한편 유력한 재산가들을 중앙은행 창립사무위원에 임명하여 이들 문제를 해결할 방침을 세웠다. 대중 수탈을 통한 국가 중심의 자본 축적을 다음 단계로 이행시킬 계기를 만들려 한 것인데, 이는 러일전쟁 이후 일제의 침략으로 좌절되었다.

러일전쟁에서 승기를 잡은 일본은 1904년 5월 「대한방침(對韓方針) 및 대한시설강령(大韓施設綱領)」을 작성, 한국 경제를 일본 경제에 종속시키기 위한 기본 방침을 마련했다. 이 방침에 따라 일제가 착수한 첫 사업은 대한제국 정부가 준비해온 화폐정리와 재정개혁이었다. 둘 사이의 결정적 차이는 개혁의 내용이 아니라 주체와 방식에 있었다. 일제는 한국 화폐를 일본 화폐에 철저히 종속시키는 동시에 제일은행(第一銀行)에 중앙은행 업무를 맡김으로써 식민지적 금융통화체제를 구축했다. 동시에 한인이 보유한 화폐의 명목가치를 부인하여 한인의 화폐 자본을 무차별 수탈했다.

재정 정리는 탈루된 세원을 정확히 파악하고 지방관의 징세권을 박탈하여 국가 재정을 충실히 한다는 명목으로 추진되었지만, 이때의 국가는 더는 한인의 국가가 아니었다. 일제가 재정 개혁에서 특히 중점을 둔 것은 내장원의 재정 기반을 철저히 파괴하는 것이었다. 황실 소유의 광산, 둔토(屯土) 등을 모두 국유로 이관하는 동시에, 무명잡세를 일병혁파한다는 명목으로 내장원의 상업세 징수권도 박탈했다.

대한제국기 최악의 상인 수탈자인 동시에 최고의 회사 후원자이기도 했던 내장원의 재정 기반 파괴는 회사 설립 방식과 설립 주체 전반에 중대한 변화를 초래했다. 고위 관료층의 회사 참여는 현저히 퇴조한 반면, 일제를 새로운 협조자로 맞아들인 유력 상인의 참여가 급증했다. 일제는 자신의 필요에 따라 설립한 '국책적 회사'에 유력 상인을 대거 끌어들였다. 일제는 한상(韓商)들로 하여금 농공은행, 수형조합(手形組合), 공동창고회사 등을 설립케 하는 동시에 호남철도주식회사 등의 한인 회사가 지닌 기득권을 탈취함으로써 한인이 소유한 자본에 대한 통제를 강화했다. 1906년의 「각종 인허의 효력급기한에 관한 건」은 사후적이기는 하지만 한인 자본에 대한 통제 방침을 구체화한 것이다.

한인 자본이 억압, 통제받는 상황에서도 회사 설립은 급증했다. 화폐가치가 안정되어 투자의 안정성이 증대한 것이 주요 요인이었지만, 관료로 성장할 길을 포기한 신지식층이 양산된 것, 계몽운동 과정에서 식산흥업에 대한 관심이 높아진 것, 일인 자본이 대거 진출하면서 합작 가능성이 높아진 것 등도 상당한 영향을 미쳤다. 화폐 정리로 인한 자본가치의 감손(減損)도 역설적이지만 상인들 사이의 합자를 촉진했다.

그렇지만 대한제국 후기의 회사들은 이제 산업 근대화를 위한 중추 기구가 아니었다. 주식회사, 합자회사, 합명회사 등 근대적 외양을 띤 회사가 속출했지만, 이들 회사는 일제의 한국 식민지화 정책에 유용한 한에서만 살아남을 수 있었다. 화폐 정리 이후의 금융난에 편승한 대금업(貸金業) 회사와 일본 상품의 직수입을 목적으로 한 무역회사, 그리고 철도 개통에 따른 소화물운송업체가 다수 설립된 반면, 해운업, 토건업 등 기간 산업부문에 진출할 길은 차단되었다. 제조업에서는 저임금 노동력을 이용하여 일본 상품과 경쟁하려는 회사가 일부 설립되었으나, 국가적 보호가 결여된 상황에서 오래 지속될 수는 없었다.

일제가 한인 자본에 대한 통제를 강화하는 사이에 많은 자본가가 일본의 식민지화 정책에 협력하기 시작했다. 조진태, 백완혁, 홍충현, 조병택 등의 서울 상인들과 한상룡, 백인기 등 고관·부호의 자제들이 통감부와 교감하면서 회사를 설립하고 통감부의 정책을 보조하는 각종 회사에 투자했다. 고위 관료층도 회사 참여를 지속했지만, 주역은 송병준, 조중응, 유길준, 권중현 등 친일 관료들이었다. 중하위 관료들도 퇴직 후의 대체 생계 수단을 마련한다는 소극적 동기에서나마 회사 설립에 열심이었다.

한편 내장원의 재정 기반 파괴는 도고상업체제의 근간을 뒤흔드는 일이었다. 더욱이 일제는 개항 직후부터 도고상업체제를 문제삼아왔다. 따라서 대한제국 후기에는 도고상업체제에서 활동하던 유문권주인층이 집중적인 타격을 받았다. 그렇지만 수세기를 지속해온 관행은 순식간에 사라지지 않았다. 도고상업체제는 해체 일로를 걸었지만, 도고권을 유지하려는 시도는 집요했다. 대략 두 가지 방식이 있었다. 하나는 새로운 권력자로 떠오른 일인이나 일진회원을 부동(附同)하여 도고회사를 설립하는 것이었다. 이 시기 회사 인허가권을 장악한 통감부는, 한인 회사에는 엄격한 허가주의를 적용한 반면 일인 회사에는 일본 상법을 준용하여 신고주의를 적용했다. 따라서 일인 1~2명을 끼워넣어 일인 회사로 위장하고 수세도고회사를 설립하는 사례가 크게 늘었다. 또 하나는 각처의 객주를 조직하여 독자적 유통망을 구축하고, 그를 통해 매매·중개의 독점권을 유지하는 것이었다. 대한제국 후기에 속출한 소운송업체들은 철도역 주변의 객주를 조직하고 자사(自社)가 맡은 화물을 특정 객주에게 송부하는 방식으로 독점권을 유지하려 했다.

일제는 1910년 한국을 강점했지만, 한국 경제를 식민지 경제로 개편하는 데 필요한 자금을 마련하기는 쉽지 않았다. 만성적인 채무국이자 수입초과국으로 재정 적자에 시달리는 상황에서, 식민지 개발에 본국 자본을 동원할 여력이 없었다. 이에 일제는 '재정자립'이라는 미명 하에 한인의 자금으로 조선을 '개발'한다는 방침을 세웠다. 그러나 이 방침을 실현하기 위해서도 먼저 막대한 자금을 투하해야 했다. 총독부는 일본 본국에서 공채를 발행하여 자금을 조달했지만, 교통 통신망을 정비하는 등의 기초적인 사업에 쓰기에도 부족했다. 재정 자금을 투입하여 산업 개발비에 충당하는 일은 엄두를 낼 수 없었다.

총독부가 1911년 일본 국내의 반대 여론을 무릅쓰고 '조선회사령'을 제정한 것은 민간 자본을 활용하여 재원 부족 상황을 타개하기 위해서였다. 회사령은 일인 자본이든 한인 자본이든 조선 내 자본 전체에 대한 사전적 감독권을 총독에 부여하여, 권력에 의한 자본 통제를 폭압적으로 실현했다.

총독부는 또 1912년에 조선은행령을 제정하여 이 목적 달성을 위한 보조 수단도 마련했다.

한국 강점 전후 일제의 식민지화 구상은 기본적으로 이주식민지안이었다. 이는 조선에 많은 일인을 이주시켜 식민지 통치의 항구적 기초를 마련하는 동시에, 일본 내의 식량 및 과잉인구 문제를 해결한다는 방안이었다. 이 방안이 중심인 한, 회사령 적용도 이에 규정될 수밖에 없었다. 더욱이 식민지 지배의 본질이 이민족 지배이기에, 그 적용에는 민족적 차별이 수반되었다. 한인에게 특히 문제가 된 것은, 회사령이 한인의 전통적 유통 기구를 재편하는 유력한 도구로 사용되었다는 점이다.

총독부의 주장에 따르면 설립이 불허되거나 강제 해산당한 회사들은 ① 일반 조선인 회사의 통폐(通弊)로서 회사의 인허를 마치 영업독점권을 얻은 양 선전하면서 우민(愚民)을 속이고 부정한 이득을 취하고자 하는 것, ② 사업목적이 불분명하고 불필요한 분야에 투자하고자 하는 것, ③ 토지겸병을 노리는 것, ④ 무모한 경쟁을 유발할 우려가 있는 것 등이었다. 같은 지역에서 두 회사가 경합할 경우 일인 회사가 유리했을 개연성은 충분하지만, ②~④는 일인 회사에도 적용되었다. 그러나 ①은 한인 회사에만 해당하는 사항이었다. 많은 한인 회사가 첫번째 이유로 불허되거나 강제 해산당했다. '일반 조선인 회사의 통폐'라는 지적은 다분히 과장되었지만, 대한제국기의 회사가 도고상업체제에 기반하여 특권을 행사한 점에 비추어보면 잘못된 지적은 아니다.

문제는 도고상업체제의 해체가 '조선' 경제의 '건전한 발전'과는 무관하게 진행되었던 점에 있다. 총독부의 판단 기준은 어디까지나 일본 자본주의의 '건전한 발전'에 기여할 수 있는가의 여부에 있었다. 또 조선 후기 이래 관행이자 구조로 정착해온 도고상업체제는 이로써 완전히 붕괴되었지만, 바로 자유상업체제가 구축되지도 않았다. 회사령으로 인허받은 회사들은 이전과는 다른 성격의 특권을 얻었다. 총독부는 회사령을 정당화할 목적으로 일단 인허한 회사에 대해서는 비록 한인 회사라 하더라도 상당한 보조금을 지급하면서까지 가급적 존립시켰다. '경쟁의 배제'라는 원칙도 자유상업체제와 근본적으로 배치되었다.

일제는 한인 자본의 독자성을 말살하는 일에도 주력했다. 조선상업회의소령(1915)은 한인 자본가들의 활동 전반을 총독부의 감독 하에 두는 한편, 이들을 일인 자본가의 하위 조력자로 삼으려는 것이었다. 일제는 상업회의소 설치 지역을 일인 자본가가 우세한 지역으로 한정하는 한편, 회원 자격 기준을 임의로 조정하여 일인이 절대적 우위를 확보하게 함으로써 한인 자본가끼리 결집할 가능성을 철저히 차단했다. 이 과정에서 대한제국기에 설립된 여러 상업회의소, 상법회사가 강제해산되었다.

한인 자본가에 대한 일제의 강력한 통제는 당연히 한인의 회사 설립에 중대한 질곡이 되었으며, 한인의 투자 방식도 근본적으로 변화시켰다. 일제는 먼저, 기설 회사는 계출만으로 인허된 것으로 간주한다는 규정에도 불구하고 대다수 한인 기설 회사를 인정하지 않았다. 또 경찰을 동원하여 회사의 설립 청원을 방해했다. 그 결과 회사령 발포 직전에 활동 중이었거나 발기된 회사 중 불과 20% 정도만이 인가받을 수 있었다.

회사령의 질곡을 뚫고 어렵게 인가를 얻은 회사들은 총독부의 조선 경제 재편책에 활용될 수 있거나 일본 자본과 경합하지 않는 것들뿐이었다. 업종 분포는 대한제국 후기와 다를 바 없어서, 대금업과 상업을 중심으로 도자기제조업, 연초제조업, 철공업 등 국지적 시장을 대상으로 하는 영세 제조업체 몇 개가 인허되었을 뿐이었다.

회사령의 엄격한 적용은 1912년의 은행령 공포, 1915년 조선물산공진회 당시의 동업자 대회, 1915년의 조선상업회의소령 공포 등 총독부의 자본 통제 기제가 정비되는 과정에서 조금 완화되었지만, 1918년 회사령이 개정될 때까지 한인 자본이 처한 상황은 근본적으로 바뀌지 않았다. 다만 농공은행과 금융조합의 한계를 보완하는 은행 설립은 상대적으로 자유로워졌다. 그에 따라 1913년에 대지주가 중심이 된 은행이 한두 개 설립되었다.

회사령은 제1차 세계대전 이후 일본 자본의 대외 진출 욕구가 증대하고 이주식민지안이 파탄에 이른 1918년에 개정되었고, 1920년 완전히 폐지되었다. 그러나 회사령이 맹위를 떨친 10년간, 한인 자본은 식민지 권력의 전면적 통제 아래에서 식민지 지배체제에 대한 순응성을 내면화하지 않을 수 없었다. 그리고 이 과정은 한인 자본가의 전반적 재편과 함께 진행되었다.

일제강점 직후 한때 고조되었던 퇴직 관료들의 회사 설립 열기는 회사령의 장벽을 넘지 못하고 곧 수그러들었으며, 그들 중 상당수는 영세상인으로 전락했다. 고위 관료 출신의 회사 참여는 상당 기간 지속되었지만, 그들은 은사공채의 수혜자라는 이유로 투자에 간섭을 받았기 때문에 독자적 사업 영역을 개척할 수 없었다. 그들에게는 일제의 의도에 충실히 따르는 길밖에 남지 않았다.

한편 고위 관료들과 사적 관계를 맺고 각종 회사에 참여한 경험을 지닌 일부 거상들은, 대한제국 후기에 후견자를 일제 권력으로 바꾸어 기업가로 성공할 수 있었다. 그러나 이들도 회사령이 강력히 시행되던 기간에는 독자적으로 회사를 설립하기보다는 일인 회사에 투자하는 데 집중했다.

일제가 한인 대자본가들을 강력히 통제하는 가운데 신설된 회사들은 대개 대한제국기에 회사에 참여한 경험이 없는 상인이나 지주들이 주도한 것이었다. 의주, 개성, 평양 등 전통적 상도(商都)의 상인들은 일본 자본이 내륙 깊숙이 침투하자, 이에 대응하는 차원에서 회사를 설립하기 시작했다. 의주의 보산회사(保産會社)와 의신회사(義信會社), 개성의 개성사(開城社) 등은 일제강점기에도 대체로 지역 상권을 유지하는 데 관심을 집중했다. 반면 개항장 객주 출신들은 지역 내 일인 회사에 편입되어 일인과 같은 이해기반 위에 서게 되었다.

지주의 회사 참여는 통감부가 지주 자본을 반강제적으로 동원하여 농공은행을 설립할 때 시작되었지만, 회사령 시행 초기까지는 극히 제한적이었다. 이때까지 회사에 참여한 지주들은 대개 객주 영업에 대한 제한이 사라진 이후 각 항구에서 미곡 수출을 위해 객주업을 개시한 사람들이었다. 목포의 현기봉, 광주의 김형옥, 대구의 최준, 정재학, 예산의 유진태 등은 모두 대지주이자 유력한 미곡상이었다. 회사령 초기 지방에서 회사 설립을 주도한 지주들은 대개 이 부류에 속했다. 그러나 토지조사사업이 완료되고 미가(米價)가 앙등하는 등 지주 경영이 호조를 보이면서, 이들은 주로 지주 경영을 보족(補足)하는 부문에 투자하기 시작했다. 지방은행이나 상업·무역회사, 양조장·정미소 등이 지주의 투자 대상이 되었다.

그렇지만 지주가 회사에 투자하기 시작한 것을 '지주 자본의 근대적 상공업 자본으로의 전화'로 해석할 수는 없다. 상인이 토지에 투자하는 역(逆)의 과정도 광범위하게 진행되었기 때문이다. 일제의 조선에 대한 요구가 식량, 원료에 집중되어 있던 상황에서, 더욱이 식민지 권력이 자본 일반을 강력히 통제하는 상황에서, 이는 불가피한 현상이었다. 한인 자본가가 스스로 지주제의 탯줄을 끊을 수 없었다는 점에서, 식민지 자본주의가 지니는 한계는 자명했다.

부록

補助標金壹兩

陽二年六月 日

京畿道

建陽二年六月 日 補助標金壹兩

부록 1. 1883~1910년간(회사령 이전) 한인 회사 일람

회사명	설립	영업목적	지역	대표자	자본금	비고
蠶桑公司	1883	양잠, 제사	서울	메덴스		官營
捲烟局	1883	연초제조	서울	全中基		관독상판
豆餠局	1883		서울			활동
三湖玻璃局	1883	유리제조	서울			관독상판
釀春局	1883	양조	서울			활동
蓮花烟務局	1883	연초제조	서울			관독상판
長春社	1883	양조	서울			활동
博文局	1883	인쇄	서울			관영
廣印社	1883	인쇄	서울			활동
撮影局	1883		서울			활동
大同商會	1883	매매, 운송	서울	申基周		활동
順信昌會社	1883	매매	인천	閔應植		활동
長通社	1883		서울			
鑄一所	1883		서울			
信義社	1883		서울			
礦務局	1884	광업	서울			관영
居奇社	1884					활동
慶尙道金泉社商會	1884	매매	김천			인허
慶尙道布木商會社	1884	매매				인허
博林社	1884	매매		趙漢昪		인허
安東乃成里商會	1884	매매	안동			활동
義信會社	1884	매매, 운송 등	서울	金炳翰		활동
永信商會	1884	매매	서울	金友善		활동
太平會社	1884	매매	서울	金華成		활동
輪船商會社	1884	수상운송				활동
汽船會社	1884	수상운송				준비, 한미합작
保嬰社	1884					활동
交河農桑社	1885	농림업	교하			관독상판
京城農桑會社	1885	농림업	서울			관독상판

회사명	설립	영업목적	지역	대표자	자본금	비고
織造局	1885	직물업	서울	全中基		관영
造紙局	1885	제지	서울	鄭秉夏		관영
廣印社	1885	인쇄	서울			인허
大興商會	1886	상업	인천	李丙善		인허
信昌商會	1886	상업	순천	李載命		인허
濟興社	1886	상업	인천	孫景文		활동
電警會社	1886	수상운송	부산	朴淇琮		인허, 南沿會社
大安商會	1887	상업	천안			활동
船商會社	1887	상업	서울			활동
捕鯨會社	1887	어획	부산			인허
製藥所	1888	제약	서울			활동
東航會社	1888	운송, 收稅	부산	金顯逸		활동
濟生會社	1888	무역	서울	洪周鉉		인허
湊會社	1888	상업, 收稅	부산			활동
三山會社	1888	운송	서울	趙羲淵		활동
太平會社	1888	상업	경상도	金命九		인허
運輸會社	1888	운송	서울	嚴基元		인허
海産會社	1888	어획, 매매	부산	許　滈		인허, 해산주식회사
製粉所	1889	제분	서울			활동
廣成會社	1889	상업	인천	洪性孝		활동
槐興會社	1889	상업	괴산			활동
蓉湖會社	1889	상업				인허
船商會社	1889	收稅	인천	朴達景		인허, 萬石洞收稅 담당
濟通會社	1890	상업	부산	卞奉栳		인허
新福商會社	1890	상업	부산	劉　貞		활동
汝産會社	1890	상업	부산			활동
斗衡均平會社	1890	收稅	인천	金在田 등		인허
沙器所	1891	사기제조	서울	李鳳學		인허, 민영
海商社	1891	노동청부, 收稅	부산			활동
護商保險會社	1892	보험, 收稅	부산	崔永華		활동, 1894 혁파
陸運會社	1893	육상운송	인천	朴昌甫		인허

회사명	설립	영업목적	지역	대표자	자본금	비고
利運社	1893	수상운송	인천	兪星濬		인허
京城農桑會社	1894	농림	서울			관독상판
米商會社	1894	상업	서울	金興俊		관독상판
進供會社	1894	상업	서울	徐相潗		관독상판, 公同會社
包蔘公司	1894	상업	서울			관독상판
經理會社	1894	수상운송	원산	閔泳駿		설립
圓滿會社	1895	製氷	서울	李　昶		활동
麴子會社	1895	麯子製造販賣	전주	崔永純		인허
米商會社	1895	상업	서울	楊君實		활동
加沙里艸協同會社	1895	채취, 매매	완도	白景三		인허
突山智島加沙里艸會社	1895	채취, 매매	突山	金鎭漢		인허
順天長興加沙里草會社	1895	채취, 매매	순천	黃鍾煥		인허
莞島加沙里草會社	1895	채취, 매매	완도	鄭慶振		인허
珍島加沙里草會社	1895	채취, 매매	진도	朴仁逸		인허
羅州康津加沙里會社	1895	채취, 매매	나주	黃鍾模		인허
水產會社	1895	어획, 매매				활동, 1896 혁파
漁業會社	1895	어획, 매매	仁川	金基龍		인허
木商會社	1895	採伐				인허, 韓露合作
典當會社	1896	대금	서울			활동
大朝鮮銀行	1896	은행	서울	安駉壽		발기, 1899 漢興銀行
가죽회사	1896	제혁	서울			활동
肥料會社	1896	製肥	서울			활동
軍部用達會社	1896	관청용달	서울	河天泓		활동
天一會社	1896	상업	경흥	李秉均		활동, 鏡城天一興業會社
소금회사	1896	소금매매	김해	황종원		활동
元山鹽商會	1896	소금매매	원산			활동
柴炭會社	1896	시탄매매	인천			인허, 1914 활동 중
彰興會社	1896	관청용달	서울			활동, 軍部機械局 用達

회사명	설립	영업목적	지역	대표자	자본금	비고
德利會社	1896	수상운송	원산	宋允夏		인허
船商會社	1896	수상운송	서울	趙民熙		인허
泰運會社	1896	수상운송	원산	朴有一		인허
牛稅會社	1896	收稅	원산	金永濟		인허, 1903 활동 중
독립신문사	1896	신문	서울	徐載弼		관독상판
漢城銀行	1897	은행	서울	金宗漢		설립
大韓帝國人工養蠶(資)	1897	양잠	서울	金嘉鎭	1(元)	발기
大朝鮮苧痲製絲會社	1897	제사	서울	安駉壽		발기, 韓美合作
論山江鏡浦會社	1897	상업, 收稅	강경			활동
慶興商會社	1897	상업	경흥			활동, 1897 혁파
廣通社	1897	수상운송	원산	禹慶善		활동, 韓日合作
永昌會社	1897	수상운송	원산	金亨俊		활동
馬車會社	1897	육상운송	서울	安駉壽		설립, 韓美合作
牛隻保險會社	1897	보험, 收稅		閔丙漢		설립
以文社	1897	인쇄	서울	金益昇		설립
漢城電氣會社	1898	전기	서울	李采淵		설립, 韓美合作
特立第一大韓銀行	1898	은행	서울	沈相薰	50(元)	설립
務本保險會社	1898	보험, 收稅	서울			인허
艀船株式會社	1898	수상운송	원산	金益昇		설립, 輸運會社
韓國郵遞汽船會社	1898	수상운송	인천	金益昇		설립
大韓國內鐵道運輸會社	1898	토건	서울	李采淵		설립
釜下鐵道會社	1898	토건, 운수	부산	朴淇琮		설립
開文社	1898	인쇄	서울			활동
京城新聞社	1898	신문	서울	尹致昊		설립
大韓皇城新聞社	1898	신문	서울	尹致昊		설립
保船會社	1898	보험, 收稅	부산	崔永華		설립, 保險會社
皇城新聞社	1898	신문	서울	南宮檍		설립
매일신문사	1898	신문	서울	柳永錫		설립
帝國新聞社	1898	신문	서울	李鍾一		설립
大韓天一銀行	1899	은행	서울	沈相薰		설립, 朝鮮商業銀行
保險會社	1899	보험, 收稅	서울	임중모		활동

회사명	설립	영업목적	지역	대표자	자본금	비고
漢城普信社	1899	중개업	서울	崔晶圭		설립, 京城普信合名會社
農桑會社	1899	농림업	통진	徐相七		설립
蔘政社	1899	인삼매매	개성			관영
杲興會社	1899	성냥제조	서울			활동
鐘路織組社	1899	직물업	서울	閔丙奭		설립, 織造緞布株式會社
漢上紡績股本會社	1899	직물업	서울	尹德榮		발기
香烟合資會社	1899	연초제조	서울	李載純		설립
製造會社	1899	차량부품제조	서울	閔泳煥		인허
鏡城煤礦會社	1899	석탄채굴	경성	趙秉稷		활동
煤礦合資會社	1899	석탄채굴	鍾城	金珏鉉		인허
廣畜社	1899	獸肉獸皮매매	서울	秦學裕		활동, 皮物會社,協同會社
江華商會	1899	상업	강화			활동
農商工部用達會社	1899	관청용달	서울	孔錫祚		발기
米豆會社	1899	米豆매매	인천	金奎植		설립
普興會社	1899	상업	서울	尹亨植		설립, 韓日合作
商船會社	1899	상업, 收稅	서울			활동
船商會社	1899	상업, 收稅				활동
石油用達會社	1899	석유용달	서울	沈璣澤		請願
藥材會社	1899	약재매매	서울	한우		활동
梁山郡商會社	1899	상업	양산			활동
魚鹽會社	1899	어염매매		이원홍		활동
長山會社	1899	상업	장연	李承慶		활동
紙物會社	1899	지물매매	단천	노관우		발기
大韓曳船會社	1899	수상운송	부산			활동
京仁鐵道輸運會社	1899	육상운송	서울			활동
大韓協同汽船會社	1899	수상운송	부산	丁致國		인허, 協同郵船合資會社
元一輪船會社	1899	수상운송	원산	李根徹		인허
濟益船社	1899	수상운송	울릉도	田士能		활동
平壤從船會社	1899	수상운송	평양	金濬九		활동

회사명	설립	영업목적	지역	대표자	자본금	비고
仁川從船會社	1899	수상운송	인천	安寅燮		활동
火輪船會社	1899	수상운송	인천	김치량		인허
大韓國內鐵道用達會社	1899	토건	서울	李夏榮		설립
西北鐵道會社	1899	토건	서울	李容翊		설립, 西北鐵道局
鐵道木石等物用達會社	1899	용달, 토건	서울	李赫九		청원
鐵道會社	1899	인부청부	서울	金溶相		활동
時事叢報社	1899	잡지	서울	洪中燮		설립
衛生會社	1899	청소용역	서울			설립
衛生會社	1899	청소용역	인천			활동
濟生社	1899	약재무역	서울	李允用		활동
開墾會社	1900	개간	경상도	吳平默		인허, 土木機械會社
牧養社	1900	농경	부평	閔泳煥		설립
養蠶會社	1900	양잠	전곡	金東圭		청원
織組會社	1900	직물업	충주	崔景煥		청원
礦達會社	1900	금광채굴		鄭殷采		불허
海西鐵鑛會社	1900	철광채굴		韓錫振		인허
歙通煤礦會社	1900	석탄광채굴	통진			활동
廣信交易會社	1900	상업, 위탁매매	서울	郭泰鉉		인허
北青麴子會社	1900	麴子製造販賣	북청	李鍾三		청원
平安南北道麯子會社	1900	麴子製造販賣	평양			인허, 1906
咸興麴子會社	1900	麴子製造販賣	함흥	吳元默		활동, 1900 撤廢
米商會社	1900	상업	결성			활동
石油木棉會社	1900	석유, 목면매매	서울			설립
利原五種會社	1900	매매, 위탁매매	利原	金日淳		청원
普通商業會社	1900	매매	서울	閔泳璇		청원
補公會社	1900	收稅	서울	鄭殷采		인허
魚鹽會社	1900	어염매매	경상도	崔東燮		청원
鐵物會社	1900	철물 매매	서울	李駿鎬		청원
八商會社	1900	매매	전주			활동, 1900 혁파

회사명	설립	영업목적	지역	대표자	자본금	비고
協商會社	1900	매매	서울	姜寅圭		설립
商業保守會社	1900	매매, 收稅	의주	金舜鉉		청원
油燈會社	1900	가로등관리	서울	崔相敦		인허, 동년 해산
漁採會社	1900	어획	완도	李寬儀		청원
大韓協同郵船會社	1900	수상운송	인천	李允用		인허, 協同汽船會社 흡수
輸運會社	1900	수상운송	인천	金珏鉉		활동
仁漢輪船合資會社	1900	수상운송	서울	李載克		인허
建築會社	1900	토건, 인부청부	서울	李載純		인허, 請築會社
大韓京釜鐵道役夫會社	1900	토건, 인부청부	서울	閔丙奭		인허
興業會社	1900	인부청부	서울	金在政	10(元)	발기
廣濟社	1900	제약	서울			
教育新報社	1900	잡지	서울			인허
文明社	1900	인쇄	서울			활동
司馬榜目會社	1900	출판	서울			활동
漢城會社	1901	대금	서울			인허
農業會社	1901	농경	부평	閔丙奭		청원
蠶桑會社	1901	양잠	경주	金弘祚		인허
九成社	1901	철물제조	서울			활동
日新社	1901	도량형기제조	서울	孔錫祚		활동, 韓日合作
製織會社	1901	직물업	서울	鄭東植		설립
鹽油會社	1901	매매	안주	金輔汝		청원
用達會社	1901	용달	서울			발기
淸海商會	1901		청진			인허
彈錦會社	1901	직물업, 收稅	서울	金敬俊		인허
通運社	1901	수상운송	인천	玄尙建		활동
加沙里會社	1901	가사리 채취	경상			활동
京城北濟特許會社	1901	인부청부	서울			활동
京城土木會社	1901	인부청부	서울			활동
釜山土木合資會社	1901	인부청부	부산	玄明運		활동
韓日工業組	1901	인부청부				활동, 韓日合作

회사명	설립	영업목적	지역	대표자	자본금	비고
廣文社	1901	인쇄	서울			활동
酒稅會社	1901	收稅	서울	洪鍾萱		청원
酒艸稅會社	1901	收稅				발기
紙墨會社	1901	제조, 收稅	대구	金濟秉		청원
娼妓會社	1901	유흥, 매춘	서울			발기
忠義社	1901	收稅	경기	李廷來		인허
忠義會社	1901	收稅	평안	康世顯		활동
號牌會社	1901	호패제조판매	서울			청원
大韓翎毛雉鷄會社	1902	축산	인천			인허, 翎物會社
養蠶會社	1902	양잠	칠곡	趙重恩		청원
蠶業會社	1902	양잠	가평	朴炳龍		청원
平安南道煤礦會社	1902	석탄광채굴	평남			인허
漂白會社	1902	직물업, 收稅	서울	徐相寅		인허
洋絲會社	1902	직물매매	서울	金珏鉉		청원
開城麴子會社	1902	누룩제조판매	개성			불허
樂安麴子會社	1902	누룩제조판매	낙안			활동
北靑曲子會社	1902	누룩제조판매	북청			활동, 혁파
定平麴子會社	1902	누룩제조판매	정평			인허
大邱麴子會社	1902	누룩제조판매	대구			인허
河東麴子會社	1902	누룩제조판매	하동	丁贊燮		인허
筏橋麴子會社	1902	누룩제조판매	벌교	馬亨武		인허
南草會社	1902	연초매매	인천			활동
蔓蔘廣化會社	1902	인삼매매		崔奎永		인허, 蔓蔘會社
米商會社	1902	미곡매매	인천	尹澤榮		활동
米鹽果菜會社	1902	농산물매매	인천			활동, 菜果會社
普成會社	1902	牛角牛皮매매	서울	金永業		인허
仁川漁商會社	1902	어시장경영	인천	韓俊源		활동
協商局	1902	약재무역	서울	金聲振		청원
協務會社	1902	수상운송	원산			인허
運輸會社	1902	수상운송	통영			활동
京釜鐵道慶尙會社	1902	인부청부	경상도	黃鶴柱		활동
京釜鐵道支線會社	1902	철도부설	서울	李載完		인가

회사명	설립	영업목적	지역	대표자	자본금	비고
長淵會社	1902	부두축조	장연	秦時明		청원
保船會社	1902	보험	서울	李演祿		청원
潔穢會社	1902	청소용역	서울	李載崑		청원
代書會社	1902	대서업	함경도	韓致璣		청원
渡津會社	1902	渡津	서울	洪鍾萱		인허, 동년 혁파
協律社	1902	유흥업	서울	池錫永		인허
戲妓會社	1902	유흥업	서울			발기
中央銀行	1903	은행	서울	沈相薰		발기
理材會社	1903	개간	의주	李在夏		인허
信錫煙草合名會社	1903	연초제조	서울	崔錫肇		활동
遂安金鑛合資會社	1903	금광업	수안	金昌彦		설립
全南麴子會社	1903	누룩제조판매	전남	白謙洙		청원
全南加沙里會社	1903	가사리채취매매	전남	金永逵		활동
廣理社	1903	매매	진주	姜永洪		활동
石油石硫黃會社	1903	석유매매	수원	申敬雲		청원
魚物會社	1903	어물매매	장연	金泰熙		활동
漁商會社	1903	어물매매	군산			활동
牛風會社	1903	收稅	성진			청원
鐵物會社	1903	철물매매	북청	趙時範		인허
炭商會社	1903	시탄매매	서울	金永錬		청원
太屬仲商會社	1903	매매중개	서울	李奭鋎		활동
商船會社	1903	수상운송	서울	閔丙奭		발기
船舶迎送會社	1903	수상운송		閔泳煥		청원
宜寧商船株式會社	1903	수상운송	의령	金一鎭		인허
大韓水産會社	1903	어채, 어시장		閔丙漢		인허
韓國特許會社	1903	토건업	서울	朴齊純		설립, 韓日合作
博文社	1903	인쇄	서울	權重奭		활동
協成會社	1903	토지매매 중개	서울			활동
統信社	1904	대금	통영	劉漢植	10(元)	활동
開墾會社	1904	개간	서울			활동, 一進會 附設
農鑛會社	1904	개간	서울	李道宰		활동

회사명	설립	영업목적	지역	대표자	자본금	비고
保民會社	1904	개간	공주	申鉉九		활동
豊阜會社	1904	개간	서울	閔丙奭		활동
截木會社	1904	제재	서울	玄東軾		인허
三業商會	1904	매매	서울	金永振		설립
造船會社	1904	造船	부산	金裕稷		활동
陜川金鑛會社	1904	금광업	합천			인허
載寧信川鐵鑛會社	1904	철광업	재령			인허
商船會社	1904	收稅	양산	李鎬榮		활동, 1904 혁파
廣江商會	1904	연초제조	서울			설립, 韓日合作
鹽商會社	1904	소금매매	강화			활동
裕盛泰號會社	1904	수상운송	인천	鄭在洪		활동
役夫會社	1904	인부청부	서울	申羽均		인허
綏民會社	1904	이민알선	서울		10	청원
大韓每日申報社	1904	신문	서울	베델		인허, 韓英合作
大東新報社	1904	신문	서울			활동
輔仁社	1904	출판	서울	尹敦求		활동
清潔會社	1904	청소용역	서울	양성환		발기
貯莊銀行株式會社	1905	은행	서울	李容九	100	청원
具教生命保險會社	1905	보험	서울	金在珣		발기
全州農工銀行	1905	은행	전주	韓鎭昌		인허
漢城農工銀行	1905	은행	서울	白完爀		인허
漢城共同倉庫株式會社	1905	창고업	서울	白完爀		인허
漢城株式殖利會社	1905	대금	서울	韓鎭奎		청원
永嘉社	1905	창고업	부산			활동
機湫會社	1905	개간	서울	朴永大		인허
農業會社	1905	개간		閔弘基		인허
農業會社	1905	개간	서울	朴淇琮		청원
養猪養鷄會社	1905	축산	인천	李致明		인허
農業株式會社	1905	농경	서울	宋秉畯		인허
種牧會社	1905	축산	인천			활동
煤氣會社	1905	가스업	서울	權重杓		청원

회사명	설립	영업목적	지역	대표자	자본금	비고
三興會社	1905	양조업	의주	申羽均		인허, 三興酒造合資會社
烟草會社	1905	연초제조	서울	洪基壽		설립, 韓日合作
化學染織會社	1905	염직	서울	朴承稷	150(兩)	활동
製紙會社	1905	제지	양주	李載現		활동
造紙會社	1905	제지				인허
石炭鑛採掘會社	1905	석탄채굴	봉산	黃翼淵		청원
花斑石採掘會社	1905	토석채취	서울	崔鶴來		청원
建商會社	1905	매매중개	부산	玄學杓		활동, 商業會社
廣藏會社	1905	시장경영	서울	金宗漢	120	인허, 廣藏株式會社
勸業會社	1905	매매중개	서울	成宜永	1000	청원
共同會社	1905	매매	개성	金允明		활동
大同商會	1905	매매	서울	閔泳煥		청원
商業會社	1905	매매	서울	洪肯燮		불허
躋壽社	1905	개간	온양			인허
淸鹽會社	1905	소금무역	인천	朴奎日		인허, 淸國鹽運會社
彰信社	1905	직물무역	서울	洪鍾晥	100	활동, 合名會社彰信社
導運會社	1905	수상운송	인천			활동
運輸會社	1905	수상운송	인천			활동
船社	1905	수상운송	부산	玄琪		청원
日韓協同普運社	1905	철도운송		李載崑		활동, 韓日合作
日韓協同遞運社	1905	철도운송		朴昶鎬		활동, 韓日合作
合資會社東美運送部	1905	철도운송		尹晶錫		활동
龍淵掘江會社	1905	매축업	서울	李宗夏	500(兩)	청원, 掘江會社
埋築會社	1905	매축업, 인부청부	인천			활동
埋築會社	1905	매축업	부산	李竣鎔		활동
應信廳	1905	인부청부	인천			활동
塡築會社	1905	매축업, 인부청부	인천			활동
湖南鐵道株式會社	1905	토건업		徐午淳		인허
飮料會社	1905	급수업	진주	尹敬植		청원
鏡城農工銀行	1906	은행	경성	任原鎬		인허

회사명	설립	영업목적	지역	대표자	자본금	비고
光州農工銀行	1906	은행	광주	朴源奎		인허
大邱農工銀行	1906	은행	대구	李錫珍		인허
博川郡銀行	1906	은행	박천		20	청원
晉州農工銀行	1906	은행	진주			인허
忠州農工銀行	1906	은행	충주			인허
平壤農工銀行	1906	은행	평양			인허
韓美協同倉庫會社	1906	창고업	서울	尹晶錫		韓美合作
韓一銀行	1906	은행	서울	趙秉澤		인허
海州農工銀行	1906	은행	해주	李承謨		인허
森林會社	1906	임업, 채벌	의주	閔泳綺		발기, 韓日合作
韓國殖産奬勵會社	1906	개간	서울	英親王		발기
京城釀造合名會社	1906	양조	서울	李根培		청원
蠟燭一光會社	1906	양초제조	서울	李敬秀		활동
大韓大工會社	1906	토건	서울	金德仲		인허
大韓煙草株式會社	1906	연초제조	서울	金宗漢		설립
漢城染織會社	1906	염직	서울			활동
酒麵會社	1906	주류매매	서울	李觀永	10	청원
酒漿會社	1906	주류매매	서울	金澤榮		청원
織組會社	1906	직물제조	서울	李允用		발기
大東株式金鑛會社	1906	금광업				인허
大韓石材會社	1906	토석채취				청원
石鑛會社	1906	토석채취	서울	具然韶		인허
鉛鑛會社	1906	鉛鑛業	영흥			인허
咸興金鑛會社	1906	금광업	함흥			인허, 韓美英合作
開城社	1906	매매	개성			활동, 合資會社開城社
廣源會社	1906	수육매매, 收稅	경기			인허, 韓日合作
論山浦商業會社	1906	매매중개	논산			활동
大韓貿易商社	1906	무역업	서울	兪兢煥		인허
全州麴子會社	1906	누룩제조판매	전주			청원
東洋用達會社	1906	관청용달	서울	趙東元		인허, 韓中日合作
蘆笠商業會社	1906	시장경영	서울	林致大		청원

회사명	설립	영업목적	지역	대표자	자본금	비고
商業會社	1906	매매중개	서울	梁季勳		활동
市場開運會社	1906	시장경영	서울	李華榮		청원
柴炭株式用達會社	1906	시탄매매	서울	池祥龍	100	인허
鹽果行商會社	1906	鹽果매매	평양	劉寬淳		청원
圖南會社	1906	직물매매	서울	玄景召		활동
陸運穀料會社	1906	곡물매매	인천	黃佑永		인허, 동년 革罷
造紙用達會社	1906	지물용달		吳圭熙		활동
彰興社	1906	창고업	부산	金宗鉉		인허
菜果會社	1906	菜果매매	인천			활동
草商會社	1906	연초매매	청주	金明中		인허
土産物品會社	1906	토산물매매		金永春		청원
興信社	1906	매매중개		姜仁馨		활동
同濟會社	1906	수상운송	서울	呂三鉉		활동
城津從船會社	1906	수상운송	성진	崔柄翼		활동
新明社	1906	수상운송	인천			활동
曳船會社	1906	수상운송	서울	李起泓		활동
龍山洌港會社	1906	수상운송	서울	高用南		활동
牛車會社	1906	육상운송	서울	李昌雲		청원
運輸會社	1906	收稅	서울			인허
任兄弟商會	1906	매매	서울			활동
自動車會社	1906	육상운송	서울	具然韶		청원
津船組合會社	1906	도진업	서울			청원
車輛合資會社	1906	육상운송	서울			활동
水産株式會社	1906	어채, 어시장	인천	崔翊煥		인허
漁業組合會社	1906	어시장	원산	尹始炳		청원
捕鯨協同會社	1906	어채		南宮燮		발기
勞動勸業社	1906	인부청부	서울	兪鎭泰		인허
大韓役夫會社	1906	인부청부	서울	閔泳琁		활동
大韓土木建築會社	1906	토건	서울	宋憲斌		인허
沿江保船組	1906	도진, 收稅	서울	尹喆成		인허, 韓日合作
春夫會社	1906	인부청부	서울	吳鐸永		청원
土木建築株式會社	1906	토건	서울	尹致晟	250	인허

회사명	설립	영업목적	지역	대표자	자본금	비고
廣學社	1906	印刷	서울	南廷哲		활동
京鄕新聞社	1906	신문	서울	安世華		활동
大邱廣文社	1906	출판	대구	徐相敦		인허
國民新報社	1906	신문	서울	李容九		설립
萬歲報社	1906	신문	서울	吳世昌		인허
民役社	1906	청소용역	삼화	李秀滎		인허
普文館	1906	인쇄	서울	洪秉箕		활동
普成社	1906	인쇄	서울	申海永		활동
衛生會社	1906	청소용역	서울	全道誠		청원
飮料會社	1906	급수업	서울	吳滎根		청원
移民會社	1906	이민알선	서울	李圭		활동
帝國雜誌社	1906	잡지	서울			활동
朝陽報社	1906	잡지	서울	沈宜碩		활동
漢城衛生會社	1906	청소용역	서울			설립, 潔穢會社
號牌會社	1906	호패제조판매	서울			활동, 혁파
慶尙農工銀行	1907	은행	大邱			인허
光武社	1907	대금	서울			활동
大韓勸農株式會社	1907	대금	서울	趙鎭泰		韓日合作, 인허
成都典當社	1907	대금	서울	秋敎賢		활동
平安農工銀行	1907	은행	평양			인허
漢湖農工銀行	1907	은행	서울	白完爀		인허
咸鏡農工銀行	1907	은행	함흥	李宗範		인허, 咸興, 鏡城 合同
合資會社晩成商會	1907	대금	수원	裵相洛		인허, 韓日合作
興信社	1907	대금	서울	崔淳英		인허, 韓日合作, 興業社
木材會社	1907	벌목	의주	元碩化		활동
安義鶴峴蠶業會社	1907	작잠	안의	金秉先		활동, 蠶業廣達會社
株式蠶農社	1907	작잠	평양	金淑鉉		인허
韓國畜産會社	1907	축산	서울		6	인허, 韓日合作
興業會社	1907	축산	평양			청원, 韓日合作
谷香合資會社	1907	연초제조	서울			활동

회사명	설립	영업목적	지역	대표자	자본금	비고
染織會社	1907	염직	서울	金德昌		활동
印刷工業組織會社	1907	인쇄	서울	閔泳綺	10	인허
造紙會社	1907	제지	서울	宋鎭憲		발기
酒麯會社	1907	누룩제조판매	서울	閔元植		인허
酒業會社	1907	주류판매	서울	金彰漢		발기
酒業會社	1907	주류매매	해주	梁信遠		청원
共益社	1907	무역	서울	朴承稷	500	설립
金兄弟商會	1907	잡화매매	서울			활동
南大門商會	1907	시장경영	서울			인허
農商會社	1907	농산물매매	재령			활동
大同商會	1907	잡화매매	서울	吳榮根		활동
大和商會	1907	잡화매매	서울			활동
麻浦魚鹽協成會社	1907	어염매매	서울	申錫鉉		활동
培養會社	1907	매매	개성			활동
普信號	1907	위탁매매	서울	吳斗泳		활동
義州合資保産會社	1907	대금, 위탁매매	의주	崔錫夏		활동, 義州保産合資會社
北青麴子會社	1907	누룩제조판매	북청	李斗煥		활동
殖興合資會社	1907	매매	철산			활동, 商業會社
船主人會社	1907	매매	성진			설립, 官民合設
薪穀會社	1907	신곡매매	서울			발기
鹽業會社	1907	소금매매	남양	崔錫彰		청원
用達株式會社	1907	용달	서울			발기
韓西興業合資會社	1907	시장경영	용천	張基鳳		인허, 龍川場市商會
泰成商會	1907	매매	길주		12	인허, 株式會社泰成社
海州協同商會	1907	매매	해주	金泳澤		인허
平壤商務協同會社	1907	매매	평양	安泰國		활동
京江雇軍房會社	1907	인부청부	서울	申弼休		청원
工業運輸馬車東昌會社	1907	마차운송, 제조	서울	金東昌		인허
大同運輸會社	1907	운송	부산	安海珉		활동
渡津會社	1907	도진	서울	金順集		청원

회사명	설립	영업목적	지역	대표자	자본금	비고
三光運輸會社	1907	운송	서울			활동, 三光運送部
運車株式會社	1907	육상운송	서울	金龍熙		인허, 韓日合作
轉運會社	1907	수상운송	인천	金貞坤		활동
第一運輸會社	1907	운송	서울	安台善		활동
浦上運輸會社	1907	운송	서울			활동, 浦上運送部
水産株式會社	1907	어시장, 어채	서울	閔丙奭		활동, 日人會社에 양도
漁業會社	1907	어채	서울	權重奭	10	인허
海産會社	1907	어시장	함북	金良信		활동, 동년 혁파
建築會社	1907	건축청부	서울			활동
建築會社	1907	건축	제천	金弼鉉		설립
勞動會社	1907	인부청부	마산	金聲斗		청원
春人會社	1907	인부청부	해주	申龍瑞		발기
水道便利會社	1907	掘江	서울	李學宰		인허, 韓日合作
大同報社	1907	잡지	서울	安翊善		설립
大韓新聞社	1907	신문	서울	李人稙		설립, 漢陽新聞社
屠獸會社	1907	수육매매	삼화			인허
普文社	1907	인쇄	서울	孫秉熙		활동
爲子孫營業會社	1907	신탁	전북	崔重珍		발기
日新社	1907	인쇄	서울			활동
奬學月報社	1907	잡지	서울			활동
株式會社大同寄宿館	1907	여숙, 시장	서울	尹致旿		설립
淸潔點燈合資會社	1907	가로등관리	서울	朴齊鉉		청원
龜浦貯蓄株式會社	1908	금융	구포	李圭直		설립, 株式會社龜浦銀行
吉星社	1908	대금	서울			활동
典當會社	1908	전당	서울	張完奎		불허
國民農業會社	1908	개간	서울	洪肯燮		활동
農林社	1908	개간	서울	卞國善		활동
森林會社	1908	벌채		李奎恒		설립
柞蠶合資會社	1908	작잠				활동
柞蠶會社	1908	작잠	서울	李秉賢		발기

회사명	설립	영업목적	지역	대표자	자본금	비고
全羅南道株式蠶農社	1908	작잠	광주	朴源奎		발기
種牧社	1908	축산		池景根		설립
勸業會社	1908	도량형제조	부산	李載三		청원
大韓獸皮合資會社	1908	우피제조	서울	沈晟澤	100	인허, 1909 강제해산
大韓製紙會社	1908	제지	서울	李址鎔		발기, 朝鮮製紙合資會社
織組會社	1908	직물	서울			설립
釀春社	1908	양조	서울	李源植		설립
牛皮會社	1908	제피	거창	崔龍基		청원
製紙會社	1908	제지	용천	吳熙源		활동
造紙會社	1908	제지	의주			활동
蒸氣器械製造社	1908	기계제조	서울	具懿祖		설립
平壤磁器製造株式會社	1908	자기제조	평양	鄭仁叔		설립
興工館	1908	기계제조	평양	金大淑		활동
慶州興業株式會社	1908	매매	경주	崔浚		설립, 韓美興業(株)
京城紙商組合會社	1908	지물매매	서울		20	활동
京城隆興株式會社	1908	임대, 대금	서울	白完爀	100	인허, 隆熙株式會社
公信社	1908	대금	삼화			활동
金龍商會	1908	잡화매매	서울			활동
東洋商品株式會社	1908	무역, 매매	서울			발기
同興會社	1908	무역	정주		100	설립
三昌商會	1908	수입품매매	서울	金秉徽		활동
相信社	1908	매매	밀양			활동
水商會社	1908	급수	서울			발기
柴場會社	1908	시장	서울	李稱翼		청원
柴炭會社	1908	시장	서울	金敎彬		인허
柴炭合名會社	1908	시장	서울			인허
殖産合資組合所	1908	매매	서울	金晦秀	20	설립
漢城材木柴炭株式會社	1908	시장, 시탄용달	서울	趙鎭泰		설립

회사명	설립	영업목적	지역	대표자	자본금	비고
柴巖泰興社	1908	매매중개	서울			활동
酒商會社	1908	收稅	서울	李容承		청원
清韓貿易合資會社	1908	무역	의주	崔錫夏		설립
韓美興業株式會社	1908	무역	서울	李孝植		설립
漢陽商會	1908	무역, 잡화상	서울	李章魯		활동
韓日合資會社	1908	매매	현풍	金益信		청원, 韓日合作
湖南商會	1908	매매	전주			활동
結城會社	1908	매매 중개	결성	金炳濟		청원
勞動運送合名會社	1908	인부청부, 운송	서울	徐肯淳		인허, 沿江勞動運送會社
沿江木船運輸合名會社	1908	운송	서울	金華成	4	인허
鳥清馬車株式會社	1908	운송	청주			발기, 韓日合作
株式馬車會社	1908	육상운송	서울		2	발기
通津社	1908	운송	의주	黃菊逸		활동
韓日河船運送營業(資)	1908	운송, 인부청부	서울	趙羲淵	10	인허
合資普興運輸組	1908	운송	서울	尹晶錫		설립, 合同普興運輸組
建築期成社	1908	건축	양주			활동
役夫會社	1908	인부청부	서울			발기
永信組	1908	인부청부	부산	李裕明		활동
家庭雜誌社	1908	잡지	서울	卞一		활동
教育月報社	1908	잡지	서울			활동
團成社	1908	연예	서울	李益雨		활동
輔仁社	1908	인쇄	서울	李觀化		활동
演興社	1908	연예	서울	魏洪奭		활동
演戲臺	1908	연예	원산	金炳周		설립
圓覺社	1908	연예	서울	李秉鎭		설립
衛生會社	1908	청소용역	서울			활동
義進社	1908	출판	서울	韓應履		활동
合資測量製圖事務所	1908	측량제도	공주			활동

회사명	설립	영업목적	지역	대표자	자본금	비고
搭印社	1908	인쇄	서울			활동
勸業銀行	1909	은행	부산		500	발기
農商工會社	1909	대금	永柔			발기
株式會社韓隆社	1909	대금	서울	金鵬鎭	3	발기
獸鳥會社	1909	축산	서울	金振範	2	청원
營林會社	1909	임업	서울			발기
六畜會社	1909	축산	서울	姜寅圭		발기
柞蠶株式會社	1909	작잠	서울	李載克	100	활동, 大韓柞蠶株式會社
種桑會社	1909	작잠	영변	明以桓		발기
草坪會社	1909	축산	서울			청원
畜養會社	1909	축산	서울	金宗漢		발기
江華商會	1909	연초제조	서울			활동, 江華烟草會社
工匠會社	1909	목공	서울	閔泳悳	10	청원
器工會社	1909	기계제조	서울	金秉旭	5	발기
大韓漿油製造株式會社	1909	양조	서울	趙羲淵		발기
韓國中央煙草會社	1909	연초제조	서울			활동
同志商會	1909	연초제조	서울	趙允鏞		활동, 同志商會株式會社
半島製烟社	1909	연초제조	서울	柳翼南		활동
盤松製烟社	1909	연초제조	義州	朴奉燁		활동
富國織物合名會社	1909	직물	서울	閔大植	100	발기
沙器會社	1909	자기제조	廣州	呂運亨		발기
婦女會社	1909	織造	서울			발기
烟草株式合資會社	1909	연초제조	서울	徐丙玉	1.5	발기
烟草會社	1909	연초제조	서울	黃演秀		설립
染織株式會社	1909	염직	義州	朴奉燁	200	인허, 義州染織株式會社
染織會社	1909	염직	서울	趙鍾緖	100	불허
永信裁斷社	1909	직물	서울	嚴柱澤		활동
製紙會社	1909	제지	咸興	盧炅洙		설립
酒類釀造會社	1909	양조	서울	李容復	50	발기, 韓日合作

회사명	설립	영업목적	지역	대표자	자본금	비고
創業社	1909	制帽	元山	皇甫正		활동
鐵工製造株式會社	1909	철기구제조	木浦	裵學潤		활동, 信興鐵工株式會社
韓島煙草會社	1909	연초제조	서울			활동
韓日製紙會社	1909	제지	서울		500	발기
革製會社	1909	제혁	서울	尹致晟		설립, 大韓製革所
經濟麴子社	1909	누룩제조판매	서울			발기
株式供需會社	1909	용달	서울	趙秉澤		인허
廣信社	1909	매매	釜山	鄭基斗		활동
麴子會社	1909	누룩제조판매	서울	金在珣	200	인허
麴子會社	1909	누룩제조판매	서울	閔元植		활동, 韓日合作
大韓商業株式會社	1909	매매	서울	李載克	120	인허, 大韓商業株式組合
大韓酒麯合資會社	1909	누룩제조판매	서울	李濟健		청원
德昌商會	1909	잡화	서울			설립
米商組合社	1909	미곡매매	서울			활동
法韓烟草會社	1909	연초매매	서울	金濟性		활동, 韓佛合作
北魚組合會社	1909	부정매매	서울	李址鎔		인허
山海烟草商會	1909	연초제조	서울	梁壽賢		설립
用達會社	1909	용달	서울	李英植	50	설립
義信合資會社	1909	매매	義州	張明昊	50	인허
株式會社興業社	1909	매매	端川	金璣昊	15	활동, 株式會社興業社
饌商用達部	1909	용달	서울	尹致晟	1	활동
泰興社	1909	매매	서울	崔泓琦		활동
韓國農商組合社	1909	매매	서울	趙鳳鎬		설립
韓佛興業社	1909	매매	서울			활동, 韓佛合作
韓盛商會	1909	잡화	서울	文明鎭		활동
湖上館商會	1909	매매	全州	趙秉承		설립
合資興業紹介所	1909	매매알선	安岳	金昌奎		설립
博物運輸會社	1909	運送	서울			활동
三通運輸會社	1909	운송	서울			활동
宜寧商船株式會社	1909	운송	宜寧			설립

회사명	설립	영업목적	지역	대표자	자본금	비고
七會社	1909	운송	仁川	金興完		활동
合資運輸會社	1909	운송	平壤	鄭熙淳		활동
漁業會社	1909	어업	咸興	金基宅		발기
建築社	1909	건축	扶安	辛聲錫		활동
鑛夫會社	1909	인부청부	서울	黃益周		청원
慶南日報社	1909	신문	마산	金弘祚		설립
校文館	1909	인쇄	서울			활동
大韓民報社	1909	신문	서울	吳世昌		설립
法政新聞社	1909	신문	서울			설립
普成館	1909	인쇄	서울	玄昇奎		활동
書籍購覽會社	1909	서적	서울	金光濟		발기
收稅會社	1909	收稅	北靑	李載燮		활동
時事新報社	1909	잡지	서울	鄭永澤	2	설립
隆文館	1909	인쇄	서울			활동
長安社	1909	유흥	서울	徐完圭		활동
中外醫藥新報社	1909	잡지	서울	李庚鳳		활동
漢明社	1909	인쇄				활동
翰墨社	1909	서화제작판매	서울	南廷哲		설립
漢城新報社	1909	신문	서울	金在珣		설립
漢陽日報社	1909	신문	서울	金光濟		발기
株式典當會社	1910	전당	서울	吳台煥	5	발기
貯蓄銀行	1910	은행	서울	金時鉉		청원
平壤銀行	1910	은행	平壤	全台憲		청원
興文社	1910	대금	서울	吳斗泳		활동
開拓社	1910	개간		許在淑		청원, 韓日合作
柞蠶製炭株式會社	1910	작잠	서울	尹致旿		발기
柞蠶會社	1910	작잠	서울	張煥善		발기
柞蠶會社	1910	작잠	서울	金允植		발기
種苗株式會社	1910	농림	서울	李載克		발기, 韓日合作
京城織紐合名會社	1910	직물	서울	李正珪		설립, 京城織紐株式會社
興業社	1910	운송	서울	權重顯		설립, 朝鮮興業合資會社

회사명	설립	영업목적	지역	대표자	자본금	비고
江山煙草商會	1910	연초제조	서울			활동
廣成商會	1910	연초제조	서울	安光淳		활동
麴子製造販賣合資會社	1910	누룩제조판매	서울	崔錫彰		설립
捲烟草會社	1910	연초제조	서울			활동
吉興社	1910	양조	吉州			활동
木工會社	1910	목공	長淵			활동
汾院磁器株式會社	1910	자기제조	廣州	尹致晟		발기
洋鏡商會	1910	안경테제조	서울	朴景千	1.5	설립
染織會社	1910	직물	서울	吳翰泳	3	설립
春水會社	1910	연초제조	서울	張錫胤		활동
牛皮會社	1910	제피	서울	韓慶履		발기, 朝鮮牛皮合名會社
日韓染色合資會社	1910	염직	서울			설립, 韓日合作
製粉會社	1910	제분	서울	鄭衡基		발기
製紙會社	1910	제지	서울	閔泳韶		발기
株式染織會社	1910	염직	大邱	趙東濟		발기
織組會社	1910	직물		吳正根	10	발기
珍需商會	1910	식료품	서울	鄭寅琥		활동
靑陽社	1910	양조	서울			활동
織造會社	1910	직물	安州	任恒宰		활동
沈菜會社	1910	식료품	서울	芮宗錫		발기
婆香煙草會社	1910	연초제조	서울	趙泰濬		활동
漢城美術雕刻社	1910	금은세공	서울			활동
漢城織物株式會社	1910	직물	서울	兪吉濬	10	발기
合名牛皮會社	1910	제피	서울	鄭台煥		불허
興海織組會社	1910	직물	서울	方善容	1	발기
合資會社普通組合	1910	운송	대구	權寧樂	5	인허
廣業株式會社	1910	대금	서울	尹致昨	117	설립
麯草會社	1910	누룩판매	서울	劉喜星	1	발기
西江水産市場合名會社	1910	어시장	서울	李源昇		설립

회사명	설립	영업목적	지역	대표자	자본금	비고
客主協信商會	1910	매매중개	仁川	全道善		활동
廣興泰	1910	매매중개	서울			활동
婦人實業商會	1910	매매	서울	秦學青		활동
壽南商會	1910	매매	서울	金泰熙		활동
水陸物産株式會社	1910	매매	경기	金然弘	10	발기, 韓日合作
信行商會	1910	매매	서울			활동
養正商會	1910	매매	서울			발기
永興商會	1910	매매	서울	方善容		활동
運輸旅閣合資會社	1910	운송, 인부청부	서울	李世稙		설립, 强制解散
義州協商會社	1910	매매	義州	李俊善		활동
酒類組合用達所	1910	주류매매	密陽	孫基亨		발기
布光社	1910	매매	서울	金鉉洙		활동
韓興商會	1910	매매	서울			활동
合名韓昌會社	1910	매매	서울	金秉徽		활동, 韓獨合作
勞動普通運送組合社	1910	운송, 인부청부				활동
慶尙普成合資丸熙會社	1910	운송, 인부청부	칠곡			설립
朝鮮海陸運輸合資會社	1910	운송, 위탁매매	목포			설립
慶北安東合資會社	1910	운송, 수피매매	안동			설립
合資會社月城普通組合	1910	운송, 위탁매매	경주			설립
京城果物合資會社	1910	과물매매	서울			설립
水陸運輸合資會社	1910	운수, 위탁매매	서울			설립
海陸運送合資會社	1910	운수, 대금	서울			설립
咸南興業合資會社	1910	운송, 인부청부	영흥			설립
水陸通運合資會社	1910	운송, 인부청부	서울	金益昇		설립
牛馬賣買合資會社	1910	우마매매중개	서울			설립
禮山木材薪炭合名會社	1910	신탄매매	예산			설립
慶北榮川(資)普通組合	1910	운송, 위탁매매	영천			설립

회사명	설립	영업목적	지역	대표자	자본금	비고
渡船會社	1910	도진	서울			활동
運輸會社	1910	收稅	송파	安榮壽		설립, 韓日合作
運送會社	1910	운송	서울	景元植		청원, 牛馬車取扱所
陸地運送會社	1910	운송	서울	趙南喆		발기
大隆漁業會社	1910	어업	서울	李載克		설립, 合資會社大隆社
光文社	1910	인쇄	평양	鄭益魯		활동
保船會社	1910	收稅	서울	金敎哲		발기
補船會社	1910	收稅	서울	李學宰		활동
油燈會社	1910	가로등 정비	개성			활동
興文社	1910	인쇄	서울			활동
大韓日日新聞社	1910	新聞	서울	李紹鍾		설립
文明社	1910	인쇄	서울	李寅爕		활동
時事新聞社	1910	신문	서울	閔元植		설립
漢城新聞社	1910	신문	서울	姜華錫		설립

주: ·'설립'은 인허 여부는 알 수 없지만 해당 연도에 설립되어 활동한 것이 분명한 회사
·'인허'는 해당 연도에 정부 인허를 취득한 회사
·'활동'은 설립연도와 인허 여부는 알 수 없지만 해당연도에 활동하고 있던 회사
·'발기'는 해당연도에 발기하였지만, 설립 여부는 알 수 없는 회사
·'청원'은 설립청원은 확인되지만 인허 여부는 알 수 없는 회사
·'불허'는 청원 후 불허 처분된 회사
·자본금 단위는 1,000. ( )가 없는 것은 원
·대표가 불명일 경우에는 자료의 맨 앞에 나오는 인물을 취함. 일인이 대표로 되어 있을지라도 韓人支配가 확실한 경우에는 대표적 韓人의 이름을 취함.
·비고란 우측의 회사명은 별칭, 또는 회사령으로 인허된 후의 명칭임.

부록 2. 회사령기 한인 인허 회사 일람

회사명	설립	영업목적	지역	대표자	자본금	
義州保産合資會社	1911	貸金	의주	崔錫夏	15	既設立
義州義信合資會社	1911	貸金	의주	張明昊	10	既設立
汾院磁器株式會社	1911	磁器製造	서울	尹致晟	40	
京城織紐株式會社	1911	직뉴	서울	安泰瑩	100	京城織紐合名會社 후신
朝鮮運輸合名會社	1911	운수	서울	李冕宰	4.5	大韓運輸會社의 후신
忠南物産株式會社	1911	판매	예산	兪鎭泰	100	
廣業株式會社	1911	周旋	서울	尹致昭	500	
東洋用達合資會社	1911	판매	서울	鄭永斗	14	東洋用達會社의 후신
韓興煙草合名會社	1911	연초제조	서울	李宜春	3.5	韓興商會의 후신
同志商會株式會社	1911	연초제조	서울	趙鼎允	100	同志商會의 후신
陶瓮合資會社	1911	도자기제조	서울	趙炳基	5	
株式會社慶南日報社	1912	신문	진주	金基邰	25	재창간
永昌興業合資會社	1912	목죽제품제조	순창	李延鴻	2.5	
(資)咸興牛賣買取扱所	1912	매매중개	함흥	張錫覲	5	
信興鐵工株式會社	1912	철공	목포	裵學潤	15	鐵工製造株式會社 후신
株式會社興業社	1912	무역	단천	金璣昊	15	
光州工業合名會社	1912	목죽제품제조	광주	金衡玉	22.2	
合資會社永信社	1912	周旋	개성	孔聖學	10	
株式會社大邱銀行	1913	은행	대구	鄭在學	500	
平北柞蠶株式會社	1913	작잠	의주	申雲祥	120	
株式會社湖西銀行	1913	은행	예산	兪鎭相	300	
高麗磁器製造株式會社	1913	자기제조	대구	徐相龍	60	명목상 日人會社
合名會社開城社	1913	매매업	개성	金益煥	100	開城社의 후신
朝鮮貿易株式會社	1913	무역	서울	朴泳孝	500	
賣藥株式會社	1913	약재매매	서울	李秉斗	50	
朝鮮物産株式會社	1913	판매	영동	權重冕	300	
光州輕便鐵道株式會社	1913	철도		金衡玉		
完天合資會社	1913	貸金	전주	朴永根	100	

회사명	설립	영업목적	지역	대표자	자본금	
北魚倉庫株式會社	1914	창고	부산	李明汝	100	彰興社의 후신
海南運輸株式會社	1914	水運	해남	閔慶鎬	25	
慶南印刷株式會社	1916	인쇄	부산	李圭直	50	
大昌貿易株式會社	1916	무역	서울	白潤洙	500	
唐津物産株式會社	1916	매매	당진	李種起	20	
忠南苧布株式會社	1917	판매	부여	金鍾翕	120	
株式會社泰成社	1917	무역	길주	鄭萬善	150	
合資會社水原精米所	1917	정미	수원	金舜九	40	
合資會社白山商會	1917	매매	부산	安熙濟	140	
會寧貿易株式會社	1917	무역	회령	盧成龍	100	
開城電氣株式會社	1917	電氣	개성	金基永	100	
朝鮮製絲株式會社	1918	製絲	서울	洪忠鉉	500	
朝鮮紙株式會社	1918	제지	서울	趙重應	300	
株式會社主一銀行	1918	은행	부산	金弘祚	500	
株式會社東萊銀行	1918	은행	동래	尹炳準	500	
(株)北鮮商業銀行	1918	은행	함흥	高敬必	500	
合資會社高麗蔘業社	1918	人蔘製造	개성	朴宇鉉	200	高麗蔘業社의 후신
忠南商業株式會社	1918	매매	예산	兪鎭相	150	
法聖浦海陸物産(株)	1918	매매	영광	李錫豊	50	
共同貿易株式會社	1918	무역	서울	金用集	500	
朝鮮製皮合名會社	1918	제피	서울	趙命九	50	
海東物産株式會社	1918	무역	서울	尹定夏	300	
鷄林農林株式會社	1918	개간	대구	崔演國	200	
忠淸興業株式會社	1919	종묘	청주	趙重應	200	
朝鮮人蔘株式會社	1919	농경	경성	趙秉澤	500	
忠北殖産株式會社	1919	매매	충주	鄭雲肅	100	
朝鮮商事株式會社	1919	매매중개	서울	高允默	500	
株式會社咸北社	1919	무역	성진	崔元燮	200	
濟州物産株式會社	1919	무역	목포	玄基奉	200	
大同貿易株式會社	1919	무역	대구	鄭在學	500	
木浦倉庫金融株式會社	1919	창고	목포	玄基奉	300	
朝鮮酒造株式會社	1919	양조	부산	安熙濟	100	

회사명	설립	영업목적	지역	대표자	자본금	
合資會社德興商店	1919	무역	홍원	鄭德鉉	110	
京城紡織株式會社	1919	방직	서울	朴泳孝	1000	
東洋興産株式會社	1919	판매	서울	李禧宰	200	
法聖浦物産株式會社	1919	판매	영광	曹喜暻	50	
南鮮貿易株式會社	1919	무역	보성	李奭來	300	
鎭川産業株式會社	1919	매매중개	진천	李俊泓	50	
合資會社大東商會	1919	무역	영흥	崔濟極	100	
滿洲實業株式會社	1919	개간	서울	白瀅洙	300	
株式會社東益社	1919	판매	서울	金宗煥	250	
東洋物産株式會社	1919	무역	서울	金潤冕	2000	
菁南株式會社	1919	무역	북청	張春伯	500	
南鮮釀造株式會社	1919	양조	마산	金轍鉉	100	
株式會社馬山精米所	1919	정미	마산	金轍鉉	100	
合資會社大成社	1919	개간	함흥	金昇煥	250	
龍山勸業株式會社	1919	판매	서울	閔裕植	400	
百濟商事株式會社	1919	판매	천안	金世濟	300	
株式會社全北銀行	1919	은행	전주	朴永根	500	
株式會社서울호텔	1919	숙박	서울	石鎭衡	1000	
潭陽酒造株式會社	1919	양조	담양	鄭相鎬	25	
大同貿易株式會社	1919	무역	서울	金宗國	500	
慶南自動車株式會社	1919	운수	거창	鄭淳賢	40	
湖南物産株式會社	1919	무역	군산	鄭洛敎	400	
株式會社共進商會	1919	판매	서울	金東鎭	200	
北鮮倉庫株式會社	1919	창고	원산	李明汝	500	
東洋染織株式會社	1919	직물업	서울	崔冀鉉	500	
東鎭倉庫株式會社	1919	창고	고양	金顯斗	200	
元山貿易株式會社	1919	무역	원산	金秉洧	1000	
合資會社新興社	1919	開墾	신흥	柳榮壯	150	
安城商事株式會社	1919	판매	안성	李宅承	300	
京城製皮株式會社	1919	제혁	서울	劉永熙	200	
西鮮通産株式會社	1919	산림업	신의주	金虎贊	200	
文成貿易株式會社	1919	무역	문천	蔡元秉	100	

회사명	설립	영업목적	지역	대표자	자본금	
湖南産業株式會社	1919	周旋業	광주	鄭秉好	800	
漢城圖書株式會社	1919	인쇄	서울	金相殷	300	
三一産業株式會社	1919	판매	함양	姜渭秀	200	
合名會社共信商會	1919	貸金	부산	金址相	10	
株式會社海東銀行	1919	은행	서울	閔哲勳	3000	
合名會社三成社	1919	무역	함흥	金重瑞	100	
海東興業株式會社	1920	무역	대구	郭亨鎭	125	
株式會社東成商會	1920	판매	부산	金時龜	500	
藥業株式會社	1920	제약	서울	白瀅洙	500	
株式會社慶一銀行	1920	은행	대구	張吉相	2000	
株式會社開城銀行	1920	은행	개성	金元培	1000	
中央信託株式會社	1920	周旋業	서울	朴宇永	100	
宜春商工株式會社	1920	무역	양산	嚴桂和	200	
株式會社主一商會	1920	무역	부산	崔演武	500	
株式會社海來春	1920	숙박	부산	李靑	100	
天一興業合資會社	1920	판매	전주	李承琬	100	
元東貿易株式會社	1920	무역	마산	玉麒煥	500	
株式會社東亞日報社	1920	신문	서울	金性洙	1000	
高麗窯業株式會社	1920	도자기제조	대구	李相武	200	
寧月物産株式會社	1920	판매	영월	嚴達煥	50	
株式會社湖南銀行	1920	은행	광주	鄭洛敎	1500	
朝鮮釀造株式會社	1920	양조	서울	兪喆兼	300	
株式會社朝鮮日報社	1920	신문	서울	趙鎭泰	500	
元東自動車株式會社	1920	운수업	양평	李範基	25	
南鮮蠶業株式會社	1920	기계제조	광주	金衡玉	200	
朝鮮圖書株式會社	1920	인쇄	서울	池松旭	250	
廣元貿易株式會社	1920	무역	진남포	李孝健	1000	
朝鮮婚葬儀具(株)	1920	장의사	서울	金文煥	100	
大邱商事株式會社	1920	판매	대구	李相武	200	
朝日石鹼株式會社	1920	비누제조	서울	曹喜暻	600	
合資會社共榮商會	1920	판매	원산	金敬文	200	
株式會社殖産洋行	1920	매매중개	청주	閔丙璇	80	

회사명	설립	영업목적	지역	대표자	자본금	
京南廣業株式會社	1920	매매중개	천안	金鎭燮	2000	
倭館金融倉庫(株)	1920	창고업	칠곡	張稷相	500	
金海物産株式會社	1920	매매중개	김해	裵仁煥	200	
大東印刷株式會社	1920	인쇄	서울	崔翰宇	500	
朝鮮絹物工業(株)	1920	제사	신의주	尹昌鉉	150	
東亞燐寸株式會社	1920	성냥제조	대구	張稷相	300	
株式會社平北銀行	1920	은행	신의주	崔熙淳	2000	
朝鮮製絲株式會社	1920	견사방적	서울	石鎭衡	1000	

주: ·『朝鮮總督府官報』『鮮銀行會社要錄』을 토대로 작성.

· 자본금은 공칭자본, 단위는 1,000원.

후주

서론

1 韓永愚, 1989『朝鮮後期史學史硏究』一志社.
鄭玉子, 1988『朝鮮後期文化運動史』一潮閣.
———, 1991『朝鮮後期知性史』一志社.
2 金容燮, 1970·71『朝鮮後期 農業史硏究』1·2, 一潮閣.
姜萬吉, 1973『朝鮮後期 商業資本의 發達』高麗大出版部.
———, 1984『朝鮮時代 商工業史 硏究』한길사.
高東煥, 1998『조선후기 서울 상업발달사 연구』지식산업사.
須川英德, 1994『李朝商業政策史硏究』東京大出版會.
宋贊植, 1973『李朝後期 手工業에 관한 硏究』서울대 한국문화연구소.
홍희유, 1989『조선 중세 수공업사 연구』과학백과사전종합출판사.
_____, 1989『조선상업사』과학백과사전종합출판사.
3 金容燮, 1975『韓國近代農業史硏究: 農業改革論·農業政策』一潮閣.
姜萬吉, 1984『朝鮮時代 商工業史 硏究』한길사.
白承哲, 1996「朝鮮後期 商業論과 商業政策: 17세기 國家再造方略과 관련하여」연세대학교 사학과 박사학위논문.
4 연갑수, 1998「大院君 執權期(1863~1873) 西洋勢力에 대한 대응과 軍備增强」서울대 국사학과 박사학위논문.
5 鄭玉子, 1990「開化派와 甲申政變」『國史館論叢』14, p.211.
6 金容燮, 1975「韓末 高宗朝의 土地改革論」『韓國近代農業史硏究』(下), 一潮閣.
———, 1988「近代化 過程에서의 農業改革의 두 方向」『韓國資本主義性格論爭』大旺社.
7 楊尙弦, 1997「大韓帝國期 內藏院 財政管理 硏究: 人蔘·礦山·庖肆·海稅를 중심으로」서울대 국사학과 박사학위논문, p.2. 광무년간의 개혁사업에 대해서는 한국역사연구회 근대사분과 토지대장연구반, 1995『대한제국의 토지조사사업』민음사; 李潤相, 1996「1894~1910년 재정제도와 운영의 변화」서울대 국사학과 박사학위논문; 金根培, 2005『한국 근대 과학기술 인력의 출현』문학과지성사 참조.
8 愼鏞廈, 1983「開化政策」『한국사』16, 탐구당; 崔昌熙, 1971「韓末 會社設立에 關한 硏究: 1894年 以前을 中心으로」고려대학교 석사학위논문.
9 安秉珆, 1977『한국근대경제와 일본제국주의』(백산서당 역), 徐恩榮, 1995「大韓帝國時期 民營會社의 設立과 그 性格」경희대 사학과 석사학위논문.
10 小林英夫 編, 1994『植民地への企業進出: 朝鮮會社令の分析』柏書房.
11 趙璣濬, 1984『韓國經濟史新講』일신사, p.7. 조기준은 1963년「韓國 民族資本의 成立에 關

한 硏究: 開港부터 韓日合邦까지」『亞細亞硏究』 6-1호를 발표한 이래 1973년에는 『韓國資本主義成立史論』과 『韓國企業家史』를 각각 발표했고, 『商工會議所90年史』(大韓商工會議所, 1976), 『韓國의 商工業 百年』(大韓商工會議所, 1984) 등의 저작에도 관련 분야의 집필을 맡았다.

12 趙璣濬, 1973 『韓國資本主義成立史論』 大旺社, pp.290-92.

13 같은 책, pp.397-400.

14 韓沽劤, 1970 『韓國開港期의 商業硏究』 一潮閣.

15 같은 책, p.237.

16 愼鏞廈, 1983 「開化政策」 『한국사』 16, 탐구당, p.386.

17 崔昌熙, 1971 「韓末 會社設立에 關한 硏究: 1894年 以前을 中心으로」 고려대학교 대학원 석사학위논문, pp.42-47 참조.

18 李炳天, 1985 「開港期 外國商人의 侵入과 韓國商人의 對應」 서울대 경제학과 박사학위논문, pp.2-4.

19 安秉玲, 1977 「朝鮮의 경제적 개화 운동과 일본제국주의 형성의 특질: 조선의 관료·상인과 정상부르죠아·거류 일본상인의 활동을 중심으로」 『朝鮮近代經濟と日本帝國主義』(1982, 백산서당 譯).

20 安秉玲, 같은 글, pp.239-47.

21 같은 글, p.238.

22 姜萬吉, 1984 「大韓帝國時期의 商工業問題」 『亞細亞硏究』 16-2, 高麗大 亞細亞問題硏究所 참조.

23 柳承烈, 1996 「韓末·日帝初期 商業變動과 客主」 서울대 국사학과 박사학위논문, p.6.

24 홍순권, 1994 「상권 수호와 식산흥업운동」 『한국사』 12, 한길사, p.96.

25 같은 글, p.124.

26 李炳天, 1981 「舊韓末 湖南鐵道敷設運動(1904~08)에 대하여」 『經濟史學』 5, p.211.

27 藤永壯, 1991 「開港後の會社設立問題をめぐって: 朴淇琮と汽船業·鐵道業」 『朝鮮學報』 140, p.57.

28 鄭在貞, 1999 『日帝侵略과 韓國鐵道』 서울대학교출판부, p.56.

29 羅愛子, 1998 「韓國 近代 海運業史 硏究」 국학자료원, p.157.

30 같은 책, p.169.

31 金載昊, 1999 「개항기 원격지 무역과 '회사': 對러시아 무역과 鏡城 天一會社」 『經濟史學』 27, p.106.

32 小林英夫, 1975 「會社令硏究ノート」 『海峽』 3.

33 孫禎睦, 1984 「會社令硏究」 『韓國史硏究』 45, p.103.

제1장

1 「會社說」 『漢城旬報』 1883년 10월 21일.

2 柳壽垣, 『迂書』 第一 總論 四民.

3 愼鏞廈, 1983 「開化政策」 『한국사』 16, 국사편찬위원회, p.385.

4 조사시찰단(紳士遊覽團)에 대해서는 鄭玉子, 1965 「紳士遊覽團考」 『歷史學報』 27, 領選使의 파견에 대해서는 金正起, 1976 「朝鮮政府의 淸借款導入(1882~1894)」 『韓國史論』 3 참조.

5 中國 社會科學院 歷史研究所, 『中國近現代經濟史』(1984, 일월서각 편집부 역), pp.239－41 참조.

6 金正起, 1976 「朝鮮政府의 淸借款導入(1882~1894)」 『韓國史論』 3, pp.413－17.

7 楫西光速 外, 1965 『日本資本主義の成立 II: 日本における資本主義の發達 II』 東京大學出版會, pp.354－76 참조.

8 『蓮花烟務局章程』(想白古 300.16 y43), 1883.

9 趙璣濬, 1983 「民族資本」 『한국사』 16, 국사편찬위원회, pp.728－30.

10 『交河農桑社節目』(古4256－44).

11 『京城農桑會章程』(古4256－44).

12 『紳商會社章程』 國會圖書館所藏.

13 趙璣濬, 앞의 글, p.710.

14 露國大藏省, 1905 『韓國誌』 p.93.

15 大韓商工會議所, 1976 『商工會議所九十年史』 pp.4－42.

16 元山府, 1916 『元山發展史』 pp.20－21.

17 大韓商工會議所, 앞의 책, p.42.

18 같은 책, pp.41－42.

19 趙璣濬, 앞의 글, p.703.

20 李炳天, 1985 「開港期 外國商人의 浸透와 韓國商人의 對應」 서울대 경제학과 박사학위논문 참조.

21 杉山伸也, 1986 「東アジアにおける'外壓'の構造」 『歷史學研究』 560, p.136.

22 金正起, 앞의 글, p.428.

23 "農桑造織之務 瓷甎牧畜紙茶之屬 皆關係經用 可裕國利民 …… 設局置官及諸般措處 令軍國衙門 磨鍊節目以入" 『高宗實錄』 卷21, 21년 9월 12일.

24 "今此通商本意 亶在於開和中華事也 不宜携貳圭角至若程式之異同 酬雇之厚薄 一與各局商議准定 毋或相省" 『蓮花烟務局章程』 규장각 도서(想白古380.16 Y43).

25 "招商勸業 衆掣易擧 擬集資銅貨 每員常平錢貳拾兩式收聚 督同商辦 准此銷售 必依常則 俾易遵守 抽稅完納後 股分行用事" 위와 같은 자료.

26 『京城農桑會章程』 1885, 규장각도서(古4256－44).

27 楫西光速 外, 1965 『日本資本主義の成立 II: 日本における資本主義の發達 II』 東京大學出版會, p.347.

28 같은 책, pp.375－80.

29 『統記』 乙酉 6월 1일.

30 『仁川港關草』 辛卯 9월 15일.

31 『皇城新聞』 광무 3년 7월 7일 잡보 「紙廠設紡」.

32 須川英德, 1989 「朝鮮開港後1880年代の生絲輸出試圖について: 內衙門布示と蠶桑公司」 『朝鮮史研究會論文集』 26, p.200.

33 金正起, 앞의 글, pp.419－30 참조.

34 「蓮花烟務局章程」(想白古 300.16 y43), 1883 참조.

35 須川英德, 앞의 책, p.170.

36 金順德, 1986 「1876~1905년 關稅政策과 關稅의 운용」 『韓國史論』 15, pp.320－21.

37 같은 글, p.267.

38 金正起, 앞의 글, p.430.

39 朱鎭五, 1990「한국근대 부르조아지의 형성과정과 위로부터의 개혁의 역사적 성격」『韓國資本主義論』한울, p.70.

40 "平安道人 始設商會 名大同商會 外衙門保護之 京中中村人 設商會于長通坊濬川司 名長通商會 內衙門官保護之 其他 捲烟局 釀春局 豆餠局等名 稍稍設始"『陰晴史(下)』고종 20년 癸未 6월.

41 『統記』乙酉 3월 5일.

42 『統記』癸未 8월 29일. 황해도와 평안도, 경상도, 함경도 관찰사에게 보낸 關文.

43 『統記』乙酉 11월 13일.

44 『統記』丁亥 3월 23일.

45 『汽船會社章程』(奎18135-1).

46 『統記』庚寅 正月 8일.

47 "關嶺全咸元釜兩港關飭事 奉承朝家處分 開設汽船會社 所經各沿 勿論某稅 一倂革除 飛飭遵行事"『統記』己丑 4월 13일.

48 "本社曾有百抽五之公稅 准單完納"『統記』庚寅 正月 18일.

49 "所有該船繳呈費 銀二十元"『海關往復照會存案』各司謄錄 49, 庚寅 正月 26일.

50 "今聞 本港民人等 或有捕鯨者 無論大小 輒自慶尙左水營盤覈重收稅錢 使民不得自由貿易 其在商務 實爲可欠…… 自今凡於捕鯨之日 先自本署 管理其事 令民得以任自賣買 別立會社 使之廣行捕捉是遣 本衙門稅錢段 從輕的收 以補公費向事"『監理署關牒存案』各司謄錄 49, 丁亥 3월 초4일.

51 "或浦民 帶句管外國人 無官許私設會社漁業者 一從該社員所告 嚴行禁斷"『全羅道關草』各司謄錄 20, 庚寅 2월 14일.

52 "玆由本衙門 特派海產員李培遠 都貿按價納稅 撥交該警所"『統記』庚寅 2월 15일.

53 『統記』癸巳 2월 23일.

54 柳承烈, 1996「韓末·日帝初期 商業變動과 客主」서울대 국사학과 박사학위논문, p.26.

55 須川英德, 1990「朝鮮19世紀後半の商業政策: 國家權力と商業」『朝鮮史硏究會論文集』27, p.119.

56 "或浦民輩 句串外國人 無官許私設會社漁業者 一從該社員所告禁斷"『統記』庚寅 2월 15일.

57 韓沽劢, 1970『韓國開港期의 商業硏究』一潮閣, p.211.

58 崔昌熙, 1971「韓末 會社設立에 關한 硏究: 1894년 以前을 中心으로」고려대 박사학위논문, p.30.

59 『各處所志謄錄』戊子 4월 초8일,「義信會社所志」.

60 『統記』壬辰 2월 29일.

61 『東萊關牒外案』各司謄錄 13, 庚寅 7월 초1일.

62 "題 長淵吾叉浦商會社主人朴慶裕 是衙門差送 今旣遞改 已差其代以金啓明 依關擧行"『統記』癸巳 3월 30일.

63 『統記』乙酉 3월 5일.

64 『監理署關牒存案』各司謄錄 49, 丁亥 3월 초4일.

65 李炳天, 1985「開港期 外國商人의 侵入과 韓國商人의 對應」서울대 경제학과 박사학위논문, pp.3-4.

66 『皇城新聞』광무 3년 5월 5일 논설.

67 河智妍, 1996「타운센트 상회(Townsend & Co.) 연구」『한국근현대사연구』한울, pp. 12-13.

68 『通商彙纂』 1894년 6월 12일 「朝鮮國元山經理會社設立」.
69 『統記』 乙酉 4월 29일.
70 『統記』 庚寅 正月 13일.
71 『統記』 丙戌 12월 8일.
72 『統記』 辛卯 正月 23일; 『各處所志謄錄』 壬辰 10월 초5일 「東萊居 劉貞單子」.
73 『仁川港關草』 癸巳 2월 초6일.
74 『統記』 癸巳 4월 18일.
75 『統記』 丁亥 5월 28일.
76 『仁川港關草』 戊子 正月 11일 「關仁監」.
77 『統記』 戊子 11월 10일.
78 "現據太平會社社員李致景等公稱 本社之股錢未敷 借充洋行鷹餅變價數千兩 作爲資本 往來商辦" 「忠淸道關草」 各司謄錄 8, 忠淸道篇 3, 己丑 5월 3일.
79 "本社員李明在 與日人旗島勝興 馬木健三 私約以借款 先上納一萬兩 而呈請本衙門 發給憑票貳紙 及節目矣" 『各處所志謄錄』 戊子 9월 17일 「海產會社社員許滈呈單」.
80 『統記』 甲申 7월 9일.
81 "相考事 京城義信會支社 現方分設於本道恩津縣江景浦 ……" 『忠淸道關草 1』 各司謄錄 8 (1887년 1월 21일) 및 "…… 京畿義信會支社 現方分設於本道礪山黃山浦 ……" 『全羅道關草』 各司謄錄 20(1887년 4월 14일).
82 『統記』 乙酉 7월 6일.
83 『統記』 乙酉 8월 22일.
84 『慶尙道關草』 各司謄錄 13, 丁亥 3월 23일 「京居義信會社任員等白活」.
85 『統記』 丁亥 4월 18일.
86 『統記』 庚寅 2월 9일.
87 " …… 年前旣蒙衙門處分 東南諸島採鰒事 成出公文 自義信社派送社員矣" "…… 本道昌原府境內銅金鑛 特許京城義信會社" 『慶尙道關草』 各司謄錄 13(1887년 3월 23일) 및 "…… 甲申年因義信會社商辦事 前往日本 ……" 『慶尙道關草』 各司謄錄 13(1887년 4월 5일).
88 『統記』 丙戌 9월 3일.
89 "…… 伏以生等竊意 經紀商務 裨益國產 創設會社 定號太平 玆且商會章程仰稟 伏望洞燭後 請盖衙門印章 以示官許 竝賜關飭本道監營 得以轉飭各邑支社之地 十萬祈懇 ……" 『慶尙道關草2』 各司謄錄 13, 1888년 4월 17일.
90 羅愛子, 1998 「韓國 近代 海運業史 硏究」 국학자료원, p.138.
91 "…… 우리 백성은 오늘부터는 수출에 관계되지 않는 食物과 일용품 등을 제외한 여러 가지 화물은 반드시 상회를 거쳐 객주가 報單에 올려 허락 받은 다음에야 비로소 마음대로 팔 수 있게 한다" 『漢城旬報』 1884년 5월 21일 國內私報 「仁川監理의 告示」.
92 "…… 將元山私設商會 一倂撤罷 免致外人究詰宜當者 ……" 『咸鏡道關草』 2, 各司謄錄 42, 1889년 11월 23일.
93 韓沽劤, 앞의 책, pp.187-88.
94 『各處所志謄錄』 壬辰 10월 5일 「東萊居 劉貞單子」.
95 『統記』 甲申 2월 20일.
96 "關安東 義信會支社任員等 稟單貿易錢伍千兩中 ……" 『統記』 甲申 11월 14일.
97 "現據本道內順昌潭陽等地商民湊集 設立信昌商會 推擧幼學李載命爲該社會長 …… 該社係是創設 一切商務 應由本道本邑 另行照護 凡屬該社 商便致免侵漁壟斷之弊" 『全羅道關草』 各

司謄錄 20, 丙戌 10월 23일「關完營」.

98『統記』己丑 正月 28일.

99『統記』辛卯 10월 20일, 壬辰 12월 23일, 癸巳 3월 30일, 癸巳 6월 14일.

100『統記』辛卯 11월 25일.

101『統記』辛卯 2월 16일.

102『統記』甲申 6월 29일, 7월 9일;『全羅道關草』丁亥 4월 14일.

103 李炳天, 앞의 글, p.105 참조.

104『元山港關草』各司謄錄 42, 庚寅 正月 13일.

105『元山港關草』庚寅 正月 13일.

106『統記』丁亥 3월 23일.

107『統記』辛卯 12월 2일.

108『各處所志謄錄』戊子 4월 초8일.

109『各處所志謄錄』壬辰 8월 27일「義信會社商民等等狀」.

110『皇城新聞』1910년 7월 24일 잡보.

111 李炳天, 앞의 글, pp.127－28.

112『統記』癸未 8월 29일, 9월 6일, 9월 8일, 9월 16일, 甲申 4월 23일, 9월 10일 등.

113『統記』乙酉 11월 13일.

114『統記』丙戌 9월 3일.

115『慶尙道關草』戊子 4월 17일「嶺營太平商會社員 金命九 金孝錫 洪允煥等 單子」.

116『各處所志謄錄』己丑 5월 3일「慶尙道太平會社員等 等狀」.

117 高東煥, 1985「18~19세기 外方浦口의 商品流通 發達」『韓國史論』13 참조.

118 羅愛子, 1998, 앞의 책, p.1.

119「貿易規則」第8則. 趙璣濬, 1983「商業·貿易」『한국사』16, 국사편찬위원회, p.662에서 재인용.

120『統記』癸巳 4월 18일.

121『統記』丙戌 8월 7일.

122 羅愛子, 앞의 책, p.43.

123『統記』丁亥 正月 6일.

124『統記』戊子 11월 9일, 10일, 11일.

125 京城府, 1936『京城府史』2, p.1001.

126 朝鮮運送株式會社, 1940『朝鮮運送株式會社十年史』p.44.

127 "今接船商會社所報 則流音船十二隻 承本部指令 本社買得而移照海關 換契請給 故伏探根由 卽由回示伏乞 …… 答電 仁監船隻果賣會社"『度支部官房日記』(奎17257).

128『統記』庚寅 윤2월 23일, 辛卯 正月 23일, 2월 17일.

129 "…… 去年回該社稟稱附屬本署 運售等件 專管以來矣 現今汽船運貨月計不多 駛船所費 恒嘆不足 且至於海關事之受制 而每因休日與暮夜 不能任便往來 以致許多欠費 ……"『牒』(奎24216), 1891.

130『統記』辛卯 11월 7일.

131 "統署署用 逐朔窘跆 且我船往來 年年人命貨物 遇○所役夥多 兩件具係公私急務 汽船會社 本署管轄 業已牒報定約 招輪雖曰 受國制不出外洋 則便是我船 少無違章 該船來期不遠 今難革罷 洞燭"『東萊監理送傳存案』各司謄錄 49, 壬辰 2월 28일.

132『統記』壬辰 3월 4일.

133 『釜山港關草』(奎18077) 1894년 10월 13일.
134 『統記』 癸巳 6월 10일.
135 『統記』 癸巳 6월 15일.
136 『東萊港報牒』 各司謄錄 14, 1896년 1월 23일.
137 김정기, 1993 「清의 朝鮮政策(1876~1894)」 『1894년 농민전쟁연구』 3, 역사비평사, p.47.
138 趙璣濬, 1983 「民族資本」 『한국사』 16, 국사편찬위원회, p.718.
139 김정기, 앞의 글, p.50.
140 全遇容, 1994 「開港期 韓人資本家의 形成과 性格」 『國史館論叢』 43, p.35.
141 羅愛子, 앞의 책, p.54.
142 같은 책, p.99.
143 같은 책, p.62.
144 高東煥, 1998, 앞의 책 참조.
145 『仁川港關草』 壬辰 3월 16일.
146 羅愛子, 앞의 책, p.63.
147 『仁川港關草』 癸巳 正月 14일.
148 『統記』 癸巳 5월 19일.
149 『仁川港關草』 甲午 4월 30일.
150 羅愛子, 앞의 책, p.66.
151 趙璣濬, 1983 앞의 글, p.720.
152 『公文編案』(奎18154) 1895년 2월 4일.
153 "此次購到太平車十輛 就本港另設陸運會社 凡自港至京 一切荷物 無論官私卜 專任運輸" 『仁川港關草』 各司謄錄 5, 1893년 2월 6일.
154 "知照中國理事署及電報局 嗣後運物 竝委該社 照例給雇 從前所有流牛流馬之弊 一切痛禁 聽民自由 俾官私兩便宜當者" 같은 자료.
155 『東萊關牒內案』 各司謄錄 13, 乙未 閏5월 초 8일 「農商工部來關」.
156 "前都事許璹稟稱 現爲捕鯨 創設海産會社 購求機械 前往東南沿海用漁採新法等情" 『全羅道關草』 各司謄錄 20, 1889년 2월 4일.
157 "現雇日本漁船二十二艘 乘組人五十六名 在於四道沿海 捕獲鯨鰯等魚" 『海關往復照會存案』 各司謄錄 49, 1890년 1월 9일.
158 "海産會社社員稟稱 捕鯨雇傭日本船二十二隻 與水手 幷皆休業放還 而第四號 二十號 兩隻與水手 追後入歸 二十隻船 現今放還" 『海關往復照會存案』 各司謄錄 49, 1890년 3월 30일.
159 『通商彙纂』 1895년 5월 「明治 27年中 釜山商況」.
160 "該道沿海所採牛毛加沙里營業稅 永屬釜山港警察所 以補公用 …… 已派海産社員李培遠 作爲監官 特令收貿" 『全羅道關草』 各司謄錄 20, 1890년 윤2월 5일.
161 "現聞各道沿海民情 多有未便之端云" 『全羅道關草』 各司謄錄 20, 1890년 5월 22일.
162 "日本人三十名 乘五隻漁船 來泊本郡厚里津 而所載物件 則海産會社漁網五機 果是本道支社監官金敏容率來者" 『江原道關草』 各司謄錄 27, 1890년 윤2월 28일.
163 "該社旣已撤罷矣 該機械 均是該社員捐出資本 購貿營業者也" 『江原道關草』 1890년 5월 21일.
164 『統記』 戊子 10월 2일.
165 『統記』 戊子 11월 4일.
166 『統記』 戊子 11월 8일.

167 『統記』 戊子 11월 10일.

168 姜萬吉, 1972 『조선후기 상업 자본의 발달』 고려대학교출판부, p.200.

169 「咸鏡道關草」 己丑 11월 29일.

170 『各處所志謄錄』 戊子 9월 17일 「海産會社員許滈呈單」.

171 『釜山港關草』 癸巳 6월 14일.

172 藤永壯, 1991 「開港後の會社設立問題をめぐって: 朴淇琮と汽船業·鐵道業」 『朝鮮學報』 140, p.72.

173 河智姸, 앞의 글, p.12.

174 같은 글, p.34.

175 『統記』 戊子 6월 12일.

176 『統記』 丙戌 10월 11일.

177 河智姸, 앞의 글, p.17.

178 李泰鎭, 1991 「國際貿易의 성행」 『한국사시민강좌』 9, 一潮閣, p.88.

179 姜萬吉, 1984 「開化期의 商工業問題」 『朝鮮時代 商工業史硏究』 한길사, p.267.

180 楊尙弦, 1997 「大韓帝國期 內藏院 財政管理 硏究: 人蔘·鑛山·庖肆·海稅를 중심으로」 서울대 국사학과 박사학위논문, p.231.

181 姜萬吉, 1991 「市場과 商人」 『한국사시민강좌』 9, 一潮閣, pp.17−18.

182 高東煥, 1998, 앞의 책 참조.

183 같은 책, pp.236−42 참조

184 姜萬吉, 1984 「實學의 商工業發展論」 『朝鮮時代 商工業史硏究』 한길사 참조.

185 李潤相, 1996 「1894~1910년 재정제도와 운영의 변화」 서울대 국사학과 박사학위논문, pp.7−10.

186 須川英德, 1994 『李朝商業政策史硏究: 十八·十九世紀における公權力と商業』 東京大學出版會, pp.14−15.

187 같은 책, pp.98−99.

188 같은 책, p.129.

189 같은 책, p.15.

190 李榮昊, 1986 「19세기 恩津 江景浦의 商品流通構造」 『韓國史論』 15, p.226.

191 韓沽劤, 앞의 책, pp.143−45.

192 같은 책, pp.147−51.

193 같은 책, pp.153−54.

194 『高宗實錄』 고종 20년 癸未 8월 19일.

195 韓沽劤, 앞의 책, p.157.

196 李炳天, 앞의 글, p.60 참조.

197 金敬泰, 1985 「甲申·甲午期의 商權回復問題」 『韓國史硏究』 50·51합집, p.202.

198 『仁川港關草』 各司謄錄 5, 京畿道篇, 丁亥 12월 24일.

199 『統記』 己丑 4월 5일.

200 『統記』 己丑 4월 5일.

201 "來照 現據駐箚釜山浦我國領事稟稱 玆據本口商法會議所董事稟稱 近於舊海關設局 徵收韓商 運來出口貨物之稅云云" 『統記』 己丑 3월 27일.

202 『統記』 己丑 3월 27일.

203 『統記』 己丑 10월 24일.

204 『統記』 己丑 10월 25일.
205 『統記』 己丑 9월 20일.
206 『釜山港客主營業稅章程』(奎 18139－1).
207 『釜山港客主營業稅章程』(奎18139) 庚寅(1890); 『統記』 己丑 12월 24일.
208 羅愛子, 앞의 책, pp.18－19.
209 『釜山港客主營業稅章程』(奎18139－1).
210 金敬泰, 1983 「甲申·甲午期의 商權回復問題」와 朴修鏡, 1986 「開港後 仁川港 客主에 關한 研究(1883～1894)」 『大韓帝國研究』 5, 梨大 韓國文化研究院 참조.
211 "仁港監理牒據 商民金俊錫稟 自我買置各國秤子於商會處 必使貨主 主之等情 事係創始 恭俟指教 以爲許施事" 『統記』 乙酉 6월 28일.
212 朴修鏡, 앞의 글, p.216.
213 『各處所志謄錄』 己丑 8월 17일 仁川港 商民等 所志.
214 "玆由本衙門欽奉上諭 將該均平會社 特准官許 另定章程 ……" 『統記』 庚寅 正月 8일.
215 "嗣後遇有水陸各色貨物 進出貿易時 逐一照檢 均經該會社斗衡稱量然後 聽准賣買 ……" 『仁川港關草』 庚寅 正月 19日 關仁監.
216 "納當五錢三千串 訂定每年繳外署 錢三千串 分兩次繳監理署 每月繳錢一百 ……" 『統記』 庚寅 윤2월 16일.
217 "上年冬月間 忽有朝鮮素作經紀者之金在田 糾衆共二十五家 私設公所 名曰均平會社 ……" 『統記』 庚寅 2월 23일.
218 朴修鏡, 앞의 글, p.68 참조.
219 "關釜港監理 玆據義信商社之會議設立于秤子所 擇定商董一人 另爲辦法 都客主名色 自今革罷" 『統記』 乙酉 8월 22일.
220 『統記』 庚寅 2월 23일.
221 『統記』 庚寅 2월 24일.
222 "至若抽分等款 料是該員斗衡監考時 所需手數料也 卽由本地商民 庸酬其勞 ……" 『統記』 庚寅 윤2월 17일.
223 "自仁港施行後 商情吸煙 土貨皆見剩算矣" 『釜山港關草』(奎17256) 庚寅 윤2월 28일.
224 "關釜監 該港斗衡均平一事 業經關飭 三港一體施行在案 現已閱月 尙不遵辦 揆以事體 寧容若是 謹於本月二十九日 欽奉飭諭 玆更關飭 到卽 函將前因告示 一港商民 俾各凜遵無違事" 『統記』 庚寅 윤2월 29일.
225 "朝商出售於洋商之土貨 與朝商購取洋商之洋貨 一一抽收 …… 朝商鳩聚洋商之土貨 旣授經紀會 再出規費於後 …… 顯背約章" 『統記』 庚寅 3월 12일.
226 "本港商民 設有均平會 寔爲防範 本地奸商 操縱斗衡之權 務歸公平 …… 寔爲良商之情 愿非官吏之頑" 『統記』 庚寅 3월 20일.
227 "現聞 該社員輩 不諳章程 勒特進出商貨 濫抽規費 藉生弊端 致有各公使 屢照論駁之境" 『仁川港關草』 庚寅 4월 12일.
228 "營業稅磨鍊收納等節 以客主頭目 李承業 李應七 魚錫泰 崔聖基 四人 使之專管擧行是遣 ……" 『釜牒』 1, 各司謄錄 50, 慶尙道補遺篇 2, 光緖 16년 4월 20일.
229 『仁川港關草』 庚寅 6월 21일.
230 "勿問何項人 自辦資本 開設店鋪 以圖館貨營業者 隨卽准發官許文憑 任便勿阻 俾商務起色宜當向事" 『仁川港關草』 庚寅 6월 21일.
231 "玆將二十五客主分邑革除 商會客主通共營業" 『仁川港關草』 庚寅 6월 21일.

232『仁川港關草』庚寅 8월 13일.
233 "現聞 官許立案 較多於向日限制之時 ……"『仁川港關草』庚寅 8월 13일.
234 韓沽劤, 위의 책, p.196.
235 "…… 本港監理 於三月三日 出有示諭 現由商法會社中 擇其二十人 使之分掌列邑 以防淆雜等弊 ……"『仁川港關草』各司謄錄 5, 1893년 3월 27일.
236 "恐各國公使 未能允從 且與關稅 大有窒碍"『統記』癸巳 3월 26일.
237『各處所志謄錄』癸巳 9월 21일.
238『仁川港關草』各司謄錄 5, 1893년 10월 14일.
239 "吾叉鎭牒 公廨創建 吏校增額 修械造艦等節 役費所需成冊上送事 自春以來 自兵營發關 創設商會所 而初差商會監官"『統記』辛卯 10월 20일.
240 "特設商會社於本浦 以大邱淸道密陽三邑主人 劃付該社 定節目關飭 飭知本浦及商民等處"『統記』癸巳 8월 20일.
241『仁川港關草』, 各司謄錄 5, 京畿道篇, 丁亥 12월 24일.
242 "矣等 以商業資生 而水路風程 不無所患與弊瘼 就中撮其大者 而無水陸不恒款 盜竊之患 …… 故各國皆存船隻保險會社 以杜其弊 我國則 本無此款 ……"『各處所志謄錄』壬辰 10월 釜山商民 劉成大等 白活.
243 "保險會社 定界址等埠庫 俾便往來船隻陸泊事"『釜山港關草』(奎17256).
244『統記』癸巳 9월 15일.
245『統記』甲午 10월 2일.
246『各處所志謄錄』己丑 11월 24일「廣成會社 社員 洪性孝等 呈單」.
247『統記』己丑 11월 24일.
248『統記』庚寅 正月 6일.

제2장

1 柳永益, 1990『甲午更張硏究』一潮閣, pp.196−210.
2 吳斗煥, 1984「甲午 經濟改革의 構造와 性格」『仁荷大論文集』3, p.14.
3 "凡三港口之凋殘 專由於挾雜輩之或稱客主 或稱監董 或稱商法會議 藉托官許 互相爭佔之故也 從今以後 一切権利之弊 嚴加禁斷 使之任便營業 分飭各口監理 務保商民事"「議定存案」(奎17236−1) 10월 6일.
4『官報』開國 504년 3월 4일.
5 "農商衙門 管理農業商務藝術漁獵種牧鑛山地質及營業會社等 一切事務 ……"『議案』(奎20066) 1894.
6『官報』開國 503년 7월 17일 警務廳官制職掌.
7 趙璣濬, 1983「民族資本」『한국사』16, 국사편찬위원회, p.711.
8『儒胥必知』총무처 정부기록보존소 소장 자료.
9 "凡官人 雖經高等官者 休官之後 任便營商事"『官報』開國 503년 7월 2일.
10 "第七條 官員不得爲 營業會社之社長 或事務員"『官報』開國 5년 7월 16일 官員服務紀律
11『官報』開國 503년 7월 10일 議案.
12『韓末近代法令資料集 1』1895.
13『官報』開國五百四年 11월 12일.

14 姜萬吉, 「大韓帝國時期의 商工業問題」 『亞細亞研究』 16－2 참조.
15 柳承烈, 1996 「韓末·日帝初期 商業變動과 客主」 서울대 국사학과 박사학위논문, p.56.
16 李憲昶, 1995 「甲午·乙未改革期의 産業政策」 『韓國史研究』 90, p.58.
17 『독립신문』 건양 2년 3월 9일.
18 "各道各樣賦稅軍保等 一切上納 大小米太木布 均以代錢磨鍊 設立銀行 劃給公錢 使之貿遷" 『官報』 開國 503년 7월 10일 議案.
19 『官報』 開國 504년 4월 8일.
20 "各道上納之許 代純錢行將關飭矣 米商會社 不容不亟設 則都下米廛大行首及五江江主人 與貿米坐賈 熟諳商務者 幷許合股結社 由農商衙門 特給官許文憑 妥定規則 以便公納兼興商務事 ……" 『議定存案』(奎17236－1) 1894.
21 "由宮內府 另置進供會社 從前御用物品 隨用進排 每于月終 時價核算出給事 ……" 『議定存案』(奎17236－1) 1894.
22 李潤相, 1996 「1894~1910년 재정제도와 운영의 변화」 서울대 국사학과 박사학위논문, p.45.
23 金玉根, 1992 『朝鮮王朝財政史研究 IV: 近代篇』 一潮閣, p.333 참조.
24 "本衙門所管利運社 房屋庫舍及 輪船顯益蒼龍海龍三隻 與庫船十四隻 幷付之本港商民等 其航海興敗給雇等事 使之自由 雖進上物貨 奉命使行 准照該會社 所定規例 依數給貰事爲定 且聞利運社房屋間於淸國租界中 該房屋所在地段 自本署確定地契 以給毋至日後更量宜當者" 「仁川監理署去關」 『公文編案』(奎18154) 1894년 9월 24일.
25 나애자, 1994 「대한제국의 권력구조와 광무개혁」 『한국사』 11, pp.159－60.
26 陳德奎, 1983 「大韓帝國의 權力構造에 관한 政治史的 認識(1)」 『大韓帝國研究』 1, p.20
27 李永鶴, 1995 「대한제국 전기 토지조사사업의 의의」 『대한제국의 토지조사사업』 민음사, p.35.
28 김경태, 1994 『한국근대경제사연구: 개항기의 米穀貿易·防穀·商權문제』 창작과비평사, p.353.
29 최원규, 1995 「대한제국 전기 量田과 官契發給事業」 『대한제국의 토지조사사업』 민음사, p.306.
30 李永鶴, 앞의 글, p.33.
31 改正 商務會議所規例 第1條, 『韓末近代法令資料集』 2, 1899.
32 同 改正規例 第8條, 『韓末近代法令資料集』 2, 1899.
33 金度亨, 1984 「大韓帝國의 改革事業과 農民層動向」 『韓國史研究』 41, p.103.
34 都冕會, 1989 「갑오개혁 이후 화폐제도의 문란과 그 영향(1894~1905)」 『韓國史論』 21 참조.
35 金正起, 1990 「자본주의 열강의 이권침탈 연구」 『역사비평』 11 참조.
36 李潤相, 1994 「열강의 이권침탈과 경제의 예속화과정」 『한국사』 11, 한길사, p.288.
37 劉奉鎬, 1984 「大韓帝國下 實業敎育 展開考」 『大韓帝國研究』 2, pp.64－66.
38 「商務社章程」(奎章閣文書, 想白古951.054 j773s).
39 『皇城新聞』 광무 4년 2월 9일 광고; 金根培, 1996 「日帝時期 朝鮮人 科學技術人力의 成長」 서울대 대학원 박사학위논문, p.20.
40 『皇城新聞』 광무 4년 12월 18일 잡보.
41 『皇城新聞』 광무 4년 3월 22일 광고.
42 金根培, 같은 글, p.20.
43 『農商工部去牒存案』(奎18152) 건양 2년 6월 7일.
44 『農商工部去牒存案』(奎18152) 건양 2년 6월 2일.

45 『農商工部去牒存案』(奎18152) 광무 원년 10월 21일.

46 『農商工部來文』(奎17781) 광무 2년 7월 7일.

47 "제1조 本國大小船隻을 毋論하고 本國人이 買入與貰用할 時에 農商工部 通信局 管船課에서 管轄할 事" 『韓末近代法令資料集』 2.

48 "去辛丑年分에 本港商民等이 創設客主商法會社이옵더니 上年陰二月分에 自警衛院으로 派遣總務員하야 以其客主商法會社로 改作紳商會社하와 條定抽稅이온바 ……" 『昌原港報牒 3』 各司謄錄 14, 광무 8년 7월 12일.

49 『皇城新聞』 광무 5년 12월 2일 잡보.

50 "油燈會社에서 五署內各市廛에 油價를 元定外加捧한다고 商民等이 漢城府에 呼訴하얏더니 漢判이 該會社에 調飭하되 非理橫貪은 會社의 本意가 아니니 勿施하라 하얏더라." 『皇城新聞』 광무 4년 12월 27일 잡보.

51 徐榮姬, 1990 「1894~1904년의 政治體制 變動과 宮內府」 『韓國史論』 23, 서울대학교 국사학과, p.367.

52 愼鏞廈, 1976 『獨立協會硏究: 獨立新聞·獨立協會·萬民共同會의 思想과 運動』 一潮閣, p. 388.

53 徐榮姬, 앞의 글, p.380.

54 철도 관련 회사에 대해서는 鄭在貞, 1999 「일제침략과 한국철도」 서울대학교출판부 참조.

55 『독립신문』 광무 3년 5월 25일.

56 『독립신문』 광무 3년 7월 15일.

57 『通商彙纂』 광무 5년 7월 30일 「仁川三十三年貿易年報」.

58 『通商彙纂』 「韓國咸鏡道炭鑛情況」 광무 3년 6월 1일.

59 趙璣濬, 앞의 글, p.714.

60 『通商彙纂』 「二十九年中川港商況年報」.

61 『皇城新聞』 광무 3년 10월 30일.

62 趙璣濬, 앞의 글, pp.714-15 참조.

63 『독립신문』 광무 2년 9월 15일.

64 『皇城新聞』 광무 4년 10년 26일.

65 『皇城新聞』 광무 4년 11월 2일.

66 『皇城新聞』 광무 5년 8월 24일.

67 高杉東峰, 1940 『朝鮮金融機關發達史』 實業タイムス社, p.755.

68 徐光云, 1972 『韓國金融百年』 創造社, p.689.

69 『독립신문』 건양 2년 3월 27일.

70 『官許農桑會社章程』(奎15322) 1894.

71 『皇城新聞』 광무 2년 2월 21일 잡보.

72 『通商彙纂』 「京城養蠶業情況」(35년 5월 27일 일부 在京城帝國領事館報告).

73 『皇城新聞』 광무 5년 9월 21일 잡보.

74 『皇城新聞』 광무 8년 8월 12일 잡보.

75 趙璣濬, 앞의 글, pp.735-36 참조.

76 『皇城新聞』 광무 4년 5월 7일 잡보.

77 『皇城新聞』 광무 5년 3월 29일 잡보.

78 『皇城新聞』 광무 5년 5월 17일 광고.

79 권태억, 1989 『韓國近代棉業史 硏究』 一潮閣, pp.69-70.

80 『皇城新聞』 광무 4년 3월 22일 광고.
81 趙璣濬, 앞의 글, p.740.
82 楊尙弦, 1997 「大韓帝國期 內藏院 財政管理 硏究: 人蔘·鑛山·庖肆·海稅를 중심으로」 서울대 국사학과 박사학위논문, pp.114－16.
83 『仁川指訓』 各司謄錄 6, 광무 3년 9월 21일.
84 『皇城新聞』 광무 4년 6월 26일 잡보.
85 "近日에 某某大官이 一會社를 組織하는데 股金은 每名萬元式 各出하야 軍部와 器機局과 宮內府에 需用物品을 一切用達하기로 議定하얏더라" 『皇城新聞』 광무 5년 3월 15일 잡보.
86 『皇城新聞』 광무 4년 7월 3일 잡보.
87 『度支部官房日記』(奎17257) 건양원년 11월 6일.
88 『德源港報牒』(奎17866) 건양 2년 2월 21일.
89 『德源港報牒』(奎17866) 건양 2년 2월 10일.
90 『德源港報牒』(奎 17866) 1897.
91 羅愛子, 1998 『韓國近代 海運業史硏究』 國學資料院, p.140.
92 『仁川指訓』 各司謄錄 6, 광무 원년 10월 25일.
93 『東萊港報牒 8』 各司謄錄 14, 광무 2년 7월 9일.
94 『德源訓令』(奎17866) 광무 2년; 『皇城新聞』 광무 4년 3월 23일 잡보.
95 『德源訓令』(奎17866) 광무 2년.
96 "該領事가 該港監理에게 知照하야 此는 通商章程 第八款에 違反之意로 抗議이오나…… 玆에 訓令하니 照諒하야 彼我人民으로 一任其便하야 互相營業케 하고 免致滋案함이 爲可" 『德源訓令』(奎17866) 광무 2년.
97 『德源港報牒』(奎17866) 광무 2년 報告書 제37호.
98 『皇城新聞』 광무 3년 4월 8일 잡보.
99 『德源訓令』(奎17866) 광무 3년.
100 『東萊港報牒 8』 各司謄錄 14, 광무 3년 2월 20일.
101 朝鮮郵船株式會社, 1937 『朝鮮郵船株式會社二十五年史』 p.3.
102 『沃溝港報牒 2』 各司謄錄 20, 광무 6년 12월 3일.
103 『皇城新聞』 광무 4년 6월 13일 잡보.
104 『皇城新聞』 광무 5년 6월 18일 잡보.
105 羅愛子, 앞의 책, p.142.
106 『皇城新聞』 광무 4년 11. 27.
107 "…… 各通商口岸에 本會社基址를 照例占有는 自有約章이온바 ……" 『沃溝港報牒2』 各司謄錄 20, 광무 6년 12월 3일.
108 『務安報牒 3』 各司謄錄 20, 광무 4년 11월 10일.
109 『德源訓令』(奎 17866) 광무 3년 5월.
110 趙璣濬, 앞의 글, p.667.
111 『馬車會社經營會計冊1』(奎 27543－1).
112 『馬車會社經營會計冊8』(奎27543－8).
113 李泰鎭, 1995 「17~19 세기 서울의 근대적 양상」 『서울학연구』 4, 서울학연구소 참조.
114 『東萊港報牒 9』 各司謄錄 14, 광무 9년 4월 26일.
115 『皇城新聞』 광무 5년 2월 7일 광고.
116 "本會社에서 國內貨物이 鐵道로 來往함이 便利하고 商權을 維持코자 하와 農商工部와 鐵

道院認許를 承하옵고 組織七個年에 京仁京釜間沿路支店을 連設이온바 …… 使之設港商會所에 一一曉諭하와 同價賃金으로 貨物을 本會社로 來付하야 國內商權을 確立케 하심을 伏望"『東萊港報牒 9』 各司謄錄 14, 광무 9년 4월 26일.
117 藤永壯,「開港後の會社設立問題をめぐって: 朴淇琮と汽船業·鐵道業」『朝鮮學報』 140 참조.
118 鄭在貞, 1985「京釜·京義鐵道의 敷設과 韓·日土建會社의 請負建設活動」『歷史教育』 37·38 합집, p.220.
119 같은 글, p.283.
120 "近日에 鐵道役夫會社를 該院認許로 設置하고 役夫에 入參코저 하면 銀貨二十元式 來納하라 하기로 京鄉挾雜之輩가 此를 藉託하야 欺民取財하는 者ㅣ 不知其數더라"『皇城新聞』 광무 4년 8월 7일.
121 鄭在貞, 앞의 글, p.228.
122 같은 글, p.292.
123『皇城新聞』 광무 3년 9월 14일 잡보.
124『皇城新聞』 광무 4년 7월 5일 광고.
125『皇城新聞』 광무 3년 12월 16일 잡보.
126『皇城新聞』 광무 4년 7월 11일 잡보.
127『皇城新聞』 광무 4년 6월 10일 잡보.
128『皇城新聞』 광무 5년 1월 30일 잡보.
129『大韓每日申報』 광무 10년 4월 17일 잡보.
130『皇城新聞』 광무 3년 12월 26일 잡보「海産社에 各郡侵漁」.
131 "本人等이 旺商興業之策을 講究하야 往在庚寅에 統理衙門 官許와 丁酉 農商工部 認許를 承有하야 江原 慶尙 各道沿海郡에 曾有結社이오나 ……"『皇城新聞』 광무 9년 7월 14일 잡보.
132『皇城新聞』 광무 9년 6월 14일 광고.
133『皇城新聞』 광무 4년 7월 31일 잡보.
134『皇城新聞』 광무 8년 12월 7일 잡보「農部質問」.
135『農商工部去來文』(奎17802) 광무 8년 12월 9일 照覆 제5호.
136『皇城新聞』 광무 4년 6월 16일.
137 梶村秀樹, 1986「近代朝鮮の商人資本等の外壓への諸對應: 甲午以後(1894~1904年)期の「商權」問題と生産過程」『歷史學硏究』 560, p.156.
138『독립신문』 건양 2년 1월 5일.
139『독립신문』 광무 원년 9월 25일.
140『독립신문』 광무 원년 10월 21일.
141『독립신문』 광무 2년 8월 1일.
142『독립신문』 광무 2년 10월 29일.
143『독립신문』 광무 2년 11월 22일.
144『독립신문』 광무 2년 11월 23일.
145『독립신문』 광무 2년 11월 26일.
146『農商工部來文』(奎17781) 광무 3년 1월 13일 照會 제16호.
147『農商工部來文』(奎17781) 광무 3년 2월「商務所章程」.
148「商務社章程」(想白古91.054 j773s) 2월 6일.
149『독립신문』 광무 3년 3월 15일.
150『독립신문』 광무 3년 3월 20일 잡보「부상사건」;『皇城新聞』 1899년 3월 20일 잡보「農部

告示」.

151 『독립신문』 광무 3년 4월 16일 잡보 「상무고백」.

152 李榮昊, 1992 『1894~1910년 地稅制度 연구』 서울대 국사학과 박사학위논문, p.93.

153 『독립신문』 광무 2년 4월 14일 논설.

154 『皇城新聞』 광무 3년 5월 9일 잡보 「商務更織」 및 앞의 「商務社章程」.

155 大韓商工會議所, 1976 『商工會議所九十年史』 p.71.

156 『독립신문』 광무 3년 8월 1일.

157 『皇城新聞』 광무 3년 12월 4일 잡보 「各道商務」.

158 『독립신문』 광무 3년 10월 12일 잡보 「부상수세까닭」.

159 『독립신문』 광무 3년 10월 17일 잡보 「상무사상표」.

160 『독립신문』 광무 3년 10월 24일 잡보 「영평소문」; 『皇城新聞』 광무 3년 12월 25일 잡보 「韓氏訴商」.

161 『皇城新聞』 광무 4년 11월 24일 잡보 「嚴懲亂商」.

162 『皇城新聞』 광무 4년 1월 8일 잡보 「商社戢弊」; 同 광무 4년 1월 29일 잡보 「商社投書函」; 「報告登錄」 各司謄錄 41, 平安道篇, 광무 5년 報告書 제6호.

163 『독립신문』 광무 3년 11월 22일 잡보 「무명잡세사건」.

164 『皇城新聞』 광무 3년 11월 23일 잡보 「元山商社」.

165 『農商工部去來文』(奎17802) 광무 3년 11월 23일 照會 제62호.

166 『皇城新聞』 광무 7년 3월 5일 잡보.

167 『韓末近代法令資料集』 3, 광무 8년 2월 28일 「奏本 商務社를 革罷하는 件」.

168 『皇城新聞』 광무 4년 2월 5일 잡보 「商報停刊」.

169 『皇城新聞』 광무 3년 8월 17일 잡보 「商社大擔」.

170 大韓商工會議所, 앞의 책, p.26.

171 趙璣濬, 1974 「韓末의 民族商人團體의 性格考: 仁川紳商協會를 中心으로」 『學術院論文集』 13, p.151.

172 『統記』 癸巳 7월 21일.

173 『皇城新聞』 광무 3년 7월 24일 잡보 「營業定稅」.

174 『訓令照會存案』(奎19143) 광무 7년 3월 27일.

175 大韓商工會議所, 앞의 책, pp.108－10.

176 『沃溝港報牒1』 各司謄錄 20, 광무 4년 2월 22일.

177 『訓令照會存案』(奎19143) 광무 7년 4월 5일.

178 『務安港士商會社章程』 제3관 제1조.

179 『務安港士商會社章程』 제3관 제2조.

180 『紳商會社章程』; 『務安港士商會社章程』.

181 『東萊港報牒』 各司謄錄 14, 광무 3년 11월 28일.

182 『昌盛社章程』(奎18974) 광무 7년 10월.

183 『訓令存案』 各司謄錄 49, 광무 4년 10월 21일.

184 李潤相, 앞의 글, p.189.

185 『訓令照會存案』(奎19143) 광무 6년 11월 22일.

186 吳斗煥, 1984 「甲午 經濟改革의 구조와 성격」 『仁荷大論文集』 3, p.14.

187 『農商工部去牒存案』(奎18152) 건양 2년 6월 2일.

188 『統記』 戊子 4월 2일.

189 『독립신문』 건양 2년 2월 11일 각부신문.
190 『務安報牒』 各司謄錄 20, 광무 7년 5월 2일 訓令 제28호.
191 『皇城新聞』 광무 5년 9월 9일 잡보 「附屬商社」.
192 『皇城新聞』 광무 10년 6월 14일 잡보 「請禁會社」.
193 『統記』 乙酉 4월 2일; 同 4월 29일.
194 『統記』 丙戌 9월 3일.
195 『統記』 丁亥 윤4월 21일.
196 『統記』 丁亥 윤4월 25일.
197 『皇城新聞』 광무 4년 10월 26일 잡보 「撤廢麴社」.
198 『平安南北道麴子會社章程』(奎21909－50) 광무 4년 12월.
199 『皇城新聞』 광무 5년 8월 23일 잡보 「麴子會社」.
200 『訓令照會存案』(奎19143).
201 徐榮姬, 1990 「1894~1904년의 政治體制 變動과 宮內府」 『韓國史論』 23, p.384.
202 『蔘政社章程』(奎18969).
203 『蔓蔘會社章程』(奎18954) 광무 7년 7월.
204 『京畿道各郡報告』 各司謄錄 2, 광무 7년 10월 25일 報告書.
205 『訓令照會存案』(奎19143) 照會 제2호.
206 『訓令照會存案』(奎19143) 광무 7년 9월 8일.
207 『독립신문』 광무 3년 7월 26일 잡보 「상공국 소식」.
208 「鐵物會社完文」(奎18954) 광무 7년 9월 29일.
209 『皇城新聞』 광무 4년 9월 29일 잡보 「利原五種會社」.
210 『皇城新聞』 광무 4년 5월 22일 잡보 「八商會社」.
211 『農商工部去來文』(奎17802) 건양 2년 7월 5일 照會 제14호.
212 朝鮮總督府, 1909 『民商事ニ關スル近時ノ法制』 謄寫本(國立圖書館 所藏).
213 須川英德, 1994 『李朝商業政策史研究: 十八·十九世紀における公權力と商業』 東京大學出版會, p.303.
214 吳斗煥, 앞의 글, p.14.
215 『독립신문』 건양 2년 5월 28일.
216 『皇城新聞』 광무 3년 11월 4일 잡보 「收稅客主」.
217 『皇城新聞』 광무 7년 1월 23일 잡보 「請罷客主」.
218 『독립신문』 광무원년 10월 28일 잡보.
219 『독립신문』 광무 2년 7월 11일 각부신문 고시광포.
220 『독립신문』 광무 2년 6월 28일 광고.
221 『皇城新聞』 광무 3년 11월 7일 잡보 「牛隻保險」.
222 『皇城新聞』 광무 4년 1월 20일 잡보 「挾雜者黜社」.
223 『皇城新聞』 광무 6년 12월 19일 잡보; 同 광무 7년 2월 10일 잡보.
224 『渡津會社章程』(奎18976) 광무 6년 1월.
225 『訓令照會存案』(奎19143) 광무 6년 2월 27일 訓令 제2호.
226 『訓令照會存案』(奎19143) 광무 6년 3월 12일 訓令 제2호.
227 『皇城新聞』 광무 6년 3월 14일 잡보 「打破津所」.
228 『皇城新聞』 광무 6년 3월 21일 잡보 「撤罷津社」.
229 『度支部官房日記』(奎17257) 건양원년 11월 6일; 『독립신문』 건양 2년 5월 8일 광고.

230『皇城新聞』광무 5년 7월 26일 잡보「酒艸稅會社」; 同 8월 12일 잡보「酒稅社請認」.
231 須川英德, 1990「朝鮮19世紀後半の商業政策: 國家權力と商業」『朝鮮史硏究會論文集』27, p.120.
232『皇城新聞』광무 3년 12월 5일 잡보.
233 金順德, 1986「1876~1905년 關稅政策과 關稅의 운용」『韓國史論』15, pp.293-94.
234 같은 글, p.333.
235 金賢淑, 1989「韓末 顧問官 J. McLeavy Brown에 대한 硏究」『韓國史硏究』66, p.116.
236 都冕會, 1989「갑오개혁 이후 화폐제도의 문란과 그 영향(1894~1905)」『韓國史論』21, p.372.
237 김경태, 앞의 책, p.359.
238 愼鏞廈, 1974「19世紀末의 韓國對外貿易의 展開와 商權問題: 獨立協會와 皇國中央總商會의 商權守護運動」『亞細亞硏究』17-2, p.161.
239『독립신문』광무 2년 9월 16일 잡보「상회철파」.
240『독립신문』광무 2년 9월 28일 잡보「총상회사인가」.
241『독립신문』광무 2년 4월 14일 논설.
242『독립신문』광무 2년 4월 14일 논설.
243『독립신문』광무 2년 9월 30일 잡보「총상회」.
244『독립신문』광무 2년 10월 8일 논설「독립협회 상소」.
245『독립신문』광무 2년 10월 1일 논설「총상회규칙변론」.
246『독립신문』광무 2년 4월 14일 논설.
247 김경태, 앞의 글, p.355.
248『독립신문』광무 2년 10월 19일 잡보「분격한일」.
249「德源訓令」(奎17866) 광무 2년 11월 2일 訓令 제55호.
250「德源港報牒」(奎17866) 광무 3년 9월 7일 報告書 제29호.
251『農商工部去來文』(奎17802) 광무 3년 4월 8일 照會 제8호.
252『平壤報牒』(奎17872) 광무 4년 2월 29일.
253『農商工部去來文』(奎17802) 광무 7년 6월 4일 照會 제12호.
254『通商彙纂』「明治30年中仁川港商況年報(續)」1898년 8월 6일.
255『皇城新聞』광무 2년 4월 8일 광고.
256『독립신문』광무 3년 2월 25일 잡보「술회사」.
257『皇城新聞』광무 6년 6월 19일 잡보「退却請願」.
258『大韓每日申報』광무 8년 11월 28 잡보「수산회사 계약」;『皇城新聞』광무 8년 11월 29일 잡보「設施鯨社」.
259『農商工部去來文』(奎17802) 광무 8년 11월 30일 照會 제9호.
260『農商工部去來文』(奎17802) 광무 8년 12월 9일 照覆 제5호.
261『農商工部去來文』(奎17782) 광무 11년 2월 4일 照會 제24호.
262 "凡官人 雖經高等官者 休官之後 任便營商事"「議案, 休官後에 任便營商케 하는 件」『官報』開國 503년 7월 2일.
263『독립신문』광무 2년 9월 15일 잡보「은행창설」.
264『皇城新聞』광무 3년 9월 26일 잡보「別是會社」.
265 京城府, 1934『京城府史』2, p.699.
266『皇城新聞』광무 4년 7월 11일 잡보「興業會社」.

267 鄭在貞, 앞의 책, p.239 참조.
268 『독립신문』 건양원년 6월 15일 광고.
269 朱鎭五, 1996 「19세기 후반 開化改革論의 構造와 展開: 獨立協會를 中心으로」 연세대학교 대학원 박사학위논문, p.91.
270 『독립신문』 건양원년 7월 4일 논설.
271 『독립신문』 건양 2년 6월 12일 논설.
272 19세기 관료층의 致富 문제에 대해서는 한국역사연구회 19세기정치사연구반, 앞의 책 참조.
273 白銅貨와 엽전의 시세차익을 이용한 관료층의 축재 행위에 대해서는 都冕會, 앞의 글 참조.
274 『每日申報』 1915년 7월 3일.
275 『通商彙纂』 「韓國咸鏡道炭鑛情況」(32年6月1日附 元山帝國領事館報告) 1899년 6월 1일.
276 崔起榮, 1991 『大韓帝國時期 新聞研究』 一潮閣, p.15.
277 『統署日記』 丙戌 正月 27일.
278 崔起榮, 앞의 책, p.38.
279 「德源訓令」(奎17866) 광무 2년 11월 2일.
280 『皇城新聞』 광무 3년 1월 21일 잡보 「營業請願」; 同 2월 20일 잡보 「織局新設」.
281 『皇城新聞』 광무 5년 1월 30일 잡보 「賣走買捉」.
282 『皇城新聞』 광무 11년 2월 11일 잡보 「該社員相軋」.
283 「釜山港關草」(奎18077) 甲午 10월 13일.
284 京城府, 1934 『京城府史』 2, pp.700－701.
285 鄭在貞, 앞의 책, pp.251－52.
286 藤永壯, 1991 「開港後の會社設立問題をめぐって: 朴淇琮と汽船業·鐵道業」 『朝鮮學報』 141, p.23.
287 『皇城新聞』 광무 7년 6월 25일 광고.
288 『皇城新聞』 광무 7년 9월 8일 잡보 「鐵社辨明」.
289 『大韓每日申報』 융희 2년 6월 22일 잡보 「仲介組合所設立」.
290 『統署日記』 丙戌 正月 27일.
291 『仁川報牒, 謄本, 來電』 各司謄錄 6, 광무 원년 11월 1일 報告書 제31호; 「德源訓令」(奎17866) 광무 원년 10월 25일.
292 『通商彙纂』 「明治30年中 仁川港商況年報(續)」(明治31년 8월 6일 在仁川領事館報告).
293 『通商彙纂』 「仁川31年中貿易年報」(32년 10월 5일 附在仁川帝國領事館報告).
294 『每日申報』 1914년 1월 1일 광고.
295 「公文編案」(奎18154) 乙未 7월 30일.
296 『農商工部去來文』(奎17802) 건양 원년 1월 28일.
297 『皇城新聞』 융희 2년 7월 28일 광고.
298 全遇容, 1993 「開港期 韓人 資本家의 形成과 性格」 『國史館論叢』 41, 國史編纂委員會, p.23.
299 육의전의 금난전권 강화 요구에 대해서는 韓沽劤, 앞의 책 참조.
300 『皇城新聞』 광무 4년 7월 3일 잡보 「廣信交易」.
301 『皇城新聞』 광무 9년 7월 27일 광고.
302 『農商工部去來文』(奎17802) 광무 7년 6월 4일 照會 12호.
303 『皇城新聞』 광무 7년 4월 11일 잡보 「漁社作弊」.

제3장

1 李榮昊, 1996「대한제국 후기 조세증가정책의 실현과정과 그 성격」『韓國文化』18, p.345.
2「對韓方針及對韓施設綱領」『日本外交文書』37권 1책, pp.351－56.
3 權泰櫶, 1994「1904~1910년 일제의 한국침략 구상과 '시정개선'」『韓國史論』31, p.231.
4 박영호, 1990「한국의 식민지적 자본주의화 과정에 관한 일연구: 한말 화폐정리사업을 중심으로」『韓國資本主義論』한울, p.126.
5 화폐정리사업의 경과에 대해서는 金才淳, 1900「露日戰爭 직후 일제의 화폐금융정책과 조선상인층의 대응」『韓國史硏究』69; 박영호, 앞의 글; 黃夏鉉, 1982「日帝의 對韓植民地 支配構造의 形成過程: 目賀田改革을 中心으로」『東洋學』12 참조.
6 박영호, 앞의 글, p.125.
7 이윤상, 1994「열강의 이권침탈과 경제의 예속화과정」『한국사』11, 한길사, p.299.
8 波形昭一, 1985『日本植民地金融政策史の硏究』早稻田大學出版部, pp.196－197.
9『皇城新聞』1905년 11월 9일~11월 16일「商業會議所請願書」.
10 權斗榮, 1970「日帝侵略下의 韓國金融: 開港부터 合倂까지」『日帝의 經濟侵奪史』高大 亞細亞問題硏究所, pp.450－51.
11 柳承烈, 1996「韓末·日帝初期 商業變動과 客主」서울대 국사학과 박사학위논문, p.146.
12 李潤相, 1986「日帝에 의한 植民地財政의 形成過程」『韓國史論』14, p.309.
13『韓末近代法令資料集』3, pp.707－708.
14『韓末近代法令資料集』4, pp.266－69.
15 李潤相, 1986, 앞의 글, p.311.
16『韓國財政整理報告』제1회, 6－22.
17 田中愼一, 1974「韓國財政整理における「徵稅臺帳」整備について: 朝鮮土地調査事業史硏究序論」『土地制度史學』63, p.1.
18 李相燦, 1989「일제침략과 '황실재정정리'」『奎章閣』15, pp.126－27.
19 大藏省, 1939『明治大正財政史』財政經濟學會, p.44.
20 같은 책, pp.44－45.
21 같은 책, p.46.
22 鄭肯植, 1996『統監府法令 體系分析』한국법제연구원, p.53.
23 서영희, 1996「日帝의 한국 保護國化와 統監府의 통치권 수립과정」『韓國文化』18.
24『農商工部去來文』(奎17802) 광무 7년 3월.
25『農商工部去來文』(奎17802) 광무 7년 7월 28일; 同 8월 11일 照會 제15호.
26『大韓每日申報』광무 10년 7월 15 잡보「森林會社議決」.
27『農商工部去來文』(奎17802) 광무 8년 8월 9일 照會 제7호.
28『皇城新聞』광무 8년 8월 12일 잡보.
29『農商工部去來文』(奎17802) 광무 8년 8월 9일 照覆 제3호.
30『農商工部去來文』(奎17802) 광무 8년 8월 12일.
31『皇城新聞』광무 9년 6월 10일 잡보.
32『平壤訓令』(奎17872) 訓令 제18호.
33『大韓每日申報』광무 8년 11월 15일 잡보「회사부속정계」.
34『皇城新聞』광무 9년 2월 14일 잡보「豊阜設社」.
35『宮內府案』(奎17801) 광무 9년 7월 22일 照會 제47호.

36 『訓令照會存案』(奎19143) 광무 10년 3월 14일 訓令; 同 4월 9일 訓令.

37 李炳天, 1981 「舊韓末 湖南鐵道敷設運動(1904~08)에 대하여」『經濟史學』 5, p.140.

38 『皇城新聞』 광무 9년 2월 23일 광고; 『大韓每日申報』 광무 10년 6월 26일 잡보 「最大事業」.

39 『大韓每日申報』 광무 10년 8월 25일 잡보 「湖南鐵道問題」.

40 『皇城新聞』 광무 10년 8월 8일 광고.

41 『大韓每日申報』 광무 10년 8월 25일 잡보 「湖南鐵道問題」.

42 『皇城新聞』 광무 10년 12월 29일 잡보 「湖南鐵道의 敷設起工」; 『大韓每日申報』 광무 11년 1월 4일 잡보 「內下鐵社」.

43 李炳天, 앞의 글, p.161.

44 『農商工部去來文』(奎17802) 광무 9년 10월 12일 照會 제18호.

45 『農商工部去來文』(奎17782) 照覆 제90호.

46 『農商工部去來文』(奎17782) 광무 10년 9월 3일 照會 제190호.

47 『大韓每日申報』 광무 10년 9월 8일 잡보 「湖南鐵道事로 農部照會」.

48 『農商工部去來文』(奎17782) 광무 10년 10월 29일 照會 제236호; 『大韓每日申報』 광무 10년 11월 1일 잡보 「銷消認狀」.

49 『農商工部去來文』(奎17782) 광무 10년 11월 1일 照覆 제144호.

50 『大韓每日申報』 광무 10년 11월 6일 잡보 「團束鐵道會社」.

51 李炳天, 앞의 글, p.169.

52 『大韓每日申報』 광무 11년 1월 31일 잡보 「斷指決心」.

53 『皇城新聞』 광무 11년 2월 1일 「趙氏實業」.

54 『大韓每日申報』 광무 11년 2월 10일 광고; 同 1907년 2월 23일 잡보 「湖鐵設社」; 『皇城新聞』 광무 11년 2월 11일 광고; 同 3월 2일 광고.

55 『皇城新聞』 광무 11년 4월 11일 잡보 「勅詢湖鐵會社」; 『大韓每日申報』 광무 11년 4월 12일 잡보 「勅諭鐵道會社」.

56 李炳天, 앞의 글, p.176.

57 『大韓每日申報』 융희 원년 12월 19일 잡보 「鐵路事項」.

58 『大韓每日申報』 융희 2년 3월 3일 잡보 「鐵路協議」.

59 『皇城新聞』 융희 2년 4월 30일 잡보 「函請總會」.

60 『大韓每日申報』 융희 3년 5월 25일 잡보 「鐵道事件調査」.

61 "昨年 十二月分에 自農商工部로 招諭社員이되 曾有統監府照會하여 本會社를 不得已撤廢라 하고 ……" 『皇城新聞』 광무 11년 7월 27일 잡보 「水産社請願統邸」.

62 『大韓每日申報』 광무 11년 7월 27일 「水産株式會社員等이 請願한 公文이 如左함」.

63 孫禎睦, 1984 「會社令研究」『韓國史研究』 45, p.80.

64 小林英夫, 1994 「會社令の制定と展開」 小林英夫 編, 『植民地への企業進出: 朝鮮會社令の分析』 柏書房, p.22.

65 『朝鮮新報』 1908년 8월 20일; 小林英夫, 앞의 글, p.23에서 재인용.

66 柳承烈, 앞의 글, p.169.

67 『皇城新聞』 광무 9년 7월 6일 잡보.

68 "各官中 如有托名會社와 或兼行他事務어든 隨卽解任本職하여 公私執務에 免致相妨等因인 바 ……" 『農商工部去來文』(奎17782) 광무 11년 1월 7일 照覆 제2호.

69 『訓令謄錄』 各司謄錄 41, 광무 10년 道訓 제93호.

70 『韓末近代法令資料集』 7, 「韓國商號令」.

71 朝鮮總督府, 『朝鮮總督府施政年報』 2, p.187.
72 『大韓每日申報』 광무 10년 10월 11일 잡보 「移民會社請願」.
73 『大韓每日申報』 광무 11년 6월 22일 잡보 「移民請認」.
74 『大韓每日申報』 광무 10년 11월 2일 잡보 「保船會社」.
75 『宮內府案』(奎17801) 광무 9년 8월 2일 照會 제48호.
76 「京畿道去來案」 各司謄錄 1, 광무 9년 8월 23일 報告書 제10호.
77 『大韓每日申報』 광무 10년 3월 28일 잡보 「會社宜罷」.
78 『大韓每日申報』 융희 2년 2월 20일 잡보 「船社請助」; 『皇城新聞』 융희 2년 5월 14일 잡보 「補金支撥의 條件」.
79 『大韓每日申報』 융희 3년 2월 7일 잡보 「航路開始」.
80 『大韓每日申報』 융희 4년 3월 9일 잡보 「補助金倍增」.
81 岡崎遠光, 1910 『朝鮮金融及産業政策』 同文館, p.181.
82 『韓末近代法令資料集』 4, 度支部令 제14호 「共同倉庫會社章程」; 同 度支部令 제16호 「手形組合條例」.
83 앞의 주 4) 참조.
84 『皇城新聞』 광무 10년 2월 21일 잡보 「度訓農銀」.
85 "度支部에서 咸北觀察使 任原鎬氏에게 訓令하되 農工銀行을 京鄕에 設置할 意로 …… 爲先本觀察使와 本府派駐財務官으로 鏡城農工銀行 設立委員을 任命하고 空名牒 二張을 幷爲選送하니 二員이 協議하여 本道可堪者 三人을 塡任後 指名報來하고 依前訓하여 商稅曉證募集하여 銀行을 組織하라 했더라." 『皇城新聞』 광무 10년 7월 12일 잡보 「咸北銀行支所」.
86 『皇城新聞』 광무 10년 5월 21일 잡보 「農銀募集」.
87 "農工銀行 設立委員이 漢城農工銀行의 股金을 募集하기 爲하여 京城以外 水原 開城 仁川等地까지도 勸誘했더니 …… 特히 開城 及 京城內 五江商民은 多數히 應募함으로 ……" 위와 같은 자료.
88 『皇城新聞』 광무 10년 6월 30일 잡보 「銀行長申請」.
89 『皇城新聞』 광무 10년 6월 14일 잡보 「度訓銀行」.
90 高杉東峰, 1940 『朝鮮金融機關發達史』 實業タイムス社, p.503.
91 같은 책, p.449.
92 趙璣濬, 1977 「日人 農業移民과 東洋拓殖株式會社」 『韓國近代史論』 1, 知識産業社, pp.59-60.
93 "東拓會社 創立 當時에 朝鮮人 株主는 그 總數가 500人에 算하더니 이래 數星霜을 閱함에 逐年漸減하여 目下 其半數, 約 250人에 不過하다는데 ……" 『每日申報』 1913년 4월 18일 사설.
94 朝鮮銀行史硏究會, 1987 『朝鮮銀行史』 東洋經濟新報社, p.45.
95 『官報』 융희 3년 7월 27일 법률 제22호 「韓國銀行條例」; 「韓國銀行定款」 『度支部公報』 94, 융희 3년 9월 7일.
96 朝鮮銀行史硏究會, 같은 책, p.55.
97 『皇城新聞』 융희 2년 1월 26일 잡보 「東洋火災保險社」.
98 『皇城新聞』 융희 2년 2월 16일 잡보 「火災保險會社」.
99 『皇城新聞』 융희 2년 2월 19일 광고 「東洋火災保險株式會社 株式募集廣告」.
100 『大韓每日申報』는 "株式會社가 稍稍 成立하나 財源이 枯渴하여 營業이 未達하니 ……"라고 지적했다. 『大韓每日申報』 융희원년 12월 13일.
101 金度亨, 1994 『大韓帝國期의 政治思想硏究』 지식산업사, pp.138-44 참조.

102 『皇城新聞』 광무 10년 3월 9일 광고 各種債券及株式賣買所 「崔奎祥」.
103 『皇城新聞』 광무 10년 9월 8일 잡보 「烟社請認」; 同 9월 12일 광고.
104 『皇城新聞』 융희 2년 5월 31일 광고.
105 『大韓每日申報』 융희 4년 4월 29일 잡보 「造紙社設立協議」.
106 『皇城新聞』 융희 4년 6월 4일 광고.
107 『皇城新聞』 광무 10년 7월 26일 잡보 「釀造創社」; 同 융희 2년 10월 8일 잡보 「酒麯會社組織」.
108 『皇城新聞』 광무 10년 4월 21일 잡보 「需用特許」.
109 『大韓每日申報』 융희 2년 12월 29일 광고; 同 융희 3년 1월 7일 잡보 「興業特許」.
110 『大韓每日申報』 융희 3년 8월 18일 잡보 「商社將就」.
111 『大韓每日申報』 융희 3년 8월 20일 잡보 「家僧普信社」.
112 趙璣濬, 1977 『韓國資本主義成立史論』 大旺社, p.319.
113 『皇城新聞』 광무 10년 5월 5일 「株式會社韓一銀行 設立發起」.
114 "韓一銀行에서 …… 白銅貨를 無碍領收하기로 決定했다 하니 同銀行은 …… 政府의 補助監督을 不受한 唯一獨立의 銀行이라. 同銀行이 如斯한 方便을 圖함은 實로 一般商民의 利益이 夥多하다더라." 『大韓每日申報』 광무 10년 8월 24일 잡보 「韓日特色」.
115 "今番 舊白銅貨 交換에 對하여 …… 韓一銀行에서 商業界及殘民의 損害됨을 考慮하여 限外로 昨日까지 不計多數小數하고 一一還給함으로 民間에 稱頌이 藉藉하다니 ……" 『皇城新聞』 융희 2년 12월 3일 잡보 「可謂韓一銀行」.
116 『皇城新聞』 광무 10년 5월 21일 잡보 「韓一銀行認可」.
117 『大韓每日申報』 융희 2년 10월 28일 農商工部告示 제13호.
118 『皇城新聞』 광무 11년 6월 12일 잡보 「韓一銀行請求補助」.
119 『皇城新聞』 광무 11년 2월 4일 「株式會社韓一銀行第一期 營業報告」.
120 "金鎭玉씨를 支配人으로 雇用하려다가 金氏가 銀行重役等이 舊習에 尙泥하여 支配人을 兒孩와 如히 知하는 故로 不應함에 ……" 『大韓每日申報』 광무 10년 11월 28일 잡보 「銀行內訌後聞」; "…… 鄭東植氏가 不得已 支配人을 代理하는데 法式에 全昧하여 頭緖를 不分하는 故로 他銀行으로 問議하러 다니기에 汨沒하여 該銀行에 預金當座가 半減함에 ……" 『大韓每日申報』 광무 10년 12월 8일 잡보 「韓一內訌後聞」.
121 『大韓每日申報』 광무 10년 10월 5일 잡보 「韓一代店」.
122 『皇城新聞』 융희원년 12월 15일 잡보 「韓一銀行擴張」.
123 『皇城新聞』 광무 9년 3월 1일 잡보 「貯莊會社請認」.
124 趙璣濬, 1973 『韓國企業家史』 博英社, pp.141－42.
125 『皇城新聞』 융희 4년 2월 8일 잡보 「廣業募株」; 『大韓每日申報』 광무 10년 1월 28일 잡보 「廣業擴張」.
126 『財務彙報』 6, 융희 2년 12월 25일 「舊義州經濟狀況」.
127 『皇城新聞』 광무 9년 3월 20일 광고.
128 「京畿道各郡報告」 各司謄錄 2, 광무 9년 4월 13일 報告 제21호; 『訓令照會存案』(奎19143) 광무 9년 4월 18일 訓令 제2호.
129 『皇城新聞』 광무 10년 7월 10일 잡보 「築洑會社」.
130 『皇城新聞』 광무 9년 6월 10일 잡보 「韓日合資農業社」.
131 『皇城新聞』 광무 9년 11월 14일 잡보 「請認採石」.
132 『皇城新聞』 융희 원년 11월 6일 잡보 「農業股金收集」; 『大韓每日申報』 융희 원년 11월 6일

잡보「農會株式」.

133『官報』광무 11년 7월 法律 제4호「國有未墾地利用法」.

134 須川英德, 1989「朝鮮開港後1880年代の生絲輸出試圖について: 內衙門布示と蠶桑公司」『朝鮮史硏究會論文集』26 참조.

135『皇城新聞』융희 원년 12월 5일 광고.

136『皇城新聞』융희 2년 12월 13일 잡보「柞蠶社發起」.

137『皇城新聞』융희 3년 5월 12일 잡보「柞蠶會社擴張」.

138『大韓每日申報』융희 3년 2월 24일 잡보「柞蠶新法」.

139『大韓每日申報』융희 3년 5월 22일 잡보「柞會測山」.

140『皇城新聞』융희 3년 7월 23일 잡보「柞蠶社總會」.

141『大韓每日申報』융희 3년 10월 20일 잡보「爲貿蠶種」; 同 융희 4년 3월 8일 잡보「餞別設宴」.

142『皇城新聞』융희 3년 9월 8일 잡보「柞蠶社又起」.

143『皇城新聞』융희 3년 9월 10일 잡보「柞蠶社寄附」.

144『大韓每日申報』광무 11년 7월 15일 잡보「森林會社議決」.

145『皇城新聞』광무 10년 8월 8일 잡보「森林會社定規」; 同 광무 10년 10월 18일 잡보「一大會社」;『大韓每日申報』광무 10년 10월 19일 잡보「森林會社契約條件」.

146『大韓每日申報』광무 10년 10월 21일 잡보「森林合資」.

147『義州市案』(奎17873) 광무 11년 4월 26일 報告書 제1호.

148『大韓每日申報』융희 2년 11월 8일 잡보「社號甚疑」.

149『皇城新聞』융희 3년 1월 31일 잡보「營林會社募株」; 同 융희 3년 3월 6일 광고.

150『大韓每日申報』1908년 5월 24일 잡보「廢課設社」.

151『皇城新聞』융희 3년 9월 22일 잡보「獸鳥會社」.

152『皇城新聞』융희 3년 9월 19일 잡보「六畜會社設始」.

153『大韓每日申報』융희 3년 5월 30일 잡보「畜韓會社」.

154『大韓每日申報』융희 3년 8월 6일 잡보「畜養組織」.

155『仁川港案』各司謄錄 6, 광무 9년 4월 20일 報告書 제1호.

156『仁川港案』各司謄錄 6, 광무 9년 4월「請願書」.

157『仁川港案』광무 10년 6월 1일 指令 제41호.

158『大韓每日申報』광무 10년 6월 29일 寄書.

159『仁川港案』광무 10년 7월 13일 報告書 제37호.

160『仁川港案』광무 10년 7월 13일 報告書 제38호.

161 李永鶴, 1995「대한제국기 토지조사사업의 의의」『대한제국의 토지조사사업』민음사, pp.15－17.

162 같은 글, pp.46－47.

163 車軒權, 1970「日帝下에 있어서 韓國의 貿易政策: 關稅政策을 中心으로」『日帝의 經濟侵奪史』高大 亞細亞問題硏究所 pp.539－42.

164 李永鶴, 앞의 글, pp.80－82.

165 같은 글, p.99.

166『大韓每日申報』광무 11년 8월 20일 광고.

167『皇城新聞』광무 10년 9월 8일 잡보「烟社請認」.

168『皇城新聞』융희원년 12월 25일 광고.

169『皇城新聞』융희 3년 7월 3일 잡보「烟草會社設立」.

170 『大韓每日申報』 융희 3년 10월 26일 광고.
171 『皇城新聞』 융희 3년 9월 3일 광고.
172 『大韓每日申報』 융희 3년 9월 24일 잡보「桂竹新香」.
173 『大韓每日申報』 융희 3년 12월 15일 잡보「烟社設立」.
174 『皇城新聞』 융희 3년 9월 5일 잡보「烟社募金」.
175 『大韓每日申報』 융희 4년 8월 4일 잡보「新烟發賣」.
176 『皇城新聞』 융희 4년 6월 24일 잡보「春水會社」.
177 『大韓每日申報』 융희 4년 7월 23일 잡보「婦人商會의 烟社」.
178 『皇城新聞』 광무 10년 7월 18 잡보「織組設社」.
179 『大韓每日申報』 융희 4년 7월 7일 잡보「染織社株金」; 『皇城新聞』 융희 4년 7월 2일 잡보「織物株式社 發起」; 同 7월 7일「織物社株金」.
180 姜萬吉, 「開化期의 商工業問題」 『朝鮮時代 商工業史硏究』 한길사, p.285.
181 『皇城新聞』 광무 9년 6월 18일 잡보「織組會社」.
182 『大韓每日申報』 광무 10년 12월 8일 광고.
183 『皇城新聞』 융희 2년 2월 25일 잡보「實施工業」.
184 『大韓每日申報』 융희 3년 6월 22일 광고.
185 『大韓每日申報』 융희 3년 1월 13일 잡보「元港裁縫組合」; 同 1월 16일 광고.
186 『大韓每日申報』 융희 4년 5월 3일 광고.
187 "…… 各處都聚一款은 築底禁戢하고 ……" 『皇城新聞』 광무 10년 4월 18일 잡보「麴社請認」.
188 『皇城新聞』 광무 10년 7월 12일 잡보「酒漿會社」.
189 『皇城新聞』 광무 10년 8월 22일 잡보「麴子會社」.
190 『大韓每日申報』 광무 11년 7월 17일 잡보「麯社漸旺」.
191 『皇城新聞』 융희 3년 9월 28일 잡보「營業擴張」.
192 『皇城新聞』 광무 10년 7월 26일 잡보「釀造創社」.
193 『大韓每日申報』 광무 10년 12월 5일 잡보「酒麴設社」; 同 광무 11년 2월 20일 잡보「酒麴設會」.
194 『皇城新聞』 광무 11년 3월 6일 잡보「酒社請設」.
195 『皇城新聞』 융희 2년 1월 6일 잡보「酒業會社」.
196 『皇城新聞』 융희 2년 2월 19일 잡보「釀春設立」.
197 『皇城新聞』 융희 2년 10월 8일 잡보「酒麯會社 組織」.
198 『大韓每日申報』 융희 3년 7월 31일 잡보「處處合同」.
199 『皇城新聞』 융희 4년 8월 19일 광고.
200 『大韓每日申報』 융희 3년 2월 28일 잡보「醬油會社」.
201 『大韓每日申報』 광무 10년 4월 21일 잡보「紙社實施」; 同 4월 28일 잡보「毁籍造紙」; 同 5월 4일 잡보「休紙有用」.
202 『大韓每日申報』 융희 2년 12월 2일 잡보「祝製紙會社」; 『皇城新聞』 융희 2년 9월 26일 잡보「造紙社創立」.
203 『大韓每日申報』 융희 2년 12월 9일 잡보「紙社完立」.
204 『皇城新聞』 융희 3년 5월 26일 잡보「製紙會社計劃」.
205 『大韓每日申報』 융희 3년 10월 16일 잡보「實業熱心」.
206 『大韓每日申報』 융희 2년 10월 14일 잡보「磁器製造大擴張」와 광고; 同 1909년 4월 22일 광고 등.

207 『大韓每日申報』 융희 2년 10월 18일 논설 「平壤의 磁器發明」.
208 『大韓每日申報』 융희 2년 12월 3일 잡보 「磁業贊成」.
209 趙璣濬, 1988 「남강 이승훈 선생의 기업활동」 『南岡李昇薰과 民族運動』 南岡文化財團出版部, p.64.
210 『皇城新聞』 융희 2년 5월 31일 잡보 「磁器製造」.
211 『皇城新聞』 융희 3년 11월 3일 잡보 「呂氏設器社」.
212 『大韓每日申報』 융희 2년 9월 19일 광고.
213 『皇城新聞』 융희 3년 11월 7일 잡보 「獸皮認許繳銷」.
214 朝鮮皮革株式會社, 1936 『創立二十五周年紀念寫眞帖』 중, 沿革 참조.
215 『大韓每日申報』 융희 2년 4월 10일 잡보 「獸皮新社」; 同 4월 11일 잡보 「獸皮支社」; 『皇城新聞』 융희 2년 9월 18일 잡보 「牛皮會社請願」.
216 『大韓每日申報』 융희 2년 10월 4일 잡보 「牛皮會社設立請願」.
217 『皇城新聞』 융희 2년 4월 29일 잡보 「牛皮會社請認」.
218 『大韓每日申報』 융희 3년 11월 23일 잡보 「革製社竣成」; 『皇城新聞』 융희 3년 11월 23일 잡보 「革製會社竣役」.
219 『大韓每日申報』 융희 4년 8월 26일 잡보 「牛皮會社」.
220 『皇城新聞』 융희 4년 4월 19일 잡보 「牛皮社請願退却」.
221 『大韓每日申報』 광무 11년 6월 4일 잡보 「工業會社」.
222 『皇城新聞』 광무 10년 6월 14일 「印刷工業組合會社趣旨書」.
223 『皇城新聞』 광무 11년 6월 22일 잡보 「印工會社任員」.
224 『大韓每日申報』 광무 11년 6월 28일 잡보 「印社合設」.
225 『大韓每日申報』 융희 3년 6월 27일 잡보 「務港鐵工」.
226 『大韓每日申報』 융희 3년 6월 3일 잡보 「器工會社」; 同 융희 3년 6월 13일 잡보 「器工發達」.
227 『大韓每日申報』 융희 원년 10월 25일 잡보 「東昌開業」.
228 『大韓每日申報』 융희 4년 30일 잡보 「洋鏡商會設立」.
229 『皇城新聞』 융희 4년 7월 10일 잡보 「特許한 珍需商會」.
230 『大韓每日申報』 융희 3년 10월 24일 잡보 「永信社設立」.
231 『皇城新聞』 광무 10년 10월 19일 잡보 「設社製燭」.
232 『皇城新聞』 융희 4년 6월 14일 광고.
233 『皇城新聞』 광무 10년 7월 14일 잡보 「石社請願」.
234 『大韓每日申報』 융희 3년 6월 3일 논설 「實業家의 注意」.
235 金根培, 1996 「日帝時期 朝鮮人 과학기술인력의 성장」 서울대학교 대학원 박사학위논문, p.27.
236 統監官房, 1910 『韓國施政年報』 pp.378−79.
237 柳承烈, 1996 「韓末·日帝初期 商業變動과 客主」 서울대 국사학과 박사학위논문, p.21.
238 『大韓每日申報』 광무 10년 11월 22일 광고.
239 『皇城新聞』 광무 10년 4월 18일 광고.
240 『皇城新聞』 융희 2년 6월 27일 광고.
241 『大韓每日申報』 광무 11년 5월 9일 「國債報償義捐金收入額」.
242 『皇城新聞』 융희 4년 3월 18일 잡보 「仁港協信商會」.
243 『皇城新聞』 융희 2년 10월 9일 잡보 「廣信告示」; 同 융희 3년 3월 20일 잡보 「廣信設株」.
244 『皇城新聞』 광무 10년 11월 6일 광고.

245 『皇城新聞』 융희 4년 6월 4일 광고.
246 『大韓每日申報』 융희 2년 12월 24일 광고.
247 『皇城新聞』 융희 3년 10월 26일 광고.
248 『皇城新聞』 융희 4년 7월 7일 광고.
249 『皇城新聞』 융희 4년 6월 9일 광고.
250 『大韓每日申報』 광무 11년 11월 29일 잡보 「彰信設社」.
251 『大韓每日申報』 융희 2년 2월 12일 잡보 「資金過額」; 同 2월 20일 잡보 「彰社落成」.
252 『皇城新聞』 광무 9년 9월 8일 잡보 「鹽社特許」.
253 『皇城新聞』 광무 10년 5월 14일 잡보 「鹽社許施」; 同 10월 12일 잡보 「鹽運會社設立」.
254 『大韓每日申報』 융희 2년 12월 24일 광고.
255 『大韓每日申報』 광무 11년 3월 28일 광고.
256 『皇城新聞』 융희 2년 10월 26일 잡보 「群港商況」.
257 『大韓每日申報』 광무 11년 11월 22일 광고.
258 『大韓每日申報』 융희 2년 12월 12일 잡보 「韓美興業」; 同 융희 3년 1월 6일 광고 "本社는 韓國과 美國內에 直接 輸入及輸出을 伸長함을 務圖함 ……"
259 "…… 統監府에서 韓美興業株式會社에 公文으로 送書保證했는데 其內容을 漏聞한즉 何人을 勿論하고 韓人이 該會社에 연락하여 株主나 代理人이 되는 事에 明分自由가 有할 뿐 아니라 官人或私人을 勿論하고 該會社에 入參한 緣由를 因하여 該入參人에게 煩惱를 致케 함이 絶無할 事로 確實擔保했다더라." 『大韓每日申報』 융희 3년 2월 25일 잡보 「統監府保證」 『皇城新聞』 융희 3년 2월 24일 잡보 「興業擔保」.
260 『皇城新聞』 융희 2년 12월 19일 잡보 「慶州興業」.
261 『皇城新聞』 융희 3년 9월 30일 광고.
262 『大韓每日申報』 융희 3년 3월 9일 잡보 「興業社美學」; 同 6월 10일 잡보 「商界好消息」; 『皇城新聞』 융희 3년 1월 10일 잡보 「韓美會社注文」.
263 『大韓每日申報』 융희 4년 8월 27일 잡보 「交涉美領」; 『每日申報』 1911년 4월 29일 「韓美社의 悲境」.
264 「京畿道各郡訴狀」 各司謄錄 3, 융희원년 10월 「請願書」.
265 『皇城新聞』 광무 10년 6월 15일 잡보 「中央市場設立」.
266 『皇城新聞』 광무 10년 3월 8일 잡보 「蘆社請許」.
267 『大韓每日申報』 융희 2년 5월 22일 잡보 「柴炭新社」; 『皇城新聞』 융희 2년 6월 3일 광고; 同 6월 30일 잡보 「柴炭社建築」.
268 『皇城新聞』 융희 2년 5월 31 광고; 同 7월 11일 잡보 「隆熙株式會社開業」.
269 『皇城新聞』 광무 10년 7월 13일 「柴炭用達」; 同 광무 10년 7월 30일 「柴炭社趣旨」.
270 『皇城新聞』 융희 2년 6월 3일 광고.
271 『皇城新聞』 융희 2년 3월 31일 「漢城材木柴炭株式會社創設趣旨書」; 同 융희 2년 7월 21일 광고.
272 『皇城新聞』 융희 2년 9월 1일 광고; 同 융희 4년 8월 7일 광고.
273 『皇城新聞』 융희 2년 11월 18일 잡보 「重役義務」.
274 『皇城新聞』 융희 원년 10월 8일 잡보 「薪穀會社」.
275 『皇城新聞』 융희 3년 12월 24일 잡보 「供需商社設立」; 『大韓每日申報』 융희 4년 1월 6일 잡보 「供需社請願」.
276 『大韓每日申報』 융희 3년 8월 22일 잡보 「牌號甚奇」; 同 9월 1일 잡보 「饌商會議」.

277『皇城新聞』 광무 10년 4월 21일 잡보 「需用特許」, "其主意는 宮內府 一切 需要를 應하여 其財政整理의 便宜할 機關을 期圖하고 또 會計基礎를 公告케 할 目的으로 貿納品 一切를 所關하되 ……" 『大韓每日申報』 광무 10년 2월 13일 잡보 「用達會社」.

278『皇城新聞』 융희 2년 6월 11일 잡보 「用達社行爲」.

279『皇城新聞』 광무 10년 11월 6일 잡보 「沙土請認」.

280『大韓每日申報』 광무 10년 12월 13일 잡보 「衛生設社」.

281『皇城新聞』 융희 3년 8월 5일 광고; 『大韓每日申報』 1910년 10월 14일 광고.

282『每日申報』 1911년 10월 14일 「商業登記公告」.

283『皇城新聞』 융희 3년 3월 20일 잡보 「契約成立」.

284『皇城新聞』 광무 10년 3월 28일 잡보 「女會株社」.

285『大韓每日申報』 광무 11년 1월 31일 잡보 「商會組織」; 『皇城新聞』 광무 11년 2월 6일 잡보 「大東商會」.

286『大韓每日申報』 광무 10년 9월 29일 잡보 「彰興社組織」; 同 광무 10년 9월 30일 잡보 「彰興社員의 寄函」; 同 광무 11년 4월 14일 잡보 「彰社齊義」.

287『大韓每日申報』 융희 3년 4월 23일 광고.

288『官報』 광무 10년 7월 27일 勅令 제35호.

289『大韓每日申報』 광무 10년 11월 16일 광고.

290『大韓每日申報』 광무 11년 3월 28일 광고; 同 7월 6일 광고.

291 "本港各國租界內 第一等九十四號地段을 我政府는 留作官辦輪船會社基址옵고 日領事는 强請公拍하와 交涉相指하온 一事로 正任監理金敎獻이 上年五月八日에 質報外部하와 承指內開에 該案이 雖有日使交涉이나 尙未歸妥했으니 姑竢另飭事이시온바 歸妥指飭은 尙遲接准이옵고 本月二十三日 各國居留地會議에 會頭鈴木榮作과 議員島谷八十八이 議稱 該九十四號地段을 日本民役所에 貸與하고 年稅三十圓을 收入한다하옵기 本署理가 以該地段交涉이 姑未妥案으로 持詰하온즉 會頭鈴木 議員島谷이 更稱 ……" 『沃溝港案』 各司謄錄 20, 광무 10년 5월 5일 報告 제6호.

292『大韓每日申報』 융희 2년 8월 16일 광고.

293『皇城新聞』 광무 10년 7월 18일 광고; 同 광무 11년 4월 23일 잡보 「汽船試運」; 『大韓每日申報』 광무 10년 5월 27일 잡보 「合資購船」; 同 7월 19일 광고; 同 8월 2일 광고.

294『大韓每日申報』 융희 2년 3월 25일 잡보 「船社請認」; 同 7월 8일 잡보 「船社新設」.

295『大韓每日申報』 융희 2년 12월 31일 잡보 「津社改良」.

296『皇城新聞』 광무 10년 3월 31일 잡보 「牛車會社」.

297『皇城新聞』 융희 2년 7월 11일 잡보 「馬車驅去」.

298『皇城新聞』 융희 2년 4월 3일 잡보 「馬車會社」; 『大韓每日申報』 융희 2년 5월 17일 잡보 「漢興實業」.

299『皇城新聞』 광무 10년 5월 14일 광고.

300『皇城新聞』 융희 2년 4월 14일 잡보 「馬車會社」.

301『韓國施政年報』 1, pp.323-24.

302 朝鮮運送株式會社, 1940 『朝鮮運送株式會社十年史』 p.68.

303『東萊港報牒』 各司謄錄 14, 광무 9년 4월 26일 訓令 제34호.

304『皇城新聞』 광무 9년 6월 26일 광고.

305『皇城新聞』 융희 2년 10월 7일 광고.

306『大韓每日申報』 융희 3년 9월 14일 광고.

307 朝鮮運送株式會社, 1940『朝鮮運送株式會社十 年史』p.74.

308 같은 책, p.75.

309『韓國施政年報』1, p.340.

310 朝鮮運送株式會社, 앞의 책, p.89.

311 鄭在貞, 1998『일제침략과 한국철도』서울대학교출판부, p.445.

312『皇城新聞』융희 2년 1월 30일 잡보「運送組合」.

313『大韓每日申報』융희 3년 5월 28일 광고.

314 "本會社는 大同運輸會社, 國內通運社, 大韓運輸會社, (合資會社)東美運送部, 博物運送部, 浦上運送部, 普運社, 三光運輸會社, 三通運輸會社 9社를 合併하여 合資運輸會社라 名稱함은 …… 合資運輸會社"『大韓每日申報』융희 3년 9월 21일 광고.

315『大韓每日申報』융희 2년 7월 30일 잡보「河船運送新社」; 同 8월 20일 잡보「船社總裁推薦」; 同 9월 3일 잡보「下船社의 任員」.

316 "…… 河船會社(韓日運送合資會社)長(실제로는 京畿道 支社長) 金顯斗氏는 該社員中 各地方 出張員에게 保證金 600圜式 納入한 後 出張케 한다더라 ……"『皇城新聞』융희 3년 8월 22일 잡보「河船社保證金」.

317『官報』1908년 11월 11일 法律 제29호「漁業法」.

318『官報』1908년 11월 13일 內閣告示 제23호.

319『皇城新聞』광무 9년 6월 14일 광고; 同 광무 9년 8월 5일 일진회 광고.

320『大韓每日申報』광무 9년 12월 13일「海產學校 學徒募集廣告」.

321 "頃因京居劉錫等請願하여 海產株式會社를 業經認准인바 該社員等이 漁具와 漁船을 設備하고 貴港에 現方前往開業이니 到便照料하여 務興漁業케 하되 他人基址와 自由商權은 毋得侵損케 하라 ……"『大韓每日申報』광무 10년 4월 1일 잡보「農訓萊監」; 同 광무 10년 4월 2일 잡보「海社認准」.

322『皇城新聞』광무 10년 5월 14일 광고; 同 광무 10년 6월 2일 잡보「請願漁業」; 同 광무 10년 8월 18일 잡보「漁業出張」.

323『皇城新聞』광무 9년 8월 5일 일진회 광고.

324『皇城新聞』광무 10년 10월 26일 잡보「海產協同會社勒討商民」;『大韓每日申報』광무 10년 10월 28일 잡보「海社挾雜當懲」.

325『大韓每日申報』광무 11년 7월 27일「水產株式會社員等이 請願한 公文이 如左함」.

326 "農商工部에서 海產協同會社에 訓令하되 本會社를 據有請願하여 既經認准하고 各道沿海에 竝以訓飭照料하여 發達漁業케 했더니 所謂 支社가 處在沿海各地하여 爲弊多端이라고 種種入聞이기로 即欲分飭撤銷하여 玆以訓令하오니 本社의 所有准許狀과 盖印定款을 來納勿滯하라 ……"『皇城新聞』광무 11년 2월 9일 잡보「海產會社撤廢」.

327『皇城新聞』광무 10년 3월 26일 잡보「海社任員」;『大韓每日申報』광무 10년 5월 20일「海社續聞」.

328『皇城新聞』융희 3년 7월 24일 잡보「海社擴張」.

329『大韓每日申報』융희 4년 1월 16일 잡보「水組總會」. 韓海水產組合에 대한 보조금은 1909년 1만 5천 원, 1910년 5천 원에 달했다.『大韓每日申報』융희 4년 1월 16일 잡보「處處補助」; 同「年年補助」.

330『大韓每日申報』융희 4년 1월 6일 잡보「水產社又設」; 同 융희 4년 3월 11일 잡보「水產會任員」;『皇城新聞』융희 4년 1월 6일 잡보「水產會社設立」.

331『大韓每日申報』광무 9년 2월 18일 잡보「請願埋築」;『東萊港報牒』各司謄錄 14, 광무 9년 3월 30일 訓令 제22호.

332『仁川港案』各司謄錄 6, 광무 10년 10월 13일 報告書 제1호.

333 "貴港漲灘一事로 施至年所한바 致有日公使來文에 昨年五月間 該港監理 立標定區라 하얏스니 殊涉起訝이며 塡築埋築兩會로 日以爭詰하야 迄不知止한즉 不可一任懸宕이기로 該案을 審查하기 爲하야 本部參書官元應常과 輔佐官沿野安太과 主事張起淵을 委派하며 玆에 訓令하니 ……"「仁川指訓」『各司謄錄 6, 광무 9년 10월 17일.

334『皇城新聞』광무 9년 8월 23일 잡보「請願船社」.

335『韓國施政年報』1, p.281.

336『皇城新聞』광무 10년 4월 21일 잡보「土木建築會社得認」와 광고; 同 4월 26일「建築請願」.

337『皇城新聞』광무 10년 7월 5일 잡보「工役入札」.

338『皇城新聞』융희 2년 5월 잡보「土木會社」.

339 개항장 일대 노동시장의 형성에 관해서는 楊尙弦, 앞의 글; 全遇容, 1990「원산에서 자본주의적 관계의 발전과 노동자계급의 성장」『역사와현실』 2, 참조.

340 楊尙弦, 1986「韓末 부두노동자의 存在樣態와 노동운동: 木浦港을 중심으로」『韓國史論』 14, pp.235－45.

341『大韓每日申報』광무 10년 6월 17 잡보「勞動勸業社의 趣旨가 如左하니」;『皇城新聞』광무 10년 4월 20일 잡보「勞社勸業式」;『大韓每日申報』同 4월 29일 잡보「役夫結社」.

342 楊尙弦, 앞의 글, p.246.

343『大韓每日申報』광무 10년 10월 19일 잡보「勞動雷動」.

344『大韓每日申報』광무 11년 5월 16일 광고.

345『大韓每日申報』광무 10년 6월 12일 광고.

346『大韓每日申報』광무 10년 8월 2일 광고.

347『皇城新聞』광무 11년 2월 27일 잡보「運社設江」.

348『大韓每日申報』융희 2년 11월 25일 광고.

349『皇城新聞』융희 2년 7월 7일 잡보「勞動會社」;『大韓每日申報』융희 2년 7월 5일 잡보「運送新會」.

350『大韓每日申報』광무 8년 11월 12일 잡보「청결회사」.

351『大韓每日申報』광무 11년 2월 20일 잡보「淸潔待春」.

352『皇城新聞』광무 11년 5월 30일 잡보「請願衛生社」.

353『大韓每日申報』융희 원년 12월 3일 잡보「淸潔設社」.

354『皇城新聞』융희 3년 8월 25일 잡보「測量協議」;『大韓每日申報』융희 3년 8월 20일 잡보「家儈組織」; 同 8월 25일 잡보「測量契約」. 이 회사는 1911년 京城普信合名會社로 회사령에 의해 인허되었다.

355『皇城新聞』융희 2년 10월 29일 잡보「鄭氏被招」.

356『皇城新聞』융희 2년 1월 14일「株式會社大同寄宿館趣旨書」; 同 5월 12일 잡보「寄館擴張」.

357『皇城新聞』융희 2년 7월 26일 광고; 同 9월 8일 잡보「應試者多數」.

358『議案勅令(上)』서울대학교 圖書館, 광무 8년 勅令 제8호「商務會議所規例改正件廢止件」.

359『皇城新聞』광무 10년 3월 24일 잡보「商社移轄」.

360『東萊港報牒』9 各司謄錄 14, 광무 9년 4월 25일.

361 "金民等의 情愿設社가 亶在商業發達이오 宮內府所納外口稅에 少无窒碍할지니 宮內府에 不必行文할 事"『東萊港報牒』各司謄錄 14, 광무 9년 5월 25일 指令 제39호.

362 『皇城新聞』 광무 9년 7월 6일 잡보 「官商合意」; 同 7월 20일 잡보 「認許商會」.
363 『皇城新聞』 광무 9년 7월 15일 잡보 「商業會議所」.
364 "…… 現時 財政이 窒塞하여 急如焦眉이온바 何幸聲聞于天하사 特下內帑金三十萬元하사 ……" 『皇城新聞』 광무 9년 8월 7일 잡보 「商會輪牒」. 황실에서는 이밖에 商業會議所 건물 건축비로 2,000元을 하사했다. 京城府, 1935 『京城府史』 3, p.272.
365 『大韓每日申報』 융희 2년 11월 12일 잡보 「商業維持開會」.
366 『訓令照會存案』(奎19143) 광무 11년 10월 5일 訓令; 「京畿道各郡報告」 各司謄錄 2, 융희원년 10월 9일 報告書 제5호.
367 『大韓每日申報』 융희 2년 6월 17일 잡보 「商界熱心」.
368 『東萊港報牒』 各司謄錄 14, 광무 9년 4월 3일 訓令 제24호.
369 『大韓每日申報』 융희 원년 8월 23일 광고; 同 융희 2년 11월 4일 광고; 同 2월 22일 광고.
370 『大韓每日申報』 융희 2년 12월 20일 잡보 「和港元魔」; 『皇城新聞』 융희 3년 1월 5일 잡보 「商所의 組織」.
371 『皇城新聞』 광무 10년 6월 14일 잡보 「請禁會社」; 同 3월 31일 잡보 「海社革罷」.
372 『大韓每日申報』 광무 9년 10월 5일 잡보 「掘江請願」.
373 『皇城新聞』 광무 10년 11월 30일 잡보 「設社立校」.
374 『大韓每日申報』 광무 10년 11월 8일 잡보 「船社依舊」; 『皇城新聞』 광무 10년 10월 30일 잡보 「米商迷想」.
375 『皇城新聞』 광무 10년 10월 19일 잡보 「許草設社」.
376 『大韓每日申報』 광무 10년 9월 28일 잡보 「賣票宜懲」.
377 『皇城新聞』 광무 10년 6월 18일 잡보 「鹽會請認」; 『大韓每日申報』 광무 11년 7월 10일 잡보 「鹽會設立」.
378 『皇城新聞』 융희 4년 3월 20일 잡보 「保船會社組織」.
379 『大韓每日申報』 광무 10년 4월 4일 잡보 「麵商鳴寃」.
380 『皇城新聞』 융희 2년 7월 3일 잡보 「破社更設」.
381 『大韓每日申報』 광무 11년 3월 26일 잡보 「藉社侵民」; 同 6월 7일 잡보 「一進濫捧」.
382 楊尙弦, 1997 「大韓帝國期 內藏院 財政管理 硏究: 人蔘·鑛山·庖肆·海稅를 중심으로」 서울대학교 국사학과 박사학위논문, p.183.
383 같은 글, p.196.
384 「京畿道各郡訴狀」 各司謄錄 3, 광무 10년 3월 「請願書」.
385 『皇城新聞』 광무 10년 11월 8일 잡보 「廣興設社」.
386 『大韓每日申報』 광무 10년 11월 6일 잡보 「庖肆會社」.
387 『大韓每日申報』 광무 10년 11월 6일 잡보 「保船徵稅」.
388 『大韓每日申報』 광무 11년 6월 1일 잡보 「補船社承認」.
389 『大韓每日申報』 광무 10년 12월 9일 잡보 「日弊層生」.
390 『皇城新聞』 융희 2년 1월 24일 잡보 「畜産設社」.
391 『大韓每日申報』 융희 3년 7월 25일 잡보 「徵費歛怨」.
392 『大韓每日申報』 융희 3년 2월 10일 광고.
393 『大韓每日申報』 융희 3년 6월 25일 잡보 「楊倅挾私」.
394 『大韓每日申報』 융희 3년 7월 11일 잡보 「水商擬疎」; 同 7월 29일 잡보 「水商發起」.
395 『大韓每日申報』 융희 4년 3월 5일 잡보 「證金欲推」.
396 "柴商組合所에서 各柴商에게 金5錢式 收捧함은 自是定例인데 ……" 『大韓每日申報』 융희

4년 3월 19일 잡보「宜其黴戢」.

397 "…… 各官中 如有托名會社와 或兼行事務어든 隨卽解任本職하여 ……"『農商工部去來文』(奎17782) 광무 11년 1월 7일 照會 제2호.

398 예종석, 이홍모, 홍종환, 김용집의 경력에 대해서는『每日申報』1912년 12월 29일~1913년 2월 2일「朝鮮人物觀」참조.

399 朴承稷에 대해서는 趙璣濬,『韓國企業家史』pp.196-204; 김동운, 2001『박승직상점, 1882~1951년』혜안 참조.

제4장

1『朝鮮總督府官報』1910년 12월 29일 制令 제13호「朝鮮會社令」; 同 朝鮮總督府令 제66호「會社令施行規則」.

2『朝鮮總督府統計年報』1912年版.

3 小林英夫 編, 1994『植民地への企業進出: 朝鮮會社令の分析』柏書房, p.3.

4『每日申報』1911년 1월 29일「寺內總督의 演說」.

5 小林英夫, 1975「會社令研究ノート」『海峽』3 참조.

6 趙璣濬, 1977『韓國資本主義成立史論』博英社, p.351.

7 孫禎睦, 1985「會社令研究」『韓國史研究』45 참조.

8 小林賢治, 1987「朝鮮植民地化過程における日本の鑛業政策」『經濟科學』34-4.

9 小林英夫 編, 앞의 책.

10『朝鮮總督府施政年報』明治44年分, pp.297-99.

11『每日申報』1911년 1월 21일.

12『大韓每日申報』1909년 10월 15일 잡보「會社有法」.

13『每日申報』1910년 12월 14일「會社令의 發布」.

14 강점을 전후한 시기 한국 식민지화 방침을 둘러싼 논의에 대해서는 鄭然泰, 1994「日帝의 韓國 農地政策(1905~1945년)」서울대학교 국사학과 박사학위논문, pp.12-35 참조.

15 鄭然泰, 1994,「日帝의 韓國 農地政策(1905~1945년)」서울대학교 국사학과 박사학위논문, pp.86-88.

16 安藤良雄 編, 1978『兩大戰間期の日本資本主義』東京大學出版會, pp.9-13.

17 김광진·정영술·손전후, 앞의 책, p.211.

18 1911년 1월 日本 帝國議會 衆議院 朝鮮事業公債法案委員會에서 조선개발의 근본방침에 관한 질문에 대한 답변.『每日申報』1911년 2월 23일「朝鮮開發의 方針」.

19 趙璣濬, 앞의 책, p.387.

20 李榮昊, 1996「통감부시기 조세증가정책의 실현과정과 그 성격」『韓國文化』18, p.377.

21『朝鮮總督府施政年報』大正2年分(1915), p.64.

22 納富由三, 1912『朝鮮商品と地理』日本電報通信社 京城支局, p.58.

23『每日申報』1912년 2월 16일「產業資金의 借入」.

24『朝鮮總督府官報』1, 1910년 8월 29일 勅令 제327호.

25『朝鮮總督府官報』1910년 10월 府令 제26호「臨時恩賜金管理規則」; 同 1911년 4월 府令 제48호「同 改正」.

26『朝鮮總督府官報』35, 1910년 10월 8일 朝鮮總督府訓令 제46호.

27 朝鮮總督府, 1911『朝鮮各道府郡臨時恩賜金由來及其ノ事業概要』p.8.
28『朝鮮總督府官報』14, 1910년 9월 13일 大藏省令 제42호「恩賜公債規程」.
29『朝鮮總督府官報』1, 1910년 8월 29일 勅令 제329호.
30『每日申報』1911년 1월 20일「恩賜公債와 請願」.
31『每日申報』1911년 2월 8일「請願者의 情狀精査」.
32『每日申報』1911년 5월 2일「恩賜公債의 現今用途」.
33『朝鮮總督府官報』1911년 1월 15일 朝鮮總督府令 제2호「株式會社漢城銀行의 資本額增加及業務監督에 關한 件」.
34『每日申報』1910년 10월 28일「閔子製紙計劃」.
35『每日申報』1911년 10월 8일「水陸運送社設立」; 同 12월 2일「問屋營業會社創立」.
36『每日申報』1912년 2월 16일「勸業株式會社」.
37『每日申報』1910년 12월 24일「明農會의 組織」.
38『每日申報』1911년 1월 5일「宋子蠶業所新設」.
39『每日申報』1913년 2월 20일「朝鮮貴族의 協定」.
40 京城府, 1934『京城府史』2, pp.273－74.
41『每日申報』1910년 12월 28일「棉花會社 簇生」.
42 小林英夫 編, 앞의 책, p.80.
43 회사령에 대한 일본 내의 여론 동향에 대해서는 小林英夫 編, 앞의 책, pp.40－51 참조.
44 朝鮮總督府, 앞의 책, p.27.
45 朝鮮總督府, 1915『朝鮮關係帝國議會議事經過摘錄』, p.113.
46 같은 책, p.113.
47 같은 책, p.131;『帝國議會衆議院議事速記錄』2, pp.338－39.
48 小林英夫, 앞의 책, pp.56－57.
49 鄭然泰, 1994,「日帝의 韓國 農地政策(1905～1945년)」서울대학교 국사학과 박사학위논문, p.86.
50『每日申報』1914년 1월 8일 사설「朝鮮의 工業如何」.
51『每日申報』1913년 8월 13일「客主業者의 取締」.
52『每日申報』1913년 12월 26일「客主業者의 注意」.
53 "…… 상업회의소도 민단의 내선인 융화방침과 동일한 조직에 통일한 事도 至難이 아닌즉…… 금일과 如히 單히 商況報告를 간행함에 不止하고 자문급 조사에 更히 詳密과 사실에 近토록 영업자의 지도 참고됨을 期한다더라"『每日申報』1913년 11월 4일「商議法人의 組織」.
54『朝鮮總督府施政年報』大正4年分, pp.244－46.
55『朝鮮總督府施政年報』大正5年分, pp.181－82.
56『朝鮮總督府官報』217, 1913년 4월 24일 官通牒 제106호「會社ノ本店及支店所在地變更ニ關スル件」.
57『朝鮮總督府施政年報』大正3年分, pp.213－16.
58 安藤良雄 編, 앞의 책, p.10.
59 小林英夫 編, 앞의 책, p.68－69.
60『每日申報』1916년 5월 27일 사설「工業勃興의 好機」.
61『每日申報』1916년 9월 15일 사설「朝鮮에 投資하라」.
62『朝鮮總督府官報』1766, 1918년 6월 26일 制令 제12호.

63 『朝鮮總督府官報』 1766, 1918년 6월 26일 府令 제66호 「商業登記取扱規則 改正」.
64 『朝鮮總督府施政年報』 大正6年分, p.175.
65 『每日申報』 1916년 12월 19일 사설 「會社令의 存續」.
66 小林英夫, 앞의 책, p.74.
67 『朝鮮總督府官報』 1920년 4월 1일 制令 제7호.
68 『朝鮮總督府施政年報』 大正7年分, pp.181-82.
69 『朝鮮總督府施政年報』 大正3年分, pp.215-16.
70 小林英夫 編, 앞의 책, p.111.
71 『朝鮮彙報』 1915년 9월 統治五年共進會紀念號, p.172.
72 小林英夫, 앞의 책, p.143.
73 『每日申報』 1910년 9월 24일 「會變爲社」.
74 『每日申報』 1910년 12월 22일 「興業會社와 趙子」.
75 『每日申報』 1911년 2월 7일 「會社令과 興業社」.
76 『每日申報』 1911년 5월 28일 「不正會社의 流毒」; 同 11월 10일 「商業登記公告」.
77 전우용, 1997 「1910년대 客主統制와 '朝鮮會社令'」 『역사문제연구』 제2호, 역사문제연구소.
78 『朝鮮總督府官報』 1910년 11월 14일, 11월 1일 5일, 12월 19일 「商業登記公告」.
79 『朝鮮總督府官報』 1910년 10월 12일 「商業登記公告」; 『每日申報』 1912년 3월 15일 「商業登記公告」.
80 『朝鮮總督府官報』 1910년 11월 29일 「商業登記公告」.
81 『朝鮮總督府官報』 1910년 12월 2일, 12월 24일 「商業登記公告」.
82 『朝鮮總督府官報』 1911년 12월 8일
83 『每日申報』 1911년 12월 8일 「不正會社解散內容」.
84 『每日申報』 1911년 12월 9일 사설 「不正의 會社」.
85 『每日申報』 1911년 7월 23일 「水陸運輸會社 解散內容」.
86 『每日申報』 1913년 4월 13일 「李世植 등의 公判」.
87 『每日申報』 1911년 3월 1일 「運輸旅閣合資會社」.
88 『每日申報』 1911년 5월 16일 「豊順會社 不許」.
89 『每日申報』 1914년 7월 25일 「托美名而詐良民」.
90 小林英夫, 앞의 책, p.125.
91 『朝鮮總督府官報』 1912년 2월 18일.
92 小林英夫, 앞의 책, pp.80-81.
93 『每日申報』 1913년 8월 8일 「柞蠶會社의 現況」.
94 『每日申報』 1912년 8월 25일 「商業登記公告」.
95 『每日申報』 1912년 7월 29일 「製糖會社 設立協議」.
96 『每日申報』 1912년 9월 7일 「商業登記公告」; 同 1913년 5월 22일 「商業登記公告」.
97 『每日申報』 1910년 11월 9일 「製糖會社設立計劃」; 同 12월 28일 「韓海漁業會社」.
98 『每日申報』 1913년 3월 7일 「龍山製紙社 整理」.
99 『朝鮮總督府官報』 1916년 12월 1일.
100 권태억, 1989 「식민지 초기 일제의 경제정책과 조선인 상공업」 『3·1민족해방운동연구』 청년사, p.139.
101 『朝鮮總督府官報』 1912년 10월 24일 制令 제5호 「銀行令」; 同 「銀行令施行規則」.
102 『每日申報』 1913년 3월 18일 「貿易會社의 設立」.

103 『每日申報』 1913년 4월 30일 「合名會社設立願」.
104 『每日申報』 1913년 7월 9일 「地方銀行創立乎」.
105 『每日申報』 1914년 7월 25일 「托美名而詐良民」.
106 『每日申報』 1912년 5월 1일 「商業登記公告」.
107 『每日申報』 1913년 5월 8일 「農産會社支店披露」.
108 小林英夫, 앞의 책, pp.205－206.
109 같은 책, p.79.
110 『每日申報』 1912년 12월 5일 「共同客主開業」.
111 孫禎睦, 1985 「會社令研究」 『韓國史研究』 45, p.111.
112 小林英夫, 앞의 책, p.8.
113 堀和生, 1983 「朝鮮における普通銀行の成立と展開」 『社會經濟史學』 49－1, p.35.
114 "併合以來 地方 鮮人의 資金은 점차 豊富할 뿐 아니라 各地에 대한 産業의 勃興은 其生計에 不少한 餘裕를 與했으며 更히 內地로써 資産家의 農事經營 或은 土地買收 等을 目的으로 하여 地方에 居住를 定하는 者가 增加하니 此等의 結果는 各地方 대하여 幾分 資金의 潤澤을 見케 하며 更히 進하여 事業을 企圖케 하는데 一方으로는 此 資金 供給의 必要를 生했으므로 ……" 『每日申報』 1913년 3월 11일 「普通銀行의 勃興」.
115 『朝鮮總督府官報』 1918년 6월 7일 制令 제7호 「朝鮮殖産銀行令」.
116 鄭泰憲, 1996 『일제의 경제정책과 조선사회－조세정책을 중심으로』 역사비평사, pp.75－77 참조.
117 金昞哲, 1971 『人物銀行史』 銀行界社, p.148.
118 趙璣濬, 앞의 책, p.189.
119 趙璣濬, 앞의 책, pp.193－95.
120 金昞哲, 앞의 책, p.173.
121 徐光云, 1972 『韓國金融百年』 創造社, p.711.
122 『每日申報』 1913년 1월 25일 「朝鮮人物觀」.
123 朝鮮紳士錄發行會, 1931 『朝鮮紳士錄』 p.127.
124 『每日申報』 1913년 2월 2일 「朝鮮人物觀」.
125 『每日申報』 1916년 5월 17일 「柞蠶會社 擴張」.

참고문헌

자료

1. 연대기, 신문

『高宗實錄』

『舊韓國官報』

『朝鮮總督府官報』

『朝鮮總督府施政年報』

『朝鮮總督府月報』

『漢城旬報』

『漢城周報』

『독립신문』

『皇城新聞』

『大韓每日申報』

『每日申報』

2. 법전류, 외교문서

『議案』(奎20066)

『議定存案』(奎17236－1)

『議案 · 勅令(上)』(서울대학교 도서관)

『勅令(下)』(서울대학교 도서관)

『詔勅 · 法律』(서울대학교 도서관)

『韓末近代法令資料集』(국회도서관)

『統監府法令資料集』(국회도서관)

『儒胥必知』(총무처 정부기록보존소 소장)

『日本外交文書』

『駐韓日本公使館記錄』

3. 中央各司文書, 地方官 報告文書
『監理署關牒存案』
『江原道關草』
『京畿道各郡報告』
『京畿道各郡訴狀』
『京畿道去來案』
『慶尙道關草』
『關牒存案』(奎18121)
『東萊監理各面署報告書』
『東萊監理送傳存案』
『東萊關牒內案』
『東來關牒外案』
『東萊府各面報告書』
『度支部公報』
『東萊港報牒』
『東萊港案』
『沃溝港報牒』
『沃溝港案』
『務安報牒』
『報告謄錄』
『釜牒』
『元山港關草』
『仁川報牒, 謄本, 來電』
『仁川報牒』
『仁川指訓』
『仁川港關草』
『仁川港案』
『全羅道關草』
『昌原港報牒』
『忠淸道關草』
『統理交涉通商事務衙門日記』
『咸鏡道關草』
『海關往復照會存案』
『訓令謄錄』
『訓令存案』
『公文編案』(奎18154)
『宮內府案』(奎17801)

『農商工部去來文』(奎17802)
『農商工部去牒存案』(奎18152)
『農商工部來文』(奎17781)
『農商工部請議書』(奎17719)
『德源港報牒』(奎17866)
『德源訓令』(奎17866)
『釜山港監理署日錄』(奎18148－1, 2)
『釜山港關草』(奎17256)
『義州市案』(奎17873)
『牒』(奎24216)
『度支部官房日記』(奎17257)
『平壤報牒』(奎17872)
『平壤訓令』(奎17872)
『訓令照會存案』(奎19143)
『各處所志謄錄』
『韓國水產誌』

4. 章程, 完文, 節目, 會社營業報告書類
『京城農桑會章程』(古4256－44)
『官許農桑會社章程』(奎15322)
『交河農桑社節目』(古4256－44)
『汽船會社章程』(奎18135－1)
『渡津會社章程』(奎18976)
『馬車會社經營會計冊』(奎27543－1－8)
『麻浦鹽都旅閣主人收稅策』(奎18288－8)
『蔓蔘會社章程』(奎18954)
『募株費』
『務安港士商會社章程』(奎18958)
『釜山港客主營業稅章程』(奎18139)
『蔘政社章程』(奎18969)
『商務社章程』(想白古951.054 j773s)
『商業會議所』(想白古381 Sa58)
『紳商會社章程』(國會圖書館所藏)
『蓮花烟務局章程』(想白古380.16 Y43)
『永興社釐定章程』(奎18957)
『完文(元山港牛稅會社)』(奎18954)
『章程(陜川郡金礦會社)』(奎18954)

『昌盛社章程』(奎18954)
『鐵物會社完文』(奎18954)
『判下鍮油社節目』(古4256－34)
『平安南北道麴子會社章程』(奎21909－50)
臨時財産整理局,『湖南鐵道株式會社收支調査書』(奎21062)
副業世界社, 1927『朝鮮人會社大商店辭典』

5. 문집, 일기류

『兪吉濬全集』
『陰晴史』
『續陰晴史』
『梅泉野錄』
『燕岩集』
『迂書』
Horace N. Allen, 金源模 옮김, 1996『알렌의 日記』 檀國大出版部
Carlo Rossetti, 1904『꼬레아, 꼬레아니』(서울학연구소 옮김, 1996 숲과나무)

6. 외국 자료

『財務彙報』
『財務周報』
『帝國議會衆議院議事速記錄』
『朝鮮銀行會社要錄』
『朝鮮總督府統計年報』
『朝鮮彙報』
『通商彙纂』
『韓國施政年報』
『韓國財政整理報告』
岡崎遠光, 1910『朝鮮金融及産業政策』 同文館
納富由三, 1912『朝鮮商品と地理』 日本電報通信社京城支局
京城府, 1934『京城府史』
高杉東峰, 1940『朝鮮金融機關發達史』 實業タイムス社
納富由三, 1912『朝鮮商品と地理』 日本電報通信社 京城支局
露國大藏省, 1905『韓國誌』
大藏省, 1939『明治大正財政史(朝鮮編)』 財政經濟學會
梶川半三郎, 1911『實業之朝鮮』 朝鮮研究會
四方博, 1941『京城商工會議所25年史』 大海堂印刷株式會社
元山府, 1916『元山發展史』

有賀長雄, 1906『保護國論』早稲田大學出版部
仁川府, 1933『仁川府史』
朝鮮郵船株式會社, 1937『朝鮮郵船株式會社二十五年史』
朝鮮運送株式會社, 1940『朝鮮運送株式會社十年史』
朝鮮總督府, 1909『民商事ニ關スル近時ノ法制』謄寫本(國立圖書館 所藏)
朝鮮總督府, 1911『朝鮮各道府郡臨時恩賜金由來及其ノ事業概要』
朝鮮總督府, 1913『京城仁川商工業調査』
朝鮮總督府, 1915『朝鮮關係帝國議會議事經過摘錄』
朝鮮總督府, 1916『始政五年記念朝鮮物產共進會報告書』
朝鮮總督府, 1922『朝鮮紙に關する調查』
朝鮮總督府 殖產局, 1914『大正2年度 臨時恩賜金豫算及事業概要』
朝鮮總督府 殖產局, 1915『大正3年度 臨時恩賜金豫算及事業概要』
朝鮮總督府殖產局,『小作農民に關する調查』
朝鮮皮革株式會社, 1936『創立二十五周年紀念寫眞帖』
朝鮮協會, 1904『韓國實業指針』
青柳綱太郎, 1917『新朝鮮成業銘鑑』朝鮮研究會
咸鏡南道, 1930『咸鏡南道誌』

7. 인명록
安龍植, 1996『大韓帝國官僚史研究』I~V
大村友之丞, 1910『朝鮮貴族列傳』
牧山耕藏, 1910『朝鮮紳士名鑑』
細井肇, 1910『現代漢城の風雲と名士』
阿部薰, 1935『朝鮮功勞者銘鑑』
朝鮮紳士錄刊行會, 1931『朝鮮紳士錄』
朝鮮紳士錄刊行會, 1931『朝鮮紳士錄』
朝鮮中央經濟會, 1921『京城市民名鑑』

저서
姜萬吉, 1972『朝鮮後期 商業資本의 發達』高麗大學校出版部
姜萬吉, 1984『朝鮮時代 商工業史 研究』한길사
高東煥, 1998『조선후기 서울 상업발달사연구』지식산업사
權泰檍, 1989『韓國近代棉業史研究』一潮閣
김경태, 1994『한국근대경제사연구: 개항기의 米穀貿易·防穀·商權문제』창작과비평사
김광진·정영술·손전후, 1973『조선에서 자본주의적 관계의 발전』과학원 역사연구소
金度亨, 1994『大韓帝國期의 政治思想研究』지식산업사
金昞哲, 1971『人物銀行史』銀行界社

金玉根, 1992『朝鮮王朝財政史研究 IV: 近代篇』一潮閣
金容燮, 1970·71『朝鮮後期 農業史研究』1·2, 一潮閣
金容燮, 1984『韓國近代 農業史研究』1·2, 一潮閣
羅愛子, 1998『韓國近代海運業史研究』國學資料院
大韓商工會議所, 1976『商工會議所九十年史』
徐光云, 1972『韓國金融百年』創造社
孫禎睦, 1982『韓國開港期都市變化過程研究』一志社
愼鏞廈, 1976『獨立協會研究: 獨立新聞·獨立協會·萬民共同會의 思想과 運動』一潮閣
安秉珆 1977『朝鮮近代經濟と日本帝國主義』(백산서당 역)
李培鎔, 1989『한국근대 광업침탈사 연구』一潮閣
鄭玉子, 1988『朝鮮後期文化運動史』一潮閣
鄭玉子, 1990『朝鮮後期 文學思想史』서울대出版部
鄭玉子, 1991『朝鮮後期知性史』一志社
鄭玉子, 1993『朝鮮後期 歷史의 理解』一志社
鄭在貞, 1999『일제침략과 한국철도』서울대출판부
鄭泰憲, 1996『일제의 경제정책과 조선사회: 조세정책을 중심으로』역사비평사
趙璣濬, 1973『韓國企業家史』博英社
趙璣濬, 1973『韓國資本主義成立史論』大旺社
趙璣濬, 1984『韓國經濟史新講』日新社
崔起榮, 1991『大韓帝國時期 新聞研究』一潮閣
최윤규, 1986『근현대조선경제사』과학백과사전출판사
한국역사연구회 19세기 정치사연구반, 1990『조선정치사』청년사
韓永愚, 1989『朝鮮後期史學史研究』一志社
韓永愚, 1993『韓國民族主義歷史學』一潮閣
韓永愚, 1997『다시찾는 우리역사』경세원
韓沽劤, 1970『韓國開港期의 商業研究』一潮閣
홍희유, 1989『조선 중세 수공업사 연구』과학백과사전종합출판사
홍희유, 1989『조선상업사』과학백과사전종합출판사
Carter J. Eckert, 주익종 옮김, 2008『帝國의 後裔』푸른역사
大石嘉一郎 編, 1975『日本産業革命の研究』東京大學出版會
小林英夫 編, 1994『植民地への企業進出: 朝鮮會社令の分析』柏書房
須川英德, 1994『李朝商業政策史研究: 十八·十九世紀における公權力と商業』東京大出版會
安藤良雄 編, 1978『兩大戰間期の日本資本主義』東京大學出版會
朝鮮銀行史研究會, 1987『朝鮮銀行史』東洋經濟新報社
中國 社會科學院 歷史研究所, 1984『中國近現代經濟史』일월서각 편집부 역
小島晋治·丸山松幸 著, 朴元熇 譯,『中國近現代史』지식산업사.
中村哲, 1992『世界資本主義와 移行의 理論』比峰出版社

楫西光速 外, 1965『日本資本主義の成立 II: 日本における資本主義の發達 II』東京大學出版會
波形昭一, 1985『日本植民地金融政策史の硏究』早稻田大學出版部

논문

姜萬吉, 1984「開化期의 商工業問題」『朝鮮時代 商工業史硏究』한길사
姜萬吉, 1984「大韓帝國時期의 商工業問題」『亞細亞硏究』16-2, 高麗大 亞細亞問題硏究所
姜萬吉, 1991「市場과 商人」『한국사시민강좌』9, 一潮閣
高東煥, 1985「18~19세기 外方浦口의 商品流通 發達」『韓國史論』13
高東煥, 1991「浦口商業의 發達」『한국사시민강좌』9, 一潮閣
具汏列, 1986「日本의 初期 對韓 植民政策 형성과정: 1904~1907년간을 중심으로」『大韓帝國硏究』4
權斗榮, 1970「日帝侵略下의 韓國金融: 開港부터 合倂까지」『日帝의 經濟侵奪史』高大 亞細亞問題硏究所
권병탁, 1990「조선후기 17~19세기의 장인: 자본주의 맹아 문제와의 관련 아래서」『韓國資本主義論』한울
권태억, 1989「식민지 초기 일제의 경제정책과 조선인 상공업」『3·1민족해방운동연구』청년사
權泰檍, 1991「한국 근대사와 일제의 식민지 지배」『자본주의 세계체제와 한국사회』한울
權泰檍, 1994「1904~1910년 일제의 한국침략 구상과 '시정개선'」『韓國史論』31
金敬泰, 1985「甲申·甲午期의 商權回復問題」『韓國史硏究』50·51합집
金根培, 1996「대한제국기: 일제초 官立工業傳習所의 설립과 운영」『韓國文化』18
金根培, 1996「日帝時期 朝鮮人 과학기술인력의 성장」서울대학교 과학사 및 과학철학 협동과정 대학원 박사학위논문
金度亨, 1984「大韓帝國의 改革事業과 農民層動向」『韓國史硏究』41
金文植, 1995「19세기 전반 京畿學人의 經學思想과 經世論: 成海應·洪奭周·丁若鏞을 중심으로」서울대 국사학과 박사학위논문
金順德, 1986「1876~1905년 關稅政策과 關稅의 운용」『韓國史論』15
金泳鎬, 1968「韓末 西洋技術의 受容: 近代西洋의 挑戰에 대한 主體的 對應의 一面」『亞細亞硏究』11-3
金英姬, 1986「大韓帝國時期의 蠶業振興政策과 民營蠶業」『大韓帝國硏究』5, 梨花女大 韓國文化硏究院
金容燮, 1978「서평: 獨立協會硏究」『창작과비평』여름호
金容燮, 1988「近代化 過程에서의 農業改革의 두 方向」『韓國資本主義性格論爭』大旺社
金才淳, 1900「露日戰爭 직후 일제의 화폐금융정책과 조선 상인층의 대응」『韓國史硏究』69
金正起, 1976「朝鮮政府의 淸借款導入(1882~1894)」『韓國史論』3
金正起, 1990「자본주의 열강의 이권침탈 연구」『역사비평』11
김정기, 1993「淸의 朝鮮政策(1876~1894)」『1894년 농민전쟁연구』3, 역사비평사
金賢淑, 1989「韓末 顧問官 J. McLeavy Brown에 대한 硏究」『韓國史硏究』66

나애자, 1994「대한제국의 권력구조와 광무개혁」『한국사』 11
都冕會, 1989「갑오개혁 이후 화폐제도의 문란과 그 영향(1894~1905)」『韓國史論』 21
박만규, 1984「開港以後의 金鑛業實態와 日本侵略」『韓國史論』 10
박만규, 1994「보호국 체제의 성립과 통감정치」『한국사』 11, 한길사
朴修鏡, 1986「開港後 仁川港 客主에 關한 硏究(1883~1894)」『大韓帝國硏究』 5, 梨花女大 韓國文化硏究院
박영호, 1990「한국의 식민지적 자본주의화 과정에 관한 일연구: 한말 화폐정리사업을 중심으로」『韓國資本主義論』 한울
白承哲, 1996「朝鮮後期 商業論과 商業政策: 17세기 國家再造方略과 관련하여」 연세대학교 사학과 박사학위논문
徐榮姬, 1990「1894~1904년의 政治體制 變動과 宮內府」『韓國史論』 23
서영희, 1996「日帝의 한국 保護國化와 統監府의 통치권 수립과정」『韓國文化』 18
徐恩榮, 1995「大韓帝國時期 民營會社의 設立과 그 性格」 경희대학교 사학과 석사학위논문
孫禎睦, 1985「會社令硏究」『韓國史硏究』 45
宋京垣, 1993「韓末 안경수의 政治 經濟活動 硏究」 이화여자대학교 사학과 석사학위논문
宋炳基, 1976「光武改革 硏究: 그 性格을 中心으로」『史學志』 10
宋贊植, 1991「手工業構造의 性格」『한국사시민강좌』 9, 一潮閣
愼鏞廈, 1974「19世紀末의 韓國對外貿易의 展開와 商權問題: 獨立協會와 皇國中央總商會의 商權守護運動」『亞細亞硏究』 17-2
愼鏞廈, 1978「光武改革論의 問題點: 大韓帝國의 性格과 관련하여」『창작과비평』 가을호
愼鏞廈, 1983「開化政策」『한국사』 16, 국사편찬위원회
楊尙弦, 1986「韓末 부두노동자의 存在樣態와 노동운동: 木浦港을 중심으로」『韓國史論』 14
楊尙弦, 1997「大韓帝國期 內藏院 財政管理 硏究: 人蔘·鑛山·庖肆·海稅를 중심으로」 서울대학교 국사학과 박사학위논문
吳斗煥, 1984「甲午 經濟改革의 구조와 성격」『仁荷大論文集』 3
吳斗煥, 1984「韓國 開港期의 貨幣制度 및 流通에 관한 硏究」 서울대학교 경제학과 박사학위논문
劉奉鎬, 1984「大韓帝國下 實業敎育 展開考」『大韓帝國硏究』 2
柳承烈, 1995「韓末 日帝初期 商業變動과 客主」 서울대학교 국사학과 박사학위논문
李炳天, 1981「舊韓末 湖南鐵道敷設運動(1904~08)에 대하여」『經濟史學』 5
李炳天, 1985「開港期 外國商人의 侵入과 韓國商人의 對應」 서울대학교 경제학과 박사학위논문
李相燦, 1989「일제침략과 '황실재정정리'」『奎章閣』 15
이세영, 1994「개항기 지주제의 변동」『한국사』 12, 한길사
이세영·최윤오, 1995「대한제국기 토지소유구조와 농민층 분화: 충청남도 온양군 일북면·남상면 양안을 중심으로」 한국역사연구회 근대사분과 토지대장연구반, 『대한제국의 토지조사사업』 민음사
李永鶴, 1990「韓國近代 煙草業에 대한 硏究」 서울대학교 국사학과 박사학위논문

李永鶴, 1995「대한제국기 토지조사사업의 의의」『대한제국의 토지조사사업』 민음사
李榮昊, 1986「19세기 恩津 江景浦의 商品流通構造」『韓國史論』 15
李榮昊, 1992「1894~1910년 地稅制度 연구」 서울대학교 국사학과 박사학위논문
李榮昊, 1996「통감부시기 조세증가정책의 실현과정과 그 성격」『韓國文化』 18
李潤相, 1986「日帝에 의한 植民地 財政의 形成過程: 1894~1910년의 稅入構造와 徵稅機構를 중심으로」『韓國史論』 14
이윤상, 1994「열강의 이권침탈과 경제의 예속화과정」『한국사』 11, 한길사
李潤相, 1996「1894~1910년 재정제도와 운영의 변화」 서울대학교 국사학과 박사학위논문
李泰鎭, 1991「國際貿易의 성행」『한국사시민강좌』 9, 一潮閣
李泰鎭, 1995「17~19세기 서울의 근대적 양상」『서울학연구』 4, 서울학연구소
李憲昶, 1989「開港期 市場構造와 그 變化에 관한 硏究」 서울대학교 경제학과 박사학위논문
李憲昶, 1995「甲午·乙未改革期의 産業政策」『韓國史硏究』 90
임병훈, 1988「開港期·韓末 銅鑛業의 生産과 經營: 갑산동광을 중심으로」『慶北史學』 11
全遇容, 1990「원산에서 자본주의적 관계의 발전과 노동자계급의 성장」『역사와현실』 2
전우용, 1992「일제하 민족자본가의 존재양태와 민족주의」『역사비평』 1992 봄호
全遇容, 1993「開港期 韓人 資本家의 形成과 性格」『國史館論叢』 41, 國史編纂委員會
전우용, 2003「한상룡: 민족을 비월한 사이비 근대인」『한국사인물열전』 3, 돌베개
鄭然泰, 1994,「日帝의 韓國 農地政策(1905~1945년)」 서울대학교 국사학과 박사학위논문
鄭玉子, 1965「紳士遊覽團考」『歷史學報』 27
鄭在貞, 1985「京釜·京義鐵道의 敷設과 韓·日 土建會社의 請負工事活動」『歷史教育』 37·38 합집
趙璣濬, 1974「韓末의 民族商人團體의 性格考: 仁川紳商協會를 中心으로」『學術院論文集』 13
趙璣濬, 1977「日人 農業移民과 東洋拓殖株式會社」『韓國近代史論』 1, 知識産業社
趙璣濬, 1983「民族資本」『한국사』 16, 국사편찬위원회
趙璣濬, 1983「商業·貿易」『한국사』 16, 국사편찬위원회
趙璣濬, 1983「韓國 民族資本의 成立에 관한 硏究: 開港부터 韓日合邦까지」『亞細亞硏究』 6-1
趙璣濬, 1988「남강 이승훈 선생의 기업활동」『南岡李昇薰과 民族運動』 南岡文化財團出版部
朱鎭五, 1990「한국근대 부르조아지의 형성과정과 위로부터의 개혁의 역사적 성격」『韓國資本主義論』 한울
朱鎭五, 1994「독립협회운동」『한국사』 11, 한길사
朱鎭五, 1996「19세기 후반 開化改革論의 構造와 展開: 獨立協會를 中心으로」 연세대학교 대학원 박사학위논문
陳德奎, 1983「大韓帝國의 權力構造에 관한 政治史的 認識(1)」『大韓帝國硏究』 1, 梨花女大 韓國文化硏究院
車輧權, 1970「日帝下에 있어서 韓國의 貿易政策: 關稅政策을 中心으로」『日帝의 經濟侵奪史』 高大 亞細亞問題硏究所

최원규, 1995「대한제국기 量田과 官契發給事業」『대한제국의 토지조사사업』민음사
崔昌熙, 1971「韓末 會社設立에 關한 硏究: 1894年 以前을 中心으로」고려대학교 대학원 석사 학위논문
河智姸, 1996「타운센트 상회(Townsend & Co.) 연구」『한국근현대사연구』한울
洪淳權, 1985「開港期 客主의 流通支配에 관한 硏究」『韓國學報』9
홍순권, 1994「상권수호와 식산흥업운동」『한국사』12, 한길사
黃夏鉉, 1982「日帝의 對韓植民地支配構造의 形成過程: 目賀田改革을 中心으로」『東洋學』12
堀和生, 1983「朝鮮における普通銀行の成立と展開」『社會經濟史學』49−1
宮嶋博史, 1983「朝鮮甲午改革以後의 商業的 農業」『韓國近代經濟史硏究』사계절
吉野誠, 1975「朝鮮開國後の穀物輸出について」『朝鮮史硏究會論文集』12
藤永壯, 1991「開港後の會社設立問題をめぐって－朴琪淙と汽船業·鐵道業」『朝鮮學報』140·141
梶村秀樹, 1968「李朝末期綿業の流通及生産構造」『東洋文化史紀要』46
梶村秀樹, 1986「近代朝鮮の商人資本等の外壓への諸對應: 甲午以後(1894~1904年)期の「商權」問題と生產過程」『歷史學硏究』560
杉山伸也, 1986「東アジアにおける'外壓'の構造」『歷史學硏究』560
小林英夫, 1975「會社令硏究ノート」『海峽』3
小林英夫, 1989「'朝鮮會社令'實施狀況」『經濟學論集』21−2, 駒澤大學經濟學會
小林英夫, 1990「朝鮮會社令硏究: その實施狀況を中心に」『經濟學論集』21−3, 駒澤大學經濟學會
小林賢治, 1987「朝鮮植民地化過程における日本の鑛業政策」『經濟科學』34−4
須川英德, 1989「朝鮮開港後1880年代の生絲輸出試圖について: 內衙門布示と蠶桑公司」『朝鮮史硏究會論文集』26
須川英德, 1990「朝鮮19世紀後半の商業政策: 國家權力と商業」『朝鮮史硏究會論文集』27
田中愼一, 1974「韓國財政整理における「徵稅臺帳」整備について: 朝鮮土地調查事業史硏究序論」『土地制度史學』63

찾아보기_인명

찾아보기_사항

Abstract

The Birth of Korean Companies

Chun, Woo-yong

In Korean history, the period from the end of the 19th century to the early 20th century was an era during which the efforts of the Korean people, who sought to accomplish autonomous modernization by inheriting the outcome of internal development since the latter part of the Lee Dynasty, were mixed with pressure from foreign powers who intended to nullify such the effort of the Korean people and instead colonialize Korea. This looks into the process, in which the internal development of Korean history was denied by foreign powers, through the establishment and development process of Korean companies that were thought to be typical of the economic organization at the time. In addition, the thesis compares and reviews the policy of Korean companies from the time Korea's ports were opened to the initial stage of the colonial era, analyzing the established trends, activity patterns and established entities of Korean companies during each period, through which it explains not only a company's role in the modernization process of Korea, but also the features of colonial change that Korean companies had to face during the colonizing process of Korea.

Korean society followed a modernization process since the latter part of the Lee Dynasty. However, up to the time her ports were opened, Korean society reached a development stage that was not as advanced as that of not only European countries, but also of China or Japan, who joined the world empire system earlier than did Korea. Under such a situation, in order to deter imperialists from attempting colonization and accomplish autonomous development of the country, a policy of "quick modernization from the upper level," in which the nation was involved, was inevitable. Such a method had already been adopted by neighboring countries such as China and Japan as well.

Immediately after the Lee government opened the ports to foreign countries, it carried out an improvement of the administration organization and constructed various types of government-managed factories to allow them to serve as bases of modern industry. Such actions were intended to carry out the policy of "modernization from the upper level." In this way, the initial companies in Korea appeared for the first time. While there a licensed monopoly commerce system (都賈商業體制) firmly established, which had a long tradition, the aforementioned companies could not conduct their own business while at the same time overcoming this commerce system. Nonetheless, at least during firmly existed initial advent of firmly existed companies, the government took its position to establish these companies as a means of a powerful driving organization for modernization, provided them with various forms of protection and benefits.

However, the modernization policy of the Lee government faced serious obstacles immediately. When government-led modernization is adopted, the most important factor is securing the required financing. However the government failed to reach fundamental solution on this matter. Under the situation of the overwhelming importance of the agricultural economy, mobilization of landowner capital by land reforms was the most definite and fastest means of preparing financial funding as well as modern commercial and industrial capital. However, leader groups, who had relied upon the landowner system as their basic economic base, could not accept this reformation. Eventually, the government adopted a system of relying on loans from foreign countries as a means of securing a source of finance, which immediately resulted in depriving the government of its autonomous right of a customs duty.

In such a case, the government sought only to reinforce its ability to deprive the public of their property. Therefore, the features of the companies were simultaneously emphasized as the both powerful driving organization of civil fields for modernization and as a linking media for the exploitation of profits from the public.

The reformation measure, during which civilian parties took action superficially during the Political Reforms of 1894, was compelled to reflect some of the requests of the people of that era. Cancellation of the social position system, a measure in which tax was paid in money, and in particular the prohibition of the taxation in the form of unknown and miscellaneous taxes – such actions objectively formed the conditions for the free development of commerce. Nonetheless, people did not give the regime of the reformation party orthodox rights, nor were commerce and industry freely developed. In contrast, the Japanese tried to profits by taking advantage of the free commerce policy of the regime of the Reformation Party. The licensed monopoly commerce system interrupted free commerce development but deterred foreign capital from infiltrating into the country at the same time. Above all, this system could serve as a powerful basis for capital accumulation. Positive functions as well as negative functions of this system were not comprehensively reviewed, and physical power, which could make the system compulsory, was not given. However, the system was hastily intended to be dismantled, which meant that the regime of the Reformation Party was compelled to face the fundamental limit of its economy policy.

After the regime of Reformation Party collapsed, the government of the Lee Dynasty tried to overcome these limits, as accompanied by the non-existence of political orthodox rights, by constructing powerful royal rights. Reinforced exploitation, by which the Office of Crown Properties (內藏院) tried to deprive the people of their property, was aimed at expanding the finance base to reinforce royal rights. However, this was impossible unless it was based on reinforcing royal rights. In addition, such an act of exploitation must be regarded as finally aimed at the "wealth and the military power of the nation," that is, to prepare an independent finance source to modernize the country. The economic policy of the era of the Korean Empire, which seemed to be extremely disturbed at a glance, can be correctly understood only when such a concept is considered. Sometimes, white brass coins were excessively released, and voluntary commerce taxation was increased through tax collection and licensed monopoly companies (收稅都賈會社), in which the phenomenon of returning to a feudal system seemed to appear. On the other hand, a Land Survey (量田地契事業) was done, and more modern enterprises were established. This shows that "capital concentration by small people" was underway. Such a thing was possible because those who amassed capital paid attention to investments in modern enterprises. Furthermore, in that primitive capital accumulation of that era was done mainly by means of royal right, those mainly involved were most likely to be members of the royal family or of the high-ranking official class of those who had close relations with the royal family. As a consequence of this background, the main body of those involved, which established a modern enterprise during the Korean Empire, was mainly royal clansmen or high-ranking officials.

Of course, as far as financial institutions were not arranged and a solid monetary system was not in place, modern enterprise could not be developed smoothly. At specific times, over-issues of bad money could not help finance, but rather presented a burden. The government established the "Regulations of Central Bank" and the "Regulations of Convertible Notes" and began the work to realize these regulations, which were preparatory measures to overcome indiscriminate exploitation at that time and prepare to move to the next stage. At the same time, such a performance resulted in dismantling the licensed monopoly commerce system, which had been the major basis for royal-rights-oriented capital accumulation during the era of the Korean Empire.

As a result, however, such a measure could not be performed by the Government of the Korean Empire. The Japanese Empire, the winners of the

Russian and Japanese War, took over the reformation, which the Korean Empire had prepared, as it was, but tried to link it to the Japanese economy. All businesses, which were in operation from the era of the Japanese Residency General until the initial period of the Japanese colonists' compulsory occupation of Korea, for example, currency reformation, arrangements of financial organizations and land survey businesses, had been set up during the era of the Korean Empire. "The Ordinance of Korean Companies," which was in force from 1911, was also superficially doing no more than following the earlier version of company policy since the era of the Korean Empire. "Capital control by power" was necessary for not only self-supporting economic development but also for subordinate reorganization. What changed most were the main body of capital accumulation and methods of public exploitation; however, the latter did not disappear. The capital of the Korean people, which had accumulated despite the considerable adversity since the opening of the ports to foreign countries, obtained its meaning as a constituent factor for Japanese capitalism, and was a fundamental cause of Korean capitalism becoming deformed and crippled.

저자 약력

서울대학교 국사학과 졸업. 문학박사
한국학중앙연구원 객원교수(현)
가톨릭대, 상명대 등 강사(전)
서울시립대 서울학연구소 상임연구위원(전)
문화재청 문화재 전문위원(전)
서울대병원 병원역사문화센터 교수(전)
저서: 『서울은 깊다』 『현대인의 탄생』 『동아시아 서양의학을 만나다』(공저)
『서울상업사』(공저) 외 다수.